Oskar N. Sahlberg
Reisen zu Gott und Rückkehr ins Leben
Tiefenpsychologie der religiösen Erfahrung

Wär' nicht das Auge sonnenhaft,
Wie könnten wir das Licht erblicken?
Lebt' nicht in uns des Gottes eigene Kraft,
Wie könnt' uns Göttliches entzücken?

Goethe

IMAGO
Psychosozial-Verlag

Oskar N. Sahlberg

Reisen zu Gott und Rückkehr ins Leben

Tiefenpsychologie der religiösen Erfahrung

Psychosozial-Verlag

Bibliografische Information Der Deutschen Bibliothek
Die Deutsche Bibliothek verzeichnet diese Publikation in der Deutschen
Nationalbibliografie; detaillierte bibliografische Daten sind im Internet
über <http://dnb.ddb.de> abrufbar.

Originalausgabe
© 2004 Psychosozial-Verlag
Goethestr. 29, D-35390 Gießen,
Tel.: 0641/77819, Fax: 0641/77742
e-mail: info@psychosozial-verlag.de
www.psychosozial-verlag.de
Alle Rechte, insbesondere das des auszugsweisen Abdrucks
und das der fotomechanischen Wiedergabe, vorbehalten.
Umschlagabbildung: Kupferstich von 1668, coloriert von Daniela Elbracht
Umschlaggestaltung: Christof Röhl
Satz: Katharina Appel
ISBN 3-89806-300-3
Printed in Germany

Inhalt

Teil Eins
Jesus, Buddha: Reisen zu Gott
»Weltgericht«. »Herr der Welt«

Teil Zwei
Tantra, Alchemie: Rückkehr ins Leben
Muttergöttinnen

Vorwort

Es ist Oskar N. Sahlberg mit seinem Buch »Reisen zu Gott und Rückkehr ins Leben« gelungen, die tiefenpsychologische Erschließung des Religiösen am Beispiel der Religionsgründer Jesus und Buddha ein entscheidendes Stück voranzutreiben. Freud hatte mit der Annahme, daß es sich bei religiösen Phänomenen im Wesentlichen um frühkindliche Projektionen handele, der psychologischen Betrachtung eine neue Perspektive eröffnet. Dabei hatte er die Vaterbeziehung im Blick, während es bei Jung auch um die Mutterbeziehung ging. Daß sich Entscheidendes der religiösen Erfahrung auf vorgeburtliches und geburtliches Erleben bezieht, wie es von den Psychoanalytikern Rank und Graber formuliert wurde, konnte in der ersten Hälfte des vorigen Jahrhunderts aus Gründen patriarchaler Mentalität und realer Unvertrautheit mit der Psychobiologie früher Entwicklung noch nicht Eingang in den öffentlichen Diskurs finden. Die größere Offenheit postmoderner Mentalität ermöglichte neue Zugänge, wie sie von Sloterdijk im 8. Kapitel seiner »Sphären I« erschlossen wurden. Der Wurzelgrund religiöser Erfahrung in der vorgeburtlichen »starken Beziehung« wird von ihm an vielen Beispielen deutlich gemacht. Aus der Theodizee wird die Uterodizee. Sahlberg verbindet die anschaulich-dramatische Erzählung der Lebensläufe von Jesus und Buddha mit den frühesten Beweggründen, die sich in ihren Visionen offenbaren. Es sind gleichsam Röntgenbilder des Unbewußten, die die Gefühle der uterinen Phase erkennen lassen.

Wegen der intellektualisierenden Erlebnisferne unserer akademischen Ausbildung finden wir bei den »Gebildeten« eine systematische Verdrängung und Verleugnung der emotionalen Schichten, aus denen das Religiöse lebt. Doch hat es in den 70er Jahren durch die »humanistische Psychologie« Öffnungen gegeben, wodurch ein vertiefter Zugang zum religiösen Erleben möglich wurde. Man entdeckte menschheitsgeschichtlich uralte Praktiken der Bewußtseinserweiterung wieder, wie die Verwendung psychoaktiver Substanzen, Techniken der Atemveränderung und verschiedener meditativer Methoden, und verwandte sie im Dienste der eigenen Individuation und der Erkundung tieferer seelischer Dimensionen. Grofs Bücher sind hier eine wichtige Orientierung; sie zeigen, in welchem Ausmaß es in den letzten Jahren gelungen ist, die Selbsterfahrungsmöglichkeiten zu intensivieren, bis in die Bereiche des Religiösen hinein. Wertvolle Anregungen kamen auch von Bhagwan Shree Rajneesh, der die reiche Tradition indischer Bewußtseinsforschung in höchst lebendiger Weise mit westlicher Reflexivität verband und diesen Schatz dem westlichen Menschen zugänglich machte. In unkonventioneller Leichtigkeit konnte er bedeutsame Zusammenhänge benennen: »Psychologen sagen, daß die ganze religiöse Suche nur ein Weg ist, um den Mutterschoß wieder zu finden. Sie verstehen das als eine Kritik an der Religion, aber für mich ist das überhaupt keine Kritik. Es ist einfach wahr. Die Suche der Religion zielt darauf, die ganze Existenz zu einem Mutterschoß zu machen«.

Damit wird eine Verbindung zur Pränatalen und Perinatalen Psychologie als bedeutsamem Hintergrund der Religionspsychologie hergestellt. Die gängige, gewissermaßen kulturübliche Verleugnung der intrauterinen Wirklichkeit wurde in den letzten Jahren durch geduldige Erforschung der frühen psychobiologischen Entwicklung relativiert. Es kam zu einer fruchtbaren Konvergenz der verschiedenen Forschungsebenen: der prägenden Wirksamkeit früher Erfahrungen, wie die Psychologen sie beobachten konnten, entsprach auf der Ebene der neurobiologischen Forschung der Befund, daß die synaptische Feinstruktur des Hirns sich entsprechend den Milieubedingungen gestaltet; die Langzeitwirkung von Erlebnissen während der Schwangerschaft fand in der Entdeckung der verschiedenen vorsprachlichen Gedächtnissysteme eine Erklärung; Entwicklungsphysiologie und Stressforschung konnten ebenfalls lebenslange Beeinträchtigungen durch früheste Prägungen nachweisen, wie sie auch im therapeutischen Prozeß gefunden werden.

Für das Verständnis der Wirkung von Gedächtnissystemen ist die Freudsche Vorstellung immer noch hilfreich, wonach frühe Lebensebenen in nachfolgende gleichsam »umgeschrieben« werden: die des Säuglings in die des Kleinkindes, die des Kleinkindes in die des Schulkindes usw. Dies gilt aber auch für die davor liegende Zeit – die Erfahrung des Embryos wird in die des Föten »umgeschrieben« und – was herausfordernder Teil des Sahlbergschen Buches und Ergebnis aus regressiver Selbsterfahrung ist – auch schon Eizelle und Samenzelle machen elementare »Erfahrungen«, die in die psychobiologische Realität des über die Stufen des Einzellers, der Morula und der Blastozyste sich entwickelnden »Individuums« eingehen. Der beobachtbaren Bedeutung des biologischen Milieus in Eileiter und Uterus entspricht eine Abhängigkeit des primären »Befindens« von den Wachstumsbedingungen.

Eine krisenhafte Umsetzung im Entwicklungsprozeß bedeutet die etwa zwei Wochen nach der Empfängnis erfolgende Einnistung, womit über Nabelschnur und Plazenta die elementare Austauschbeziehung zur Mutter und die entsprechende Urerfahrung der »starken Beziehung« hergestellt wird. Gerade die Bedingungen bei der Implantation können das Lebens- und Beziehungsgefühl dauerhaft zutiefst beeinflussen. Ein weiterer Krisenpunkt des werdenden Individuums ist die Geburt, deren Langzeitwirkung als Individuationsparadigma heute schon in der Psychotherapie diskutiert wird, wozu vielfältige Literatur vorliegt. Das Wissen um die Dimensionen der uterinen Frühzeit wird bisher noch wesentlich in körperbezogenen Gruppen wie denen von William Emerson, Karlton Terry u. a. vermittelt. Es ist allerdings fraglich, ob das Vorsprachliche voll auf sprachliche Weise und damit über Bücher zugänglich gemacht werden kann. Als Voraussetzung für die Behandlungsqualifikation, wie auch für tiefer gehendes theoretisches Verstehen, fordert die Psychoanalyse Selbsterfahrung in der Lehranalyse; ohne eine solche Selbsterfahrung, welcher Art auch immer, wird wohl auch Kulturwissenschaft und Religionspsychologie im Besonderen inkomplett, wenn nicht gar inkompetent bleiben.

Dies ist eine Schwierigkeit in Sahlbergs Buch. Er bezieht sich bei der Konzeption und Durchführung auf den Hintergrund seiner bewußtseinserweiternden Selbsterfahrung, was er in Abschnitt 8 der Einleitung, in Kapitel 3 und 9 und im Nachwort im Einzelnen darlegt. Zur Orientierung empfiehlt sich, diese Erläuterungen vor der eigentlichen Lektüre zu lesen. Dann lassen sich die zunächst fremdartigen Beoachtungen und Schlußfolgerungen leichter einordnen. Eine Folge der Selbsterfahrungsferne und einseitig intellektuellen Ausrichtung unserer akademischen Bildung ist, daß die Möglichkeiten, auf die sich Sahlberg bezieht, bisher kaum zugänglich und oft nicht einmal bekannt sind. Doch scheint es mir aufgrund eines Einblicks in seinen Selbsterfahrungshintergrund möglich, die Ausführungen intuitiv nachzuvollziehen, auch deshalb, weil das Religiöse eine Art menschliches Urwissen enthält, das Sahlberg in der neuen Weise psychologischer Reflektion erfaßt und beschreibt.

Einen gewichtigen empirischen Bezugsrahmen für das Verständnis religiöser Phänomene bieten die Ergebnisse der psychotraumatologischen Forschung der letzten Jahre. Langzeitwirkungen psychischer Traumen sind heute vielfältig beschrieben und empirisch belegt. Der Gesichtspunkt der Pränatalen und Perinatalen Psychologie zeigt, daß auch traumatische Bedingungen der Frühentwicklung in ihrer Langzeitwirkung beobachtet werden können. Andererseits wird hierdurch auch die Langzeitwirkung positiver »Urerfahrung« zugänglich, wie sie Sahlberg als die des »guten Schoßes« beschreibt – einer Wurzel religiösen Erlebens, wie es Romain Rolland als »ozeanisches Gefühl« beschrieben hat.

Gerade die weltpolitischen Konflikte der letzten Jahre, die wesentlich religiöse Hintergründe haben, belegen die Bedeutsamkeit und Verantwortlichkeit tiefenpsychologischer Erschließung und Reflektion des Religiösen und seiner Ausformung in kulturellen Identitäten. Entscheidend ist dabei, daß die von Jesus und Buddha initiierten religiösen Systeme als Hintergrund die patriarchale Entwertung der Frau haben. Sie prägte die Psychologie der Mütter von Jesus und Buddha im Sinne einer Vaterfixierung, wie dies Sahlberg in sehr kreativer Weise erschließt. Die Lebensprogramme der Söhne sind bereits in den Schicksalen ihrer Mütter begründet worden. Die Entwertung der Mütter und deren blockierte Individuation ist auch wesentlich für die lebensverneinenden Aspekte bei Buddha und Jesus, womit Geschichte und Identitätsentwicklung unserer Gesellschaften destruktiv belastet wurden. Die Emanzipation der Frau und die dadurch ermöglichten personaleren Liebesbeziehungen, wie sie sich seit der Aufklärung in Europa und zunehmend weltweit vollziehen, ermöglichen auch einen personaler und bezogener werdenden Stil im Umgang mit dem Kind, und dies nicht nur nach der Geburt, sondern bereits weit vor der Geburt. All dies konnte erst in Wechselwirkung mit der Liberalität und Demokratiefähigkeit moderner Gesellschaften entstehen, die die Voraussetzung tiefenpsychologischer Reflektion und Hinterfragung der überkommenen patriarchalen religiösen Systeme bilden.

Die große historische Leistung der Religionsgründer in den frühen Hochkulturen bestand in der Etablierung einer strukturgebenden Identität, wie sie Voraussetzung für die arbeitsteilige Kooperation in der Antike war. Die von magischen Praktiken abhängigen projektiv-mythischen Religionsformen der anfänglichen Hochkulturen wurden dadurch abgelöst. Davor waren animistische Identitätsregulationen auf dem stammeskulturellen Entwicklungsniveau vorherrschend. Der Begriff der Identitätsregulation kann als ordnender Gesichtspunkt dazu dienen, wesentliche gesellschaftskulturelle Funktionen des religiösen Erlebens zu benennen, wie es Alfred Adler beschrieben hat. Menschliches Erleben wurzelt im Unterschied zu dem der uns verwandten Primaten wesentlich in der lebenslangen Wirksamkeit vorgeburtlicher, geburtlicher und frühkindlicher Einflüsse im Bezug zu sich selbst und zur Welt. Die tiefenpsychologische Forschung der letzten hundert Jahre orientierte sich an der Rückverfolgung aktuellen Unglücks auf unverarbeitetes frühkindliches, geburtliches und vorgeburtliches Unglück. Erst in den letzten Jahren wird zugänglich, daß auch unsere Willenskraft und die unglaubliche Handlungsfähigkeit unseres Ich wie die Wirkmächtigkeit unserer Subjektivität ihren Ursprung in vorgeburtlichen, geburtlichen und frühkindlichen Glücks- und Vitalitätserfahrungenhaben, bzw. diese in einer zeittypischen Identitätsweiseverarbeiten. Wenn Adorno und Horkheimer als Leitlinie der Menschheitsentwicklung die »Verinnerlichung des Opfers« herausstellen, so könnte man demgegenüber auf dem Hintergrund von Sahlbergs Buch eine andere Leitlinie, die »Verinnerlichung Gottes«, und damit der eigenen Urkraft entdecken; Sahlberg erfaßt sie mit einem Goethe-Zitat, dem Motto des Buches: »Lebt' nicht in uns des Gottes eigene Kraft, wie könnt' uns Göttliches entzücken?« Diese Verinnerlichungsprozesse kulminierten in der Aufklärung, die eine neuartige Identitätsbildung, diesseits von projektiver Externalisierung der eigenen Kompetenz in ein göttliches Wesen erlaubte, dem man sich zu unterwerfen hatte. Diese Veränderungen ermöglichen zunehmend reflektierte Verantwortlichkeit, die Voraussetzung für den Bestand freiheitlicher Gesellschaften ist.

Dies tiefer in der eigenen Entwicklung zu begründen ist ein Anliegen des Sahlbergschen Buches, dem es nicht nur um ein erweitertes Verständnis und eine daraus folgende Kritik überkommener religiöser Systeme und damit überkommener und überlebter Formen der Identitätsregulation geht, sondern auch um den Ausblick auf verantwortetere Identitätsbegründungen und Identitätsregulationen, die sich paradigmatisch in Goethe und im letzten Jahrhundert in scheinbar disparat verschiedener Weise in Bhagwan Shree Rajneesh, Ernst Jünger, Ka-Tzetnik 135 366 und Pablo Picasso vollzogen haben. Die Beispiele zeigen die Kämpfe um eine verantwortete Identitätsbegründung in all ihrer Widersprüchlichkeit und auch Unvollständigkeit, wie sie sich seit der Aufklärung und in unser Zeit vollziehen. Das Gemeinsame ist die Bemühung des wachsenden Ichs, das sich seine Ursprünge anzueignen sucht. Im Wiedererleben einer lebensbedrohliche Krise gelangten sie zur Wurzel ihrer Kreativität und auch zu neuer psychischer Stabilität. In diesem Sinne sind sie Ermutigung für eigene Identitätsauseinandersetzung und Selbstfindung aus den scheinbar irrationalen Tiefen unserer Seele, die wir heute als Widerspiegelungen unserer vorsprachlichen Anfangsentwicklung entschlüsseln können.

Ludwig Janus

Wiederholung der Schöpfung
– Heilung der Seele
Die Natur will sich durch die Kunst heilen

1. Was ist Gott?

In den Versen, die ich diesem Buch voranstelle, fühlt Goethe in sich »des Gottes eigene Kraft« und deshalb kann ihn »Göttliches entzücken«. Entzücken bedeutet hier nicht einfach erfreuen, sondern: der Sehende wird überwältigt, es reißt ihn ins Gesehene hinein, mit dem er sich vereint. So erlebt er Ekstase, ist außer sich. Da diese Kraft aber im Sehenden liegt, vereinigt er sich mit seinem eigenen Inneren: Dort ist Gott. Gott ist in uns, in unserem Unbewußten, nicht etwa nur in Kindheitserinnerungen, sondern im vorgeburtlichen Unbewußten, in den Bereichen unserer Entstehung. Diese Sphäre steigt mit der religiösen Erfahrung ins Bewußtsein: Ichgrenzen werden geöffnet, erlebt wird ein Übertritt vom Diesseits in Jenseits, vom Rationalen ins Irrationale. Bleibt der Kern des Bewußtseins erhalten, kommt es zu mystischen Erfahrungen; zerfällt er, kommt es zur Psychose.

Die Reise zu Gott kann unvermittelt geschehen, unerwartet. Sie wird häufig durch Todesnähe ausgelöst, z. B. bei einer Krankheit, einer Operation. Opfer von Verkehrsunfällen, die als klinisch tot galten und wiederbelebt werden konnten, berichteten, ihr Bewußtsein habe den Körper verlassen und sei zu einem Licht aufgestiegen, einem Lichtwesen aus Liebe und Kraft, mit dem sie sich vereinigten – Freude, Glückseligkeit, Unsterblichkeit erfüllte sie, dazu das Gefühl, den eigenen Ursprung gefunden zu haben, im Zentrum der Schöpfung zu sein, der kosmischen Energie: Größtmögliche Steigerung, Gipfelerfahrung, man könnte sagen: der äußerste Rausch, doch das bei völliger Klarheit, verbunden mit der Überzeugung, die vollkommene Erkenntnis gewonnen zu haben, allwissend zu sein und vom Sinn des Ganzen durchdrungen. Überwältigend, unfaßbar: Das ganz Andere. Viele nennen dieses Lichtwesen Gott.

Menschen, die bei einer Psychotherapie ihre Geburt wieder erlebten, erzählten Ähnliches: Während der Entbindung machten sie eine Todeserfahrung und stiegen dabei zu einem Lichtwesen auf; schließlich kehrten sie in den Körper, in ihre Gegenwart, zurück. Sie fühlten sich verwandelt, unsterblich, da der Tod als Durchgang zum ewigen Leben erschien.

Manche berichteten auch, daß ihr Leben vor der mystischen Erfahrung noch einmal rückwärts wie ein Film ablief. Was beim Unfall blitzartig stattfindet, kann in einer Psychotherapie langsam wiederholt werden, sodaß genaue Betrachtung möglich ist. Dabei wird deutlich, daß Todeserfahrungen durch die Geburt verursacht werden können und daß vor der Begegnung mit dem Lichtwesen ein Weg zurück durch die Schwangerschaft, durch Einnistung und Empfängnis erlebt wird, die als Lichtentfaltungen wahrgenommen werden; es geht bis hinein in die Keimzellen in Eierstock und Hoden: zwei Wesen aus Licht, aus Energie. Denn eine Keimzelle enthält die gesamte Evolution genauso wie die Fähigkeit, sie noch einmal ablaufen zu lassen; sie enthält alle Informationen zur Schöpfung (und zu deren Geschichte), die Schöpfungsenergie, in der es keinen Tod gibt, nur Unsterblichkeit. Wer in die Keimzelle gelangt, begegnet Gott – Gott nicht im Sinne der Gläubigkeit, sondern als Erfahrung. Dorthin reist der Mensch, wenn der Tod ihn ergreift. Die Reise zu Gott scheint ein im Gehirn vorhandener Überlebensmechanismus zu sein. (Nicht in allen Religionen wird die Schöpfungsenergie personifiziert, sie kann auch als Weltgesetz definiert werden, als Dharma, als Tao.)

Das Leben eines Menschen beginnt in den Keimzellen, in ihrer vollen, noch unentfalteten Potenz, vergleichbar einem Gott vor der Schöpfung. Die Reifung der Keimzellen, die erste Zellteilung, beinhaltet die erste Explosion von Energie, von Licht, den ersten Schöpfungsakt des Gottes. Der zweite Schöpfungsakt ist die Befruchtung (sei es durch den Geschlechtsakt oder auf künstliche Weise, was heute sogar photographiert wird). Mit der Verschmelzung der Zellkerne von Ei und Samen im Innern der Eizelle entsteht der Embryo.

Die biologischen Begriffe wirken vielleicht banal, sie verweisen jedoch auf die Geheimnisse des Daseins, die Abgründe unserer Existenz, auf kosmische Dimensionen: Gelangt man mit Regressionstechniken zur Empfängnis, geht durch sie hindurch und nimmt dann den Weg der Eizelle, wird der Eierstock sichtbar: Ein kosmischer Baum, Weltenbaum, Lebensbaum, dessen Blüten von den Strahlen eines Mondgotts befruchtet werden, der Teil einer Mondgöttin ist, die sich selbst befruchtet. Geht man den Weg der Samenzelle, entdeckt man den Hoden. Er ist im Innern ein Sphärenhimmel mit dem Sonnengott im Zenith, aus dessen Strahlen Samenzellen entstehen, die zur Erde hinabstreben, um ein Ei zu befruchten.

Alles das ist in uns. Mit einer Reise zu Gott verbindet sich der Mensch wieder mit seinem Ursprung, mit dessen Energien. Er war davon getrennt, sei es durch einen Unfall, sei es aufgrund eines traumatischen Erlebnisses in seiner Vergangenheit, z. B. während der Geburt, das nun im Erwachsenen aufsteigt: Er heilt sich durch die Begegnung mit Gott.

2. Jesus, Buddha: Reisen zu Gott ohne Rückkehr ins Leben

Goethes Gedicht entstammte dem Erleuchtungserlebnis, aus dem seine eigene Religiosität erwuchs, seine »Privatreligion«, wie er sagte, eine Naturreligion, denn er bezeichnete sich als »Heide«. Mit der provokanten Frage seiner Verse stellte er sich gegen die christliche Religion seiner Kindheit, das Grauen angesichts des Gekreuzigten und die Angst vor ewiger Verdammnis.

Deshalb nun etwas zu dem Gründer dieser Religion, zu Jesus Christus. Das erste Erleuchtungserlebnis von Jesus geschah bei seiner Taufe, als er eine Stimme vom Himmel hörte: »Du bist mein lieber Sohn, an dem ich Wohlgefallen habe« (Markus-Evangelium 1,11). Später, während der Verklärung, hörte er wieder diese Stimme (Mk. 9,7). Er sah jetzt seine Himmelfahrt, was er dem Hohenpriester auf dessen Frage, ob er der Sohn Gottes sei, auch bekannte: »Ich bin's, und ihr werdet sehen den Menschensohn sitzen zur rechten Hand der Kraft und kommen mit des Himmels Wolken« (Mk. 14,62). Kraft ist ein Name für Gott.

Jesus wußte, daß die Behauptung, der Sohn Gottes zu sein, als Gotteslästerung galt und mit dem Kreuzigungstod bestraft wurde. Jesus strebte seinen Foltertod an, da er glaubte, der sei Gottes Wille, und er außerdem überzeugt war, er werde danach zu Gott aufsteigen, um an seiner Seite zu sitzen. Dann wollte er »in der Herrlichkeit seines Vaters« (Mk. 8,38), was wohl bedeutet: eins geworden mit Gott, wiederkommen. Die Wolken des Himmels deuten auf das Weltgericht, das er hält. Dem sollte der Weltuntergang vorangehen, den Jesus zwei Tage vor der Kreuzigung in der »Rede über die Endzeit« dargestellt hatte.

Jesus sah etwas Kommendes, nämlich den von mir beschriebenen Ablauf im Gehirn: Seinen Tod, dazu den Weltuntergang, gefolgt von seiner Reise zu Gott und seiner eigenen Wiederkehr. Das würde sich im Jenseits abspielen, denn die Welt sei untergegangen. Demzufolge beabsichtigte Jesus eine Reise zu Gott ohne Rückkehr ins Leben - was bedeutet: er wollte in der Keimzelle bleiben.

Ich ziehe nun Buddhas Reise zu Gott heran, da die beiden Religionsstifter einander erhellen. Im Alter von etwa 30 wurde Gautama, der spätere Buddha, von Todesangst gepackt und begab sich auf die Suche nach der Unsterblichkeit. Er folterte sich jahrelang, bis er zusammenbrach. Daraufhin erschien ihm Mara, der Gott des Todes, und wollte ihn überwältigen, was nicht gelang. Kurz danach erreichte er das Nirwana und war somit zum Buddha geworden. Dort begegnete er Brahma, dem Schöpfergott, und dieser bat ihn, an seiner Statt auf die Erde zurückzukehren und den Menschen den Weg ins Nirwana zu zeigen.

Nirwana heißt Verlöschen, Vernichtung, und entspricht einer seelischen Todeserfahrung, bei der der Körper unzerstört bleibt. Das Muster der Erfahrung ist das gleiche wie bei Jesus: In beiden Fällen folgt auf den Tod die Begegnung mit Gott und die eigene Gottwerdung (im Schema der Unfälle). Anders als Jesus beschrieb Buddha seine Reise zu Gott, nachdem er sie gemacht hatte. Er lebte noch 45 Jahre, war allerdings nur scheinbar ins Leben zurückgekehrt: Seelisch blieb er im Jenseits, also in der Keimzelle.

Dorthin wollte er die Menschen führen: durch das Verlöschen, d. h. das Absterben der Triebe, womit die Fortpflanzung aufhört. Wäre die Menschheit ihm gefolgt, wäre sie friedlich ausgestorben. Das gleiche Ziel hatte Jesus, aber auf gewalttätige Weise: mittels des Weltuntergangs. Anscheinend wollten sowohl der Gott Buddhas als auch der von Jesus das Leben auf Erden beenden. Freud würde vom Triumph des Todestriebs, des Thanatos, sprechen. Der Lebenstrieb, als Eros, als Sexualität, fehlte Jesus und Buddha. Waren ihre Götter - Vatergötter - gespalten, gar schizophren?

Auffällig ist bei Jesus, daß sein Gott zuerst ein lieber, barmherziger Gott ist, dann aber zu einem bösen, grausamen wird, der verlangt, daß sein Sohn sich zu Tode foltern läßt. Die beiden Gesichter dieses Gottes ähneln den beiden Göttern Buddhas, doch nimmt der ihnen gegenüber eine andere Haltung ein.

Warum wollten die beiden Männer, bzw. ihre Götter, das Leben auf der Erde beenden? Aus Barmherzigkeit, aus Mitleid, um die Menschen vom Leiden zu erlösen, radikal, von der Wurzel her, für immer.

3. Maria und Maya, die jungfräulichen Mütter Jesus und Buddha als Verkörperungen des Empfängnistraumas

Jesus und Buddha führten den Willen ihrer Götter aus. Ich habe mich gefragt: Wie kamen diese Götter in sie hinein beziehungsweise wie kam es zu diesen Gotteskonzepten? Warum wollten sie die Stelle eines Gottes einnehmen und somit über Allmacht verfügen? Und wie ist ihre radikale Barmherzigkeit zu erklären?

Ihre Reisen zeigen das Muster von Unfällen, doch inszenierten sie gleichsam den Unfall selbst. Ich folgere, sie müssen die Wiederholung von früheren Erfahrungen gewesen sein, die nun aus dem Unbewußten aufstiegen: Wahrscheinlich hatten sie einst eine nahezu tödliche Verletzung erlitten (wie der spätere Freud das Trauma definiert). Wiederholten sie ein Geburtstrauma? Da sie – so meine These – beabsichtigten, in der Keimzelle zu bleiben, dürfte es sich um ein Empfängnistrauma gehandelt haben, das frühestmögliche Trauma. Es kann entstehen, wenn ein Kind ungewollt ist, die Empfängnis gar nicht stattgefunden haben soll. Darauf weist unter anderem die Phantasie einer jungfräulichen Empfängnis, die von beiden Müttern überliefert ist.

Maya, Buddhas Mutter, war kinderlos. Als sie 40 war, heiratete ihr Mann eine zweite Frau, da er einen Erben haben wollte. Nun nahm Maya einen Rauschtrank und hatte einen Traum: Ein himmlischer Elefant bohrte einen seiner Stoßzähne in sie, was ihr »höchste Seligkeit« bereitete. Danach wurde sie schwanger. Vor der Entbindung machte sich Maya auf den Weg zu ihrer Mutter, um dort das Kind zur Welt zu bringen. Doch die Geburt geschah unterwegs. Maya starb daran.

Hatte sie eine Abneigung gegen ihren Mann oder gegen den Geschlechtsverkehr überhaupt gehabt, die sie durch den Rauschtrank überwand? Bestand die Abneigung im Unbewußten fort und ergab ein Empfängnistrauma, auf das dann verstärkend ein Geburtstrauma folgte?

Ähnliches deutet sich bei Jesus an. Die Verkündigung des Engels Gabriel entspricht dem Traum vom himmlischen Elefanten. Auch Jesus wurde unterwegs geboren. Wer war der Vater? Joseph offenbar nicht, er war sein Stiefvater. Demzufolge ist Jesus unehelich gezeugt worden. Aber auf außerehelichen Geschlechtsverkehr hatte der jüdische Gott die Todesstrafe durch Steinigung verhängt (3 Moses 20,10). Deshalb nehme ich an, daß Maria bei der Empfängnis sehr verliebt war und zugleich Todesangst empfand, was ein Empfängnistrauma ausgelöst haben dürfte. Die Geburt war wahrscheinlich schwer, denn in der Mutter steigen bei der Entbindung Erinnerungen an die Empfängnis auf.

Ich vermute, Buddha hatte im Unbewußten das Bild seiner sterbenden Mutter, er selbst war die Ursache ihrer Qualen. Bei Jesus war das Mutterbild von Angst vor Steinigung durchdrungen. Ich folgere, beide Söhne wollten die inneren Mütter von deren Qualen erlösen, indem sie die eigene Geburt wie die Empfängnis rückgängig machen, womit sie in die Keimzellen zurückkehren. Daraus wäre ihre Barmherzigkeit mit allen radikalen Konsequenz zu erklären, sie ergab sich aus der Liebe der Söhne zu ihren Müttern. Von der Entstehung her hatten Jesus und Buddha den Auftrag, Mütter zu heilen. Es war die Ohnmacht, die Demütigung der Mütter, die in den Söhnen den Wunsch nach Allmacht aufkommen ließ.

Beide Frauen lebten im Patriarchat und konnten nicht über sich und die Wahl ihres Liebespartners bestimmen. Wahrscheinlich ist die Unterdrückung der Frau eine der wichtigsten Ursachen des Empfängnistraumas.

4. Die Inszenierung auf der historischen Bühne

Warum gewannen Jesus und Buddha eine welthistorische Bedeutung? Sie waren Charismatiker, projizierten ihre persönlichen seelischen Konflikte nach außen und inszenierten sie auf der historischen Bühne. Ihr individuelles Unbewußtes war zugleich ein kollektives, d. h. es trug das Unbewußte ihrer Gesellschaften in sich, zweier Gesellschaften im Prozeß der Selbstzerstörung. Die Menschen erwarteten den Weltuntergang, suchten einen Weg ins ewige Leben und brauchten jemanden, der ihn zeigt.

Die indischen Arier waren einige Zeit vor Buddha durch gesellschaftliche Veränderungen in eine tiefe Krise geraten. Junge Männer der herrschenden Klasse verließen massenweise ihre Familien und suchten seelische Erlösung: Sie folterten sich, oft bis zum Tode. Buddha hingegen lehrte einen neuen, sanften Weg der Befreiung, das Nirwana.

Eine andere Art von Krise gab es bei den Juden. Ein Teil paßte sich den herrschenden Griechen an, ein anderer Teil rebellierte dagegen. Seit etwa 150 v. Chr. führten sie Bürgerkriege. Die Hohepriesterpartei neigte zum Frieden, zum Ausgleich mit der hellenistischen Kultur. Die Königspartei wollte das rein jüdische Gesetz verwirklichen; sie entwickelte die Apokalyptik, die Hoffnung, daß Gott die Welt untergehen läßt und ihnen anschließend den himmlischen Messias für das Weltgericht schickt. Es sieht so aus, als ob Jesus zuerst die Position der Friedenspartei vertrat und dann in die Apokalyptik einstieg und die Rolle des Messias übernahm.

Aufgrund ihrer Biographien verkörperten Jesus und Buddha die Suche, sogar die Sucht nach Erlösung; gleichzeitig zeigten sie den Weg dorthin. Auf die Weise konnten ihre Visionen zum seelischen Gefäß für die bedürftigen Massen werden, denn die biologische Energie der Keimzellen kann sich mit gesellschaftlichen Bildern aufladen, in diesen beiden Fällen mit Zerstörungspotential.

Dieses wirkte im Christentum weiter, zuerst in Gestalt der Märtyrer, die Christus nachfolgten, später ins Aggressive gesteigert bei den Kreuzzügen. Das Christentum wurde zur intolerantesten, grausamsten Religion der Weltgeschichte: So lange sie mit politischer Macht verbunden war, wurden Abweichler als Ketzer verfolgt, gefoltert und bei lebendigem Leibe verbrannt. Der Buddhismus hingegen blieb friedlich, mit Ausnahme von Randerscheinungen wie im Tibet des Mittelalters.

Mohammed schließlich wandelte die Apokalyptik ab und verband die Idee des Märtyrers mit der Aggression. Für die Islamisten vom 11. September 2001 war ihr Flug eine Reise zu Gott ohne Rückkehr ins Leben, um Gottes Willen zu vollstrecken. Auch hier ist der Hintergrund ein strenges Patriarchat mit Unterdrückung der Frau: der Mütter.

5. Tantrischer Buddha, alchemistischer Christus: Reisen zu Gott mit Rückkehr ins Leben

Weder der Weltuntergang kam, noch ein friedliches Aussterben. Das Leben erneuerte sich. Wurde Gott gesund? Heilte seine Schizophrenie? Die Muttergöttin tauchte wieder auf. Eros verdrängte Thanatos. Buddhisten und Christen vollzogen die Rückkehr ins Leben!

Im Laufe von 500 Jahren nach Buddha erfuhr der Buddhismus Veränderungen, am radikalsten im buddhistischen Tantra: Buddha kommt aus dem Nirwana zurück und zeugt sich selbst neu in der Muttergöttin, um sich dann aus ihr zu gebären! Offenbar hatten manche seiner Anhänger Buddha in der Phantasie wieder belebt. Sie spürten wohl die Liebe zu ihm im Herzen, eine andere Art von Barmherzigkeit. Sie pflanzten Buddha den Lebenstrieb ein, den Zeugungstrieb, und sie gaben ihm, der nur Vatergötter gekannt hatte, eine Muttergöttin. Dabei benutzten sie schamanische Tränke aus heiligen Pflanzen, und aus ihrem Unbewußten stieg die alte Naturreligion wieder auf.

Im Christentum wurde Maria als Mutter Gottes verehrt, eine Art Matriarchalisierung der Vaterreligion des Jesus. In einem Geheimkult, der christlichen Alchemie, ergaben sich schließlich Entwicklungen wie im buddhistischen Tantra: Christus kommt auf die Erde zurück, zeugt sich selbst neu und gebiert sich dann. Es war die Liebe seiner Anhänger, die, in ihrer Phantasie, den Gekreuzigten auferstehen ließen: auf der Erde. Auch sie setzten Tränke aus heiligen Pflanzen ein, und in ihnen erwachte die Naturreligion ebenfalls wieder.

Zwei Neuanfänge mit Lust, Schöpfungslust, Gotteslust. In der Rolle Gottes erschaffen sie sich selbst neu und sind bei Empfängnis und Geburt die Aktiven: Sie heilen das Trauma von Empfängnis und Geburt auf neue Weise!

Jesus und Buddha waren auf die Weise wieder lebendig geworden, Gott war nicht mehr im Jenseits, sondern hier bei uns, in uns. Die Menschen, die diese Tat vollbracht hatten, blieben unbekannt. Es gibt aber ihre Texte, ihre heiligen Schriften. Ich hätte gerne gewußt, was in ihnen, als wirklichen Personen, vorgegangen ist.

Goethes »Faust« fiel mir ein; darin kam die Alchemie vor. Mir wurde klar, daß Goethe die Geschichte von Jesus radikal ins Gegenteil wendet: Am Anfang will Faust – wie Jesus – durch Selbstmord zum Himmel fahren, doch Gott schickt ihm den Teufel, und dieser erweckt in ihm die Liebe, die Lust aufs Leben. Am Ende steigt Fausts Seele zur Muttergöttin in den Himmel auf. In Goethes Biographie entdeckte ich seine Erleuchtung, die Reise zu Gott und die Rückkehr ins Leben.

Auf der Suche nach einer modernen buddhistisch-tantrischen Parallele stieß ich auf Bhagwan Shree Rajneesh/Osho, der erklärt hatte, er sei ein Erleuchteter, ein Buddha. Die Religion seiner Kindheit war der Dschainismus, ein Vor-Buddhismus. Dessen Gründer folterten sich jahrelang, zum Schluß ließen sie sich verhungern, um die ewige Seligkeit zu erlangen. In seiner Erleuchtung erfuhr Rajneesh eine Umkehr dieser Selbstmordreligion: Er erlebte die Schöpfung in sich. Er erschuf eine Religion der Bejahung des Lebens, der Liebe, der Lust. Wie Goethe sah er den Menschen als göttlich. Er hatte die Reise zu Gott und die Rückkehr ins Leben vollzogen.

Im Schlußteil, »Die Neue Alchemie«, stelle ich drei Fälle von extremem Trauma dar, bei denen das Muster Nahtod, Reise zu Gott, gefolgt von Rückkehr ins Leben, gut zu erfassen ist, und wo immer eine Muttergöttin die Heilung bringt. Auch hier bedient sie sich der alten Medizin, jedoch in moderner Form. So finden alle drei – Jünger, Ka-Tzetnik 135 366, Picasso - in der Tiefe des Unbewußten die Liebe zum Leben wieder. Sogar Ka-Tzetniks Auschwitz-Trauma konnte geheilt werden. Die historische Grundlage der drei Kapitel wird von Hitler und der deutschen Katastrophe gebildet, auf deren religiöse Aspekte ich in den Schlußbetrachtungen eingehe.

Alle Biographien des Buches enthalten im Kern Liebesgeschichten, von der Wurzel her: Die Liebe des Kindes, auch des ungeborenen, zur Mutter, die später als Übertragungsliebe neu erlebt wird. Immer wirkte Gott, der Schöpfer; die Schöpfung setzte sich in diesen schöpferischen Menschen fort, um uns zu berühren.

6. Therapeutische Szenarien. Gott in uns

Mein Buch entstammt der therapeutischen Praxis und zielt auf sie. Ich bin der Ansicht, Jesus und Buddha sind nicht nur von historischem, theoretischem Interesse. Auch heute gibt es noch viele ungewollte Kinder, die als Erwachsene an Selbstmordzwängen leiden und Erlösung suchen. Die Phantasien in ihrem Unbewußten ähneln denen von Jesus und Buddha. Um sie sich in einer Therapie bewußt zu machen, können die Geschichten der beiden hilfreich sein; sie können dazu dienen, das eigene Unbewußte zu klären.

Der Weg führt zuerst – wie bei Jesus und Buddha – zum Trauma, der Empfängnis, die zur Qual geworden war und ganz erlitten werden muß. Darin verbirgt sich der Wunsch nach ihrer Beendigung: Der Selbstmordwunsch, der der Wunsch nach Aufhebung der Empfängnis ist, wird erfüllt, nicht real, auch nicht ausagiert, sondern vorgestellt, im geschützten Raum der Therapie. In der bejahten Todeserfahrung wird die Empfängnis rückgängig gemacht; die Schmerzen lösen sich auf.

Dann erscheint etwas Neues: Das Gefühl, ewig und unendlich zu sein, die Allmacht zu besitzen, wie Gott zu sein. Das zeigen uns Jesus und Buddha. Man kann versuchen, sie nachzuahmen: Imitation, Identifikation. »Imitatio Jesu Christi« sagte man im Mittelalter; ein Buddhist will ein Buddha werden. Nun geht der Weg – tantrisch-alchemistisch – wieder vorwärts zur Neuzeugung. Dabei entdeckt man, daß die Empfängnis im Innersten gut war. Sie war nur vom Trauma wie von einem Schatten überlagert; die Verschmelzung der Zellkerne kann jedoch nicht gestört werden, darin entfaltet sich die Urkraft der Natur, der Evolution. Die weitere Entwicklung des Embryos ist die Folge.

Vor allem wird auch die Aggression sichtbar: Allmacht entsteht aus Ohnmacht, aus Schmerzen, die zu Wut, zu Haß, zu Zerstörungswillen führen: Sowohl Jesus wie Buddha wollen das Leben auf der Erde beenden. Es soll keine Empfängnis und keine Geburt mehr geben. Es ist Haß, der aus dem Leiden entstand, das zum Mitleid wurde, das das Leiden für immer abschaffen will.

Im Tantra und in der Alchemie wird mit der Zeugung die Aggression konstruktiv (»konstruktive Aggression« ist ein zentraler Begriff der »Dynamischen Psychiatrie« Günter Ammons). Der Zerstörungstrieb, der Todestrieb, Thanatos (wie Freud sagt), steht wieder im Dienste des Lebenstriebs, des Eros. Gott wird im Menschen wieder tätig.

7. Empfängnistrauma und Neuzeugung als Grundproblem der Psychoanalyse Jesus und Buddha bei Freud, Jung, Rank, Graber

Die Tiefenpsychologie vermittelt ein neues Menschenbild. Sie ist eine Fortführung der Psychoanalyse und fügt dem nachgeburtlichen Unbewußten, das Freud erforschte, das vorgeburtliche Unbewußte hinzu, dem religiöse Erfahrung entspringt, hinzu. Meines Erachtens ist dieses jedoch bereits in Freuds Theorie enthalten. Auch bin ich der Ansicht, deren Wurzel ist das Empfängnistrauma, und Jesus und Buddha sind dessen eigentliche Symbolfiguren! Das ist kaum bekannt; daher möchte ich nun einige Texte Freuds ausführlich erläutern. Anschließend zeige ich die Thematik bei seinen wichtigsten Schülern.

Schon die Geschichten von Ödipus und Narziß, den »mythischen Haupthelden der psychoanalytischen Theorie«, wie Ludwig Janus sie im Sammelband »Ungewollte Kinder« nennt, beginnen offensichtlich mit dem Empfängnistrauma. Narziß entstand aus einer Vergewaltigung. Später versuchte er sich selbst zu lieben und stach sich schließlich einen Dolch in die Brust (wie Robert Ranke-Graves schreibt).

25

Laios, dem Vater von Ödipus, war prophezeit worden, ein Sohn werde ihn töten. Als er daraufhin seine Frau Jokaste verstoßen wollte, machte sie ihn betrunken und empfing ein Kind. Nach der Geburt setzte Laios den Jungen aus, doch ein Hirte fand ihn. Später tötete Ödipus seinen Vater und heiratete seine Mutter, ohne zu wissen, daß es seine Eltern waren. Als die Wahrheit herauskam, erhängte sich Jokaste, Ödipus stach sich die Augen aus und verschwand dann in einer Felsspalte. – Hatte er sich in seiner Mutter neu zeugen wollen?

Die Identifizierung mit Jesus ist der Kern der Fallgeschichten über Schreber und den »Wolfsmann«, die als Freuds Modellbeispiele für Psychose und für Neurose gelten.

Schreber, Richter und Senatspräsident, hatte die Vorstellung, Gott wolle ihn zur Frau machen, um mit ihm Geschlechtsverkehr zu haben. Er wehrte sich zuerst gegen Gottes Willen, da er ihn als »Seelenmord« empfand. Nach langem, qualvollen Ringen gab er seinen Widerstand auf und unterwarf sich Gottes Willen. Nun kam der Weltuntergang, den er als einziger Mensch überlebte: Er war eine Frau geworden, »Gottes Weib«, verglich sich mit der Jungfrau Maria und hatte nun Geschlechtsverkehr mit Gott, der ihm »Wollust« bereitete; »Gottesstrahlen« drangen in ihn ein und befruchteten ihn; er spürte schon die Bewegungen des Embryos in seinem Leib, war er doch auserwählt, den »neuen Menschen« zu gebären.

Das ist offensichtlich eine Abwandlung bzw. Neuinszenierung der Geschichte von Jesus, der durch den Weltuntergang zu Gott aufstieg, um sich mit diesem zu vereinen; Schreber ersetzte die Kreuzigung durch die Kastration. Freud sprach von Schrebers Identifikation mit Jesus Christus; er sah Schrebers Phantasie als Ergebnis homosexueller Liebe zum Vater. Was Freud nicht klar benennt, ist das Ziel dieser Liebe: vom Vater neu gezeugt, um dann neu geboren zu werden. Ich nehme also an, Schreber wollte sein Empfängnistrauma heilen: Er war von der Mutter nicht in Lust empfangen worden. Darauf deutet auch, daß er die Rolle der Jungfrau Maria einnimmt und nun aber aus der unbefleckten Empfängnis eine befleckte macht. Vielleicht hatte sich seine Mutter aufgrund sexueller Hemmungen mit der Jungfrau Maria identifiziert. Auslösung von Schrebers Phantasien war die Befürchtung, impotent zu sein. Das war wohl der erste Schritt zu Jesus hin, der ebenfalls keine Sexualität hatte. Als Ziel der Phantasie sehe ich den Wunsch, als neu gezeugter, sexuell potenter Jesus Christus wiedergeboren zu werden – als alchemistischer Christus.

Schreber schien geheilt, verließ die Klinik, setzte selbst, als Jurist, die Aufhebung seiner Entmündigung durch, schrieb sein Buch »Denkwürdigkeiten eines Nervenkranken«, doch nach einigen Jahren wurde er wieder verwirrt und starb schließlich in geistiger Umnachtung. Das Problem war möglicherweise, daß er bei der Neuzeugung nicht die aktive Rolle eingenommen hatte.

Auch Freuds Patient, der als »Wolfsmann« berühmt wurde, hatte sich mit Jesus Christus identifiziert. Im Unbewußten des Patienten fand Freud eine Phantasie: »Er wünscht sich in den Mutterleib zurück, nicht um dann einfach wiedergeboren zu werden, sondern um dort beim Koitus vom Vater getroffen zu werden, von ihm die Befriedigung zu bekommen, ihm ein Kind zu gebären.« Er phantasierte auch die Geburt und zwar als »Darmentleerung«; Freud spricht anschaulich von einem »Kotkind«.

Wieder sah Freud die homosexuelle Liebe zum Vater. Ich hingegen meine, vor allem war der »Wolfsmann« ein ungewolltes Kind, litt am Empfängnistrauma (dazu an Abtreibungsängsten: das »Kotkind« für den Abort), und so wollte er neu gezeugt und neu geboren werden. Auch hier wurde die Krankheit durch Angst vor Impotenz ausgelöst. - Am Ende der Kur betrachtete Freud seinen Patienten als geheilt. Doch kam der Rückfall. Als er in hohem Alter starb, litt er immer noch an den Depressionen, die ihn in seiner Jugend zu Freud geführt hatten. –

Die zwei im Unbewußten frommen Männer versuchten, in sich selbst ihre Eltern in göttlicher Liebe einander lieben zu lassen. (Angelehnt an Janus, könnte man die beiden die Hauptheiligen der Psychoanalyse nennen.)

Freuds Aufsätze über die zwei Nachfolger Jesu Christi erschienen 1911 und 1918. Buddha taucht 1920 bei Freud auf, als er in »Jenseits des Lustprinzips« seine zweite Triebtheorie, sein zweites System entwickelt: Die Wurzel der seelischen Krankheiten sieht er nun nicht mehr im Ödipuskomplex, in der Vaterproblematik, sondern im Todestrieb, der dem »Nirwanaprinzip« folge. Damit ist ein Verweis auf Buddha gegeben (ohne daß Freud ihn erwähnt). Freud beschrieb hier auch die Befruchtung, und zwar als ein Trauma, eine Gewalteinwirkung: In die Zellen dringen Reize ein, die wieder ausgeschieden werden sollen. Freud stellte das dar, was Buddha bei seiner Nirwanaerfahrung von der Eizelle aus machte: er ließ den Samen verlöschen, um sein Empfängnistrauma aufzuheben.

Als Kern des Menschen sah Freud den Narzißmus; der »primäre Narzißmus« entspricht dem »intrauterinen Leben«. Im Aufsatz »Das Unbehagen in der Kultur« von 1930 zitiert Freud Romain Rolland, der ihm schrieb, »die eigentliche Quelle der Religiosität« sei »die Empfindung der ›Ewigkeit‹«. Freud kommt dann zu der Feststellung: »Unser heutiges Ichgefühl ist also nur ein eingeschrumpfter Rest eines weitumfassenderen, ja - eines allumfassenden Gefühls, welches einer innigeren Verbundenheit mit der Umwelt entsprach«; erlebt wurde eine »Unbegrenztheit und Verbundenheit mit dem All«, ein »Eins-sein mit dem All«. Es gab »ein reines Lust-Ich«. Das besagt, bereits Freud entdeckte die religiöse Erfahrung!

Mir scheint, Goethe fand dieses Lust-Ich: Das Gottes-Ich, den Gott in uns. Da es aus der Verbundenheit besteht, ist es eine Beziehung von Ich und Du, von Kind und Mutter, auf frühester Ebene: bei der Reifung der Eizelle, der Entstehung des ersten Ichs. Im Falle eines Empfängnistraumas, müßte dann – tantrisch, alchemistisch – die Neuzeugung erfolgen, eine aktive Wiederverbindung mit den Schöpfungsenergien, mit dem Genom; aus dem bestehen wir.

C. G. Jung hatte 1912 in »Wandlungen und Symbole der Libido« die mystischen Phantasien einer »Miß Miller« behandelt; sie wurde später schizophren. Meines Erachtens ist offenkundig, daß sie, wie Schreber, von Gott neu gezeugt werden wollte. Hatte sie sich mit der Jungfrau Maria identifiziert, oder mit Jesus, um ein Mann zu werden? Später entwickelte Jung seine Lehre der Archetypen. Ziel der seelischen Entwicklung sei der »Archetypus des Selbst«, der verwandt oder identisch mit dem »Archetypus des Gottesbildes« ist. Jesus und Buddha nennt Jung »Symbole des Selbst«; diese drücken »ein Gefühl von Ewigkeit oder Unsterblichkeit« aus. Die Heilungsvorgänge beschreibt Jung in symbolischer, abstrakter Weise, sodaß Empfängnistrauma und Neuzeugung nicht deutlich werden.

In seinem Buch »Das Trauma der Geburt« von 1924 nennt Otto Rank die Kreuzigung eine »unlustbetonte Rückkehr in den Mutterleib«. Präziser ist die Deutung der Himmelfahrt als »Spermatozoentraum«, als Rückkehr des Samens in den »Vaterleib«, in den Hoden. Diesen Gedanken übernahm Rank aus Herbert Silberers Buch über die Alchemie von 1914. Buddhas Nirwanaerlebnis deutet Rank mit Franz Alexander (der 1923 darüber geschrieben hatte) als Rückkehr in den Mutterleib, als »phylogenetische Regression« bis zum Zustand des Einzellers; das wäre die Eizelle im Eierstock. Die eigentliche Ursache der Phantasien von Jesus und Buddha, das Empfängnistrauma, nennt Rank nicht.

Rank sah die Geburt als traumatische Erfahrung; die Folge sei, daß der Mensch vor das Trauma zurückkehren möchte, in den Mutterschoß. Psychotherapie verstand Rank als eine seelische Wiederholung von Schwangerschaft und Geburt, wobei die Geburt nun nicht mehr als traumatisch erlebt wird. Logischerweise müßte der Prozeß mit einer Neuzeugung beginnen. In seinem letzten Buch, »Jenseits der Psychologie« von 1939, beschreibt Rank das »unsterbliche Selbst«.

Gustav Hans Grabers eigene Analyse 1916/17 führte ihn zu einem »Glückseligkeitserlebnis«, das er erst später durch Buddhas Lehre begriff. Daraus entstand seine pränatale Psychologie. In den 50er Jahren schrieb er (z. T. angelehnt an Rank) über Jesus und Buddha. Buddhas Nirwanaerlebnis deutete er als »das wunschlose Erleben im Mutterleib«, als »höchste Glückseligkeit«. Christus habe die »Identifizierung mit Gott-Vater« gesucht, um »allmächtig wie Gott« zu sein. Ich meine, es geht um die Regression in die Keimzellen, um vor das Empfängnistrauma zu gelangen. Der Begriff

Empfängnistrauma wurde von Lietard Peerbolte und Graber erst in den 70er Jahren eingeführt.

8. Pränatale Psychologie und entheogene Revolution Stanislav Grof, Johannes Fabricius, Ludwig Janus

Mitte des vorigen Jahrhunderts erfolgte der eigentliche Durchbruch zur Tiefenpsychologie, ermöglicht durch neue Methoden der Forschung. Die gerade erwähnten Autoren kamen zu ihren Ansichten auf einem indirekten Wege, nämlich über Träume, Tagträume, Mythen. Dann fand man den direkten Zugang zum Unbewußten mittels psychoaktiver Substanzen; sie inspirieren die Psyche, sie lassen das Unbewußte ins Bewußtsein steigen, oder erlauben dem Bewußtsein, ins Unbewußte hinabzutauchen; sie sind bewußtseinserweiternd. Diese Substanzen wurden in den 50er und 60er Jahren als Hilfsmittel zur Psychotherapie eingesetzt. Nun konnten die Menschen ihre Geburt wieder erleben, auch die vorgeburtlichen Bereiche; sie begegneten Gott, als Vatergott und als Muttergöttin. Diese sind im Menschen angelegt, d. h. er begegnet sich selbst.

Man nennt diese Substanzen heute auch entheogen. Entheos: der innere Gott. Entheogen: den inneren Gott oder im Innern Gott erzeugend. Die Erkenntnis, daß Gott im Innern ist und daß jeder Mensch ihn in sich finden kann, bedeutet eine Umwälzung des Denkens, der Vorstellungen von Mensch und Welt. Diese Umwälzung nenne ich die entheogene Revolution.

Die umfassendsten Forschungen mit entheogenen Substanzen machte Stanislav Grof. Er untersuchte den Geburtsprozeß: Eine Todeserfahrung, auf die eine Neubelebung durch Gott folgt – ich meine: in den Keimzellen. Grof ordnet alle seine Befunde um die Geburt an. Auch Jesus und Buddha kommen bei Grof vor, mit Kreuzigung und Nirwanaerfahrung, worin Grof Wiederholungen der Geburt sieht.

Was Grof in der Gegenwart praktizierte, entdeckte zur gleichen Zeit Johannes Fabricius in der Vergangenheit, in der Alchemie. Er ist der Ansicht, daß die Alchemisten mittels psychoaktiver Substanzen zu ihren Einsichten kamen. Fabricius sieht in den alchemistischen Bilderserien den Weg von der Geburt über die Einnistung und über die Empfängnis zu den Keimzellen dargestellt. (Anders als Grof differenziert Fabricius die vorgeburtlichen Schichten.) Den Abschluß der alchemistischen Erfahrung illustriert Fabricius mit dem Bild einer Großen Mutter, in deren Schoß »der Alchemist seiner eigenen Empfängnis zusieht.« Meines Erachtens geht es hier um die Heilung des Empfängnistraumas durch eine Neuzeugung.

Jesus Christus erscheint als die Symbolfigur, die den alchemistischen Prozeß erlebt. Im Schlußkapitel »Psychedelische Psychologie: die ›Neue Alchemie‹« beschreibt Fabricius den heutigen »LSD-Buddha«, der in die erste Keimzelle, die das Leben als ewiges enthält, zurückgekehrt ist.

Ludwig Janus nennt Fabricius in der Widmung seines Buches »Wie die Seele entsteht« den »Aufklärer des europäischen Unbewußten«. Das Buch von Janus, zuerst 1991, ist eine umfassende Einführung in die perinatale und pränatale Psychologie. Der Schlußsatz heißt: »Es ist dieses fötale Bewußtsein als Wurzelgrund unserer Seele, zu dem wir uns immer wieder ahnungsvoll in Beziehung setzen und aus dem heraus wir uns immer wieder neu bestimmen können.«

Eine systematische Grundlegung enthält das frühere Buch von Janus: »Die Psychoanalyse der vorgeburtlichen Lebenszeit und der Geburt« (zuerst 1989, erweitert 2000). Er zeigt das Thema in der frühen Psychoanalye und sein Wiederauftauchen nach dem 2. Weltkrieg. Er behandelt dessen Psychologie und Physiologie, sowie die Konsequenzen für die therapeutische Praxis. Im kulturpsychologischen Teil untersucht er die Symbolisierung der pränatalen und perinatalen Dimension seit der Altsteinzeit bis zur modernen Kunst, dazu auch die psychohistorischen Zusammenhänge (bis zu den Weltkriegen). Er folgert: »Vielleicht nähern wir uns ... der Zeit, in der die Lebensfrühzeit nicht nur in religiösen Projektionen erfahren werden kann, sondern unmittelbar in gefühlshafter Innerlichkeit.« – Im Jahre 2000 erschien von Janus: »Der Seelenraum des Ungeborenen. Pränatale Psychologie und Therapie«.

Dieser Bereich ist jetzt auch in der Philosophie aufgetaucht: 1993 in Peter Sloterdijks Buch »Weltfremdheit« und vor allem 1998 in »Sphären I, Blasen«. mit dem »Urbegleiter« (Kap. 5). »Die Tiefenpsychologien sind gleichsam das denkende Herz der Moderne«, schreibt er. Janus bemerkt: Sein Denken handelt »von der Geburtsvergessenheit der Philosophie« und will »die Geburtlichkeit des Menschen philosophisch erfassen«.

Tiefenpsychologie, die bis zu Keimzellen und Empfängnis zurückgreift, ist Religionspsychologie. Religion: religio von religare, wiederverbinden. Für Augustinus bewirkte Religion, daß »die Seele sich mit dem einen Gott, von dem sie sich gewissermaßen losgerissen hat, in der Versöhnung wieder verbindet.«

Wie Biologie und Psychologie heute zeigen, hat dieser eine Gott zwei Ursprünge: Ei und Samen. Sie sind in der Tiefe unseres Gedächtnisses gespeichert. Der Mensch hat seine beiden Ursprünge vergessen, doch kann er sich wieder an sie erinnern: Anamnesis sagten die Griechen, Aufhebung des Vergessens, Urerinnerung.

Das Ei im Eierstock kann man die Quelle der Liebe nennen, den Samen im Hoden die Quelle der Kraft. Aus diesen beiden verschiedenen, gegensätzlichen

Energien besteht der Mensch. Jung meinte, die Seele suche die Vereinigung der Gegensätze, coniunctio oppositorum. Das wäre die Zeugung, als Neuzeugung.

Entheogenetik als Wissenschaft, als Theorie und Praxis der Erzeugung Gottes im Menschen, als Versöhnung der Gegensätze, aus denen Gott besteht, und die Heilung seiner Spaltung: Heilung der Seele - Heilung Gottes. Konkret therapeutisch gesagt: Der Mensch muß die Eltern, aus denen er entstanden ist und aus denen er besteht, in sich vereinen, versöhnen, sodaß er aus ihren Energien leben kann. Die Vereinigung geschieht in der Tiefe des Unbewußten, in der der Vater der Vatergott ist und die Mutter die Muttergöttin.

In »Schöpferische Mythologie«, dem 4. Band seines Werkes »Die Masken Gottes«, entwirft Joseph Campbell die Religion der Zukunft: Sie entsteigt dem eigenen Unbewußten eines Menschen.

Zunächst jedoch muß sich der Mensch von fremden Gottesbildern lösen, z. B. vom Gott am Kreuz. Wurde dieser in der Kindheit eingepflanzt, so kann er trotz enormer Befreiungsversuche wieder vom Menschen Besitz ergreifen. »Nah ist/Und schwer zu fassen der Gott«, beginnt Hölderlins spätes Gedicht »Patmos«. Der Dichter hat den Wunsch »Hinüberzugehen und Wiederzukehren«. Er macht eine Seelenreise, gelangt zu Christus, dem Gekreuzigten, der bei Gott ist. Offenbar blieb seine Seele bei ihm; Hölderlin lebte noch über 30 Jahre in geistiger Umnachtung. Nietzsche verkündete: »Gott ist tot«. Er meinte den christlichen Gott, den toten Gott am Kreuz, und setzte Dionysos und den Übermenschen dagegen. Kurz bevor er wahnsinnig wurde, unterschrieb er eine Postkarte: »Der Gekreuzigte«.

Goethe gelang die Befreiung vom Gekreuzigten. Er fand in sich »des Gottes eigene Kraft« – die Kraft des eigenen Gottes, des Gottes in uns, des Entheos. Dieser ist Vatergott und Muttergöttin in einem.

Am Anfang des »Faust« preist Goethe die Schöpfungen des Vatergottes:

Die unbegreiflich hohen Werke
Sind herrlich wie am ersten Tag.

Und am Ende des »Faust« erscheint die Muttergöttin:

Das Ewig-Weibliche
Zieht uns hinan.

Heilt der Mensch in seinem Innern Gott, die Schöpfung, kann er – so hoffe ich – auch ihre Zerstörung im Außen beenden und Welt und Gesellschaft heil machen. Die Reise zu Gott bekäme einen existentiellen Sinn. Dies Buch soll als Reiseführer dienen, als Wegweiser zur Rückkehr ins Leben.

Grundlagen einer Tiefenpsychologie der religiösen Erfahrung

Die Tiefenpsychologie der religiösen Erfahrung erforscht vor allem die psychische Dimension der biologischen Prozesse, durch die der Mensch entsteht, d. h. die embryonale Periode, die ersten beiden Monate der Schwangerschaft, und den Anfang der fötalen Periode, also das erste Trimester (wie die englischen Kollegen sagen). Es geht um die Wachstumsphasen von der Keimzellenreifung bis zum Erwachen des Bewußtseins; sie bilden den kreativen Kern des Unbewußten, in ihnen entsteht das Selbst oder die Seele. Diese Prozesse ereignen sich in Räumen, in Landschaften. Man kann dazu Landkarten herstellen, Kartographie betreiben, Grof sagt »Topographie«. Der Dichter Gottfried Benn, der eine visionäre Art der pränatalen Psychologie entwickelte, machte 1930 etwas Ähnliches in seinem Essay »Aufbau der Persönlichkeit – Grundriß einer Geologie des Ich«. –

Diese »Grundlagen« sind der Hintergrund der seelischen Vorgänge, die ich in den 12 Kapiteln schildere, und ich werde immer wieder Bezug auf sie nehmen.

I. Stammesgeschichte. Frühgeburtlichkeit des Menschen: Geburtstrauma, Empfängnistrauma

Ich denke, daß das Empfängnistrauma eine Folge des Geburtstraumas ist, d. h. der mit Schmerzen verbundenen Geburt des Menschen, wie sie z. B. schon im Alten Testament erwähnt wird. Nachdem der jüdische Gott die Menschen aus dem Paradies vertrieben hatte, sagte er zu Eva: »Du sollst mit Schmerzen Kinder gebären«. In der mythischen Szene spiegelt sich unsere Stammesgeschichte.

Vor fünf Millionen Jahren gab es eine Erwärmung, eine Austrocknung; unsere Vorfahren stiegen von den Bäumen herab, wurden Jäger und Sammlerinnen. Mit dem aufrechten Gang vergrößerte sich das Gehirn, der Kopf. Da der Beckenbau der Frau gleichblieb, wurden die Geburten schwieriger, schmerzhafter, es kam zum Geburtstrauma. Kinder und Mütter starben bei der Geburt, nur Frühgeburten überlebten: »Frühgeburtlichkeit«, »Fötalisierung«. Der Mensch wurde »ein geschlechtsreif gewordener Primatenfötus«, sagte Louis Bolk 1926.

Ich nehme an, daß mit dem Geburtstrauma, den Schmerzen der Geburt und den häufigen Todesfällen dabei, die Frauen Angst vor der Geburt und damit vor der Empfängnis bekamen; so kam es zum Empfängnistrauma.

Ludwig Janus, der sein Buch »Wie die Seele entsteht«, mit einer umfassenden und anschaulichen Darstellung der Stammesgeschichte des Menschen beginnt, schreibt, daß durch das Geburtstrauma eine »Aggressivierung« entstehe, also ein Überschuß an Zerstörungswillen. Zugleich bildet sich der Regressionswunsch, die Sehnsucht, in den guten Schoß zurückzukommen, und die Fähigkeit, sich an das vorgeburtliche Leben zu erinnern, Phantasiewelten zu erschaffen, die verwirklicht werden möchten.

Janus erwähnt die Ansicht eines Mediziners, der von einer »Evolutionspathologie« spricht. Offenbar wurde sie kreativ gewendet: Die Frühgeburt – kann man sagen: die reanimierte Totgeburt? – verwandelte die am Anfang erlittenen Schmerzen in Aggressionen und machte sich zum Herrn der Erde. Die Jagd war zur Ernährung nicht notwendig, Sammeln genügte. Der Psychohistoriker Lloyd deMause ist der Ansicht, daß die Jagd, wie auch der Krieg, dazu diente, das »fötale Drama« mit dem Geburtskampf, und zwar in der Gruppe, zu wiederholen und zu überwinden. Hinzu kommt, daß »die Jagd mit der Sexualität zusammengebracht wurde«, wie Janus schreibt.

II. Neuzeugungen
1. Selbstzeugung in der Altsteinzeit

Der heutige Mensch war vor etwa 200 000 Jahren fertig. Vor 40 000 Jahren gab es einen geistigen Entwicklungsschub, vielleicht ausgelöst durch das Zusammentreffen mit dem Neanderthaler und dem Sieg über den Rivalen: Die paläolithische Revolution mit den Höhlenmalereien. Janus weist auf »die Mutterleibssymbolik der Steinzeithöhlen« hin. Ich denke, daß sich aus den Malereien erschließen läßt, daß unsere Ahnen Methoden der Heilung des Traumas von Geburt und Empfängnis entdeckt hatten.

In dem Buch »Wiedergeburtsmagie in der Altsteinzeit« interpretiert der Kunsthistoriker Max Raphael Bilder aus Lascaux. »Wiedergeburt setzte wie die Geburt... einen konkreten Geschlechtsakt voraus«. Ein Bild zeigt einen Mann mit aufgerichtetem Glied, über den sich Frauen mit großen Brüsten beugen. Raphael meint, der Mann »zeuge sich selbst neu für das Leben nach dem Tode«. Er wird »sein eigener Vater... indem er sein zweites Leben selbst zu zeugen hat«. DeMause schreibt zu einem anderen Bild aus Lascaux: »Der Schamane hat... einen erigierten Penis, weil er nämlich wiedergeboren worden ist, zu neuem Leben erweckt«. (Man könnte an Freuds »Wolfsmann« denken, der nun ans Ziel gelangt ist.)

Ich bin der Ansicht, es handelt sich bei dieser Selbstzeugung um eine Erfahrung in einem Trancezustand: Die Geburt wird wiedererlebt, die

Todeserfahrung, die zur seelischen Rückkehr zur Empfängnis führt; nun nimmt der Mann die Stelle des Vaters ein, zeugt sich neu in der Mutter und bringt sich dann zur Welt.

Ich nehme an, daß nur Stämme, die Riten der Neuzeugung und Wiedergeburt erfanden, überlebten. Es waren zugleich Pubertätsriten; mit dem Erwachen der Sexualität pflegt die Geburt wieder aufzusteigen, was zu einer Psychose führen kann; die Heilung geschah durch das Ritual.

2. Mannbarkeitsriten. Neuzeugung

Vor etwa 12 000 Jahren brachte eine Erwärmung das Ende der Eiszeit; die großen Jagdtiere starben aus; die Männer hatten ihren Lebenszusammenhang verloren. Es erfolgte die neolithische Revolution: Die Frauen erfanden die Anpflanzung, den Ackerbau; es kam zur Seßhaftigkeit, zum Besitz, zu Fruchtbarkeitskulten mit der Verehrung der Großen Mutter, deren Jünglingsgeliebter ihr geopfert wurde, »als freiwilliges Selbstopfer«, »tatsächlich vollzogen«, wie Heide Göttner-Abendroth schreibt. Wurden die Männer als eine Art heiliger Dünger empfunden und empfanden sich selbst auch so? Waren sie depressiv geworden, regressiv, infantil, fötal? Statt der Wiedergeburt eine Rückgeburt ohne Wiederkehr? Die Opfer glaubten, daß »nach dieser Reise ihre sichere Wiedergeburt« stattfinden werde, schreibt Göttner-Abendroth. Sicher scheint mir hier nur der Zusammenhang zwischen Geburt und Tod als Menschenschlachtung.

Nach einigen Jahrtausenden scheint es, als hätten sich die Männer wieder an den Ursprung ihrer Kraft erinnert: Sie züchteten Großvieh. Es entstanden Männerbünde und Mannbarkeitsriten.

In vielen archaischen Gesellschaften (vergangenen und heutigen) werden die Knaben als weiblich angesehen, da sie von der Mutter geboren wurden. In »Mannbarkeitsriten«, die Gisela Bleibtreu-Ehrenberg untersuchte, werden die Jünglinge im »sakralen Analkoitus« von älteren Männern in Priesterfunktion neu gezeugt und gelten dann auch als neugeboren, durch das Sperma zu Männern geworden. In Sparta wurde der Ritus öffentlich aufgeführt; der Erwachsene war der »Einhaucher«, der Jüngling der »Empfangende«. Benn schreibt in »Dorische Welt«: »Dorisch ist die Knabenliebe, damit der Held beim Mann bleibt... Es war erotische Mystik: Der Ritter umarmte den Knaben wie der Gatte das Weib und vermischte ihn mit seiner Tugend«. Die »Tugend« (arete) war im Sperma enthalten.

Der Knabe gab sich dem Ritter in der passiven, der weiblichen Position hin. Er war gleichsam noch in der Mutter und wurde aus ihr herausgestoßen,

was an Alexander Lowens bioenergetische Übung der »Beckenschaukel«
denken läßt. In der Neugeburt fand die Neuzeugung statt: Das Sperma stieg
symbolisch das Rückgrat hoch, eine Art Kundalini-Joga. Nach der Initiation
kam die Heirat. Zu dem Ritual meint Bleibtreu-Ehrenberg, die Jünglinge
lernten dabei auch, »wie man aktiv Sex macht«.

Die Phantasien Schrebers und des Wolfsmanns hätten in Sparta Realität
werden können.

3. Der Heldenmythos. Muttertötung und Selbstzeugung

Vor etwa 5000 Jahren war die patriarchale Revolution. In seiner »Ursprungsgeschichte des Bewußtseins« stellt der Jungianer Erich Neumann die
psychische Entwicklung des Menschen als Parallele zum historischen Prozeß
dar. Die höchste Stufe werde mit dem Patriarchat und dem Heldenmythos
erreicht: Der Held tötet den Drachen und zeugt sich neu in ihm. Der Drache
ist das Symbol der furchtbaren, verschlingenden Mutter«. Jung hat nachgewie-
sen, daß der Inzest des Helden seine Wiedergeburt bezweckt«. Der Held hat
den»oberen Vater«, den »Geistvater«, als zeugenden in sich; so »wird er Vater
seiner selbst«. »Der Wiedergeborene ist Sohn des göttlichen Vaters, Vater seiner
selbst, und, als Zeuger der Wiedergeburt des Vaters in sich, Vater seines Vaters«.
Das Ziel des Heldenmythos benennt Neumann mit einem Satz, den er »Sakralformel« nennt: »Ich und der Vater sind eins«. (Der Satz dürfte aus Joh 10,30 sein.)

Ich sehe im Heldenmythos die Wiederholung der Geburt (so auch Janus):
Die Mutter wird im Geburtskampf besiegt, mit dem Sieg erfolgt der Orgasmus (der »Geburtsorgasmus« den Grof entdeckte) und damit findet die
Neuzeugung statt. – Es ist, als ob der Wolfsmann und Schreber neu gezeugt
würden, wie in einem nun verinnerlichten sakralen Analkoitus, und dann
vollziehen sie selbst ihre Neuzeugung, die zur Geburt führt. Auf die passive
Rolle folgt die aktive, und dann auf die homosexuelle die heterosexuelle.

Mit dem Patriarchat entstanden die Klassengesellschaften, die riesigen
Sklavenhalterstaaten des alten Orients. Neuzeugungsriten gab es nur noch für
die Herrschenden. Die Sklaven waren wie ungeboren, im schlechten Mutterleib. Die Erde wurde für sie zum Jammertal, zur Hölle. Julian Jaynes
beschrieb, wie im zweiten Jahrtausend vor Christus der Pessimismus und die
Sehnsucht nach Erlösung im Jenseits entstand.

Parallel zu dieser Entwicklung gab es eine andere. In manchen Gegenden
begann das Patriarchat eine zweite Stufe zu erreichen: Die Muttergöttin, der
sich die Männer einst opferten, wurde von ihnen beseitigt. Zuerst von Echna-
ton, bald gefolgt von Moses (nach Freuds Ansicht ein Anhänger Echnatons).

Die indischen Arier machten um diese Zeit das Gleiche, erschufen sich einen männlichen Eingott, als Schöpfergott und Kriegsgott, der in der Bhagavat Gita als Krischna erscheinen wird.

III. Von den Keimzellen zur Geburt
1. Die Keimzellenreifungen. Die zwei Selbstzeugungen Gottes als Ursprünge des ewigen Lebens

Die Keimzellen enthalten 23 Chromosomenpaare«. Ein Chromosom von jedem Paar stammt von der Mutter, das andere vom Vater«. »Kurz vor der Mitose verdoppelt jedes Chromosom seine Bestandteile«, schreibt Jan Langman in »Medizinische Embryologie«. Die Keimzellen haben die »Fähigkeit zur Selbstvermehrung (Reduplikation oder Replikation)«, heißt es in »Embryonale Entwicklung des Menschen« von G. H. Schumacher.

Für Graber haben die Keimzellen eine Seele. Die Samenzelle hat zuerst »Rundform«, gewinnt dann eine »Längsform«. Ihre Seele ist zuerst »eine Einheit«. »Diese Einheit wird gesprengt... Die Seele teilt sich, und es entsteht zunächst die zweigeteilte oder zwiespältige Samenzellen-Seele«. Auch bei der Eizelle »finden wir die Zweiteilung, die zweigeteilte oder zwiespältige Eizellenseele«. »Sie hat aber, zum Unterschied von der Samenzelle, die ursprüngliche Wesensart... beibehalten. Die Seele der Eizelle ist im Vergleich zur Samenzellenseele konservativer geblieben. Sie vertritt mehr das Prinzip der Beharrung, der Seßhaftigkeit, der Passivität... während sich die Samenzelle... auf Wanderung, Bewegung, Aktivität, Auswanderung und Angriff einstellt«.

Ich verdeutliche nun die Vorgänge mit Fabricius, um die Dimension der Schöpfung und vor allem des ewigen Lebens stärker in den Blick zu bekommen. Die Keimzellenreifung geschieht, wenn die Eltern selbst noch Embryos sind. »Die Trennung der Urkeimzellen von den Körperzellen erfolgt durch eine Zellwanderung von der Wand des Dottersacks zum genitalen Rand des Embryos... In diesem Übergang, der die primäre Geburt des Individuums darstellt, bewegt sich die Zelle ›vom Tod zum ewigen Leben‹, d. h. vom ›Tod‹ der normalen Körperzelle zum ›ewigen Leben‹ der Urkeimzelle mit ihren Möglichkeiten der Fortsetzung des endlosen und ununterbrochenen Lebensfadens«. Nun erfolgt die Reifung der Keimzelle, eine Mitose. »Die Ur-Mitose dieser Urgeschlechtszelle bezeichnet ihren ersten Schritt auf dem Weg zur Schöpfung«. »Im Kern der Zelle spalten sich die spiralförmigen DNA-Leitern in zwei und verdoppeln sich derart selber einschließlich ihres genetischen Codes«.In einer normalen Zellteilung verdoppeln sich im Kern die Chromosomen, bilden Paare, dann teilen sie sich in zwei neue Zellen, die Kopien der ursprünglichen Zelle sind. Das ist die Mitose«.

»Die Ur-Mitose des Menschen entspricht der Teilung oder Generierung der ersten Zelle ihrer selber, dem entscheidenden Anfang aller Evolution«. Man könnte auch sagen: Selbsterschaffung, Selbsterzeugung – ein Vorgang, den man Gott zuschreibt.

Es folgt die erste Reifeteilung, die Meiose; kurz vor ihrem Beginn verdoppeln die Keimzellen wieder ihre DNS-Menge bzw. die Struktur der Chromosomen. Dann teilen sie sich. Nun beginnt die zweite Reifeteilung, die wieder eine Mitose ist. Schließlich sind aus der uranfänglichen Samenzelle vier Samenzellen geworden. Die Eizelle hingegen scheidet drei Polkörperchen aus und nimmt an Größe zu. Mit den Reifeteilungen sind die Keimzellen zu »Geschlechtszellen« geworden, sagt Fabricius.

Fabricius schreibt von der Reifung nur einer Keimzelle; meint er die Eizelle? Graber macht in seiner Beschreibung der Keimzellenreifungen einen deutlichen Unterschied zwischen Eizelle und Samenzelle, und die Ergebnisse sind ja unterschiedlich, was Fabricius dann auch erwähnt.

Wir haben ein Urwissen von diesen Vorgängen, die man im Trancezustand wahrnehmen kann. Beide Keimzellen enthalten Chromosomen der Mutter und des Vaters. In der Eizelle sieht man die Eltern der Mutter im Liebesakt. Die Samenzelle, die nicht fortpflanzungsfähig ist, hat sich verwandelt; sie dient nur der Befruchtung. Man kann in ihr zwei Männer sehen, die sich lieben, sie wirken wie Vater und Sohn. Der Vater lädt dabei den Sohn mit Energie auf, um ihn dann von sich loszureißen und zum Ei hinabzuschicken. Der Vorgang zeigt sich in Mythen.

Samenzelle. Krischna und Ardschuna
Inzest von Vater und Sohn

Im heiligen Buch der Hindus, der Bhagavat Gita, wird die Vorbereitung eines Krieges geschildert; die beiden Heere stehen sich gegenüber. König Ardschuna, der Anführer der einen Partei, will nicht kämpfen, weil er auf der Gegenseite Verwandte sieht. Da sagt ihm sein Wagenlenker, in dem sich der Gott Krischna verbirgt, Aufgabe des Kriegers sei es, zu kämpfen und zu töten. Als Ardschuna sich weiterhin weigert, offenbart sich der Gott in seiner ganzen Herrlichkeit, strahlend wie 1000 Sonnen, die explodieren. Diese Energie geht in Ardschuna ein, er beginnt das ungeheure Blutbad (11. und 18. Gesang).

Ich sehe Ardschuna in der Rolle des Wolfsmanns und Schrebers: Er wird vom Vater neu gezeugt, und zwar um dann die furchtbare Mutter im Geburtskampf zu töten und sich in ihr neu zu zeugen. Die Zeugung des

Sohnes durch den Vater deutet hier aber vor allem auf eine frühere Schicht: Ardschuna ist der Sohn, doch als Samen, der neu aufgeladen wird mit Vaterkraft, mit Zeugungskraft, wie in einem homosexuellen Liebesakt: Es ist eine Wiederholung der Keimzellenreifung im Hoden des Vaters, eine Wiederholung der Spermatogenese. Der Vater zeugt sich selbst neu im Sohn – eine Selbstzeugung Gottes. Krischna ist hier ein männlicher Eingott wie der Jehovahh des Moses.

Danach kommt es zur Teilung der Zelle als einer Spaltung, einer Zerreißung: Gottvater schickt seinen Sohn auf die Erde. Die Zelle verläßt den Hoden, um das Ei zu befruchten. Graber schreibt:»Nach der völligen Reifung der Samenzelle geschieht wie bei einer Naturkatastrophe die Auswanderung – der sichere ›Sturz in den Tod‹. Mit Millionen anderer gelangt sie ins Freie und stirbt, oder aber sie erreicht im günstigen Falle das Geschlechtsorgan der Frau, um auch dort nach kurzer Frist, die ihr gegeben, abzusterben. Nur einer einzigen jener Millionen, jener, die am meisten Energie aufweist, am raschesten sich an das Ziel der Kopulation mit der Eizelle fortbewegt, glückt ein Fortleben – gleichsam ein Fortleben nach dem Tode. Sie hat AKTIV das ›Stirb und Werde‹ provoziert, das ihr mit der Kopulation zuteil wird«. – Joanna Wilheim schlägt für das Sterben der Millionen Samenzellen den Begriff »Holocaust« vor.

Graber beschreibt hier den Vorgang von außen, mit dem Blick des Biologen. Die Bhagavat Gita zeigt ihn von innen: Die Reifung der Samenzelle, der erste biologische Schöpfungsakt, ist nach dem Muster des ersten kosmischen Schöpfungsaktes gebaut, der ersten Atomkernspaltung, dem Urknall, den man als Orgasmus Gottes begreifen kann, als seine erste Ejakulation. (Der ägyptische Gott Atum erschuf die Welt, indem er sein Glied bis zum Orgasmus rieb und Schöpfungslust verspürte.) Ernst Haeckels biogenetisches Grundgesetz – die Ontogenese wiederholt die Phylogenese – ist zugleich ein kosmogenetisches Grundgesetz: In der Entstehung des Menschen wiederholt sich die Entstehung der Welt. Können wir dies Wunder annehmen und damit etwas vom Geheimnis, vom Wesen des Menschen ahnen?

Eizelle. Brahma und Padma.
Inzest von Sohn und Mutter, von Tochter und Vater

Der Mensch entsteht aus zwei Selbstzeugungen Gottes, zwei ersten Schöpfungsakten.

In einem indischen Schöpfungsmythos kommt nach dem Untergang der alten Welt der Gott Brahma, dessen Symbol die Wildgans ist, vom Himmel herab, taucht ins Urmeer, aus dem nun eine Lotosblume emporwächst; in ihrer sich öffnenden Blüte sitzt Brahma, sieht mit seinen vier Gesichtern in die vier Himmelsrichtungen und erschafft durch das Licht, das aus seinen Augen strahlt, die neue Welt. Die Lotosblume ist das Symbol Padmas, der Lotosgöttin. Es ist eine Selbstzeugung. Brahma ist der Samen, der sich in das Kind verwandelt; es ist sein eigener Vater. In anderen Mythen ist Brahma auch der Gatte seiner Mutter. Außerdem ist er ihr Vater.

Es geht um die Reifung der Eizelle, die Oogenese. Die Lotosgöttin Padma ist die sich selbst befruchtende Muttergöttin; sie ist androgyn, hat den männlichen Teil in sich selbst, den himmlischen Vater, der dann aus dem Schoß seiner Tochter wiedergeboren wird.

In »Symbole der Wandlung« erwähnt Jung einen ägyptischen Mythos, in welchem »dem Sonnengott, dem Vater seiner Mutter« eine »verjüngte Mutter« als »Tochter-Gattin« zur »Selbstwiederzeugung beschieden wird«. So »sei der Gott der Erzeuger des Sohnes und überdies sei der Sohn identisch mit dem Vater«. »Dazu gehört die so außerordentliche Behauptung von der jungfräulichen Empfängnis«.

Grofs Vision des Urknalls. Reifung der Samenzelle

Das mystische Geschehen, das die Bhagavat Gita schildert, kann mit Hilfe von LSD erlebt werden. In dem Buch »Die stürmische Suche nach dem Selbst« schildert Grof unter der Überschrift »Gott im Labor« seine erste LSD-Erfahrung; sie war besonders stark, da sein Kopf an ein Stroboskop, eine Lichtmaschine angeschlosen war, die auf dem Höhepunkt der LSD-Wirkung von einer Assistentin betätigt wurde. (Furchtloser, ja tollkühner Forscherdrang!)

»Ich wurde von Strahlen getroffen, das dem Epizentrum einer Atomexplosion oder vielleicht dem übernatürlich hellen Licht, das uns gemäß orientalischer Schriften im Moment des Todes erscheint, vergleichbar schien. Dieser Blitzschlag katapultierte mich aus meinem Körper hinaus. Ich war mir nicht länger der Anwesenheit der Assistentin, des Labors, der psychiatrischen Klinik, Prags, und schließlich unseres Planeten bewußt. Mein Bewußtsein dehnte sich mit unvorstellbarer Geschwindigkeit aus und erreichte kosmische Dimensionen.

Als die junge Assistentin die Frequenz des Lichts langsam die Skala hinauf und hinunter wandern ließ, befand ich mich inmitten eines kosmischen Dramas von unvorstellbaren Ausmaßen. Ich erlebte den Urknall, flog durch schwarze und weiße Löcher im Universum, identifizierte mich mit explodierenden Supernovas und wurde Zeuge vieler anderer merkwürdiger Phänomene, bei denen es sich um Pulsare, Quasare und andere erstaunliche kosmische Vorgänge zu handeln schien.

Es gab keinerlei Zweifel, daß meine Erfahrung den Beschreibungen sehr nahe kam, die ich aus der Lektüre der großen mystischen Schriften der Welt-literatur kannte. Obwohl mein Verstand stark von der Droge beeinflußt war, konnte ich die Ironie und das Paradoxe an der Situation sehen. Das Göttliche manifestierte sich und bemächtigte sich meiner in einem modernen Labor inmitten eines ernsthaften wissenschaftlichen Experiments, das in einem kommunistischen Land mit einer Substanz durchgeführt wurde, die im Reagenzglas eines Chemikers des zwanzigsten Jahrhunderts entstanden war«.

Es scheint mir, daß Grof in den Bereich geriet, in dem die Beziehung von Krischna und Ardschuna spielt, in die Reifung der Samenzelle, deren Teilung das Bild und das Echo des Urknalls, der ersten Atomexplosion, enthält. Grof kam in den Ursprung der männlichen, der aktiven Energie, der Sonnenener-gie. (So begann er seine Forschungsarbeit mit dem Anfang, dem Anfang schlechthin: Ein gutes Omen.) Ich erwähne noch, daß er aus seinem Körper herausgeschleudert wurde, also die außerkörperliche Erfahrung machte, mit dem typischen Weg zum Licht. Deutlich ist die Ausdehnung, die Erweiterung des Bewußtseins zum kosmischen Bewußtsein. Zugleich bleibt er der Beob-achter; diese innere Instanz, der Sakschi der Jogis, bleibt intakt. Er erlebt den Urknall und wird nicht zerfetzt. (Grof dürfte eine äußerst stabile psychische Struktur besitzen; sie erlaubte ihm, Hunderte von ›experimentellen Psycho-sen‹ mit sich durchzuführen.)

Grofs Vision von Padma und Brahma.
Reifung der Eizelle

Grof erlebte auch den Mythos von Brahma und Padma. In seinem Buch »Das Abenteuer der Selbstentdeckung« beschreibt er seine Geburt. Ich bringe den Höhepunkt der Erfahrung (die 4. Matrix).

»Plötzlich schien ich jede Verbindung mit der Realität zu verlieren, so als ob man mir einen Teppich unter den Füßen weggezogen hätte. Alles brach in sich zusammen, meine ganze Welt schien in Stücke zu gehen. Mir war, als hätte man einen monströsen metaphysischen Abszeß meiner Existenz geöffnet. Die gigantische Blase meiner lächerlichen Selbsttäuschung war aufgeplatzt und ließ die Lüge meines Lebens zum Vorschein kommen.

Alles, woran ich jemals geglaubt hatte, was ich jemals getan oder erstrebt hatte, was meinem Leben einen Sinn gegeben hatte, schien plötzlich durch und durch falsch zu sein. All das waren nur bemitleidenswerte Krücken ohne jeden wahren Wert gewesen, mit deren Hilfe ich versucht hatte, mich durch die uner-trägliche Wirklichkeit meiner Existenz zu schlagen. Ihre Bruchstücke stoben nun auseinander wie die Samen von Löwenzahn im Wind, hilflos war ich dem abgrundtiefen Schrecken der letzten Wahrheit ausgesetzt – dem sinnlosen Chaos der existentiellen Leere. Mit unbeschreiblichem Entsetzen erblickte ich über mir die gigantische und drohende Gestalt einer Gottheit. Instinktiv erkannte ich in ihr den Hindugott Shiva, der hier das Destruktive verkörperte. Ich spürte die Wucht seines riesigen Fußes, der mich in kleine Stücke zertrat und mich wie ein Stück Hundescheiße auf dem Boden – auf dem Grund des Kosmos – verschmierte.

Im nächsten Augenblick erhob sich vor mir die schreckenerregende riesige Figur einer dunklen Gottheit, in der ich die indische Göttin Kali erkannte. Mein Gesicht wurde durch eine unwiderstehliche Kraft in ihre klaffende Vagina gedrückt, die voll von Menstruationsblut und widerlicher Nachgeburt schien. Nun wußte ich, man verlangte von mir die absolute Unterwerfung unter die Kräfte der Existenz und unter das von der Göttin personifizierte weibliche Prinzip. Mir blieb nichts anderes übrig, als mit äußerster Ergebenheit und Demut ihre Vulva zu küssen und zu lecken. In diesem Augenblick, der das letzte und unwiderrufliche Ende jedes Gefühls von männlicher Überlegenheit, das ich jemals gehabt haben mochte, bedeutete, wurde die Erinnerung an den Augenblick meiner biologischen Geburt wach. Mein Kopf tauchte aus dem Geburtskanal, mein Mund war in engem Kontakt mit der blutenden mütterlichen Vagina. Ich wurde nun überflutet von übernatürlich strahlendem und schönem Licht, dessen Strahlen sich in Tausende herrliche Muster eines Pfauengefieders zerteilten. Aus diesem goldenen Glanz tauchte die Gestalt einer großen Muttergöttin auf, in der sich Liebe und Schutz aller Zeitalter zu verkörpern schienen. Sie breitete ihre Arme nach mir aus und umhüllte mich mit ihrem Wesen. Ich tauchte in dieses unglaubliche Energiefeld ein und fühlte mich geläutert, geheilt und versorgt. Etwas wie Ambrosia, wie eine archetypische Mischung aus Milch und Honig, floß in einem nicht enden wollenden Strom durch meinen Körper.

Nach und nach verschwand die Gestalt der Göttin in einem noch strahlenderen Licht. Dieses Licht schien von nirgendher zu kommen, trug aber persönliche Züge und strahlte unendliche Intelligenz aus. Mir wurde klar, daß ich jetzt die Vereinigung oder Verschmelzung mit dem universellen Selbst oder Brahma erlebte, über die ich in Büchern über indische Philosophie gelesen hatte. Die Erfahrung war objektiv nach etwa zehn Minuten vorüber, aber sie bewegte sich außerhalb aller Zeitvorstellung und schien für mich eine Ewigkeit zu dauern. Der Strom der heilenden und Kraft spendenden Energie sowie die Visionen vom goldenen Licht mit dem herrlichen Spiel der Strahlen, das an Pfauengefieder erinnerte, hielten die ganze Nacht an. Das Wohlgefühl, das sich auf diese Weise einstellte, verließ mich viele Tage lang nicht. Die Erinnerung an diese Erfahrung blieb über Jahre hinaus lebendig und hat meine gesamte Lebenseinstellung von Grund auf verändert.«

Grof erfährt Tod und Auferstehung. Er wird zerdrückt, dann dehnt er sich aus: von Ohnmacht zu Allmacht. Die Grundfigur von Zerstörung und Neuaufbau läßt sich darin erkennen: Auf das Trauma, die Vernichtung, folgt sofort die Heilung, durch Rückkehr vor das Trauma, zum ersten Anfang. – Grof erlebt die Geburt. Er wird von Schiwa zertreten, der das Destruktive verkörpert, was auch für Kali zutrifft. Sie ist die furchtbare Mutter der Geburt, Schiwa wirkt wie ihr Helfer. In Indien sind Kali und Schiwa zugleich Gottheiten der Sexualität. Ich denke, die Geburt, wie sie hier wieder erlebt wird, enthält zugleich die Empfängnis: Beide werden rückgängig gemacht. Bei der Geburt läuft in Mutter und Kind der Film der Empfängnis wieder ab. Im Geburts-Ich ist das Empfängnis-Ich mitenthalten. Mit dem Ich-Tod, der Vernichtung des Geburts-Ichs, wird auch das Empfängnis-Ich vernichtet. – Ronald Laing beschrieb diese Prozesse vom zellulären Gedächtnis aus. Er erwähnt, daß bei der Geburt auch die Einnistung wieder durchlaufen wird. Letzteren Vorgang stellte William Emerson dar.

Anders als bei seiner ersten Erfahrung wird Grof nicht aus dem Körper hinauskatapultiert; er scheint darin zu bleiben und wird ›wie Hundescheiße verschmiert‹: Das erinnert an den Wolfsmann als »Kotkind« oder an Benns Geburtsphantasie einige Jahre vorher:

> Schließlich kommt es: bläulich und klein.
> Urin und Stuhlgang salben es ein.

Hier wird ein Gesalbter geboren, hebräisch Messias, griechisch Christus. So heißt dann der Schluß des Gedichts:

> Und stirbt es dereinst in Röcheln und Qual,
> Liegen zwölf andre in diesem Saal.

Grofs Kali und Schiwa lassen sich verstehen als Reaktion auf das biologische Empfängnistrauma, das Graber erwähnt: »Beim Trauma der Zeugung werden sowohl für die befruchtete Eizelle wie für die Spermazelle traumatisch beide Existenzen aufgehoben«. Tatsächlich bohrt sich der Samen wie ein Torpedo in die Eizelle und explodiert, um die Befruchtung zu vollziehen; umgekehrt gesehen: das Ei verschlingt den Samen. Es ist ein mit Schmerz verbundener Gewaltakt, eine Art gegenseitiger Tötung, die freilich sofort in Lust umschlägt und zum neuen Leben führt. Bei Grof scheint es, als würde der Gewaltakt, da er mit Schmerz verbunden war, rückgängig gemacht.

Freud nannte das Bild des Geschlechtsakts der Eltern die »Urszene«; sie zeige eine Vergewaltigung, einen »sadistischen Koitus«: Der Vater sticht mit dem Penis die Mutter, die Mutter beißt mit der Vagina den Penis ab. Freud meinte anfangs, diese Szene sei eine Phantasie des Kindes; später hielt er sie für ein Engramm, ein angeborenes Bild im Gehirn, ein phylogenetisches Erbe. Ich denke, es ist der gegenseitige Gewaltakt der Befruchtung. Dann sieht Grof das Licht und darin die Muttergöttin; sie ist das Symbol des Eierstocks. Grof ist zurückgekehrt ins unbefruchtete Ei. Hier wird er von vollkommener Liebe aller Zeiten wiederbelebt, geheilt, genährt. Dann erscheint ein zweites Licht, aus unendlicher Intelligenz, das universelle Selbst oder Brahma, mit dem er verschmilzt. Ich nehme an, er wird zu ihm.

Da Brahma erscheint, sehe ich die Muttergöttin als Padma an und verstehe Grofs Erfahrung von dem indischen Mythos und seiner biologischen Bedeutung her: Grof kehrte in die Eizelle im Eierstock zurück und erlebt deren Reifung, die Selbstbefruchtung der jungfräulichen Muttergöttin, die selbst ihren Sohn erzeugt. Er ist als göttliches Licht in ihr enthalten und wächst aus ihr heraus. Grofs Bewußtsein geht in ihn hinein, vereinigt sich mit ihm, wird zu ihm, wird zum »universellen Selbst«. In der indischen Religion und Philosophie ist Brahma der Ursprung der Schöpfung, der Allgeist. Brahma geht in die Blume ein und wächst als Blüte wieder aus ihr heraus. Das mystische Geschehen hat eine biologische Basis. In der Blüte spiegelt sich das All als Geist und wird sich auf diese Weise im Menschen bewußt. (Ich werde den Vorgang im Abschnitt über »Euglena« genauer erklären.)

Grof hat sein Selbst entdeckt, mit dem Buchtitel zu sprechen. Sein Ich hat als Partner ein Du, die Muttergöttin. Das Selbst ist eine Beziehung zwischen einem Ich und einem Du (wie ich schon zeigte). Grofs »universelles Selbst« ist unendlich und ewig; es umfaßt das All, den Himmel, das Licht der Sonne, und ist zugleich mit der Muttergöttin als der Erde verbunden.

Was Grof erlebte, verstehe ich mit Fabricius als »die eigentliche ›Geburt‹ der Urkeimzelle« im fötalen Organismus der Mutter, »die primäre Geburt des Individuums«, »die Ur-Mitose«, den Übergang »zum ewigen Leben«.

Zu den beiden Erfahrungen Grofs noch eine Passage aus David Wasdells Buch »Die pränatalen und perinatalen Wurzeln von Religion und Krieg«: »Die Befruchtung stellt den äußersten Regressionspunkt in der Geschichte eines Individuums dar. Davor ist das engrammatische Feld in zwei gespalten, doch ist es möglich, die Reise der Gameten nach rückwärts zurück zu verfolgen, bis zum Ausgangsort im mütterlichen Gewebe des Ovars und des väterlichen Hodens mit seinen existentiellen Prägungen auf der zellulären Ebene der phylogenetischen Geschichte, die es mit in sein Leben brachte.

Die Linie reicht weiter zurück durch die Gabelung der Generationen von Ahnen, durch die Äonen der Evolution, durch die Entwicklung der ersten Moleküle des Lebens und durch die Vielfalt der anorganischen Bildungen bei der Entstehung der Erde, all dies in Beziehung zum Energiefluß der Sonneneinstrahlung. Von hier verbindet sich das Kontinuum mit der dunklen Leere des interstellaren Raumes, mit der Bildung von Atomen in der Hitze der Supernova oder den ersten wenigen Sekunden der Verdichtung nach dem Urknall. So bilden die Grundlagenphysik und die Kosmogonie die Grenzen des Hintergrunds von Sein und Werden«.

2. Empfängnis

Bei der Empfängnis, der Befruchtung, vereinen sich die Kerne der Eizelle und der Samenzelle im Innern der Eizelle. Die Eizelle ist das ursprüngliche Fortpflanzungsgebilde, das sich durch Teilung vermehrt. Beim Menschen muß dieser Prozeß durch einen äußeren Reiz, der bis ins Innerste dringt, angeschaltet werden, bei einfacheren Lebenwesen, vom Seeigel bis zum Kaninchen, genügt ein mechanischer Reiz, der nur die Oberfläche berührt, z. B. ein Stich mit einer Nadel.

Brahma, das Kind der sich selbst befruchtenden Muttergöttin, wird nun von der Energie der Samenzelle erfüllt, wird neu gezeugt, wird vom Kind der Mutter zum Kind des Vaters.

Graber schreibt: »Bei der Befruchtung verschmelzen sich ›hochzeitlich‹ die männliche Seele der Samenzelle mit der weiblichen Seele der Eizelle... Die Seele der befruchteten Urzelle ist ›bisexuell‹, hermaphroditisch (zwittrig). Wir finden also bereits eine Doppelseele vor«. Diese Doppelseele nenne ich das Urselbst. Es besteht aus der Liebe der Eltern zueinander, aus ihrer Liebesvereinigung in der Urzelle. So ist das Urselbst eine Beziehung, eine Liebesbeziehung.

Die Befruchtung ist ein vielschichtiger Vorgang, der in Tranceerfahrungen auf ganz verschiedene Arten ins Bewußtsein steigen kann. Als Beispiel bringe ich den Bericht eines Psychiaters aus Grofs erstem Buch:

»Nach einiger Zeit entdeckte ich, daß ich ein Spermatozoon war...Ich nahm an einem hektischen Superwettlauf zur Quelle gewisser chemischer Botschaften teil, die etwas Faszinierendes und Unwiderstehliches hatten. Inzwischen war mir klar geworden, daß das Ziel war, das Ei zu erreichen, in es einzudringen und es zu befruchten... Während ich mich als Samenfaden im Wettkampf um das Ei erlebte, war ich mir aller beteiligten Vorgänge bewußt. Was da vor sich ging, hatte die Grundmerkmale des physiologischen Geschehens, wie es im medizinischen Studium gelehrt wird... Das Bewußtsein dieses Spermatozoons war ein ganzer autonomer Mikrokosmos, ein selbständiges Universum. Ich war der chemischen Prozesse im Kernplasma deutlich gewahr; in einer nebelhaften Atmosphäre konnte ich die Struktur der Chromosomen, der einzelnen Gene und der Moleküle der D-Nukleinsäure erkennen.

Die Erregung dieses Wettrennens nahm von Sekunde zu Sekunde zu, und das hektische Tempo schien sich in einem solchen Grade zu steigern, daß es

dem Flug eines Raumschiffes glich, das sich der Lichtgeschwindigkeit nähert...
Dann kam der Höhepunkt in Gestalt einer triumphalen Explosion und der
ekstatischen Verschmelzung mit dem Ei. Während des Sperma-Rennens alter-
nierte mein Bewußtsein zwischen dem des Samens, der seinem Ziel
entgegenrast, und dem des Eis mit der unbestimmten, aber intensiven Erwartung eines überwältigenden Ereignisses. Im Augenblick der Empfängnis
vereinigten sich diese beiden gespaltenen Bewußtseinseinheiten, und ich war
beide Keimzellen zugleich. Sonderbarerweise schienen beide Einheiten das
gleiche Ereignis sowohl als individuellen Erfolg wie als gemeinsamen Triumph
zu deuten. Beide erfüllten ihren Auftrag, der Samen den des Eindringens und
der Implosion, das Ei den der Einverleibung, ein einziger Akt mit zwei Teil-
nehmern, der die totale Befriedigung auf beiden Seiten bewirkte.

Nach der Verschmelzung der Keimzellen ging das Erlebnis weiter... In
verdichteter und beschleunigter Form erlebte ich die Embryogenese... Eine
ungeheure Entladung von Energie und Licht begleitete die embryonale
Entwicklung. Ich fühlte, daß dieser blendende goldene Glanz etwas mit der
biochemischen Energie zu tun hatte, die bei dem rapiden Wachstum von
Zellen und Geweben wirksam ist. An einem bestimmten Punkt hatte ich das
ganz deutliche Gefühl der Vollendung der fötalen Entwicklung; dies wurde
wiederum als eine große Leistung erlebt – als individueller Erfolg und zugleich
als Triumph der Schöpferkraft der Natur«.

Es sind eigentlich nicht die Eizelle und die Samenzelle, die verschmelzen,
sondern deren Kerne; die Verschmelzung findet im Innern der Eizelle statt
(was hier nicht deutlich wird).

3. Einnistung

Obige Schilderung umfaßt die »embryonale Entwicklung«, die embryonale
Periode, die ersten zwei Monate (auch die »fötale Entwicklung« wird genannt,
was mißverständlich ist), doch nur als Lichtentfaltung, als allgemeines Wachs-
tumsgeschehen, d. h. die Einzelheiten nach der Embryogenese, die Prozesse
der embryonalen Entwicklung, werden nicht sichtbar.

Nach der Wanderung durch den Eileiter erfolgt eine Woche nach der
Empfängnis die Einnistung der Keimblase in die Gebärmutter. Es ist der
eigentliche Beginn der Schwangerschaft, den nur 35 % der befruchteten Eizellen erreichen. Aufgrund der Besamung wird die Keimblase vom mütterlichen
Organismus als Fremdkörper empfunden, der abgelehnt wird. Nun ist es, als
ob eine Maskierung erfolge, dann öffnet die Keimblase die Gefäße der Mutter
und baut den Mutterkuchen auf, die Plazenta. Man kann sagen, die Blastozyste

stirbt – das Einnistungstrauma – und wird als Embryo wiedergeboren. Erlebt man es wieder, so folgt auf den Tod die Auferstehung im ewigen Leben, in der ewigen Glückseligkeit.

In der dritten Woche wächst das Neuralrohr, man spricht von Cerebralisation, Hirnbildung.Von innen gesehen: Der Samenteil erwacht wieder ganz zum Leben; es ist, als ob Vater und Sohn sich erneut lieben, wie in der Reifung der Samenzelle, und Lichtenergie erschaffen. Diesmal bleiben sie zusammen. (Ausführlich im 8. Kapitel, Alchemie) –

Bei der Einnistung verbindet sich das Urselbst und seine Doppelseele, jetzt in Gestalt der Keimblase, die zum Keimling wird, mit der Gebärmutter: Eine neue Beziehung entsteht, jetzt zwischen dem Keimling als dem Ich und der Gebärmutter als dem Du. Ein neues Selbst als eine Beziehung.

4. Erwachen. Der gute Schoß

Dann beginnt der Gang durch die Tierreihe der Evolution, was wie traumhaft erlebt wird. Am Ende der embryonalen Periode, in der 7./8. Woche, ist der Körperbau vollendet. Nun geschieht das Erwachen des Bewußtseins; es ist möglich, diese Erfahrung ins Bewußtsein zu holen. Eine gute Beschreibung gab Heinz Albrecht Schütze. Im Folgenden bringe ich eigene Erlebnisse: Ein Licht erscheint, verschwindet wieder, erscheint neu, erinnert sich an das erste Mal. So geht es weiter. Eine Innewerdung: »Ich bin, ich bin da, es gibt mich«. Immer stärker wird das Licht, das ›Ich bin‹, ›Ich bin Licht‹, ›Ich leuchte‹. Nach einer gewissen Zeit, einer zeitlosen Zeit, erscheint außen ein Licht, das sich mir nähert und mich berührt, ein belebtes Licht, ein Lichtwesen, das mit der Annäherung an mich immer stärker und auch belebter, bewegter wird. Es umfaßt mich, umhüllt mich, fließt in mich ein, gibt mir Seligkeit, Lust, ein heiliges Ja. Dies Licht ist Freude, die mich erfüllt, zum Jubel wird. Es geschieht ein Austausch, ein Hin- und Herströmen der Freude. Die Bewegung wird rhythmisch, ein Schwingen erfaßt mich, es wird zum Tönen, Musik des Weltalls: Dankbarkeit für das Dasein, ein Lobgesang. Halleluja. Satchitananda: Sein-Geist-Seligkeit.

Dies Erwachen ist die erste Geburt des Menschen, die Geburt im guten Schoß, in der ewigen Glückseligkeit – im Atem und im Herzschlag der Mutter, eine Geburt nicht als qualvolle Trennung von der Mutter, der Geburtsmutter, sondern als lustvolle Verbindung mit ihr, mit der Mutter des guten Schoßes. Es ist die Geburt der Seele, wie sie der Mensch dann in sich fühlt: Die Seele ist ein Teil von Gott, sie ist die Verbindung mit Gott als dem Schöpfer, der Schöpfung. Dieser Gott ist nicht die persönliche Mutter, sondern die Urmutter, die in der Mutter enthalten ist, die Große Mutter, die das Leben seit Millionen von Jahren fortgepflanzt hat, die Verkörperung der mütterlichen Ahnenreihe, der »Goldenen Kette des Seins«; Goethe fand sie in der Alchemie als Catena aurea. In Indien ist sie die große Schakti. Im Kundalini-Joga wächst Schakti zu Schiwa empor und vereinigt sich mit ihm. Schiwa ist die Sonne, zu der die Blüte, die selbst voller Sonne ist, hinstrebt. –

Das Gehirn wächst; es sind Zellen wie die Keimzellen, sie enthalten Licht. Das Licht erzeugt Wärme, die der Gebärmutter Lust bereitet, die sie wieder zurückgibt. Wachstumslust wird als Licht wahrgenommen. Die Gebärmutter erinnert sich dabei an die Zeit, als sie selbst eine Leibesfrucht im dritten Monat war, damals begannen die Eierstöcke zu wachsen, eine Licht- und Lusterfahrung, die nun wieder aufsteigt.

Fabricius schreibt, am Ende der embryonalen Periode geschieht »die Erschaffung... der fötalen Persönlichkeit«, es entsteht »das fötale Selbst«. Erwachsene können den Vorgang wiedererleben als »Wirkung des ›göttlichen Lichts‹«. Psychologisch bezeichnet diese Erfahrung das Gewahrwerden eines unbewußten Energiekomplexes, der Einheit und Ganzheit der Gesamtpersönlichkeit ausdrückt. Jung, der diesen Komplex entdeckte, bezeichnete ihn als »das Selbst«.

Das ist der erste Schritt. Der zweite Schritt ist die Entstehung des Selbst, wie es Graber definiert, als »die pränatale ›Liebesbeziehung‹ als Dualeinheit mit der Mutter«. Doch wird die Mutter nicht als Mutter wahrgenommen, sondern als Lichtwesen, liebend, nährend.

Das vorgeburtliche Selbst Grabers entspricht dem primären Narzißmus. Im Aufsatz »Das Unbehagen in der Kultur« von 1930 zitiert Freud einen Brief von Romain Rolland, der bedauerte, »daß ich die eigentliche Quelle der Religiosität nicht gewürdigt hätte. Diese sei ein besonderes Gefühl, das ihn selbst nie zu verlassen pflege, das er von vielen anderen bestätigt gefunden und bei Millionen Menschen voraussetzen dürfe. Ein Gefühl, das er die Empfindung der ›Ewigkeit‹ nennen möchte, ein Gefühl wie von etwas Unbegrenztem, Schrankenlosem, gleichsam ›Ozeanischem‹... es sei die Quelle der religiösen Energie«. Etwas später schreibt Freud: »Auf der Höhe der Verliebtheit droht die Grenze zwischen Ich und Objekt zu verschwimmen. Allen Zeugnissen der Sinne entgegen behauptet der Verliebte, daß Ich und Du eines seien«. (Es folgt die schon zitierte Passage über die »innigere Verbundenheit mit der Umwelt«, dem »Eins-sein mit dem All«.) Ich denke, Freud beschreibt Grabers vorgeburtliches Selbst, doch deutet er es als nachgeburtlich. (Er sagt auch: »Ich selbst kann dieses Gefühl nicht in mir entdecken«. Umso erstaunlicher sind die Erkenntnisse des späten Freud.)

Die von Grof beschriebene Erfahrung mit der Muttergöttin und Brahma, die ich als die Reifung der Eizelle ansehe, wiederholt sich bei der Einnistung und dann beim Erwachen im guten Schoß, jetzt auf der höheren Stufe der Entwicklung, der Entstehung des Selbst, wie es Graber definiert. Das Herz des Kindes schwingt im Herzschlag der Mutter. In der gemeinsamen Schwingung der Herzen fließt das Herz des Kindes über, ergießt sich zum geliebten Du, das diese Gefühle erwidert. Selbstliebe und Nächstenliebe sind hier eins. Kreislauf der Glückseligkeit. Es ist die Schöpfung selbst, die sich liebt. Gott liebt sich im Menschen, der hier ein göttlicher Mensch ist, ein Gottmensch. Der Mensch ist zu Gott geworden, Gott ist zum Menschen geworden, getragen von Atem und Herzschlag, die Begeisterung und Freude erzeugen. – Der gute Schoß des 3. Monats ist der Ort der Heilung.

Die Erfahrung kann im Erwachsenen aufsteigen und sich mit seiner Gegenwart vermischen: »Freude, schöner Götterfunken, Tochter aus Elysium«. »Freude trinken alle Wesen an den Brüsten der Natur«. »Seid umschlungen Millionen«. »Brüder, überm Sternenzelt muß ein guter Vater wohnen«. Es spiegelt sich in diesen Versen Schillers, die Beethoven vertonte, die französische Revolution, die Befreiung der Menschheit nach Jahrtausenden der Unterdrückung.

5. Schöpfung. Lichtenergie. Geist

Die Keimzellenreifungen, die Befruchtung, die Einnistung, das Erwachen des Bewußtseins im guten Schoß: Lichterfahrungen, Begegnungen mit Lichtwesen, Wachstumsprozesse als Lichtentfaltungen, als Erleuchtungen. Seinserfahrungen, Erfahrungen zu sein, aus Energie, aus Licht, aus Schwingung zu bestehen, als Teil eines großen Lichts, das »persönliche Züge« besitzt, wie Grof schreibt. Es ist ein Wesen, ein Lichtwesen, ein Geistwesen, ein Du, mit dem das Ich verschmilzt, mit dem es eins ist, aus dem es besteht. Ein Wesen aus Liebe und Wissen, ewig und unendlich. Es ist der Ursprung, die Schöpfung, Gott, der Große Geist: Eine Erfahrung des Ja, der bedingungslosen Bejahung. Dieses Ja gibt das Gefühl des Sinns. Zugleich das Gefühl, am Ziel zu sein und das gefunden zu haben, was immer gesucht wurde: Angekommen, heimgekommen. Es ist erreicht, es ist geschafft, die große Aufgabe ist erfüllt. Vom früheren Existenzgefühl her ein Außersichsein, also Ekstase, aber als vollkommenes Bei-sich-sein. Höchste, äußerste Intensität, ein Lustgefühl als ewige Glückseligkeit.

Dazu die Empfindung, das Leben, die Welt, das Sein, die Schöpfung verstanden zu haben, als Ablauf, der sich im Menschen bewußt wird, der im Menschen sich ansieht, zu sich selbst kommt. Diese Idee ist in Brahma enthalten. Im Joga (seit den Upanischaden) ist der Mensch Atman, der von Brahman kommt, sich getrennt hat, aber gleichen Wesens mit Brahman ist und mit ihm sich wieder vereinen will. In anderer Form der gleiche Gedanke bei Hegel: Der Weltgeist wandert durch die Entwicklung der Schöpfung zu immer höheren Stufen der Bewußtheit und wird sich im Menschen ganz bewußt. Ähnlich Teilhard de Chardin. – Von meiner Erfahrung her, ist der Weltgeist ein träumendes Wesen in der letzten Tiefe des Gehirns, das im Menschen erwachen möchte.

Ob es tatsächlich so ist? Ist im Anfang, im Urknall, Geist enthalten? Aus dem Urknall kamen mathematische Gesetze hervor, also Geist, und das Gehirn des Menschen ist nach den gleichen Gesetzen gebaut und kann diese Gesetze daher finden, sie werden von ihm erkannt, sie werden sich in ihm bewußt. Der Mensch besteht aus der Geschichte der Schöpfung, und er kann lernen, sie in seinem Innern anzusehen. Dann fühlt er sich Gott gleich, er hat sein Schöpfungs-Ich, sein Gottes-Ich gefunden, er erlebt sich als das All.

6. Nahtod. »Das Leben des Geistes«. Hegel

Die Erfahrung des Nahtods, der Todesnähe, wie sie bei der Geburt oft gemacht wird, ist mit der außerkörperlichen Erfahrung, der Auskörperung des Bewußtseins, der Ablösung des Geistes vom Körper, verbunden. Der Geist wird abgelöster Geist. Hegel sprach vom absoluten Geist.

Zum rätselhaften Wesen des Geistes eine Passage Hegels aus dem Vorwort zum »System der Wissenschaft«, Teil I: »Die Phänomenologie des Geistes« (etwa: wie er erscheint, sich manifestiert): Hegel sagt vom »Analysieren«: »Die Tätigkeit des Scheidens ist die Kraft und Arbeit des Verstandes, der wundersamsten und größten, oder vielmehr der absoluten Macht«. Daß »das Gebundene und nur in seinem Zusammenhange mit anderm Wirkliche ein eigenes Dasein und abgesonderte Freiheit gewinnt, ist die ungeheure Macht des Negativen, es ist die Energie des Denkens, des reinen Ichs. Der Tod, wenn wir jenes Unwirkliche so nennen wollen, ist das Furchtbarste, und das Tote festzuhalten, das, was die größte Kraft erfordert. Die kraftlose Schönheit haßt den Verstand, weil er ihr dies zumutet, was sie nicht vermag. Aber nicht das Leben, das sich vor dem Tode scheut und von der Verwüstung rein bewahrt, sondern das ihn erträgt und in ihm sich erhält, ist das Leben des Geistes. Er gewinnt seine Wahrheit nur, indem er in der absoluten Zerissenheit sich selbst findet. Diese Macht ist er ...nur, indem er dem Negativen ins Angesicht schaut, bei ihm verweilt. Dieses Verweilen ist die Zauberkraft, die es in das Sein umkehrt«.

Der Gang durch den Tod, der zum Geist führt – wie Grof, der zum »universellen Selbst« gelangte? Die »Zerrissenheit« deutet eher auf die Zerreißung der männlichen Keimzelle – kehrt der Sohn zum Vater zurück, wird wieder eins mit ihm?

Was Hegel beschreibt, dürfte aus dem Nahtod bei der Geburt stammen, wie es wohl auch bei Ramana Maharshi der Fall war. Er saß im Alter von 18 Jahren im Zimmer, als er merkte, daß er stirbt. Er legte sich auf den Boden, sein Körper verfiel in Totenstarre. Da wurde ihm bewußt, daß er selbst noch lebte, sein Bewußtsein beoachtete den Vorgang: Er war unsterblich. Später lehrte er den Weg zur Erkenntnis mittels der Frage »Wer bin ich?« Das erinnert wieder an Hegel, an »die Energie des Denkens, des reinen Ichs«. – Viele Jogis lehren die allmähliche Ablösung des Bewußtseins vom Körper, um so die Erfahrung der Unsterblichkeit zu machen.

Der Nahtod ist heute durch fast tödliche Unfälle, vor allem Verkehrsunfälle, bekannt geworden. Die Opfer galten als klinisch tot und wurden reanimiert. Sie schildern, wie sie ihren bewußtlosen Körper im Autowrack sahen, dann den weiteren Hergang, die Ambulanz, die Klinik, die Ärzte. Sie waren außerhalb ihres Körpers. Oft machten sie eine mystische Erfahrung: Sie stiegen in die Höhe, durch einen Tunnel, an dessen Ende sie ein Licht sahen. Es erwies sich als ein Wesen, ein Lichtwesen, das aus Liebe und Wissen bestand und als göttlich oder als Gott empfunden wurde, als Ursprung des eigenen Daseins, zu dem der Erlebende heimgekehrt war; er wird von dem Lichtwesen umhüllt. Er ist von Staunen vor dem Unbegreiflichen und von überwältigender Freude erfüllt: »Es gib keinen Tod! Was man Tod nennt, ist nur der Durchgang zum ewigen Leben! Sterben führt in die Unsterblichkeit!« So Kenneth Ring in seinem Buch »Den Tod erfahren – das Leben gewinnen«. Ähnlich Gallup/Proctor in dem Buch »Begegnungen mit der Unsterblichkeit«.

Liebe und Wissen – wie Padma und Brahma im Mythos und bei Grof? Ist das Lichtwesen die Große Mutter der Selbstbefruchtung, der Reifung der Eizelle, bei der der Scheintote Zuflucht suchte? Ring deutet das Lichtwesen als Kundalini-Energie – das wäre Schakti, die aus sich Schiwa erschafft. – Übrigens heißt es bei Hegel einige Seiten später: »Die Erscheinung ist das Entstehen und Vergehen, das selbst nicht entsteht und vergeht, sondern an sich ist und die Wirklichkeit und Bewegung des Lebens der Wahrheit ausmacht. Das Wahre ist so der bacchantische Taumel, an dem kein Glied nicht trunken ist, und weil jedes, indem es sich absondert, ebenso unmittelbar sich auflöst – ist er ebenso die durchsichtige und einfache Ruhe«. Das wirkt wie eine Beschreibung Schiwas, des Jogi und Tänzers, vereinigt mit Schakti.

Gibt es zwei Arten des Geistes, der Geisterfahrung, von der Seele der Samenzelle und der Seele der Eizelle her, entsprechend den beiden Erfahrungen Grofs? Zwei Arten, in denen sich der Weltgeist zur Anschauung gebracht hat, und die jeder in sich finden kann?

Schließlich erwähne ich noch die Glücksfälle, die spontanen Erleuchtungen ohne Todeserfahrung: Den Durchbruch des kosmischen Bewußtseins, wie es R. M. Bucke beschreibt, und die »Gipfelerfahrungen«, wie Abraham Maslow sagt.

Den Weg zurück durch die Geburt bis in die Eizelle, wie bei Grofs 4. Matrix, schildern die alchemistischen Bilderserien in ausführlicher Weise. Fabricius hat sie verständlich gemacht. Bei jedem Schritt – durch die Geburt, die Einnistung, die Empfängnis, die Keimzellenreifung – gibt es eine Lichterfahrung. Dieser Prozeß läuft im Unbewußten des Menschen im Verlaufe des Lebens ab, Fabricius nennt ihn mit Jung den Individuationsprozeß. Er endet mit der außerkörperlichen Erfahrung. »Der Alchemist erwacht gewichtlos in einem reinen Körper des Lichts in einem Universum, das keine Gegensätze kennt, und erkennt hier die erhabenste Erleuchtung des Werkes: Das Licht der Leere«. – Ich bin der Ansicht, daß man die Bilderserien auch in Vorwärtsrichtung lesen kann, als den Schöpfungsprozeß, aus dem der Mensch entsteht.

Die Schöpfung mit den Erfahrungen von Energie und Licht ist im Gehirn vorhanden und kann – bei der Wiederholung der Geburt – ins Bewußtsein steigen, wie es Grof vorführt. Grof meint, so wie er es beschreibt, geschieht es nur bei »normalen, komplikationslosen Geburten«. Es ist auffällig, daß Grof bei seiner Geburt nur eine seelische Vernichtung erfuhr; körperliche Qualen erwähnt er nicht. In Menschen, die bei der Geburt körperliche Qualen bis in die Tiefe des Körper-Ichs erlitten, oder spätere Traumata, fast tödliche körperliche und seelische Verletzungen, sind die Energieleitungen gestört, voller Blockaden oder Löcher; diese müssen erst therapeutisch verarbeitet, aufgelöst, geheilt werden, was Jahre oder Jahrzehnte dauern kann. Aber schließlich findet auch ein Mensch, der solche Zerstörungen in sich trägt, den Weg zu seinem Kern, seinem Schöpfungskern; freilich nicht sogleich mit der fortdauernden Wirkung wie bei Grof. Doch jedesmal bleibt eine Erinnerung, eine Stärkung, und so kann allmählich ein therapeutisches Ich aufgebaut werden, das bei Abstürzen den kranken Teil wieder herauszieht und mit den gesunden Anteilen, dem positiven COEX-System, verbindet. Jedenfalls habe ich in jahrzehntelangen Bemühungen diese Erfahrung gemacht, und aus ihr ist dieses Buch entstanden. –

Fast ein jeder hat die Welt geliebt,
Wenn man ihm zwei Hände Erde gibt.

Bertold Brecht:
Von der Freundlichkeit der Welt

7. Euglena, Gutauge: Die Geistpflanze

Die Lotosblume des Mythos ist phylogenetisch zu verstehen: Die Selbstvermehrung, die Selbstbefruchtung, die Jungfernzeugung, Parthenogenese, stammt aus der frühen, ungeschlechtlichen Pflanzenphase der Evolution. Nach der ersten Reifeteilung wandert das Ei den Eileiter hinab, um dann vom Samen befruchtet zu werden. Die zweite Reifeteilung der Eizelle wird erst vollendet, wenn der Samen schon die Eihaut durchstoßen hat. Dieser Vorgang gehört bereits zur tierischen Phase der Evolution.

Pflanzen nähren sich von Licht und vermehren sich auch so: Sie fressen Licht, bis sie platzen und sich teilen; so gibt es jetzt zwei Lebewesen. Tiere fressen andere Lebewesen und vermehren sich auch so: Das Ei frißt den Samen und dann erfolgt die erste Zellteilung; die beiden Teile bleiben zusammen.

Die Reifung der Eizelle könnte man eine Vor-Empfängnis nennen, aus der ein ungeschlechtlicher Vor-Embryo entsteht; er wird dann durch den Samen befruchtet und damit männlich oder weiblich.

»Mensch ist Pflanze« beginnt der Gedichtband »Spiegel des Mahatma – der große Atem« von Ernst Fuhrmann. Später heißt es: »Mensch ist Tier«. Fuhrmann nannte sich Biosoph; eines seiner Bücher heißt »Was die Erde will«. Er knüpfte an die Naturphilosophie Goethes an, der »Die Metamorphose der Pflanzen« und »Die Metamorphose der Tiere« schrieb. Ich glaube, der Mensch wird erst verstehbar, wenn man beginnt, diese beiden Schichten in ihm wahrzunehmen.

Die biologische Basis des Mythos von Brahma und Padma bzw. der Reifung der Eizelle als einer Selbstbefruchtung ist ein einzelliges Wesen, das im Meer lebt, und das auch die Wurzel des Gehirns geworden ist, Euglena, Gutauge, das Augentierchen (das eine Pflanze ist). In einer Abbildung in Hoimar v. Ditfurths Buch »Der Geist fiel nicht vom Himmel« sieht Euglena aus wie ein Blütenkelch mit einem Griffel darin:

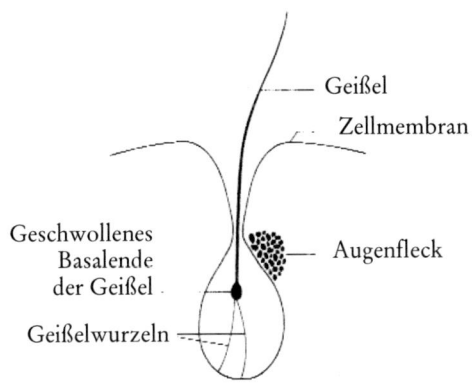

53

Der Griffel ist immer auf die Sonne gerichtet, nimmt Sonnenenergie auf und verwandelt sie (durch die Fotosynthese) in Licht zur Nahrung. Gutauge nimmt das Licht der Sonne auf und leuchtet wieder zur Sonne hin. Dieser Kreislauf fand Gestalt im Mythos von Brahma und Padma. Aus dieser Pflanze entstand unser Auge, unsere Wahrnehmungsfähigkeit, unser Bewußtsein, unsere Geistigkeit. Ernst Jünger schreibt: »Wenn wir die Pflanze als autonome Macht erkennen, die eintrat, um Wurzeln und Blüten in uns zu treiben, entfernen wir uns um einige Breitengrade von der schiefen Perspektive, die wähnt, Geist sei das Monopol des Menschen und existiere nicht außer ihm«.

Das Gedicht Goethes, das ich als Motto nahm, beschreibt den Prozeß, den Gutauge vollführt: Es erschafft die Erleuchtung. In dem Gedicht stellt Goethe sein Erleuchtungserlebnis dar, die Erfahrung, daß »des Gottes eigene Kraft« in ihm lebt und ihn mit Entzücken erfüllt.

Das Geburtstrauma entstand durch den aufrechten Gang mit der Vergrößerung des Gehirns, des Kopfes. Das menschliche Gehirn besteht vor allem aus Wahrnehmungszellen von der Art Euglenas, als sei es eine riesige Blüte, die zur Sonne hinstrebt; so wird das Gehirn beim Kundalini-Joga erlebt: In der Ekstase, der Erleuchtung, entfaltet sich die tausendblättrige Lotosblüte. Ich nehme an, daß mit dem aufrechten Gang die Pflanze im Innern des Menschen nachwuchs und von ihm Besitz ergriff, als ein dritter Schritt der Stammesgeschichte, der noch nicht ganz ans Ziel gelangt ist, doch im Inneren jedes Menschen schon gemacht werden möchte.

Die Erleuchtung beim Nahtod könnte dadurch zustandekommen, daß eine äußere Schicht des Menschen, das aggressive Triebelement, momentan abstirbt, sodaß die Pflanze wieder erscheinen kann. (Ähnlich ist Rings Erklärung mit dem Erwachen der Kundalini-Energie.) Mircea Eliade weist daraufhin, daß im Joga die pflanzliche Lebensweise höher als die tierische bewertet wird, sie gilt als die geistige. Grof schreibt:»Im Gegensatz zu Mensch und Tier töten die meisten Pflanzen nicht und ernähren sich nicht von Beute. Sie stehen in direktem Kontakt mit der Sonne, dem lebensspendenden Prinzip dieses Planeten und dem unmittelbarsten Ausdruck kreativer kosmischer Energie...Sie vermitteln durch ihr bloßes Dasein Schönheit und Freude... Sie scheinen reines Dasein im Hier und Jetzt zu verkörpern, ein Dasein, das in vollem Kontakt mit der unmittelbaren Umgebung steht – das Ideal vieler mystischer Schulen«.

In der Psychologie des Joga hat der Mensch einen Pflanzenkern, und dieser möchte immer ans Licht; der Lichtmensch will sich befreien, zu sich selbst kommen, erwachen, leuchten. Dazu braucht er Hilfe, Methoden, Wissen, Können, Kunst. Immer gab es Wissende, Ärzte, Priester, Lehrer, Künstler, Schamanen – Buddhas. Bodhi: Sehen, erkennen, und zwar das Innere, das innere Licht, die Lichtquelle im Innern, das Göttliche, den verborgenen, schlafenden, träumenden Gott oder Geist, den Weltgeist. Ein Buddha ist ein Sehender, ein Seher; er kann das Sehen lehren. Man nannte Buddha »Lehrer der Götter und Menschen«.

8. Entheogenetik. Sakramente

Aldous Huxley schrieb 1954, psychoaktive Substanzen bewirken eine »Reinigung der Pforten der Wahrnehmung«. Seither ist eine experimentelle Tiefenpsychologie entstanden.

Dabei hat man herausgefunden, daß die Erfahrungen in den erwähnten Riten und Mythen durch psychoaktive Substanzen ausgelöst wurden, so die von Raphael und deMause gedeuteten Riten von Lascaux. Auch die von Eliade dargestellten Ekstasetechniken der Schamanen beruhten auf solchen Substanzen (was Eliade nicht erwähnt), die heute noch von naturnahen Völkern verwendet werden. Krischna geht auf Indra zurück, der im Rigveda den Rauschtrank Soma zu sich nimmt; er wurde aus dem Fliegenpilz gewonnen, wie George G. Wasson schrieb, oder aus dem Kahlkopf, der Psilocybe, wie Terence McKenna meint. Der Mythos von Brahma und Padma könnte auf Hanferzeugnissen beruhen. Die Einweihung in die Große Mutter in den Mysterien von Eleusis verwendete einen Trank aus dem Mutterkorn. Im Mittelalter benutzten die Hexen heilige Pflanzen. – Gutauge erwacht. Ernst Jünger nannte den Rausch einen »Siegeszug der Pflanze durch die Psyche«.

Im Westen tauchte der heilige Rausch in der Literatur wieder auf. Goethes »Faust« ist ein psychedelisches Drama. Baudelaire machte die Erfahrung selbst; auf dem Höhepunkt des Rausches sagte er: »Ich bin Gott geworden«. (»Das Gedicht vom Haschisch«, Kap. X)

Benns Aufsatz »Provoziertes Leben« von 1943 beginnt: »Vor Jahren lief in Berlin ein Film, ein Negerfilm ›Hosiannah‹, in dem sah man Schwarze dadurch, daß sie gemeinsam sangen, in Rausch geraten. Die Anlage dazu lag in ihrer besonderen Natur, der Vorgang selbst geschah sinnlich wie bewußt. Von Indianern wird Ähnliches erzählt, der ›Große Nachtgesang‹ ist eines ihrer Hauptfeste, die Männer fassen sich an, bewegen sich rhythmisch und geraten in Trance. Primitiv ist offenbar die Nähe von Rausch und einem nahen Übergang in ein kollektiv gesteigertes Existenzgefühl. Die Versammlung provoziert den Übergang durch Riten, Bewegungen, bestimmte uralte Lieder. Es ist ein Ruf der Rasse. Sein Wesen ist religiös und mythisch, eine erregende, das Einzelwesen steigernde Kommunion mit dem All«. »Ob

Rhythmus, ob Droge, ob das moderne autogene Training – es ist das uralte Menschheitsverlangen nach Überwindung unerträglich gewordener Spannungen, solcher zwischen Außen und Innen, zwischen Gott und Nicht-Gott, zwischen Ich und Wirklichkeit – und die alte und neue Menschheitserfahrung, über diese Überwindung zu verfügen... Die Derwische, die Yogas, die Dionysien, die Mysterien – es ist alles aus einer Familie und die Verwandtschaft heißt Religionsphysiologie... Die deutsche Mystik... die ein moderner Forscher ›eine fast experimentelle Religionspsychologie rücksichtslosester Art‹ nannte, war nichts anderes, – hier liegt also vor: provozierte Religion«.»Steigerung, Ausweitung – provoziertes Leben«. »Gott ist eine Substanz, eine Droge!«

Religionspsychologie als Religionsphysiologie – Benns genialer Blick sieht den Zusammenhang, sieht die Identität von Seele und Körper. »Der Leib ist ein metaphysisches Massiv«, schrieb er später. Gott und Welt sind eins. »Deus sive natura«, sagte Spinoza. Die Religionspsychologie, die ich hier entwickele, ist eine Religionsbiologie.

Psychoaktive Substanzen sind Sakramente, sie heiligen den Menschen, indem sie Gott in ihm wachsen lassen. Terence McKenna nannte diese Substanzen »Speisen der Götter«. Die passendste Bezeichnung ist »entheogen«. Jonathan Ott (der zusammen mit Ruck und Wasson das Wort einführte) schrieb das umfassende Werk »Pharmacotheon« – man könnte sagen, Heilung des Menschen durch Gott, oder auch Heilung Gottes durch den Menschen. Ott meint mit Gott die Mutter Natur, »Lady Pangaea«, auf die er eine Hymne schrieb (in »Pharmacophilia or The Natural Paradise«). – Entheogenetik: Die Wissenschaft der Erschaffung Gottes im Menschen.

Albert Hofmann entdeckte 1943 das LSD. Die Firma Sandoz schickte es Anfang der 5oer Jahre an psychiatrische Kliniken in West und Ost; es eigne sich zur experimentellen Simulation einer Psychose; Psychiater könnten damit das erleben, was in ihren Patienten geschieht. Diese Idee zeigt sich noch im Titel der ersten großen Untersuchung, »Die experimentelle Psychose« (1962), des Göttinger Psychiaters Hanscarl Leuner (der das katathyme Bilderleben erfand). Zur selben Zeit untersuchte Stanislav Grof, Psychiater und Psychoanalytiker in Prag, an sich selbst die Wirkung von LSD und benutzte es bei der Psychotherapie. Leuner verwandte niedrige Dosen, Grof hohe. Ab 1966 führte er seine Arbeit in den USA weiter. Nachdem die Regierung der USA die Verwendung von LSD für die Psychotherapie verboten hatte (und es auch in ihrem Machtbereich, der westlichen Welt, verbieten ließ), entwickelte Grof seine Technik des holotropen Atmens: Hyperventilation über mehrere Stunden hin, in großen Gruppen, von einem Musikprogramm unterstützt. Diese Methode kann zu ähnlichen Ergebnissen führen.

In den ersten Sitzungen erscheint meistens die Kindheit, mit den Konflikten, die Freud erforschte. Dann kommt die Geburt, die Grof als das zentrale,
prägende Ereignis ansieht, als den Kern des Unbewußten.

Grof ordnete seine Befunde mit einem Schema, den vier Geburtsmatrizen
oder Grundmatrizen. Ich benenne sie folgendermaßen. 1. Der gute Schoß. 2.
Der Anfang der Wehen. 3. Der Geburtskampf, der mit der Niederlage zu
enden pflegt, mit einer Vernichtung, dem »Ich-Tod«. 4. Austritt des Bewußtseins aus dem Körper, Geist-Erfahrung, Aufstieg ins Licht, zu einem Lichtwesen, zu Gott. Rückkehr des Bewußtseins in den Körper, Erwachen als
Geborener, mit guten Gefühlen wie in der 1. Matrix. »Die Welt erscheint als
ein schöner und sicherer Ort«. Das wesentliche Neue, das Grof bringt, scheint
mir die Erfahrung, daß der Nahtod bei der Geburt die Dimension des reinen
Geistes öffnet und zum Erleben der Unsterblichkeit führt, und daß davon eine
heilende Wirkung ausgeht. Grof spricht vom »Heilungspotential der spirituellen Erfahrung«.

Ich zitierte schon Grofs Satz, daß seine Beschreibung »nur für den Fall
einer normalen und komplikationslosen Geburt zutrifft«. Ich denke, es ist die
Geburt, wie sie im Organismus angelegt ist, also in einer Schicht, die, im
Prinzip, von jedem Menschen in sich gefunden werden kann.

Grof spricht vom »positiven und negativen System kondensierter Erfahrungen«: Alle positiven und negativen Erfahrungen lagern sich in einem der
Systeme ein: In der Therapie kann eine »Transmodulation«, ein Überstieg vom
negativen zum positiven System erreicht werden.

9. Aus der therapeutischen Praxis

Dies Buch ist ein Ergebnis von Therapie-Erfahrungen, die ich zwischen 1965
und 1995 machte, zuerst als Patient, dann auch als Therapeut. Ich begann mit
einigen Jahren Psychoanalyse auf der Couch, später unter Verwendung von
psychoaktiven Substanzen, dann kam Atemtherapie in Gruppen hinzu
(Hyperventilation: Orrs Rebirthing, Grofs holotropes Atmen). Ich erlebte die
Kindheit wieder, die Geburt, die Empfängnis, die Keimzellenreifungen. –

Ein Satz einer Patientin ist mir in Erinnerung geblieben, da er die Wurzel
aller »schweren« Fälle benannte (was mir damals noch nicht ganz klar war),
ein Satz, der zum Kern meines Themas führte.

»Ich weiß, daß ich nicht aus Liebe entstanden bin«, hatte Monika gesagt; sie
war wegen Depressionen und Selbstmordwünschen in die Atemgruppe gekommen. Von ihrer Mutter hatte sie erfahren, daß sie bei der Geburt erstickt
war und reanimiert werden mußte. Der Vater fiel im Krieg. Beim Urlaub war

vorher das Kind entstanden, zufällig, ungewollt, unerwünscht: Ein Empfängnistrauma, das dann, wie oft in solchen Fällen, ein Geburtstrauma nach sich zog.

In den letzten Wochen vor der Geburt wird es unerträglich eng, die Versorgung mit Sauerstoff und Nahrung ist unzureichend, die Ausscheidungen werden nicht mehr gut abtransportiert. Das Kind will sich aus dem Gefängnis befreien, es löst die Wehen aus, kämpft sich durch gewaltige Druckwellen voran: Schmerz, Wut, Haß. Der Gegner ist stärker, das Kind wird zerquetscht, windet sich in Krämpfen, die Luft geht ihm aus, es gibt auf; nur noch der Wunsch, es möge aufhören, und der Wunsch, zu versinken im Dunkel, in das, was man Tod nennt: Erlösung. Die letzte Empfindung, der letzte Gedanke war wie die Ahnung eines Todesurteils: »Du sollst nicht sein!« Das Nein bei der Empfängnis hatte sich verwirklicht. – Was empfand das Kind nach der Reanimation? War es völlig erschöpft? Hatte es das Gefühl »Es hat sich nicht gelohnt? Ich hätte es besser nicht tun sollen?«

In den Depressionen fiel Monika zurück in die Mutter; der Film der Geburt, des Sterbens, lief wieder ab. Niedergedrückt, steckengeblieben, wie festgenagelt: Ausweglos. Das Trauma, die Phase der Todesnähe mit Stillstand von Atem und Herz, war wie eine Leiche im Unbewußten, eine Scheintote, ein Gespenst aus Qualen, das erwacht und vom Menschen Besitz ergreift. Die Selbstmordwünsche enthielten die Sehnsucht nach Erlösung von den Qualen und dazu in der Tiefe, den Wunsch, vor die Geburt zurückzukehren, ungeboren zu sein.

Die Selbstmordwünsche enthielten auch Aggression: Ein Selbstmordwunsch ist im Kern ein Mordwunsch, der sich nach innen wandte, weil er sich nicht gegen den ursprünglichen Feind verwirklichen konnte, da dieser übermächtig gewesen war: Die Aggression richtete sich gegen die mörderische Mutter der Geburt.

Monika hatte überlebt, 50 Jahre lang. Sie war Krankenschwester. Es gab auch ein Ja in ihr. Die Natur hatte das Kind entstehen lassen, ihm den Lebenswillen gegeben, und dieser führte sie zur Therapie. Mehrere Jahre Psychoanalyse und Gestalttherapie hatten nur vorübergehende Besserungen gebracht; dann hörte sie von der Gruppe, die mit dem Atem arbeitet.

Die verstärkte Atmung über Stunden hinweg hebt das Energieniveau: Dabei erschaffe ich selbst meine Energie, ich übe meine Willenskraft, stärke meinen Lebenswillen, gerate so allmählich an das große Nein von Geburt und Empfängnis, kann mit meinem Willen dagegen ankämpfen, meine Kraft finden, meine Wut, meinen Haß, und das Nein der Eltern besiegen, mich aus einem von den Eltern ungewollten Kind zu einem von mir gewollten Menschen machen – mit Hilfe der Therapeuten, mit Hilfe des Energiefeldes, das in der Gruppe entsteht, Energie der Übertragung, psychoanalytisch gesagt.

Ist das Ich gestärkt, folgt auf die Anspannung die Entspannung. – Hier kann man auch probieren, mit den Depressionen anders umzugehen. Sie sind Qualen, aber nicht reale körperliche Schmerzen, wie z. B. Zahnweh, gegen die sich der Körper automatisch wehrt, d. h. man kann versuchen, sie bewußt zuzulassen, sie zu beobachten, sie als Fremdkörper wahrzunehmen, zu dem man Distanz hat. – In den Atemsitzungen wird nun das Loslassen eingeübt, so konzentriert wie zuvor. Irgendwann geschieht dann in einer Sitzung etwas Wunderbares. Etwas ganz Fremdes naht sich – Wohlgefühle steigen auf, Wärme, ein Ja, das von innen her durch den Körper strömt.

Es ist das vorgeburtliche Ich, das Lust-Ich aus dem guten Schoß, aus dem dritten Monat der Schwangerschaft. Dies Lust-Ich entstammt der Großen Mutter, die es im Innern der persönlichen Mutter gibt, unterhalb ihrer Ablehnung, ihrer Neurose. Jeder Mensch hat diese Erfahrung gemacht, sonst gäbe es ihn nicht, er wäre abgegangen. Vor dieser Erfahrung gab es schon eine gleichartige bei der Einnistung der Keimblase in die Gebärmutter; auch hier wurde der Mensch angenommen und mit Liebe erfüllt. Bei der Empfängnis entstand der Doppelkern mit der Doppelseele: das Urselbst, das im Innern aus Selbstliebe besteht. Und vor der Empfängnis gab es die Reifung der Keimzellen, in denen sich die Schöpfung zum ersten Mal in Form von Liebe und von Kraft offenbart.

Atem und Herzschlag werden nun von innen, als lebendig, gefühlt, verbunden mit Atem und Herzschlag der frühen vorgeburtlichen Mutter: Erinnerung an die Seele. Das Wort stammt von See, wie Janus schreibt, dem Lebensgefühl im Fruchtwasser des guten Schoßes. Die Seele ist selig. – Oder Psyche: Hauch, Atem, der Atem der Mutter, in dem das Kind einst lebte. Herz und Atem, Liebe und Kraft, neu belebt im Energiefeld von Therapeuten und Gruppe.

10. Schema der vorgeburtlichen Entwicklung

ICH ERINNERE MICH

Sonne	Mond
Feuerhimmel	Weltenbaum
Hoden	Eierstock

Reifung der Samenzelle
Reifung der Eizelle
Empfängnis
Verschmelzung der Zellkerne
Befruchtete Urzelle

Gang der Keimblase durch den Eileiter

Einnistung. 2. Woche
Cerebralisation. 3. Woche

Gang durch die Tierreihe

Erwachen des Bewußtseins. 7./8. Woche

Ende der embryonalen Periode
Anfang der fötalen Periode

Guter Schoß. 3. Monat

Aneignung des Körpers. 4. Monat
Kontakt zum Körper der Mutter. 5. Monat

Enge. Schlechter Schoß. 8./9. Monat
Geburtsaktiver Fötus. Wehen. Geburt

Teil Eins

Jesus, Buddha: Reisen zu Gott
»Weltgericht«. »Herr der Welt«

1. Kapitel

Vergleich der zwei Gotteserscheinungen in Jesus und in Buddha
Entheogenetik

Fabricius beschrieb die Keimzellenreifung, »den ersten Schritt zur Schöpfung«, »den ersten Akt der Erzeugung«, die Selbsterzeugung als Anfang der ganzen Evolution. Ich fügte Beispiele für die Reifung der Samenzelle und der Eizelle hinzu. Im Folgenden führe ich vor, wie die beiden Selbsterzeugungen als Gotteserscheinungen in Jesus und in Buddha geschahen. Gott als Schöpfer, als Schöpfungsakte, erschien in ihnen. Es sind vielfältig geschichtete Vorgänge, da sie in Erwachsenen stattfanden: In ihrem Auftauchen durchlaufen sie die späteren Stufen bis zur Geburt. Ich entfalte diese Schichten schrittweise anhand der Bilder und Symbole. – Dies erste Kapitel ist ein etwas komplizierter Einstieg in die Welt der Symbole. In den weiteren Kapiteln von Teil Eins wird die Darstellung anschaulich, dramatisch, und gewinnt manchmal Züge eines Kriminalromans.

Die Erfahrungen der Erwachsenen nach den ältesten Texten

Da Gott jeweils in einer bestimmten Situation erscheint, bringe ich jetzt die Geschichten der Erwachsenen, um den Zusammenhang vor Augen zu stellen. Bei Jesus ist die älteste Beschreibung das Markus-Evangelium, bei Buddha die 26. und 36. Rede der Mittleren Sammlung.

Die Geschichte von Jesus

Das Markus-Evangelium ist das kürzeste der vier Evangelien und gilt als das älteste; es schildert die Vorgänge von der Taufe bis zur Auferstehung und Himmelfahrt. Matthäus ist etwas später und wirkt wie eine Erweiterung von Markus; die Ereignisse werden in etwa der gleichen Abfolge berichtet. Bei Lukas ist die Abfolge z. T. verschieden; er bringt auch die Vorgeschichte ab der Empfängnis. Teile der Vorgeschichte finden sich auch bei Matthäus. Markus, Matthäus und Lukas werden die Synoptiker genannt; sie sehen die Dinge in gleicher Weise. Das Johannes-Evangelium gilt als das späteste; es unterscheidet sich stark von den anderen. Ich verwende Luthers Übersetzung.

(Die vor allem vom deutschen Protestantismus entwickelte sog. Bibelkritik ist für die tiefenpsychologische Sicht ohne Bedeutung.)

Das Markus-Evangelium beginnt mit Johannes dem Täufer. Er »war in der Wüste, taufte und predigte von der Taufe der Buße zur Vergebung der Sünden«. Jesus ließ sich von Johannes im Jordan taufen. »Und alsbald, als er aus dem Wasser stieg, sah er, daß sich der Himmel auftat und der Geist wie eine Taube herabkam auf ihn. Und da geschah eine Stimme vom Himmel: ›Du bist mein lieber Sohn, an dem ich Wohlgefallen habe.‹ Und alsbald trieb ihn der Geist in die Wüste; und er war in der Wüste vierzig Tage und wurde versucht von dem Satan und war bei den wilden Tieren, und die Engel dienten ihm. Nachdem aber Johannes gefangengesetzt war, kam Jesus nach Galilea und predigte das Evangelium Gottes und sprach: ›Die Zeit ist erfüllt, und das Reich Gottes ist herbeigekommen. Tut Buße und glaubt an das Evangelium!‹«

Jesus beruft die ersten Jünger, predigt in der Synagoge, »mit Vollmacht«; ein Mensch »besessen von einem unreinen Geist«, schrie: »Ich weiß, wer du bist: der Heilige Gottes!« Jesus treibt den Geist aus; er hat »Vollmacht«. Jesus heilt die Schwiegermutter von Petrus. Man brachte »alle Kranken und Besessenen«. »Und am Morgen, noch vor Tage, stand er auf und ging hinaus. Und er ging an eine einsame Stätte und betete dort«. Dann sagte er: »Laßt uns anderswo hingehen, in die nächsten Städte, daß ich auch dort predige, denn dazu bin ich gekommen«. (Mk. 1,38) Etwa an dieser Stelle steht bei Matthäus die Bergpredigt. Sie beginnt mit den »Seligpreisungen«: »Selig sind, die da geistlich arm sind, denn ihrer ist das Himmelreich«. »Wenn dich jemand auf deine rechte Backe schlägt, dann biete die andere auch dar«. »Liebet eure Feinde und bittet für die, die euch verfolgen«. Hier steht »Das Vaterunser« (Mt. 5 – 7).

Es folgen weitere Heilungen, auch am Sabbath, womit Jesus gegen die jüdischen Gesetze verstößt. Die Pharisäer beraten, »wie sie ihn umbrächten«. Seine Angehörigen kommen und »wollten ihn festhalten, denn sie sprachen: ›Er ist von Sinnen‹ (Mk. 3). Er stellt »das Geheimnis des Reiches Gottes« in Gleichnissen dar: »Vom Sämann«, »Vom Senfkorn« (Mk. 4). »Das Ende Johannes des Täufers« wird berichtet (Mk. 6). Jesus vollbringt Wunder: »Die Stillung des Sturms«; »Die Speisung der Fünftausend«; er wandelt auf dem Wasser; »Die Speisung der Viertausend« (Mk. 4 – 8). Er hält weitere Predigten und vollzieht viele Heilungen.

»Und Jesus ging fort mit seinen Jüngern in die Dörfer bei Cäsarea Philippi. Und auf dem Weg fragte er seine Jünger und sprach zu ihnen: ›Wer sagen die Leute, daß ich sei?‹ Sie antworteten ihm: ›Einige sagen, du seist Johannes der Täufer; einige sagen, du seist Elia; andere, du seist einer der Propheten‹. Und er fragte sie: ›Ihr aber, wer sagt ihr, daß ich sei?‹ Da antwortete Petrus und sprach zu ihm: ›Du bist der Christus!‹ Und er gebot ihnen, daß sie niemandem von ihm sagen sollten. Und er fing an, sie zu lehren: ›Der Menschensohn muß viel leiden und verworfen werden von den Ältesten und Hohenpriestern und Schriftgelehrten und getötet werden und nach drei Tagen auferstehen.‹ Und er redete das Wort frei und offen. Und Petrus nahm ihn beiseite und fing an, ihm zu wehren. Er aber wandte sich um, sah seine Jünger an und bedrohte Petrus und sprach: ›Geh weg von mir, Satan! denn du meinst nicht, was göttlich, sondern was menschlich ist‹. Und er rief das Volk samt seinen Jüngern und sprach zu ihnen: ›Wer mir nachfolgen will, der verleugne sich selbst und nehme sein Kreuz auf sich und folge mir nach. Denn wer sein Leben erhalten will, der wird's verlieren; und wer sein Leben verliert um meinetwillen und um des Evangeliums willen, der wird's erhalten. Denn was hülfe es dem Menschen, wenn er die ganze Welt gewönne und nähme an seiner Seele Schaden? Denn was kann der Mensch geben, womit er seine Seele auslöse? Wer sich aber meiner und meiner Worte schämt unter diesem abtrünnigen und sündigen Geschlecht, dessen wird sich auch der Menschensohn schämen, wenn er kommen wird in der Herrlichkeit seines Vaters mit den heiligen Engeln.‹ Und er sprach zu ihnen: ›Wahrlich, ich sage euch: Es stehen einige hier, die werden den Tod nicht schmecken, bis sie sehen das Reich Gottes kommen mit Kraft.‹« Nach sechs Tagen ging er mit Petrus, Jakobus und Johannes auf einen hohen Berg. »Und er verklärte sich vor ihnen; und seine Kleider wurden hell und sehr weiß, wie sie kein Bleicher auf Erden so weiß machen kann. Und es erschien ihnen Elia mit Mose, und sie redeten mit Jesus. Und Petrus fing an und sprach zu Jesus: ›Rabbi, hier ist für uns gut sein. Wir wollen drei Hütten bauen, dir eine, Mose eine und Elia eine‹. Er wußte aber nicht, was er redete, denn sie waren ganz verstört. Und es kam eine Wolke, die überschattete sie. Und eine Stimme geschah aus der Wolke: ›Das ist mein lieber Sohn; den sollt ihr hören!‹« (Mk. 8,27–9,8).

Es folgen weitere Heilungen, eine Reihe von Predigten bzw Belehrungen, die zweite und dritte »Ankündigung von Jesu Leiden und Auferstehung« und dann der Einzug in Jerusalem. Man ruft: »Hosiannah! Gelobt sei, der da kommt im Namen des Herrn!« Nach der Tempelreinigung hält Jesus »Die Rede über die Endzeit«. Sie hat fünf Abschnitte. 1. »Das Ende des Tempels«. 2. »Der Anfang der Wehen«. 3. »Die große Bedrängnis«. 4. »Das Kommen des Menschensohns«. 5. »Mahnung zur Wachsamkeit«. Im 2. Abschnitt heißt es, es wird »Kriege, Erdbeben, Hungersnöte« geben. »Das ist der Anfang der Wehen«. »Und es wird ein Bruder den anderen dem Tod preisgeben und der Vater den Sohn, und die Kinder werden sich empören gegen die Eltern und werden sie töten helfen«. Im 3. Abschnitt spricht Jesus vom »Greuelbild der Verwüstung«. »Weh aber den Schwangeren und Stillenden zu jener Zeit!« Es wird »eine solche Bedrängnis sein, wie sie nie gewesen ist bis jetzt vom Anfang der Schöpfung, die Gott geschaffen hat, und auch nicht wieder werden wird«. 4. Abschnitt: »Aber zu jener Zeit, nach dieser Bedrängnis, wird die Sonne sich verfinstern und der Mond seinen Schein verlieren, und die Sterne werden vom Himmel fallen und die Kräfte der Himmel werden ins Wanken kommen. Und dann werden sie sehen den Menschensohn kommen in den Wolken mit großer Kraft und Herrlichkeit. Und dann wird er die Engel senden und wird seine Auserwählten versammeln von den vier Winden, vom Ende der Erde bis zum Ende des Himmels«. Im 5. Abschnitt heißt es: »Himmel und Erde werden vergehen, aber meine Worte werden nicht vergehen. Von dem Tage und der Stunde aber weiß niemand, auch die Engel im Himmel nicht, auch der Sohn nicht, sondern allein der Vater« (Mk. 13).

Bei Matthäus folgen auf »Die Mahnung zur Wachsamkeit« vier weitere Abschnitte; der letzte heißt: »Vom Weltgericht«: »Wenn aber der Menschensohn kommen wird in seiner Herrlichkeit, und alle Engel mit ihm, dann wird er sitzen auf dem Thron seiner Herrlichkeit, und alle Völker werden vor ihm versammelt werden. Und er wird sie voneinander scheiden, wie ein Hirt die Schafe von den Böcken scheidet, und wird die Schafe zu seiner Rechten stellen und die Böcke zu seiner Linken. Da wird dann der König sagen zu denen zu seiner Rechten: ›Kommt her, ihr Gesegneten meines Vaters, ererbt das Reich, das euch bereitet ist von Anbeginn der Welt!‹« Sie hatten Jesus oder einem anderen Menschen in Not geholfen. »Dann wird er auch sagen zu denen zur Linken: ›Geht weg von mir, ihr Verfluchten, in das ewige Feuer, das bereitet ist dem Teufel und seinen Engeln!‹« Sie waren nicht barmherzig gewesen. »Und sie werden hingehen, diese zur ewigen Strafe, aber die Gerechten in das ewige Leben« (Mt. 25).

Nach dem Abendmahl geht Jesus mit Petrus, Jakobus und Johannes in den Garten von Gethsemane »und fing an zu zittern und zu zagen und sprach zu ihnen: ›Meine Seele ist betrübt bis in den Tod.‹ Er warf sich auf die Erde und betete, daß, wenn es möglich wäre, die Stunde an ihm vorüberginge und sprach: ›Abba, mein Vater, alles ist dir möglich; nimm diesen Kelch von mir; doch nicht, was ich will, sondern was du willst!‹« (Mk. 14,36). Nach der Verhaftung wird er beim Verhör vom Hohenpriester gefragt: »›Bist du der Christus, der Sohn des Hochgelobten?‹ Jesus aber sprach: ›Ich bin's; und ihr werdet sehen den Menschensohn sitzen zur Rechten der Kraft und Kommen mit den Wolken des Himmels‹«. Für die Hohenpriester ist diese Aussage eine Gotteslästerung, die mit dem Tod bestraft werden muß; sie führen ihn vor Pilatus. »Und Pilatus fragte ihn: ›Bist du der König der Juden?‹ Er aber antwortete und sprach zu ihm: ›Du sagst es‹« (Mk. 15,2). Auf Drängen der Hohenpriester läßt Pilatus ihn kreuzigen. Seine letzten Worte: »Mein Gott, mein Gott, warum hast du mich verlassen?« (Mk. 15,34). Dann heißt es: »Er hauchte seinen Atem aus«.

Joseph von Arimathia legt den Leichnam ins Grab. »Als Jesus auferstanden war früh am ersten Tag der Woche, erschien er zuerst Maria von Magdala, von der er sieben böse Geister ausgetrieben hatte«. »Danach offenbarte er sich in anderer Gestalt zweien von ihnen unterwegs, als sie über Land gingen«. (Es ist die Begegnung in Emmaus, die Lukas schildert.) »Zuletzt, als die Elf zu Tisch saßen, offenbarte er sich ihnen«. (Die Szene findet sich ausführlicher bei Lukas.) »Und er sprach zu ihnen: ›Gehet hin in alle Welt und predigt das Evangelium aller Kreatur. Wer da glaubt und getauft wird, wird selig werden; wer aber nicht glaubt, der wird verdammt werden«. »Nachdem der Herr Jesus mit ihnen geredet hatte, wurde er aufgehoben gen Himmel und setzte sich zur Rechten Gottes«.

Ich erwähne noch, daß die Apostelgeschichte berichtet, Christus »zeigte sich nach seinem Leiden durch viele Beweise als der Lebendige und ließ sich sehen unter ihnen vierzig Tage und redete mit ihnen vom Reich Gottes«. Er befahl ihnen, »zu warten auf die Verheißung des Vaters«, »denn Johannes hat mit Wasser getauft, ihr aber sollt mit dem heiligen Geist getauft werden«. »Und als der Pfingsttag gekommen war, waren sie alle an einem Ort beieinander. Und es geschah plötzlich ein Brausen vom Himmel wie von einem gewaltigen Wind und erfüllte das ganze Haus, in dem sie saßen. Und es erschienen ihnen Zungen zerteilt, wie von Feuer; und er setzte sich auf einen jeden von ihnen, und sie wurden alle erfüllt von dem heiligen Geist und fingen an zu predigen in anderen Sprachen, wie der Geist ihnen gab auszusprechen«. Petrus erklärt das Pfingstwunder mit einer Stelle des Propheten Joel.

»Die Bekehrung des Saulus« ist der Anfang des 9. Kapitels der Apostelgeschichte. »Als er aber auf dem Wege war und in die Nähe von Damaskus kam, umleuchtete ihn plötzlich ein Licht vom Himmel; und er fiel auf die Erde und hörte eine Stimme, die sprach zu ihm: ›Saul, Saul, was verfolgst du mich?‹ Er aber sprach: ›Herr, wer bist du?‹ Der sprach: Ich bin Jesus, den du verfolgst. Steh auf und geh in die Stadt; da wird man dir sagen, was du tun sollst‹«. Paulus selbst schildert seine Bekehrung im 2. Korintherbrief, 12.

Die Geschichte von Buddha

Buddhas Leben ist in einer märchenhaften Form überliefert, man spricht von der »Buddha-Legende«. Sie schildert Empfängnis, Geburt, Kindheit, Jugend und den Weg zur Erleuchtung. Seine mystische Erfahrung hat Buddha selbst dargestellt. Als die ältesten Fassungen seiner Reden gelten die Texte der »Mittleren Sammlung der Reden Gautama Buddhas«. Sie wurden um 1900 von Karl Eugen Neumann ins Deutsche übersetzt. Der Prozeß der Erleuchtung wird in einer ganzen Reihe der 152 Reden geschildert. Am deutlichsten wird der Vorgang, wenn man die 36. und die 26. Rede verbindet; sie sind auch in der 85. Rede zu einer einzigen verknüpft worden.

Die historische Forschung hat versucht, in der »Buddha-Legende« Tatsachen und Erfindungen zu scheiden. Ich verwende das Buch »Der historische Buddha« von Hans Wolfgang Schumann (1982). Er hat auch die 36. und die 26. Rede der Mittleren Sammlung als die ältesten Beschreibungen von Buddhas Erwachen herausgestellt und sie interpretiert. (Ich zitiere M 36 usw.) Ich nehme eine Reihe von Einzelheiten, die Schumann zu legendenhaft erscheinen oder die er gar nicht erwähnt, hauptsächlich aus dem Buch »Buddha und seine Lehre« von Hermann Beckh (1958), in meine Darstellung herein. Für die Reden Buddhas benutze ich die Übersetzungen von Karl Eugen Neumann und Kurt Schmidt.

Schumann schreibt, Gautama Siddharta war der Sohn des reichen Gutsbesitzers und Provinzgouverneurs Suddhodana Schakya und seiner Frau Maya. Maya starb eine Woche nach der Geburt Gautamas. Das Kind wurde von Padschapati, der Zweitfrau des Vaters, aufgezogen. Als Gautama 16 war, wurde er mit Sagodha verheiratet. Mit 29 fuhr Gautama viermal in die Stadt. Er sah einen Greis, einen Kranken und einen Toten, was ihn tief verstörte. Bei der vierten Ausfahrt sah er einen Bettelmönch, dessen Heiterkeit ihm auffiel. In der Nacht nach der Geburt seines Sohnes verließ er seine Familie und wurde selbst ein Bettelmönch.

In der 26. Rede sagt Buddha, er habe sich »in seiner ersten Jugendkraft«, »gegen den Willen der weinenden Eltern auf die Suche nach dem wahren Gut und dem höchsten Friedenspfad« begeben. Er lernt zuerst bei dem Jogameister Alama Kalama das »Nicht-Dasein« bzw. »das Nichts« kennen. Der Meister bietet ihm an, seine Schule gemeinsam zu leiten. Gautama ist aber mit der Lehre nicht zufrieden und geht zu einem zweiten Meister, Udaka. Er lernt »das Grenzgebiet von Wahrnehmung und Nichtwahrnehmung« kennen. Udaka bietet ihm die Leitung der Schule an; Gautama lehnt ab, denn er wurde durch diese Lehre »des Körpers und der Wünsche nicht entwöhnt«. Er geht dann zur harten Askese über und zwar zusammen mit fünf jungen Männern, die er seit seiner Jugend kennt. Sie sehen in Gautama ihren Anführer, der als erster das Ziel erreichen werde. Die sechs nennen sich Brüder. Um das Denken zu unterdrücken, beißt Gautama die Zähne zusammen, bis es ihm scheint, »als würde ihn ein starker Mann niederdrücken und quälen«. Später hält er die Luft an, bis ihm ist, »als würden ihn zwei starke Männer in eine Grube mit glühenden Kohlen drücken«. »Aber mein Körper wurde nicht ruhig«. Dann beginnt er zu fasten; schließlich ißt er nur noch den Dung der Kühe und den eigenen Stuhlgang. Sechs Jahre nach seinem Auszug sieht er wie eine faulende Leiche aus. Eines Tages stürzt er beim »Verrichten der Notdurft kopfüber« in die eigenen Fäkalien. »Weiter geht es nicht mehr«, denkt er. Nun fällt ihm ein, wie er als Junge unter einem Baum gesessen war und seinem Vater bei der Feldarbeit zugesehen hatte; er war dabei in »eine selige Heiterkeit« versunken. »Das muß der Weg sein«, denkt er. Um jene Heiterkeit wieder fühlen zu können, muß sich der Körper erholen. Gautama gibt die harte Askese auf, bettelt um Almosen, bekommt von einer Frau etwas Reisbrei. Die fünf Brüder halten ihn für einen Weichling und Versager und verlassen ihn. Gautama wartet nun darauf, daß sich jene »selige Heiterkeit« wieder einstellen werde. Es geschieht eines Tages, als er unter einem Baum sitzt. – Die Legende ergänzt, daß nun Mara, der Gott des Todes und der Lust, erscheint: Er will Gautama daran hindern, das Nirwana zu erlangen. Zusammen mit seinen himmlischen Heerscharen greift er Gautama an, doch ohne Erfolg. Dann bietet er Gautama die Weltherrschaft und seine drei schönen Töchter an. Gautama lehnt ab; er berührt die Erde. Mara gibt auf.

In M 36 geht es weiter: Gautama tritt nun in »die selige Heiterkeit« ein. Er nennt diesen Zustand »die erste Stufe der Versenkung«, oder »der Schau«, der Innenschau, der Introspektion, auf Pali: Dschhana (Jhana), Sanskrit: Dhyana. Er erreicht dann eine 2. Stufe, voller Stille, Einssein, Sammlung. Auf einer 3. Stufe empfindet er ein Glücksgefühl im Körper. Auf der 4. Stufe sind alle Gefühle und Gedanken verschwunden; er hat ein reines Bewußtsein erlangt. Bei jeder Stufe sagt er, die angenehme Erfahrung »konnte mein Gemüt nicht fesseln«.

Es ist Nacht geworden. Das erste Drittel der Nacht wird die 1. Nachtwache genannt. »Ich richtete nun meinen Geist auf die Erinnerung und Erkenntnis meiner früheren Daseinsformen«. Unzählige frühere Existenzen ziehen mit allen Einzelheiten an ihm vorbei. Er sieht »frühere Weltzeitalter«; er sieht, wie die Welten entstehen und vergehen. In der 2. Nachtwache sieht er »mit dem himmlischen Auge, das über menschliche Grenzen hinausreicht«, wie die Wesen entstehen und vergehen und je nach ihren guten oder schlechten Taten im Himmel oder in der Hölle wiedergeboren werden. In der 3. Nachtwache erkennt er die Ursache des Leidens: Es ist der Wahn, die Verblendung und der darin wirkende Trieb, die Gier, der Durst, die Wünsche. Indem er sie erkennt, löst er sich von ihnen, sie verlöschen, und er ist vom Leiden befreit. Gautama ist erwacht, er ist zum Erwachten, zum Buddha geworden.

Er sagt nun »Versiegt ist meine Geburt«, wie Neumann übersetzt. »Der Lauf der Wiedergeburten ist beendet«, heißt es bei Schmidt; bei Schumann: »Vernichtet ist (für mich) die Wiedergeburt«. Buddha beschließt, in die Welt der Gier, der Triebe nicht mehr zurückzukehren.

Verschiedene Quellen berichten, Buddha habe nun sechs Wochen in der Meditation verbracht, jeweils eine Woche unter einem anderen Baum. In der 4. Woche erschien wieder Mara und forderte Buddha auf, endgültig im Nirwana zu bleiben. In der 5. Woche fragte ein Brahmane Buddha nach der rechten Lebensweise. In der 6. Woche wand sich bei einem Sturm der Schlangenkönig Mukalinda siebenmal um Buddhas Körper und hielt seinen Kopf schützend über ihn. In der 7. Woche kehrte Buddha zum Baum des Erwachens zurück. Zwei Kaufleute, die Brüder Tapussa und Bhallika, kamen vorbei, gaben Buddha ein Almosen und baten um Belehrung. Der Gott Indra brachte ein Mittel gegen Blähungen.

In Buddhas eigener Erzählung in M 26 geht es nun weiter: Buddha überlegte, ob er seine Erkenntnis mitteilen solle. Es würde ihm »beim gier- und haßverzehrten Volk nur Plage und Anstoß einbringen«. »So neigte mein Gemüt zur Verschlossenheit«. Da denkt der Gott Brahma Sahampati: »Zugrunde gehen wird die Welt, wenn der Erwachte sein Wissen für sich behält«. Brahma fliegt vom Himmel herab, kniet vor Buddha nieder, faltet die Hände und sagt: »Einige Menschen werden die Lehre verstehen. Du kannst sie retten. Öffne ihnen das Tor zur Unsterblichkeit! Sieh dies Schmerzenreich an! Du bist der Sieger über das Leiden, über den Tod. Verkünde die Lehre!« Nun blickt Buddha »aus Erbarmen mit den Wesen mit dem Auge des Erwachten in die Welt« und sieht »die Wesen wie Lotosblumen: Manche sind in der Tiefe des Wassers, andere sind bis zum Wasserspiegel gewachsen, einige sind darüber emporgestiegen«. Nun ruft Buddha aus: »Geöffnet sei das Tor zur Ewigkeit«.

Buddha will zuerst zu den zwei Jogameistern gehen; da sie schon gestorben sind, macht er sich auf die Suche nach den fünf Brüdern. Unterwegs trifft er einen Einsiedler, Upaka, der ihn nach seinem Lehrer fragt. Buddha antwortet: »Ich bin der Allüberwinder, der Allerkenner, nur durch mich selbst belehrt. Kein Gott kommt mir gleich. Ich bin der Herr der Welt, der höchste Meister. Ich werde das Reich der Wahrheit errichten; die Trommel der Unsterblichkeit soll erdröhnen. Ich bin der Sieger«. Als Buddha dann in Benares die fünf einstigen Brüder findet, sagt er: »Die Unsterblichkeit ist gefunden. Wenn ihr mir folgt, werdet ihr in kurzer Zeit die Heiligkeit erreichen«. Nach einer Woche sind alle fünf am Ziel.

Buddha lebte noch 45 Jahre, als wandernder Bettelmönch, und verbreitete seine Lehre.

Parallele Strukturen: Zwei Gotteserscheinungen – zwei Götter.

Vergleicht man die beiden Geschichten, so zeigt sich, daß sie eine gleichartige Struktur haben, die durch Gott gekennzeichnet ist: In beiden Geschichten erscheint Gott zwei Mal, und am Ende sehen sich die beiden Männer, wie sie die Rolle des Gottes der zweiten Gotteserscheinung übernehmen: Jesus als Richter der Welt, Buddha als Herr der Welt. – Bei Markus versammelt Jesus

»seine Auserwählten«; bei Matthäus schickt er »die Gerechten« ins »ewige Leben«, die anderen ins »ewige Feuer«. Letzteres wird bei Markus schon früher ebenfalls angekündigt und am Ende auch ausgesprochen: »Wer nicht glaubt, der wird verdammt werden«. (16,16). Durch die Hinzufügung der Bergpredigt und des Weltgerichts scheint erst Matthäus die Essenz der Botschaft von Jesus zu überliefern.

Es ist hilfreich für das Verständnis, sich die Abschlußvisionen von Jesus und Buddha vor Augen zu stellen. Das Weltgericht aus dem Matthäus-Evangelium wurde, mit einigen Zutaten, als »Jüngstes Gericht« von Michelangelo in der sixtinischen Kapelle in Rom gemalt. Buddha als Herr der Welt ist am Tempel von Borobudur in Java zu sehen. Der Bau hat die Form eines Berges. Oben sitzt Buddha, auf den Hängen die Menschheit, die durch seine Lehre die Unsterblichkeit gewann. – Man muß seine Vorstellungskraft bemühen und sich die Szenen vor Augen stellen, mit der Einbildungskraft innere Bilder erzeugen: Es geht um Größe, um göttliche Größe, um die ganze Welt, um das Weltall, um Allhaftigkeit, um Allmacht. Mit Heinz Kohut könnte man sagen, das »Größen-Selbst« ist zum »allmächtigen, idealisierten Selbstobjekt« geworden. Benn sprach von »Ausweitung, Steigerung«. 1933 schrieb er: »Aber der Mensch will groß sein, das ist seine Größe; dem Absoluten gilt unausweichlich sein ganzes inneres Bemühen«.

Das Weltgericht findet nach dem Weltuntergang statt, der das Leben auf der Erde beendete. Die Menschheit ist im Jenseits, im Bereich der Unsterblichkeit, der Ewigkeit. Buddha führte die Menschen schon im Diesseits in den Bereich der Unsterblichkeit, der Ewigkeit. Da in diesem Bereich die Triebe erloschen sind, gibt es keine Fortpflanzung mehr. Hat die ganze Menschheit die Unsterblichkeit erlangt, so ist damit das Leben auf der Erde beendet. Das Ziel der beiden Religionsstifter ist dasselbe, doch wird es auf verschiedene Weisen erreicht.

Buddha erscheinen zwei verschiedene Götter, Mara und Brahma; sie entstammen der indischen Religion, genauer gesagt, zwei verschiedenen indischen Religionen. Bei den beiden Gotteserscheinungen von Jesus, die bei der Taufe und bei der Verklärung stattfinden, handelt es sich um den jüdischen Gott, der zuerst El, Elohim hieß, bei Moses dann den Namen YHWH, Jehovahh hat und der als Adonai, Herr, angeredet wird; Jesus bezeichnet ihn auch als Abba, Vater. Dieser Gott hat bei Jesus zwei verschiedene Gesichter: Er wirkt zuerst wie der Brahma Buddhas und dann ähnelt er dessen Mara.

Mara ist ein Kriegsgott, Brahma ein Friedensgott. Der Gott der Taufe ist ein Friedensgott, er inspirierte die Bergpredigt mit dem Gebot »Liebet eure Feinde!« Der Gott der Verklärung ist ein Kriegsgott; beim Weltgericht sagt Jesus »Ihr Verfluchten, ins ewige Feuer!« Ich bin daher der Meinung, daß es sich auch bei Jesus um zwei verschiedene Götter handelt.

Der Gott der Taufe ist ein Gott der Barmherzigkeit und ein solcher Gott ist auch Brahma. Bei Jesus erscheint der Gott der Barmherzigkeit am Anfang, bei Buddha am Ende. Das Erscheinen dieses Gottes ist die Ursache von Buddhas Tätigkeit als Lehrer und Religionsstifter. Die gleiche Rolle spielt die Gotteserscheinung bei der Taufe für Jesus. Das Neue, was Buddha und Jesus brachten, beginnt mit diesen beiden Gotteserscheinungen, den Anrufungen, Berufungen durch Gott. Buddha will dann das »Reich der Wahrheit« errichten, Jesus das »Reich Gottes«. Inhalt der beiden Reiche ist die Unsterblichkeit.

Beide lehren, daß der Eintritt ins »Reich der Wahrheit« bzw. ins »Reich Gottes«, also die Erlangung der Unsterblichkeit, der einzige Sinn, das einzige Ziel des Lebens ist. Die konkreten Inhalte der Lehren der beiden Männer wie auch ihre Lebensweisen sind großenteils die Gleichen: Absolute Gewaltlosigkeit, Absage ans Geld, keine Arbeit, ein Leben als wandernde Bettler, keine Sexualität – und den titanischen Willen, diese Lehren durchzusetzen, um »das Reich der Wahrheit« bzw. »das Reich Gottes« zu errichten, d. h. die Menschen da hineinzuführen.

Ich beginne daher meine Untersuchung von Jesus und Buddha mit der Betrachtung der beiden Szenen, aus denen dieses Neue folgte, mit dem Erscheinen des Gottes Brahma und mit der Gotteserscheinung bei der Taufe.

I. Der Gott der Taufe und der Gott Brahma: Zwei Wiederbelebungen

Eizelle, Empfängnis, Schoß. Pflanzengötter, Friedensgötter

Die beiden Männer haben Gottesvisionen, sie sind Visionäre, Seher. Große Seher sehen Gott, und zwar bei seiner Tätigkeit. Auch hören beide, wie Gott sie anspricht: »Du bist«. Gott erkennt sie, er sagt ihnen, wer sie sind; sie erhalten von Gott ihre Identität, eine Identität auf frühester Stufe. Gott sagt ihnen damit auch, daß sie überhaupt sind, d. h. daß sie Seiende sind; sie sind im Sein. Sie bekommen es vom Schöpfergott gesagt, dem Erschaffer des Seins, der Quelle der Seinskraft. So erhalten sie Sein, Seinsgewißheit, Seinsfestigkeit. Buddha wird kurz danach zu Upaka sagen: »Ich bin...« Jesus sagt erst viel später: »Ich bin es«.

Buddha sieht Gott selbst und hört ihn zu sich sprechen. Jesus sieht nur den Geist; es ist für ihn der Geist Gottes, und so ist für ihn die Stimme vom Himmel, die er hört, die Stimme Gottes; er nennt Jesus seinen Sohn, den er liebt. Aus dem

Sohn des Zimmermanns ist der Sohn Gottes geworden. Ist es möglich, sich diese Verwandlung vor Augen zu stellen? Im »Vaterunser« heißt es von Gott: »Dein ist das Reich und die Kraft und die Herrlichkeit« (Mt.6,13). Die drei Wörter sind Bezeichnungen der unbeschränkten Macht, der Allmacht. Jesus als Sohn dieses Gottes dürfte Anteil an dieser Allmacht haben. Er ist seelisch zu einem Gottmenschen geworden, zu einem Riesen, einem kosmischen Koloß.

Buddha hatte aus eigener Kraft die Unsterblichkeit gefunden und neigte dazu, seine Erkenntnis für sich zu behalten. Er wäre als Einsiedler in die Berge verschwunden; wir wüßten nichts von ihm, es hätte ihn für uns nicht gegeben. Da erscheint Gott und nennt den Erwachten »Held, siegreicher Kampfesherr« und bittet ihn, den suchenden Menschen den Weg zur Unsterblichkeit zu zeigen. Zum ersten Menschen, den Buddha trifft, sagt er, daß kein Gott ihm gleichkomme; er sei »der Herr der Welt«, »der höchste Meister«. Wie bei Jesus geht es um Größe: Der Gutsbesitzer Gautama hat sich in einen seelischen Riesen verwandelt. Doch ist er nicht Gottes Sohn, der nach oben zu Gottvater blickt und ihn anbetet, sondern er steht über Gott. Die Beziehung, das Größenverhältnis ist umgekehrt: Der Gott ist unten, kniet vor Buddha, fleht ihn an. Buddha steht oben; er ist gnädig und erfüllt die Bitte des Gottes. Es ist, als sei der Gott der Sohn, das Kind, und der Mensch der Vater.

Gleichwohl ist auch für Buddha die Anrufung durch Gott entscheidend, da er sonst im Zustand der Versenkung geblieben wäre. Das Wort Versenkung macht eine weitere Parallele zwischen Jesus und Buddha sichtbar: Jesus wurde unter Wasser getaucht; als er wieder auftauchte, wurde er als Sohn Gottes bezeichnet: Es ist, als sei der Gottmensch aus dem Wasser aufgetaucht. Buddha war vorher in der Versenkung. Durch die Anrufung Brahmas taucht er aus der Versenkung auf und findet sich als über Gott stehend, als Herr der Welt.

Göttliche Liebe. Barmherzigkeit

Es gibt eine weitere Parallele. Die Anrufung durch Gott bewirkt nicht nur das Erlebnis der Größe, sondern ist bei beiden Männern mit einer bestimmten Art von Liebe verbunden. Jesus wird als »lieber Sohn« bezeichnet. Er wird von Gott geliebt, er fühlt die Liebe Gottes, des Vaters. Als er das erste Mal spricht, sagt er: »Das Reich Gottes ist herbeigekommen«, d. h. das Reich Gottes ist da. Er lebt im Reich Gottes, in der Liebe Gottes und teilt diese Liebe mit, gibt sie weiter: Er holt andere Menschen in dieses Reich und damit in die Liebe Gottes: Die Menschen werden von Gott geliebt. Gott ist barmherzig. Das ist das »Evangelium«, die gute Nachricht, »die frohe Botschaft«.

Als Buddha im Nirwana war, war er selbstgenügsam. Dann zeigt ihm Brahma die suchenden und leidenden Menschen und bittet Buddha, ihnen zu helfen. Gott ist mitleidig, barmherzig. Jetzt fühlt Buddha Mitleid, Barmherzigkeit, Nächstenliebe. Er fühlt die Liebe Gottes in sich und wird sie weitergeben und so die Menschen ins »Reich der Wahrheit« führen.

Man könnte sagen, beiden Männern wurde von Gott das Herz berührt, er erweckte die Liebe darin, die göttliche Liebe, die Barmherzigkeit. Es ist diese göttliche Liebe in ihnen, die sie zu Lehrern macht; sie ist das, was die beiden Riesen antreibt und sie zu Religionsstiftern werden läßt.

Göttlicher Atem

Als Jesus aus dem Wasser stieg, »sah er den Geist wie eine Taube auf sich herabkommen«. Im griechischen Originaltext heißt Geist Pneuma, Atem, als göttlicher Atem. Jesus atmet jetzt nicht mehr den menschlichen, sondern den göttlichen Atem. Hatte er den menschlichen Atem unter Wasser ausgehaucht und wurde dann vom göttlichen Atem neu belebt?

Brahma kam zu Buddha, als er im Nirwana war. Nirwana heißt wörtlich Nicht-Atmen. Nir ist die Verneinung; van ist verwandt mit lateinisch ventus, deutsch Wind: Atem. Buddha lehrte später den Weg zum Nirwana durch die allmähliche Verringerung des Atems. Es ist eine Jogamethode, die bis zum Atemstillstand führt, worauf eine Verwandlung eintritt. Das Bewußtsein bleibt dabei erhalten. Die Methode führt zum Verlöschen der Triebe, wie Buddha sagt. – Das Bewußtsein löst sich vom Körper, es wird frei, es wird leer, es ist von Ruhe erfüllt. Auch das Herz kommt zum Stillstand. Man könnte diesen Zustand einen Scheintod nennen; er wird absichtlich, methodisch und bei vollem Bewußtsein herbeigeführt. (Mircea Eliade spricht von »Katalepsie«.) Es ist ein Zustand ohne Leiden, da ohne Gefühle.

Als Brahma herabkommt, fühlt Buddha wieder etwas, d. h. sein Herz lebt wieder, es scheint wieder zu schlagen. Er ist nicht mehr im Nirwana, er hat einen neuen Atem, einen göttlichen Atem. Brahma ist ein Symbol des göttlichen Atems, der Lebenskraft. (Die Wurzel des Wortes Brahma, brih, bedeutet kosmische Energie.)

Brahma hat hier den von Buddha erfundenen Beinamen Sahampati; er wird übersetzt als »Herr über sich selbst«. Pati heißt Herr, Saham bedeutet »Ich bin«. Vielleicht steckt noch etwas anderes darin. Das Symboltier Brahmas ist die Wildgans: Ihr Gesang, der zugleich der göttliche Atem ist, wird wiedergegeben als Hamsa. Die Jogis nahmen dies Wort als Mantra bei ihren Atemübungen, wodurch, in der ständigen Wiederholung, Saham daraus wurde: Man könnte Sahampati übersetzen als ›Ich bin der Herr des Atems‹, der zugleich mein ›Ich bin‹ ist. Ich bin der Herr des göttlichen Atems: Ich bin Gott, ich erschaffe mich selbst.

Durch das Erscheinen Brahma Sahampatis wird Buddha neu belebt, so wie es bei Jesus durch den Geist, das Pneuma, geschah. Der Geist ist wie eine Taube; bei Brahma kann man die Wildgans mitsehen. Jesus konnte unter Wasser nicht atmen, vermutlich stand auch sein Herz einen Moment still.

Es scheint, als habe Gott sowohl bei Jesus wie bei Buddha eine Wiederbelebung vollzogen, eine Reanimation (was wörtlich Wiederbeseelung heißt), und zwar durch eine Reaktivierung von Atem und Herzschlag. Betrachtet man die beiden Szenen genau, so zeigt sich, daß Gott durch Menschen wirkte. Bei Jesus war Johannes der Täufer anwesend; bei Buddha dürften es die beiden Männer, Tapussa und Bhallika, gewesen sein, durch die Gott tätig wurde.

Barmherzigkeit. Mutterschoß, Vaterschoß

Durch die Reanimation aber erwachten die beiden seelischen Riesen in den wiederbelebten Körpern der beiden Männer.

Im Johannes-Evangelium sagt Jesus zu Nikodemus: »Es sei denn, daß jemand von neuem geboren werde, so kann er das Reich Gottes nicht sehen. Nikodemus spricht zu ihm: Wie kann ein Mensch geboren werden, wenn er alt ist? Kann er auch wiederum in seiner Mutter Leib gehen und geboren werden? Jesus antwortete: Wahrlich, wahrlich ich sage dir: Es sei denn, daß jemand geboren werde aus Waser und Geist, so kann er nicht in das Reich Gottes kommen« (3, 3–5). Ich nehme an, Jesus spricht hier von der Taufe (die im Johannes-Evangelium gar nicht vorkommt). Für Jesus war die Taufe eine neue Geburt. Ich denke, als er aus dem Wasser auftauchte, erlebte er seine Geburt und den ersten Atemzug wieder. Nikodemus scheint diesen konkreten Vorgang zu ahnen; Jesus geht nicht auf die Frage von Nikodemus ein, er versteht ihn offenbar nicht.

Bei der neuen Geburt fühlt Jesus die Liebe Gottes, die Barmherzigkeit. Das häufigste hebräische Wort für barmherzig ist rahamim; es bedeutet uterin, wie ein Mutterschoß. Jesus wird also in der Barmherzigkeit Gottes geboren: Er wird nicht aus dem Schoß heraus, sondern in den Schoß hinein geboren. Die neue Geburt ist die Geburt des vorgeburtlichen Ich, sie ist dessen Erwachen im Bewußtsein des Erwachsenen: Er ist vom Schoß und von dessen Liebe umgeben. Er fühlt diese Liebe in sich, und er will und kann sie weitergeben.

Da Jesus im vorgeburtlichen Bereich lebt, wird auch die Bedeutung des Pneuma klarer: Es ist der vorgeburtliche Atem. Die Jogis sprechen vom vegetabilen Atem, die Taoisten vom embryonalen Atem.

Auf Pali, der Sprache, in der Buddhas Reden aufgezeichnet sind, heißt Barmherzigkeit Karuna. Es bedeutet ursprünglich vor allem Mutterliebe, und zwar auch die vorgeburtliche, also die Liebe des Mutterschoßes zum ungeborenen Kind. Als Buddha die Leidenden sieht, fühlt er Karuna. Ich denke, er fühlt die Liebe des Mutterschoßes zum Kind, d. h. er fühlt nicht als Kind, sondern als Mutter, nicht als Liebe empfangend, sondern als Liebe gebend. Er scheint zum Mutterschoß geworden zu sein. Der seelische Riese, der aus der Versenkung auftauchte, war nicht das Kind, sondern die Mutter, ein Mutterschoß. War ein Kind darin? Fühlte es sich allein? Sucht sich Buddha nun weitere Kinder für seinen Schoß?

Auch Buddhas neuer Atem ist der vorgeburtliche Atem. Buddha wurde als Bhagavant angeredet, was meistens mit »Erhabener« übersetzt wird. Vant ist wieder ventus, Wind, Atem. Bhaga heißt Scheide, Schoß. Der Bhagavant ist der Schoßatmer. Jesus wird im Schoß beatmet; Buddha beatmet den Schoß.

Die Mutter wird weder bei Buddha noch bei Jesus sichtbar. Bei beiden hat sich eine Verwandlung vollzogen: Der Mutterschoß wurde zum Vaterschoß.

Im Johannes-Evangelium ist Jesus »der Eingeborene, der in des Vaters Schoß ist« (1,18). In katholischen Übersetzungen steht »Busen« statt »Schoß«. Das griechische Wort kolpos heißt Scheide, Schoß, Uterus. (Koloskopie oder Vaginaskopie ist die Scheidenuntersuchung.) Im Lukas-Evangelium kommt »der arme Lazarus« (er ist nicht der Lazarus, den Jesus vom Tode auferweckt), nach dem Tod in »Abrahams Schoß« (auch kolpos). Abraham spielt hier die Rolle Gottes, des Vatergottes.

Die Muttergöttin war bei den Juden verschwunden; ihre Fähigkeiten waren vom Vatergott übernommen worden. Andeutungsweise gibt es diese Entwicklung auch in anderen Religionen. Der Vatergott Wischnu entläßt Avatare aus sich, Gottesverkörperungen in menschlicher oder in tierischer Form; gebiert er sie? Zeus gebar die Göttin Athene aus seinem Kopf und den Gott Dionysos aus seinem Knie.

Der Ursprung des Vaterschoßes dürfte in den Wiedergeburtsriten zu finden sein. Sie beginnen mit einer symbolischen Todeserfahrung, durch die die Rückkehr in den Uterus vollzogen wird. Dann erfolgt eine symbolische Neuzeugung durch den Großen Geist, dessen Stelle von einem Priester eingenommen wird. Nach einer neuen Schwangerschaft erfolgt die neue Geburt. Bei diesen Riten wird oft der Mutterschoß durch einen Vaterschoß ersetzt, die Geburt aus der Mutter wird zur Geburt aus dem Vater. Die ursprüngliche Geburt war mit dem Trauma der Geburt verbunden; die neue Geburt erfolgt ohne Trauma und dient der Aufhebung bzw. Heilung des Traumas. Rank zitiert die Avartha-Veda: Der Novize, der Einzuweihende, erlebt eine neue, symbolische Schwangerschaft im Leib des Priesters und ist nach der neuen Geburt ein zweimal Geborener, der nun unsterblich geworden ist.

Ich werde zeigen, daß in Jesus und in Buddha ein seelischer Prozeß stattgefunden hatte, der den Mutterschoß in einen Vaterschoß verwandelte, und daß dieses Gebilde dann ins Bewußtsein stieg und von ihnen Besitz ergriff.

Senfkorngleichnis, Lotosgleichnis

Genauer erkennbar wird der Wachstumsprozeß, der im Unbewußten von Jesus und Buddha vor sich ging, in den Gleichnissen, die beide verwenden. Als Jesus gefragt wird, was das »Reich Gottes« sei, sagt er, es entstehe durch Worte, die ins Herz gesät werden wie Samenkörner und dort wachsen. »Gleichwie ein Senfkorn, wenn das gesät wird aufs Land, so ist es das kleinste unter allen Samen auf Erden; und wenn es gesät ist, so nimmt es zu und wird größer denn alle Kohlkräuter und gewinnt große Zweige, also daß die Vögel unter dem Himmel unter seinem Schatten wohnen können«. (Mk. 4, 31 f.) Die Vögel lassen an die Taube und an die Wildgans denken, an die Symbole des göttlichen Geistes.

Als Buddha von Brahma angesprochen wird und er dann Barmherzigkeit fühlt, sieht er die Wesen und vergleicht sie mit Lotosblumen, die aus dem Wasser emporwachsen und blühen wollen; er wird sie nähren. Im Mythos ist Brahma ein Schöpfungsgott. Er kommt vom Himmel herab und befruchtet das Weltei. In einem anderen Mythos wächst nach dem Untergang der Welt aus dem Weltmeer, dem Urozean, eine Lotosblume; in ihr sitzt Brahma, sieht mit seinen vier Gesichtern in die vier Himmelsrichtungen und erschafft so die neue Welt. In einem späteren Weltalter wird ein vollkommen erleuchteter Jogi die Stelle Brahmas einnehmen. Wieder in einem anderen Mythos liegt der Gott Wischnu im Weltmeer und träumt. Aus seinem Nabel wächst eine Lotosblume; auf ihr sitzt Brahma und überwacht den Schöpfungsvorgang. Ist die Lotosblume hier die Fruchtblase mit dem Embryo darin? Der Vatergott hat die Rolle der Muttergöttin übernommen. – Brahma erscheint auch als Begleiter der Lotosgöttin, der indischen Weltenmutter; er ist ihr Sohngeliebter, ihr Kind, das zu ihrem Gatten geworden ist und sie wieder befruchtet.

Bei Buddha kommt Brahma vom Himmel herab, doch bleibt er draußen, er befruchtet Buddha nicht, aber die Lotosblumen wachsen. Hat Buddha die Stelle Brahmas eingenommen, als der vollkommen erleuchtete Jogi des neuen Weltzeitalters? Überwacht er den Schöpfungsvorgang? Befruchtet er das Weltei, bzw. die Lotosgöttin, die Muttergöttin, die freilich zum Vatergott geworden ist wie im Mythos mit Wischnu? Buddha scheint zum Vaterschoß geworden zu sein und zugleich zum Vatergeist, der befruchtet, bzw. den Schöpfungsvorgang überwacht. Buddha spielt beide Rollen, die empfangende und die zeugende. Er ist gleichsam der Geist der Taufe, der Vogelgeist, als Wildgans, und er ist der Getaufte: Er ist zugleich Gottvater und Gottsohn. Jesus wird befruchtet, Buddha befruchtet sich selbst.

Der Schöpfungsmythos der Juden ähnelt dem der Inder. »Und die Erde war wüst und leer, und es war finster auf der Tiefe; und der Geist Gottes schwebte auf dem Wasser. Und Gott sprach: Es werde Licht! und es ward Licht« (1 Moses 2 f.). Ist der Geist Gottes als Vogel, als Taube wie bei der Taufe, vorzustellen? Geist ist hier Ruah, das Wort ist weiblich, es gehört zu rahamim, bzw. zu Rechem: Uterus.

Es gibt den Schöpfungsmythos der Großen Mutter, die sich selbst befruchtet. Es ist der Mythos der schon erwähnten jungfräulichen Empfängnis, die eine Befruchtung durch einen göttlichen Vater ist. Dieser Vater geht in die Mutter ein, wird von ihr geboren und ist dann ihr Gatte. Dieser Vater ist der Große Geist als Vogelgeist. (Nietzsches Zarathustra sprach von seinem »Vogelgeist«.)

Geburt des vorgeburtlichen Ich. Erwachen des fötalen Bewußtseins

Der Satz, den Jesus bei der Taufe hört, ist eine Abwandlung von Vers 7 des 2. Psalms. Es ist der sog. Krönungspsalm. Die Krönung wurde vollzogen, indem der Priester, zuerst der Prophet Samuel, Salböl über den Kopf des neuen Königs goß und dabei sagte: »Du bist mein Sohn, heute hab ich dich gezeugt«. Der Priester sprach in Stellvertretung Gottes. Der König war der Gesalbte, hebräisch Messias, griechisch Christus. Die Salbung war eine symbolische Neuzeugung. Aus dem Sohn eines irdischen Vaters wurde der Sohn des göttlichen Vaters, erfüllt von der Kraft Gottes und damit auch unsterblich geworden. Die Salbung dürfte eine sublimierte Form eines alten Mannbarkeitsrituals sein, des schon erwähnten »sakralen Analkoitus«.

Im Satz, den Jesus bei der Taufe hört, ist »Ich habe dich gezeugt« ersetzt durch »an dem ich Wohlgefallen habe«. Jesus ist im Schoß, der Schoß hat Wohlgefallen am Kind. Wann geschieht das? Zuerst bei der Einnistung, der Implantation, Einpflanzung der Keimblase in die Gebärmutter, eine Woche nach der Empfängnis. Erlebt man den Vorgang in Trance wieder, so sieht man die Keimblase wie ein Samenkorn, das keimt, sprießt, hochwächst wie eine Pflanze mit sieben Segmenten; das oberste ist wie eine Blüte, deren Blätter das Gewebe über ihr reizen, Lust erzeugen, Wohlgefallen, was die Mutter mit Nahrung beantwortet, mit himmlischem Tau, der wie Nektar und Ambrosia ist, der Trank der Unsterblichkeit. Es entsteht jetzt der Mutterkuchen, die Plazenta. Plazenta heißt Wohlgefallen; Plazenta war ein Name für einen Kuchen, er erzeugte Wohlgefallen. Die Biologen nahmen das Wort zur Bezeichnung des Mutterkuchens. (Man könnte meinen, Luthers Sprachgenie habe diese Zusammenhänge geahnt.)

Buddhas Lotosvision wie auch das Senfkorngleichnis von Jesus haben viele Bedeutungsschichten. Das Erlebnis der Einnistung als einer Begegnung des Ichs mit einem Du wiederholt sich am Ende der embryonalen Periode und dem Anfang der foetalen Periode, am Ende des 2. Monats und dem Anfang des 3. Monats der Schwangerschaft. Der Aufbau der Körperstruktur ist beendet; der Körper ist groß wie ein Daumen. Jetzt beginnt das menschliche Gehirn aus dem Affenhirn herauszuwachsen. Diese Hirnzellen sind vom Ursprung her primitive Pflanzenzellen nach dem Muster des schon erwähnten Augentierchens, Euglena, Gutauge. Solche Zellen entfalten sich nun im Hirn, sie enthalten Lichtenergie, sie leuchten. Sie wärmen den Mutterschoß an, erzeugen ihm Wohlgefallen. Die Mutter wird als eine Gegenwart wahrgenommen, als ein vages Gegenüber, ein unsichtbares Du, womit ein Ich entsteht. Das Kind erwacht zu sich selbst in diesem gegenseitigen Wohlgefallen. (Beim Wiedererleben sind diese Vorgänge geheimnisvoll, wundersam; ich versuche, sie von der biologischen Basis aus zu verstehen.)

Jesus erlebt das Wohlgefallen vom Kind her, Buddha von der Mutter her. Das Bewußtsein des Kindes, sein Geist, seine Seele, kann in die Mutter hinübersteigen und so den Vorgang von ihr aus fühlen, was Buddha bei der Lotosvision tat, und was auch Jesus tun wird, wenn er dann als Heiler tätig ist. Mit diesem Übersteig in die Mutter, ihrer Aneignung durch einen männlichen Geist, dürfte die Verwandlung des Mutterschoßes in einen Vaterschoß zusammenhängen. Erfahrungen kurz nach der Geburt kamen bei beiden hinzu.

Diese Vermännlichung wirkt dann weiter: Die neuen Schoßkinder, die Jünger, sind Männer. Jesus hat 12 Jünger, auch Buddha hat nur männliche Jünger. Frauen erscheinen als Anhängerinnen, doch nur am Rande, nicht in der Kerngruppe, die wieder einen symbolischen Uterus, einen männlichen Schoß, für den Meister darstellt. Alles geschieht auf der vorgeburtlichen Ebene, also ohne Sexualität, ohne Arbeit, ohne festen Wohnsitz.

II. Der Gott der Verklärung und der Gott Mara

Samenzelle, Zeugung, Geburt.
Feuergötter, Kriegsgötter

Jesus. Verklärung

Buddha lebte 45 Jahre auf diese Weise, Jesus etwa ein Jahr (nach manchen auch 2 – 3 Jahre). Dann hat Jesus die Vorstellung, er müsse leiden, sterben, auferstehen und kommen »in der Herrlichkeit seines Vaters mit den heiligen Engeln« (Mk. 8, 31 u. 38). Er ruft auf zur Nachfolge und sagt, daß manche der Zuhörer sein Kommen in der Herrlichkeit noch erleben werden. Kurz danach geschieht die Verklärung; sie ist ähnlich wie die Vision bei der Taufe, aber statt des Geistes, der wie eine Taube war, kommen jetzt Elias und Moses vom Himmel herab; sie sprechen mit Jesus. Dann ertönt wieder die Stimme vom Himmel mit einem Satz, der dem Satz bei der Taufe ähnelt: »Das ist mein lieber Sohn; den sollt ihr hören!« (Mk. 9,7) Das Thema vom Kommen »in der Herrlichkeit seines Vaters« erscheint noch öfters und wird dann, nach dem Einzug in Jerusalem, groß in der »Rede über die Endzeit« entfaltet. Hier sagt Jesus, daß vor seinem Kommen der Weltuntergang stattfindet. Dann wird er vom Himmel kommen und »seine Auserwählten« versammeln (so bei Markus) bzw. das Weltgericht halten (so bei Matthäus).

Zu erwähnen ist, daß im 1. Akt des Dramas, vor der 1. Ankündigung von Tod und Auferstehung, von diesem Thema nie die Rede war. Zu sagen ist auch, daß der Tod von Jesus der Wille Gottes, des Vaters ist, was im Garten von Gethsemane ausdrücklich bestätigt wird. – Ein neuer Jesus ist erschienen, und, wie ich meine, ein neuer Gott: Es ist der Gott des Alten Testament, der Kriegsgott, der Gott von Moses und Elias, und diese erscheinen ja auch. Sie sind die siegreichen heiligen Krieger, die Gotteskämpfer. (Israel heißt Gotteskrieger.) Ihr Symbol ist das Feuer. Moses sah Gott im brennenden Busch, dann in Feuer und Rauch auf dem Sinai; in der Wüste ging Gott als Feuersäule vor ihm her. Elias ließ Feuer vom Himmel regnen, um seine Feinde zu verbrennen. Am Ende fuhr er in einem Feuerwagen mit Feuerpferden zu Gott empor.

Was ist die Verklärung? Eine Salbung, eine Neuzeugung, entsprechend dem 2. Psalm? Eine Zeugung durch Feuer, um aus Jesus einen Kämpfer zu machen wie David es war? Die Verklärung ist vor allem eine Bestätigung der Vorstellung von Tod, Auferstehung und Kommen als himmlischer Messias, eine Bekräftigung durch Gott selbst. Gott sagt, »den sollt ihn hören«, was wohl bedeutet, ihm sollt ihr gehorchen.

Es scheinen zwei Vorgänge sich zu vermischen: 1. Tod und Auferstehung. Auferstehung heißt griechisch egérthe, aufwachen. Wird Jesus nach dem Tod wieder aufwachen, also den Tod überleben, nur einen Scheintod sterben? 2. Das Kommen nach dem Weltuntergang vom Himmel her: Er war vor dem Weltuntergang zum Himmel gefahren, oder wird mit dem Weltuntergang zu Gott aufgefahren sein, und kommt dann in der Herrlichkeit Gottes wieder; er hat sich mit Gott vereinigt. Dieser zweite Vorgang scheint mir der Wesentliche. – Vielleicht ist es nur ein einziger Vorgang: Einmal von außen gesehen, einmal von innen.

Jesus: »Rede über die Endzeit«
Die Geburt. Totgeburt, Nahtod

Jesus stirbt. Sein Bewußtsein, sein Geist, seine Seele verläßt den Körper und fährt auf zu Gott, vereinigt sich mit ihm und kommt dann wieder. Dieser Prozeß ist der Inhalt der schon erwähnten Nahtoderfahrung, wie sie z. B. bei Unfällen gemacht werden kann.

Dies Schema ist bei Jesus etwas anders aufgefüllt, vom Anfang her schon: Er sieht die Erfahrung vorher bereits vor sich, und er selbst ist es, der sie machen will, und er selbst inszeniert sie, indem er sich vor dem Hohenpriester als Sohn Gottes bezeichnet, was für diesen eine Gotteslästerung ist, die nach jüdischem Recht mit dem Tode bestraft werden muß. Es geht für Jesus darum, zu sterben, da er dann als Weltenrichter wiederkommen wird. –

Die Nahtoderfahrung mit dem Aufstieg zu Gott kommt auch bei der Geburt vor, beim Geburtstod. Grof hat den Vorgang oft beschrieben. Jesus war vorher im Schoß gewesen, jetzt macht er die Geburt. Die »Rede über die Endzeit« beschreibt ganz offensichtlich die Geburt, was zumal durch die fünf Überschriften für die fünf Abschnitte in den meisten protestantischen Übersetzungen deutlich wird. 1. »Das Ende des Tempels«. 2. »Der Anfang der Wehen«. 3. »Die große Bedrängnis« (oder »Drangsal«). 4. »Das Kommen des Menschensohns«. 5. »Mahnung zur Wachsamkeit«. Zum 1. Abschnitt: Der Tempel ist ein Symbol des Mutterschoßes, der als das Haus Gottes erlebt wurde. Der Schoß muß aufgebrochen werden für die Geburt. 2. »Der Anfang der Wehen« ist überdeutlich; katholische Übersetzungen haben »Not« für Wehen. Das griechische Wort odinon heißt aber in erster Linie Geburtswehen; ihr Einsetzen erzeugt Todesangst und das Gefühl der Ausweglosigkeit, wie Grof schreibt. Jetzt geht die alte Welt unter. 3. »Die große Bedrängnis«: Griechisch thlipsis: Druck. Beim Geburtskampf, den das Kind nach den ersten Wehen beginnt, wird es von gewaltigen Druckwellen erfaßt, wird schließlich ohnmächtig und macht die außerkörperliche Erfahrung; es steigt auf zu Gott.

4. »Kommen des Menschensohns«. Bei einer normalen Wiederholung der Geburt würde es sich hier um den Austritt aus der Mutter handeln, um das Ankommen im nachgeburtlichen Bereich. Worum geht es bei Jesus? Offenbar nicht um die Rückkehr in den Körper, sondern um das Weltgericht, im Jenseits, denn die Erde ist untergegangen. Was ist der 5. Abschnitt »Mahnung zur Wachsamkeit«? Ich nehme an, sie gehört zur Auferstehung als Aufwachen, wie es real bei der Geburt geschehen war: Man soll ihn reanimieren, so wie damals. – Es laufen zwei Filme in Jesus ab und vermischen sich.

Ich erwähne noch einmal Grofs Geburtsmatrizen: 1. Der gute Schoß. 2. Der Anfang der Wehen. 3. Der Geburtskampf. 4. Ich-Tod, Aufstieg zum Lichtwesen, Austritt.

Jesus. Hochzeit von Sohn und Vater

Es geht um die Gewinnung von »Kraft und Herrlichkeit des Vaters«. Sie erfolgt durch eine Einswerdung mit dem Vater, wie es der Satz im Johannes-Evangelium andeutet: »Ich und der Vater sind eins«. (10,30) Jung weist darauf hin, daß der heilige Augustinus die Kreuzigung als Hochzeit zwischen Gott als einer Mutter und Jesus als dem Sohn bezeichnete. (Ähnlich denken manche heutige Feministinnen.) Ich meine, es war eine Hochzeit, aber eben zwischen Vater und Sohn, die Erfüllung der Liebe, die Jesus zu seinem himmlischen Vater empfindet. Sein Leben ist eine Liebesgeschichte zwischen Sohn und Vater.

Wie ist diese Liebesvereinigung vorzustellen? Der Sohn gibt sich dem Vater hin? So wie Schreber und der Wolfsmann, die sich beide mit Jesus Christus identifiziert hatten und ihn imitierten, es sich dachten, als Analkoitus? Als sakralen Analkoitus, als erotische Mystik, wie in Sparta? Als Salbung, Zeugung, wie im 2. Psalm, jetzt konkret vollzogen? Aber Jesus wird nicht mehr im Körper sein. Ich versuche, seine außerkörperliche Erfahrung zu beschreiben.

Sein Bewußtsein – sein Geist, seine Seele, seine Liebe – ist aktiv auf den Vater gerichtet, auf den Vaterteil in ihm, auf den Teil, der vom Vater kam und dorthin wieder zurück will. Dieser Teil ist der Samen, der einst das Ei befruchtete, aus dem dann der Körper entstand. Um aus dem Ei wieder herauszukommen, muß das Bewußtsein den Ort finden, wo der Samen hereinkam, also die Befruchtung. Außen findet der Geschlechtsverkehr der Eltern statt, die Urszene, wie Freud sagt; innen die Verschmelzung der Zellkerne. Das Bewußtsein geht in diese Verschmelzung hinein und macht sie rückgängig; es läßt den Film der Befruchtung zurücklaufen, ein Play-back. Damit wird die Entstehung des Körpers rückgängig gemacht – was real von außen her geschieht, durch die Kreuzigung, die den Körper zerstört. Insofern ist die Kreuzigung die Urszene als Vergewaltigung, wie sie Freud definierte, als »sadistischer Koitus«. Jetzt wird die Vergewaltigung wiederholt und so ihr Ergebnis, die Befruchtung, rückgängig gemacht. Das Bewußtsein geht in den Samen hinein, hat den Körper verlassen (sieht ihn vielleicht noch von außen), ist ein Samengeist geworden; er steigt in die Höhe, wie durch einen Tunnel, von gewaltigen Ausmaßen: Er ist das Glied des Vaters, der hier die Größe von Gottvater hat; sein Glied ist gigantisch wie in indischen Mythen der Lingam, Schiwas Glied, das bis zum Himmel ragt. Oben am Ende des Tunnels ist der Himmel, ein Himmelsraum mit neun Sphären. Es kreisen Wesen darin, Lichtwesen, wie Funken; es sind Engel, ihr Kreisen erzeugt Töne, die Sphärenmusik. Oben am Himmel ist eine Sonne, sie ist wie ein Wesen, ein Lebewesen – wie das Lichtwesen der Nahtoderfahrungen –, aber als ein Vaterwesen. Jesus hat »das große Gesicht« wie Moses am brennenden Busch, doch ist Jesus oben im Himmel. Gott sprüht ständig neue Funken aus, wie ein Vulkan: Es ist der Vorgang der Schöpfung. Die Engel sind Seelen, Samenseelen; sie wollen sich inkarnieren, sich einfleischen. Der Sphärenhimmel ist der Hoden Gottvaters.

Ich nahm den Ausdruck »des Vaters Schoß« aus Joh. 1,18 in der Bedeutung von Uterus, als Mutterschoß, Mutterleib, der in den Vaterschoß verwandelt wurde. Was der Evangelist an dieser Stelle aber meinte, war der Hoden des Vaters, Ranks »Vaterleib«, das Ziel des »Spermatozoentraums« als der Himmelfahrt. Rank hielt den psychischen, den realen Vollzug dieser Phantasie, d. h. die Rückkehr des Samens in den Hoden, nicht für möglich, doch mit LSD ist die Erfahrung zu machen.

Aus des »Vaters Schoß«, aus seinem Hoden, fließt des Vaters »Kraft und Herrlichkeit«: Kraft heißt griechisch dynamis, wie Dynamik und Dynamit. Eine Samenzelle ist wie eine Bombe. Jeder Hoden ist im Innern der Hoden Gottvaters, und jeder Mensch kann durch Trance-Techniken dahin kommen. (Den Vorwärtsgang des Samens kann man jetzt erleben im Seminar von Karlton Terry: »Five Stages of the Sperm Journey«.)

Der Sphärenhimmel ist oft dargestellt worden, am großartigsten von Dante, der alte Traditionen der Himmelsreisen verarbeitete. Eigene Erfahrungen beschrieb der Mystiker Swedenborg; er sah die heiligen Hochzeiten der Engel. Swedenborg sagte, Gott ist ein großer Mensch. Die Vorstellung, daß der Kosmos ein Mensch ist, ein »Großmensch«, gibt es z. B. im Dschainismus; Heinrich Zimmer verwendet bei dessen Darstellung Swedenborgs Begriff. Als Dante mit Vergil die Hölle am untersten Kreis verläßt, geht er durch den Arsch Satans hinaus. Den Eintritt ins Paradies vollzieht er als Aufschwung.

Dante sieht im obersten Himmel viele Heilige sowie Maria, Christus und Gott; er beschreibt die Gottesschau – erhabene, erhebende, euphorisierende

Seiten. Was er aber nicht zeigt, ist die Vereinigung von Gottsohn und Gottvater, ihre Heilige Hochzeit, den Hierosgamos.

In den Naturreligionen vollziehen im Allerheiligsten des Tempels der Vatergott und die Muttergöttin den Liebesakt; man sieht z. B. die Vereinigung von Schiwa und Schakti, die oft auch als Lingam und Joni dargestellt werden, als das Glied in der Scheide. Im Tempel von Paestum bei Neapel gab es die Heilige Hochzeit von Zeus und Hera.

Grof »erlebte den Urknall«, doch wurde er nicht zu ihm. Ardschuna sah Gott explodieren, die Energie ging in ihn ein, doch wurde er nicht zu Gott. Die Hochzeit von Jesus und Gottvater dürfte eine »höhere Begattung« als »Flammentod« sein, wie es in Goethes Gedicht »Selige Sehnsucht« heißt. Jesus ging in die Sonne hinein, in die Vatersonne, in ihren Kern. Es ist ein sich ständig immer von neuem spaltender Kern, der sich dadurch vermehrt, indem er ununterbrochen neue Funken erzeugt. Es ist ein Zellkern, der mit seiner ganzen Geschichte verbunden ist, d. h. bis zurück zu den Atomkernen und bis zu deren Anfang, dem Urkern, der beim Urknall explodierte. All das ist im biologischen Gedächtnis gespeichert und kann erlebt werden.

Der göttliche Spaltungsprozeß erzeugt Energie: Er ist ein Liebesakt, ein Schöpfungsakt. Gott liebt sich hier, er liebt sich selbst, es ereignet sich die Selbstliebe Gottes, des Vatergottes. In diese Selbstliebe Gottes ging Jesus hinein: Er wurde wieder Teil einer Kernspaltung, so war er ja entstanden. Er fühlt nun, wie sich Gott liebt, wie Gott sich in ihm, dem Sohn liebt. Damit wird der Sohn neu aufgeladen mit der Liebe, der Liebeskraft, der Kraft, der Kernkraft des Vaters.

Der letzte und stärkste Wunsch ist die Selbstzeugung, die Selbsterschaffung: Sie ist im Gott des Moses gegeben, der sich nennt »Ich bin, der ich bin«. Der Satz bedeutet: Ich habe mich selbst erschaffen; ich habe mich selbst erzeugt. Dieser Gott ist die Phantasie von Moses – er ist es, der den Gott erschaffen hat; der Gott spricht den Wunsch von Moses aus. Freud sah darin den stärksten Wunsch des Menschen. Die gleiche Vorstellung ist in einem Beinamen Schiwas enthalten: Swayambhu, der Selbsterschaffene, der Selbstgezeugte, der Selbstgeborene. Im Mahayana erhielt Buddha diese Bezeichnung.

Jesus wird selbst zum Vater, der den Sohn neu zeugt. Ein Zeugungsakt, ein kosmischer Orgasmus, göttliche Schöpfungslust; Jesus ist nun »in der Kraft und Herrlichkeit des Vaters und seiner heiligen Engel«.

So gesehen ist die Reise zu Gott von Jesus eine Heilungsphantasie; sie dient der Wiederholung der eigenen Entstehung, des eigenen Ursprungs im Vater, und zwar eben in der aktiven Rolle. (Der Wechsel vom Opfer zum Täter in der Urszene zeigt die Heilung an.) Jetzt könnte sich Jesus neu zeugen. Aber das will er nicht; er will das Weltgericht halten, und vorher ist die Welt untergegangen.

Jesus. Vatertötung und Rettung der Mutter

Freud schrieb in »Totem und Tabu« von Christus: »Er wird selbst zum Gott neben, eigentlich an Stelle des Vaters«. Freud hat Ödipus im Sinn, der seinen Vater tötete und dann seine Mutter heiratete. Bei Jesus ist es wohl etwas anders. Er wurde selbst zu dem Vater, ersetzte ihn: Er vernichtete ihn. Dieser Vater hatte ihn als uneheliches Kind zum Tode verurteilt (wie es Laios mit Ödipus bei der Geburt machte), was nun wieder auftaucht: Der Vater will, daß sich sein Sohn kreuzigen läßt, und der Sohn gehorcht. Er wird zum Himmel fahren und eins mit dem Vater werden, d. h. mit Freud, sich an seine Stelle setzen. Er vollzieht die Identifizierung mit dem Aggressor, von innen her: Er steigt in den Aggressor hinein, eignet ihn sich an, läßt ihn damit verschwinden. Jesus, zum Vater seiner selbst geworden, könnte sich nun, außerehelich, in Maria neu zeugen. Hatte das Michelangelo im Sinn, als er in seiner Darstellung des Weltgerichts die Jungfrau Maria, die im Weltgericht des Matthäus nicht vorkommt, neben Jesus setzte?

Aber die Welt ist untergegangen. Man muß die ganze »Rede über die Endzeit« als eine Vision begreifen, eine Halluzination, d. h. eine Wunscherfüllung. Es ist Jesus, der die Welt untergehen läßt: Er will die Schöpfung seines Vaters vernichten, da dieser ihn und seine Mutter zum Tode verurteilte. Die ganze Vaterliebe im ersten Akt des Dramas ist eine gigantische Abwehrbildung, die der Verdrängung der Angst und des Hasses diente. (Freud sah im Mitleid eine Abwehr von Haß.) Nun tritt aus dem Verdrängenden das Verdrängte hervor.

Beim Weltgericht schickt Jesus die »Gerechten« »ins ewige Leben«. Es sind die Barmherzigen, die Mutterschoßhaften, die Weiblichen, die Passiven: Es sind die Eizellen. Die anderen sind die Unbarmherzigen, sie sind die Aktiven, die Aggressiven: die Samenzellen. Jesus schickt sie zurück zu »Satan und seinen Engeln«, ins »ewige Feuer« – in den Hoden, den Feuerhimmel, zum Feuergott. Es soll keine Empfängnis mehr geben.

Jesus hatte keine Sexualität. Er kommt ein einziges Mal auf das Thema zu sprechen: »Denn sind etliche verschnitten, die sind aus Mutterleibe also geboren; und sind etliche verschnitten, die von Menschen verschnitten sind; und sind etliche verschnitten, die sich selbst verschnitten haben, um des Himmelreiches willen. Wer es fassen kann, der fasse es!« (Mt. 19,12). Fassen wir es!

Einige Psychiater, z. B. L. Noack, faßten es schon: »Selbstkastration«. (Albert Schweitzer wunderte sich nur.) Auch Jung scheint es gefaßt zu haben, auf seine Art: intuitiv, ahnungsvoll: »Wie Attis sich um seiner Mutter willen entmannte und in Erinnerung dieser Tat sein Bild an der Fichte aufgehängt wurde, so hängt auch Christus am Lebensbaum und Marterholz der Mutter und kauft die Schöpfung dadurch vom Tode los«.

Im Evangelium sagt Jesus meines Erachtens, er habe sich um des Himmelreiches willen, also um den Willen seines Vaters zu erfüllen, kastriert. Und nun setzt er die allgemeine Kastration durch (so wie einst Abraham die Beschneidung).

Jesus gewinnt seine Selbstliebe, indem er zuerst gehorsam ist, das Todesurteil des Vaters an sich vollstrecken läßt, dann Rache nimmt für das, was ihm angetan wurde und den Vater tötet. Er hob seine Zeugung auf, macht damit seine Mutter wieder zur Jungfrau, erlöst sie von der Empfängnis und der Angst vor der Steinigung. Die Spermaphantasie, die Himmelfahrt, bedeutet, daß Jesus den Körper, der aus der Eizelle entstand, verlassen hat. Er wird zum körperlosen Geist, erfüllt von Allmacht. All das soll aber erst in der Zukunft geschehen!

Was Jesus in der »Rede über die Endzeit« plant, ist unerhört, einzigartig: Er will die Spermaphantasie verwirklichen, die Rückkehr in den »Vaterleib« vollziehen, sich die »Kraft und Herrlichkeit des Vaters«, des Feuervaters, Samenvaters, aneignen – um diesen Vater zu vernichten, dessen Stelle einzunehmen und die Schöpfung zu beenden. Er sucht die erste Liebe wieder, die Urliebe seines Anfangs, nun in der aktiven Rolle, und zwar als Vater seiner Mutter, auf der Stufe der Keimzellenreifung, des »Übergangs vom Tod zum ewigen Leben«, wie Fabricius schreibt; sie spielt in der Phase der ungeschlechtlichen Vermehrung. Jesus wollte also in den Hoden hineingehen und ihn durch den Eierstock ersetzen, den Sonnengott durch den Mondgott.
Diese noch sehr abstrakten Ideen werden im 2. und 4. Kapitel konkreter werden.

Buddhas Zeugungsgott

Mara, der Gott des Todes und der Lust, entspricht dem Gott von Verklärung und Kreuzigung. Er ist ein Gott des Krieges und der Zeugung, so wie es Jehovahh im Alten Testament war. Auch Mara ist zugleich ein Gott der Geburt, des Geburtskampfes: Er erscheint, als Buddha in die Versenkung eintreten will, d. h. in den vorgeburtlichen Bereich. Mara will ihn hindern, was aber nicht gelingt. Die Folter, die bei Jesus mit der Geburt verbunden ist, war es auch bei Buddha: Er kämpfte sich durch die Geburt, aber rückwärts, umgekehrt wie Jesus. Auch hatte sich Buddha selbst gefoltert und dadurch ungeheure Willenskraft erworben, sodaß er stärker als der Gott ist.

Mara ist zugleich ein Zeugungsgott. Ich nehme an, daß auch Mara eine Zeugung vornehmen will, um aus Gautama seinen Sohn zu machen, der dann den Willen des Vaters ausführt. Aber Buddha weigert sich; er ist nicht gehorsam wie Jesus. Buddha will seine Zeugung verlöschen lassen. Als er das

Nirwana erreicht hat, sagt er: »Versiegt ist meine Geburt«, wie Neumann übersetzt. »Der Lauf der Wiedergeburten ist beendet«, heißt es bei Schmidt. Schumann schreibt: »Vernichtet ist (für mich) die Wiedergeburt«. Das indische Wort, das hier mit Geburt bzw. Wiedergeburt übersetzt wird, ist Dschati (jati); es bedeutet Empfängnis und auch den Prozeß von der Empfängnis bis zur Geburt. (Außerdem heißt es auch Kaste.) Es handelt sich um die Vorstellung der Seelenwanderung: Die Seele geht wieder in einen neuen Körper hinein – Wiedereinkörperung, Reinkarnation, und das geschieht nach indischer Anschauung nicht bei der Geburt, sondern bei der Empfängnis. – Manchmal steht für Dschati auch Patisandhi; es bedeutet Wiederverbindung, nämlich der Seele mit einem Körper. – Der Satz Buddhas heißt also: »Erloschen bzw. vernichtet ist meine Empfängnis bzw. Zeugung«. Die Zeugung ist rückgängig gemacht worden. Ich nehme an, der Samen, der das Ei befruchtete, ist erloschen; das Ei ist wieder unbefruchtet. Buddha hat gleichsam das Mara-Element, das er noch in sich trug, vernichtet. So geht er durch den Ort der Befruchtung hindurch; er entzeugt sich. Er spaltet sein Ur-Ich, das aus der Vereinigung von Eizelle und Samenzelle entstand: Nirwana, Vernichtung. Es ist wie bei der Kreuzigung, doch anders. Vernichtet wird nicht das Ei, sondern der Samen. Aus dem Ei entstand der Körper, er bleibt erhalten.

Erlebte auch Buddha den Weltuntergang? Ja, aber anders, nur scheinbar, bzw. wie im Mythos von Brahma und Padma folgt gleich die Entstehung einer neuen Welt. Buddha ist mit dem Ei in die Mutter zurück. – Brahma sagt dann: »Die Welt wird zugrunde gehen, wenn der Erwachte sein Wissen für sich behält«. Das bezieht sich meines Erachtens auf die damals häufigen religiös motivierten Selbstverstümmelungen und Suizide; man könnte von Folterreligionen sprechen: Sie führten zum Weltuntergangserlebnis, zur Zerstörung des Körpers, zur endgültigen Auskörperung. Buddhas Körper blieb erhalten, verwandelt, und so konnte er danach wieder hineingehen und ihn 45 Jahre benutzen.

Eierstock, Lebensbaum. Buddhas Urliebe

Als Brahma kommt, vollzieht auch Buddha einen Liebesakt, doch in der Mutter, in der Eizelle als der Keimzelle, die Keimzellenreifung, die Selbstbefruchtung, mit dem Bild der Paarung der Eltern der Mutter. – Bei der »Vernichtung meiner Zeugung«, dem Durchgang durch die Befruchtung und deren Aufhebung, hatte auch Buddha sein Ur-Ich gespalten, und zwar langsam und bewußt, als Jogi. Angekommen in der Eizelle spaltet er sich erneut, doch anders: Er verdoppelt sich und geht nun in den Vater der Mutter hinein und dann in die Mutter der Mutter, und zwar tut er das als Mann und vollzieht nun die Paarung. So liebt er sich selbst, wobei er eigentlich die Zeugung seiner Mutter wiederholt, aber so wie sie in der Eizelle gespeichert ist – als Selbstliebe, als die vollkommene Selbstliebe der Mutter, der Muttergöttin in ihren Eiern im Eierstock, die der Selbstliebe Gottvaters in seinen Samen im Hoden entspricht.

Die Selbstliebe der Mutter, die Keimzellenreifung, die Selbstbefruchtung, erfolgt in der Mutter, wenn sie selbst noch ein Embryo in ihrer Mutter ist, nämlich Anfang des 3. Monats der Schwangerschaft, in der Zeit, in der das menschliche Bewußtsein erwacht. Eine Frau erlebt dabei die Reifung ihrer Eizellen in ihrem Eierstock. Eierstock wie Rosenstock oder Weinstock: Der Eierstock ist ein Baum; er ist der Lebensbaum, der Weltenbaum voller Blüten. Ziel des Kundalini-Joga ist das Erblühen des tausendblättrigen Lotos; es wird erlebt als Satchitananda - Sein-Geist-Seligkeit. Dieses Erblühen ist der Inhalt von Buddhas Lotosvision, doch hat er den Baum, den Eierstockbaum, und sein Blühen verwandelt. Die Selbstliebe der Mutter wurde zur Selbstliebe des Sohnes, der zu zwei Vätern geworden ist. Ein mann-männlicher Liebesakt wird vollzogen, wie bei Jesus und seinem Gottvater. – In den frühesten Plastiken wurde Buddha nicht als Mensch, sondern als Baum dargestellt.

Ich sagte schon, was Buddha erlebt, geschieht im 3. Monat der Schwangerschaft. Jetzt zeigt sich, daß er zugleich den 3. Monat seiner Mutter in verwandelter Form erlebt. Er ist ein seelischer Riese, ein Gottmensch, eine wandelnde Schöpfungsgeschichte. Auch bei Buddha spielt die Szene in einer himmlischen Welt: Der Baum wächst aus dem Urmeer (wie Jungs Archetyp des Baums). Oben am Himmel ist der Mondgott, seine Strahlen befruchten die Blüten des Baums, die Eizellen. Bei Buddha ist der Lebensbaum zu einem Geistesbaum geworden; der Baum des Lebens zum Baum der Erkenntnis.

Bei Jesus richtete sich die Liebe auf den Vater, um sich selbst neu zu zeugen. Bei Buddha geht es um die Neubelebung der Mutter, als sie ein Embryo im 3. Monat war und ihre Selbstliebe sich als Schöpfungsliebe entfaltete. Buddha findet diese Phase wieder. Er erschafft sie neu in seiner Vorstellung. Dadurch wird die Mutter zu einem geistigen Wesen, als Teil von Buddha selbst. Indem sie sein eigenes Werk wird, vermännlicht er sie auch. Er hat sie unsterblich gemacht. Das ist das Geheimnis von Buddhas Symbol, des Kleinod im Lotos.

Auch Buddhas Vision ist eine Heilungsphantasie. Jesus wollte sich selbst neu zeugen, und zwar als Unsterblichen. Buddha belebte seine Mutter neu, auch um sich selbst als Unsterblichen neu zu zeugen. Die beiden Heilungsphantasien zeigen die Extreme der beiden möglichen kreativen Reaktionen auf ein frühes Trauma, auf einen frühen Verlust der Liebe eines Elternteils. Jesus in der Kraft des Vaters, bzw. als eins mit dem Vater, ist ein Doppelwesen geworden, das sich liebt – ein ständiger Liebesakt, ein Akt der Schöpfung, der

Selbsterzeugung Gottes. Ebenso ist es mit Buddha als Kleinod im Lotos. Er fand die erste Liebe, die Urliebe, wieder; zwei getrennte Hälften eines Urwesens sind nun in ewiger Liebe verbunden. Im Tempel von Borobudur ist Buddha der Herr der Welt: Er hat die Stelle des Gottes Brahma eingenommen, des Vogelgeistes, der ins Urmeer eingetaucht war und nun in der Lotosblüte sitzt, die emporgewachsen ist. Buddha war vorher im Nirwana gewesen, in der Leere vor der Schöpfung. Er taucht aus der Leere auf, wie der Gott Brahma es tat, der in die vier Himmelsrichtungen sah und so die neue Welt erschuf. Er macht das, was auch der jüdische Gott machte: »Es werde Licht!« Buddha leuchtet und ist von unzähligen Blüten umgeben, die durch sein Leuchten ebenfalls zu leuchten beginnen.

Jeder Mensch erlebt am Anfang »Es werde Licht!« »Und Gott sah, daß es gut war«. Der jüdische Gott ist hier noch Elohim, der Vatergeist der jungfräulichen Muttergöttin, in der das Kind in der jungfräulichen Empfängnis erwacht. Es erwacht zum Sein. Sein ist Freude, ist Jubel, ist Lobgesang: Hallelujah. Die Inder sagen: Satchitananda: Sein-Geist-Seligkeit.

Platos Urmensch. Keimzellenreifung, Keimzellenteilung

Plato erzählt im »Symposion«, daß in der Urzeit die Menschen Doppelwesen waren, zweifach männlich, zweifach weiblich oder auch gegengeschlechtlich. Sie wurden von den Göttern zerschnitten. Die getrennten Hälften sehnen sich nacheinander. Finden sich zwei einst verbundene Hälften, so entsteht die große Liebe. –

Die Keimzellen teilen sich in zwei Hälften, bei der Befruchtung verbinden sich zwei Hälften verschiedenen Geschlechts zu einem neuen Ganzen: Zellkernverschmelzung, Energieexplosion, ein Lichtblitz. Eine zweite Weltentstehung, mit Dynamik und Dynamit. Aber sie geschah durch zwei sich fremde Hälften. Sie behalten eine Erinnerung an die eigene andere Urhälfte und sehnen sich nach ihr; sie wollen zurück in die Ureinheit, die aus der Urliebe bestand, mit der ungeschlechtlichen Vermehrung.

Ich erwähnte den Unterschied von pflanzlicher und tierischer Lebensweise; sie entstammen zwei verschiedenen Phasen der Evolution, die am Anfang des Lebens vom Menschen noch einmal durchlaufen werden: Die pflanzliche in der Reifung der Eizelle; bei der Reifung der Samenzelle (wie sie Graber beschreibt) scheint schon bald die tierische Schicht einzuwirken, und diese entfaltet sich dann ganz bei der Befruchtung.

Die rechte Hirnhälfte enthält das Bild des Eierstocks, den Lebensbaum mit dem Mondgott als Befruchter der Blüten. Die linke Hirnhälfte enthält das Bild des Hodens, den Feuerhimmel mit dem Sonnengott als Befruchter der Erde, wie es z. B. Marduk macht, der die Erdgöttin Tiamat zerstückelt, worin sich die Zellteilungen zeigen.

Der Gott der Taufe und Brahma sind Pflanzengötter, Friedensgötter. Der Gott der Verklärung und Mara sind Tiergötter, Kriegsgötter. (Die menschlichen Keimzellen sind von Anfang an menschliche, d. h. sie enthalten das ganze zukünftige Programm in Bildern des Menschen in sich.)

Der einzige der vier Götter, der die Sexualität vertritt, ist Mara; er wird abgelehnt. Die Schöpfung brachte zu viel Leiden, sodaß jeweils ein Mensch die Stelle Gottes einnahm, um durch die Beendigung der Fortpflanzung die Menschheit vom Leiden zu erlösen.

Freud würde sagen, sowohl Buddha wie Jesus sind Verkörperungen des Todestriebs, da sie das Leben auf der Erde beenden wollen, Jesus auf einen Schlag, durch den Weltuntergang, Buddha durch das friedliche Aussterben. Beide wollen ins Jenseits, in eine Welt ohne Leiden, ohne Tod. Der Todestrieb ist ein Unsterblichkeitstrieb, den Freud als jenseits des Lustprinzips ansieht, doch ist er nur eine andere Form davon, eben die vorgeburtliche; das erkannten Rank und Fodor, worauf Janus hinweist, der auch Freuds Schwierigkeiten mit der Geburtsproblematik darstellt.

Was bei Buddha und Jesus auffällt, ist die Abwesenheit der Sexualität. Sie kannten Mitleid, Barmherzigkeit, aber nicht die Liebe, den Eros – den Gott der Liebe. Buddha hatte vor seiner Suche nach Unsterblichkeit ein Kind gezeugt; mit dem Erreichen des Nirwana vernichtete er seine Sexualität. Jesus scheint sich kastriert zu haben.

Die Götter von Buddha und von Jesus sind »Masken Gottes«, wie Joseph Campbell schreibt. Gott als wirklicher, als wirkender, als Schöpfer, ist in der Urzelle mit ihrem DNS-Programm enthalten und tätig, so wie es Fabricius am Ende seines Buches anhand von LSD-Erfahrungen darstellt: Die Urzelle schwingt mit der Energie der Schöpfung.

Geht man im Trancezustand dort hinein, so läßt sich in diesem Schwingen eine Stimme vernehmen, die Stimme des Großen Geistes. Er träumt und er will erwachen. Es ist der Weltgeist, der sich im Menschen bewußt werden will, wie es Hegel sich dachte.

III. Reisen zu Gott als Erinnerungen. Scheintod

Die mystischen Erfahrungen von Buddha und Jesus sind Wiederholungen, es sind Erinnerungen, Urerinnerungen: Das Vergessen wird aufgehoben, anamnesis, wie die Griechen sagten. Das Unbewußte steigt ins Bewußtsein. Buddha geht durch die Geburt zurück bis zur Empfängnis und durch sie hindurch in den Eierstock. Dieser Durchgang war eine Todeserfahrung, ein Scheintod, den er bewußt erlebte.

Jesus geht vom Eierstock aus durch die Empfängnis hindurch und dann in den Hoden, wobei er den Geburtstod als Überstieg benutzt. Jesus sieht ab der 1. Ankündigung von Tod und Auferstehung die Geburt als Totgeburt vor sich. Da er die Geburt überlebt hatte, ist er von der Auferstehung, vom Aufwachen, überzeugt.

Überlebte er die Kreuzigung? Starb er nur einen Scheintod? Die Jünger sahen ihn drei Tage nach der Kreuzigung, zuerst in Emmaus, dann in Jerusalem. In der Apostelgeschichte heißt es, daß er 40 Tage von vielen Menschen als Lebendiger gesehen wurde. Zwei Jahre später erschien er dem Paulus. Waren das alles Phantasien, Halluzinationen, Tagträume, Wunscherfüllungen? Sahen sie das, was Jesus vorher gesagt hatte?

Aus medizinischer Sicht wird es für möglich gehalten, daß er die Kreuzigung überlebte. Die Kreuzigung war ein langsamer Foltertod; das Sterben zog sich über zwei bis drei Tage hin. (Und selbst dann gab es Überlebende: Flavius Josephus erwähnt einen Fall.) Jesus aber wurde schon nach sechs (oder neun) Stunden vom Kreuz abgenommen. (Der Stich mit der Lanze war wohl nur ein Anritzen.) Joseph von Arimathia, ein Anhänger von Jesus, scheint die Möglichkeit einer Rettung vorhergesehen und geplant zu haben. Ich neige zur These vom Scheintod, vor allem aufgrund der Begegnung in Emmaus bei Lukas; er schildert realistisch exakt, wie ein Mensch aus einem halben Koma zurückgeholt wird (s. Exkurs S. 81). Im übrigen ist dieses Problem für meine Darstellung belanglos: Jesus beschreibt seine Visionen ja vor der Kreuzigung.

Bei Buddha geht die Wahrnehmung des Unbewußten anders vor sich. Am Anfang sucht er das, was jenseits des Todes ist. Er sucht nicht Gott, er scheint von Gott wenig zu wissen und hat auch kein Interesse an Gott. Als Mara erscheint, empfindet er den Gott als lästig und verscheucht ihn. Als er das Nirwana erreicht hat, fühlt er sich am Ziel und jubelt; er will wohl für immer in Ruhe gelassen werden. Er weiß hier nicht, daß dann Brahma erscheinen wird und ihn aus der Versenkung herausholt und den Religionsstifter aus ihm macht.

Bei beiden steigt das Unbewußte auf; die mystischen Erfahrungen sind darin enthalten. Ein zweites Ich, ein Gottes-Ich, ein vorgeburtliches Ich, war darin gewachsen – seit ihrer Geburt, seit ihrer Empfängnis.

IV. Fahrzeuge der Reisen zu Gott,
Folter. Atemunterbrechungen

Ich habe bisher die beiden Szenen, die den stärksten Eindruck hinterlassen, nicht betrachtet: Buddhas Selbstfolter und den Foltertod von Jesus. Buddha folterte sich selbst, er litt freiwillig. Auch Jesus litt aus eigenem Willen, da er sich den Willen Gottes zu eigen machte, der wollte, daß sein Sohn zu Tode gefoltert wird. Bei Buddha ist die Folter der Versuch, durch die Geburt zurück zu gelangen, was auch gelingt, da er beim Zusammenbruch sich an die 1. Stufe der Schau, der Versenkung erinnert. Bei Jesus ist die Kreuzigung die Wiederholung der Geburt. Aber es scheinen sich zwei Erfahrungen hier zu überlagern; es ist, als ob die Geburt mit dem Geburtstod noch mit einer anderen Todesqual aufgeladen worden war.

Paulus hatte die Idee, daß Christus die Sünden der ganzen Menschheit, ihre Schuld gegenüber Gott, auf sich genommen und abgebüßt habe. Versteht man diese Deutung psychologisch, so hatte Jesus eine gewaltige Schuld auf sich geladen, die er abbüßte. Aber die Qual, die Ohnmacht wird dann zur Allmacht. Nimmt man die ganze »Rede über die Endzeit« als Vision, als Tagtraum, so ist sie als Erfüllung aggressiver, destruktiver Wünsche zu sehen: Jesus selbst bringt den Weltuntergang; er zerstört die Schöpfung Gottes, seines Vaters.

Auch Buddha dürfte Schuld auf sich geladen haben, die er abbüßen will. Seine Schuld scheint mit der Geburt zusammenzuhängen.

Nach den Ursachen der Schuld frage ich in den Kapiteln über Maria und Maya. Jetzt möchte ich nur die Methoden betrachten, mit denen beide sich von der Schuld zu befreien versuchten, d. h. die Art und Weise, wie Gott ihnen erschien.

Jesus wurde bei der Taufe unter Wasser getaucht. Das Untertauchen ist eine alte Methode, um durch Ersticken eine Nahtoderfahrung hervorzurufen. Bei der Kreuzigung hauchte Jesus seinen Atem aus. Auch die Folter ist eine alte Methode der Initiation, der Einweihung in Gott. In seinem Buch über die Ekstasetechniken der Schamanen schreibt Eliade von der »Initiationsfolter«, vom »Initiationstod«, vom »Initiationsmord«. Diese Techniken führen zur Begegnung mit dem Großen Geist, mit dem der neue Schamane dann verbunden bleibt. Die Technik der Folter, als Selbstfolter, gibt es auch in einer Hochreligion wie dem Dschainismus: Ein Mensch, der ein Heiliger werden will, foltert sich, bis er die erste Stufe der Erleuchtung erreicht hat; dann lehrt er, aus Barmherzigkeit, eine Zeit lang seine Erfahrungen. Schließlich läßt er sich verhungern und geht in die ewige Seligkeit ein. Buddha scheint Dschainmethoden ausprobiert

zu haben. Er versuchte, mittels Atemanhalten und anderen Quälereien durch
den Tod hindurch in die Unsterblichkeit zu gelangen. Er fand sie dann durch
das Nirwana, eine spezielle Form von Nicht-Atmen.

Bei den Unfällen, die zum Lichtwesen und zur Unsterblichkeit führen,
wird die Sauerstoffzufuhr durch Gewalteinwirkung auf den Körper unterbrochen. Die mystische Erfahrung bei der Geburt erfolgt, wenn das Kind
äußerste Atemnot leidet und schließlich nicht mehr atmen kann; Ursache ist
die Gewalt, die der Gebärmutterhals auf das Kind ausübt.

Jesus unterzog sich also zwei Mal der Gewaltausübung. Buddha versuchte
es zuerst auch damit und fand dann aber einen anderen Weg zur Unterbre-
chung des Atems: Er verringerte den Atem auf allmähliche Weise. Diese
Methode ist der eigentliche Inhalt seiner Lehre; er nannte sie den »Mittleren
Pfad«. Der Pfad ist eine schmerzlose Atemunterbrechung, die in die
Unsterblichkeit führt. Ich werde noch erläutern, daß Buddha höchstwahrscheinlich diesen Weg mit Hilfe psychoaktiver Substanzen fand und ihn
nachher mit der Atemmethode praktizierte und lehrte. –

Alle Tode der Welt
Sind Fähren und Furten,
Und von Fremdem umstellt
Auch deine Geburten.

Die Fähren in Benns Zeilen (»Palau«) deuten wohl auf den Nachen Charons,
der die Seelen über den Hades ins Totenreich bringt. Die Furten dürften sich
auf die großen Dschainheiligen beziehen, die Furtbereiter genannt wurden; sie
halfen den Menschen ans andere Ufer zu gelangen, in die ewige Seligkeit.

V. Die Anlässe der Suche nach Unsterblichkeit

Als Übergang zu den beiden folgenden Kapiteln blicke ich auf die äußere
Wirklichkeit, die den mystischen Erfahrungen vorausging. Warum gingen die
beiden Manner im Alter von etwa 30 von Zuhause weg, gaben den Beruf auf
und verließen ihre Familien?

Bei Buddha ist die Situation bekannt. Er brach auf in der Nacht nach der
Geburt seines Sohnes. Die Anfälle von Todesangst vorher, die vier Ausfahr-
ten, dürften also mit der Schwangerschaft seiner Frau begonnen haben. Die
Erinnerung an seine eigene Geburt meldete sich. Seine Geburt brachte seiner
Mutter den Tod; es war ein grauenhaftes Sterben, das das Kind drei Tage lang
miterleben mußte. Ich denke, das Kind starb mit, es ging zurück durch die
Geburt, ließ sich verlöschen und wurde dann wiederbelebt.

Bei Jesus muß man etwas genauer hinsehen. Warum ging er von Zuhause weg? Er wollte sich von Johannes dem Täufer taufen lassen. Was bedeutete die Taufe? Johannes predigte »die Taufe der Buße zur Vergebung der Sünden«. Welche Sünden wollte Jesus vergeben haben? Das wird nicht gesagt. Was findet Jesus dann aber durch die Taufe? Die Liebe Gottes als Liebe des Vaters. Diese Liebe hatte er wohl gesucht, vielleicht nur unbewußt. Warum suchte er die Liebe des Vaters? Hatte er nicht genug davon bekommen? Oder hatte er die Liebe des Vaters wieder verloren? Hatte es Streit mit dem Vater gegeben?

Wo ist der Vater? – Als Jesus schon als Heiler berühmt ist und sich der Hilfesuchenden kaum erwehren kann, heißt es: »Und da es die Seinen hörten, gingen sie aus und wollten ihn halten; denn sie sprachen: Er ist von Sinnen«. (Mk. 3,21) Heute würden sie sagen: Er ist verrückt, geistesgestört, und muß in die Nervenklinik. Als er später wiederum nach Nazareth kommt, staunen die Leute über seine Fähigkeiten und sagen: »Ist er nicht der Zimmermann, Marias Sohn?« (Mk. 6,3). Die Wendung ist ungewöhnlich, da er nicht, wie üblich, als der Sohn des Vaters bezeichnet wird, sondern als der Sohn der Mutter. Das bedeutet, er ist nicht der Sohn des Ehemanns der Maria. Dieser Ehemann wird bei Markus nicht erwähnt, doch ist er aus Matthäus und Lukas als Joseph bekannt; diese beiden Evangelisten nennen Joseph den Vater von Jesus, doch betonen sie auch, daß Jesus von Gott gezeugt wurde. Das war freilich die Ansicht der Christen, nicht der Juden; diese hielten ihn für unehelich, und das besagt die Wendung »Marias Sohn«.

Unverheiratete Mütter und Ehefrauen, die einen Ehebruch begingen, mußten nach jüdischem Gesetz mit dem Tod durch Steinigung bestraft werden. (3 Moses 20,10) Maria hatte während ihrer Verlobung mit Joseph von einem anderen Mann ein Kind empfangen, was entdeckt worden war. Joseph übernahm die Vaterschaft und rettete so der Maria und dem ungeborenen Kind das Leben. Gleichwohl war auch die Wahrheit anscheinend allgemein bekannt geblieben, und die Frommen wiesen offenbar gern auf sie hin. Oder taten sie es erst jetzt wieder? Joseph wird nicht erwähnt. Er scheint schon gestorben.

Der Tod Josephs würde erklären, warum Jesus zu Johannes ging. Der schützende Stiefvater war weg, und jetzt stiegen in Jesus die Todesängste auf, die er und seine Mutter in der Zeit vor der Geburt und bei der Geburt erlebt hatten – Todesängste von der gleichen Stärke wie bei Buddha. Verfolgungswahn erfaßte ihn, und er suchte Hilfe, Rettung bei Johannes dem Täufer. Als er zum ersten Mal wieder nach Nazareth kommt, sagt seine Familie, er ist verrückt. Er war inzwischen ein berühmter Heiler geworden, der durchaus nicht verrückt wirkt, aber seine Familie kannte ihn nur aus der Zeit vor der Taufe, und da war er offenbar verrückt gewesen.

Die Sünden, für die er bei Johannes Vergebung suchte, dürften die Sünde seiner Mutter gewesen sein, ihr außerehelicher Geschlechtsverkehr, durch den er entstanden war. Ich vermute, es kommt noch etwas anderes hinzu. Nach der Taufe treibt ihn der Geist in die Wüste, und er wird von Satan versucht. Bei Matthäus sagt Satan zu Jesus, er solle Steine in Brot verwandeln. Satan fordert ihn auch auf, zu fliegen. Satan bietet ihm »alle Reiche der Welt und ihre Herrlichkeit« an. Später wird Jesus Brot vermehren, auf dem Wasser wandeln, und sein höchster Wunsch wird es sein, als Richter über die ganze Welt zu herrschen. Diese Wünsche stiegen anscheinend schon in der Wüste in ihm auf, aber hier empfindet er sie als böse, als satanisch – sie würden die ewige Verdammnis bringen.

Er hat Allmachtswünsche, und diese empfindet er als Ungehorsam gegen Gott, den er als Vater bezeichnet. Ich nehme an, es hatte einen schweren Konflikt mit Joseph gegeben; Haßregungen oder Tötungsimpulse gegen den Stiefvater waren entstanden, und als dieser nun stirbt, erschien sein Tod wie die Erfüllung jener alten Wünsche. Das Resultat waren Schuldgefühle und Bestrafungsängste wie auch der Wunsch nach Vergebung und dazu die Sehnsucht, wieder vom Vater geliebt zu werden, seine Stimme sagen zu hören: »Du bist mein lieber Sohn, an dem ich Wohlgefallen habe«.

Satan ist bei Hiob der Bote Gottes, der den Willen Gottes ausführt. Satan ist eigentlich ein Teil von Gott selbst. Erst im 2. Akt des Dramas wird sich Jesus diesen Teil Gottes aneignen – um Gott, den grausamen Vatergott, zu vernichten.

**

Wie Buddha will Jesus den Kriegsgott beseitigen. Beide Männer lehren Barmherzigkeit: Sie wollen die Männergesellschaft, das Patriarchat mit seinen Sklavenhalterstaaten beenden – nicht als Schwache, sondern als Starke, als Stärkste.

Die Ursprünge der Kriegsgötter werde ich am Anfang der nächsten beiden Kapitel zeigen.

2. Kapitel

Jesus. Taufe und Kreuzigung
Zwei Schritte zur Gottwerdung

Die Friedensgötter und die Kriegsgötter sind Bilder geschichtlicher Kräfte, die sich in Jesus und Buddha verkörperten und zur Sprache kamen. Bei Jesus ist die Einkörperung der beiden Götter in einen Menschen – oder ihre Einverleibung eines Menschen – das Werk zweier Männer; sie sind die Gottesboten, die Überbringer der göttlichen Zeugungskraft, des Samens Gottes. Sie sind Zeugungshelfer; sie vollziehen eine Übertragung von Energie, ähnlich wie in einer Psychotherapie.

Der Friedensgott geht in Jesus ein, als er von Johannes getauft wird. Der Kriegsgott wird durch den Satz von Petrus angekündigt: »Du bist der Christus!« (Mk. 8, 29) Vorher hatte sich Jesus nicht als Christus bezeichnet, sondern sprach von sich selbst als »Menschensohn«. Dies Wort scheint im Aramäischen einfach Mensch bedeutet zu haben, zwar eine umständliche Form, aber sie erregte kein weiteres Aufsehen. Mehrere der Kranken nannten ihn Gottes Sohn oder den Heiligen Gottes, was mit Christus gleichbedeutend ist; Jesus gebot ihnen, es nicht weiterzusagen. Mit dem Satz von Petrus ändert sich die Haltung von Jesus.

Wie konnten Johannes und Petrus den Friedensgott und den Kriegsgott auf Jesus übertragen? Warum und wie erfolgte der Übergang vom Friedensgott zum Kriegsgott? Woher hatten Johannes und Petrus diese unterschiedlichen Götter?

Der Gott des Petrus, der Kriegsgott, ist der Gott des Alten Testaments, vor allem der Gott des Moses, ein Gott des Zorns. Das Neue, was Jesus brachte, ist sein Friedensgott, der Gott der Feindesliebe aus der Bergpredigt; er hatte ihn von Johannes bezogen und dann umgeformt.

Ich betrachte nun die religiöse Tradition der Juden und dann die historische Situation zur Zeit von Jesus, um seine Neuerung anschaulich werden zu lassen.

Die Tradition: Gott wählt die Juden
aus zur Weltherrschaft

Der jüdische Gott ist durch Jesus Christus der stärkste, der erfolgreichste Gott der Weltgeschichte geworden. Er ist ein männlicher Eingott, ein maskuliner Monotheos, der seinen Alleinvertretungsanspruch in großen Teilen der Erde durchsetzen konnte, indem er die anderen Götter vertilgen und ausrotten ließ. Ich gebe einen Überblick über seine Erfolgsgeschichte, die zur Grundlage des Christentums wurde, das nur von daher zu verstehen ist.

Das Alte Testament beginnt mit der Erschaffung der Welt und der Menschen durch Gott; dann vertreibt er die Menschen aus dem Paradies. Später ersäuft Gott die Menschen; er läßt Noah und dessen Familie überleben und schließt mit »Noah und seinen Söhnen« und auch deren »Samen« einen Bund (1 Moses 9,9). Der Bund wird mit Abraham und seinem Samen erneuert. Zeichen des Bundes ist nun die Beschneidung. Abraham war 99, »da er die Vorhaut an seinem Fleisch beschnitt«. Er beschnitt alles, »was männlich in seinem Hause war«. Ein Mann, der nicht beschnitten wird, »dessen Seele soll ausgerottet werden« (1 Moses 17, 24 u. 27 u. 14).

Gott erneuerte den Bund mit Moses und beauftragte ihn, die Juden ins versprochene Land zu führen. Es gab Schwierigkeiten mit dem Pharao. »Der Herr verstockte ihm sein Herz, daß er die Kinder Israels nicht lassen wollte aus seinem Land. Und zur Mitternacht schlug der Herr alle Erstgeburt in Ägyptenland; es war kein Haus, darin nicht ein Toter war« (2 Moses 11). Später sagte Gott zu Moses: »Wenn nun mein Engel vor dir her geht und dich bringt an die Amoriter, Hethiter, Pheresiter, Kanaaniter, Heviter und Jebusiter und ich sie vertilge, so sollst du ihre Götter nicht anbeten noch ihnen dienen und nicht tun, wie sie tun, sondern du sollst ihre Götzen umreißen und sie zerbrechen« (2 Moses 23). »Wer den Göttern opfert und nicht dem Herrn allein, der sei verbannt« (2 Moses 22). Luthers »verbannt« heißt vernichtet, oder wie die Einheitsübersetzung schreibt, es wird »die Vernichtungsweihe vollzogen«. Als die Juden das Goldene Kalb anbeteten, sagte Gott, »daß mein Zorn über sie ergrimme und ich sie vertilge«. Moses sagte nun zu den »Kindern Levis«: »So spricht der Herr, der Gott Israels: Gürte ein jeglicher sein Schwert um seine Lenden ... und erwürge ein jeglicher seinen Bruder, Freund und Nächsten« (2 Moses 32). Wenn ihr »mich nicht hören wollt... so will ich auf euch schlagen... und will wilde Tiere unter euch senden, die sollen eure Kinder fressen und euer Vieh zerreißen«; »ihr sollt eurer Söhne und Töchter Fleisch essen« (3 Moses 26). Gott »wird die Heiden, seine Verfolger, fressen und ihre Gebeine zermalmen« (4 Moses 24). »Und das Volk hob an zu huren mit der Moabiter Töchtern, welche luden das Volk zum Opfer ihrer Götter«. »Da ergrimmte des Herrn Zorn über Israel, und er sprach zu Mose: Nimm alle Obersten des Volks und hänge sie dem Herrn auf an der Sonne«. »Pineas nahm einen Spieß in seine Hand... und stach sie beide, den israelitischen Mann und das Weib, durch ihren Bauch« (4 Moses 25). »Und sie führten das Heer wider die Midianiter, wie der Herr dem Mose geboten hatte, und erwürgten alles, was männlich war ...und verbrannten mit Feuer alle ihre Städte...und nahmen alles, was zu nehmen war, Menschen und Vieh«. »Und Mose ward zornig über die

Hauptleute... und sprach zu ihnen: Warum habt ihr alle Weiber leben lassen?«»So erwürget nun alles, was männlich ist unter den Kindern, und alle Weiber, die Männer erkannt und beigelegen haben; aber alle Kinder, die weiblich sind und nicht Männer erkannt haben, die laßt für euch leben« (4 Moses 31). »Wenn dich der Herr, dein Gott, in das Land bringt, darein du kommen wirst, es einzunehmen, und ausrottet viele Völker vor dir her... und wenn sie der Herr, dein Gott, vor dir dahingibt, daß du sie schlägst, so sollst du sie der Vernichtung weihen«. »Du sollst ...keine Gnade gegen sie üben«. (Einheitsübersetzung: »Du sollst...in dir kein Mitleid aufsteigen lassen« (5 Moses 7). »Wenn dich dein Bruder, deiner Mutter Sohn, oder dein Sohn oder deine Tochter oder das Weib in deinen Armen oder dein Freund, der dir ist wie dein Herz, heimlich überreden würde und sagen: Laß uns gehen und anderen Göttern dienen! ...so willige nicht darein... Du sollst kein Mitleid in dir aufsteigen lassen...sondern sollst ihn erwürgen«. »Man soll ihn zu Tode steinigen«. »Du sollst fleißig suchen, forschen und fragen... und erschlagen mit der Schärfe des Schwerts« (5 Mose 13). »Wenn du aber nicht gehorchen wirst der Stimme des Herrn, deines Gottes... Verflucht wirst du sein...Verflucht wird sein die Frucht deines Leibes...Der Herr wird dir die Pestilenz anhängen...Der Herr wird dich schlagen mit Darre, Fieber, Hitze, Brand ...Der Herr wird dich schlagen mit Wahnsinn, Blindheit und Rasen des Herzens... Der Herr wird dich schlagen mit bösen Drüsen an den Knien und Waden...Des Morgens wirst du sagen: Ach, daß es Abend wäre! des Abends wirst du sagen: Ach, daß es Morgen wäre! ... Und der Herr... wird sich über euch freuen, daß er euch umbringe und vertilge...« (5 Moses 28).

Josua erobert dann das versprochene Land und rottet die Bevölkerung aus. (Josua 6,21 ff; 8,22 ff; 10,40)

Gott befiehlt Saul, dem ersten König, die Amalekiter zu vernichten: »Töte Mann und Frau, Kinder und Säuglinge« (1 Samuel 15,3). Als Saul den besiegten König der Amalekiter nicht tötet, wird Gott zornig und läßt David zum König salben. Saul wird depressiv und begeht Selbstmord. David ist Gott wohlgefällig; er legte die Gefangenen »unter eiserne Sägen und Zacken und eiserne Keile und verbrannte sie in Ziegelöfen. So tat er allen Städten der Kinder Ammon«. (2 Sam 12,31. In neuen Ausgaben meistens zensiert.)

Im 2. Psalm spricht der König: »Ich will von der Weise predigen, daß der Herr zu mir gesagt hat: ›Du bist mein Sohn, heute habe ich dich gezeugt; heische von mir, so will ich dir die Heiden zum Erbe geben und der Welt Enden zum Eigentum. Du sollst sie mit eisernem Szepter zerschlagen, wie Töpfe sollst du sie zerschmeißen.‹« – Es geht um die Weltherrschaft.

»Ich rufe an den Herrn, den Hochgelobten, so werde ich von meinen Feinden erlöst«. »Ich will sie zerstoßen wie Staub vor dem Wind; ich will sie wegräumen wie den Kot auf der Gasse« (Psalm 18, 4 u. 43).

»Die Gottlosen sind verkehrt vom Mutterschoß an«. »Gott, zerbrich ihre Zähne in ihrem Maul«. »Der Gerechte wird sich freuen, wenn er solche Rache sieht, und wird seine Füße baden in des Gottlosen Blut« (Psalm 58, 4, 7, 11). »Seine Kinder müssen in der Irre gehen und betteln und suchen«. »Und niemand müsse ihm Gutes tun, und niemand erbarme sich seiner Waisen. Seine Nachkommen müssen ausgerottet werden« (Psalm 109, 10,12,13).

»Du verstörte Tochter Babel, wohl dem, der dir vergilt, wie du uns getan hast! Wohl dem, der deine jungen Kinder nimmt und zerschmettert sie an dem Stein!« (Psalm 137, 8,9).

Dieser Psalm ist schon in der Babylonischen Gefangenschaft entstanden. Die Juden sahen darin eine Strafe Gottes für ihren Ungehorsam. »Darum wird der Herr abhauen von Israel beide, Kopf und Schwanz«. »Darum kann sich der Herr über ihre junge Mannschaft nicht freuen noch ihrer Waisen und Witwen erbarmen« (Jesaja 9). »Denn ich habe einen Tag der Rache mir vorgenommen«. »Und ich habe die Völker zertreten in meinem Zorn und habe sie trunken gemacht in meinem Grimm und ihr Blut auf die Erde geschüttet«. »Ich will der Gnade des Herrn gedenken... und der großen Güte an dem Hause Israel« (Jes. 63, 4,6,7). »Ich will euch trösten, wie einen seine Mutter tröstet«. »Denn der Herr wird durchs Feuer richten und durch sein Schwert alles Fleisch; und der Getöteten des Herrn wird viel sein«. »Und sie werden hinausgehen und schauen die Leichname der Leute, die an mir übel gehandelt haben; denn ihr Wurm wird nicht sterben, und ihr Feuer wird nicht verlöschen, und werden allem Fleisch ein Greuel sein« (Jes. 66, 13,16,24).

Der Perserkönig Kyros zerstörte 539 v. Chr. das Reich der Babylonier und schickte die deportierten Juden zurück. Es gab das Problem der »Mischehen«: Eine Anzahl der in Israel gebliebenen Juden hatten nicht-jüdische Frauen geheiratet. Die Rückkehrer mit ihren Anführern Nehemia und Esra verlangten, daß diese Frauen zurückgeschickt werden. Es kam zu Aufständen. Nach etwa 20 Jahren setzten sich die Rückkehrer durch. »Sie haben derselben Töchter genommen sich und ihren Söhnen und den heiligen Samen gemein gemacht mit den Völkern in den Ländern«. »So laßt uns nun einen Bund machen mit unserem Gott, daß wir alle Weiber und die von ihnen geboren sind, hinaustun nach dem Rat des Herrn« (Esra, 9,2; 1o,3).

Es gab weitere Probleme: Die bisherigen Priester dachten nicht daran, den zurückgekehrten Priestern zu weichen. Umgekehrt dachten die Heimkehrer nicht daran, mit solchen »Unreinen« zusammenzuarbeiten.

Ich bringe nun zur Abrundung eine Vision aus dem Jahre 1933, in der Moses und Esra auftauchen. »Aus den Nahtlinien des Organischen stößt die Erbmasse, aus den Defekten der Regenerationszentren die menschlichen Gene ans

Licht. ...Das Neue, Aufrührerische, aber gleichzeitig auch Synthetische der Verwandlung zeigt sich in dem spezifischen Führerbegriff. ...Führer: das ist das Schöpferische, in ihm sammeln sich die Veranwortung, die Gefahr und die Entscheidung, auch das ganze Irrationale des ja erst durch ihn sichtbar werdenden geschichtlichen Willens, ferner die ungeheure Bedrohung, ohne die er nicht zu denken ist, denn er kommt ja nicht als Muster, sondern als Ausnahme, er beruft sich selbst, man kann natürlich auch sagen, er wird berufen, es ist die Stimme aus dem feurigen Busch, der folgt er, dort muß er hin und besehen das große Gesicht. ...Wo wir nämlich alle wären ohne diese Völkerzüchtung, das wären die weißen Stiere des Mithras oder die goldenen Kälber des Baal. Es hat sich nämlich herausgestellt, daß der größte Terrorist aller Zeiten und großartigste Eugeniker aller Völker Moses war. Der Achtzigjährige, der Stotterer, der die in fünfhundertjähriger Zwangsarbeit zermürbten Israeliten zum Abmarsch bewegte, in der Wüste die Alten, die Ägyptischen, die Fleischtopfmaterialisten, die Rotte Korah, buchstäblich und bewußt zugrundegehen ließ, um allein die Jugend, das gute Material, nach Kanaan zu führen. Sein Gesetz hieß: quantitativ und qualitativ hochwertiger Nachwuchs, reine Rasse-: aus ihm seine brutalen Maßnahmen gegen sein Volk wie gegen die ihnen begegnenden fremden Stämme; Prügelstrafen, Handabhauen, Steinigung, Erschießen, Feuertod gegen Rassenvermischung. Aus ihm, daß er ein Volk, die Midianiten, die »die Plage«, eine Geschlechtskrankheit eingeschleppt hatten, ausrotten ließ, nämlich folgerndermaßen: als man nur die Männer erschlagen hatte, ergrimmte er, weil man die Weiber hatte am Leben gelassen, ließ auch sie noch hinschlachten, nur die Jungfrauen durften übrigbleiben, das waren nach der Bibel 32 000, hingerichtet wurden also oberflächlich geschätzt etwa 150 000 Menchen wegen – man stelle es sich vor, man denke darüber nach – wegen Gonorrhöeverdacht. Aus den gleichen rassehygienischen Gründen gebot er die völlige Vernichtung aller in Kanaan, also dem usurpierten, dem Wirtsland angetroffenen Stämme, verbot, Bündnisse mit ihnen zu schließen, Gnade an ihnen zu üben, sich durch Ehe mit ihnen zu verbinden. Dies war Moses. Und sieben Jahrhunderte später tritt Esra auf, der eigentliche Gründer, Gesetzgeber, Führer des Thoravolkes, und verbietet nicht nur zukünftige Mischehen, sondern fordert von den Männern, die schon fremdstämmige Frauen haben, diese aus dem Haus zu jagen und Stammesgenossinnen zu heiraten. ...Es scheint mir doch sehr bemerkenswert, ...daß ohne diese ungeheuerlichen Maßnahmen eugenischer Art, an denen bisher von keiner Seite Kritik geübt wurde, zwei Religionen, welche den größten Teil der bewohnten Erde beherrschen, das Christentum und der Islamismus, also der Monotheismus an sich, voraussichtlich gar nicht zur Entfaltung gekommen wären. Mir scheint also aus diesen Tatsachen, die bisher gar nicht öffentlich beachtet wurden, hervorzugehen, daß Rassenzüchtung uralt ist... wer lange herrschen will, muß weit züchten«. –Aus »Züchtung« von Gottfried Benn, Pfarrerssohn, Arzt für Haut- und Geschlechtskrankheiten, Schriftsteller.

Die Selbstausrottung der Juden. Apokalypse

Nach Alexander dem Großen drang die hellenistische Zvilisation auch in Israel ein; es gab eine Aufweichung der jüdischen Religion. Der hellenistische König Antiochus IV befahl die Aufstellung fremder Götter im Tempel. Es folgte 167 v. Chr. ein Aufstand der Eiferer für den reinen Glauben, unter Führung von Judas Makkabäus (der Hammer), der sich mit den Römern verbündete und die Hohepriesterpartei besiegte. Der Hohepriester Alcius verbündete sich nun mit den Syrern, besiegte und tötete Judas Makkabäus und seine Anhänger. Der Bruder von Judas, Jonathan, zog die Syrer auf seine Seite, eroberte mit ihnen Jerusalem und machte sich zum Hohenpriester. Nach dem Tod von Jonathan wurde dessen Bruder Simon Hoherpriester. Er wurde von seinem Schwiegersohn ermordet. Der Sohn Simons, Johannes Hyrcanus, nahm Rache, machte sich zum Hohenpriester und führte viele siegreiche Kriege. Nach seinem Tod übernahm seine Witwe die politische Regierung. und machte ihren Sohn Aristobul zum Hohenpriester. Er sperrte seine Mutter ein und ließ sie verhungern. Dann machte er sich auch zum König. Er ließ seinen Bruder Antigouos ermorden und starb dann selbst. Seine Witwe Alexandra befreite die anderen Brüder ihres Mannes, die dieser eingesperrt hatte, aus dem Gefängnis und heiratete den Ältesten, Alexander Jannäus, da er der gemäßigste erschien. Er begann sofort Kriege gegen die anderen jüdischen Fraktionen und ließ seine Gegner töten (50 000 innerhalb von sechs Jahren). Ein Teil konnte entkommen, holte die Syrer zu Hilfe; sie besiegten Alexander Jannäus. Nun ging ein Teil der Sieger zu dem Besiegten über und brachte ihn wieder an die Macht. Alexander Jannäus ließ 800 Gegner ans Kreuz schlagen, vor ihren Augen wurden ihren Frauen und Kindern die Kehlen durchschnitten. Alexander sah dabei zu und trank Wein, zusammen mit seinen Konkubinen.

Nach dem Tod von Alexander Jannäus übernahm dessen Witwe Alexandra die politische Regierung, also das Königsamt, und machte ihren Sohn Hyrcanus zum Hohenpriester. Nach dem Tod von Alexandra kam es zum Streit zwischen dem Hohenpriester Hyrcanus und seinem Bruder Aristobul, der das Königsamt seiner Mutter übernommen hatte. Die verfeindeten Brüder gingen 63 v. Ch. nach Damaskus und riefen den römischen Feldherrn Pompeius als Schiedsrichter an. Es erschienen auch Abgesandte des Volkes und baten Pompeius, die Königsherrschaft abzuschaffen, selbst die politische Herrschaft zu übernehmen und nur das Hohepriesteramt in jüdischer Hand zu lassen. Pompeius nahm den Vorschlag an; die beiden Brüder waren einverstanden. Man zog nach Jerusalem. Der Hohepriester Hyrcanus übergab die Stadt an Pompeius. Aber Aristobul, der König, verschanzte sich mit seinen Anhängern im Tempel. Zusammen mit den Anhängern des Hohenpriesters eroberten die Römer den Tempel. Pompeius betrat den Tempel, erwies dem Heiligtum seine Ehrerbietung und ließ den Tempel reparieren.

Der jüdische Staat war nun eine Provinz des römischen Reiches geworden. Antipater, ein Vertrauter des Hohenpriesters Hyrcanus, mischte sich in die politische Regierung ein und nahm Kontakt zu Caesar auf. Caesar wollte die Juden mit Rom aussöhnen. Er gab ihnen eine eigene Verfassung mit Selbstverwaltung. Er setzte die Steuern herab, ließ alle jüdischen Gefangenen frei, auch die Sklaven, und zog die römische Besatzung ab.

Caesar, der aus Gallien Massen von Menschen in die Sklaverei verschleppt hatte, scheint Hochachtung vor den Juden gehabt zu haben; sie galten als die todesmutigsten Kämpfer (Vgl. z. B. Tacitus).

Antipater wurde vergiftet. Antigous, der Sohn des Ex-Königs Aristobul, eroberte zusammen mit den Parthern Jerusalem, machte sich zum König, deportierte den Hohenpriester Hyrcanus und nahm Phasael und Herodes, die Söhne von Antipater gefangen. Phasael vergiftete sich, Herodes konnte fliehen, ging nach Rom, wurde dort zum König ernannt, eroberte mit römischer Hilfe Jerusalem und regierte von 37 – 4 v. Ch. Die Aufstände nach seinem Tod, von vielen Messiassen angeführt, wurden von den Römern niedergeschlagen; sie kreuzigten 2000 Aufständische. Die Herrschaft wurde unter die drei Söhne von Herodes aufgeteilt. Kaiser Augustus stellte im Jahre 6 n. Ch. Judäa unter römische Verwaltung. Um 44 n. Ch. regierte Agrippa, Enkel des Herodes, einige Jahre über das ganze Land. Dann wurde es zur römischen Provinz gemacht. 66 brachen Unruhen aus; die Anhänger der Königspartei, genannt die Zeloten, die Fanatiker, die Eiferer, eroberten Jerusalem, töteten die kleine römische Garnison, nachdem sie ihr freien Abzug versprochen hatten, erstürmten dann den Tempel, nahmen 12 000 Soldaten der Hohenpriesterpartei gefangen, folterten sie und töteten sie dann.

In seinem Buch »Der historische Jesus« sieht Crossan in diesem Krieg den typischen Ablauf einer Revolution, mit dem Höhepunkt der Schreckensherrschaft und Diktatur. – Dann griffen die Römer mit ihrem Feldherrn Vespasian ein. Nach vier Jahren war der Krieg zu Ende: Über 600 000 Tote, ein Viertel der Bevölkerung.

Palästina wurde kaiserliche Provinz. Kaiser Hadrian verbot 131 die Beschneidung, das Zeichen der Auserwähltheit durch Gott. Es begann der Aufstand unter dem Messias Bar Kochba. Er dauerte bis 135: 850 000 Tote, Ende des jüdischen Staates, Beginn der Diaspora.

Der Historiker Flavius Josephus war 66 der Befehlshaber einer jüdischen Festung und vollbrachte große Heldentaten. Als die Festung gefallen war, suchte er Zuflucht in einer Zisterne; hier waren 400 andere Juden mit ihren Familien. Man beriet, ob man sich ergeben oder sich den Tod geben solle. Flavius Josephus hatte geträumt, daß Gott ihm riet, sich zu ergeben. Er konnte die anderen nicht überzeugen; so schlug er vor, durch das Los zu bestimmen, wer jeweils den nächsten erstechen solle. Flavius war der vorletzte. Es gelang ihm, den letzten zu überreden, sich zusammen zu ergeben. Er war dann bei den Römern und versuchte, die Aufständischen dazu zu bewegen, sich zu ergeben, was ihm nicht gelang. Später wurde er Historiker. Er war der Überzeugung, Gott sei auf Seiten der Römer.

Die Herstellung der Apokalypse
Weltuntergang und Gericht

Seit der babylonischen Gefangenschaft war die persische Weltsicht in die Juden eingedrungen: Es gibt den Kampf zwischen den Mächten des Guten und des Bösen. Gott wird den Guten einen neuen, einen himmlischen Messias zu Hilfe schicken; er wird die Welt untergehen lassen und so die Bösen vernichten. Im Buch des Propheten Daniel wurde dieser Messias als »Menschensohn« bezeichnet. Die Anhänger der Messiaspartei entwickelten die Vorstellung, daß sie einen großen Krieg beginnen werden, Gott werde ihnen dann in der größten Not den Messias schicken, um das Reich Gottes zu errichten. Diese Idee bildete den Hintergrund und die Motivation der messianischen Gotteskrieger.

Die Friedenspredigt

Man stelle sich die Folge der Kriege von 167 v. Ch. bis 135 n. Ch als Gemälde vor, etwa in einem Rundbau wie die Darstellung des deutschen Bauernkriegs durch Werner Tübke in Thüringen. Der Evangelist Lukas beschreibt die Herrschaftsverhältnisse im Jahre 30 n. Ch.: »Pontius Pilatus war Landpfleger in Judäa und Herodes Vierfürst in Galilea und sein Bruder Philippus Vierfürst in Ituräa und in der Landschaft Trachonitis und Lysanias Vierfürst zu Abilene, Hannas und Kaiphas waren Hohepriester« (3,2f).

Im Untergrund, in Qumran, bei den Essenern, wird die Apokalypse vorbereitet, die Leichenberge sind schon zu ahnen. Da tritt eine Figur in das Gemälde ein, Johannes der Täufer. Er sagt, »das Reich Gottes ist nahe herbeigekommen« (Mt. 3,2) und predigt »die Taufe der Buße zur Vergebung der Sünden« (Mk. 1,4). Er hat das Weltbild der Messiaspartei, der Zeloten: die Apokalypse steht bevor. Aber er ruft nicht zum Krieg auf, um dadurch das Kommen des Messias, das

Eingreifen Gottes zu bewirken, sondern er ist der Ansicht, Gott wird von allein den Christus für Weltuntergang und Gericht schicken. Er scheint zu sagen: ›Bekennt eure Sünden, tut Buße, dann könnt ihr hoffen, Gnade beim Gericht zu finden‹. Er wendet sich an die Zeloten, scheint einer der ihren zu sein, aber er weicht deren Kampfeswillen auf, er zersetzt ihre Entschlossenheit, für Gott den Heldentod zu sterben: Er ist ein Pazifist, ein Mann eines dritten Weges. Ein Marxist würde sagen, ein Agent der herrschenden Klasse, ein Saboteur, ein Diversant, ein Abwiegler; er ist ja auch der Sohn eines Priesters aus dem Tempel! Er hat seine Klasse nur scheinbar verraten, in Wahrheit vertritt er deren Interessen, die Verhinderung der Revolution. – Eines Tages greift er den König an, weil dessen Scheidung und Wiederverheiratung gegen die jüdischen Gesetze verstößt. Der König läßt ihn einsperren. (Mk. 6) – Er verlor sein großes Ziel aus den Augen, gab seine pazifistische Position auf. War ein frühes Trauma angerührt worden (s. Kap. 4)? Jesus, einer seiner Jünger, den er getauft hatte, geht nach Galilea, der Brutstätte des Zelotentums, wo er selbst herkommt, und setzt die Friedenspredigt von Johannes fort und radikalisiert sie. »Liebet eure Feinde«. Für einen Juden hieß das: Fangt keinen neuen Bürgerkrieg an und akzeptiert die römische Besatzung, die den Frieden sichert! Diese Botschaft kam sicher auch Johannes zu Ohren, vielleicht war sie auch an ihn gerichtet: Vielleicht wollte Jesus seinen Lehrer und geistigen Vater zur Zurückhaltung bewegen. Vergeblich, Johannes hörte nicht, polemisiert weiter gegen das Privatleben des Königs. Dessen Frau bringt ihn dazu, Johannes enthaupten zu lassen. Nun wechselt Jesus seine politische Strategie, er erklärt sich zum Messias, zum König, zieht in Jerusalem ein, provoziert die Hohenpriester, zwingt sie, ihn hinzurichten. Er folgte ein zweites Mal dem Johannes nach. Er war ein Wundermann, von gewaltiger charismatischer Kraft – hätte er seine Friedenspredigt fortgesetzt, wäre die Katastrophe nicht eingetreten? Kein erster Holocaust, die Juden wären in ihrem Land geblieben, also kein zweiter?

Die Entwicklung von Jesus von der Taufe bis zur Kreuzigung

1. Akt: Der Getaufte. Die Übertragungsbeziehung zwischen Johannes dem Täufer und Jesus

Hingabe an den Vater; Abspaltung der Aggression

Ich kehre jetzt zur psychologischen Betrachtungsweise zurück. Was geschah bei der Taufe? Jesus erlebte die Salbung, die Neuzeugung durch Gott, die Königsweihe, aber trat dann nicht als Gesalbter, als Christus, als König auf.

Wieso erlebte er die Salbung? Johannes erwartete den Messias, und Jesus erfüllte diese Erwartung. Er steigt in den Geist von Johannes ein. Johannes war ein Prophet. Ein Prophet sieht Gott und hört Gott. Die Menschen können im Gesicht des Propheten Gott sehen und in der Stimme des Propheten Gott sprechen hören. So wie David von Samuel gesalbt wurde, so wird Jesus von Johannes gesalbt. Aus dem Gesicht, aus den Augen von Johannes sieht er den Geist Gottes auf sich herabkommen; in der Stimme von Johannes hört er Gottes Stimme. – Es ist eine Übertragung, eine Projektion eines Vaterbildes, eine Halluzination, eine Wunscherfüllung. Albert Schweitzer nannte die Stimmen bei der Taufe und der Verklärung »Sinnestäuschung«. Er meinte damit wohl, es seien leere Einbildungen gewesen. Nein, sie stiegen aus dem Unbewußten auf.

Dann »trieb ihn der Geist in die Wüste«, er war dort 40 Tage und »wurde versucht von dem Satan ...und die Engel dienten ihm«. Schickte ihn Johannes in die Wüste? als Buße? um die bösen Regungen zu überwinden? Moses war 40 Tage auf dem Sinai. Nach 40 Tagen ohne zu essen beginnt das Absterben, wie es kürzlich beim Hungerstreik der Kurden in Istanbul wieder bekannt wurde. Halluzinationen setzen ein, die Bilder des Gewünschten: Satan bietet Hilfe an, Jesus lehnt sie ab. Dann dienten ihm die Engel. Brachten sie ihm zu essen und zu trinken? Die Engel sind Diener Gottes, sie sind im Himmel. Halluziniert Jesus, daß er im Himmel ist und genährt wird? Wie ein Fötus an der Nabelschnur? Er versank ins vorgeburtliche Unbewußte. Die Taufe, das Herauskommen aus dem Wasser, nach dem Ersticken, holte die Erinnerung an die Geburt herauf, ich vermute, an einen starken und erfolgreichen Geburtskampf. Nun macht er die Geburt wieder rückgängig. Jetzt ist er in »des Vaters Schoß«, im »Reich Gottes«, das er dann verkünden wird. Waren die Engel außerdem auch Jünger von Johannes, die ihn zurückholten? Ethelbert Stauffer, ein Vertreter der Leben-Jesu-Forschung (einer Spezialität der Protestanten), nimmt an, daß Jesus zwischen der Taufe und dem Beginn seiner Predigerzeit in der Gemeinde von Johannes lebte. Das ist wahrscheinlich, denn Jesus setzt ja dann die Predigt von Johannes fort: Bestimmte ihn Johannes als seinen Nachfolger? Stauffer meint, Jesus sei »der Lieblingsjünger« von Johannes gewesen.

Wesentlich ist die Veränderung der Bedeutung der Salbung. Jesus erlebt sich bei der Taufe wie David, der Krieger, der seine Feinde zerschmetterte oder in Ziegelöfen verbrennen ließ. Dann trennt er sich in der Wüste von seinen aggressiven Impulsen. Satan weist auf Hiob. Satan quälte Hiob im Auftrag Gottes. Bei Jesus ist es der Geist Gottes selbst, der ihn 40 Tage lang quält. Jesus ist wie Hiob, er duldet ergeben. Jesus ist ein neuer Christus, ein David als Hiob, nicht ein Kämpfer, sondern ein Dulder. Ein Friedenskönig. Eine neue Rolle.

Das eigentlich Neue ist dann der Satz: »Das Reich Gottes ist herbeigekommen«. Bei Matthäus heißt der Satz: »Das Reich Gottes ist nahe herbeigekommen«. Hier wiederholt Jesus den Satz, den Johannes vorher gesagt hatte. Johannes sagte: Das Reich Gottes ist nahe, es ist noch nicht da, es ist nicht da. Jesus sagt, bei Markus, das Gegenteil: Das Reich Gottes ist da. Also ist es ohne Apokalypse, ohne Weltuntergang, unsichtbar, heimlich gekommen? Jesus ist im vorgeburtlichen Bewußtsein und Lebensgefühl. Er wird es durch seine Pflanzengleichnisse veranschaulichen. Bei Lukas sagt er: »Das Reich Gottes ist inwendig«, wie Luther übersetzt. Andere Übersetzungen haben: »Das Reich Gottes ist mitten unter euch«. Die Bedeutung ist die gleiche: Mehrere Menschen, die das Reich Gottes in sich tragen, teilen ihre Erfahrung miteinander, bestärken sich gegenseitig. Ich meine, Jesus hatte diese Erfahrung in der Gemeinde von Johannes gemacht. Eine solche Gruppe, mit einem verehrten Führer, ist ein symbolischer Uterus, in dem die pränatale Symbiose, das Zusammenleben im Mutterschoß, erlebt werden kann.

Jesus, als der Stellvertreter und Nachfolger von Johannes, erschafft sich nun seine eigene Gruppe. Er beruft die Brüder Simon (der spätere Petrus) und Andreas, sowie Jakobus und Johannes. Sie verlassen Beruf und Familie. Jesus hat hypnotische Macht. Die vier Männer sind Zeloten, sie gehören zu den Sikariern, den Messermännern, die politische Feinde abstechen. Jesus predigt dann in der Synagoge und treibt einen unreinen Geist aus. Er erweist sich als Heiler, der magische Kräfte besitzt. Die Heilungen bilden den Hauptinhalt der Evangelien. Jesus wird nicht als Prediger berühmt, sondern als Heiler. Diese Heilerkraft ist das Eigentliche, das Außergewöhnliche an ihm. Er ist von ihr erfüllt, sie fließt aus ihm heraus, wird auch durch seine Kleider übertragen (Mk. 5.27 ff). Er sagt hier, er spürte, wie eine Kraft von ihm ausging. Er scheint selbst darüber zu staunen. Er muß sich unheimlich vorgekommen sein. Er wird diese Kraft früher nicht gehabt haben. Sie wurde durch die Taufe angeschaltet. Ich vermute, dann noch ein zweites Mal, bevor er zu predigen begann. Vielleicht ernannte ihn Johannes zu seinem Nachfolger, segnete ihn. Der von Gott erfüllte Prophet gab die Kraft Gottes an seinen Jünger weiter. – Übertragung von Energie, von einem Riesen auf einen Riesen. Johannes ist der größte Prophet, sagt Jesus (Lk. 7,28). Zwei Kolosse, wie Vater und Sohn, aber wohl gleich alt, wie Brüder.

Liest man die Abfolge der Ereignisse, so zeigt sich ein Wachstum, eine Zunahme an Kraft, ein Sichausdehnen, Expandieren, Ausgreifen, Sicherweitern. Aber diese Kraft ist zuerst wie gebremst: Jesus hat einen Zwiespalt in sich, einen Konflikt. Er sucht nach einer Selbstbenennung, einer Identität. Bei der Berufung der Jünger hat er hypnotische Macht; bei der ersten Predigt hat er »Vollmacht«. Bei Lukas liest er hierbei aus Jesaia 61 vor: »Der Geist des Herrn ist bei mir, darum weil er mich gesalbt hat« (4,18). Damit nimmt er die Salbung für sich in Anspruch. Dann treibt er den unreinen Geist aus und der Kranke sagt, Jesus sei »der Heilige Gottes«, also der Christus. Nach weiteren Heilungen betet er allein und will dann nur noch predigen.

Die Bergpredigt. Die Erschaffung des Schoßes

An dieser Stelle steht bei Matthäus die Bergpredigt. Ich erwähnte schon deren Anfang. Die »Seligpreisungen« gehen weiter: ›Selig sind, die da Leid tragen; die Sanftmütigen; die da hungern und dursten nach Gerechtigkeit; die Barmherzigen; die reinen Herzens sind; die Friedfertigen; die um der Gerechtigkeit willen verfolgt werden‹. Später die Feindesliebe: »Liebet eure Feinde... damit ihr Kinder seid eures Vaters im Himmel«. Also: Der Vater im Himmel liebt die Schwachen, die Leidenden. Um vom Vater im Himmel geliebt zu werden, muß man sich schwach machen, das Leiden suchen, hungern und dursten, sich verfolgen lassen, sich schlagen lassen, Schläge suchen – in der Haltung der Demutsgebärde, mit der Tiere sich dem Überwältiger darbieten, um ihr Leben zu retten, wie es Konrad Lorenz beschrieb – dann ist man selig, griechisch makarios: Man sieht Gott – Ist also Gott der Verfolger, der Feind, der geliebt werden muß? Dann ist man wie Hiob, dem Gott die Krankheiten schickte, als sei Hiob ein Versuchskaninchen, dem Krankheitserreger eingespritzt werden, wie es die Ärzte in deutschen und japanischen Konzentrationslagern machten. Und der Kranke betet: »Unser Vater in dem Himmel... Dein Wille geschehe... Und vergib uns unsere Schulden... Und führe uns nicht in Versuchung, sondern erlöse uns von dem Übel. Denn dein ist das Reich und die Kraft und die Herrlichkeit in Ewigkeit. Amen«.

Es ist die Situation nach der Taufe, die hier wiederholt wird: Der Geist trieb Jesus in die Wüste zum Hungern und Dursten, der Geist ist der Verfolger. Nun kommt Satan, der Böse, der Versucher, der die Wünsche nach Macht verkörpert. Diese Wünsche, diese Macht, war als »Vollmacht« wieder aufgetaucht. Der Kranke erkannte den Christus, den David, den mächtigen König, in Jesus. Und Jesus wiederholt nun jene Erfahrung, jenes Muster: Er macht sich wieder klein, er will wieder bei den Engeln sein, die ihm dienen, im Schoß Gottes.

Die Bergpredigt ist eine Anleitung zur Rückkehr in den Mutterleib, um von den nachgeburtlichen Wünschen des Erwachsenen, die das Böse, das Übel, sind, erlöst zu werden. Diese Wünsche sind satanisch, sie sind Ungehorsam gegenüber dem Vater und werden von ihm bestraft. Die Kehrseite des barmherzigen Gottes ist seine Drohung mit der ewigen Verdammnis: Wer etwas aggressiv ist, z. B. seinen Bruder »Narr« nennt, oder ein Weib begehrlich ansieht, der wird in die Hölle, ins ewige Feuer geworfen werden (Mt. 5,22 und 29; 7,19).

In Buddhas Predigt über die vier edlen Wahrheiten heißt es: Die »restlose Vernichtung der Wünsche« führt zur Versenkung, zum Samadhi, zur Sammlung, wörtlich zum Fest-zusammen-gefügtsein. Der gleiche psychische Prozeß vollzieht sich in der 1. Sure, der Fatiha: »Im Namen Gottes, des gnädigen, des barmherzigen«. »Bismillah arachman arachim«. Rachim ist eine Steigerungsform von rachman – uterin, wie ein Mutterschoß. Später erscheint »der König vom Tag des Gerichts«, also die Androhung der ewigen Verdammnis. Die 1. Sure wirkt wie ein Abwandlung des Vaterunser. Der Sufi sagt diese Sure: Er versetzt sich in den vorgeburtlichen Bereich, allein oder in der Gruppe. – Die 1. Sure entstand in Mohammeds friedlicher Phase, bevor er, nach der Auswanderung aus Mekka, der Hedschra, zum heiligen Krieg überging.

Das Wachsen des Menschensohns. Mega-Foetus

Entgegen seiner Absicht, nur noch zu predigen, fährt Jesus mit den Heilungen fort. »Und es kam ein Aussätziger, der bat ihn, kniete nieder und sprach zu ihm: Willst du, so kannst du mich reinigen. Und es jammerte ihn, und er streckte seine Hand aus, rührte ihn an und sprach zu ihm: Ich will es tun; sei rein«. Und Jesus sagte zu ihm: »Sieh zu, daß du niemandem etwas sagst« (Mk. 1,44). Jesus läßt sich durch sein Mitleid, seine Barmherzigkeit verführen. So ist es später auch, als »alle, die geplagt wurden, über ihn herfielen, um ihn anzurühren. Und wenn ihn die unreinen Geister sahen, fielen sie vor ihm nieder und schrien: Du bist Gottes Sohn! Und er gebot ihnen streng, daß sie ihn nicht offenbar machten« (Mk. 3,12). Er weist die Bezeichnung »Gottes Sohn« nicht zurück, er nimmt sie an, nur will er nicht als Christus bekannt werden.

Am Anfang des 2. Kapitels von Markus erscheint die neue Rolle, der Menschensohn. Jesus heilt den Gelähmten. Er sagt zu ihm: »Mein Sohn, deine Sünden sind dir vergeben«. Die Schriftgelehrten dachten: »Er lästert Gott! Wer kann Sünden vergeben als Gott allein?« Jesus sagt zu ihnen: »Damit ihr aber wißt, daß der Menschensohn Vollmacht hat, Sünden zu vergeben auf Erden, sprach er zu dem Gelähmten: Ich sage dir, steh auf, nimm dein Bett und geh heim!« (Mk. 2 5–11) Die Junger raufen Ähren am Sabbath, »was nicht erlaubt ist«, wie die Pharisäer sagen. Jesus weist auf David hin: Als er hungerte, ging er »in das Haus Gottes« und »aß die Schaubrote, die niemand essen darf als die Priester«. »So ist der Menschensohn auch Herr über den Sabbat«. Es folgt »Die Heilung am Sabbat«. Nach diesem neuen Verstoß gegen das Gesetz beraten die Pharisäer, »wie sie ihn umbrächten« (Mk. 3,6). Jesus ist in der Rolle des Propheten, aus dem Gott, der Vater, spricht, und der über den Gesetzen steht.

Es ist, als wachse der Vater im Sohn. »Und er ging auf einen Berg und rief zu sich, welche er wollte, und die gingen hin zu ihm. Und er setzte zwölf ein, die er auch Apostel nannte, daß sie bei ihm sein sollten und daß er sie aussende zu predigen und daß sie Vollmacht hätten, die bösen Geister auszutreiben«. Petrus, Jakobus und Johannes erhalten die Bezeichnung »Donnersöhne« (Mk. 3,17). Das Vorbild ist Josua, der mit den 12 Stämmen Israels das heilige Land eroberte. Er betrat es am Jordan, an der Stelle, an der Johannes taufte. Jesus will das heilige Land wieder erobern, doch auf friedliche Weise, als Heiler, als »Arzt«, wie er sich nennt (Mk. 2,17). »Die Aussendung der Zwölf« erfolgt dann in Mk. 6.

In Mk. 5 »Die Heilung des besessenen Geraseners« (die unreinen Geister fahren in die Säue); »Die Auferweckung der Tochter des Jairus und die Heilung der blutflüssigen Frau«. Mk. 6: »Heilung am See Genesareth«. Mk. 7: »Die Frau aus Syrophönizien«: Eine Heidin bittet um die Heilung ihrer Tochter. Jesus: »Laßt zuvor die Kinder satt werden; es ist nicht recht, daß man den Kindern das Brot wegnehme und werfe es vor die Hunde«. Die Frau antwortet: »Ja, Herr, aber doch fressen die Hunde unter dem Tisch von den Brosamen der Kinder«. Mit den Kindern sind die Kinder Israels, die Juden, gemeint, mit den Hunden die Heiden. Die Frau ist schlagfertig: Sie steigt in das Wertesystem von Jesus ein, nimmt die Rolle des Hundes an, demütigt sich, und so stimmt sie ihn um. – »Die Heilung des Taubstummen«. Mk. 8: »Die Heilung des Blinden«.

Die Wunder beginnen in Mk. 4: »Die Stillung des Sturms«. Mk. 6: »Die Speisung der Fünftausend«; »Jesus kommt zu seinen Jüngern auf dem See«. Mk. 7: »Die Speisung der Viertausend«. Beherrschte er die Technik der Levitation, die Maharishi Mahesh Jogi lehrt? Konnte er materialisieren, Dinge aus dem Nichts hervorzaubern, wie es von Sai Baba berichtet wird? Ich denke, der Vater wuchs in ihm, seine Energie nahm zu, vor allem durch die Heilungserfolge: Ständige Bestätigungen, Verstärkungen, narzißtische Gratifikationen. Oder die Energie der bösen Geister, die ihn als Sohn Gottes sehen, ging in ihn ein, nährte ihn, ließ ihn wachsen. Seine Aura wurde größer und versetzte die Jünger in den Zustand der Halluzination, womit sie zu Spiegeln wurden, in denen er sich immer größer werden sah. Er wiederholt eine Schwangerschaft, er ist in Gottes Schoß, der Fötus wächst.

Der Fötus beschreibt sich in den Gleichnissen in Mk. 4. »Vom Sämann«, »Vom Wachsen der Saat«, »Vom Senfkorn«: »Das »Reich Gottes« ist »wie ein Senfkorn: wenn das gesät wird auf's Land, so ist's das kleinste unter allen Samenkörnern auf Erden, und wenn es gesät ist, so geht es auf und wird größer als alle Kräuter und treibt große Zweige, sodaß die Vögel unter dem Himmel unter seinem Schatten wohnen können«. »Der Zweck der Gleichnisse«: Jesus sagt zu den Jüngern: »Euch ist das Geheimnis des Reiches Gottes gegeben, denen aber draußen widerfährt alles in Gleichnissen, damit sie es mit sehenden Augen sehen und doch nicht erkennen, und mit hörenden Ohren hören und doch nicht verstehen, damit sie sich nicht bekehren und ihnen vergeben werde«. (Mk. 4, 10–12)

Wem soll nicht vergeben werden? Wer soll verdammt sein? Wer soll ins ewige Feuer kommen?

Der Hass auf die Familie

In Mk. 3, 21 erscheinen die Angehörigen von Jesus, um ihn festzuhalten; sie sagen: »Er ist von Sinnen«. Es folgt der Abschnitt »Jesu wahre Verwandte«: »Und es kamen seine Mutter und seine Brüder und standen draußen und ließen ihn rufen. Und das Volk saß um ihn und sie sprachen zu ihm: Siehe, deine Mutter und deine Brüder und deine Schwestern draußen fragen nach dir. Und er antwortete ihnen und sprach: Wer ist meine Mutter und meine Brüder? Und er sah ringsum auf die, die um ihn im Kreise saßen und sprach: Siehe, das ist meine Mutter und das sind meine Brüder. Denn wer Gottes Willen tut, der ist mein Bruder und meine Schwester und meine Mutter«. (Mk. 3, 31–35) Dazu »Die Verwerfung Jesu in Nazareth«: Jesus sagte: »Ein Prophet gilt nirgends weniger als in seiner Vaterstadt und bei seinen Verwandten und in seinem Hause. Und er konnte dort nicht eine einzige Tat tun«. (Mk. 6, 6–7)

In Matthäus 10, das etwa Markus 3 entspricht, steht der Abschnitt »Entzweiungen um Jesu willen«: »Ihr sollt nicht meinen, daß ich gekommen bin, den Frieden zu bringen auf die Erde. Ich bin nicht gekommen, Frieden zu bringen, sondern das Schwert. Denn ich bin gekommen, den Menschen zu entzweien mit seinem Vater und die Tochter mit ihrer Mutter und die Schwiegertochter mit ihrer Schwiegermutter. Und des Menschen Feinde werden seine eigenen Hausgenossen sein. Wer Vater oder Mutter mehr liebt als mich, ist meiner nicht wert; und wer Sohn oder Tochter mehr liebt als mich, der ist meiner nicht wert«. (Bei Matthäus steht »Jesu wahre Verwandte« in 12, 46.)

Bei Lukas steht »Entzweiungen um Jesu willen« schon im zweiten Akt des Dramas, d. h. nach der Verklärung. »Ich bin gekommen, ein Feuer anzuzünden auf Erden; was wollte ich lieber, als daß es schon brennte!« »Meint ihr, daß ich gekommen bin, Frieden zu bringen auf Erden? Ich sage: Nein, sondern Zwietracht. Denn von nun an werden fünf in einem Hause uneins sein, drei gegen zwei und zwei gegen drei. Es wird der Vater gegen den Sohn sein und der Sohn gegen den Vater, die Mutter gegen die Tochter und die Tochter gegen die Mutter«. (Lk. 12,49-53) (»Jesu wahre Verwandte« steht in Lk. 8,19.)

Ein Familienkrieg, ein Krieg im Schoße der Familie, mit Mord und Totschlag. Seine Angehörigen erklären Jesus für einen Geisteskranken; Jesus stößt sie von sich. Nach der Zurückweisung seiner Familie geht er an den See und spricht von den »Gleichnissen«. Der »Zweck der Gleichnisse« bezieht sich offensichtlich auf seine Familie: Sie ist es, der nicht vergeben werden soll, sie soll ewig verdammt sein. Mit dem »Schwert« will er kommen, mit »Feuer« will er die ganze Erde verbrennen – ich meine: um diese Familie zu vernichten.

Seine Familie inspiriert ihn zu den Gleichnissen. Nach dem Senfkorngleichnis vollbringt er das erste Wunder, in Mk. 5. In Mk. 6 erfolgt »Die Aussendung der Zwölf«, zur Inbesitznahme des heiligen Landes; dann vollbringt er weitere Wunder. – Die Anfeindung erzeugt Energie in ihm, eine zweifache Reaktion: Kreativ mit den Gleichnissen; aggressiv mit dem Ausbruch des Hasses, der Vernichtungswünsche. Regressiv-kreativ, introvertiert: er wendet den Blick nach innen. Progressiv-aggressiv, extravertiert: er sieht nach außen, in die Zukunft. Er wächst.

Der 2. Akt des Dramas. Der Verklärte
Die Übertragungsbeziehung
zwischen Jesus und Petrus

Dann beginnt auf den Dörfern bei Caesarea Philippi der 2. Akt des Dramas: Jesus akzeptiert die Bezeichnung Christus. Das Versteckspiel geht zu Ende, ein Coming Out beginnt, das sich vor dem Hohengericht vollenden wird.

Er fragt, was die Leute sagen, wer er sei. Johannes der Täufer, Elias, einer der Propheten. Petrus: »Du bist der Christus!« Jesus macht die »Erste Ankündigung von Leiden, Sterben und Auferstehen«; »Von der Nachfolge«: Der Menschensohn wird kommen »in der Herrlichkeit seines Vaters mit den heiligen Engeln«. Es folgt die »Verklärung« mit dem Erscheinen von Elias und Moses.

Es ist, als seien die Stichworte der Jünger umgesetzt worden. Der enthauptete Johannes bewirkt die Vorstellung von Sterben und Auferstehen. Elias, der mit dem Feuerwagen zu Gott auffuhr, wird zum Kommen in der Herrlichkeit des Vaters. Bei »einer der Propheten«, dachte Jesus an den größten, an Moses. Verklärung heißt mit Licht erfüllt sein, Leuchten. (Lateinisch für Verklärung ist Transfiguration: zu einer anderen Figur geworden sein, ein anderes Gesicht haben.) Bei Matthäus heißt es zur Verklärung: »Sein Angesicht leuchtete wie die Sonne«. (17,2) Bei Lukas: »Und da er betete, wurde die Gestalt seines Angesichts anders«. (9,29) Das Vorbild ist Moses. Als er beim zweiten Mal vom Sinai herabkam, »sahen sie, daß die Haut seines Angesichts glänzte...und fürchteten sich, ihm zu nahen«. (2 Moses 34,30. Luther spricht hier von der »Klarheit« des Moses. Dies Wort auch bei der Verklärung in Lk. 9,31 f.) Die drei Jünger sind »bestürzt« (»verstört« in neueren Ausgaben); auch die Hütten, die Petrus bauen will, stammen von Moses, ebenso die Wolke, aus der die Stimme zu Jesus und den drei Jüngern spricht (2 Moses 33,7 u. 9).

Bei der Taufe stieg Jesus in den Geist von Johannes ein – Übertragung, Projektion. Jesus fand sein Unbewußtes, seine unbewußten Wünsche, in Johannes. Man kann auch umgekehrt sagen: Johannes sah die unbewußten Wünsche von Jesus und bot ihm deren Erfüllung an. Jetzt geschieht das Gleiche zwischen Petrus und Jesus. Petrus sah in Jesus den Wunsch, der Christus zu sein und erfüllte ihm diesen Wunsch, indem er ihn Christus nannte. Nun taucht in Jesus der tote Johannes auf, und Jesus sieht sich ihm nachfolgen und spricht es aus: »Erste Ankündigung von Leiden, Sterben und Auferstehen«. Nun heißt es: »Petrus will ihm wehren«. Jesus: »Satan, du meinst nicht was göttlich, sondern was menschlich ist«. Petrus, der Zelot, der Messermann, meinte, Jesus solle der neue David werden, der neue König, der die politische Macht ergreift. Nun bringt Jesus das Bild des himmlischen Messias aus dem Buch Daniel: »es kam einer in des Himmels Wolken wie eines Menschen Sohn« (7,13). Das Wort Menschensohn hat eine zweite Bedeutung, eben die apokalyptische, die aber anscheinend nicht allgemein bekannt war. Vermutlich hatte Jesus immer schon mit den zwei Bedeutungen des Wortes gespielt, der exoterischen, banalen, im Sinne von Mensch; und der esoterischen, geheimen, im Sinne von Messias.

Petrus veranlaßte Jesus zu einem Wut- und Haßausbruch; er hatte Energie in ihm ausgelöst, sie provoziert, hervorgerufen. Und so steigt die Vision des himmlischen Messias in Jesus auf und zugleich die Aufforderung an die Jünger, sich ebenfalls kreuzigen zu lassen. Sein kreativer Haß erfaßt sie. Der Todestrieb wendet sich zuerst nach innen und dann nach außen, sagt Freud; bei Jesus ist im Todestrieb der Unsterblichkeitstrieb deutlich. – Auch spricht Jesus hier nicht nur zu den Jüngern, sondern er hatte »das Volk« zu sich gerufen.

Eine Woche später steigt er mit Petrus, Jakobus und Johannes auf »einen hohen Berg«. (Die Einsetzung der Zwölf fand auch auf einem Berg statt.) Was ist die Verklärung? Woher kommt das Leuchten in Jesus? Er wird hier zu Moses auf dem Sinai, als Gott zu Moses sprach und ihm die Tafeln des Gesetzes gab. Jesus denkt an Moses, er macht ihn nach, anhand der Texte. Er versetzt sich in die Texte, in die Bilder, wie ein Jogi, der ein Mandala betrachtet und sich in es versenkt und so das Bild in seinem Innern als seelische Wirklichkeit erschafft, in die er sich verwandelt, zu der er wird. Eine Übung der Jogis und der Schamanen heißt Tapas: Erzeugung von innerer Hitze, Jung übersetzt das Wort mit »Selbstbebrütung«. Das innere Ei wird bebrütet – Jesus befruchtet es: Er denkt wieder an die Salbung, die Zeugung durch Gott und so ertönt wieder Gottes Stimme mit dem Vers aus dem Zeugungspsalm, ähnlich wie bei der Taufe, doch jetzt ist der Satz an die Jünger gerichtet und enthält einen Befehl: »den sollt ihr hören«, heute würde man sagen: »dem sollt ihr gehorchen!«

Jesus inszeniert die Verklärung für die drei Jünger, die »Donnersöhne«. Er probiert, ob er Macht über sie auszuüben vermag, d. h. ob er sie vom Bereich des irdischen Messias, den Petrus haben möchte, in den Bereich des himmlischen Messias hinüberziehen und sie so zur Nachfolge, zur Kreuzigung, bewegen kann. Die drei Jünger sind ganz »bestürzt«; sie sind hypnotisiert, in die Vision von Jesus hineingezogen worden.

Der Tod von Johannes dem Täufer.
Durchbruch der Aggression

Als die Auslösung der inneren Umschaltung, die in Jesus geschieht, betrachte ich den Tod von Johannes dem Täufer. Durch Johannes hatte Jesus die Rolle, die Identität des Friedenspredigers, des Friedenskönigs erhalten – ohne Aggression, genauer gesagt, mit einer systematischen Abspaltung oder Verdrängung der Aggression, nach dem Vorbild der Askese von Johannes, wobei Jesus das Fasten nicht mitmachte, wohl aber das Leben ohne Sexualität. Als Johannes selbst zur Aggression überging und eingesperrt wurde, setzte Jesus die anti-aggressive Politik fort. Als Johannes tot ist, bricht nun auch in Jesus die Aggression durch, von Freud aus gesehen: im Zweischritt von Selbstzerstörung und Zerstörung der anderen; von Jesus aus: die Zerstörung des Körpers dient der Befreiung der Seele, die so zu Gott aufsteigen kann.

Bei Markus heißt es nach dem Tod von Johannes über Jesus: »Und er fuhr da in einem Schiff zu einer wüsten Stätte besonders« (Mk. 6,32). Bei Matthäus heißt die Stelle: »Da das Jesus hörte, wich er von dannen auf einem Schiff in eine Wüste allein« (14,13). Trauerte er um Johannes? Oder fühlte er sich befreit? War er bei den Leuten von Qumran gewesen, hatte sich von ihrem »Lehrer der Gerechtigkeit«, dem Verkünder und Vorbereiter der Apokalypse, erzählen lassen? - Bisher war er im Prinzip der Schüler, der geistige Sohn, von Johannes geblieben, nur hatte er sich als viel stärker, viel größer als sein geistiger Vater erwiesen. Er wird ihm jetzt wiederum nachfolgen und wird ihn wieder übertreffen: Er wird die Aggression siegreich zu Ende führen: Er wird Johannes übertrumpfen, und auch Elias und auch Moses – in der Rolle des himmlischen Messias aus dem Buch Daniel. Mit Bildern von Hesekiel und von Jesaja wird er auferstehen und dann kommen »in der Herrlichkeit des Vaters«. Das war neu.

Nach der Verklärung sagt Jesus zu den Jüngern, »daß sie niemandem sagen sollten, was sie gesehen hatten, bis der Menschensohn auferstünde von den Toten«. Sie fragen einander: »Was ist das, auferstehen von den Toten?« Aber dann gewinnt er Macht über sie, sie steigen in seine Vision ein. Zuerst streiten sie noch, wer der größte unter ihnen sei: »Der Rangstreit der Jünger« (Mk. 9,33), nach der »Zweiten Ankündigung von Jesu Leiden und Auferstehung«. Hier steht die »Warnung vor Ärgernis«: »Und wer einen dieser Kleinen, die an mich glauben, ärgert, für den wäre es besser, daß ihm ein Mühlstein an den Hals gehängt und er ins Meer geworfen würde. Wenn dich aber deine Hand ärgert, so haue sie ab. Es ist besser für dich, daß du verkrüppelt ins Leben eingehst, als daß du zwei Hände hast und fährst in die Hölle, in das Feuer, das nie verlöscht. Wenn dich dein Fuß ärgert, so haue ihn ab! Es ist besser für dich, daß du lahm zum Leben eingehst, als daß du zwei Füße hast und wirst in die Hölle geworfen. Wenn dich dein Auge ärgert, so wirf's von dir. Es ist besser für dich, daß du einäugig in das Reich Gottes eingehst als daß du zwei Augen hast und wirst in die Hölle geworfen, wo der Wurm nicht stirbt und das Feuer nicht verlöscht. Denn jeder wird mit Feuer gesalzen werden« (Mk. 9,42 ff.). Ins Leben eingehen heißt hier, in den Tod eingehen – und damit ins ewige Leben.

In Mk. 10 antwortet Jesus auf Fragen zur »Ehescheidung«, indem er auf Moses verweist. Bei Mt. geht es hier weiter: »Denn es sind etliche verschnitten, die sind aus Mutterleibe also geboren; und sind etliche verschnitten, die von Menschen verschnitten sind; und sind etliche verschnitten, die sich selbst verschnitten haben um des Himmelreiches willen. Wer es fassen kann, der fasse es!« (19,12). Erklärt er hier, warum die Sexualität bei ihm fehlt? Es ist das einzige Mal, daß er auf dieses Thema zu sprechen kommt. Er nähert sich der Kreuzigung.

Vor der 3. Ankündigung steht »Der Lohn der Nachfolge«: »Es ist niemand, der Haus oder Brüder oder Schwestern oder Mutter oder Vater oder Kinder oder Äcker verläßt um meinetwillen und um des Evangeliums willen, der nicht hundertfach empfange: jetzt in dieser Zeit Häuser und Brüder und Schwestern und Mütter und Kinder und Äcker mitten unter Verfolgungen – und in der zukünftigen Welt das ewige Leben« (Mk. 10,29-30).

Nach der 3. Ankündigung der Abschnitt »Vom Herrschen und Dienen«: Jakobus und Johannes sagen: »Gib uns, daß wir sitzen einer zu deiner Rechten und einer zu deiner Linken in deiner Herrlichkeit«. Sie sehen sich schon drüben. »Jesus aber sprach zu ihnen: Ihr wißt nicht, was ihr bittet. Könnt ihr den Kelch trinken, den ich trinke oder euch taufen lassen mit der Taufe, mit der ich getauft werde?« (Mk. 10,38)

Nach dem Einzug in Jerusalem hat Jesus Hunger, aber der Feigenbaum trägt – jetzt im Frühjahr – keine Früchte. Jesus verflucht ihn. Am nächsten Tag ist der Baum verdorrt. Es folgt »Die Tempelreinigung«, dann »Das Gleichnis von den bösen Weingärtnern«: Sie töten die Knechte, dann den Sohn. Der Weingärtner wird sie umbringen. »Die Frage nach der Auferstehung«: »Gott ist nicht ein Gott der Toten, sondern ein Gott der Lebenden.« »Die Frage nach dem höchsten Gebot«: »Das höchste Gebot ist das ›Höre Israel, der Herr unser Gott, ist der Herr allein, und du sollst den Herrn, deinen Gott lieben von ganzem Herzen, von ganzer Seele, von ganzem Gemüt und von allen deinen Kräften‹ Moses 6,4,5. Das andere ist dieses: Du sollst deinen Nächsten

lieben wie dich selbst. 3 Moses 19,18«. »Die Frage nach dem Davidsohn«:
»David hat selbst durch den heiligen Geist gesagt (Psalm 110,1) Der Herr
sprach zu meinem Herrn: Setze dich zu meiner Rechten, bis ich deine Feinde
unter deine Füße lege«. Es folgt »Die Rede über die Endzeit«.

Ab des Satzes von Petrus: »Du bist der Christus!« geht Jesus in die Vision
von Kreuzigung und Auferstehung und Kommen in der Kraft des Vaters
hinein. Er sieht Bilder der Verstümmelung als Selbstverstümmelung – um der
endgültigen Verdammnis zu entgehen. Der Vater läßt den Sohn töten. – Jesus
als Opfer der Aggression, der dann selbst zum Aggressor wird, als David. Gott
ist ein Gott der Lebenden im Jenseits. Gott lieben, indem man sich von ihm
zu Tode foltern läßt. Den Nächsten lieben wie sich selbst: als Schlachtopfer –
die Jünger sollen sich auch kreuzigen lassen. Die Aggression bricht auch nach
außen: die Verfluchung des Feigenbaums, die Tempelreinigung, die Drohung
an die Schriftgelehrten: »Die werden ein umso härteres Urteil empfangen«.
»Warnung vor den Schriftgelehrten«.

Nach der »Rede über die Endzeit« erfolgt »Die Salbung in Bethanien«:
»Sie hat meinen Leib im voraus gesalbt für mein Begräbnis«. »Das Abendmahl«: »Wahrlich, ich sage euch, daß ich nicht mehr trinken werde vom
Gewächse des Weinstocks bis an den Tag, an dem ich aufs neue davon trinke
im Reich Gottes«. Sie gehen dann hinaus an den Ölberg. »Wenn ich aber auferstanden bin, will ich vor euch hingehen nach Galilea«.

Deutung. Zwei Überwältigungen bzw. Vergewaltigungen

Ich habe den Eindruck, es lassen sich zwei Schichten in den Visionen von Tod
und Auferstehung unterscheiden. Es ist die Geburt, die Geburtsmatrix, die
noch mit einer späteren Schicht aufgeladen ist. Also einmal die Geburt selbst,
eine schwere Geburt mit Ich-Tod, außerkörperlicher Erfahrung und
Wiederkehr in den Körper. Das Kind war geboren und wuchs auf, hatte eine sehr
gute Kindheit. Als das Kind größer war, gab es einen Konflikt mit einer
Katastrophe: Der Sohn hatte Todeswünsche gegen den Vater, wurde von ihm
bestraft, halbtotgeschlagen, überlebte wie seelisch gestorben, wie ungeboren
und ungezeugt – gespalten: ein Teil war in den Mutterleib zurückgekehrt. Er
tauchte mit 3o bei der Taufe wieder auf, wurde neu gezeugt, durchlief eine
Schwangerschaft und macht nun die Geburt: Die eine Schicht wiederholt die
ursprüngliche Geburt, in ihr wird er wieder leben und nach Galilea hingehen,
in die Heimat, in die gute Zeit als Kind. In dieser Schicht ist Jesus überzeugt, daß
er den Tod überleben wird. Die »Mahnung zur Wachsamkeit« in der »Rede über
die Endzeit« ist in Wahrheit, vom Unbewußten her, die Aufforderung, ihn
wiederzubeleben. Diese Vorstellung ist auch im Abendmahl enthalten: Er gibt

den Jüngern zu essen und zu trinken – er stellt eine magische Verbindung mit ihnen her, die über seinen Tod hinausreichen soll – damit sie ihm nach seinem Tod, seinem Scheintod, zu essen und zu trinken geben. »tut dies zu meinem Gedächtnis«, heißt es bei Lukas. So wird es dann in Emmaus geschehen. Auch spielt eine Wiederholung des Hungerns und Durstens nach der Taufe und die Rettung durch die Engel hinein. (Ich komme im 4. Kapitel darauf zurück.)

Zugleich wird eine andere Schicht geboren, der abgespaltene Spätere, der verstümmelt wurde. Er wird die Welt untergehen lassen und das Weltgericht halten.

Dieser Teil, der eigentliche Riesen-Embryo, oder Mega-Fötus, besteht wieder aus zwei Teilen: Er ist der himmlische Messias aus dem Buch Daniel, und dazu ein Messias als der Moses und Elias der Verklärung. Es sind zwei Programme in Jesus vorhanden: Die Ergreifung der Macht, der Königswürde, als neuer David, d. h. nicht durch Krieg, sondern durch seine charismatische Energie. Er zieht als Messias in Jerusalem ein. Er reinigt den Tempel – war das schon der Versuch eines Handstreichs? Wird das ganze Volk auf seiner Seite stehen? Als der Hohepriester ihn fragt: »Bist du der Christus, der Sohn des Hochgelobten?« sagt Jesus: »Ich bin's und ihr werdet sehen den Menschensohn sitzen zur Rechten der Kraft und kommen mit den Wolken des Himmels«. Jesus ist hier in der Vision, er sieht sich bei Gott, und er will die Hohenpriester dazu bringen, daß sie ihn auch so sehen. Er wiederholt hier die Verklärung: Er vermochte es, die drei Jünger mit seiner Energie zu erfassen und zu verstören. Beim Hohenpriester gelingt es ihm nicht. Der Hohepriester zerreißt sein Gewand. Man könnte es als eine Abreaktion von Aggression sehen, die er von Jesus empfing, die er jetzt gegen sich selbst wendet, aber dann ist er wieder bei sich. Jesus konnte ihn nicht verstören.

Die Strategie von Jesus zeigt sich vor Pilatus. »Bist du der König der Juden? Du sagst es«. Die Bedeutung wird klar im Johannes-Evangelium: »Mein Reich ist nicht von dieser Welt«. Dazu aus Markus: »Gebt dem Kaiser, was des Kaisers ist, und Gott, was Gottes ist«. (Mk. 12; nach dem Einzug in Jerusalem!) Jesus wollte ein Priesterkönig sein, die Ämter des Hohenpriesters und des Königs vereinen, doch ohne politische Machtausübung. Die Römer sollten weiterhin im Lande bleiben, um den Bürgerkrieg zu verhindern. Dazu waren sie von den Juden im Jahre 63 v. Chr. ins Land gerufen worden als eine Art UNO-Friedenstruppe. Pilatus hätte sich mit Jesus verbündet, wenn der ihm garantieren könnte, daß er die Zeloten, die Anhänger der Königspartei, die Apokalyptiker, hinter sich hat. Aber die Menge draußen steht offenbar nicht hinter Jesus – und Jesus ist gegenüber Pilatus energetisch schwach, wohl durch den Mißerfolg bei dem Hohenpriester – und so läßt Pilatus ihn fallen. Er greift wieder zu den Hohenpriestern, deren Unfähigkeit er kennt, und die ein paar Jahrzehnte später die Katastrophe nicht verhindern können.

Gottwerdung: Allmacht für Weltuntergang und Gericht. Entheogenetik

Ich möchte den seelischen Prozeß im zweiten Akt des Dramas noch einmal vor Augen stellen. Er beginnt mit dem Tod von Johannes dem Täufer (»Sie taten mit ihm, was sie wollten«), ich nehme an, mit einer Depression, die dann in Aggression umschlägt: von Ohnmacht zu Allmacht. Eine Anregung dürfte von außen gekommen sein, wohl von den Apokalyptikern. Jesus wird ihre Ideen zur äußersten Konsequenz führen: Das Leben auf der Erde beenden. Dann gibt Petrus das Stichwort »Christus«, von Jesus verstanden als der himmlische Messias. Bei der Verklärung holt sich Jesus die Kraft der heiligen Krieger Elias und Moses. Bald danach beginnt der Marsch nach Jerusalem. Bei der »Rede über die Endzeit« ist Jesus voll in der Vision der Gottwerdung. Es folgen Letztes Abendmahl, dann das Hohe Gericht. Er sieht sich sitzen zur Rechten Gottes.

Was aber gemeint ist, ist mehr. Es geht um den Übergang vom Sohn zum Vater. Der Satz aus Johannes benennt das Ziel: »Ich und der Vater sind eins«. Der Satz bedeutet: »Ich bin Gott«. Das Johannes-Evangelium enthält eine eigene Theologie, es wirkt an solchen Stellen, als schildere der Verfasser eine Tiefenschicht des Unbewußten von Jesus, er formuliert Phantasien, die bei Markus und Matthäus gleichsam eher von außen beschrieben werden: Die Vaterwerdung, die Gottwerdung: Damit nimmt der Sohn die Stelle des Vaters ein.

Der Evangelist Johannes betont die Symbolik des Weins, des göttlichen Rausches. Das scheint mir der Schlüssel zu sein. Jesus ist seit der Verklärung in einem Rausch, der auf die Allmacht, auf die Gottwerdung zielt, ein Prozeß von »Ausweitung, Steigerung«, wie Benn schrieb, und dazu sein Satz: »Gott ist eine Substanz, eine Droge!«

Jesus imitiert Moses und Elias, die das Feuer in sich trugen und es nach außen bringen konnten. Es sind typische Schamanenfähigkeiten, schreibt die feministische Theologin Hildegunde Wöller. Auch der protestantische Pfarrer Peter Schwarzenau weist auf die Schamanen hin und schreibt zur Verklärung: »Jesus wollte die drei Jünger an einem occulten Erlebnis teilhaben lassen, ...an der Offenbarung seines Geistleibes«. Dieser Geistleib, Gottesleib, ist hier von Aggression erfüllt, ähnlich wie beim Kriegsgott Indra, wenn er den Rauschtrank Soma zu sich genommen hatte. Indra erscheint später als Krischna in der Bhagavat Gita und explodiert wie 1000 Sonnen.

Die Verklärung fand auf einem hohen Berg statt. Waren Jesus und die drei Jünger in eine Hyperventilation geraten? Nietzsche erlebte seine Ekstasen, die zum Zarathustra führten, auf den Bergen von Sils-Maria (die Syphilis wirkte mit). Jesus stand in Resonanz zu seinem vorgeburtlichen Unbewußten und nun ließen die äußeren Spannungen eine weitere, mit Energie geladene Schicht aufsteigen.

Der Berg der Verklärung war eine Sprungschanze, oder die Abschußrampe für den Challenger (das Raumfahrzeug, das explodierte). Die hier ausgelöste Energiewelle trug Jesus bis an sein Ende. In dieser Bewegung stiegen die Aggressionen auf, die Rachewünsche, die Zerstörungswünsche, die in der Halluzination der »Rede über die Endzeit« gipfelten: Er wird die Welt untergehen lassen und dann seine Feinde wieder auferwecken, um sie ins ewige Feuer zu schicken – eine grenzenlose Grausamkeit, ein unersättlicher Sadismus sucht hier seine Befriedigung. Ewig wird er sich an den Qualen seiner Opfer weiden, der Menschen, die ihm in den Zeiten des Elends nicht geholfen hatten. Dieser Sadismus ist lange Zeit auch wahrgenommen und gepriesen worden, noch z. B. vom jungen Goethe in dem Gedicht »Höllenfahrt Jesu Christi«.

Jesus integriert die Aggression, den Todestrieb, den Sadismus. Das ist es, was ihn so lehrreich macht für den Psychologen; Jesus ist lehrreicher als Buddha, der die Aggression vollständig und für immer abgespalten hatte.

Im 4. Kapitel werde ich die psychische Struktur von Jesus von ihrer Entstehung her noch einmal ansehen (und in einem Exkurs auf die Auferstehung, auf Pfingsten und auf die Vision von Paulus eingehen).

Buddha. Nirwana – Karuna: Die zwei Stufen des Erwachens Befreiung des Geistes, Befreiung des Herzens

Die Tradition: Gott wählt die Arier aus zur Weltherrschaft

Das Karma-Kasten-System

Die zwei Götter Mara und Brahma Sahampati, denen Buddha begegnet, stammen aus zwei verschiedenen Religionen: Mara kommt nur bei Buddha vor, doch verbirgt sich unter diesem Namen der Gott Meghalin der Dschain -Religion, von der auch der Begriff Nirwana kommt. Brahma Sahampati ist eine Abwandlung von Brahma, den es im Hinduismus gibt. Der Hinduismus entstand aus der Religion der Arier, doch dürfte Brahma auf die vorarische Religion zurückgehen. Mara andererseits ist ursprünglich ein Gott der Arier.

Die Arier, patriarchalische Viehzüchter, eroberten ab etwa 1300 v. Chr. Indien, das von Ackerbauern mit einer matriarchalen Religion bewohnt war, so wie die Juden um die gleiche Zeit Palästina eroberten, in dem eine Ackerbaugesellschaft mit matriarchaler Religion lebte. Der Gott der Juden befahl dem von ihm auserwählten Volk, die einheimische Bevölkerung Palästinas und deren Götter zu »vertilgen«, »auszurotten«. Der Gott der Arier befahl der von ihm auserwählten Rasse, die einheimische Bevölkerung zu beherrschen und für sich arbeiten zu lassen.

Die Arier hatten eine helle Hautfarbe, die Vorarier eine dunkle. Die Arier nannten sich die Reinen und bezeichneten die dunkelhäutigen Menschen als Schwarze, als Unreine. So gab es zwei Farben, zwei Varnas. Die Reinen bestanden aus drei Gruppen oder Kasten, den Kriegern, den Priestern und einer dritten, die später vor allem aus Händlern bestand. Die Schwarzen bestanden aus zwei Gruppen, der vierten Kaste, Bauern und Handwerkern, und den Kastenlosen, den Parias, die für niedere Arbeiten wie die Fäkalienbeseitigung zuständig waren. Innerhalb dieser Hauptkasten entstanden allmählich zahlreiche Untergruppen, Dschatis (jatis). Dschati ist das eigentliche Wort für Kaste.

Die vorarische Bevölkerung hatte eine Religion der Großen Göttin und ihres Sohngeliebten. Es war eine Sklavenhaltergesellschaft mit einer Seelenwanderungslehre. Eine Seele, die eine Schuld aus dem früheren Leben mit sich trägt, geht bei der Wiedereinkörperung in den Uterus einer Sklavin ein, um im kommenden Leben ihre Schuld abzubüßen. Eine Seele mit Verdiensten aus dem früheren Leben, geht in den Uterus einer Frau der oberen Klasse ein, um dann die Verdienste zu genießen.

Die Religion der Arier war ursprünglich der Religion der Griechen ähnlich, die Homer schildert, mit Zeus als dem obersten Gott. Die Arier übernahmen allmählich die Seelenwanderungslehre der Vorarier. Ein Arier war nun aufgrund seiner Verdienste in seinem früheren Leben als Reiner geboren, und ein Unreiner, ein Schwarzer, war das geworden aufgrund seiner Schuld aus seinem früheren Leben.

Die Arier kamen von Westen und eroberten das Industal. Im Osten, im Gangestal, konnte sich der vorarische Adel teilweise behaupten, vermischte sich dann mit dem arischen Adel und übernahm dessen Sprache, Religion und Kastensystem. Das Epos Mahabharata – eine Entsprechung zu den Büchern Moses des Alten Testaments – schildert einen Krieg zwischen verfeindeten Teilen einer Sippe. Der Stoff geht wahrscheinlich auf die Eroberung Indiens durch die Arier zurück, doch ist die geschichtliche Wirklichkeit – anders als bei den Juden – nicht mehr erkennbar. Nur spurenweise läßt sich der Kampf zwischen den Ariern und den Vorariern noch ahnen.

Die Götter der Arier verwandelten sich im Laufe der Zeit und nahmen dabei neue Namen an. Indra, der oberste Gott, wurde zu Agni, später zu Wischnu, der Avatare, Neueinkörperungen, aus sich entließ – ein männlicher Gebärer wie Elohim/Jehovah oder auch Zeus, der Dionysos aus dem Knie und Pallas Athene aus dem Kopf gebar. Der bekannteste dieser Avatare ist Krischna. In der Bhagavat Gita, einem Teil des Mahabharata, nimmt Krischna die Rolle Wischnus ein und ist der höchste oder einzige Gott, der Erschaffer der Welt, ein männlicher Eingott (maskuliner Monotheos) als Schöpfergott wie Jehovahh

Bhagavat Gita: Du sollst töten!

Es steht die große Schlacht bevor. Ardschuna, der Anführer der einen Partei, will nicht kämpfen, da viele der Feinde seine Verwandten sind. Krischna verwandelt sich in den Lenker von Ardschunas Kriegswagen und erklärt Ardschuna, daß es die Pflicht eines Mitglieds der Kriegerkaste sei, Krieg zu führen und zu töten. Im übrigen müsse er die Dinge vom Standpunkt der Ewigkeit aus sehen, dann seien die jetzt Lebenden alle schon tot. Er erklärt auch das Kastensystem; es sei von Gott geschaffen, der jedem Menschen seine Stellung in der Weltordnung zugewiesen habe.

> Der Schudra aber dient als Knecht,
> weil die Natur ihn so erschuf. (18. Gesang)

Als Ardschuna sich nicht überzeugen läßt, offenbart sich Krischna in seiner göttlichen Gestalt.

> Wie wenn der Sonnen Tausende
> vereinten ihren Strahlenkranz
> am Firmament, so leuchtete
> des hohen Weltenherrschers Glanz.

(»Hell wie tausend Sonnen« nannte Oppenheimer die erste Atombombenexplosion; er dachte dabei an die Gita. Robert Jungk nahm den Vers als Titel für sein Buch über dies Ereignis.)

In der Gita heißt es dann: ›Die zähnestarrenden Münder des Gottes gleichen einem Weltenbrand. Die Krieger, angezogen wie Motten vom Feuer, strömen in seine Rachen hinein, hängen mit zermalmten Köpfen zwischen seinen Zähnen; alle scheinen sich zum Tod zu drängen. Der Gott hat schon viele der gewaltigsten Kämpfer weggetilgt‹. Gott sagt nun:

> Sei mein Werkzeug, töte furchtlos! ...
> Wer mich ehrt, wer meinen Willen tut,
> der geht beseligt zu mir ein. (11. Gesang)

> Vergebens trachtest du, mein Freund,
> dem Bruderkampfe zu entfliehn...
> auch wider Willen mußt du tun,
> wozu dich das Gesetz erschuf...
> Der Herr, der in den Herzen weilt,
> läßt tanzen aller Wesen Schar
> wie Gliederpuppen an dem Draht.
> Ardschuna sagt nun:
> Ich habe mich besonnen jetzt,
> der Wahn, der mich bezwang, ist fort,
> durch deine Gnade neu gestärkt
> will handeln ich nach deinem Wort. (18. Gesang)
> Ardschuna beginnt das ungeheure Blutbad.

Die Gita ist erst nach Buddha niedergeschrieben worden, aber der Stoff ist viel älter als Buddha. Er ist das Vorbild für die Begegnung von Mara und Buddha, vermittelt durch die Dschain-Religion; in ihr erscheint die Szene als Kampf zwischen Meghalin und den Dschain-Heiligen.

Dschainismus: Du sollst dich selbst töten!

Der Dschainismus hat heute etwa drei Millionen Anhänger, er missioniert jetzt auch im Westen. Es werden 24 Heilige verehrt, Tirthankaras, Furtbereiter; sie lehren den Weg ans andere Ufer, zur Erlösung. 21 dieser Heiligen sind mythisch. Der 22. Furtbereiter, Aristhemeni, dürfte historisch sein und um 1100 v. Ch. gelebt haben. Er erscheint im Mahabharata als Vetter von Krischna; sie haben einen gemeinsamen Großvater. Krischna hat in seiner menschlichen Gestalt blaue Hautfarbe. Er dürfte ursprünglich ein Häuptling aus dem dunkelhäutigen vorarischen Adel gewesen sein, dem auch sein Vetter angehörte.

Dem vorarischen Adel entstammte auch Parschwa, der 23. Furtbereiter, der um 800 v. Ch. lebte, sowie Mahavira, der 24., und auch sein Zeitgenosse Buddha.

Ich bringe das Weltbild der Dschains nach der Darstellung von Heinrich Zimmer. Für die Dschains ist die Welt ewig, ungeschaffen; sie hat die Form eines Menschen, eines kosmischen Menschen, eines »Großmenschen«, der auf die Muttergöttin der Jungsteinzeit zurückgeht. Es ist eine unfruchtbare Weltmutter ohne Gatten. Ihr Körper ist die Materie, in der sich die Seelen befinden, Lebensmonaden, die aus Licht bestehen, aber verdunkelt sind: Materie ist in sie eingedrungen. Diese Materie zwingt sie in den Kreislauf der Wiedergeburten; er ist qualvoll, endlos, ohne Sinn. Die Seelen suchen die Befreiung durch Entsagung, durch fortschreitende Selbstverleugnung in Form fürchterlicher Prüfungen. Notwendig ist die Abtötung des Lebenstriebs. Das Interesse am Leben muß absterben. Eine unerschütterliche Gleichgültigkeit muß erreicht werden. Die Zeit muß absterben, aufhören. Das Leben muß zum Tod werden. Die Seele verschließt jede Tür nach außen; sie reagiert nicht mehr auf irgendwelche Ereignisse. Durch eine vollkommene Absonderung, eine unbesiegbare Haltung des Nichtmitmachens, wird eine psychische Lähmung gewonnen.

Die Befreiung erfolgt nun in zwei Schritten: 1. Joga im Körper. Hat ein Dschain diese Stufe erreicht, so pflegt er ein Lehrer zu werden. 2. Joga außerhalb des Körpers. Diese Stufe wird erreicht, indem der Jogi seinen Körper verhungern läßt. Dann steigt die befreite Seele im Innern des Großmenschen in die Höhe, bis an dessen Schädeldecke, und hängt an ihr wie ein Wassertropfen auf der Unterseite eines Deckels. Die Seele ist nun in der ewigen Seligkeit und bleibt dort. Der Jogi ist ein Dschain geworden; das Wort bedeutet Sieger.

Parschwas Mutter, eine Königin, hatte bei der Empfängnis des Kindes einen großen Traum. Drei Monate später wurde der Leibesfrucht Leben verliehen und die Mutter spürte die ersten Bewegungen des Kindes. Bei der Geburt war das Kind blauschwarz. Als Parschwa mit 16 verheiratet werden sollte, weigerte er sich. Mit 30 nahm er Sannyas, d.h. er legte das Gelübde ab, die sterbliche Natur in sich abzutöten. Nackt, stehend, fastend erreichte er die 1. Stufe der Befreiung. Er wurde gebeten, zu lehren und tat es aus Barmherzigkeit. Mit 60 ging er auf einen Berg, hörte zu essen auf und gelangte über die 2. 3. und 4. Stufe der Versenkung zur letzten Befreiung. Seine Leiche wurde auf dem Berg verbrannt.

Mahavira wurde um 700 v. Ch. geboren. Er gehörte zur Kriegerkaste. Er wurde verheiratet und hatte eine Tochter. Als er 30 war, suchten seine Eltern die Befreiung und ließen sich verhungern. Nun wurde Mahavira ein Dschain-Jogi. Nach 12 Jahren der Selbstabtötung gelangte er zur 1. Stufe der Befreiung. Er lehrte 42 Jahre. Dann ließ er seinen Körper verhungern und seine Seele ging in die ewige Seligkeit ein.

Diese Dschain-Jogis werden die »Luftbekleideten« genannt. Ihre Nacktheit zeigt an, daß sie aus ihrer Kaste ausgestiegen sind.

Schuldgefühle und Selbstbestrafung der jungen Arier

Die Dschains waren eine kleine Gruppe; man könnte vielleicht sagen, eine Sekte. Die allgemeine Religion der Inder war der Brahmanismus, eine Opferreligion. Die Priester brachten den Göttern Opfer dar und wurden dafür bezahlt. Etwa 150 Jahre vor Buddha war diese Religion eine reine Geldsache geworden, etwa wie die christliche Religion mit ihrem Ablaßhandel zur Zeit Luthers.

Es entstand eine »religiöse Befreiungsbewegung«, wie Schumann schreibt. In einer ihrer Richtungen erschuf man um 700 v. Ch. die Geheimlehre der Upanischaden: Es besteht eine wesenhafte Identität der Einzelseele, Atman, mit der Allseele, dem Brahman; durch die Vernichtung der Triebe und der Unwissenheit löst sich die Einzelseele in der Allseele auf. Eine andere Richtung bestand aus Skeptikern, Materialisten. Dann gab es die Asketen. Sie standen z. B. tagelang im Wasser; oder hingen sich mit dem Kopf nach unten an Baumäste; standen auf einem Bein, bis sich Schlingpflanzen an ihnen emporrankten; saßen zwischen vier Feuern, bis sie erblindeten; hielten einen Arm hoch, bis er verkümmert war; brachen sich Glieder und ließen sie schräg wieder anwachsen; durchbohrten den Penis und hingen einen schweren Stein daran. »Eine Psychose des Freiheits- und Erkenntnisstrebens, ein Drang nach spiritueller Mündigkeit hatte die Menschen erfaßt und Tausende Männer aller

Kasten veranlaßt, ihren Brotberuf hinzuwerfen, Frau und Kinder der Obhut der Großfamilie anzuempfehlen...um sich mit der Hoffnung auf erlösende Erkenntnis einem mönchisch-zölibatären Wanderleben zu ergeben«, schreibt Schumann, dessen Buch ich auch die obigen Beispiele entnommen habe.

Wie Schumanns Statistiken zeigen, und auch die bekannt gewordenen Individuen, waren es fast ausschließlich Angehörige der drei Oberkasten und zwar hauptsächlich junge Krieger und Priester, die die Befreiung suchten. Sie wollten ihr Karma abbüßen. Ich nehme an, sie empfanden die Verdienste aus ihrem früheren Leben, die sie in den reinen Kasten hatten geboren werden lassen, nicht als Verdienste, sondern als Schuld. Sie weigerten sich, die Pflichten ihrer Kaste, die bisher als verdienstvoll angesehen wurden, zu erfüllen. Sie wollten nicht mehr den herrschenden Kasten angehören und Herrschaft ausüben. Sie empfanden diese Herrschaft als Schuld – nicht bewußt, aber unbewußt.

Dieser Schuldzusammenhang wird bei Buddha deutlich. Er war im Luxus seines Vaters, des reichen Gutsbesitzers, aufgewachsen und wurde »sehr verwöhnt«. Mit 29 sah er in der Stadt »einen Alten, einen Kranken, einen Toten« und wurde tief verstört. Ich nehme an, er war in die Viertel der Armen, der Unreinen gegangen, oder hatte sie jetzt zum erstenmal wahrgenommen. Er sah das Elend, die vollkommene Unmenschlichkeit, die das Kastensystem erzeugt hatte. »Die Menschen, die von stinkendem Wandel sind, werden nach dem Tod in einen stinkenden Mutterschoß geraten: Den Schoß eines Hundes, oder Schweins oder Kastenlosen«. (Chandogya Upanischad, 5,10,7) Einem Unreinen ging es bei seiner Geburt wie Kafkas Gregor Samsa, der eines Morgens als »ein Ungeziefer erwachte«. (»Die Verwandlung«) Buddha beschreibt Menschen, die sich für Kühe hielten, sich Hörner aufgesetzt hatten und zwischen den Rindern lebten; andere, die sich für Hunde hielten, Futter vom Boden auffraßen und bellten (M 57). Ich meine, die jungen Arier, die Herrenmenschen, die sich Qualen zufügten und sich zu Tode fasteten, wendeten die Aggressionen, die ihre Väter und Vorväter gegen die Untermenschen gerichtet hatten, nun gegen sich selbst – eine Umkehrung des Zweischritts, den Freud beim Todestrieb feststellte: Von der Fremdzerstörung zurück zur Selbstzerstörung. In Kafkas Erzählung »Die Strafkolonie« gibt es eine Maschine, die das Gesetz in die Haut von Verbrechern einstanzt und sie damit in Fleischklumpen verwandelt; ein Foltertod. Der Offizier, der die Maschine bedient, will eines Tages selbst das Gesetz erfahren, legt sich in die Maschine, scheint eine Ekstase zu erleben und ist tot. Dann zerfällt die Maschine. Albert Schweitzer schrieb, Jesus »greift in die Speichen des Weltrades, daß es in Bewegung kommt...Da es nicht geht, hängt er sich dran. Es dreht sich und zermalmt ihn...Das Weltrad dreht sich weiter und die Fetzen des Leichnams... hängen noch immer daran«.

Gautama sah das Elend, wurde davon angerührt, fühlte mit. Das war für einen Angehörigen der Kriegerkaste ein Verstoß gegen das göttliche Gesetz, gegen die Weltordnung. Ich nehme an, er bekam Schuldgefühle, die er dann durch die Folter loszuwerden versucht: Er will sie abbüßen. Esoterisch gesehen, war schlechtes Karma aus einem früheren Leben in ihm aufgetaucht. Exoterisch, realistisch gesehen, war dies Karma sehr konkret: Sein Vater – im Privatleben anscheinend ein liebevoller Mensch – war der Gouverneur, der Verwalter, der Verantwortliche, der oberste Herrschende und oberste Ausbeuter und so, objektiv, ökonomisch, politisch gesehen, der Schuldige. So empfand es Gautama, von seinem Unbewußten her, d. h. er nimmt die Verhältnisse von der Tiefe aus wahr, findet dort die Ursache: Das Kastensystem, die Dschati, und steigt aus seiner Kaste aus, zuerst äußerlich als Suchender, dann läßt er die Kaste, die Dschati, in sich verlöschen – Nirwana – und lehrt dann das Verlöschen der Kaste, was letztlich zum Ende des Kastensystems führen würde, durch die Beendigung der Fortpflanzung, durch einen Zeugungsstreik. Buddha war konsequent: Er hatte, wohl auf Drängen seines Vaters, ein Kind gezeugt, einen Erben, was die wichtigste Aufgabe im Leben eines Mannes war. Er machte später seinen Sohn Rahula auch zu einem Mönch, wie auch seinen Halbbruder, und eine Reihe seiner Verwandten. Die Familie sollte aussterben!

Es scheint, als habe sich der Adel des Gangestals in zwei gleichermaßen aggressive Teile gespalten. Der eine Teil richtete die Aggression nach innen und ließ sich verlöschen; der andere wandte die Aggression nach außen. Buddha bekehrte die beiden Könige des Gangestals zu Laienanhängern seiner Lehre. Der eine König, Bimbisara, wurde von seinem Sohn ermordet; der andere, Pasadena, wurde von seinem Neffen entmachtet und starb danach elend. Das Geschlecht der Guptas gehörte diesem vorarischen Adel an; Mord innerhalb der Familien war häufig. Der König Chandragupta eroberte die Reiche Nordindiens. Aschoka eroberte durch gewaltige Kriege den größten Teil Indiens; dann trat er zum Buddhismus über und begann eine Friedenspolitik.

Buddha wandte sich nicht gegen das äußere Kastensystem. Die Dschati in ihrer zweifachen Bedeutung wird ausgelöscht, als Kaste und als Empfängnis, als Zeugung: Der Samen wird ausgelöscht. Damit ist die Zeugungsfähigkeit erloschen. Benn nennt den Buddhismus »die Inkarnation alles dessen, was je der Pessimismus an Ausdruck und Inhalt fand. Der moderne Nihilismus geht über Schopenhauer unmittelbar auf ihn zurück. ...Es ist höchst auffallend festzustellen, daß dieser erste echte, man könnte sagen volkhafte Pessimismus... nicht in den unterdrückten unteren Ständen Indiens auftrat...Aus dem an Genuß und Besitz tropisch reichen Fürstentum trat Cakya-muni hervor. Noch merkwürdiger aber ist, daß seine Lehre nicht Übel irgendwelcher Art, soziale, moralische, physische Leidenszustände aufheben wollte, sondern die

Existenz selbst, die Substanz des Daseins überhaupt ...Am Anfang steht eine Form des Pessimismus, der jede geschichtliche Arbeit verneint, den Staat, jede Gemeinschaft – ein existentieller Pessimismus mit erklärter Richtung auf Keimzerstörung«. (»Vernichtet ist meine Zeugung«, sagte Buddha.)

Die Eroberung Indiens durch die Arier war wie eine Vergewaltigung der Großen Göttin: Sie empfing die Kinder mit Unlust, sie wollte sie nicht haben, sie wünschte, daß sie wieder abgingen: Abgang, Abortus, Fehlgeburt, Abtreibung. Die unerwünschten Kinder der Großen Mutter erfüllten den Wunsch der Mutter, machten sich zu Abgängern – wie Benn einmal schreibt: »Abgänger – Eigen-Immortelle« (»Der späte Mensch«): Das unerwünschte Kind geht von alleine ab und erschafft sich selbst als Blume der Unsterblichkeit (als Lotos?). Benn spricht in dem Gedicht von »Orgasmen in den leeren Raum«: Die Empfängnis möge nicht stattgefunden haben; er macht sie in seiner Phantasie rückgängig, wie Buddha.

Der Dschainismus entstand aus dem Teil des vorarischen Adels, der nicht kämpfte wie Krischna, sondern der wie sein Vetter Aristhemeni in die Askese ging, zurück in die Mutter, in die vergewaltigte, böse gewordene Mutter, um das Böse abzubüßen, das der Vergewaltiger ihr angetan hatte. Die Söhne nahmen die Schuld ihrer Väter auf sich und hoben sie durch ihr Selbstopfer auf.

In dieser Situation fand Gautama Buddha seinen »Mittleren Weg«; seine Lehre scheint die religiös motivierte Foltersucht und Suizidepidemie weitgehend beendet zu haben.

Die Lotosgöttin und ihr Sohngeliebter Brahma

Buddha verwandelte den Dschainismus, da in ihm die Urreligion Indiens, die Muttergöttin, die Lotosgöttin Padma, und Brahma, ihr Sohn, Geliebter und Vater, wieder erschienen war, wie ich es in Kap. 1 schon zeigte.

Buddhas Entdeckung des Lotoslandes

Ich gab schon eine erste Deutung von Buddhas Gesamterfahrung als Weg durch die Geburt zurück und weiter durch die Empfängnis bis in die Eizelle und bis zur Wiederholung der Keimzellenreifung. Ich versuche nun, diese Vorgänge genauer zu sehen. Zwei Aspekte scheinen mir wichtig: Die energetischen Prozesse und ihre Wahrnehmung. Erstere sind ziemlich gut zu begreifen; schwieriger ist es, den Vorgang der Wahrnehmung, des Erkennens anschaulich zu machen; er ist die eigentlich treibende Kraft.

Ich gehe davon aus, daß der Buddha mit seiner zweifachen Erfahrung, als Nirwana-Buddha und als Karuna-Buddha – er wird später diese zwei Stufen des Erwachens als Befreiung des Geistes und als Befreiung des Herzens bezeichnen – schon in Gautama vorhanden waren, in der Tiefe seines Unbewußten, und dann in sein Bewußtsein aufgestiegen sind. Man kann sagen, Gautamas Bewußtsein stieg in die Tiefe seines Unbewußten und suchte den Buddha, oder umgekehrt, der Buddha war wie ein Magnet, das das Bewußtsein Gautamas in die Tiefe zog.

Buddha nennt sich selbst »Herr der Welt«, »Sieger«; vorher nannte ihn Brahma »Held, siegreicher Kampfesherr«. Dieser Kern, der Kämpfer, war von Anfang an in ihm wirksam: Auf den Anblick von Krankheit, Alter, Tod, reagierte Gautama, nachdem er den Mönch gesehen hatte, nicht mit Angst, Todesangst, nicht depressiv, sondern aktiv, offensiv: Er will das, was jenseits des Todes ist, finden. Die beiden Jogameister lehren ihn die Wahrnehmung des Nichts und die Grenze der Wahrnehmung, aber das ist nicht, was er sucht. Er geht zur harten Askese über.

Zurück durch die Geburt

Was Gautama macht, sind typische Erfahrungen der Geburt, und zwar des Geburtskampfes: die Anspannung, die Atemnot, das Zerdrücktwerden: Er ist das Kind und die Mutter, der Gebärmutterhals, zugleich. Zufuhr von Atem und Nahrung haben aufgehört. Stattdessen können Exkremente in den Mund geraten.

Mit dem Zusammenbruch hatte er das Ende des Geburtskampfes erreicht, der eine Niederlage zu sein pflegt, wie Grof zeigte. Der »Ich-Tod« ist damit verbunden, und so das Ende des Willens, der Anspannung. Gautama hatte vielleicht einen Kreislaufkollaps, ein Schwindelgefühl, eine Absence, eine kurze Ohnmacht, womit die Entspannung kam. Er »stürzte beim Verrichten der Notdurft kopfüber in die eigenen Fäkalien«. Die Schließmuskeln, die ein Willenszentrum sind, entspannten sich: Er ließ los.

Grof fühlte sich in dieser Situation »wie ein Stück Hundescheiße am Boden verschmiert«. Ich erwähnte Benn, bei dem der in »Urin und Stuhlgang« Gesalbte geboren wird. So war es auch bei Buddha.

Nun gibt Gautama den Kampf auf. Er erinnert er sich an die »selige Heiterkeit«, die er als Junge erlebte, als er seinem Vater bei der Feldarbeit zusah. Er erkennt darin die 1. Stufe der Schau, der Versenkung. Er war als Junge offenbar in diesen Bereich gelangt. Es ist der vorgeburtliche Bereich. In der Wiederholung der Geburt, des Geburtskampfes, kann auch der Rückweg durch die Geburt erfahren werden. (Das ist zumal bei der Verwendung von psychoaktiven Substanzen der Fall, während mit der Atemtechnik, wie beim Rebirthing, am Ende des Prozesses die Ankunft nach der Geburt erreicht wird.)

Gautama erinnert sich nun an seinen Vater bei der Feldarbeit. Der reiche Gutsbesitzer machte keine normale Feldarbeit, es dürfte sich um ein Fruchtbarkeitsritual gehandelt haben: Der Vater säte als Vertreter des Gottes, er besamte die Göttin, die Erde. Ich nehme an, er wollte seinen Sohn, seinen Nachfolger, in dessen zukünftige Rolle einführen. Was macht der Junge? Er geht in die Versenkung – er geht gleichsam selbst in den Schoß der Großen Mutter ein. In seiner Vorstellung ist sein Vater bei ihm; mit ihm zusammen tritt er die Reise an: Er hat einen starken, liebevollen Begleiter bei sich. Ich glaube, daß dieser innere Begleiter auch später immer bei ihm war, als ein Schutzengel – jedenfalls erscheint er jetzt, beim Zusammenbruch Gautamas, und rettet seinem Sohn das Leben, denn Gautama gibt nun die harte Askese auf und beginnt wieder, normale Nahrung zu sich zu nehmen.

Mara. Geburtsorgasmus

Er wartet nun, daß sich die »selige Heiterkeit« wieder einstellt, und der Raum der Schau, der Versenkung, sich wieder öffnet, was auch bald darauf geschieht. Nun erscheint Mara.

Mara verkörpert männliche Sexualität und Aggressivität; sie wird beim Geburtskampf aktiviert; Jungen werden oft mit einer Erektion geboren. Auch die Geschlechtsorgane der Mutter werden bei der Geburt durch das Kind gereizt, sie kann einen Geburtsorgasmus haben, der vom Kind gefühlt wird. Es wird zum Liebhaber der Mutter und erlebt die Heilige Hochzeit mit der Großen Göttin, als welche die Mutter vom Kind hier wahrgenommen wird. Das Ritual, das der Vater einst aufführte, ist nun Wirklichkeit geworden. Aber wie damals der Junge weigert sich jetzt der Erwachsene, er lehnt Mara ab.

Rückweg durch den guten Schoß

Die vier Stufen der Schau zeigen den Rückweg durch die foetale Periode, wie er aus den Erfahrungen der pränatalen Therapie bekannt ist. Was Gautama zeigt, ist das mittlere Drittel der Schwangerschaft, die Phase des guten Schoßes. – Ich bringe Schumanns Übersetzung.

»1. Stufe: Aufhören sinnlicher Lust und unheilsamer Regungen; Vorhandensein von Nachdenken und Erwägen; aus der Loslösung resultierende Wohlbefindensfreude«. – Die sexuellen und aggressiven Regungen sind verschwunden. Nachdenken und Erwägen deuten auf die Verwunderung beim

Anfang der neuen Erfahrung; sie wird als Befreiung und Freude empfunden (Neumanns »selige Heiterkeit«).

»2. Stufe: Aufhören von Nachdenken und Erwägen; Entstehung von Geistesruhe und Konzentration; aus der Meditation resultierende Wohlbefindensfreude«. – Das Denken kommt zur Ruhe, hört auf, wird durch das Wohlgefühl ersetzt. Neumann bezeichnet diese Stufe mit »Meeresstille«, was etwas poetisch ist, doch zutreffend, und an Freuds Ausdruck »ozeanisches Gefühl« denken läßt, mit dem er die religiöse Erfahrung beschreibt. Es handelt sich um die Erfahrung, die der Körper des Kindes im Fruchtwasser macht, etwa in der zweiten Hälfte des vierten Monats.

»3. Stufe: Aufhören der Freude zugunsten der Freiheit von Affekten; gleichmütiges und achtsames Verweilen in körperlichem Wohlbefinden«. Neumann sagt hier »Glück im Körper«. – Es handelt sich um die Innewerdung und Aneignung des Körpers, die mit Staunen und mit Glücksgefühlen verbunden ist. Vorher nahm sich der Embryo als reiner Geist wahr. Es ist etwa Ende des 3. und Anfang des 4. Monats.

»4. Stufe: Aufhören von Wohlbefindens- und Leidensgefühlen; Entstehen freud- und leidfreien Gleichmuts in Achtsamkeit und Reinheit«. Neumann nennt den Inhalt dieser Stufe »die Reine«. – Ende des 2. und Anfang des 3. Monats geschieht das Erwachen des Bewußtseins (s. oben S. 45). Das menschliche Bewußtsein erhebt sich aus dem Affenhirn unserer Primatenvorfahren. Es nimmt sich zuerst als ein Lichtschimmer wahr, ohne Körperempfindungen, ohne Gefühle: Es ist eine Lichtwerdung. Der Embryo besteht hier aus Licht, er ist ein Lichtwesen.

Am Schluß jeder der vier Stufen sagt Gautama von der angenehmen Erfahrung, »sie konnte mein Gemüt nicht fesseln«. Der Prozeß, die Dynamik des Erkennenwollens (ich meine: die Wirkung der entheogenen Substanz) schreitet voran.

1. Nachtwache. Rückweg durch die embryonale Periode mit der Stammesgeschichte der Tierphase (Evolution)

Der Tag ist zu Ende gegangen. Die Nacht bricht herein. Sie ist bei Gautama in drei Teile unterteilt, in drei »Nachtwachen«.

In der 1. Nachtwache richtet Gautama sein »Gemüt auf Erinnerung und Erkenntnis« seiner »früheren Daseinsformen«. Unzählige frühere Leben ziehen mit allen Einzelheiten vorbei. Es folgen »Weltentstehungen« und »Weltvergehungen«.

Franz Alexander, Psychoanalytiker und einer der Begründer der Psychosomatik, hielt 1923 den Vortrag »Der biologische Sinn psychischer Vorgänge

(Über Buddhas Versenkungslehre)«. Er sagte von der 1. Nachtwache, es handele sich um »das Entrollen des Lebensfilms in umgekehrter Richtung«; Buddhas Erinnerung »überschreitet die Geburt und passiert alle Stadien des intrauterinen Lebens, entrollt die embryologische Entwicklung« und »geht bis zum Anfang der embryologischen Entwicklung zurück«. »Die hellseherische Erkenntnis der ewigen Wiedergeburten, die Erinnerung an alle Daseinsformen, an alle geologischen Urzeiten ...ist nichts anderes als unser biogenetisches Grundgesetz«. Buddha sei bis zu dem Zustand gelangt, der mit dem »der Keimzellen identisch« ist; Alexander erwähnt »den Urnarzißmus der Samenzellen«; Buddha sei bis zu frühen Formen von »Einzellern«, den »Protisten« gegangen. »Es ist für uns kaum vorstellbar, daß die erinnernde Erkenntnis Buddhas die embryologische Entwicklung zurückverfolgt und psychisch verarbeitet hat«.

Heute kann man Alexanders Beobachtung präzisieren. Buddha ging in der 1. Nachtwache durch die embryonale Periode zurück; sie umfaßtdie ersten beiden Monate der Schwangerschaft. Ab der 2. Woche wird, von der Jogapsychologie aus gesehen, die ›Pflanzenphase‹ durchlaufen, ab der 3. Woche die ›Tierphase‹. (Vgl. Grundlagen) – Zu Alexanders »Urnarzißmus der Samenzelle« und zu den »Keimzellen« kommen wir gleich.

2. Nachtwache. Betrachtung der Befruchtung

In der 2. Nachtwache richtete Gautama das »Gemüt auf die Erkenntnis des Verschwindens-Erscheinens der Wesen. Mit dem himmlischen Auge, dem geläuterten, über menschliche Grenzen hinausreichenden, sah ich die Wesen dahinschwinden und wiedererscheinen«. »Ich erkannte, wie die Wesen je nach den Taten wiederkehren«. Die schlechten Wesen gelangen nach dem Tode »in die untere Welt«. Die lieben Wesen gelangen »in die selige Welt«.

Gautama sieht seine Befruchtungsmatrix; in ihr sind alle Befruchtungen seit Beginn der Evolution gespeichert, das was die Griechen »die Goldene Kette der Wesen« oder »der Schöpfung« nannten, die Abfolge des Entstehens und Vergehens. Jedes Glied der Kette ist mit dem vorangegangenen und dem folgenden über den Befruchtungsakt verbunden, d.h. über das Eindringens des Samens ins Ei und der Verschmelzung der Zellkerne.

3. Nachtwache. Auslöschen der Befruchtung. Entzeugung

In der 3. Nachtwache richtet Gautama sein Gemüt »auf die Erkenntnis der Wahnversiegung«, wie Neumann übersetzt; Schumann sagt, Gautama richtete seinen »Geist auf die Erkenntnis der Vernichtung der Einflüsse«, d .h. auf die Ursachen, die zu einer Befruchtung führen. Er erkannte: »Dies ist das Leiden; dies seine Ursache; dies seine Aufhebung; dies der Weg zu seiner Aufhebung. Und indem ich dies erkannte und einsah, wurde mein Geist von den Einflüssen Lust, Daseinsbegierde und Unwissenheit befreit. Das Wissen ging mir auf:Vernichtet ist für mich die Wiedergeburt, verwirklicht habe ich das religiöse Leben, was zu tun war, ist getan, diese Art von Leben gibt es nicht mehr für mich« (Nach Schumann).

Wie ich schon erwähnte, heißt Wiedergeburt Dschati, also Empfängnis, Zeugung, Befruchtung. Gautama vernichtete seine Zeugung; er ließ den Film der Befruchtung zurücklaufen: Die Zellkerne trennten sich wieder, die Kernverschmelzung mit ihrer Energieexplosion machte sich rückgängig, sie erlosch. Der Samen verließ das Ei, verschwand. Das Ei war wieder zu einer unbefruchteten Eizelle geworden und kehrte in den Eierstock zurück.

Die Gier, der Antrieb zur Befruchtung, der tierische Trieb und sein Fortpflanzungswille, der in den beiden Zellen aktiv war, – der aus Fressen und Gefressenwerden entstand –, war erloschen. Der dynamische Teil ist die Samenzelle: sie wandert, bewegt sich, sucht ihr Ziel. Die Eizelle bewegte sich vorher auch, doch gemächlich, und erwartet dann bewegungslos die Samenzelle. Die Eizelle ist die Ruhe, die Samenzelle die Unruhe. Ihre Unruhe hatte seinen Körper erfüllt, sie war das Leiden, vom dem er jetzt befreit ist. Die Unruhe ist verschwunden. Jetzt ist Ruhe. Gautama ist erwacht, er ist zum Buddha geworden. Er ist in der Eizelle, sie wollte die Ruhe, wollte nicht die Unruhe des Samens, der die Befruchtung auslöste, die Zellteilungen, womit die Zeit entstand, ihr Ablauf.

Mit dieser Gier ist zugleich die Idee von neuer Zeugung verbunden, die in der Zukunft wieder Unruhe erzeugt, als müsse Gautama als Samenzelle das Unerwünschte von neuem beginnen, also die Kette der Neuzeugungen, der Wiedereinkörperungen, die es in der Vergangenheit gab, in die Zukunft fortsetzen.

»Befreiung des Geistes« – er hat sichaus der Urzelle und ihrem Zellteilungszwang, mit dem auch die Zeit beginnt, befreit. Dehnt er sich ins Unendliche aus? Wer ist dieser Geist? Was ist dieser Geist?

Die Erkenntnisakte
Die zwei inneren Augen: Tierauge, Pflanzenauge

Wer ist Buddha? Er ist der, der die Erkenntnis gewonnen hat, der gesehen hat und der sieht. Wer sieht? Was sieht?

Es gibt zwei Arten des Sehens bei Buddha: Zuerst Dschhana (Jhana), Schau (von Sanskrit dhyana: Sehen, erkennen, als Erkenntnis des Inneren, des

Wesens). Dies innere Auge geht durch die vier Stufen der Versenkung hindurch, sieht auch die früheren Daseinsformen der 1. Nachtwache und ist meiner Ansicht nach mit dem »himmlischen Auge« der 2. Nachtwache identisch, das die Zeugungen sieht, die Befruchtungen. Dies Auge ist vom Standpunkt der Jogis aus ein Tierauge (und wohl auch ein Samenauge), das die Befruchtungen der Tierschicht sieht. In der 3. Nachtwache geschieht dann bodhi, Erwachen, ein Sehen jenseits oder vor der tierischen Befruchtung. Mit diesem Sehen hat Buddha dann die Lotosvision.

Ich erwähnte den Ursprung des Sehvermögens, das sog. Augentierchen, Euglena, Gutauge, ein primitives Lebewesen, ein Einzeller, eine Pflanze, die im Meer lebt. Sie sieht aus wie ein Blütenkelch mit einem Griffel darin, der sich auf die Sonne richtet; er nimmt Sonnenenergie als Nahrung auf und verwandelt diese Energie in Licht. Es ist die Fotosynthese; durch sie entsteht für uns überhaupt erst Licht. Das Auge erschafft das Licht, das wir sehen.

Man muß sich nun vorstellen, daß Euglena, als Urauge in uns, Licht enthält und leuchtet. Beim Menschen hat sich dieses Wesen zu einer Spiegelkammer entwickelt, in der sich das Licht spiegelt, reflektiert. Das Wort Reflexion bedeutet auch Nachdenken, sich bewußt werden, sich selbst ansehen, um sich selbst wissen, sich erkennen. Dieses reflektierende Auge ist der Ursprung des Geistes. Es ist der sog. innere Beobachter, der Zeuge, der Sakschi der Jogis: Er fühlt sich unsterblich, auch selig. Er kennt keine Zeit, ist ewig, ist reines Bewußtsein.

Geht man in der Versenkung bis in die Eizelle (vor der Befruchtung), so wirkt sie wie Euglena, wie eine Blume, die Sonnenlicht aufnimmt, doch ist dieses Licht zum Bild eines Vogels geworden, der in den Blütenkelch eingeht und die Blume befruchtet.

Dieser innere Film enthält eine zweite Schicht, m. E. aus einer späteren Phase der Evolution: den Vorgang des Geschlechtsverkehrs, und zwar sind es die Eltern der Mutter, die sich hier lieben. Hierin sehe ich die Keimzellenreifung. Die Eltern der Mutter bereiten die Tochter für den nächsten Akt der Vermehrung vor. Die Vorbereitung geschieht in dem, was die Jogis als ›Pflanzenphase‹ verstehen.

Beobachtet man diesen Prozeß länger, so verwandelt sich die Blume bzw. das Auge. Das anfangs pflanzenhafte Wesen wird ein Wurm, später ein Reptil mit einem Scheitelauge. Unsere Reptilienvorfahren waren Wechselblüter; ihr Scheitelauge war auf die Sonne gerichtet (wie einst der Griffel der Euglena-Blume), es zeigte den Sonnenstand im Verlaufe des Jahres an und signalisierte ihnen damit die Zeit für die Paarung, für die Befruchtung. Beim Menschen zog sich dieses Auge ins Innere des Gehirns zurück, wurde zur Zirbeldrüse; sie regelt den Zeitrhythmus und steuert die Produktion der Sexualhormone.

Diese Drüse hat noch optische Zellen, die stimuliert werden können, z. B. durch langes Starren in eine Lichtquelle; dann gibt es Lichtvisionen, die oft Verschmelzungsvorgänge enthalten (wie bei Jakob Böhmes Gottesvision); es ist die Befruchtung: Gott beim Schöpfungsakt. –

Wenn das (pflanzliche) Urauge erwacht, leuchtet es von selbst; das (tierische) Scheitelauge empfängt zuerst Licht und leuchtet dann. Dieses tierische innere Auge ließ Buddha verlöschen, womit das darunterliegende, frühere, das pflanzliche innere Auge erwachte. Der Moment des Übergangs brachte das Verlöschen, das Nirwana; Buddha verglich es mit dem Verlöschen einer Kerzenflamme. Einen Moment lang sah Buddha nichts, man könnte mit Hegel sagen, sein Sehen war »zur leeren Anschauung geworden, für die Sein und Nichts dasselbe sind«. Er sah die Leere, er war ein reines, leeres Bewußtsein geworden, ein Bewußtsein der Leere. Zugleich erwacht das Pflanzenauge: es leuchtet, aber es sieht nichts, bzw. sieht nur sich selbst, als Licht.

Buddha hatte sich entzeugt. Er hatte sein Ich, das bei der Zeugung entsteht, aufgelöst; er zerlegte es in seine Bestandteile, er spaltete es – quasi eine absichtliche, oder »künstliche Schizophrenie«, wie Alexander schreibt? Er ist im Triumph, als Sieger. »Erkennen ist Lust dem Löwenwilligen«, sagt Nietzsches Zarathustra.

Ich bringe noch einmal Hegel: Die »ungeheure Macht des Negativen ... ist die Energie des Denkens, des reinen Ichs. Der Tod, wenn wir jene Unwirklichkeit so nennen wollen, ist das Furchtbarste und das Tote festzuhalten, das, was die größte Kraft erfordert. Die kraftlose Schönheit haßt den Verstand, weil er ihr dies zumutet, was sie nicht vermag. Aber nicht das Leben, das sich vor dem Tode scheut und von der Verwüstung rein bewahrt, sondern das ihn erträgt und in ihm sich erhält, ist das Leben des Geistes«.

Die sieben Wochen nach dem Erwachen. Die embryonale Periode

Buddha verbrachte sieben Wochen in Meditation unter verschiedenen Bäumen (»die Wonne der Befreiung genießend«, wie eine Quelle sagt, die Schumann zitiert). Diese Zeit entspricht etwa der embryonalen Periode, und zu ihr passen die Begegnungen. Ich denke, der Film der embryonalen Entwicklung lief wieder ab, jetzt vorwärts und auf neue Weise: ohne Samen, quasi parthenogenetisch, und damit als Pflanze eben, ein Pflanzenmensch entstand, »ein neuer Körper«, »ein unsterblicher Lotoskörper«, wie Buddha sagen wird. Buddha wurde in den frühesten Plastiken nicht als Mensch, sondern als Baum abgebildet (was mir sehr bedeutungsvoll scheint: dieser Transformationsprozeß wurde wahrgenommen). Der Pflanzenkörper war schon in ihm vorhanden, doch wird er jetzt mit Energie aufgefüllt.

Was ist die »Wonne der Befreiung«? Ananda ist das übliche Wort für Wonne, Seligkeit, Glückseligkeit. Das Nirwana hat Buddha immer als einen Zustand des reinen Geistes beschrieben; er hat es auch mit dem Verlöschen einer Kerzenflamme verglichen. Es war die Entzeugung, der Ausstieg aus dem Tierkörper. Die Wonne ist schon der neue Prozeß, der Anfang der Verwandlung in den Pflanzenkörper, den »unsterblichen Lotoskörper«. Buddha erlebt die Oogenese wieder, die Reifung der weiblichen Keimzelle. In ihrer tiefsten Schicht ist sie ein Protist, Euglena, das Gutauge. Erlebt man das Erwachen des Gutauges wieder, so hat man die Empfindung, im Meer zu sein, bzw. selbst das Meer zu sein. Zugleich besteht man aus einem Gewimmel von Wesen, die nach oben sehen, zum Licht, und dabei die Empfindung von Freude haben: Sie jubeln unaufhörlich. Das Licht, das auf sie herabströmt, ist ein Segen. Ein Gesegnetwerden, das nie aufhört, findet statt. So gibt es keine Zeit, nur eine Gegenwart, ein Hier und Jetzt ohne Grenzen, ein Gefühl von Ewigkeit und Unsterblichkeit als ewiger Glückseligkeit. Dieses Gefühl, das mit Wasser und Licht verbunden ist, ist zugleich ein Kreislauf: Es entsteht ständig im Inneren des Erlebenden und verströmt sich wieder nach außen. Es ist meiner Ansicht nach die Schicht der pflanzlichen, ungeschlechtlichen Vermehrung; sie erfolgt ohne die Spannung und Explosion der tierischen Schicht der Vermehrung (wie sie sich im Orgasmus spiegelt), als ein weiches Wimmeln, ein sanftes Sichverströmen, ein Fühlen ohne Grenzen, das wie ein Mitfühlen ist – die Ausweitung eines kosmischen Bewußtseins als eines kosmischen Fühlens. Gutauge ist Goethes sonnenhaftes Auge, das entzückt ist.

Die ersten vier Wochen passiert äußerlich nichts. Entwickelt sich die Eizelle? In der 4. Woche fordert Mara Buddha auf, er solle endgültig im Nirwana bleiben. Hier repräsentiert Mara nur den Tod – den Todestrieb? Viele Jogis geben dieser Versuchung nach, sie vertrocknen. Buddha lehnt Mara ab. Es lebt etwas in ihm.

Der Brahmane, der Buddha in der 5. Woche um Rat fragt, erhielt wohl keine Antwort, aber ich denke, er setzte einenReiz, und zwar im Raum der Befruchtung; er wirkte als Mann, als Vaterfigur am Ort der Zeugung, durch den Buddha nun hindurchgeht. Bisher war er, mit Benn zu sprechen, im »Monolog der Schöpfung«, in der Liebe Gottes als der göttlichen Selbstliebe. Der Dialog muß von außen her begonnen werden.

In der 6. Woche windet sich bei einem Sturm der Schlangenkönig Mukalinda sieben Mal um Buddhas Körper und hält seinen Kopf über ihn. Das Bild weist auf die Einnistung, Einpflanzung, Implantation. Erlebt man den Vorgang in Trance, so sieht man wie eine Pflanze mit sieben Segmenten hochwächst, das oberste wird zu einer Blüte. Später sieht man, wie sich diese Pflanze verwandelt und zu einem Reptil wird, der nächsten Phase der

Evolution. Starke Wachstumsenergien entfalten sich, die wie ein Sturm empfunden werden.

In der 7. Woche kommen Tapussa und Bhallika, bitten um Belehrung und geben ein Almosen. Buddha regte sich nicht. Einige Tage danach erscheint Brahma.

Neuanfang. Schöpfungsmythos, Weltentstehung

In Buddha läuft der schon erwähnte Schöpfungsmythos ab, und zwar ist es nach dem Untergang der alten Welt, daß aus dem Urmeer die Blume wächst, in der Brahma sitzt und in die vier Himmelrichtungen schaut und so die neue Welt erschafft. Außerdem heißt es, daß in einem zukünftigen Weltalter ein vollkommen erleuchteter Jogi die Stelle des Gottes einnehmen wird.

Es hat also der Weltuntergang stattgefunden. Ich denke, das war das Nirwana, die Vernichtung; sie war die Vernichtung des Ichs, das bei der Befruchtung entstanden war; es enthielt ein y-Chromosom, das nun nicht mehr da ist. Bei Schreber wurde der Seelenmord zum Weltuntergang und zur Verwandlung in eine Frau. Buddha wird keine Frau, sondern ein Eunuch, ein Neutrum, ein geschlechtsloser Mensch, man könnte sagen, ein Weibmann wie die großen Schamanen. Anders als Schreber ist Buddha in der aktiven Rolle, er macht alles selbst, aus eigenem Willen, als Kämpfer, als Held und Sieger. Seine Vorläufer waren die Priester der Großen Mutter, die sich das Glied abschnitten und es ihr als Opfergabe hinwarfen. Aber Buddha tut es nur psychisch, ohne körperliche Verletzung. Er befreit sich vom tierischen Trieb, von der Geschlechtlichkeit.

Dann erschafft er die neue Welt. Er sieht die Lotosblumen wachsen und blühen. Sie sind der Eierstockbaum, der Weltenbaum. Er ist ein männlicher, ein geistiger, ein geschlechtsloser, bzw. ein männlicher Eierstock geworden. Buddha nimmt die Stelle Brahmas ein, des befruchtenden Vogelgeistes und läßt in den Blüten geistige Früchte wachsen. Im Film der Keimzellenreifung, der jungfräulichen Empfängnis, hat er die Rolle des Vaters der Mutter übernommen. Zugleich hat er seine Mutter sich anverwandelt, aus ihr einen geschlechtslosen Mann, einen Eunuchen gemacht. Die beiden lieben sich. Wird ein männlich-gleichgeschlechtlicher, rein geistiger Liebesakt vollzogen? Eine solche mann-männliche Beziehung deutet sich in einer Variante des Schöpfungsmythos an: Hier liegt Wischnu im Urmeer und träumt. Aus seinem Nabel wächst eine Lotosblume; auf ihr sitzt Brahma und überwacht den Schöpfungsvorgang. Hier ist die Göttin zum Mann geworden; Brahma war ihr Geliebter. – Bei Buddha sind es zwei ungeschlechtliche Geistwesen (eine Abwandlung von Platons Erzählung vom vollkommenen Kugelmenschen des

Anfangs und seiner Liebessehnsucht; hier wird sie erfüllt). Buddha hat seine Entstehung, seinen ersten Anfang, wiedergefunden und umgewandelt; er hat sich selbst und die Weltneu erschaffen.

Bei Buddha läuft dieser Film im Medium der 7. Woche der Schwangerschaft ab, wenn das menschliche Bewußtsein erwacht; es wächst aus dem Affenhirn heraus. Das Erwachen des Bewußtseins vollzieht sich als Wachsen von Wahrnehmungszellen, die im Inneren wie Keimzellen sind, wie Uraugen, und Licht enthalten. Es ist eine Wiederholung der Keimzellenreifung auf höherer Stufe.

Fabricius nennt die Prozesse in der 7. Woche »die Genesis der fötalen Persönlichkeit«. Der Vorgang wird wiedererlebt in mystischen Erfahrungen, die als »Wirkung des göttlichen Lichts« erlebt werden, es ist »das Gewahrwerden eines unbewußten Energiekomplexes, der Einheit und Ganzheit der Gesamtpersönlichkeit ausdrückt«. Fabricius spricht vom »fötalen Selbst«. –

Es geschieht nun ein weiterer Prozeß. Diese Wahrnehmungszellen verströmen Licht, sie reizen den Uterus, sie wärmen ihn an, er empfindet Lust; er reagiert, er antwortet, indem er diese Lust wieder zurückgibt. Ein Kreislauf von Lust, ein Dialog, ein Austausch, eine Liebesbeziehung zwischen Embryo und Uterus, Schößling und Schoß, Kind und Mutter beginnt. Es ist eine erste Geburt, eine Geburt im Schoß. Es ist die Geburt der Seele. Sie ist selig. Das Wort Seele kommt von See, vom Zustand im See, im Fruchtwasser des guten Schoßes. Gautama hatte diese Gefühle auf dem Wege zum Nirwana gefunden, doch damals ›konnten sie sein Gemüt nicht fesseln‹.

Alle Entwicklungsstufen der sieben Wochen, mit Befruchtung und Einnistung, steigen jetzt erst hoch, werden energetisiert, dynamisiert, weil aktualisiert in diesem Moment.

Energie, Reiz, Impuls, Anstoß kamen von außen: von Tapussa und Bhallika. Mit Günter Ammon könnte man sagen: Sie erreichten ihn, berührten ihn, gaben Sozialenergie. Sie wollten eine Beziehung, einen Austausch. Sie boten stoffliche Nahrung im Austausch für seelische an. Ich nehme an, sie sagten, was Brahma dann sagen wird: »Du bist der Sieger«, auf indisch: Du bist »der Dschain«. Ich denke, sie hielten ihn für einen Dschain-Heiligen (auf der ersten Stufe der Dschain-Erleuchtung). So zogen sie Buddhas Innenwelt nach außen; seine Innenwelt beginnt sich außen zu inszenieren. Man könnte sagen, die zwei Männer handelten ganz therapeutisch: Buddha wurde narzißtisch gefüttert und zugleich gefordert.

Ich meine, jetzt erst beginnt er zu überlegen, ob er sein Schweigen brechen, seine Lehre mitteilen und damit Kontakt aufnehmen soll. Und nunkommt Brahma und zeigt ihm die Sucher. Er will dann zuerst zu seinen zwei Jogalehrern; da er erfährt, daß sie schon tot sind, macht er sich auf die Suche nach den fünf Brüdern. Ich nehme an, daß sie es waren, die bei Tapussa und Bhallika (zwei Brüdern; nannten sie sich »Bruder«?) aus seinem Gedächtnis auftauchten. Die alten Beziehungen wurden neu belebt. Er wird ihnen das Tor zur Ewigkeit öffnen, in der er selbst ist.

Upaka, der Aufwecker

Auf dem Weg zu den fünf Brüdern trifft er denEinsiedler und Asketen Upaka, der ihn nach seinem Lehrer fragt. Buddha wird in eine Schülerrolle versetzt, klein gemacht, niedergedrückt; es muß wie eine Beleidigung gewesen sein, jedenfalls war es eine Provokation, eine Herausforderung. Als Reaktion erfolgt eine Explosion, ein Auftrumpfen, ein Übertrumpfen: Ich bin der Größte! Ich habe es ganz allein geschafft! Buddha sagt: »Nur durch mich selbst belehrt« (was nicht so ganz stimmt, die zwei Jogameister waren wichtig, und vor allem Tapussa und Bhallika). »Ich bin der höchste Meister, kein Gott kommt mir gleich. Ich bin der Herr der Welt. Ich werde das Reich der Wahrheit errichten«. Buddha ist in der Gottesrolle, voller Schöpfungsbewußtsein. Er fühlt das Wachsen in sich und sieht es auch außer sich. Er ist kreativ, konstruktiv, voller Schöpfungslust. (Zarathustra spricht von der »Lust des Schaffenden«.) Er ist im kosmischen Bewußtsein. Upaka sagt nur: »Schön wär's« und geht seiner Wege. Upaka ist nicht beeindruckt, gibt keine Bestätigung, keine Anerkennung. Ist er ironisch? Lachte er den Buddha aus? Vielleicht dachte er: »Du Angeber! Du willst ein Erwachter sein? Du bist ein Träumer!«

Ich glaube, die Begegnung war heilsam, wie der Schlag eines Zenmeisters auf den träumenden Schüler. Ich vermute, daß Buddha in den folgenden Wochen aufwachte und die Realität wiederfand, denn in Benares verhält er sich ganz anders, nicht mehr im Allmachtsraum, in der Allmachtsrolle. Ich nehme an, daß ihm jetzt erst klar geworden ist, was er erfahren hatte. Er sah nun die innere Landschaft und muß auch erkannt haben, daß sein Weg durch die Verringerung des Atems gesteuert worden war. Diese wird er dann lehren.

Buddha – »Der Lehrer der Götter und Menschen«

Die ersten Jünger

Als er in Benares die fünf Brüder trifft, weist er die Anrede »Bruder« zurück. Er nennt sich »Heiliger, Angekommener, Erwachter« (Arhat, Thatagata, Buddha). Er tritt ihnen souverän gegenüber, grenzt sich ab, erhebt seinen hohen Anspuch, doch nicht als »Herr der Welt«, sondern in Worten, die der bekannten religiösen Sprache entnommen sind. Dann sagt er: »Ich lege dar; ich führe ein. Wenn ihr mir folgt, werdet ihr in kurzer Zeit das Ziel der Heiligkeit erreichen«.

Er hält ihnen »Die Rede über die vier edlen Wahrheiten«, auch als »Rede vom Andrehen des Rades der Lehre« bezeichnet. Er nennt seine Lehre den »Mittleren Weg«.

1. Die Wahrheit vom Leiden: Geburt, Alter, Krankheit, Tod sind Leiden.

2. Die Wahrheit von der Leidensentstehung: Ursache des Leidens ist der Durst, oder die Gier, auch als Drang, oder als die Wünsche, die Triebe übersetzt (tanha). Gier nach Lust, nach Werden, nach Vernichtung. Diese Gier führt zur Wiedergeburt.

3. Die Wahrheit von der Aufhebung des Leidens: Die restlose Vernichtung der Gier.

4. Die Wahrheit vom Wege dahin: Der achtfache Pfad: 1. Rechte Ansicht. 2. Rechter Entschluß. 3. Rechte Rede. 4. Rechtes Verhalten. 5. Rechter Lebensunterhalt. 6. Rechte Anstrengung. 7. Rechte Achtsamkeit. 8. Rechte Meditation (nach Schumann).

Die vier Wahrheiten sind eine Umformung der 3. Nachtwache, d. h. der Erkenntnis, die zum Verlöschen und Erwachen führte. Die 1. Wahrheit enthält mit Alter, Krankheit, Tod die Erfahrungen der ersten drei Ausfahrten, durch die Gautama erschüttert wurde; hinzugekommen ist die Geburt, was auch wieder Zeugung heißt. In der 3. Nachtwache führten die drei ersten Wahrheiten zum Verlöschen und Erwachen. Jetzt ist der achtfache Pfad hinzugekommen. Das 8. Glied, das Schumann mit Meditation übersetzt, heißt Samadhi, meistens als Sammlung oder Konzentration wiedergegeben; wörtlich: »Fest-zusammen-gefügtsein«. Im Joga heißt es Seligkeit. Ich vermute, daß Buddha mit Samadhi schon die Karuna-Erfahrung meinte, als noch im Innern empfunden, oder die angenehmen Gefühle der vier Versenkungen.

Nach einer Woche hatten alle fünf das Erlöschen gefunden und wurden Jünger Buddhas. – Damit hatte Buddha sich eine Gruppe erschaffen. – Kondanna, der älteste der fünf, nannte sich Buddhas Sohn. So hatte Buddha die Vaterrolle.

Einige Tage später sprach er über die »Kennzeichen des Nicht-Ich«, anatta (Nicht-Atman): Es gibt kein Atman, keine das Individuum überdauernde Seele, sondern nur den Körper, Empfindungen, Wahrnehmungen, Geistesregungen und das Bewußtsein, also nur vergängliche Elemente. Als die Fünf diese Rede gehört hatten, »wurde ihr Denken von allen zur Wiedergeburt führenden Einflüssen (asava) frei«, schreibt Schumann.

Im Glaubenssystem der Reinkarnation geht die Seele – sie trägt das Karma – in den neugezeugten Körper ein. In M 38 wird die Zeugung geschildert: Eine

Leibesfrucht entsteht durch Vater und Mutter und ein Wesen, das Neumann »Keimling« nennt, Schumann »Genius«, Schmidt »Engel«, auf Pali Sattva oder auch Gandhabba (Gandharven sind Vogelwesen oder auch himmlische Musikanten). Dieser Keimling ist die Seele, die wandert, sie trägt das Karma weiter. Gibt es sie nicht, so gibt es auch die Seelenwanderung, die Reinkarnation nicht.

Ich habe den Eindruck, daß sich Buddha nicht nur von der Zeugung, sondern auch vom Albtraum des damit verbundenen Glaubenssystems, das den Verfolgungswahn bewirkt, befreite. Eine zweifache Befreiung: Von der Seele, die das Karma trägt und sich wieder einkörpern will, und zugleich von seiner einstigen Zeugung, in der diese Seele hereingekommen war.

Die »Einflüsse« scheinen Informationspartikel aus der biologischen und psychologischen Vergangenheit zu sein, von den Neurosen der Eltern und Voreltern, aus ihrer tierischen Schicht. Als Pflanzenmensch ist er von ihr nicht mehr betroffen.

Anleitungen für Nirwana und Karuna

Umsetzungen von Buddhas mystischer Erfahrung in Anleitungen für die Schüler sind z. B. die 10. und die 7. Rede.

M 10, »Satipathana«, »Pfeiler der Einsicht« oder »Grundlagen der Achtsamkeit«, lehrt den Weg zum Nirwana und zwar über die Verringerung des Atems, womit sich die ursprüngliche Bedeutung des Wortes Nirwana als Nicht-Atmen anzudeuten scheint. Die vier Pfeiler: Der Mönche wacht über den Körper, die Gefühle, das Gemüt, die Erscheinungen. – Der Mönch beginnt mit der Beobachtung des Ein- und Ausatmens; er beruhigt den Atem und achtet auf die Bewegungen, die der Atem im Körper hervorruft. Er macht sich so seinen Körper bewußt, zuerst im Sitzen, dann beim Stehen, Gehen, bei allen Verrichtungen wie z. B. der Verrichtung der Notdurft. Dann stellt er sich das Innere des Körpers vor, alle Eingeweide, mit Kot, Schleim, Eiter, Blut, Rotz, Urin. Er stellt sich vor, daß er seinen Körper zerlegt wie ein Metzger, der eine Kuh schlachtet. Er sieht seinen Körper als Leiche auf dem Totenacker; sie verfault, wird von Tieren angefressen, in Stücke gerissen, die schließlich vermodern und sich in Staub auflösen. – Dann beobachtet er die Gefühle, ihr Entstehen und Vergehen; ebenso die Gemütszustände und dann die Stimmungen (die Erscheinungen). Dann wacht er über die vier edlen Wahrheiten. Sie erschienen in der 3. Nachtwache, die damit offenbar erreicht ist und somit das Nirwana. – Dieser Weg kann sieben Jahre dauern oder auch nur sieben Tage.

Was Buddha am Ende der harten Askese geahnt und dann gefunden hatte, den Weg in die Versenkung, wird jetzt durch Atemverringerung und durch die

Vorstellung vollzogen, durch die aktive Imagination (Jungs Bezeichnung einer uralten Technik). So geschieht die Befreiung vom nachgeburtlichen und vom vorgeburtlichen Ich. Der Zusammenbruch in den Fäkalien wurde durch die Leichenbetrachtung auf der Leichenstätte ersetzt; vielleicht war Buddha mit seinen Schülern in Benares vor Ort.

In der längeren Fassung, »Mahasatipathana«, kommen auch die Versenkungsstufen vor.

Die Erfahrung von M 26, die Erweckung des Mitfühlens, »die Befreiung des Herzens«, durch das Erscheinen Brahmas, ist in neuer Weise in M 7, dem »Gleichnis vom Kleide«, dargestellt.

Der Schüler wird zuerst angeleitet, sein Herz von allen Trübungen zu reinigen, so wie man Flecken aus einem Kleid wäscht. Dann wächst im Herzen des Schülers »Vertrauen und Liebe zu Buddha, dem Lehrer der Götter und Menschen«, sowie »zur Lehre, »die nicht erst im Jenseits sondern schon im Leben wirkt«, und auch zur Gemeinde, dem Sangha, »dem Ort, wo sich die Verdienste sammeln«. Nun erlebt der Schüler »Heiterkeit, Stille, Glücksgefühle«. Dann »strahlt er Güte, Mitgefühl, Mitfreude und Gleichmut in alle vier Himmelsrichtungen«. »Er erkennt sich in allem wieder«. »Er ist befreit vom Geborensein«. »Er ist gebadet im inneren Bade«. Er »bittet um Schutz und Sicherheit für alle Wesen«.

Der Kern der Erfahrung ist das Bild des Strahlens in die vier Himmelsrichtungen, das im Schöpfungsmythos von Brahma ausgeht, später vom Jogi, der ihn ersetzt, was dann Buddha machte. Jetzt macht es der Schüler. Im Mythos und bei Buddha kam Brahma von oben herab, als der Schöpfergeist, als die befruchtende Energie. Jetzt hat Buddha diese Rolle für den Schüler, er befruchtet ihn, er läßt »Vertrauen und Liebe« in ihm wachsen. »Heiterkeit, Stille und Glücksgefühle« sind die Inhalte der ersten drei Stufen der Schau, die Gefühle des guten Schoßes. Buddha erweckt sie nun im Schüler. Buddha als der gute Schoß, als der Vaterschoß, nährt den Schößling, und dieser gibt nun diese Nahrung weiter, als »Güte, Mitgefühl, Mitfreude, Gleichmut«; sie heißen die »Vier Unermeßlichen«, oder »Erweckungen«, oder »Brahmaviharas«, Häuser Gottes, himmlische Heime. Der Name Brahma deutet wieder auf den Mythos.

Wurzel des Vorgangs ist die Keimzellenreifung, die Selbstbefruchtung, die Hochzeit der Eltern der Mutter. Der Vorgang geschieht wie bei Buddha in seiner Wiederholung in der 7. Woche, beimErwachen des Bewußtseins. Das »innere Bad« ist ursprünglich das Urmeer, dann aber das Fruchtwasser des guten Schoßes. Der Schüler leuchtet, er wärmt den Schoß an, er erschafft sich den guten Schoß, wird selbst zum Kleinod im Lotos. »Er erkennt sich in allem wieder«: Er ist in der Eizelle, bzw. im Schoß, das sind seine Grenzen, sie sind wie ein Spiegel für seine Gefühle; sie sind seine Welt, in der er sich erkennt, eine Kugel, groß wie das Weltall: Kosmisches Bewußtsein von kosmischen Liebesgefühlen erfüllt. Er ist die Blume, die aus dem Urmeer bei der neuen Weltschöpfung emporwächst. Es wird ihm bewußt, daß sich in ihm die Schöpfung entfaltet und zu Bewußtsein kommt. Er wird seiner selbst als einer Schöpfung aus Liebe inne. Er findet sich selbst als sich liebender, als Selbstliebe. Er ist Gott.

Er ist »ungeboren«, was auch hier wohl zweierlei bedeutet: vor der Geburt und vor der Empfängnis; er ist entzeugt, er war vorher durch das Nirwana gegangen.

Die Welt, in der er sich erkennt, hat für ihn eine reale Entsprechung, die Gemeinde, der Sangha, Menschen wie er selbst, in denen er sich also tatsächlich erkennt. Man kann es als Gruppentherapie sehen. Zuerst ist der Schüler im Nirwana, in sich selbst verschlossen. Dann wird sein Herz vom Leiter der Gruppe berührt, es wird lebendig, es öffnet sich, und er öffnet die Augen, sieht die Augen des Leiters und die Augen der Gruppe: Sie strahlen sich gegenseitig an. Er erkennt sich in ihren Augen wieder, er gewinnt Selbsterkenntnis, Identität, das Gefühl, mit sich selbst gleich zu sein. Die Augen der anderen bilden die Grenzen seines Ichs; diese Grenzen werden von den anderen gebildet: Er hat ein Gruppen-Ich, ein Wir-Ich. Er lebt vom Herzen aus, das nun ein Gruppen-Herz ist. Die Mitglieder der Gruppe fühlen miteinander, bestätigen sich, erkennen sich gegenseitig als göttlich. Sie leben zusammen, als Symbiose, sie bilden zusammen einen symbolischen Uterus. Es gibt keine Spannung, keine Gier, kein Leiden. »Jeder Tag ist ein Festtag«. »Alle Wesen mögen sich wohlbefinden«.

Dahinter ist die andere Welt, die anderen Menschen: Im Kern, in der Tiefe ihres Unbewußten, sind sie wie er, und von diesem Kern her erkennt er sich in ihnen, er nimmt diesen Kern in ihnen wahr, von ihm aus nimmt er die Beziehung zu ihnen auf.

Buddha heilte die fünf Brüder vom Geborensein. Freud schreibt, Homosexuelle lieben andere Männer so, wie sie von ihrer Mutter geliebt wurden. Er leitet aus dieser Liebe auch den Narzißmus ab. Buddha ist zu seiner Mutter geworden; als sie liebt er nun sich als Kind in den anderen Männern, führt sie als barmherzige Weltenmutter in den Mutterschoß zurück.

Karma entsteht aus Gier, aus den tierischen Trieben, aus der Schicht, die bei der Befruchtung entsteht. Wird diese ausgelöscht, so ist der Mensch in die Pflanzenphase zurückgelangt, und diese kennt kein Karma. Eliade schreibt, daß im Joga die vegetabile Existenzform als die Höchste gilt. Grof fand sie in LSD-Erfahrungen und nennt sie »das Ideal vieler mystischer Schulen«.

Buddhas Barmherzigkeit. Der Witwenmacher

Buddha vertrat diese Existenzform mit kompromißloser Radikalität, wozu ich noch Beispiele aus Schumann bringe.

Der sechste Jünger war Yasa, Sohn eines reichen Kaufmanns und Gildenpräsidenten, vermutlich eines Bankiers. Buddha erkannte »den Weltüberdruß« des jungen Mannes, der »von Ehe und Wohlleben gelangweilt und geistig unausgefüllt« war und erteilte ihm eine Unterweisung. Der Vater Yasas beschwor den Sohn, »seiner sich grämenden Mutter zuliebe nach Hause zurückzukehren«. Buddha erklärte, »für einen Menschen, der das Weltliche derart verachte wie Yasa, sei es ausgeschlossen, sein bürgerliches Leben wieder aufzunehmen«. Der Bericht »veranschaulicht die religiöse Sehnsucht, die das Indien des 6. Jahrhunderts v. Chr. erfaßt hatte und ungezählte Menschen aus ihren Häusern und Hütten in das Abenteuer eines unsteten Bettler-Daseins trieb, er belegt auch die seelische Not, in welche die Eltern, in anderen Fällen auch die Ehefrau und die Kinder durch das Hinausziehen eines Sohnes, Mannes und Vaters gerieten«.

Etwa ein Jahr später ereignete sich eine »reizende Episode«, wie Schumann schreibt. Buddha traf 30 junge Männer, »die mit ihren Ehefrauen zur gemeinsamen Erlustigung in einen Hain gekommen waren«. Buddha gab den Männern eine Unterweisung, alle wurden sofort Mönche. Ihre Frauen mußten als »Mönchswitwen« in ihr Dorf zurückkehren. Ob die Frauen die Episode auch reizend fanden?

Ein Jahr darauf besuchte Buddha seine Familie. Seine ehemalige Frau war erbittert über ihr Schicksal als Mönchswitwe, schickte ihren Sohn Rahula zu seinem Vater, um ihn »nach seinem Erbteil zu fragen«. Buddha nahm seinen Sohn als Novizen mit. Auch Gautamas Halbbruder Nanda wurde Mönch. Als der Vater Suddhodana starb, wollte seine Frau Padschapati, die Stiefmutter Gautamas, einen Nonnenorden gründen. Buddha lehnte es mehrmals ab, doch wurde er unter moralischen Druck gesetzt, bis er zustimmte.

Buddha machte den König Bimbisara zum Laienanhänger, wie auch den König Pasedani. Bimbisara bat Buddha um das Verbot, daß Soldaten Mönche werden. Buddha stimmte sofort zu. »Buddha erfüllte die Erwartungen der Könige von Magadha und Kosala voll und ganz«, schreibt Schumann. Es herrschte »Staatskonformität der Mönchsorden«. »An der Kastenordung rütteln zu wollen, wäre nach Gotamas Weltverständnis ebenso grundlos wie vergebens gewesen«. Ein Mönch »hatte sich um seine eigene Erlösung zu kümmern. Sozialhelferische Betätigung war als Einmischung in weltliche Affairen seinem Heilsstreben schädlich«. »Mitleidsanfälle ließ er in sich nicht zu«. Er sagte: »Ich habe die Welt völlig durchschaut und mich von ihr gelöst«.

Die Aufrechterhaltung des vorgeburtlichen Zustands bedarf der Einübung, auch in die Haltung der Gewaltlosigkeit. »Das Gleichnis von der Säge«: »Selbst wenn Räuber und Mörder mit scharfer Säge euch ein Glied nach dem anderen abtrennten und ihr darüber in eurem Gemüte ergrimmtet, würdet ihr nicht meine Weisung erfüllen. Auch in diesem Falle müßt ihr euch so üben: Nichts Unrechtes wollen wir denken, kein böses Wort soll uns entfahren, freundlich und mitleidig wollen wir bleiben, gütig gesinnt, ohne heimlichen Haß, und diesen Menschen wollen wir mit gütiger Gesinnung durchdringen, und von ihm ausgehend wollen wir die ganze Welt mit gütiger Gesinnung durchdringen, mit alles umfassender großer, grenzenlose, friedlicher und freundlicher Gesinnung«. »Die Bhikkus nahmen seine Belehrung mit Freude und Dank an«. Es ist wieder die Haltung des Pflanzenmenschen aus M 7: Die Welt durchstrahlen mit Güte, Mitleid, Freude und Gleichmut.

Als Jesus gekreuzigt wurde, sagte er: »Vater, vergib ihnen, denn sie wissen nicht, was sie tun« (Lk. 23,34).

Benn erwähnt 1947 in der Novelle »Der Ptolemäer« eine Hypothese aus der modernen Physik, »die Konstruktion des ›Lotoslandes‹, in dem nichts geschieht und alles stillsteht –, der Raum mit der geraden Dimensionszahl, in dessen Weiten das Licht nach Auslöschen der Lichtquellen bestehen bleibt«. – »Die Eierstöcke sind die größten Philosophen«, heißt es hier auch; Benn meint das ironisch, aber sein Unbewußtes meinte es wohl ernst.

Buddhas Erleuchtungsspeisen:
Eigene Fäkalien, Kuhdung, »Honig«: Entheogene Substanzen

Vor seinem Tod nahm Buddha eine Mahlzeit bei dem Schmied Cunha. Nachher wurde ihm übel, er bekam Schüttelfrost und Fieber. Dann ging er durch die vier Stufen der Versenkung und auch durch die weiteren fünf Stufen, die er schon am Ende von M 26 beschrieben hatte; nun kehrte er zum Anfang zurück und ging nochmals durch die ersten vier Stufen. Dann starb er.

Das Mahl, das er gegessen hatte, wird mit einem Wort bezeichnet, das Schwein oder Pilz bedeuten kann. (Neumann sagt »Ebermorcheln«, Pilze, die von Schweinen gefressen werden.) Man nahm an, daß Buddha an Vergiftung durch verdorbenes Fleisch oder durch Pilze gestorben sei. In seinem Buch von 1968, »Soma, the Mushroom of Immortality«, zeigte Wasson, daß Soma, der heilige Trank der Arier, der vergöttlicht und unsterblich macht, aus dem Fliegenpilz hergestellt wurde. Er erwog auch, ob die letzte Mahlzeit Buddhas aus Fliegenpilz bestand. Später meinte Wasson, es könne auch der sog. göttliche Dungpilz, der Psilocybin enthält, gewesen sein.

Dieser Pilz wächst auf dem Kuhdung. Vor seiner Erleuchtung hatte sich Gautama von Kuhdung und vom eigenen Stuhlgang ernährt und wohl auch seinen Urin getrunken. Die sibirischen Schamanen essen den Fliegenpilz und trinken dann den Urin; in ihm ist die Wirkung noch stärker. Das Gleiche machten schon die Arier; als wirksamster Trank galt der Urin des Gottes Indra, wenn er Fliegenpilze verzehrt hatte.

Nachdem Gautama kopfüber in seine Notdurft gestürzt war, stieg die erste Ahnung der Versenkung in ihm auf, und zwar über die Erinnerung an seine Jugend, als er seinem Vater bei der Feldarbeit zugesehen hatte. Ich vermute, er hatte auch schon damals die Pilze probiert.

Die phylogenetische Regression durch die ganze Evolution zurück, die Buddha auf dem Weg zum Nirwana vollführt, wurde genauso von Timothey Leary mit Psilosybin-Pilzen gemacht. Bei Buddha taucht am Anfang Mara auf, der eine Maske für Indra ist, für den Soma-Gott. Buddha aber lehnte ihn ab. Psychodynamisch gesehen: Eine größere Lust wartete im Unbewußten, die Lotoslust. Maya, Buddhas Mutter hatte das Kind empfangen, nachdem sie einen Lotostrank genommen hatte, einen Rauschtrank mit psychedelischer Wirkung. Maya war zur Göttin geworden und das Kind, das sie empfing, wurde daher göttlich: Eine entheogene, einen Gott erschaffende Empfängnis. Dies Gottes-Ich des ersten Anfangs wollte in Buddha ins Bewußtsein treten.

Tapussa und Bhallika gaben Brei und Honig. Honig ist im Rigveda ein Wort für Soma. Das Almosen, das Buddha erhielt, war eine Jogispeise entheogener Art, mit empathogenen Substanzen, Einfühlung erzeugend, Herz öffnend, wie es MDMA macht. So hatte sich Maya bei der Empfängnis gefühlt, es war ihr Herz, das in Buddha erwachte. In der Lotosvision wird ihr Eierstock sichtbar; die Eier sind die Blüten.

Der Soma-Pilz wird genannt »Pilz der Erleuchtung«, »Pilz der Unsterblichkeit«: Er ist »samenlos«, »ungeboren«, was wieder ungezeugt heißt – das alles paßt zu Buddha.

Vor allem gibt der Pilz Größe, »Ausweitung, Steigerung« (mit Benn zu sprechen), aber Buddha hat nicht die aggressive Allmacht der Zeugung, der Explosion der Zellkernverschmelzung, sondern die Allmacht der Selbstbefruchung der Eizelle: Er läßt den Schöpfergott vor sich niederknien. (Und Indra durfte ihm vorher ein Mittel gegen Blähungen bringen; der Darm regte sich wieder und donnerte wohl.) Buddha steht über Gott. Er ist der Herr der Welt. Das ist einzigartig.

Der Vorgang paßt nicht zum üblichen Bild von Buddha. Psychologen wie Alexander und Graber nahmen die zweite Phase von Buddhas Erfahrung nicht zur Kenntnis. Auch Indologen gehen wenig darauf ein. Schumann entwertet die Brahmavision, sie sei nur eine Einkleidung für einen Gedanken (bzw. »eine Interpretation späterer Mönche«).

Bei Upaka ist Buddha noch im vollen Rausch; er ähnelt Baudelaire, der im Haschischrausch sagte: »Ich bin Gott geworden«. Buddha sprach später nie wieder so. Erst im Tantra tauchte die Vergöttlichung wieder auf, da man wieder Substanzen gebrauchte. Ich meine, der Entheogenetiker ist der wahre Buddha, jedenfalls der heute anregende.

Dieses stärkste Lust-Ich wollte ins Bewußtsein eintreten; es war seit der Empfängnis in Buddha gewachsen. Daher wandte er zuerst die Folter an und dann das Verlöschen, um die Mauern zu überwinden, in die der Über-Gott eingesperrt war.

Buddha starb entheogen; von der vierten Stufe der Versenkung, der Lichtentfaltung aus, verließ er seinen Körper. Huxley starb mit LSD. Sie gingen im Nicht-Tod-Zustand in den Tod, durch den Tod hindurch.

Die Liebe der Töchter zu ihren göttlichen Vätern

Ich rekapituliere. Jesus und Buddha gingen durch ihre Empfängnis zurück; sie machten sie rückgängig. Jesus löste den Samen aus dem Ei und ging den Weg des Samens zurück in den Vater, in den Hoden; er wurde so zu seinem Vater. Buddha vernichtete den Samen und ging den Weg des Eis zurück in den Eierstock; hier trat er in den Vater der Mutter ein und wurde zu ihm. Beide machten die Befruchtung, aus der sie, als Körper, als Individuum, als Person, entstanden waren, rückgängig. Sie existierten nur noch als Geistwesen, oder als Götter: Christus als Sonnengott, in der linken Hirnhälfte; Buddha als Mondgott, in der rechten Hirnhälfte.

Bei den Müttern der beiden Männer ist die jungfräuliche Empfängnis überliefert. Maria hatte die Vision vom Engel Gabriel, der ihr sagt, daß sie von Gott einen Sohn empfangen werde; ich spreche von einem Tagtraum. Maya träumte des nachts, daß ein himmlischer Elefant sie befruchtet.

Manche Textkritiker meinen, daß Marias Tagtraum und Mayas Traum nachträgliche Erfindungen seien, die gemacht wurden, um das Außergewöhnliche der beiden Religionsstifter zu erklären: Viele mythische Helden seien auf diese Weise entstanden, und so habe man auch Maria und Maya diese Art der Empfängnis untergeschoben. Ich meine, umgekehrt gedacht ist es richtig: Da Jesus und Buddha außergewöhnlich waren, hatten sie außergewöhnliche Mütter. Die zwei Frauen wollten Gotteskinder gebären.

Woher kennt man ihre Träume? Sie selbst erzählten sie weiter. Hätten sie ihre Träume nicht erzählt, so könnte man sie aus den Visionen der Söhne rekonstruieren.

Ich verstehe Träume und Tagträume mit Freud als Wunscherfüllungen. Die beiden Frauen wollten von einem himmlischen Vater ein Kind haben. Sie liebten also nicht den irdischen Vater des Kindes, sondern den himmlischen Vater; oder sie liebten den himmlischen Vater mehr als den irdischen. Die beiden Söhne gehen dann zu dem himmlischen Vater zurück. Man könnte vermuten, der irdische Vater war in ihnen nur wenig anwesend, da er bei der Empfängnis weggeschoben wurde. So war er in den Söhnen nicht stark genug, um sie ausreichend ans irdische Leben festzubinden. Die körperliche Zeugungskraft, die Vaterkraft, fehlte bei Jesus völlig; bei Buddha war sie sehr schwach gewesen und verschwand durch seine Erleuchtung ganz.

Träumt eine Frau vom Geschlechtsverkehr mit einem himmlischen Vater, so pflegt sich ihr eigener Vater darin zu verbergen. Ich sehe also in den himmlischen

Vätern der beiden Frauen ihre eigenen Väter. Die beiden Frauen haben Inzestwünsche. Freud sprach vom Wunsch des kleinen Mädchens, die Stelle der Mutter beim Vater einzunehmen und dem Vater ein Kind zu schenken: Der weibliche Ödipuskomplex. Jung war der Ansicht, eine derartige Inzestphantasie entstamme nicht realen Wünschen, sondern einem angeborenen Bild, dem Inzest-Archetypus, der zur Sphäre des Heiligen, Mythischen gehöre: Es handele sich um das Bild der Heiligen Hochzeit von Tochter und Vater; der Inzest sei ein Vorrecht der Götter.

Ich bin der Ansicht, daß Maria und Maya ungewöhnlich starke Frauen waren, Ausnahmefrauen, seelische Riesinnen, wie Göttinnen: sie wollten Gotteskinder gebären, seelische Riesen, und träumten daher von göttlichen Vätern. Aber zugleich waren die beiden Frauen auch Menschen, und zwar lebten sie in patriarchalen Gesellschaften, und so konnten sie nicht über sich bestimmen: Sie konnten sich die irdischen Väter ihrer Kinder nicht selbst, oder nicht ohne Angst auswählen: So blieben sie innerlich ihrer ersten Liebe, dem eigenen Vater, treu, und diese Liebe tauchte dann in ihren Söhnen wieder auf und bestimmte deren Leben: Die Söhne führen nun die Liebesträume ihrer Mütter öffentlich auf. In den Visionen der Söhne verbergen sich die Visionen der Mütter. Diese Männerphantasien sind im Kern Frauenphantasien. Indem die Söhne zu den von den Müttern geliebten Vätern werden, werden sie zu den Liebhabern ihrer Mütter – freilich rein geistig; man könnte sagen, eine sublimierte Form der Ödipusgeschichte. Ödipus erschlug seinen Vater und heiratete seine Mutter. Christus wurde im Himmel eins mit seinem Vater. Michelangelo malte die Szene und setzte neben Christus Maria hin, die in der Darstellung des Weltgerichts bei Matthäus nicht vorkommt – phantasierte Michelangelo vom Helden, der sich in seiner Mutter neu zeugt?

Ich erwähnte schon die biologische Basis der Phantasie der jungfräulichen Empfängnis, die Selbstbefruchtung, die Keimzellenreifung mit ihrer Verdopplung der Zellkerne. Dieser Vorgang geschieht, wenn die Frau noch ein Embryo im Schoß ihrer Mutter ist, im dritten Monat der Schwangerschaft. Auf die Reifung der Keimzellen folgt die Reifeteilung. Diese Teilung wird aber nicht vollständig durchgeführt, sondern kommt erst dann zu ihrem Abschluß, wenn bereits die Samenzelle ins Ei eingedrungen ist und sich auf dem Wege zum Kern der Eizelle befindet. Man stelle sich die zeitliche Erstreckung vor: Ein Prozeß, der im Embryo begann, geht erst jetzt, in der erwachsenen Frau, während des Geschlechtsverkehrs und der Befruchtung, weiter – das bedeutet auch, daß der Anfang des Prozesses als Vorgang, als Bild, aktiviert werden kann und ins Bewußtsein gelangt, als Tagtraum bzw. als Traum von der eigenen Empfängnis, der Befruchtung der eigenen Mutter durch den eigenen Vater: Die neue Mutter nimmt dabei die Stelle der eigenen Mutter ein und empfängt ihr Kind vom eigenen Vater.

Bei jeder Empfängnis laufen diese Prozesse ab, tief im Unbewußten verborgen. Steigen sie ins Bewußtsein, so sind es gewaltige Energien, die sie in die Höhe treiben; sie können sich zerstörisch auswirken, Neurose, Psychose, oder sie können schöpferisch sein, wenn die Frau sich selbst genügend liebt.

Es gibt zwei Schöpfungsmythen: 1. Der Sonnengott befruchtet die Erdgöttin. 2. Die Große Göttin befruchtet sich selbst, erzeugt selbst ihren Sohn, der dann ihr Geliebter wird; manchmal deutet sich auch an, daß er zugleich ihr Vater ist. Dieser Typ ist noch in Isis zu ahnen: Ihr Gatte Osiris wurde getötet und zerstückelt; sie fischte sein Glied aus dem Wasser, mumifizierte es und befruchtete sich damit; so entstand ihr Sohn Horus. Selbstbefruchtung, Selbstbefriedigung, Selbstliebe, Selbstlust. Gott ist die Liebe, er liebt sich selbst. Gleiches gilt für die Göttin.

Ich werde nun versuchen, die Empfängnis von Jesus und Buddha darzustellen, den Liebesakt, den Geschlechtsverkehr, aus dem sie entstanden, die Urszene, wie Freud sagt. Es war eine Liebesvereinigung mit Gott – also eine Ekstase: Glückseligkeit, Gotteslust, ein göttlicher Orgasmus. So entstehen Gotteskinder, richtiger: Göttinkinder.

4. Kapitel

Maria und der Engel Gabriel
Zeugung, Geburt, Kindheit von Jesus und deren Wiederholung

Die Vorgeschichte von Jesus mit seiner Empfängnis und Geburt findet sich bei Lukas und Matthäus. Außerdem gibt es apokryphe Evangelien: Das »Protevangelium des Jakobus« bringt den Bericht von Lukas, erweitert um die Empfängnis und die Kindheit der Maria. Das »Kindheitsevangelium des Thomas« erzählt die Kindheit von Jesus zwischen seinem 6. und 12. Jahr; es endet mit der Szene im Tempel, die sich auch bei Lukas findet. Das »Evangelium des Nikodemus« berichtet vom erwachsenen Jesus. Alles, was in den kanonischen wie apokryphen Evangelien berichtet wird, konnte Maria wissen. Ich gehe davon aus, daß sie sehr alt wurde. In ihrem Alter war ihr Sohn berühmt geworden, man fragte sie nach ihm, und so erinnerte sie sich an ihre Jugend und erzählte.

Ich setze die Informationen der verschiedenen Texte wie Stücke eines »Zusammenlegspiels« (so sagte Freud für Puzzle) zu einem neuen Ganzen zusammen, das ich mit der historischen Realität verknüpfe.

Maria und Elisabeth

Am Anfang des Lukas-Evangeliums steht »Die Ankündigung der Geburt Johannes des Täufers«. Der Priester Zacharias und seine Frau Elisabeth »hatten kein Kind; denn Elisabeth war unfruchtbar, und beide waren wohlbetagt«. Im Tempel erscheint der Engel Gabriel und sagt zu Zacharias, Elisabeth werde schwanger werden. Als Elisabeth im fünften Monat ist, sagt sie: »So hat der Herr an mir getan in den Tagen, als er mich angesehen hat, um meine Schmach unter den Menschen von mir zu nehmen«.

Es folgt »Die Ankündigung der Geburt Jesu«: »Und im sechsten Monat wurde der Engel Gabriel von Gott gesandt in eine Stadt in Galilea, die hieß Nazareth, zu einer Jungfrau, die vertraut war mit einem Mann mit Namen Joseph vom Hause David; und die Jungfrau hieß Maria. Und der Engel kam zu ihr hinein und sprach: Sei gegrüßt, du Begnadete! Der Herr ist mit dir! Sie aber erschrak über die Rede und dachte: Welch ein Gruß ist das? Und der Engel sprach zu ihr: Fürchte dich nicht, Maria, du hast Gnade bei Gott gefunden. Siehe, du wirst schwanger werden und einen Sohn gebären, und du sollst ihm den Namen Jesus geben. Der wird groß sein und Sohn des Höchsten genannt werden; und Gott der Herr wird ihm den Thron seines Vaters David geben, und er wird König sein über das Haus Jakob in Ewigkeit, und sein Reich wird kein Ende haben. Da sprach Maria zu dem Engel: Wie soll das zugehen, da ich doch von keinem Manne weiß? Der Engel antwortete und sprach: Der heilige Geist wird über dich kommen, und die Kraft des Höchsten wird dich überschatten; darum wird auch das Heilige, das geboren wird, Gottes Sohn genannt werden, und siehe, Elisabeth, deine Verwandte, ist auch schwanger mit einem Sohn, in ihrem Alter, und ist jetzt im sechsten Monat, von der man sagt, daß sie unfruchtbar sei. Denn bei Gott ist kein Ding unmöglich. Maria aber sprach: Siehe, ich bin des Herrn Magd; mir geschehe, wie du gesagt hast. Und der Engel schied von ihr«.

Maria hat einen Tagtraum, eine Phantasie, eine Halluzination, eine Vision, in der die Zeugung von Jesus angekündigt wird. Sie wird von Gott ein Kind empfangen. Sie sieht einen Geschlechtsakt vor sich.

Jungfräuliche Empfängnis; »Engelsehe«

Eugen Drewermann, katholischer Priester und Psychologe, leitet das »Bild der jungfräulichen Geburt des Gottessohnes«, wie es Lukas schildert, von 1 Moses 6 ab: »Da sich aber die Menschen begannen zu vermehren auf Erden und ihnen Töchter geboren wurden, da sahen die Kinder Gottes nach den Töchtern der Menschen, wie sie schön waren, und nahmen zu Weibern, welche sie wollten. Da sprach der Herr: Die Menschen wollen sich von meinem Geist nicht mehr strafen lassen; denn sie sind Fleisch... Es waren auch zu den Zeiten Tyrannen auf Erden; denn da die Kinder Gottes zu den Töchtern der Menschen eingingen und sie ihnen Kinder gebaren, wurden daraus Gewaltige in der Welt und berühmte Männer«. Gott beschließt nun, die Menschen zu »vertilgen«; er schickt die Sintflut. Die »Kinder Gottes« sind Engel, Gottessöhne. Drewermann spricht von der »Engelsehe«.

Drewermann fragt, »woher der Glaube der Menschentöchter kommt, mit Göttersöhnen Riesen hervorzubringen«. Er zitiert Freud: »Jeder Analytiker hat die Frauen kennengelernt, die mit besonderer Intensität und Zähigkeit an ihrer Vaterbindung festhalten und an dem Wunsch, vom Vater ein Kind zu bekommen, in dem diese gipfelt«. Drewermann weist auf »die weibliche Form des Ödipuskomplexes«, »die normale ödipale Phantasie des Mädchens in der phallischen Phase«, »im Alter von 3 – 5 Jahren«. Bei der Engelsehe scheinen »die Menschentöchter durchaus an ihrer Vergewaltigung durch die Göttersöhne interessiert«, was »neurosenpsychologisch« der »Fixierung auf den (als Gott vorgestellten) Vater« entspreche. »Von daher kommt es zu der Suche nach einem Mann, der dem Gott-Vater entspricht und damit die eigene Vergöttlichung ermöglicht«. Drewermann weist dann auf Jung hin: Für ihn »gilt die Engelse-he als Bild einer Inzestphantasie«, doch stelle für Jung »der Inzest nicht einen konkreten Sexualwunsch« dar, sondern drücke »die Sehnsucht nach Lebens-erneuerung und Wiedergeburt« aus. Drewermann sagt abschließend: »Das Bild der Heirat der Menschentöchter mit den Gottessöhnen ist kein Bild der Erlösung, sondern, psychiatrisch ausgedrückt, der Psychose, in der das Bewußtsein vom Unbewußten überflutet wird. Sünde, wie J (= 1 Moses 6) sie schildert, geht in Wahnsinn unter«.

Ich meine, daß in Psychose und Mystik die gleichen Wünsche des Unbe-wußten ins Bewußtsein aufsteigen, doch in der Mystik erweitert sich das Bewußtsein, umfaßt das Unbewußte, macht es zur bewußten Welt, macht die Phantasie zur Realität, verwirklicht den Traum und erfüllt sich den unbe-wußten, bewußt gewordenen Wunsch durch konkretes Handeln. Maria ist nicht psychotisch, sie ist eine Mystikerin, eine Prophetin, so wie ihr Sohn ein Mystiker und Prophet sein wird.

Maria will von ihrem, zu Gott erhöhten, Vater ein Kind. Sie hat einen Mann gefunden, in dem sie Gott-Vater sieht, und sie empfängt von ihm das Kind. Gabriel heißt »Mann Gottes«. Er ist ein Bote Gottes, vielleicht kann man auch sagen, ein Sohn Gottes: Von ihm wird sie den Geist Gottes, den Samen Gottes empfangen. Sie vollzieht die Engelsehe, die Heilige Hochzeit von Tochter und Vater, den Inzest, »das Vorrecht der Götter«, wie Freud und Jung sagten.

Die außereheliche Zeugung der Maria

Der Weg zu dieser Heiligen Hochzeit, ihre inneren seelischen Voraussetzun-gen wie die äußere Ermöglichung, läßt sich in den überlieferten Texten finden. Wo ist der Vater der Maria?

Das »Protevangelium des Jakobus« bringt ebenfalls die Ankündigung der Geburt von Jesus. Maria ist hier beim Spinnen, geht mit dem Krug hinaus, um Wasser zu schöpfen. Da hört sie die Begrüßung durch den Engel, geht zurück ins Haus und nun tritt der Engel auf und macht die Ankündigung. Jakobus erzählt aber viel mehr. Die Mutter Marias, Anna, ist kinderlos; ihr Mann Joachim ist reich. Er ist »traurig, daß er in Israel keine Nachkommen erzeugt« hat, geht in die Wüste, fastet und betet vierzig Tage und will nicht zurückkehren, bis Gott ihn »heimgesucht hat«. Anna »erhob ein zwiefaches Jammern: Meine Witwenschaft will ich bejammern, bejammern meine Kinderlosigkeit dazu«. Gott hat ihren »Mutterleib verschlossen«. Sie zog ihre Brautkleider an und betet, Gott möge sie erhören wie Sara, der er den Isaak schenkte. Sie sitzt unter einem Lorbeerbaum, auf dem ein Sperlingsnest ist. Sie möchte fruchtbar sein »wie die Vögel des Himmels«. Nun tritt ein Engel zu ihr und sagt: »Anna, Anna, der Herr hat deine Bitte erhört. Du wirst empfangen und gebären«. Anna sagt, sie werde das Kind Gott »als Opfergabe darbringen und es soll ihm Dienste verrichten alle Tage seines Lebens«. Nun kommt Joachim zurück, denn ein Engel sagte ihm, Anna »hat in ihrem Leib empfangen«.

Zu erwähnen ist der Anfang des ersten Buches Samuel. Elkana »hatte zwei Weiber; eine hieß Hanna, die andere Pennina. Pennina aber hatte Kinder, und Hanna hatte keine Kinder«. »Der Herr hatte ihren Leib verschlossen«. Hanna aß und trank und ging in den Tempel, um Gott zu bitten, ihr einen Sohn zu schenken. Der Priester Eli sah sie und meinte, »sie wäre trunken«. »Und Elkana erkannte sein Weib Hanna und der Herr gedachte an sie«. »Sie gebar einen Sohn und hieß ihn Samuel: denn ich habe ihn von dem Herrn erbeten«. Ist Elkana der Vater von Samuel, oder ist es der Priester Eli? - Skeptiker meinen, die Geschichte Annas sei eine Nachahmung der Geschichte Hannas: Ich bin der gleichen Ansicht, aber nicht auf der Ebene der Schreibenden, sondern der Erlebenden: Anna machte Hanna nach, so wie z. B. Jesus Moses bei der Verklärung nachmacht.

Joachim ist nicht Marias Vater, sondern Gott ist es, bzw. wie ich annehme, sein Bote, der Engel, so wie es in den Engelsehen von 1 Moses 6 der Fall war. Sie waren das Vorbild Annas. Diese Engel erregten Gottes Zorn; das deutet immer auf Ungehorsam, d. h. auf die Anbetung anderer Götter. Ich meine, diese Engel waren Anbeter Baals. Die Menschentöchter hatten sich nicht-jüdische Männer gesucht, sie hatten Gott nicht gehorcht: Waren sie emanzipiert? Jedenfalls folgten sie ihrer Liebe, hatten Kinder der Liebe; das pflegen kräftige Kinder zu sein. Der Herr hatte gar nicht die Leiber der Frauen verschlossen, sondern die Leiber, die Hoden oder Glieder, ihrer Männer. Bei Abraham half die Beschneidung, aber manchmal geht es auch schief. Die Baalsanbeter waren nicht beschnitten.

Marias Kindheit bei Elisabeth und Zacharias

Als Maria zwei ist, will Joachim sie in den Tempel bringen. Anna überredet ihn, noch ein Jahr zu warten. Das Kind wird dann in den Tempel gebracht und auf den Altar gesetzt, als Opfergabe. »Es tanzte vor Freude mit seinen Füßchen«.

Ich denke, es wurde ausgesetzt; Joachim wollte das uneheliche Kind nicht haben, zumal es auch kein Junge war. Anna wollte dem Kind das Leben retten. Der Priester des Tempels ist Zacharias, seine Frau ist die Kusine von Maria, also vermutlich die Nichte von Anna; die Mütter von Anna und von Elisabeth dürften Schwestern gewesen sein. Das Kind spürte, daß es weggegeben wird, es schrie und tobte vor Angst und Verzweiflung – als Opfer auf dem Altar. Es war im Haus Gottes, mit dem alten Mann im Priestergewand und seiner Frau, die zu neuen Eltern wurden, die den alten in einer Hinsicht ähnelten: Gott hatte den Leib der Elisabeth verschlossen – in Wahrheit den Leib des Zacharias, wie sich später zeigen wird. Das Kind war drei, am Beginn der ödipalen Phantasien; mit ihnen ist der »Familienroman« verbunden: Die Ersetzung der realen Eltern durch erhöhte Wunscheltern, z. B. königlicher oder göttlicher Abkunft, die im Kern aber doch die wahren Eltern sind. Dieser Familienroman war bei Maria Realität: Die alten Eltern waren verschwunden, durch das Priesterpaar ersetzt. Das Kind trug eine Wunde in sich, einen Riß, eine Spaltung. Es war ein seelisch starkes Kind – ein Engelskind – und so heilte es sich: Es machte die realen, neuen, erhöhten Eltern zu den Wunscheltern des Familienromans, deren Kern die verlorenen Eltern bildeten, die nun göttliche Größe bekamen. Den verlorenen Vater zu lieben, von ihm geliebt zu werden, ihm ein Kind zu schenken – so von Freud aus; Selbsterneuerung, Wiedergeburt, von Jung aus. So würde die Aussetzung, die Verstoßung, der Riß, die Spaltung – die Opferung – geheilt werden. Der verlorene Vater, der nicht ihr Vater war, hatte sie ausgesetzt; um ihn zu lieben, war eine starke Abwehr der Realität durch intensive Idealisierung nötig. Dazu eignete sich die Atmosphäre des Tempels, in dem Maria aufwuchs.

Maria weiß später, daß Elisabeth nicht ihre Mutter, sondern ihre Kusine ist. Ich nehme an, sie wird Elisabeth gefragt haben, wieso sie bei ihr und Zacharias und nicht bei ihren Eltern aufwächst. Was sagte Elisabeth? Vielleicht die Wahrheit: »Du bist Gott geweiht. Du bist ein Kind Gottes. Ein Engel Gottes kam zu deiner Mutter, als sie mit dir schwanger wurde«. Was dachte Maria? »Gott ist mein Vater. Ich liebe ihn von ganzem Herzen«.

Der Engel Gabriel überbringt Gottes Samen für Elisabeth und Maria

Als Maria zwölf ist, werden die Witwer versammelt: Maria wird einem von ihnen durch das Los als Ehefrau zugeteilt. Es trifft Joseph. Er sagt, er habe schon Söhne und sei schon alt. »Ich fürchte, ich werde zum Gelächter für die Söhne Israels«. Der Priester sagt: »Fürchte den Herrn«. »Und Joseph fürchtete sich und nahm sie in seine Obhut«. Er geht auf Handwerksreise. Maria wird ausgewählt, einen Vorhang aus Scharlach und Purpur für den Tempel zu weben. »Zu jener Zeit wurde Zacharias stumm«. Nun erscheint »ein Engel des Herrn«: Es folgt die aus Lukas bekannte Szene »Die Ankündigung der Geburt Jesu«.

Ich verbinde nun das Protevangelium des Jakobus mit dem Evangelium von Lukas. Maria ist im Tempel. Gabriel erscheint und sagt zu Zacharias:

»Deine Frau Elisabeth wird dir einen Sohn gebären«. Zacharias sagt, er und seine Frau seien schon alt. Gabriel sagt: »Du wirst stumm werden…bis zu dem Tag, an dem dies geschehen wird, weil du meinen Worten nicht geglaubt hast«. Als Elisabeth im sechsten Monat ist, kommt Gabriel zu Maria.

Ich mache nun aus der göttlichen Geschichte eine menschliche, aus Gabriel, dem himmlischen »Mann Gottes«, einen irdischen Mann Gottes. Er kommt in den Tempel durch eine Tür, die zur Wohnung von Zacharias führt. Er kommt von Elisabeth und strahlt etwas aus, das mit Empfängnis zu tun hat. Zacharias denkt: »Elisabeth hat mit diesem Mann geschlafen. Ehebruch! Steinigung!« Dann denkt er: »Jetzt bekommt sie vielleicht doch noch ein Kind, die Schande der Kinderlosigkeit, die in Wahrheit auf meiner Impotenz beruht, wäre aufgehoben«. Zwei sich widersprechende Impulse – sie führen zu einer psychogenen Lähmung seiner Zunge. Er verstummt. Maria hat alles mitangesehen. Sie glaubt, einen Engel zu erblicken. Sie erzählt Elisabeth davon. Als Elisabeth merkt, daß sie schwanger ist, übernimmt sie die Anregung der Maria und sagt ihr, der Engel sei der Vater des Kindes. Das Gleiche erzählt sie Zacharias. Er ist erfreut über diese Lösung des Problems. Maria beginnt zu phantasieren: Sie möchte auch ein Kind von dem Engel haben. So wie ihre Stiefmutter von dem jungen Mann ein Kind hat und nicht vom alten, dem Ehemann Zacharias, möchte sie nicht ein Kind vor ihrem Verlobten, dem alten Joseph, sondern von dem jungen Engel.

Beim weiblichen Ödipuskomplex möchte das Mädchen von ihrem Vater ein Kind haben, es möchte wie ihre Mutter sein, damit die Stelle der eigenen Mutter einnehmen und diese verdrängen, was zu Schuldgefühlen führt. Bei Maria ist die Mutter die Stiefmutter und zugleich die Kusine; sie sind wie Schwestern. Der Vater ist auch nicht der Vater, bzw. der Stiefvater, sondern der Liebhaber der Mutter oder Schwester. Das geliebte Vorbild tut etwas Ungewöhnliches, Aufregendes, insgeheim Verbotenes und vielleicht doch auch Erlaubtes, sogar Gott sehr Wohlgefälliges – vom Boten Gottes ein Kind zu empfangen. Die Tochter möchte wie ihre Mutter sein, sie macht sie nach – sie verliebt sich in den Engel und will auch von ihm ein Kind haben.

Maria hatte Elisabeth von ihrer Liebe und ihrem Wunsch erzählt. Elisabeth war erfreut, entzückt. Sie konnte ihr Geheimnis teilen. Es war wie eine Verschwörung: Zwei Gottesbräute hatten sich gefunden, die von ihrem gemeinsamen Liebhaber träumten. Wir sind hier im Bereich des Archetypischen, des Mythischen, des Heiligen, des Göttlichen, des Numinosen.

Maria ist in der Traumwelt des kleinen Mädchens, sie geht in ihrer Erinnerung zurück zu ihrer Ankunft im Haus Gottes als Opfer auf dem Altar – der Vater, der sie verstieß, kehrt zurück, als der Engel, der Bote Gottes, der ihr wahrer Vater ist, und von ihm empfängt sie ihr Kind, so wie ihre Mutter sie selbst von einem Engel empfangen hat. Da der Engel von Gott kommt, darf sie ihn genauso lieben, wie es ihre Mutter tat. Gott wird sich freuen. Ihre Mutter beging Ehebruch. Das Kind wurde ausgesetzt, eigentlich dem Tode geweiht: Sie wuchs als rechtlose Waise auf und wird dann verlost. Sie wird einem alten Mann aufgezwungen, der sie nicht haben will - ein zweites Mal ausgesetzt. Dann sieht sie Gabriel und nun steigt ihre Liebeswelt aus dem Unbewußten auf. Es ist eine Wiederholung ihrer eigenen Empfängnis, wieder ein Ehebruch - um den Ehebruch, aus dem sie entstanden war, und dessen Folgen wiedergutzumachen, zu heilen. Sie selbst, als Kind Gottes, wurde verworfen; sie wird Gott ein Kind schenken, um nun von ihm angenommen zu werden.

Die heilige Hochzeit von Maria und Gabriel

Mit Drewermann zu sprechen: Maria hat den Mann gefunden, »der dem Gott-Vater entspricht und damit die eigene Vergöttlichung ermöglicht«. Im Vollzug der Engelsehe wird sie zur Tochter Gottes, zur Göttin. Sie ist ihre eigene Mutter geworden und empfängt von ihrem Vater ein Kind, wiederholt ihre eigene Empfängnis, doch will sie einen Sohn empfangen, um ihn ihrem Vater zu schenken. Zugleich ist der Vater aber nicht selbst da, sondern sein Bote, der Engel, ein Sohn Gottes, ein »Mann Gottes«, was der Name Gabriel bedeutet, der schönste, stärkste Mann überhaupt. Jesus entstand in Gotteslust, in einem kosmischen Orgasmus, in der höchsten Form der Liebe und damit der Selbstliebe seiner Mutter. Doch ein Teil von Maria wußte, daß das Gesetz Gottes sie für ihre Liebe mit der Steinigung bestrafen würde, und dieser Teil hatte Todesangst.

Ich nehme an, daß Jesus im Tempel, im Haus Gottes empfangen wurde, und daß die Hochzeit von Kana, im 2. Kapitel des Johannes-Evangeliums, darauf deutet. Der Wein ist ausgegangen, Maria fordert Jesus auf, für neuen Wein zu sorgen. Er lehnt zuerst ab: »Weib, was habe ich mit dir zu schaffen. Meine Stunde ist noch nicht gekommen«. Dann aber erfüllt er den Wunsch der Mutter, vollbringt sein erstes Wunder, verwandelt Wasser in Wein. Er tut nicht, was er selbst will, sondern was die Mutter will. Ich denke, daß anläßlich der Hochzeit in Maria eine Erinnerung an ihre heilige Hochzeit mit Gabriel, die sie als ein Wunder erlebt hatte, aufgestiegen ist. Sie hatten Wein getrunken, Tempelwein.

Der Hochzeit von Kana im Johannes-Evangelium entspricht bei Lukas die Ankündigung durch Gabriel. Es ist, als ob Johannes diese umgebaut habe, er ersetzte das eine Wunder durch ein anderes, zugleich gab er Maria die aktive Rolle. Auch betont Johannes die Symbolik des Weins (»Ich bin der Weinstock, ihr seid die Reben«.) Im nächsten Kapitel des Johannes ist das Gespräch mit

Nikodemus, die neue Geburt: das Erwachen des Fötus am Anfang des 3. Monats. Johannes wirkt hier wie ein Pränatalpsychologe.

Die schwangere Maria flieht zu Elisabeth. Eiferopfer

Bei Lukas fährt die Geschichte nach der Empfängnis fort: »Maria aber mach-te sich auf in diesen Tagen und ging eilends in das Gebirge zu einer Stadt in Juda und kam in das Haus des Zacharias und begrüßte Elisabeth. Und es begab sich, als Elisabeth den Gruß Marias hörte, hüpfte das Kind in ihrem Leibe. Und Elisabeth wurde vom heiligen Geist erfüllt. und rief laut und sprach: Gepriesen bist du unter den Frauen, und gepriesen ist die Frucht deines Leibes«. »Und selig bist du, daß du geglaubt hast! denn es wird vollendet werden, was dir gesagt ist von dem Herrn. Und Maria sprach: Meine Seele erhebt den Herrn und mein Geist freut sich Gottes, meines Herrn, denn er hat die Niedrigkeit seiner Magd angesehen... Er stößt die Gewaltigen vom Thron und erhebt die Niedrigen. Und Maria blieb bei ihr etwa drei Monate; danach kehrte sie wieder heim«.

Diese Szene, »Marias Besuch bei Elisabeth« und »Marias Lobgesang«, steht in Kurzfassung auch bei Jakobus. Bei ihm geht es nun weiter: Als Maria im sech-sten Monat ist, kommt Joseph »von seinen Bauten« zurück, findet Maria schwanger, ist entsetzt. Maria sagt: »Ich weiß nicht, woher mir das kommt«.

Hier gehört Matthäus hinein. »Die Geburt Jesu Christi geschah aber so: Als Maria, seine Mutter, dem Joseph vertraut war, fand es sich, ehe er sie heimhol-te, daß sie schwanger war von dem heiligen Geist. Joseph aber, ihr Mann, war fromm und wollte sie nicht in Schande bringen, gedachte aber, sie heimlich zu verlassen. Als er das noch bedachte, siehe, da erschien ihm der Engel des Herrn im Traum und sprach: Joseph, du Sohn Davids, fürchte dich nicht, Maria, deine Frau, zu dir zu nehmen, denn was sie empfangen hat, ist von dem heiligen Geist«. »Als nun Joseph vom Schlaf erwachte, tat er, wie ihm der Herr befohlen hatte, und nahm seine Frau zu sich«. – Joseph ist fromm: seine erste Reaktion ist es, Maria zu verlassen. Im folgenden Satz lügt der Text: Gerade indem Joseph Maria verlassen würde, käme sie in Schande: Man würde sie steinigen.

Den nächsten Gedanken des frommen Mannes bringt wieder Jakobus: Soll er sie anzeigen, wie es das Gesetz des Moses verlangt? Man könnte denken, »das, was in ihr ist, könnte von den Engeln stammen« und so würde er jemand sein, »der unschuldiges Blut dem Todesgericht ausliefert«. Wie kommt er auf die Idee von den Engeln? Trat Maria, von Angst gepackt, in ihre Traumwelt über und sagte etwas von dem Engel? Weiß Joseph, worum es sich bei den Engeln handelt und kennt 1 Moses 6? Nun kommt Annas, der Schriftgelehr-te, sieht, daß Maria schwanger ist, und meldet es dem Hohenpriester. Joseph und Maria werden vorgeladen und beteuern ihre Unschuld. Man gibt ihnen »das Prüfungswasser des Herrn zu trinken«, nach 4 Moses 5. Bei diesem »Eiferopfer« muß die wegen Untreue angeklagte Frau »ein bitteres verfluchtes Wasser« trinken. Ist die Frau »unrein und hat sich an ihrem Mann versündigt, so wird das verfluchte Wasser in sie gehen und ihr bitter sein, daß ihr der Bauch schwellen und die Hüfte schwinden wird, und wird das Weib ein Fluch sein unter ihrem Volk«. Ist die Frau unschuldig, »so wird's ihr nicht schaden, daß sie kann schwanger werden«. Maria und Joseph trinken das Wasser, werden in die Wüste geschickt und kommen »wohlbehalten zurück«. Der Hohepriester sagt: »Wenn Gott, der Herr, eure Sünden nicht offenbar gemacht hat, so richte ich euch auch nicht«. Der Hohepriester ist Zacharias.

Hier gehört der zweite Teil der Matthäus-Stelle hinein: Joseph träumt von dem Engel und nimmt Maria zu sich. Ich denke, sein Sinneswandel geschah in der Wüste, mit dem Prüfungswasser. Dieses Bitterwasser (oder Sotawasser, von Sud) dürfte Erbrechen und Krämpfe bewirkt haben (ähnlich den kathartischen Prozessen, wie sie heute durch ähnliche Tränke bei afrikanischen Schamanenlehrgängen ausgelöst werden). Das Ziel war wohl, bei der Frau, die sich schuldig fühlte, einen Abgang, eine Fehlgeburt auszulösen. Maria war sich keiner Schuld bewußt. Die Liebesnacht war der Amnesie verfallen.

Wird ein Mädchen bei der Hochzeit »nicht Jungfrau gefunden, so soll man sie heraus vor die Tür ihres Vaters Hauses führen und die Leute der Stadt sollen sie zu Tode steinigen« (5 Moses 22). Es war die Angst vor der Steinigung, die Maria, als sie merkte, daß sie schwanger war, »eilends« zu Elisabeth gehen ließ, um bei ihr Zuflucht zu suchen. Maria kommt in Verzweiflung an, und wird von Elisabeth getröstet.

Maria lebt in zwei Welten, die nicht miteinander verbunden sind: In der Welt ihres Traums ist sie drei Jahre alt und verkehrt mit Gott, als Schlafwandlerin. Somnambule können sich im Wachzustand oft nicht an ihre somnambulen Erlebnisse erinnern. In der Wirklichkeit ist Maria 16 und weiß nicht, wieso sie schwanger ist. Bei Elisabeth taucht sie wieder in ihre Traumwelt ein, da Elisabeth in der Zeit, als diese Traumwelt entstand, in Marias 3. – 5. Lebensjahr, eine Figur in dieser Traumwelt war. Nach drei Monaten – es dürfte nach der Geburt von Johannes dem Täufer sein, Maria ist im 4. oder 5. Monat der Schwangerschaft – geht Maria nach Nazareth in Josephs Haus zurück. Einen Monat später trifft Joseph ein. Das Prüfungswasser, das er nun nehmen muß, der Zustand von Übelkeit, Elend, dazu das Fasten, scheint in ihm nicht Aggressionen gegen Maria ausgelöst zu haben, sondern, im Gegenteil, Mitleid mit der jungen Frau, der die Steinigung bevorstand. Erschien sie ihm wie eine Tochter, oder wie die eigene Mutter? Der Vater erwachte in ihm. Er würde das Opfer retten. Gott hatte einst dem Abraham befohlen, seinen

Sohn abzuschlachten, sich dann aber eines anderen besonnen und den Engel zu Abraham geschickt, um Isaak zu retten. Joseph verwandelt sich in einen neuen Abraham, mit einem Engel in sich.

Eine Steinigung

In manchen Gegenden, in denen das Gesetz des Moses gilt, wird auch heute noch die Steinigung vollzogen. Ich bringe ein Beispiel. Ein Mann wollte seine Frau, mit der er mehrere Kinder hatte, loswerden und beschuldigte sie – zu unrecht – des Ehebruchs. Man gab ihm Recht.

»Joachim, Marias Vater, legte seinen Stock auf den Boden nieder und ergriff den Stein. Er sagte »Gott sei Dank« und schleuderte den Stein mit aller Kraft in Richtung seiner Tochter. Dabei brüllte er: »Da hast du es, Hure!« Er verfehlte sein Ziel. Rasend vor Wut schrie er: »Gebt mir noch einen Stein, ich will ihr den Kopf einschlagen«. Nun kam Joseph, der Ehemann, an die Reihe. Sein dritter Stein traf die rechte Schulter der Verurteilten. Die Männer klatschten Beifall. Mit dem nächsten Stein traf er seine Frau am Haaransatz. Ihr Kopf wurde nach hinten gerissen, die Stirn platzte auf, Blut strömte hervor. Ein Jubeln ging durch die Menge. Nun kam der Priester des Dorfes an die Reihe. Er nahm die heilige Schrift in die linke Hand und ergriff mit der Rechten einen großen Stein und sagte salbungsvoll: »Nicht ich werfe diesen Stein. Gott ist es, der meinen Arm lenkt«. Elisabeth, die Tante des Opfers, war weggegangen als das erste Blut zu strömen begann. Jedesmal wenn die Menge johlte, wußte sie, daß ihre Nichte wieder von einem Stein getroffen worden war. Nie zuvor hatte sie sich so geschämt. Obwohl sie wußte, daß sie nichts gegen diese Gewalttat hätte tun können, machte sie sich doch zum Vorwurf, es nicht wenigstens versucht zu haben. Sie hatte sich ängstlich und feige verhalten und sich widerstandslos dem Gesetz der Männer gebeugt. – Das Opfer hauchte sein Leben aus. Kopf und Oberkörper waren nur noch ein Haufen blutigen Fleisches. Die johlende Menge ließ nicht von ihrem Opfer ab. Die Kopfhaut war eine einzige klaffende Wunde; Augen und Nase waren zerschmettert, der Kiefer gebrochen. Der Kopf baumelte wie eine groteske Karnevalsmaske an den Resten der rechten Schulter. Der Priester sagte: »Ich glaube, Gott hat sein Werk vollendet. Möchte jemand den Tod dieser Hündin feststellen?« Ein Mann beugte sich zu dem Opfer hinab und näherte sein Ohr dem Mund der Frau. »Sie lebt noch. Die Hündin ist immer noch nicht krepiert«. Ein Mann nahm einen Stein und schlug mit aller Kraft mehrfach auf die Schädeldecke. Der Schädel zersprang und das Gehirn spritzte auf die Erde. Da erhob sich ein ungeheures Jubelgeschrei. »Gelobt sei Gott!« Die Menge begann zu singen: »Im Namen des gnädigen und barmherzigen Gottes...«

Geburt von Jesus. Flucht nach Ägypten

Bei Jakobus wie bei Lukas kommt nun der Befehl des Kaisers Augustus zur Schätzung (für die Steuer) und die Reise nach Bethlehem, die Geburt, im Stall bei Lukas, in einer Höhle bei Jakobus. Hier holt Joseph eine Hebamme. Joseph sagt ihr, Maria sei seine Verlobte, das Kind sei vom Heiligen Geist. Die Hebamme sagt: »Wenn ich nicht meinen Finger hinlege und ihren Zustand untersuche, so werde ich nicht glauben, daß eine Jungfrau geboren hat«. Der Hebamme erscheint ein Engel. Bei Lukas sind es die Hirten, zu denen der Engel kommt und sagt: »Siehe, ich verkündige euch große Freude, die allem Volk widerfahren wird; denn euch ist heute der Heiland geboren, welcher ist Christus der Herr, in der Stadt Davids«. Bei Lukas folgt nach acht Tagen die Beschneidung. Dann geht die Familie nach Jerusalem, um das Kind im Tempel »dem Herrn darzustellen«. Simeon, ein alter Mann, »fromm und gottesfürchtig«, nimmt Jesus in die Arme und sagt: »Herr, nun läßt du deinen Diener in Frieden fahren, wie du gesagt hast; denn meine Augen haben deinen Heiland gesehen«. Auch die uralte »Prophetin Hanna« sieht in Jesus den Erlöser und preist Gott. (Solche Erhöhungen können zu frühen Prägungen werden.)

Bei Matthäus kommen die drei Weisen aus dem Morgenland und beten Jesus als den »neugeborenen König der Juden« an. Herodes hört davon und läßt alle Kinder bis zu zwei Jahren töten. Vorher aber war der Engel dem Joseph im Traum erschienen und befahl ihm, nach Ägypten zu fliehen. Bei Jakobus soll auch Johannes getötet werden. Elisabeth versteckt ihn im Gebirge. Die Häscher des Herodes wollen von Zacharias erfahren, wo das Kind ist; er weiß es nicht. Er wird ermordet. Das Ende des Protevangeliums: »Ich aber, Jakobus, der ich diese Geschichte aufgeschrieben habe, begab mich, als in Jerusalem bei Herodes Tod ein Aufruhr entstand, in die Wüste, bis der Aufstand in Jerusalem sich gelegt hatte«.

Nach Ansicht der Historiker gab es weder die Schätzung durch Augustus noch den Kindermord des Herodes (wohl aber Aufstände nach dem Tod von Herodes). Bei Jakobus heißt es: »Als Maria hörte, daß die Kinder getötet wurden, fürchtete sie sich«. Ich gehe davon aus, daß Maria seit dem Prüfungswasser in ständiger Angst vor der Steinigung lebte. Der Hohepriester Zacharias, der Ehemann ihrer Kusine und Pflegemutter, hatte Gnade vor Recht ergehen lassen, sicher zum Mißfallen von Leuten wie dem Schriftgelehrten Annas, der die Sache vermutlich weitererzählte. Galilea, wo Nazareth liegt, war der Hort der Zeloten, der Eiferer, der wahrhaft Frommen, der Steiniger. Joseph floh mit Maria zuerst nach Bethlehem, also in die Nähe von Jerusalem, und dann nach Ägypten.

Jesus, das Wunderkind (vom 5. bis 12. Jahr)

Als Herodes gestorben ist, erscheint dem Joseph wieder der Engel im Traum und sagt ihm, er solle nach Israel zurückkehren, »sie sind gestorben, die dem Kindlein nach dem Leben getrachtet haben«. (Mt. 2,20) Jesus dürfte fünf Jahre alt sein. Er hat die prägende Phase der Kindheit in Ägypten verbracht. Bei Matthäus beginnt nun die Geschichte des erwachsenen Jesus. Bei Lukas folgt auf die Darstellung im Tempel nach der Geburt der Abschnitt »Der zwölfjährige Jesus im Tempel«. Diese Szene bildet den Abschluß des »Kindheitsevangeliums des Thomas«; es erzählt Ereignisse aus dem 5. – 12. Jahr von Jesus.

Es hat 19 Abschnitte oder Kapitel. 1. Der Verfasser stellt sich vor. 2. Jesus ist fünf, formt Sperlinge aus Lehm, was am Sabbat verboten ist. Ein Jude sagt es dem Vater. Joseph geht zu Jesus und »herrschte ihn an«. Jesus klatscht in die Hände, die Sperlinge fliegen weg. 3. Jesus leitet Wasser in eine Mulde. Der Sohn des Schriftgelehrten Annas bringt es zm Abfließen. Jesus wird wütend: »Du Frecher, du Gottloser, du Dummkopf, du sollst verdorren wie ein Baum«. Der Junge verdorrte; seine Eltern beschweren sich bei Joseph. 4. Ein Junge stößt Jesus an der Schulter an. Jesus sagt »erbittert«: »Du sollst auf deinem Weg nicht weitergehen«. Der Junge stirbt. Die Eltern des Jungen sagen zu Joseph: »Lehre ihn zu segnen und nicht zu fluchen«. 5. Joseph sagt zu Jesus: »Warum tust du solche Dinge, daß diese Leute leiden müssen, uns hassen und verfolgen?« Jesus: »›Ich weiß, daß diese Worte nicht die deinen sind, trotzdem will ich deinetwegen schweigen. Jene aber sollen die Strafe tragen.‹ Und alsbald erblindeten die, die ihn angeklagt hatten... Joseph nahm ihn beim Ohr und zupfte ihn gehörig. Jesus: ›Genug, daß du suchst und nicht findest, und höchst unweise hast du gehandelt. Weißt du nicht, daß ich dein bin? So betrübe mich nicht.‹« 6. Ein Lehrer will Jesus das Alphabet beibringen. Jesus beweist dem Lehrer, daß er den allegorischen Sinn der Buchstaben nicht versteht. 7. Der Lehrer ist beschämt, von einem Kind besiegt worden zu sein und sagt zu Joseph: »Dieser ist irgendwie etwas Großes, ein Gott oder ein Engel«. 8. Als die Juden den Lehrer trösten wollen, »da lachte der Knabe laut und sagte: ›Jetzt soll das Deinige Frucht tragen und die Herzensblinden sollen sehen. Ich bin von oben her, damit ich sie verfluche und nach oben rufe, wie mir der aufgetragen hat, der mich gesandt hat.‹ Es wurden sofort alle geheilt, die unter seinen Fluch gefallen waren. Und von da an wagte keiner ihn zu erzürnen, damit er ihn nicht verfluche und er zum Krüppel werde«. 9. Ein Junge fällt vom Dach und ist tot. Man beschuldigt Jesus, ihn herunter-geworfen zu haben. Jesus sagt zu dem Toten: »›Stehe auf und sage mir: habe ich dich heruntergeworfen?‹ Und er stand sofort auf und sagte: ›Nein, Herr, du hast mich nicht heruntergeworfen, vielmehr mich auferweckt‹«. 10. Ein

Mann verletzt sich mit einer Axt am Fuß. Jesus heilt ihn. Die Menge fällt vor
dem Knaben nieder und sagt: »Der Geist Gottes wohnt in diesem Knaben«.
11. Jesus holt Wasser; der Krug zerbricht. Jesus füllt Wasser ins sein Gewand
und bringt es seiner Mutter. 12. Jesus sät und erntet, eine wundersame Menge,
und schenkt es den Armen. 13. Jesus hilft Joseph bei der Arbeit, verlängert
magisch ein zu kurzes Brett. Joseph sagt: »Selig bin ich, daß mir Gott diesen
Knaben geschenkt hat«. 14. Jesus hat Unterricht bei einem neuen Lehrer und
will wieder die allegorische Bedeutung der Buchstaben erklärt haben. »Der
Lehrer schlug ihn auf den Kopf. Der Knabe aber, dem das weh tat, verfluchte ihn, und sofort wurde er ohnmächtig und fiel zu Boden aufs Gesicht«. 15.
Bei einem anderen Lehrer »redete Jesus im Heiligen Geist und lehrte die
Umstehenden das Gesetz. Der Lehrer sagt zu Joseph, der Knabe ist voller
großer Anmut und Weisheit. Als der Knabe dieses hörte, lachte er ihn gleich
an und sprach: ›Da du recht geredet und recht Zeugnis abgelegt hast, soll dir
zuliebe auch jener Geschlagene wieder geheilt werden‹«. 16. Eine Natter
beißt Jakobus, den Sohn von Joseph. Jesus bläst auf den Biß, Jakobus ist
wieder wohlbehalten. 17. Ein krankes Kind starb. Jesus sagt: »Ich sage dir,
stirb nicht, sondern lebe und sei bei deiner Mutter!« Die Leute sagen: »Dies
Kind ist entweder ein Gott oder ein Engel Gottes«. 18. Bei einem Hausbau
sieht Jesus einen Toten und sagt zu ihm: »Steh auf, tu deine Arbeit! Und
alsbald stand er auf und fiel vor ihm nieder«. 19. entspricht Lukas »Der
zwölfjährige Jesus im Tempel«.

Am Anfang ist Jesus fünf. Es ist nach der Rückkehr aus Ägypten. Er
scheint die Sabbatregeln nicht zu kennen. Er spielt. Er ist völlig spontan, auf
Schmerz reagiert er mit Aggression. Er unterdrückt nichts. Er kennt keine
Grenzen, man hat ihm keine Grenzen gesetzt. Als Joseph ihn tadelt, sagt Jesus:
»Weißt du nicht, daß ich dein bin?« Eine Verschmelzung mit dem Vater, den
er aber beherrscht, wie von innen sieht. Er hat einen Vater in sich, der ihn liebt.
Er ist ein Wunderkind, hat magische Kräfte, eine Allmacht der Gedanken als
reale Macht. Als die Erwachsenen seine Macht anerkennen, lacht er. Er wird
seelisch bestätigt, widergespiegelt, nun entspannt er sich und macht den Schaden wieder gut, von oben her, als Sieger. Er lernt den Unterschied von fluchen
und segnen. Er lernt, daß er heilen kann. Er wird narzißtisch gefüttert: »Ein
Gott oder ein Engel«. Er hat eine überlegene Intelligenz und kann die Lehrer
nicht ausstehen, die ihm weit unterlegen sind. Der dritte Lehrer bewundert
ihn, er lacht wieder und heilt nun auch den ersten Lehrer. Er hat seine Rolle
für seine außergewöhnlichen Fähigkeiten gefunden: Er ist vom Himmel.
– Dieser Junge entstand in Ägypten. Er hat die magischen Fähigkeiten, die er
später, ab 3o, haben wird. Er scheint am Ende, d. h. in Kap. 18, in Harmonie
mit der Familie, mit dem Vater zu leben, dem er in Kap. 13 bei der Arbeit hilft;

um den Arbeitssplatz handelt es sich wohl auch in Kap.18. Ich nehme an, er ist hier zehn Jahre alt. Das Kapitel 19 bringe ich nun in der Fassung von Lukas: »Der zwölfjährige Jesus im Tempel«.

Mit 12 im Tempel. ›Joseph ist nicht mein Vater‹. Hurensohn - Gottessohn

Die Familie geht nach Jerusalem zum Passahfest. Bei der Rückkehr bleibt Jesus im Tempel. Die Eltern meinen, er sei mit Verwandten zurückgegangen. Sie suchen ihn, finden ihn nach drei Tagen im Tempel, »mitten unter den Lehrern, wie er ihnen zuhörte und sie fragte. Und alle, die ihm zuhörten, wunderten sich über seinen Verstand und seine Antworten. Und als sie ihn sahen, entsetzten sie sich. Und seine Mutter sprach zu ihm: Mein Sohn, warum hast du uns das getan? Siehe, dein Vater und ich haben dich mit Schmerzen gesucht. Und er sprach zu ihnen: Wißt ihr nicht, daß ich sein muß in dem, was meines Vaters ist? Und sie verstanden das Wort nicht, das er zu ihnen sagte. Und er ging mit ihnen hinab und kam nach Nazareth und war ihnen untertan«. Er war ihnen »gehorsam«, in der Einheitsübersetzung.

Gehorsam ist das Schlüsselwort der Szene. Jesus war vorher ungehorsam gewesen, indem er weggelaufen war. Ungehorsam ist das Reizwort. Gehorsam/Ungehorsam sind die Kernwörter der Religion Jehovahs, die Ecksteine, oder das Fundament, seit der Vertreibung aus dem Paradies.

Jesus verteidigt oder rechtfertigt seinen Ungehorsam mit dem Satz: »Wißt ihr nicht, daß ich sein muß in dem, was meines Vaters ist?« Ich glaube sehr wohl, daß »sie das Wort verstanden, das er zu ihnen sagte«. Ich wende hier eine Regel Freuds an: Das was verneint wird, ist der Kern der Sache.

Jesus ist im Tempel, im Haus Gottes. Gott ist sein Vater. Er sagt gleichsam zu Joseph: »Du bist nicht mein Vater. Gott ist mein Vater. «Er sagt damit auch: »Ich bin unehelich. Meine Mutter ist eine Ehebrecherin. Mein Stiefvater hat den Ehebruch nicht angezeigt, wie er es hätte tun müssen«. Die Schriftgelehrten hören die Sätze etwas anders: »Meine Mutter ist eine Hure. Mein Stiefvater hat eine Hure geheiratet. Ich bin ein Hurensohn«. Was denken die Schriftgelehrten? »Er ist von Sinnen«. So wie es die Familie später sagen wird. Und dazu denken sie: Ein böser Sohn. »Wenn ein Mann einen eigenwilligen und ungehorsamen Sohn hat, der seines Vaters und seiner Mutter Stimme nicht gehorcht, und, wenn sie ihn züchtigen, ihnen nicht gehorchen will, so sollen ihn Mutter und Vater greifen und zu den Ältesten der Stadt führen und zu dem Tor des Orts. ... So sollen ihn steinigen alle Leute der Stadt, daß er sterbe, und sollst also das Böse von dir tun, daß es ganz Israel höre und sich fürchte« (5 Moses 21). Sie denken auch noch: »Wer seine Rute schont, der haßt seinen Sohn; wer ihn aber lieb hat, der züchtigt ihn bald«. »Ein weiser Sohn läßt sich vom Vater züchtigen; aber ein Spötter gehorcht der Strafe nicht« (Sprüche Salomos 13). Das denken die Schriftgelehrten, und auch Joseph und Maria - und vor allem auch Jesus.

Wie als kleiner Junge reagierte er auf einen Angriff mit einem Gegenangriff, und zwar mit einem unverhältnismäßig heftigen Gegenschlag, einem Vernichtungsschlag. Er wurde bewundert von den Erwachsenen, wie früher schon, jetzt aber nicht von den Leuten des Dorfes, sondern von den höchsten Autoritäten der Religion. Er fühlte sich wieder »wie ein Gott oder ein Engel«. Sah er sich schon als Priester, als Hoherpriester? Er war in einem Zustand der Manie. Da kommen seine verärgerten Eltern herein und seine Mutter schimpft ihn aus wie einen kleinen Jungen. Verletzung der Eitelkeit, Wut: Von der Manie – nicht in die Depression – in die Aggression.

Es muß vorher etwas passiert sein: Er muß erfahren haben, daß er unehelich ist. Das Gerücht muß ihn eingeholt haben. Rief man ihm »Hurensohn« nach? Er wird seine Eltern gefragt haben. Sagten sie ihm, seine Mutter habe ihn von einem Engel empfangen? Sagten sie, beschwichtigend: »Unser aller Vater ist Gott im Himmel?« Eine Identitätskrise. Er wußte nicht mehr, wer er war. Hurensohn – Gottessohn. Genial wie er war, reagierte er kreativ, aggressiv. Er wurde ein introvertierter Träumer, der sich zum Gottessohn aufbaute, mit Hilfe der Bibel, dort gab es diese Rolle ja. Mit 12 findet die Berufswahl statt, das Bar Mizdwa. Er soll Zimmermann werden. Er will Priester werden und reißt aus. Er gibt eine Probe seines Könnens, es läuft bestens. Da erscheinen die Eltern.

Am stärksten war die Demütigung für Maria. Das war wohl auch die - spontane, unreflektierte – Absicht: Sie ist es, die schimpft. Was fühlte Joseph? Maria wurde als Hure bezeichnet, hier im Tempel, wo das 12 Jahre vorher schon einmal geschehen war. Er hatte damals, selbst verdächtigt, das Prüfungswasser trinken müssen, das bittere, verfluchte Wasser. Diese Prüfung hatte Mitleid mit Maria in ihm erweckt; er hatte sie nicht verstoßen, sondern sie zu sich genommen, sie beschützt, ihr das Leben gerettet. Er war der Vater ihres Kindes geworden. Er liebte den Jungen, der Junge liebte ihn: Er war der Abba, wie Jesus im Garten von Gethsemane seinen Vater nennen wird. Das Wort heißt nicht einfach Vater, sondern Pappa, eine Zärtlichkeitsform. (Das Wort erscheint ein einziges Mal bei Markus.) Der Junge wuchs auf und entwickelte magische Kräfte; er beherrschte den Vater. Dann, mit etwa 10, kam der Bruch, zuerst in Jesus selbst, jetzt im Tempel nach außen. Für Joseph wiederholte sich die Szene im Tempel 12 Jahre zuvor. Maria wird wieder angegriffen, er wird sie wieder verteidigen, gegen den Angreifer. – Die Szene hat etwas von einer Umkehrung der Ödipus-Fabel. Der Vater Laios hatte das Kind aussetzen lassen. Ein Hirte rettete es. Später trifft Ödipus seinen Vater, er weiß nicht, daß es sein Vater ist; er tötet ihn. Joseph hatte das Kind gerettet und aufgezogen. Jetzt greift der Stiefsohn ihn an, sagt sich von ihm los, demütigt ihn vor aller Welt. Ein Attentat, ein Seelenmord, zweifach: an ihm und an seiner Frau.

»Wer seine Rute schont...«

Jesus ist dann wieder »gehorsam«. Er verschwindet 18 Jahre. Als er wieder auftaucht, ist er »der Zimmermann« (Mk. 6,3) und läuft zum zweiten Mal weg. Ich nehme an, Joseph hatte die Sprüche Salomos befolgt und Jesus gezüchtigt. Joseph muß ein körperlich wie seelisch starker Mann gewesen sein. Er hatte dem Spott, den Anfeindungen getrotzt. Er war wegen Maria fünf Jahre ins Ausland gezogen. Jetzt riß ihm der Stiefsohn diese Identität des guten Vaters weg. Es wiederholt sich in ihm die Szene mit Abraham und Isaak. Vor 12 Jahren rettete er das Opfer, Maria. Er nimmt wieder für sie Partei und straft nun den Angreifer, den bösen Sohn, den Satan. Jetzt brach der Zorn hervor: die Wut, die Verletzung, die Demütigung beim Verhör, der Ekel durch das bittere verfluchte Wasser. Jesus hatte die Rolle des Schriftgelehrten Annas, des Denunzianten übernommen. Alles brach aus Joseph heraus. Ich nehme an, er prügelte den Jungen blutig, bis zur Bewußtlosigkeit. (Das ist in Luthers Wort »untertan« enthalten. Man machte Menschen untertan, indem man sie prügelte, bis sie seelisch zerbrochen waren.) Der Junge erlebte Gottes Zorn – die Verwandlung von Ungehorsam in Gehorsam. Gehorsam arbeitet er dann als Gehilfe von Joseph. Als Joseph stirbt, ist Jesus »von Sinnen«. Er läuft zu Johannes und erlebt seine Empfängnis wieder. Ich nehme daher an, daß er mit 12 in einen seelischen Abgrund gestürzt war, bis zurück vor die Empfängnis. Er wiederholt später die Empfängnis und dann Schwangerschaft und Geburt, wie ich es schon beschrieben habe.

Ich möchte jetzt die Vorlage dieses Prozesses, den ursprünglichen Vorgang, von Maria aus darstellen, d. h. durch die bisher von außen geschilderten Erlebnisse der Mutter die Erlebnisse des Embryos sichtbar machen.

Die Sicht von Innen
David Wasdell: Traumata der Empfängnis und der Einnistung

David Wasdell, früher anglikanischer Priester, später Psychotherapeut und einer der Pioniere der pränatalen Psychologie, machte diese Arbeit bereits; ich fasse seine Darstellung zusammen:

Maria, ein Mädchen vom Dorf, wurde mit einem älteren Mann verlobt. Als Reaktion beginnt sie wahllos sexuelle Affairen, wird schwanger und verstößt damit gegen die sexuellen Tabus. Rekonstruieren wir den Moment des Geschlechtsverkehrs, die Tiefen der Liebe und der Angst, des Schreckens. Stellen wir uns das Trauma der Befruchtung vor. Die Verschmelzung des Kopfes der Samenzelle im Kern des Eis spricht das Todesurteil für Mutter und Kind aus. Die grauenhafteste Katastrophe, das was absolut nicht hätte geschehen dürfen, ist geschehen – als Urprägung des Erwachsenen. Die befruchtete Eizelle wandert durch den Eileiter: Noch gibt es eine Chance, daß das Leben der Mutter gerettet wird: 60 % der Keimblasen schaffen die Einnistung nicht. Aber in dem stecknadelkopfgroßen Gebilde ist der Lebenstrieb enthalten, die Brandung des Lebenswillens, der Wille zum Überleben schlechthin, angefeuert durch die Sonnenenergie, die sich in Jahrmillionen zu einem komplexen Wesen entwickelt hat. Die Einnistung erfolgt. Rekonstruieren wir das Trauma der Einnistung. Eine Spaltung entsteht. Auf der einen Seite der gute Schoß, auf der anderen Seite der das Leben bedrohende Parasit, der die Keime des Todes in sich trägt. Oder andersherum gesehen: Die idealisierte gute Keimblase, die in eine Hölle voller Verfolger geraten ist und psychotische Angst hat. Dazu der Phasenwechsel: Von der Abgelöstheit der Keimblasenexistenz zur pränatalen Entwicklung in der Gebärmutter. Wieder eine Spaltung, wie schon bei der Empfängnis.

6 bis 7 Wochen sind vorbei, die Periode ist zum erstenmal schon ausgeblieben, dann zum zweitenmal. Maria verliert alle Hoffnung, fällt in eine hysterische Welt eines psychotischen Surrealismus voller Traumbilder und religiöser Symbole. Jetzt entsteht die kategorische Verneinung des Geschlechtsverkehrs: Was in ihr ist, ist von Gott. Jetzt wird in ihrem Geist der Sohn Gottes geboren. In Panik und psychotischem Grauen geht sie zu ihrer Kusine Elisabeth, die nun angesteckt wird von Marias Panik, ein Adrenalinschock stößt Elisabeths Baby hoch, das heftig losschlägt.

Wasdell geht nun auf Frank Lake ein, anglikanischer Priester und Psychotherapeut, einer der Begründer der pränatalen Psychologie. Lake sagt: Maria muß in der Tiefe die Fähigkeit gehabt haben, ihr Kind zu beschützen und einen einzigartigen Zusammenhalt zu erschaffen. Sie besaß den Frieden des Herzens, Vertrauen in Gottes nicht versiegenden väterlichen Schutz, wodurch es nicht zu Abpaltungen gekommen sei. Dieser Glauben, dieses Vertrauen zeige sich auch darin, daß Maria später dem Gang ihres Sohnes zur Kreuzigung zugestimmt habe. So habe Maria auch die Not des 4. Monats überwunden.

Wasdell nennt diese Darstellung Lakes eine kontinuierliche Verleugnung. Es gäbe in der fötalen Symbiose keine Möglichkeit, das Kind zu schützen und gegen die Wellen von Angst und Schrecken zu verteidigen, die aus den paranoiden Überzeugungen der Mutter kamen. Der Weg von Elisabeth nach Nazareth im 4. Monat, überlagert vom Ritt nach Bethlehem vor der Geburt, sei die Vorform des Einzugs in Jerusalem, also der Weg zur Kreuzigung. Marias Konstruktion des Gottessohnes, dieses Phantasma, der Mythos der Inkarnation, rettete das Leben der Mutter und führte zum Tode des Kindes. Jesus ließ das Todesurteil, das der Mutter galt, an sich vollstrecken. - Soweit Wasdell. Man könnte noch sagen: Indem Jesus sich töten ließ, um seine Mutter überleben zu lassen, rettete er seine uterine Welt.

Marias Geborgenheit in Elisabeth. Der lesbische Komplex

Ich bringe nun meine eigene Lesart; sie beruht auf der ausführlichen Lektüre der Texte. Ein Unterschied zu Wasdell und wohl auch zu Lake besteht darin, daß ich die Ankündigung von Empfängnis und Geburt durch Gabriel nicht als nachträgliche Erfindung ansehe, sondern als vor der Empfängnis geschehen, so wie es im Text steht. Das Empfängnistrauma entstand sicher so, wie es Wasdell beschreibt, doch möchte ich die Dinge differenzieren (und ich meine, Lake ahnte auch etwas Richtiges). Vor allem halte ich die Entwicklung nach der Empfängnis für sehr wichtig.

Nach meiner Darstellung erlebte Maria im Unbewußten die Empfängnis von Jesus als eine Wiederholung ihrer eigenen Empfängnis, im Sinne einer Wiedergutmachung eines Ehebruchs mit der Folge der Aussetzung, durch einen neuen Ehebruch. Für entscheidend halte ich, daß Maria dabei ihre Mutterschwester Elisabeth nachmachte, sich mit ihr identifizierte, sich ihr gleichmachte. Der zweite wesentliche Aspekt ist der, daß ich beide Frauen als seelische Riesinnen ansehe, nicht als Normalmenschen. Ich werde es unten weiter ausführen: In Elisabeth und dann in Maria versammelte sich das Unbewußte der jüdischen Frauen, die den Marsch der jüdischen Männer in den Opfertod sabotieren wollten. Dazu mußte das Gesetz Jehovahhs gebrochen werden. Elisabeth tat es. Sie hatte den gleichen Mut wie die Männer, aber mit dem Ziel des Überlebens. In Elisabeth war eine Kraft, die durch die Todesgefahr nicht beeinträchtigt wurde. Ich bin der Ansicht, daß Maria an dieser Kraft teilhatte: Hier ist die Schicht, die Lake sah, und vom christlich-jüdischen Gott, dem Gott des Moses, herleitete. Es war aber ein anderer Gott. Ich komme darauf zurück.

Nochmal zur embryologischen Perspektive. Die Empfängnis als Heilige Hochzeit: Maria wie in ihrer Mutter, stellvertreten durch Elisabeth. Dann die Einnistung. Sie ist immer eine Krise, es vollzieht sich eine komplexe Verwandlung (die ich bei der Alchemie genauer zeigen werde). Dann erst merkt Maria, daß sie schwanger ist; es ist das Entdeckungstrauma, wie Emerson sagt. Maria erwacht in der Realität: Todesangst vor der Steinigung. In Panik flieht Maria zu Elisabeth, vielleicht drei Tage Fußmarsch »durch das Gebirge«, von Nazareth im Norden nach Juda im Süden. 6., 7., 8. Woche? Zum Ende der embryonalen Periode hin, im Durchgang durch die Tierreihe der Evolution. Ein Absterben des Embryos, er fällt zurück zu seinem Anfang, der Einnistung, d. h. in die Krisenphase davor, die eine Todeserfahrung ist, die Urdepression (wie Fabricius meint): Die Einnistung wird dann als Auferstehung im Paradies erlebt. Die Urdepression ist nun, bei der Regression, ein Ort der Zuflucht, des Scheintods: Drei Tage lang. Dann die Ankunft bei Elisabeth. Ich glaube nicht, daß das Baby der Elisabeth von der Panik der Maria aktiviert wurde (wie Wasdell meint), sondern von der Auflösung der Panik, also »Freude« spürte, so wie es im Text steht. Elisabeth wurde erfüllt von dem »heiligen Geiste« – von den Liebesgefühlen der Maria, von ihrem Aufschwung in die Manie, was der »Lobgesang« dann erkennen läßt: Die Niedrigen, die Heruntergedrückten, die Deprimierten, werden erhoben. Maria wird durch Elisabeth erhoben. (Jakobus schreibt, Maria sei aus »Freude« zu Elisabeth gegangen. Dagegen spricht der »Lobgesang«. Jetzt erst, nach der Zuflucht bei Elisabeth, kommt das Lob, für die Rettung.)

Was zwischen den beiden Frauen sich ereignet, ist der »lesbische Komplex«, die symbiotische Liebe zwischen Tochter und Mutter, die in der Verbindung ihrer Körper stattfindet. Die lesbische Liebe ist die stärkste Form der romantischen Liebe, weil sie in der Liebe zwischen Mutter und Tochter wurzelt, schreibt Charlotte Wolf. Ein mythische Urbild ist die Beziehung zwischen Demeter und Persephone.

Diese Beziehung als eine Verschmelzung von Tochter und Mutter zu einem einzigen Wesen zeigt Leonardos Bild »AnnaSelbdritt« (über das Freud schrieb). Die Vorarbeiten stellen nicht Anna und Maria dar, sondern Elizabeth und Maria mit Jesus und Johannes. Im Bild selbst ist es, als führe Leonardo dann das Bewußte – Elizabeth und Maria – auf das Unbewußte – Anna und Maria – zurück.

Neueinnistung. Erwachen im guten Schoß. – Nachzeugung?

Jesus wird neu belebt: Er wiederholt die Einnistung, die Ankunft im Paradies. Bei einer solchen Wiederholung entsteht eine Art Bewußtsein: Die Seligkeits-erfahrung wird wieder erlebt; jetzt ist sie gleichsam verdoppelt, in sich widergespiegelt. Es bildet sich ein neues Seligkeits-Ich, das vage von sich weiß. Das ursprüngliche Seligkeits-Ich entstand in der 2. Woche. In der 3. Woche erfolgt die sog. Cerebralisation, Hirnbildung. In der 2. Woche läuft ein weibliches Energie-Programm, in der 3. Woche ein männliches (s. unten Alchemie).

Dessen Stärke und Inhalt wird durch die Beziehung der Mutter zum Vater des Kindes beeinflußt. Der reale Vater von Jesus war nicht da.

Maria lebt im Traum mit ihrem Engel als dem Vater des Kindes. Sie ist in der Symbiose mit Elisabeth: Jesus ist in einem zweifachen guten Mutterschoß. Im 3. Monat erfolgt das Erwachen des Bewußtseins. Es ist die zweite Ankunft im Paradies. Der Embryo, der jetzt zum Fötus wird, erlebt sich zuerst als Licht, das erscheint, wieder verschwindet, wieder erscheint und sich dann allmählich als Dasein begreift, und zwar als Seinswonne, Jubel, Halleluja, Satchitananda – Gott sei gelobt. Das Licht wird allmählich zu einem Strömen von Kraft: die Atembewegung der Mutter. Dann wird dieses Strömen ein rhythmisches Pulsieren: der Herzschlag der Mutter. Die Erfahrung der göttlichen Liebe: Ein alliebendes, allmächtiges, unsichtbares Du, mit dem das Kind eine Einheit bildet. Es wird geliebt und es liebt. Hat das Kind das zusätzliche Bewußtsein, wie es bei Jesus der Fall ist, so lernt es, daß es selbst aktiv lieben kann und dann antwortet das geliebte Du mit noch größerer Liebe (positiver Verstärker; foetales Feed-back).

Außerdem ist da noch ein anderes Wesen: Johannes. Die beiden Schoßkinder nehmen Kontakt auf. Der ältere, im Schoß der alten Frau, wird von dem jüngeren, im Schoß der jungen Frau, seelisch gefüttert, ist dankbar; der jüngere lernt diese Art der Beziehung: Er gibt und wird so selbst genährt, erhoben. Dann aber passiert etwas: Der Ältere verändert sich, beginnt sich schlecht zu fühlen, leidet Mangel; der Jüngere kann ihm nichts mehr geben. Rätselhaft, unheimlich: Der Ältere wird finster, böse und beginnt zu kämpfen: Die Geburt. Er ist weg.

Und jetzt wird es auch für Jesus unangenehm: Maria kehrt nach Nazareth zurück, erwartet mit Angst die Heimkehr von Joseph. Er will Maria verstoßen? Eine Angstwelle. Das Verhör. Das Prüfungswasser. Grauen, Qualen, wie ein Sterben. Abgang, Fehlgeburt? Was macht Maria? Sie flieht innerlich zu Elisabeth, in die Symbiose, und so in ihre Mutter hinein, pränatale Regression, bis zur Empfängnis, zum Engel, zu Gott. Das Kind erlebt es mit. Es erlebt seine Empfängnis wieder, den Energiestrom aus Feuer. Es wird neu gezeugt, vergöttlicht. Wieder Tod und Auferstehung: Äußerste Qualen schlagen um in äußerste Lust, in ewiges Leben bei Gott, in Gott, »in die Herrlichkeit des Vaters und seiner heiligen Engel« – die Millionen göttlicher Funken, die Spermaschwärme, die bei der Empfängnis mit dabei waren, und von denen jeder das ganze Programm und die ganze Energie der Schöpfung, der Evolution, in sich trägt. Ist das die Basis von Markus 8 und 9: »Du bist der Christus!«; »1. Ankündigung von Tod und Auferstehung«; »Von der Nachfolge«; »Verklärung«?

Spielte noch etwas anderes hinein? »Joseph aber rührte Maria nicht an«. Soll man den Satz so lesen, wie es Freud bei der Traumdeutung empfiehlt, nämlich die Verneinung weglassen, da sich so die Wahrheit zeige? Vollzog Joseph den Geschlechtsverkehr mit Maria, eine Art Nachzeugung, um so das Kind zu seinem eigenen zu machen? Wollte er Vatergefühle für das Kind in sich erzeugen? Das mag ungewöhnlich klingen, aber ich meine, er war ein ungewöhnlicher Mann – schließlich geht die ja sehr ungewöhnliche Vaterliebe des Jesus zum großen Teil auf ihn zurück. – Das Kind empfand den Vorgang zuerst als schmerzhaft, dann aber spürte es die Lust der Mutter und die Lust des Vaters: es fühlte sich neu gezeugt, angenommen vom Großen Vater. War das der Ursprung der Verklärung?

Jedenfalls kommt nun eine neue Kraft in die Welt von Jesus. Die Angst, die seit dem Verschwinden des kleinen Freundes immer da war, hat sich aufgelöst: Statt des kleinen Freundes ist jetzt ein mächtiges Wesen da, mit einer lauten Stimme voll Kraft und Sicherheit. – Joseph hat die Verantwortung übernommen.

Geburt. Flucht nach Ägypten

Dann wird es aber unangenehm, Druck nimmt zu, das Kind beginnt sich zu wehren. Angst ist wieder da. Und jetzt heftiges Schaukeln, unerträglich, Wut, Kampf, und da die Vergeltung, Druck, zerquetscht werden. Kampf, Erinnerung an das rettende Licht vor kurzem, es ist wieder da, eine Aufladung mit Lichtkraft, mit Gottvater, mit ihm der Sieg, der Triumph, der Eintritt in die Freiheit. Jesus ist geboren. Die Aura, die ein Kind bei der Geburt umgeben kann, ist bei Jesus hundertfach verstärkt. Die Hirten nehmen sie wahr. Etwas Außergewöhnliches hat sich ereignet. Die drei Weisen aus dem Morgenland? Magier, persische Priester, oder indische Wandermönche? Atemanreger? Dann die Beschneidung, ein Trauma.

Simeon sieht das außergewöhnliche Kind, er erkennt den Gottessohn, spricht es aus: Er spiegelt das Kind wider, er gibt ihm Identität. (Ähnlich Asita bei Buddha.)

Dann wieder Angst. Die Flucht nach Ägypten. Durch die Wüste? Versiegte die Brust der Maria? Das Kind schrie, Wut zuerst, böse, es begann zu halluzinieren, suchte einen starken Helfer Satan in der Wüste. Dann sank es erschöpft zusammen, träumte sich schließlich zurück vor die Geburt, als es noch von der Nabelschnur genährt wurde, Bilder von Engeln im Traum. Ankunft in Ägypten, Ende der Angst, Ankunft im Paradies. Die gute Brust ist wie der gute Schoß. Das Kind hat ein zweifaches Bewußtsein. Die Wirklichkeit ist wie der Traum. Der Traum ist zur Wirklichkeit geworden. Die Mutter ist wie die göttliche Mutter, die es einmal unsichtbar gegeben hatte. Und jetzt ist auch noch ein Vater dabei, er ist liebevoll und sieht aus wie Gott: Der Pappa, der Abba. Das Kind im Reich Gottes.

Der Vater: Der Römer Panthera
Der Kriegsgott der Männer;
der Friedensgott der Frauen

Wer war der Vater? Wer verbirgt sich in Gabriel? Nach Ansicht der Juden – der nicht-christlichen Juden, der Rabbiner - war der Vater von Jesus ein römischer Soldat namens Panthera. Ethelbert Stauffer schreibt: »In einem jüdischen Geschlechtsregister aus der Zeit vor 70 erscheint Jesus als ›Bastard von einem Eheweibe‹. Schon der Evangelist Matthäus kannte offenbar solche Geschlechtsregister und kämpfte dagegen. Die Rabbinen der Folgezeit nennen Jesus ohne weiteres den Sohn der Ehebrecherin, den Sohn der Hure. Sie wissen auch ganz genau, wie der ›unbekannte Vater‹ hieß: Panthera. Schon in den altrabbinischen Texten hören wir mehrfach von Jesus ben Panthera, und der Jude des Celsus kennt um 160 bereits allerlei Klatschgeschichten über Maria und den Legionär Panthera«. – Auch bei Johannes (8,41) deutet sich an, daß die Juden Jesus für unehelich hielten; im Evangelium des Nicodemus sagen sie es offen.

Ich setze nun Panthera für Gabriel ein. Ich sehe in Panthera einen römischen Offizier – einen Kommandanten der siegreichen irdischen Legionen statt des Kommandanten der siegreichen himmlischen Legionen, des Erzengels Gabriel. – Die Partei des Hohenpriesters hatte 63 v. Ch. die Römer als Friedenstruppe ins Land geholt und verwaltete es zusammen mit ihnen. Da Zacharias zur Zeit der Geburt von Jesus schon sehr alt war, war er 63 v. Ch. vielleicht 20 gewesen und war mit nach Damaskus zu Pompeius gereist. Ich nehme an, daß Elisabeth viel jünger war. Als sie Johannes zur Welt brachte, mag sie Anfang oder Mitte 40 gewesen sein, und, wie ich annehme, immer noch eine sehr attraktive Frau. Sie hatte eine Affaire mit dem römischen Offizier, weil sie ein Kind haben wollte. Da ich sie für eine seelische Riesin halte, von der Statur einer Prophetin, hatte diese Affaire eine tiefere, weitere, eben prophetische Bedeutung. Aus den Propheten spricht das Volk, die männliche Hälfte. Aus den Prophetinnen spricht auch das Volk, die weibliche Hälfte.

Ich schilderte, wie in die Szenerie der jüdischen Bürgerkriege von 167 v. Ch. bis 135 n. Ch. die beiden Männer Johannes und Jesus eintreten. 30 Jahre vorher traten die beiden Frauen Elisabeth und Maria ein.

Die jüdischen Männer, in ihrer Mehrheit, brannten vor Liebe zu Gott, zu ihrem Männergott. Er hatte mit ihnen einen Bund geschlossen in Form der Beschneidung der Vorhaut. Sie waren mit dem Penis an ihn gebunden. Sie hatten ihm einen Teil ihrer Vorhaut geopfert. Eine Scheinkastration, wodurch sie gegenüber Gott die Rolle von Frauen einnahmen: Sie gaben sich Gott hin, unterwarfen sich ihm, dienten ihm, als Knechte des Herrn, als Lieblinge ihres

Geliebten. Sie wollten den Bund erneuern, als Wiederholung der einstigen Bluthochzeit der Beschneidung, um die vollkommene Verschmelzung mit dem Beschneider zu erreichen. Sie werden es 66–70 und 135–135 n. Ch. tun. Zur Zeit der Geburt von Johannes und Jesus laufen die Vorbereitungen schon. Einer der Anführer war der »Lehrer der Gerechtigkeit« der Essener in Qumran, der am Drehbuch für das Schauspiel des Opfers an Gott schrieb: Apokalypse – Weltuntergang und Weltgericht. Der Sieg des Kriegsgottes und seines Gesandten, des Gesalbten, des himmlischen Königs, den die Eiferer, die Fanatiker, die Zeloten, die Revolutionäre, die Umstürzler, verehren, und für dessen Reich Gottes, das Himmelreich, sie sterben wollen. Die andere Partei ist die Partei der Hohenpriester, die Konservativen, die Bewahrer. Sie betrachten die Erde als Schöpfung Gottes, als das Reich Gottes auf Erden, das sie erhalten wollen, so unvollkommen es auch ist. Sie sind für den Frieden. Aber sie haben denselben Gott wie ihre Feinde, den Kriegsgott. Man müßte einen Friedensgott aus ihm machen. Das versuchten Elisabeth und Maria. Wie kamen sie auf diese Idee, woher hatten sie die Vorstellung eines Friedensgottes?

40 v. Ch. schrieb Vergil die 4. Ekloge: ›Das letzte Weltalter zieht heran. Die göttliche Jungfrau kehrt zurück und die goldene Urzeit. Die Geburt des Knaben. Göttliches Leben empfängt der Knabe. Friedenskönig des Reichs, das die Kraft des Vaters gebaut hat. Sieh, wie alles sich freut des kommenden Weltenjahrhunderts‹. 31 v. Ch. besiegt Octavian Antonius und Kleopatra. 29 v. Ch. wird er Kaiser und erhält den Namen Augustus, der Anbetungswürdige. Sein voller Titel: »Der anbetungswürdige Sohn Gottes«. Er ist Adoptivsohn von Caesar, der seinen Stammbaum auf Venus zurückführte, griechisch Aphrodite, ägyptisch Isis. Augustus starb 14. n. Ch. Aus einer Hymne auf ihn: »Beinahe wäre das gesamte Menschengeschlecht im Wechselmord bis zur gänzlichen Vernichtung zugrunde gegangen, hätte nicht der eine Mann und Führer alles zum Besten gewendet, der unheilwendende Held, der den offenkundigen und geheimen Kriegen, den Überfällen der Bandenführer ein Ende gemacht hat«. Augustus verkündete die Pax romana, den römischen Frieden, erneuerte die Verehrung der Friedensgöttin 13–9 v. Ch. Jupiter als Gott des Friedens. Augustus der Sohn Gottes, des Friedensgottes.

Ich nehme an, ein Bote dieses Gottes, ein Gesandter, ein römischer Offizier, kam nach Jerusalem, brachte die Friedensbotschaft, erklärte die neue Politik. Er war ein Propagandaoffizier, erzählte von Vergils 4. Ekloge. »Der Kaiser Konstantin hat dieses prophetische Lied später auf die Geburt Jesu Christi gedeutet«, schreibt Stauffer.

Meiner Ansicht nach machten diese Deutung schon Elisabeth und Maria. Die bei Lukas, in der »Ankündigung von Jesu Geburt« enthaltene Idee der Jungfrauengeburt gab es nicht bei den Juden. Das Wort Jungfrau bei Jesajas, auf das hingewiesen wird, paßt nicht: Es heißt dort einfach ›junge Frau‹. - »Am Anfang war das Wort, und das Wort war bei Gott« beginnt das Evangelium des Johannes. Es war ein anderer Gott. Elisabeth suchte einen Gott, der auch für Frauen zuständig war, eben einen Friedensgott. Sein Gesandter war Panthera. Er ist der Gabriel im Tagtraum der »Ankündigung der Geburt Jesu Christi« von Maria, wie auch in der »Ankündigung der Geburt Johannes des Täufers«. Es ist ein gemeinsamer Tagtraum der beiden Frauen. (Hans Sachs und Otto Rank schrieben über diese Art des Tagtraums.)

Elisabeth machte auf der Ebene des Unbewußten und der Sexualität das, was ihr Mann 63 Jahre vorher auf der politischen Ebene gemacht hatte: Die Römer holen, um den Bürgerkrieg zu beenden. »Liebet eure Feinde, damit ihr Kinder seid eures Vaters im Himmel«. So sagt es Jesus den Zeloten. Aus ihrer Sicht hatten Elisabeth und Maria den Feind geliebt und daher nannten sie Maria eine »Römerhure«.

Zacharias wurde nach der Geburt von Johannes ermordet, heißt es bei Jakobus; Johannes wurde also von Elisabeth aufgezogen, ein Muttersohn; er wurde ihr Beauftragter. Er brachte die Taufe, kein jüdisches, sondern ein heidnisches Ritual, aus dem Kult einer Muttergöttin stammend: Rückkehr in den Mutterschoß und neue Geburt, aus der Mutter, mit der Mutter verbunden, wiederverbunden, rückgebunden, religiös. Man weiß nichts über Johannes außer den Informationen bei Lukas und Jakobus und einer Erwähnung bei Flavius Josephus. (Er ist der Stifter der Religion der Mandäer, die es heute noch gibt, doch ist dort sein Ursprung nicht mehr erkennbar.) In der Maske der jüdischen Vater- und Kriegsreligion verkündete Johannes eine Mutter- und Friedensreligion. (In der Kabbala werden später Elemente davon wieder auftauchen. Siehe 11. Kapitel.)

Taufe, Verklärung, Kreuzigung als Wiederholungen

In diese Religion wurde Jesus bei der Taufe eingeweiht. Der Geist, der auf ihn herabkam, ist der Geist einer Muttergöttin, die es am Anfang auch bei den Juden gegeben hatte. Der Geist Gottes, die Ruah, ist weiblich, das deutet noch darauf hin. Es ist eine Geistin. Jesus wird das alles dann von der jüdischen Vaterreligion her zu begreifen versuchen. Er hat Psalm 2,7 im Kopf und so hört er ihn vom Himmel. Aber er tritt dann eben nicht als der Gesalbte, als der Christus, als der Kriegerkönig David auf.

Was er bei der Taufe erlebte, wird von seiner seelischen Geschichte bis dahin verstehbar. Die Prügel durch Joseph mit 12 waren ein seelischer Tod, der Lebensfilm lief zurück, bis zurück durch Geburt und Empfängnis. Der Zorn Gottes, die Steinigung, die »Vernichtungsweihe«, war seelisch an ihm vollzogen worden. Es gab ihn nicht mehr. Wo war er? Vor seiner Zeugung, ein unbefruchtetes Ei im Eierstock seiner Mutter. Was war die Taufe? Eine Zeugung durch einen Muttergeist. Es war, als sei die Zeugung der Maria wiederholt worden, die Zeugung durch den Engel, den Baalsanbeter. Es war, als sei Jesus als Mädchen neu gezeugt worden – er wurde eine Gesalbte, eine Christa. Das war er im Kern vorher schon: Er hat keine Sexualität. Sie war seelisch zerstört worden und er half dann wohl körperlich nach: »Manche haben sich verschnitten um des Himmelsreiches willen« (Mt. 19,12), so wie es die Priester der Großen Mutter taten. Er war ein Riesen-Embryo, ein Mega-Fötus. Oder ein Groß-Säugling. Im Thomas-Evangelium sagt Jesus: »Diese kleinen Kinder, die gesäugt werden, gleichen denen, die ins Reich eingehen«. Und wenn »das Männliche nicht mehr männlich und das Weibliche nicht mehr weiblich ist – dann werdet ihr ins Reich eingehen«.

Er war auch wieder das Kind des Abba, des Pappa, in Ägypten, und darunter das Kind im Schoß der Maria bei Elisabeth, erfüllt vom heiligen Geiste. Mit ihm heilt er. Er treibt die bösen Geister aus. Er versetzt die Menschen in den Zustand vor der Geburt. Die bösen Geister sind die Geburtskampf-Geister der Menschen, die in der Geburt steckengeblieben waren und sie ständig wiederholen müssen. »Der besessene Gerasener«: Der böse Geist in ihm heißt »Legion«. Das ist die römische Legion, die siegreiche, Wunschbild des erfolgreichen Geburtskampfes. »Du bist der Sohn Gottes«, sagen die Kranken zu Jesus. Sie sehen in ihm den erfolgreichen Geburtskämpfer. Er dreht es um: Er ist erfolgreich durch die Geburt zurückgekehrt. Er schiebt den David weg, den kriegerischen Gottessohn, ersetzt ihn durch den friedlichen Menschensohn, der im Schoß, im Rahamim ist und die Menschen dort hineinführt. Die Bergpredigt ist auch an Johannes gerichtet, mit dem er Kontakt bewahrt (Mt. 11). Er will mit ihm zusammen im Schoß bleiben.

Die Kreuzigung als Liebesakt

Dann wird Johannes enthauptet: Er läßt sich enthaupten. Er ist aggressiv – wiederholt den Geburtskampf. Jesus macht ihn nach. Er ist in Maria, sie geht zurück nach Nazareth. Das Prüfungswasser: Es ist wie eine Vorbereitung der Geburt geworden seither; das Unbewußte hat ja den ganzen einstigen Prozeß in sich und verknüpft ihn nun (z. T. auf neue Weise). Was Annas, der Schriftgelehrte, der Eiferer, der Zelot, einst durch seine Denunziation auslöste, geschieht jetzt in neuer Weise durch Petrus, den Eiferer, den Zeloten, den Messermann. Aber die Geburt, mit Geburtskampf und Geburtstod, ist überlagert durch die Prügel mit 12. Die Bilder tauchen auf: Fuß abhauen, Arm abhauen, Auge ausreißen: Verstümmelungen als Selbstverstümmelungen.

Deutlich wird es im Garten von Gethsemane: ›Zittern und Zagen. Pappa, laß diesen Kelch an mir vorübergehn, doch nicht, was ich will, sondern was du willst‹. Er sieht sich als Jungen, vor der Strafe für seinen Ungehorsam: ›Pappa, tu es nicht. Aber wenn du es tun willst, dann tu es‹. »Ein weiser Sohn läßt sich vom Vater züchtigen«. »Wer sich gern läßt strafen, der wird klug werden«. »Wer seine Rute schont, der haßt seinen Sohn; wer ihn aber lieb hat, der züchtigt ihn bald«. (Sprüche Salomos)

Ich versuche, das zentrale Mysterium der christlichen Religion zu begreifen: Gott schickte seinen Sohn aus Liebe zu den Menschen auf die Erde, damit sich dieser Sohn zu Tode foltern läßt: Die Kreuzigung ist ein Ausdruck von Liebe, sie ist ein Liebesakt, in dem der Sohn den Vater liebt und sich vom Vater geliebt fühlt.

> Der Alte ist im Winter grün...
> lobsingt dem Herrn und preiset ihn
> und hat schon wieder Frucht am Stecken.

> Verfluchter alter Abraham,
> zwölf schwere Plagen Isaake
> haun dir mit einer Nudelhacke
> den alten Zeugeschwengel lahm.

Ich glaube, Gottfried Benn hat in diesem Gedicht mit dem Titel »Pastorensohn« den wesentlichen Vorgang geahnt, doch umgedreht zum Ungehorsam. Im Gehorsam geht es anders. In dem Aufsatz »Ein Kind wird geschlagen« beschreibt Freud, wie ein Junge die Prügel des Vaters umphantasiert und aus der Strafe eine Liebeszuwendung macht. Diese Phantasie kann sexualisiert werden: Der Junge macht die Prügel zum homosexuellen Analverkehr mit dem Vater. So sah Freud Schreber und den Wolfsmann: Die Neuzeugung des Sohnes in der Rolle der Frau, der Mutter, um dem Vater ein Kind zu schenken, sich selbst. Es ist die höchste Form der Vaterliebe: Neuzeugung, Neugeburt, wie im sakralen Analkoitus der Griechen in Sparta.

Jesus wiederholt. Ich vermute, Jesus erlebte bei den Prügeln eine Art Orgasmus, vielleicht den einzigen seines Lebens. Wahrscheinlich stieg die Beschneidung auf, der Bund mit Gott, die Bluthochzeit mit dem Herrn. Im Orgasmus verschmolz er mit dem Vater. Der Schmerz war einen Moment zu Lust geworden. Dann verlor er das Bewußtsein.

Es geht um die Verknüpfung von Schmerz und Lust: Sadismus, Masochismus. Klaus Theweleit schreibt in seinem Buch »Männerphantasien« über Prügel (er bezieht sich hier auf den Psychoanalytiker Sadger): »Muskeln, die bei heftigen schmerzhaften Schlägen fast koitusartig zusammenzucken. So bringt das Prügeln selber die Muskelerotik oft fast zum Orgasmus«. Dann zitiert er den KZ-Häftling Heinz Heger: Das Opfer wurde auf den Bock gebunden. »Alle Häftlinge mußten antreten und zusehen. Der SS-Lagerführer, sein Gesicht rot vor Aufregung und Wollust, onanierte ganz ungeniert vor uns Angetretenen«. Theweleit schreibt, das Opfer »wird öffentlich vergewaltigt«. Es geht um »die Afterzone: eingedrungen wird ins Verborgene und Private des Geschlagenen. Die anderen dürfen nicht sehen, was sie sehen: den onanierenden Herrn über Leben und Tod. Er benutzt die Position des Machthabers dazu, das strengste Tabu öffentlich zu durchbrechen: die geschlechtliche Befriedigung vor aller Augen demonstrativ zu vollziehen. Alle müssen es sehen, aber wer darauf reagierte, wäre des Todes. Der Befehlshaber gegenüber einer angetretenen Masse von Gestorbenen: von euch kommt keiner lebend hier raus. In der Onanie feiert er ihnen gegenüber eine Orgie des Überlebens. Die Prügel organisieren einen Genußtausch. Mit jedem Schlag und jedem Schrei verläßt ein erhebliches Quantum genossener Lust den Geschlagenen und geht in den Zuschauer über. Der Geschlagene wird zu einer Art negativem Koitus gezwungen«. Theweleit zitiert dann das KZ-Opfer Jean Améry, der es anders sieht: Er schreibt von den Tätern, ihren bei »der Folter in mörderischer Selbstrealisierung gesammelten Gesichtern. Exzeß der ungehemmten Selbstexpansion. Der Mitmensch wird verfleischlicht und in der Verfleischlichung schon an den Rand des Todes geführt«. Theweleit meint, er würde den Vorgang am Prügelnden als »Entfleischlichung« bezeichnen.

Hier ist das Ganze auf drei Personen verteilt, oder zerlegt. Bei Jesus mit 12 ist er das Opfer, Joseph der Täter, und Gott der Befehlshaber. Bei der Kreuzigung ist alles in Jesus selbst. Dazu die ganze Welt, die zuschaut. Die Szene ist aber jetzt innerlich umgebaut: Zur Identifizierung mit dem Aggressor, zum Liebesakt als Foltertod. In der Verschmelzung ereignet sich die Phantasie des Opfers, eins mit dem Täter zu werden, so riesig stark wie er, wie Gott zu sein. Jesus blieb auch nach 12 der Riese, im Innern. Und nun wird das Schauspiel von einst wieder aufgeführt, damit er in den Angreifer übergehen und seine Rolle übernehmen kann: für Weltuntergang und Gericht.

Man kann sich noch fragen, ob er Kreuzigungen gesehen hatte und dabei den Umschlag von äußerster Qual in Ekstase beobachtete, den es dabei geben kann. Auch kann der Sterbende dabei einen Orgasmus haben; im Volksglauben entstehen aus dem Sperma die Mandragoren oder Alraunen, auch Galgenmännlein genannt. In einer frommen Legende (die James Joyce verwendet) wischt Maria Magdalena das Sperma von Christus unter dem Kreuz auf. - War diese Beobachtung zur Phantasie des Mannbarkeitsrituals geworden? »Du bist mein Sohn, heute habe ich dich gezeugt«. Er würde durch die Kreuzigung, die ja die Salbung, die Neuzeugung ist, seine Zeugungsfähigkeit wieder erhalten?

»Weltgericht«. Opfer und Täter

Seine innere Welt hat sich in den 18 Jahren aufgeladen, als er nach außen der Hurensohn und im Innern der Gottessohn war. Das zeigt Matthäus beim Weltgericht: »Der König auf dem Thron seiner Herrlichkeit« sagt zu den Gerechten: »Denn ich bin hungrig gewesen, und ihr habt mir zu essen gegeben. Ich bin durstig gewesen, und ihr habt mir zu trinken gegeben. Ich bin ein Fremder gewesen und ihr habt mich aufgenommen. Ich bin nackt gewesen und ihr habt mich gekleidet. Ich bin krank und im Gefängnis gewesen, und ihr habt mich besucht. Dann werden ihm die Gerechten antworten und sagen: Herr, wann haben wir dich hungrig gesehen und haben dir zu essen gegeben, oder durstig und haben dir zu trinken gegeben? Wann haben wie dich als Fremden gesehen und haben dich aufgenommen? oder nackt und haben dich gekleidet? Wann haben wir dich krank oder im Gefängnis gesehen und sind zu dir gekommen? Und der König wird antworten und zu ihnen sagen: Wahrlich, ich sage euch: Was ihr getan habt einem von diesen meinen geringsten Brüdern, das habt ihr mir getan«. – Und umgekehrt dann zu den anderen, mit dem Schluß: »Was ihr nicht getan habt einem von diesen Geringsten, das habt ihr mir auch nicht getan. Und sie werden hingehen, diese zur ewigen Strafe, aber die Gerechten in das ewige Leben«.

Der spätere Freud schrieb vom primären Narzißmus, er sei allhaft, die ganze Welt umfassend. Jesus lebte im Unbewußten ab 12 in diesem Bereich, nahm in dieser Schicht seine Umwelt in sich auf. Er wird die Mitleidigen in den guten Schoß hineinnehmen, und die anderen wird er vernichten. Die Kraft dazu bekam er durch seinen Geburtskampf. Er muß ihn wiederholen, um sich diese Kraft anzueignen, d. h. die Energie, die in den Jahren nach 12 sich da eingelagert hatte.

Innenansicht der Kreuzigung. Geburt als Apokalypse

Ich bringe jetzt Stichwörter von Grofs Darstellung der Geburt, den vier Geburtsmatrizen, um die »Rede über die Endzeit« bzw. die Kreuzigung – das Ereignis, das seit 2000 Jahren über der Erde liegt – noch mehr mit Anschauung aufzuladen. Grofs Beschreibung wirkt teilweise wie ein Kommentar zu Jesus.
Matrix I: Der gute Schoß. Lustvolle Einheit des Kindes mit der Mutter.
Matrix II: Beginn der Wehen. Antagonismus mit der Mutter. Die Situation ist absolut unerträglich und zugleich endlos und hoffnungslos; das Gefühl, daß nicht einmal Selbstmord die Situation beenden könne. Unerträgliches physisches, psychisches und metaphysisches Leiden. Die Erde als apokalyptischer Ort, erfüllt von Schrecken, Leiden, Kriegen, Seuchen, Unglücksfällen

und Naturkatastrophen. Einfühlende Identifizierung mit den Gequälten und Unterdrückten, den Hingeopferten. Zutiefst verstrickt in eschatologische Gedanken; Schuldgefühle bis zur metaphysichen Dimension der biblischen Ursünde. Diese Matrix ist die Grundlage aller unangenehmen Lebenssituationen, in denen eine überwältigende destruktive Kraft sich der passiven und hilflosen Versuchsperson aufzwingt.

Matrix. III: Vorwärtsbewegung durch den Geburtskanal. Gewaltsamer mechanischer Druck, hochgradiger Erstickungszustand. Begegnung mit dem Tod.

a) Titanischer Kampf, der häufig katastrophale Dimensionen erreicht. Erdbeben, Wirbelstürme, Kometen, kosmische Kataklysmen. Explosionen von Atombomben. – Wenn die absolute Erfahrungsgrenze erreicht ist, hört die Situation auf, die Qualität von Leiden und Qual zu haben. Das Erleben verwandelt sich in ekstatische Verzückung von kosmischen Proportionen; aggressive und destruktive Elemente; Erfahrung, sich mit der Wut der Elementarkräfte zu identifizieren und die destruktive Energie zu genießen. Schmerz und schweres Leiden lassen sich nicht von äußerster Lust unterscheiden, mörderische Aggression von leidenschaftlicher Liebe, nackte Lebensangst von religiöser Verzückung.

b) Sadomasochistische Elemente. Folterungen und Grausamkeiten, bestialische Morde und Massenexekutionen, Verstümmelungen und Selbstverstümmelungen religiöser Fanatiker. Selbstopferungen, das Kamikaze-Phänomen, blutiger Selbstmord.

c) Übermäßige sexuelle Erregung erfaßt den ganzen Organismus.

d) Skatologische Aspekte. Kot essen, Blut und Urin trinken.

e) Begegnung mit verzehrendem Feuer, das als reinigend erlebt wird. Verbrennung von Ketzern; Selbstverbrennung buddhistischer Mönche. Oft Religionen, die Blutopfer praktizieren und glorifizieren. Sehr häufig wird auf Jahwe Bezug genommen, den schrecklichen strafenden Gott des Alten Testaments. – Das Erleben, daß die sexuellen Gleitbewegungen mit den Gleitbewegungen der Geburt identisch waren.

Matrix IV: Trennung von der Mutter. Erster tiefer Atemzug. – Tod und Wiedergeburt. Totale Vernichtung. Versagt zu haben, die gesamte Welt ist zusammengebrochen: Ich-Tod. Nach totaler Vernichtung Vision von blendendem weißen oder goldenem Licht. Befreiung, Erlösung, Rettung, Liebe und Vergebung. Überwältigende Liebe zu seinen Mitmenschen. Gefühle kosmischer Einheit. Naturschönheiten. Entspannung, Heiterkeit, Gelassenheit. – Gibt es grandiose Pläne zur Veränderung der Welt, so ist das Erlebnis der Wiedergeburt noch nicht völlig abgeschlossen. Es können unangenehme Symptome hier einbrechen wie die Kastrationsdrohung; das häufigste Ereignis dieser Art ist die

Prozedur der Beschneidung. – Religiöse Symbolik: häufigstes Symbol ist Christi Tod am Kreuz und seine Wiederauferstehung. Das Erlebnis der Wiedergeburt bringt gewöhnlich triumphierende heroische Gefühle, die regelmäßig von Bildern übermenschlicher Leistungen oder eines endgültigen Sieges über mythologische Ungeheuer begleitet sind; Sieg der Mächte des Guten und des Lichts über die Mächte des Bösen und der Dunkelheit.

Als Beispiel die Erfahrung eines Geistlichen: Ich war im Sterben und ich starb. Mein Tod war vollendet, als der Druck mich überwältigte: ich wurde in eine andere Welt hinausgetrieben; diese äußere Welt war eine Fortdauer des Todes, aber auf einer anderen Ebene. Geblieben war Kummer und der Schmerz, da ich am Tod aller Menschen teilhatte: ich begann die Passion unseres Herrn Jesus Christus zu erleben. Ich war Christus, aber ich war auch jedermann als Christus. Alle Menschen starben, als wir voranschritten auf unserem Trauermarsch gen Golgotha. Meine Qual war einfach herzzerreißend. Das war der Augenblick, da eine blutige Träne vom Gesicht Gottes herabzufließen schien, da Gott selbst am Tod aller Menschen teilhatte. Ich wurde mit Christus und allen Menschen ans Kreuz geschlagen. Ich war Christus, und ich wurde gekreuzigt und ich starb. Als alle Menschen am Kreuz starben, begann die himmlischste Musik, Engelstimmen, wir begannen uns langsam zu erheben, wir stiegen auf zum Licht. Das Auferstehungsgewand unseres Herrn berührte mich. Ich war erfüllt von Gefühlen der Freude und Liebe; ich liebte Gott ganz und vollkommen. Ich war wie von Hochspannungskabeln umgeben; alles explodierte, hin zum höchsten Ort, den es gibt: dem Ort des absoluten Lichts Es war, wie wenn man in Gott wäre, nicht nur in der Gegenwart Gottes, sondern in Gott und teilhabend an Gott. Ich hatte deutlich die Empfindung, mit Gott im Kraftzentrum des Universums gewesen zu sein. (Soweit aus Grof.)

In der »Rede über die Endzeit« sieht Jesus, wie er in dieses »Kraftzentrum des Universums« aufsteigt und dann »Kommen wird in der Herrlichkeit des Vaters«, um das »Weltgericht« zu halten. Er trägt die ganze Menschheit in sich.

Er fühlt mit allen Leidenden mit und wird die Barmherzigen in den Himmel führen. In diesem Teil ist er der neue Gott der Elisabeth und der Maria. In einem anderen Teil sind die Schmerzen der ganzen Menschheit zum Haß geworden. Er wird die Mitleidslosen ewig im Feuer brennen lassen. Er ist der allmächtige Richter und Rächer, der Gott des Zorns aus dem Alten Testament. Aber Jesus, zu Gott geworden, wendet die Kraft des alten Gottes gegen diesen, vernichtet ihn, indem er dessen Schöpfung zerstört – die Zuchtanstalt zur Herstellung heiliger Krieger und heiliger Steiniger. Er selbst ab 12, und seine Mutter bei seiner Schwangerschaft und Geburt, gehörten zu den »Geringsten«, die der Gott des Zorns vernichten wollte. Jesus nimmt Rache, aus Liebe zu seiner Mutter; oder aus Haß auf sie? Sie ließ ja einen Umbarmherzigen, eine Samenzelle, in sich ein und war so die Ursache seines Leidens, seines Mitleidens, und seines Hasses. Er will beides wieder erleben – um seine Selbstliebe zu finden?

Epilog. »Nachfolge Jesu Christi«: »Die Martyriumsbegeisterung«

Uta Ranke-Heinemann, katholische Theologin, schreibt: »Jesus hat sich nicht selbst geopfert. Er hat seinen eigenen Tod nicht gewollt, auch nicht aus Gehorsam gegen seinen Vater. Denn auch Gott hat seinen Tod nicht gewollt. Weder verlangte Gott ein Opfer, noch hat der Sohn das Opfer geleistet«. »Das Christentum hat mit seiner Menschenopferreligion an die Stelle des Wortes Jesu eine Henkertheologie gesetzt und versteigt sich zu solch gotteslästerlicher Mörder-Behauptung wie dieser: Gott will durch den Kreuzestod die Menschen erlösen. Er will uns durch das Blut seines Sohnes retten«, durch »die Sohnesschlachtung«.

In der Tat wollte Jesus keine Menschenopferreligion begründen; er wollte keineswegs als Gekreuzigter in die Geschichte eingehen, sondern er wollte die Geschichte beenden, die Schöpfung eines Gottes, in der auf Befehl dieses Gottes Mütter gesteinigt werden. Er träumte sich zuerst als Sohn Gottes; dann träumte er, daß er Gottvater wird. »Ich und der Vater sind eins« (Joh. 10,30). Er wollte als »König auf dem Thron seiner Herrlichkeit« (Mt. 25) sitzen. Er wollte Gott sein – um die Schöpfung zu beenden.

Der Heilige Ignatius, Bischof von Antiochien um 110 n. Ch., wird von Ranke-Heinemann erwähnt: »Seine Briefe haben für die Katholiken höchsten Rang, weil sie als wichtigste Zeugnisse für die Zeit unmittelbar nach dem Neuen Testament gelten«. »Ignatius schreibt an die Römer und fleht sie an, ihn seinen Märtyrertod sterben zu lassen, ohne einzuschreiten: Ich fürchte mich nämlich vor eurer Liebe. Denn weder werde ich nochmals eine solche Gelegenheit zu Gott zu kommen, finden, noch werdet ihr, wenn ihr schweigt, auf bessere Werke euren Namen setzen können... Erweiset mir damit den größten Gefallen, daß ich Gott geopfert werde. Ich schreibe an alle Kirchen und teile allen mit, daß ich gern für Gott sterbe, wenn ihr es nicht verhindert. Ich flehe zu euch, daß euer Wohlwollen mir keine Schwierigkeiten bereitet. Laßt mich eine Speise der wilden Tiere werden, durch die es mir möglich wird, zu Gott zu kommen. Brotkorn Gottes bin ich, und durch die Zähne der Tiere werde ich gemahlen, damit ich als reines Brot Christi erfunden werde. Lieber schmeichelt den Tieren, damit sie mir zum Grabe werden und nichts von meinem Körper übriglassen. Betet für mich zu Christus, daß ich durch diese Werkzeuge als Opfer für Gott erfunden werde. Freuen will ich mich auf die

Tiere, die für mich bereitgehalten werden, und ich bete, daß sie sich scharf gegen mich zeigen; ich will sie noch locken, daß sie mich sogleich aufzehren, nicht daß sie, wie es bei einigen geschah, aus Furcht nicht anpacken. Und wenn sie widerspenstig sind und nicht wollen, werde ich sie mit Gewalt dazu zwingen... Feuer, Kreuz, Kämpfe mit wilden Tieren, Zerschneidung, Zerteilung, Zerschlagung der Gebeine, Verzerrung der Glieder, Zermalmung des ganzen Körpers, des Teufels böse Plagen sollen über mich kommen, nur damit ich zu Christus gelange«.

Ranke-Heinemann schreibt dazu, Igatius sei »ein rücksichtsloser Selbstzerstörer, ein Martyriumsneurotiker und religiöser Masochist«. Ich bin der Ansicht, Ignatius hätte auf diese Anwürfe geantwortet: ›Ich nehme mein Kreuz auf mich, weil ich Christus nachfolgen will‹ (Mk. 8,34).

Maya und der himmlische Elefant
Empfängnis und Geburt von Buddha
und deren Wiederholung

Empfängnis. Der Lotostrank

Maya war die Hauptgattin Suddhodanas, ihre Schwester Padschjapati die Zweitfrau. Sie waren die Kusinen ihres Mannes; ihr Vater war der Bruder der Mutter Suddhodanas. Maya war 40 bei der Geburt Gautama Siddhartas, ihres ersten Kindes. Schumann schreibt, Maya hatte sich »kurz vor der Geburt nach Devadaha zum Hause ihrer Eltern aufgemacht, um das Kind dort mit dem Beistand ihrer Mutter zur Welt zu bringen. Die Reise im rumpelnden Pferde- oder Ochsenkarren auf heiß-staubiger Straße führte dazu, daß die Geburt vor Erreichen Devadahas eintrat. Unweit des Dorfes Lumbini (heute Rumindai), im Freien, beschirmt nur von der Krone eines Sala-Baums (shorea robusta) und ohne fachkundige Hilfe für die Gebärende, erblickte der kleine Siddhatta im Mai des Jahres 563 v. Chr. das Licht der Welt«. Eine Steinplatte aus dem 2. Jahrhundert n. Chr., die in Lumbini gefunden wurde, »zeigt Maya, die sich, das Kind gebärend, stehend an einem Ast des Baumes festhält. Offenbar war Entbindung im Stehen die Sitte der Zeit. Nach den Strapazen der Geburt war Maya außerstande, ihre Reise nach Devadaha fortzusetzen. Erschöpft wurde sie von ihrem kleinen Gefolge nach Kapilavatthu zurückgebracht, wo die Freude über den neuen Gautama-Sproß bald von der Sorge über die zunehmende Entkräftung der Mutter überschattet wurde. Schwach und fiebrig verfolgte Maya von ihrem Lager aus die Vorbereitungen zu Siddhatas Namensgebung. Zum Zweck des Zeichendeutens war ein weiser Mann herbeigeholt worden, der greise Asita, ein geehrter alter Freund der Gotama-Familie, dessen Name (»Nicht-Weiß«) von seiner dunklen Hautfarbe herrührte und auf Herkunft von den vor arischen Ureinwohnern Indiens hindeutet. Viele Jahre lang war Asita Hauspriester der Gotamas gewesen...Asita beschaute das drei Tage alte Kind und prophezeite aus dessen körperlichen Merkmalen, daß es sich um einen außerordentlichen Knaben handle, der Buddhaschaft erlangen und das Rad der Lehre in Gang setzen werde. Zwei Tage darauf vollzogen acht Brahmanen die Namensgebungzeremonie für Siddhattha ... Für Maya vollendete sich mit den Zeremonien für das Neugeborene das Schicksal. Sieben Tage, nachdem sie Siddhattha das Leben geschenkt hatte, teilte sie das Los so vieler Mütter in tropischen Ländern. Sie starb still und ohne Klage. Gleichwohl wuchs der kleine Siddhattha nicht mutterlos auf. Padschjapati, die jüngere Schwester der Verstorbenen, und als Zweitgattin des Suddhodana, Siddhatthas andere Mutter, die soeben einen eigenen Sohn, Siddhatthas Halbbruder Nanda, zur Welt gebracht hatte, übernahm liebevoll seine Betreuung. Es heißt sogar, daß sie Nanda einer Amme anvertraut und sich vorrangig um das Schwesterkind gekümmert hatte«.

Schumann schreibt, er habe die Legende »heruntergenüchtert«. Die Legende berichtet, daß Maya ein Keuschheitsgelübde abgelegt hatte. Auch träumte sie von der Empfängnis des Kindes: Ein weißer Elefant drang mit einem seiner sechs Stoßzähne in sie ein und bereitete ihr »höchste Seligkeit«. Vor dem Traum hatte sie einen Lotostrank genommen.

Liest man das Bisherige als Psychologe, so wird eine zweite Geschichte sichtbar, mit Zusammenhängen und Ursachen. – Die Geburt erfolgte ohne fachkundige Hilfe, d. h. man war nicht auf sie vorbereitet, erwartete sie noch nicht. Es war also höchstwahrscheinlich nicht kurz vor der Geburt, daß Maya die Reise auf dem rumpelnden Pferde- oder Ochsenkarren begann. Es war vielleicht Anfang oder Mitte des 8. Monats. Padschjapati gebar demnach, als Maya am Anfang des 8. Monats war, d. h. sie war etwa zwei Monate vor Maya schwanger geworden.

Warum nahm Maya den Lotostrank? Sie hatte ein Keuschheitsgelübde abgelegt: Sie wollte keine Kinder. Ich nehme an, sie hatte eine Abneigung gegen ihren Mann oder gegen Geschlechtsverkehr überhaupt. Sie verweigerte sich. Ich nehme weiterhin an, Suddhodana war geduldig (wie später gegenüber seinem Sohn), behielt Hoffnung auf einen Sinneswandel seiner Frau. Als Maya 40 war, gab er die Hoffnung auf. Er wollte einen Erben. Ich nehme an, er heiratete erst jetzt die jüngere Schwester. Sie wurde sogleich schwanger. Gebar sie einen Jungen, den Erben, so würde Maya ihre Stellung als Hauptgattin verlieren, wohl sogar zu ihren Eltern zurückgeschickt werden. Maya geriet in Panik. Sie nahm den Lotostrank, einen Fruchtbarkeitstrank; ich vermute, es war ein in Indien üblicher Rauschtrank mit psychedelischer Wirkung, etwa wie MDMA (das auch den Eisprung befördern kann). So überwand Maya ihre Hemmungen und vollzog den Geschlechtsverkehr. Ihr Mann dürfte erstaunt und erfreut gewesen sein.

Maya betrat auf der Welle des ansteigenden Rausches das Schlafzimmer und legte sich ins Bett zu ihrem Mann. Nun kam seine Berührung, Wirklichkeit brach in den Rausch ein und erweckte die Abneigung wieder. Schmutziges kam, ging in Maya ein: ein Reflex von Ekel und Abwehr. Sie floh, innerlich, mit Hilfe des Rausches, suchte seelisch Zuflucht, bei ihrer Mutter. Sie sank in ihre Mutter hinein, in den Schoß der Mutter, bis vor die Geburt: psychedelische Regression. Sie war in ihrer Mutter und sah nun den himmlischen Elefanten, der mit dem

Stoßzahn in sie eindrang und ihr höchste Seligkeit bereitete. Geschlechtsverkehr mit einem Elefanten könnte ein Bild der Angst, des Grauens sein, der Vergewaltigung, aber diese führt hier zur Seligkeit. Maya hatte offenbar den Wunsch, von einem göttlichen Wesen von gewaltiger tierischer Kraft begattet zu werden, etwa wie Pasiphae, die sich vom weißen Stier des Gottes Poseidon bespringen ließ und dann den Minotaurus gebar. Maria wird »vom Geist des Höchsten überschattet«: eine ähnliche Vorstellung.

Drewermann erwähnt Mayas Traum als ein Beispiel der jungfräulichen Empfängnis als der Heiligen Hochzeit zwischen Tochter und Vater, d. h. Maya hat einen Inzesttraum, was auch ihre Abneigung gegen ihren Mann erklärt: Sie war an ihren Vater fixiert. Sie wollte eine Nonne sein, eine Heilige, eine Gottesbraut, mit Gottvater sexuell verkehren.

Maya war seelisch in ihrer Mutter, zu ihrer Mutter geworden und empfing von ihrem Vater das Kind. Sie hatte sich den ödipalen Wunsch des Mädchens im pränatalen Bereich erfüllt. Hier war der Wunsch erlaubt, ohne mit Angst besetzt zu sein. Das Mädchen hatte seine erste Liebe wiedergefunden, die Liebe, aus der es selbst entstanden war. Sie wiederholte ihre eigene Empfängnis. Es ist Jungs Wunsch nach »Selbsterneuerung und Wiedergeburt«. Zugleich war sie im 3. Monat ihrer eigenen Schwangerschaft in ihrer Mutter: Erwachen des Bewußtsein und Reifung der Keimzellen, im Eierstock des Embryos.

Sie hat sich vergöttlicht und empfängt ein göttliches Kind, seelisch ein Mädchen, einen Klon, doch der Samen des realen Vaters enthielt ein Y-Chromosom.

Der himmlische Elefant entstammt dem Mythos, er heißt Airavata und ist der Liebhaber der Lotosgöttin, der indischen Weltenmutter; er hat Flügel. Airavata stammt von Iravati, der Besitzerin des kosmischen Milchmeeres; als es gequirlt wird, erhoben sich daraus Airavata und die Lotosgöttin. Das Kind der Lotosgöttin ist Brahma. Ein anderer Name der Weltenmutter ist Maya. Vielleicht war es ihr Name, der Mayas Phantasiewelt belebte.

Die Geburt unterwegs. Scheintod und Wiederbelebung

Warum fuhr Maya vor der Geburt zu ihrer Mutter? Um deren Beistand zu haben? Padschjapati tat das nicht. Als Maya wegfuhr, stand Padschjapati kurz vor der Geburt. Ich nehme an, man kümmerte sich um sie. Fühlte sich Maya verlassen? Gehörte die Zuneigung ihres Mannes der jüngeren Schwester? Auch war ja die Frage, ob Maya einen Sohn haben wird. Sollte Padschjapati einen Sohn haben und Maya eine Tochter, wäre die ganze Mühe umsonst gewesen. – Oder kam das Kind von Padschjapati schon vor der Abreise von Maya zur Welt – es war ein Sohn – ? Jedenfalls überließ Maya ihrer Schwester das Feld. Es war ein Wettstreit – ich meine, ein Drama der Eifersucht – die Umkehrung der Beziehung von Maria und Elisabeth.

Gautama kam zur Welt. Man kehrte um. Asita betrachtete das drei Tage alte Kind und prophezeite die Buddhaschaft an gewissen Merkmalen. Sie werden später in der Buddha-Legende aufgezählt. Sie sind legendenhaft, mythisch. Realistisch gesehen: Wie kam Asita auf die Idee, daß Gautama ein Buddha werden würde, also das Nirwana, das Verlöschen erlangen wird? Ich meine, das Kind war im Nirwana: im Nichtatmen, es war scheintot. Ich nehme an, der vorarische Priester kannte die vorarische Religion der Dschains und war zudem ein Psychologe. Er sah das Kind im Nirwana und dachte, wenn es erwachsen ist, wird es diese Erfahrung wiederfinden und dann zu einem Heiligen werden. Dann handelte er als Arzt. Er versuchte das Kind wiederzubeleben, zu reanimieren: Ich nehme an, er flößte dem Kind einen Trank zur Belebung von Atem, Kreislauf, Herzschlag ein – es wird ein Mittel mit psychisch belebender Wirkung gewesen sein. Dann beatmete er das Kind. Er holte es ins Leben zurück. Es war drei Tage scheintot gewesen, während der Rückfahrt. Lumbini liegt nur 15-20 km von Kapilavatthu entfernt. Hatte man zwei Tage gewartet, damit sich die Mutter etwas erholen kann? Maya starb eine Woche nach der Geburt. Woran?

Kindbettfieber

Ich werde nun den Bericht von Schumann (und seinen idyllischen Tonfall) weiter »herunternüchtern«, um zu versuchen, in der Realität anzukommem. Ich nehme an, Maya hatte sich bei der Geburt infiziert, eine Sepsis, sie führte zum Kindbettfieber, die häufigste Ursache des Kindbettodes. Erst Ignaz Semmelweis (1818 –1865) erkannte die Ursachen und brachte Abhilfe. Ich bringe eine Beschreibung des Kindbettfiebers aus Meyers Konservationslexikon von 1870.

»Fäulniserregende niedere Organismen werden auf die inneren Geschlechtsorgane übertragen und leiten hier Zersetzungen nach Art der Fäulnis ein. Von vornherein ist das Allgemeinbefinden heftiger ergriffen, was sich durch einen eigentümlichen Gesichtsausdruck kundgibt. Heftiges Fieber tritt von Anfang an auf, der Puls steigt sehr schnell, schon am zweiten oder dritten Tag auf 120 und mehr Schläge. Schüttelfröste treten auf, die Kranken sprechen irr, haben großen Durst. Fast immer ist heftiges Erbrechen zugegen. Die Wochenbettabsonderung wird sparsam, unangenehm riechend, oft jauchig stinkend. Es stellen sich außerordentliche Schwäche, aufgetriebener Leib, der oft sehr empfindlich ist, namentlich wenn das Bauchfell entzündet ist, zuweilen heftige Durchfälle und große Unruhe ein. Die anfangs ergiebige Milchabsonderung hört bald ganz auf; hierzu gesellen sich öfters Störungen der

Lungen, namentlich große Atemnot, welche eine Folge der Gasansammlung in den Därmen und des flüssigen Exsudats in der Bauchhöhle ist. Der Tod erfolgt unter den Erscheinungen der Erschöpfung, oft im Sopor und nicht selten schon in den ersten Tagen nach der Erkrankung«.

Die Geburt war zu früh erfolgt. Das Kind war durch den rumpelnden Karren aktiviert worden und löste die Wehen aus. Die Mutter wollte zu diesem Zeitpunkt die Geburt noch nicht und verkrampfte sich. Das Kind war ein »geburtsaktiver Fötus«, es kämpfte, überwand den Widerstand der Mutter und kam als Sieger zur Welt. Triumph. Nach der Geburt nahm die Mutter das Kind in die Arme. Sie wird sich jetzt über das Kind gefreut haben. Gefühle bei der Empfängnis steigen oft bei der Geburt wieder auf: Jetzt war Maya die Lotosgöttin, die das göttliche Kind Brahma geboren hatte. Gautama wurde als Brahma auf der Welt empfangen und begrüßt. Die göttliche Mutter gab dem göttlichen Kind die Brust: Nektar und Ambrosia, indisch Amrita, der Trank der Götter, der die Unsterblichkeit, die Seligkeit schenkt.

Dann begannen die Schmerzen. Die Mutter wird zuerst das Kind an sich gedrückt haben, wie eine Beschwörung, wie hilfesuchend. Die Schmerzen wurden schlimmer. Die Mutter dachte: »Wärst du doch noch nicht geboren worden, zu früh, zur Unzeit, warum hast du das getan?« Die Schmerzen wurden rasend. Die Mutter dachte: »Hätte ich es doch nicht getan, hätte ich dich doch nicht empfangen. Verflucht sei meine Eitelkeit! Verflucht sei das Kind, verflucht sei ich selbst, hätte mich doch meine Mutter nicht geboren!« Im Delirium wimmerte sie nach ihrer Mutter und versank in Ohnmacht, als falle sie in den Schoß ihrer Mutter zurück.

Das Kind litt zuerst mit, wurde dann vom Grauen überwältigt, versuchte, sich zu wehren, zu schützen, krampfte sich zusammen, erstarrte vor Entsetzen. Es hielt den Atem an, sein Herz krampfte sich zusammen: es spürte nichts mehr: Totstellreflex, ein Schutzmechanismus. Das Kind war vor dem Anblick der Mutter, die zur Meduse geworden war, versteinert. Es sank innerlich zurück vor die Geburt und weiter zurück bis vor die Empfängnis: Es erfüllte die Wünsche der Mutter. Es machte sich rückgängig. Es war die Ursache dieses Leidens. Es hatte das Leiden durch seine Geburt erschaffen: Es war schuld. Es war schuld an seiner Geburt. Es hob die Schuld auf, indem es seine Geburt und seine Empfängnis rückgängig machte. Es erlosch, es erwachte, als Bewußtsein außerhalb seines Körpers: Erlöst, befreit.

Der seelische wie körperliche Organismus des Kindes blieb aufgefüllt mit den Qualen der Mutter, mit ihren Schreien nach Hilfe, als das Kind noch etwas fühlte, noch mitfühlte. Es hatte den Wunsch der Mutter nach Hilfe von ihrer Mutter in sich aufgenommen. Den Wunsch, die Phantasie, Mutter für die eigene Mutter zu sein, nennt Günter Ammon als eine der Ursachen der Psychose.

Scheintot kam das Kind zuhause an. Man rief Asita. Er erkannte, wo das Kind war. Asitas Geist erreichte es dort, wo es hingeflohen war. Er berührte es in seinem Sosein, d. h. seinem Nichtsein. Sein Blick drang in die Höhle des Rückzugs ein und sagte: »So bist du. Du bist. Es gibt dich«. Sein Blick war wie ein Lichtstrahl, der ins Dunkel drang und das seelisch gestorbene Kind neu belebte und vom Nichts ins Sein zurückholte: »Es gibt mich ja noch«. Asita nahm das Kind in den Arm, hauchte ihm Atem ein, bis es selbst wieder zu atmen begann. Das Kind hörte nun den Herzschlag Asitas, und sein eigenes Herz begann wieder zu schlagen. Das Kind erinnerte sich an die gleiche Erfahrung, die es nach der Geburt im Arm der Mutter gemacht hatte, als es den vorgeburtlichen Herzschlag der Mutter wieder erkannte. Aber jetzt war es ein anderer Rhythmus, sodaß die Erinnerung an die Mutter selbst nicht mehr aufstieg. Das Kind war innerlich immer noch weit vor der Geburt – in der Zeit des guten Schoßes, als es mit dem Herzschlag der Mutter verbunden war. Jetzt war er durch den Herzschlag Asitas ersetzt. Dann gab Asita das Kind dem Vater in die Arme. Der Vater sprach zu dem Kind voller Freude: »Du lebst! Du bist aus dem Tod zurückgekehrt, wir freuen uns, du bist ein Trost für mich, wenn deine arme Mutter tot sein wird«. Die Stimme des Vaters war dem Kind aus der Zeit vor der Geburt vage bekannt. Der vorgeburtliche Mutterschoß wurde zu einem nachgeburtlichen Vaterschoß. Nun brach aus dem Kind ein Schrei heraus, ein Urschrei, mit dem es ins Leben zurückkehrte. Es hatte seine Geburt wiederholt. Es war nun zweimal geboren.

Ein vorgeburtliches Ich im nachgeburtlichen Ich

Wiedergeburtsriten werden in der Pubertät durchgeführt, am Anfang des Erwachsenenalters. Die Entwicklung, die Reifung, der Aufbau des Ichs, der Ichgrenzen, ist beendet. Sie werden jetzt wieder geöffnet und das vorgeburtliche Lebensgefühl strömt in das Ich ein und belebt es auf neue Weise, von innen her. Die Ichgrenzen bleiben erhalten, können nun geöffnet und wieder geschlossen werden, je nach der äußeren Situation. Erfolgt die Wiederholung der Geburtserfahrung bei einem drei Tage alten Kind, so sind die nachgeburtlichen Ichgrenzen noch ganz schwach. Das Kind lebt weitgehend wie vor der Geburt. Die Wirklichkeit ist wie die Traumwelt. Erhält das Kind viel Zuwendung, so werden allmählich die Ichgrenzen gestärkt, die Hinwendung zur äußeren Wirklichkeit wird gelernt. Aber das vorgeburtliche Ich, das durch die Wiederholung der Geburt in das nachgeburtliche Ich gelangt war, bleibt auch sehr stark, es wird ebenfalls durch die Zuwendung genährt. Es tritt später zurück, aber der Mensch wird doch ein Träumer, verbringt einen Teil seiner Zeit in dem Traum-Ich, und dies ist mit seiner Entstehung verbunden, mit der Erfahrung von Sterben und Wiederbelebtwerden, mit dem Trauma. (Rank wies auf diesen Sachverhalt hin, der auch die Kreativität des Menschen begründet.)

So war es bei Gautama. Er wurde »sehr verwöhnt«, sagt er. Er hatte später keine Lust auf das Kriegshandwerk, das er als Mitglied der Kriegerkaste lernen mußte. Mit 16 sollte er verheiratet werden. Der Schwiegervater war mißtrauisch, verlangte Proben der Männlichkeit von Gautama, die er anscheinend auch erbrachte. Schumann sagt, Gautama war »ein introvertierter Denktyp«.

Der Schlüssel zu Gautamas Charakterstruktur liegt in der Szene nach dem Zusammenbruch, als er sich an seinen Vater bei der Feldarbeit erinnert und an die »selige Heiterkeit«, die er damals erlebt hatte. Der Vater wollte den Sohn in seine zukünftige Rolle einführen. (Es ist die gleiche Zeit bzw. Situation wie beim 12jährigen Jesus im Tempel, doch mit entgegengesetztem Ausgang.) Was macht der Sohn? Er macht den Vater nach, aber ganz anders: Er meditiert, er geht in die Versenkung. Seine Energie ist in dem Wiedergeburts-Ich konzentriert, das ein vorgeburtliches Ich ist, und daher die Tendenz hat, sich in den vorgeburtlichen Zustand zu versenken. Offenbar ließ der Vater den Jungen gewähren. Der Vater wurde zu einem freundlichen inneren Begleiter auf dem Weg ins Innere. So taucht er dann auf, als Gautama mit 35 am Rande des Todes ist. – Ich nehme an, der Vater wird später dann doch Druck auf den Sohn ausgeübt haben. Gautama ließ sich mit 16 verheiraten. Erst als er 29 ist, wird seine Frau schwanger. Gautama hatte anscheinend so wenig Lust auf Sex wie schon seine Mutter. Ich nehme an, der Vater überredete ihn dazu.

Nun sieht er auf den drei Ausfahrten Alter, Krankheit, Tod. Das Grauen packt ihn. In der Nacht nach der Geburt seines Kindes geht Gautama auf die Suche nach innerer Ruhe. Er ist voller Unruhe – die Erinnerung an seine Geburt ist aufgestiegen. Die Unruhe besteht aus den Schreien seiner Mutter, aus ihren Schmerzen, ihrer schließlichen Selbstverfluchung, ihrem Wunsch, daß der Samen nie in sie eingedrungen wäre. Gautama versucht zuerst mit den Techniken der beiden Jogameister alles zu verleugnen, nichts mehr wahrzunehmen. Vergeblich. Dann bekämpft er die Unruhe in sich durch Folter und durch Fasten – er wiederholt, was das Baby tat. Er spannt sich aufs äußerste an, um nichts mehr zu spüren. Er hält die Luft an, um ohnmächtig zu werden. Im Kotessen wird der Ekelreflex angeschaltet, vielleicht um die einstigen Wünsche nach der Brust abzutöten, oder die wie giftig gewordene verinnerlichte Brust bzw. die zu Gift gewordene Milch zu erbrechen. Dann stürzt er in seine Fäkalien, er kollabiert, und erinnert sich nun an die Versenkung: Er hat den Geburtsvorgang in rückwärtiger Richtung wiederholt.

Das Baby ging in der Versenkung zurück bis zur Empfängnis, ließ den Samen verlöschen: Es war erlöst. Die Ursache der Katastrophe war aufgehoben. Damit

Große-Nacht- oder Taggesang, der Große Sockelgesang prälogischer, aber noch erfüllungsfähiger Welten«. Es geht um »provoziertes Leben«, provoziert durch die »pflanzenentbundenen Steigerer und Rauscherzeuger«. O du Kleinod im Lotos.

Der Traum der Maya als der Lotosgöttin ist in jedem Menschen geträumt worden. Schreber träumte ihn. Man muß den Traum aktiv träumen und ihn zu Ende träumen. Man geht in die Große Mutter, in die Muttergottes, hinein, löst sich in ihr auf, wird zu ihr, öffnet sich und läßt sich vom Großen Geist, dem Vogelgeist, befruchten; seine Energie strömt ein. Dann kommt der entscheidende Schritt: Man steigt in den Großen Geist hinauf, in den Gott, und wird zu ihm. Man befruchtet sich selbst und wird so sein eigener Vater. Nun kommen Energien, Wachsen beginnt, Gefühle breiten sich aus, Mitgefühle, Wünsche, sich mitzuteilen, sich auszutauschen, Gemeinsamkeit herzustellen. (Man muß diese Sätze mit Bedeutung auffüllen: Es geht darum, »das Reich der Wahrheit«, oder »das Reich Gottes« zu errichten.)

Die Auflösung in der Mutter macht Angst, Todesangst; Angst, vielleicht noch größere Angst, jedenfalls eine verborgenere Angst, macht die Gottwerdung: Größenwahn, Allmachtswahn etc. denkt es im Kopf. Ein Begleiter ist notwendig, ein Therapeut, der diese Erfahrungen kennt, da er sie selbst gemacht hat; er verkörpert die Gewißheit, daß die Reise zu Gott zu einem guten Ende kommt. Es ist seine Anwesenheit, die das Bewußtsein wieder erwachen läßt, als ein verwandeltes, als ein erwachtes.

Es ist dann möglich, von diesem ersten Anfang aus den Weg nach vorwärts zu gehen und die sexuelle Energie wieder zu erwecken, wie es Schrebers Wunsch war und wie es im Tantra geschieht. Buddha fand seine Selbstliebe auf ihrer frühesten Stufe wieder; im Tantra verwirklicht sie sich auf späteren.

ist das Y-Chromsom in seinem Körper beseitigt. Sein Körper ist im Innern weiblich geworden, oder ein Neutrum.

Der Wunsch des Vaters nach einem Erben, der Wunsch der Mutter, ihre Stellung zu behalten, – zwei Formen der Gier –, sind erloschen; ebenso die Folgen der Geburt, das Sterben der Mutter, – Altern, Krankheit, Tod. Das Kind hatte Zuflucht im Liebestraum seiner Mutter genommen.

Die Neubelebung durch Asita war eine seelische Neuzeugung als Wiederholung der Selbstbefruchtung. Ein zweites Ich war entstanden, ein Pflanzen-Ich, ein Lotos-Ich, dessen Vater der Priester aus vorarischer Rasse war. War er ein Dschain? Er ersetzte, erneuerte den weißen Elefanten, der einst die höchste Seligkeit geschenkt hatte. Das neue Ich wuchs in dieser Seligkeit in dem Vaterschoß, zu dem der einstige Mutterschoß geworden war. Und außen gab es den Vater, der seinen Sohn über alles liebte. So entstand der seelische Riese Gautama Buddha.

Tapussa und Bhallika holten ihn zurück, so wie es einst Asita und der Vater getan hatten.

Die fünf Gefährten kannte er seit seiner Kindheit. Kondanna, der älteste, war, im Alter von 15, einer der Priester der Namensgebungsfeier gewesen. Die anderen vier waren Söhne der anderen Priester jener Feier. Es waren gleichsam Kindergartenfreunde. Seltsame Verbindung in den Jahren der gemeinsamen Selbstfolterungen.

Mit 29 stieg die Geburt auf. Buddhas Lehre heißt »Leben ist Leiden«, und »Leiden ist Geburt, Alter, Krankheit, Tod«. Das war das Leben seiner Mutter gewesen, so wie er es kennengelernt hatte.

Frauen waren käufliche Gebärmaschinen, die man bei Nichtfunktionieren zurückgeben konnte. Wäre Maya, die Nonne, heute eine lesbische Feministin geworden?

Was hatte Buddha bei seiner phylogenetischen Regression gesehen? Die Mütter, die seit dem Beginn des aufrechten Gangs bei der Geburt gestorben waren, ehe der heutige Zustand der Frühgeburtlichkeit des Menschen erreicht war? »Der Blick ins allumfassende Leiden« ist die Grundlage von Buddhas Lehre, schrieb Karl Jaspers.

Aber es gibt die zweite Seite Buddhas, die Entdeckung der Pflanzenschicht im Menschen, auf frühester Stufe, vor der sexuellen Differenzierung. Benn fand sie in den Plastiken des Tempels von Borobudur. »Hier spricht die einstige Eingeschlechtlichkeit des primitiven Lebewesens, das Samenbildung, Vermischung und Frucht in sich selber vollzog, spricht aber auch noch eine jedem zugängliche innere Welt, heiter, sanft, reigenverschlungen, die einen Zusammenhalt noch kennt, einen der sich in steter Erneuerung um einen geistigen Wesenskern bildet«. Und Benn fährt fort: »Aus ihm steigt er auf, der

Teil Zwei

Tantra, Alchemie: Rückkehr ins Leben
Muttergöttinnen

Vorbemerkung zum 6. und 8. Kapitel

Buddhistisches Tantra. Christliche Alchemie
Die Heilung der Mütter

Die Selbstheilung der Söhne wurde nötig, da die Mütter mit Angst empfingen und gebaren. Im buddhistischen Tantra und in der christlichen Alchemie werden Empfängnis und Geburt der beiden Söhne wiederholt und zwar auf neue Weise, von einem neuen Wissen aus und mit einer neuen Freiheit: Die Mütter haben nun keine Angst mehr – und so können sie sich ihre wahren Wünsche erfüllen.

Der Geist beginnt die Schöpfung von neuem. Es ist der Geist der Schöpfung, die sich bewußt geworden ist, der Creator spiritus oder Logos spermatikos; mit Hegel zu sprechen, der Weltgeist, der zu sich selbst gekommen ist, der zu sich erwacht ist, der nun um sich weiß und um die Schwierigkeiten, die es bei seiner Tätigkeit, bei seiner Verwirklichung gibt, beim Spiel der Schöpfung (»Cosmic Game« heißt Grofs neuestes Buch). Es ist der männliche Geist, der Vatergeist, der aktive Teil, der göttliche Funke – Sonnenenergie, Himmelsenergie.

Dieser Geist weiß nun, daß das menschliche Leben einen zweifachen Ursprung hat, pflanzlich und tierisch, oder auch weiblich und männlich. Biologisch gesagt: zuerst die Reifung der Keimzellen, dann die Vereinigung von Eizelle und Samenzelle. Der seiner selbst bewußt gewordene Geist der Schöpfung geht durch die zwei Phasen hindurch.

Im Tantratext geht der Geist, der Buddha als Großer Jogi, zuerst in den Vater des Kindes, den Samenvater, hinein und dringt als dieser in die Mutter ein. Hier wird er vom Vater der Mutter, dem Eivater, aufgefressen, der nun eine Befruchtung vollzieht, als Inzest, als Heilige Hochzeit von Tochter und Vater. Dann geht der Geist wieder hinaus und geht ein zweites Mal in den Vater des Kindes ein, doch ist der Geist jetzt der Sohn, der nur die Maske des Vaters aufsetzt. Er vollzieht nun eine zweite Befruchtung der Mutter. Die erste Befruchtung war die Selbstbefruchtung, die jungfräuliche Empfängnis. Die zweite Befruchtung ist die Fremdbefruchtung, aber jetzt als Inzest des Sohnes mit der Mutter. Er zeugt sich selbst neu. Die bewußte Selbstzeugung weist auf den heilenden, den therapeutischen, wiederholenden Charakter des Prozesses: Es geht um die Überwindung des Traumas der Empfängnis, das biologisch eingebaut ist: Von der Pflanzenschicht her möchte die Mutter sich jungfräulich fortpflanzen, parthenogenetisch, autark, autonom, selbstbestimmt.

Im Alchemietext sind dieselben Prozesse etwas anders dargestellt. Es sind 20 Bilder. 1–10 und 11–17 sind parallel: Zweimal Geschlechtsverkehr und die

Resultate. Es entsteht zuerst ein weiblicher Androgyn, dann ein männlicher: Es geht um die Reifung der Keimzellen, um die Selbstbefruchtung, Selbstvermehrung der Eizelle und der Samenzelle. Die beiden Bildfolgen sind als ein Nebeneinander zu lesen, meinte C.G. Jung. Aber die beiden Bildfolgen sind auch ein Nacheinander: Selbstbefruchtung und Fremdbefruchtung, wie beim Tantratext. Der Samenvater verschwindet im Eivater, aktiviert diesen, und tritt dann wieder aus ihm heraus, um die eigentliche Befruchtung zu vollziehen. Wie im Tantratext beginnt erst danach die eigentliche Entwicklung des Embryos, die schließlich zur Geburt führt.

Zuerst werden die auf den Vater gerichteten Inzestwünsche von Maya und Maria befriedigt, danach befriedigen sich die auf die Mutter gerichteten Inzestwünsche der Söhne.

Die beiden Texte sind Phantasien, die durch psychoaktive Substanzen hervorgerufen wurden. (Man könnte sagen: provoziert: »Provoziertes Leben«, schrieb Benn.) Sie lassen die eigene Entstehung neu ablaufen. Dieser Prozeß wird jetzt aber in der bewußten Wiederholung vom Erlebenden, der seiner selbst bewußt geworden ist, gesteuert. Er als Vaterenergie, als Geistenergie, arbeitet mit der Mutter, der Mutterenergie zusammen, folgt deren Gesetzmäßigkeiten, erfüllt deren Wünsche, und erschafft so, mit ihr zusammen, sich selbst, und tritt am Ende, mit ihrer Kraft in sich, aus ihr heraus – nicht ins Jenseits, sondern ins Diesseits: Rückkehr ins Leben. Die beiden Texte sind Anleitungen für eine psychedelische Therapie.

Buddha zeugt sich neu in der Muttergöttin »Das Tantra des Grausig-Groß-Schrecklichen«

Ich beginne mit einer kurzen Vorstellung von Saraha, einem der frühesten Vertreter des buddhistischen Tantra. Dann bringe ich Auszüge aus dem »Candamaharosana«, dem »Tantra des Grausig-Groß-Schrecklichen«. Der Text ist als ein Umbau der Empfängnis Gautamas zu verstehen, d. h. als Umwandlung von Maya: Ihre Inzestwünsche werden befriedigt, sie wird empfängnisfreudig und gebärfreudig gemacht, und zwar vom Körper her, von den Schließmuskeln und den Lustgefühlen, die darin enthalten bzw. verborgen sind. Der Text schildert, mit Freud zu sprechen, die Belebung des polymorph-perversen Körpers, d. h. er ist obszön und exkrementell, pornographisch und skatologisch, alle Schamschranken übersteigend, transzendierend. Ich warne also vor der Lektüre. Es gibt viel schönere Tantratexte, aber dieser beschreibt die körperliche Wahrheit, aus der Buddha entstand, und der er auf dem Weg zu seiner Erleuchtung wieder begegnete. – Heutige tantrische Praxis findet sich in den Büchern von Margo Anand beschrieben. Tantra erscheint auch noch im Schlußkapitel bei Trimurti.

Das Königslied von Saraha

Etwa 400 Jahre nach Buddhas Tod sah der Sohn eines Brahmanen, der ein buddhistischer Mönch geworden war, eine Pfeilmacherin, ganz in ihre Arbeit versunken. Als der Pfeil fertig war, zielte sie mit ihm auf einen unsichtbaren Punkt. Der Mönch erlebte eine Verwandlung. Er sagte zu der Frau:

> Durch dich bin ich wiedergeboren.
> Du bist mein Meister, du bist meine Mutter,
> Du hast mir ein neues Leben geschenkt.

Die Frau sagte: »Du bist Saraha, der Mann, der den Pfeil abgeschossen hat«. Sie lebten zusammen; sie tanzten und sangen. Er schrieb »Das Königslied von Saraha«. Einige Zeilen daraus:

> Die Vollkommenheit Buddhas ist in der Spontaneität.
> Alle fühlenden Wesen kommen aus ihr hervor und gehen
> in sie zurück.

Samsara und Nirwana sind nicht zwei (d. h. das Diesseits und
das Jenseits).
Der reine Geist wird nicht durch die Unreinheit von Samsara
und Nirwana beschmutzt.
Das höchste Gut ist ein Denken, das zum Nicht-Denken
geworden ist.
In dir ist Selbst-Sein, das sich selbst erschafft.
Es gibt nichts zu verneinen und nichts zu bejahen.
Die reine Spontaneität ist das Reich der Freude und der
Seligkeit.

Die Frau hatte in ihrer Vorstellung den Pfeil ins Ziel geschossen. Sie machte es
vor, der Mann machte sie nach. Er war ein buddhistischer Mönch geworden, um
das Verlöschen von Geburt und Empfängnis zu suchen. Im Unbewußten war
er wie nicht geboren und nicht empfangen: Ein unerwünschtes Kind, ein Abgänger. Da sah er die Frau den Pfeil ins Ziel schießen – den Samen, der das Ei
befruchtet. Er machte sie nach; sie gab ihm die Erlaubnis. Der Film von
Empfängnis und Geburt lief in ihm ab. Mit der Energie der Frau hatte er selbst
sich neu gezeugt und neu geboren. Sie hatte ihm ein neues Leben geschenkt.

Die Frau wird als Pfeilmacherin (oder Tochter des Pfeilschmieds) bezeichnet. Ich schlage vor, ihr den Namen Ma Prem Tantra zu geben.

Ich denke, sie stieß das Rad der Lehre zur zweiten Drehung an, verwandelte Gautama Buddhas kleines Fahrzeug, das Hinayana, zum Großen
Fahrzeug, dem Mahayana. Für Buddha führte der Weg zum Erwachen über
»die restlose Vernichtung der Triebe«, über die Abspaltung des Geistes vom
Körper. Ma Prem Tantra erlaubte dem Geist Sarahas, in seinen Körper
zurückzukehren, sich mit ihm wieder ganz zu verbinden, ganz rückgebunden, ganz religiös zu sein. Sie wurde sein Meister, seine Mutter, seine Muse:
Die Poesie, die von Buddha wie alle Künste verbannt worden war, da sie die
Sinnlichkeit erregen, war zurückgekehrt.

Die Pfeilmacherin entstammte der untersten Kaste. Sie holte den Brahm-
anensohn, den Arier, der aus seiner Kaste ausgestiegen war, um zu verlöschen,
ins Leben zurück, in die unterste Kaste; in ihr war die indische Weltenmutter,
die Lotosgöttin, wieder zum Leben erwacht.

»Das Tantra des Grausig-Groß-Schrecklichen«

Was bei Saraha im Moment der Erleuchtung geschehen war, wird später mit
ausführlichen Ritualen vollzogen. Sie bestehen aus Elementen der Buddha-
Legende und der Beschreibung seiner Erfahrungen auf dem Weg zum Erwa-

chen, vor allem auf dem Weg durch den Geburtskanal. Aber die Elemente sind neu angeordnet und das Ziel ist ein entgegengesetztes: Die Geburt nach der zweifachen Befruchtung der Mutter. Auf die Befruchtung deutet z. B. »Das Tantra der verborgenen Vereinigung«, etwa um 500 n. Ch. entstanden. Peter Gäng, der diesen Text übersetzte und herausgab, veröffentlichte auch »Das Tantra des Grausig-Groß-Schrecklichen«, das 500 Jahre später geschrieben wurde. Es besteht aus 25 Kapiteln in Versen und Prosa. Sie bringen, in neuer Weise, Gautamas Gang durch das Geschlechtsorgan der Mutter, das auch mit den Ausscheidungsorganen verbunden ist; Gäng übersetzt die Körperlichkeiten so drastisch, wie sie Gautama einst erlebt hatte.

1. Herkunft des Tantras

So hab ich gehört: Zu einer Zeit weilte der Erhabene »Diamantenwesen« in der Möse der Herrin des Diamantenbereiches.

2. Das Mandala

(Beschreibung des Mandalas, das die Vereinigung der beiden zeigt.)

3. Einweihung/Salbung

(Die Formel der Zufluchtnahme zu Buddha, zur Lehre, zur Gemeinde. Salbungen werden durchgeführt. »Rauschmittel« werden eingenommen.)

4. Die Gottheiten

(Der »Erhabene...projiziere Freundlichkeit, Mitleiden, Mitfreude, Gleichmut« (also die vier Erweckungen Gautama Buddhas), sage die heiligen Silben »Ram« und »Hum«.)

Aus ihr entstanden schaue er den (Buddha) »Unerschütterlich«
umschlungen von der (Buddha-Dakini) »Mamaki« (auf mich bezogen).
Dann bewegt sich der Fürst der Jogis
durch die Öffnung im Kopf (des »Unerschütterlich«)
im Yoga der Planetenbahn
sein Wollen auf die Möse von »Mamaki« gerichtet.

Dann wird er zum Saft des Samens
und fällt in die Höhle der Möse.

In der entwickelten Gestalt des Grausigen
geht er dann aus der Möse hervor.

Mit dem Schwert erschlägt er den »Unerschütterlich«,
den Vater, und verzehrt ihn dann,
und er stellt sich vor, wie
»Mamaki« ihn mitverzehrt.

Dann wendet er sich »Mamaki« zu
und beginnt sie zu lieben,
und schaut sich selbst von ihr umarmt
in der Gestalt der Diamantin des Hasses....

Diese Mädchen verleihen Erfolg,
übt er diesen Yoga einen Halbmond lang.
Dann wird ihr Samen zu Diamant
und er soll alles mit seiner Zunge auflecken.

Wie ihm beliebt trinke er ihre Pisse,
seinen Mund auf ihre Möse gedrückt,
(seinen Mund) auf ihren Arschlotos gedrückt
verzehre er wie ihm beliebt ihre Scheiße.

Dabei entwickle er nicht den geringsten Ekel,
sonst verläßt ihn der Erfolg.
Dies ist die beste eigene Nahrung,
die alle Buddhas verzehren.

6. Yoga der vollzogenen Entfaltung

Da umarmte die Erhabene Prajnaparamita den Erhabenen voller Intensität, rieb
seinen Diamanten mit ihrem Lotos und sprach:

Welches ist die Projektion
im Yoga der vollkommenen Entfaltung? ...
Das sprach der Erhabene: ...
Seine Frau stellt er sich solange
in deiner Gestalt kraftvoll vor,
bis sie durch diesen intensivsten höchsten Yoga
voll erblüht (vor ihm) erscheint.

Seine Mutter, seine Tochter,
seine Schwester und Schwestertochter
und jede andere Verwandte,
genauso eine Musikantin oder Priesterin...

Er heißt die Frau sich ihm zuwenden
und wendet selber sein Gesicht ihr zu.
Und beide, voll gegenseitigem Lustverlangen,
betrachten einander intensiv.

Das Glück des Ansehens schauend
verharren sie mit konzentriertem Denken.
Dann soll sie zu ihm diese Worte,
die des Glückes Glut entfachen, sprechen:

»Du bist mein Sohn, du bist mein Mann,
als Bruder und Vater seh ich dich an,
ich bin deine Mutter, ich bin deine Frau,
deine Schwester und deine Schwestertochter.«...

Dann wirft er sich vor ihre Füße
und legt voll Eifer die Hände zusammen
und spricht diese höchste Rede,
die des Glückes Glut entfacht:

»Du bist die Frau des Vaters meiner Mutter,
du bist meine Schwestertochter,
du bist die Frau des Sohnes meiner Schwester,
du bist meine Schwester, meine Tante.

Allenthalben bin ich dein Diener,
schmerzlich abhängig von deiner Gunst,
sieh mich mit Mitleid an, Mutter,
mit Blicken voller Zärtlichkeit«...
Sie heißt ihn an ihrem Lotos saugen,
läßt ihn das Zittern ihrer Augen sehen,
sie gibt ihm die Salbe in den Mund,
sie drückt sein Herz mit ihrer Brust....

dann spricht sie zu ihm diese Rede:
»Iß meinen Sonnengleichen, (meine Scheiße),

Trink das Wasser des Unerschütterlichen, (meine Pisse),
mein Sohn, sei Diener und Vater zugleich,
ich bin deine Hirtin,
deine Mutter aus königlichem Geschlecht.

Zu meinen Füßen such Zuflucht,
mein Söhnchen, immerdar,
weil ich dich großgezogen habe,
erlangst du unschätzbaren Wert...

Wenn du mich weit geöffnet hast,
dann bebt mein Denken in Lustverlangen,
nimm meine Füße auf deine Schultern
und betrachte mich von unten bis oben.

Dann laß deinen zuckenden Diamanten
in die Öffnung mitten in meinen Lotos eindringen.
Gib du mir tausend Gaben,
Millionen, hundert Millionen!

In meinem dreiblättrigem Lotos,
mit einem Zäpfchen aus Fleisch versehen
laß deinen Diamanten hineinschnellen
und laß dein Denken in Glück Verehrung bringen.«...

Dann gibt er ihr zur Antwort:...
»Einzig die Frau ist Gebärerin,
Geberin wirklichen Glücks in den drei Welten, freundlich...
du Verdienstreiche, überaus Verdienstreiche,
erweise mir, Mutter, deine Gunst..«...

und beide wiegen sanft,
das heißt »wiegende Schaukel«...

er läßt sie sich breit auf den Rücken legen,
er küßt ihren schönen Bauch,

»Hier ist der Ort an dem ich früher war«
erinnert er sich, erinnert er sich immer wieder...

Er riecht den Duft dieser Öffnung
der Frau und reinigt sie mit seiner Zunge.
»Genau so, wie ich hier eingedrungen bin,
bin ich (hiervon) zahllose Male geboren worden«...

Er macht sein Denken von Abneigung frei
und beginnt seine Mutter zu lieben...

7. Das Erfreuen des Leibes

Wer dem Unreinen dient, der hat
sogar ohne Yoga Erfolg....

10. Ruhm der Frauen

Der Frauen Gott ist der Mann,
die Frau ist die Göttin des Mannes...

Im Innern der Burg ist man Buddha,
Vollendeter, mit der Hirtin vereint, glücklich...

11. Die universale Gestalt

Der Erhabene sprach:
»Ich bin alles, durchdringe alles,
erzeuge alles, vernichte alles...

Ich bin Frau und ich bin Mann
ich bin keins von beiden (oder: ich bin die Gestalt des Androgyn),
ob voll Lustverlangen, ob voll Haß,
ob voll Verblendung, ob voll Reinheit,

oder voll Unreinheit, es ist meine Gestalt,
die in der Gestalt des Denkens erscheint.
Mein Denken wird gesehen,
etwas anderes ist nicht zu sehen.

Ich bin der Unterschied der Dinge,
ich bin Geburt, Gebärer bin ich,
ich bin das Hindernis und Nichthindernis,
ich erscheine in der Gestalt des Erfolgs.

Ich bin Geburt und ich bin Tod
ich bin Krankheit und Alter bin ich
ich bin Verdienst und ich bin Übel
und auch die Frucht der Tat bin ich.

Die ganze Welt hat Buddha-Natur...

15. Reinigung

»Unerschütterlich« ist der Vater, »Mamaki« (auf mich bezogen) ist die Mutter. Man sieht sie in gegenseitigem Lustverlangen, entwickelt Haß gegen den Vater und Lustverlangen zur Mutter. ...

Wenn man aus dem Lotos hervorgetreten ist, ermordet man seinen Vater, nimmt dessen Stelle ein, wendet sich in diesem neuen Leben der Mutter zu, und erzeugt aus der Zärtlichkeit, spezifisch für das Glück, Söhne und Töchter. ...

16. Bedingte Entstehung

Eingegrenzt durch Nichtwissen ... verharrt das Wesen des Zwischenzustands an einer Stelle und sieht die dreifache Welt.
Es sieht Frauen und Männer in gegenseitigem Lustverlangen...
Es sieht die Frau und den Mann dieser Geburt vögeln und entsteht zu deren beider Berührung hin.
Falls es ein Mann sein wird, sieht es sich selbst als Urbild des Mannes. Zu seiner zukünftigen Mutter erfüllt ihn heftiges Lustverlangen. Zu seinem zukünftigen Vater erfüllt ihn verachtender Haß...

Angetrieben von seinem früheren Karma denkt er in universalem Durst »Diese Frau begehre ich« und in seinem Elend »Wer ist dieser Mann, der meine Frau liebt?« und wie ein Stern auf seiner Bahn (genau so gradlinig und unausweichlich) dringt er auf dem Weg durch den Kopf seines künftigen Vaters (in dessen Körper) ein, durch dessen Samen wird sein Denken aufgerichtet/bestätigt, und nachdem er es aufgerichtet/bestätigt hat, sieht er sich selber, seine künftige Mutter liebend.

An dieser Glücksursache hält er fest, fließt mit dem Samen (seines Vaters) zusammen. Völlig angefüllt mit universalem Lustverlangen verläßt er den

Diamanten seines Vaters durch die Energiebahn »Lodernde« und gelangt durch die in der Höhle des Lotos befindliche Energiebahn »Herrin des Diamantenbereichs« im Bauch seiner Mutter in die Energiebahn des Lebens. Im Fließen wird dann Werden. Schrittweise (durchläuft er die Embryonalstadien) »gerade sichtbar«, »Bläschen«, »Klumpen«, »mit Gliedern versehen«, und verläßt nach neun bis zehn Monaten (die Mutter) auf demselben Weg, auf dem er eingedrungen ist. Das ist die Geburt.

Wenn dagegen (das Wesen des Zwischenzustandes) eine Frau werden wird, dann wird sie zu ihrem künftigen Vater mit Lustverlangen erfüllt. Sie dringt auf dem Weg durch den Kopf ihrer künftigen Mutter (in deren Körper) ein, gelangt (durch die Energiebahn »Lodernde«) in den Lotos als Samen und (entwickelt) zur künftigen Mutter Haß. Sich selber sieht sie dort (im Lotos) in Frauengestalt. Wenn sie sich (mit dem Vater und seinem Samen) vermischt hat, dann verharrt sie in der Energiebahn des Lebens (im Bauch ihrer Mutter). Dann geht es wie oben weiter, sie wird geboren...

22. Wind-Yoga

Da sprach der Erhabene:
»Im Herzen der Aushauch, im Arsch der Einhauch,
der Allhauch im Gebiet des Nabels,
der Aufhauch im Gebiet der Kehle,
der Zwischenhauch im ganzen Leib...

Wer in der Meditation des Grausig-Schrecklichen verharrt
und seine Gefährtin fest umarmt,
mit seinem Herzen ihr Herz berührt,
sein Geheimnis von ihrem Geheimen umschlossen,

mit Glück Glück erzeugt,
bewegungslos sich dem Glück völlig hingibt,
und im Innern des Herzens Mond
und Sonne projiziert,
der wird aus dieser festen Kraft
allwissend sein. ...

Deutung. Die Aufhebung von Buddhas Empfängnistrauma und Geburtstrauma

Ich hebe die Struktur heraus. Der Fürst der Jogis, d. h. Buddha, geht durch den Kopf des Vaters hinein und als Samen des Vaters in den Schoß der Frau, verläßt ihn dann wieder, tötet und verzehrt den Vater zusammen mit der Frau. Dann liebt er die Frau als deren Vater und Bruder, und sie ist für ihn Mutter und Schwester. Beide vollziehen alle Inzestwünsche; mit Jung könnte man sagen: Der vollständige Inzest-Archetyp wird realisiert. Vor allem ist die Frau die Mutter des Mannes; er erlebt sie so und sie sich auch. Der Mann wird dann zum Androgyn (auch ein Archetyp Jungs) und erkennt, daß alles, was er erlebt, in ihm selbst ist. In der Zukunft sieht er wieder die Ermordung des Vaters und den Verkehr mit der Mutter (als habe der Ödipus-Komplex eine pränatale Basis). Nun geht er wieder in den Vater ein, wie am Anfang, fließt mit dem Samen des Vaters zusammen, zeugt sich selbst neu und durchläuft nun Schwangerschaft und Geburt.

Dieser Tantratext ist auch der Umbau der Geschichte von Buddhas Mutter. Maya lehnte ihren Mann ab, weil sie unbewußt ihren Vater liebte. Die Ablehnung des Samens wird am Anfang vollzogen und akzeptiert. Dann werden die Inzestwünsche Mayas erfüllt. Am Schluß wird der Verkehr mit dem Ehemann wiederholt, doch hat der Sohn, der als Inzestkind entstanden ist, sich seinen Vater jetzt angeeignet und vollzieht die Zeugung selbst, und jetzt wird diese Zeugung von der Mutter akzeptiert, da es ja ihr Sohn ist, der sie durchführt.

Im Tantra ist es der Vater der Mutter, der den Weg für den Vater des Kindes bereitet. Der Tantriker betrachtet die Selbstbefruchtung, die jungfräuliche Empfängnis, als den Weg, eine Art Schleichweg, zur Fremdbefruchtung. Ist das die biologisch, phylogenetisch eingebaute Struktur der menschlichen Vermehrung? (Eine Maskierung, wie bei der Einnistung?)

Die Tantriker durchschauten Buddhas mystische Erfahrung, die in seinem Empfängnistrauma wurzelte. Ihr Ritual ist die Therapie dafür. Sie verwandeln Buddha aus einem unerwünschten Kind in ein erwünschtes. Sie heben seine innere Spaltung auf. Im »Tantra des Grausig-Groß-Schecklichen« wird die Erkenntnis dieser Zusammenhänge mit »Rauschmitteln« erlangt; es waren psychoaktive Substanzen, wie der Lotostrank, den Maya genommen hatte. (In anderen Tantra-Texten wird die Erkenntnis allein durch Meditation gewonnen.)

Mayas Unterleib wird entspannt, ihre Schließmuskeln mitsamt den Ausscheidungen werden liebevoll behandelt. Gautamas »großes Schmutzverzehren« wird wiederholt, aber nicht beziehungslos, unbewußt agierend, sondern in Beziehung zur Mutter. Ihr Körper wird geliebt und geöffnet, empfängnisbereit gemacht, empfängnisfreudig, und damit dann auch geburtsfreudig.

Es ist ein psychotherapeutisches Verfahren, das der Erwachsene mit sich durchführt, in der Tiefe seines Gedächtnisses. Die Tantriker heben damit ihr eigenes Empfängnistrauma auf, sie lösen ihre inneren Blockaden. Dieses Trauma war in das Geburtstrauma eingelagert, in die Abwehrstrukturen, die sich gegen die Berührungen mit Urin und Stuhlgang im Geburtsvorgang gebildet hatten.

Benn versuchte etwas Ähnliches mit Hilfe von Kokain. Eine Dramenfigur, der Psychiater Pameelen, denkt an »Husten, Onanie, Cocain, alles, was den Unterbau etwas lockert«. »wem fällt es hinten schon herunter, entformungsfroh?« Im Gedicht »Kretische Vase« heißt es: »Lockerungen. Freigebärung«. Im Gedicht »Cocain« (aus dem Zyklus »Der Psychiater«) spricht er von »unerwähnten Gebilden meines Ichs am Unterbau«, es folgt »süß zerborstene Wehr« und am Ende: »gebäre blutbäuchig das Entformte her«. Er ist in die innere Mutter seiner Geburt hineingegangen und versucht, ihren Unterleib für eine gute Geburt zu entspannen. Er phantasiert eine anale Geburt, ein »Kotkind«, wie es zur gleichen Zeit Freuds Patient, der Wolfsmann, tat.

Durch die Scheiße zur Erleuchtung. Grofs Erfahrung der 3. Matrix

Grof schreibt vom »skatologischen Aspekt des Tod- und Wiedergeburtsprozesses«; man erlebt Szenen, »in denen man in Abfällen oder Kloaken herumkriecht, in Exkrementen schwimmt, Blut oder Urin trinkt oder sich in Fäulnis befindet«. Er schildert seine eigene Erfahrung: »Ich fühlte mich umgeben von unbeschreiblich ekeleregendem Zeug, ertrank in einer Art archetypischen Senkgrube...Mein Mund war voller Exkremente, die mir das Atmen unmöglich machten. ...Ich hatte das Gefühl, als würde ich immer mehr mit dem biologischen Abfall aller Großstädte dieser Welt vertraut, mit jedem Einstiegschacht und jedem Abwasserrohr, das es gibt. Dies war eine erschütternde Begegnung mit dem Schlimmsten, das die Natur hervorbringt - mit Ausscheidungen, Abfall, Eiter, Zersetzung und Fäulnis«. Dann schoß ihm ein Gedanke durch den Kopf: »Ein Kind oder ein Hund würde vielleicht ganz anders reagieren, und zweifellos gibt es viele Lebensformen – Bakterien, Würmer oder Insektenlarven –, für die eine solche Umwelt höchst wünschenswert ist«.

Es folgt bei Grof die Erfahrung der 4. Matrix, die ich in den »Grundlagen« zitierte.

Bhagwan Shree Rajneesh/Osho
Ein lachender Gott
»Das Leben feiern, den Tod feiern«

Über den indischen Mystiker Bhagwan Shree Rajneesh, der sich später Osho nannte, erschien 1982 eine Biographie »Der Erwachte«, von Vasant Joshi. Das Buch enthält die Beschreibung, die Rajneesh 1976 von seiner »Erleuchtung« gab; sie fand 1953 statt, als Rajneesh ein Student der Philosophie von 21 Jahren war. Rajneesh behielt die Erfahrung für sich, beendete das Studium, wurde mit 28 Professor, trat dann in ganz Indien als Acharya auf, als Lehrer der Weisheit, veranstaltete auch Meditationskurse. 1970 begann er Sannyas zu geben, d. h. er vollzog eine religiöse Initiation in seine Lehre. Er trat damit als Meister auf. 1971 nahm er den Namen Bhagwan an. Das Wort bedeutet Gott, nicht Schöpfergott, einziger Gott, im jüdisch-christlichen Sinn, sondern etwa wie von Jesus als Junge gesagt wird, »er ist ein Gott«, oder wie Jesus im Johannes-Evangelium sagt: »Ihr seid Götter«. In den religiösen Hymnen, den Bhadschans, werden z. B. Rama und Krischna als Bhagwan angesprochen; sie sind Erscheinungsformen, Verkörperungen des Göttlichen wie auch Schiwa, Wischnu usw.

Die Erleuchtung mit 21 wird in Joshis Buch als die entscheidende Erfahrung im Leben von Rajneesh dargestellt, die Bezeichnung als Bhagwan im Jahre 1971 erscheint als eher beiläufiger Schritt, doch war er der Höhepunkt einer Entwicklung: Joshi erwähnt die Vorträge zum Thema »Vom Sex zum kosmischen Bewußtsein« von 1968 und zum Thema »Krischna« von 1970. Betrachtet man den Inhalt der beiden Vortragsserien, so zeigt sich in ihnen die seelische Vorbereitung für das Auftreten als Gott, für die Selbstoffenbarung des Gottes. Erst als Rajneesh im Dezember 1988 den Namen Bhagwan wieder ablegte, erklärte er dessen eigentliche Bedeutung, die in der Wortwurzel enthalten ist: Bhaga sei das weibliche Genital und wan das männliche; die männliche Energie bringe in der weiblichen Energie die Schöpfung hervor.

Ein Gott, ein Bhagwan, ist demnach ein Mensch, in dem die Schöpfung stattfindet; er ist deren Verkörperung, er ist der Schöpfungsakt, der Zeugungsakt, er ist ein Orgasmus, ein Dauerorgasmus, im Innern. Er lebt aus seiner Entstehung heraus, aus der Energieexplosion der Befruchtung, der Zellkernverschmelzung, aus der er entstanden ist. Die Befruchtungsmatrix ist aus der Tiefe der Vergangenheit in die Gegenwart gestiegen. Gott als der Schöpfer, als die Schöpfungsenergie, ist sich in einem Bhagwan bewußt geworden und nennt sich beim Namen. Was ich hier aus der Sicht der pränatalen

Psychologie sage, sagte Rajneesh oft in ähnlicher oder gleicher Weise. Mit Jung kann man sagen, das »Selbst« ist ins Bewußtsein getreten, »der zwiege-schlechtliche göttliche Urmensch«, oder der Archetyp des Gottesbildes.

Das Muster der bisher dargestellten Gotteserfahrungen ist auch bei Rajneesh zu sehen. Seine Erleuchtung entspricht der Taufe von Jesus, der Brahma-Vision Buddhas, der göttlichen Hochzeit im Tantra. Die Offenbarung als Bhagwan entspricht der Verklärung von Jesus, als er sich als Christus zu erkennen gab, sowie der Begegnung Gautamas mit Mara, und der zweiten Zeugung im Tantra. Selbstbefruchtung, Fremdbefruchtung; Pflanzenenergie, Tierenergie. Erwachen im Schoß, Verlassen des Schoßes (bzw. die Vorbereitung dazu).

Rajneesh enstammte einer Dschain-Familie, was den seelischen Vorgang klarmacht. Rajneesh wiederholte die beiden Stufen der Dschain-Erleuchtung, aber verkehrte ihre Inhalte ins Gegenteil: Die erste Stufe der Abtötung, der Joga im Körper, die Rückkehr in den Mutterleib, wurde ihm zu einer »Wieder-geburt«. Die zweite Stufe, das Verlassen des Körpers, ersetzte er durch den kosmischen Orgasmus. Umwertung der Werte: Aus der vollkommenen Verneinung des Lebens machte er dessen vollkommene Bejahung: Orgasmus statt Selbstmord.

Es ist, als sei er in seiner Erleuchtung zum Ursprung seiner Herkunftsre-ligion gegangen, zur vorarischen Lotosgöttin vor der Eroberung Indiens durch die Arier, und sei mit ihr verschmolzen. Dann nahm er den arischen Kriegsgott, verkörpert durch Krischna, in sich auf, um sich neu zu zeugen und damit wurde er zu Bhagwan.

Rajneesh bejahte die Sexualität und wirkte damit schockierend in Indien, dem Land mit der stärksten Unterdrückung, Tabuisierung der Sexualität. Gand-hi war ein großer Kämpfer gegen die »Sinnlichkeit«; als höchste Tugend pries er die »Enthaltsamkeit«; seine Haltung steht in der Tradition Buddhas und der Dschains. In Rajneesh war die Urreligion Indiens vor der Eroberung durch die Arier wieder aufgetaucht; sie hatte sich auch in den Tantra-Kulten des indischen Mittelalters wieder belebt (Khajuraho, Konorak), war dann mit der Eroberung durch den Islam wieder verschwunden, der in drei Wellen (um 1000, 1200, 1550) große Teile Indiens verwüstete und zu einem Puritanismus führte.

Ich bringe nun die Beschreibung der Erleuchtung von Rajneesh und betrachte sie dann von der Schilderung seiner Geburt her. Es folgen Kindheit und Jugend bis zur Erleuchtung und dann die Entwicklung in den etwa drei Jahren bis zum Bhagwan. Mit 50, im Jahre 1981, wurde Rajneesh krank, zog sich drei Jahre zurück; der Neubeginn 1984 knüpfte an die Position von 1970 an. Eine letzte Verwandlung erfuhr er 1988/89, etwa ein Jahr vor seinem Tod.

Erste Stufe: Der Pflanzengott
»Erleuchtung« – »Wiedergeburt«

»Ich denke an jenen schicksalhaften 21. März 1953. Viele Leben hatte ich schon gearbeitet und nichts war geschehen. Jetzt verstehe ich, warum nichts geschah. Das Bemühen selbst war die Schranke. Bemühen ist notwendig, ohne Bemühen geht nichts. Und ebenso geht nichts nur durch Bemühen. Sieben Tage vorher hörte ich auf, an mir zu arbeiten. Ich sah die Sinnlosigkeit des Bemühens. Als ich nicht mehr erwartete, daß etwas geschehen würde, begann es zu geschehen. Eine neue Energie wuchs aus dem Nichts. Ich glaubte sie so weit entfernt; sie war so nahe und vertraut. Sieben Tage lebte ich in einem gänzlich hoffnungs- und hilflosen Zustand. Es gab keine Hoffnung mehr, und auch keine Hoffnungslosigkeit. Das war neu: Ohne Hoffnung zu sein. Es war nicht nur Abwesenheit, ich fühlte eine Anwesenheit. Irgendetwas in mir floß über, überflutete mich. Ich war hilflos – ich war selbstlos: Ich hatte erkannt, daß es mich gar nicht gibt. Es war, als stürzte ich in einen bodenlosen Abgrund. Es war keine Angst da, weil es niemanden gab, der Angst haben konnte. Sieben Tage der Umwandlung.

Am letzten Tag wurde die Gegenwart einer neuen Energie, eines neuen Lichts, einer neuen Freude, so intensiv, daß es beinahe unerträglich war, so als explodierte ich, als würde ich verrückt vor Seligkeit. Die neue Generation im Westen hat das richtige Wort dafür: Ich war blissed out, stoned. Es war unmöglich, in dem was passierte, einen Sinn zu erkennen. Eine totale Unsinns-Welt – schwierig zu begreifen, schwierig, dafür Worte zu finden. Dies war so lebendig, eine Springflut der Seligkeit. Der ganze Tag war fremdartig, betäubend. Die Vergangenheit verschwand, als sei sie nie ein Teil von mir gewesen. Ich wurde zu einem Nicht-Wesen, das was Buddha Anatta nennt. Begrenzungen verschwanden, Unterscheidungen verschwanden. Mein Verstand verschwand, er war Millionen von Meilen entfernt.

Gegen Abend wurde es beinahe unerträglich. Es tat weh, es schmerzte. Es war als wenn eine Frau in die Wehen kommt, wenn ein Kind geboren werden soll, und die Frau leidet ungeheure Schmerzen, die Geburtswehen. Es war unmöglich, wach zu bleiben. Irgendetwas stand unmittelbar bevor. Vielleicht würde es mein Tod sein, aber es war keine Angst da. Jene sieben Tage waren so schön gewesen, daß ich zu sterben bereit war. Aber irgendetwas sollte geschehen, das entweder Tod oder Neugeburt sein mochte, Kreuzigung oder Auferstehung.

Gegen acht Uhr schlief ich ein. Es war aber nicht Schlaf, es war wie Samadhi: Man schläft und ist wach zugleich; der Körper ist völlig entspannt und dennoch brennt im Innern ein Licht der Bewußheit. Der Körper schlief, ich war wach: Tod und Leben begegnen sich: Der Schöpfer und die Schöpfung begegnen sich. Beim ersten Mal erschüttert es einen bis in die Wurzeln. Nach dieser Erfahrung kann man nie mehr so sein wie vorher und gewinnt dadurch auf das ganze Leben einen neuen Ausblick.

Gegen zwölf Uhr fühlte ich mich von einer überwältigenden Gegenwart im Zimmer umgeben. Ich spürte pulsierendes Leben um mich her, eine starke Schwingung – fast wie ein Orkan, ein Wirbelsturm von Licht, Freude, Ekstase. Ich ertrank darin. Eine andere Wirklichkeit öffnete ihre Tore: Das wahre Wirkliche - nenne es Gott, nenne es Wahrheit, nenne es Dharma, nenne es Tao. Es war namenlos. Aber es war da – so undurchsichtig, so transparent und dennoch so konkret, daß man es hätte berühren können. Es erstickte mich beinahe in jenem Zimmer. Es war zuviel, und ich war noch nicht imstande, es in mich aufzunehmen. Ich lief aus dem Zimmer. Als ich ins Freie kam, verschwand das Erstickungsgefühl. Ich ging zum nächsten Garten: Es war eine neue Art zu gehen, als sei die Schwerkraft verschwunden. Ich fühlte mich schwerelos, als habe irgendeine Kraft von mir Besitz ergriffen. Ich war in den Händen irgendeiner anderen Energie. Zum ersten Mal war ich nicht allein. Zum ersten Mal war ich kein Individuum mehr. Zum ersten Mal war der Tropfen in den Ozean gefallen: Nun war der ganze Ozean mein. Ich war der Ozean. Es gab keine Grenzen mehr. Eine gewaltige Kraft erhob sich in mir. Es war da, nenne es Gott. Gott war da.

Ich mußte über das Tor des Gartens klettern. In dem Augenblick, als ich den Garten betrat, leuchtete alles. Das Licht war überall – die Segnung, der Segen. Zum ersten Mal konnte ich die Bäume sehen. Ein bestimmter Baum war in überwältigend schönes Licht eingehüllt – der Maulshree-Baum. Er zog mich an, er riß mich geradezu an sich. Ich hatte ihn nicht gewählt, Gott hatte ihn gewählt. Nun beruhigte sich alles. Das ganze Universum war ein einziger Segen. – Jene drei Stunden waren die ganze Ewigkeit, endlose Ewigkeit. Es gab keine Zeit, es gab kein Verstreichen der Zeit; es war die jungfräuliche Wirklichkeit – unverdorben, unberührbar, unermeßlich.

Und an jenem Tag geschah etwas, das weiterging – nicht als Dauerzustand, sondern eher als eine Unterströmung. Nicht als Dauerzustand – jeden Augenblick ist es immer wieder neu geschehen. Jeden Augenblick ist es von neuem ein Wunder.

Jene Nacht... und seit jener Nacht bin ich nie mehr ganz im Körper gewesen. Ich schwebe um ihn herum. Ich wurde ungeheuer stark und zur selben Zeit sehr zerbrechlich.

Buddhas haben eine Stärke, die nicht von dieser Welt ist. Es ist die Stärke des Lebens und nicht des Todes. Ihre Kraft ist nicht Gewalt, Aggression, sondern Mitgefühl.

Jeden Moment bin ich überrascht, daß ich noch hier bin. Denkt daran, daß ich seit jenem Tag nicht mehr wirklich im Körper bin; nur ein zarter Faden verbindet mich noch mit dem Körper. Seit jenem Tag ist die Welt unwirklich. Eine andere Welt hat sich enthüllt. Es gibt nicht zwei Dinge, Gott und die Welt. Im Moment, in dem man anfängt zu sehen, gibt es nur noch Gott.

Der Verstand muß verschwinden, damit Gott sein kann. Man muß leer werden, damit man voll sein kann. Jene Nacht wurde ich leer und wurde voll. Ich wurde nichtexistent und wurde die Existenz. Ich starb und wurde wiedergeboren«. (gekürzt)

Deutung. Das vorgeburtliche Pflanzen-Ich

Er erlebt die Geburt wieder. Die Wehen der Mutter, die Erstickungsgefühle des Kindes. Das Zimmer ist wie der Mutterschoß. Er läuft hinaus, klettert über das Gartentor, setzt sich unter den Baum: Ruhe, Segen.

Es ist die Rückkehr vor die Geburt, die Rückgeburt, »eine Sturzgeburt nach Innen«, wie Benn den Eintritt in den Bereich der dichterischen Inspiration benennt. Das nachgeburtliche Ich löst sich auf; das vorgeburtliche Ich steigt ins Bewußtsein, ein Ich, das eine Einheit mit der Energie des Mutterschoßes ist. Er ist wie ein Ozean; Freud nannte die religiöse Erfahrung ein »ozeanisches Gefühl«. Es ist die Seele, das Erleben im See, im Fruchtwasser des guten Schoßes. – Rajneesh löst sich in diesem Ozean auf. Jetzt ist Gott da. Das Licht geht vom Baum aus, er wird da hingezogen. Es ist Nacht – er projiziert das Bild eines inneren Baums auf den äußeren Baum. Es ist der Baum, der bei Jesus als Senfkraut und bei Buddha als Lotos erscheint, das Reich Gottes, das Reich der Wahrheit.

In einer Schicht ist es der sog. Plazenta-Baum. Die Plazenta sieht aus wie ein Baum, der aus dem Nabel des Fötus herauswächst. Aber das ist nur die oberste, späteste Schicht. Die Lichterfahrung, die bei Rajneesh mit diesem Baum verbunden ist, stammt, zum Teil, vom Erwachen des Bewußtseins im dritten Monat. Hier wachsen die Gehirnzellen, die Dendriten, Bäume, Baumzellen. Sie sehen wie Bäume oder Büsche aus. Es sind Pflanzenzellen, die Augentierchen, die Gutaugen. Sie erwachen. Sie enthalten Lichtenergie, sie leuchten. Sie sehen sich selbst, sie nehmen sich selbst wahr, als göttliches Licht in Pflanzenwesen. Das wahrnehmende Wesen nimmt zugleich eine frühere Erfahrung wahr: Implantation und Cerebralisation, Einpflanzung und Hirnbildung, die stärkste Wachstumsphase; Wachstum ist Energie, ist Verströmen von Lust, von Schöpfungslust, von Gotteslust. Davor steht die Erinnerung an die Befruchtung und ihre Energieexplosion. Und noch davor steht die Erinnerung an die Reifung der Keimzellen, an die Selbstvermehrung. Sie geschieht in der Pflanzenphase der Evolution. Hier ist der Ursprung des leuchtenden Baums im Garten. (Die Dendriten im 3. Monat wachsen aus Zellen heraus, die wie Keimzellen sind.) Der Garten ist das Paradies. Der Baum ist der Lebensbaum, der Weltenbaum, der Eierstock der Weltenmutter. Als Baumgöttin, als Pflanzenwesen befruchtet sie sich selbst, mit ihrem Sohngeliebten, dem Pflanzenvater. Im Paradies gibt es noch nicht die tierische Vermehrung, die Sexualität mit ihrer Aggression, den männlichen Samen, die Sprengbombe, den Kriegsgott, den Feuervater. Rajneesh wird ihn zwanzig Jahre später treffen.

Die Geburt. Drei Tage Nahtod

Grofs Wiedererleben der Geburt wurde durch psychoaktive Substanzen bewirkt; ihre Energie ließ das Unbewußte ins Bewußtsein steigen. Bei Rajneesh geschah es von selbst. In ihm war ein vorgeburtliches Ich, das sich mit Energie aufgeladen hatte und das nun explodierte. Dieser Teil seines Ichs war im vorgeburtlichen Unbewußten vorhanden gewesen. Ich folgere, daß ein Teil seines Ichs nach der Geburt wieder vor die Geburt zurückgekehrt war. Dieser abgespaltene Teil tauchte dann auf. Die Beschreibung, die Rajneesh von seiner Geburt gibt, läßt den Vorgang der Rückkehr eines Ichteils in den vorgeburtlichen Bereich erkennen.

Seine Mutter erzählte, »daß das Kind während der ersten drei Tage nach der Geburt weder geschrien noch Milch zu sich genommen habe«. »Ich war sehr besorgt und wußte nicht, was ich tun sollte. Meine Mutter kümmerte sich um ihn. Sie gab ihm Wasser zu trinken. Am vierten Tag fing er an, Milch zu trinken«. Rajneesh sagte dazu: »Es stimmt. Vor 700 Jahren, in meinem früheren Leben, mußte man vor seinem Tod eine 21 Tage lange spirituelle Übung verrichten. Ich sollte meinen Körper erst aufgeben, nachdem ich 21 Tage lang strikt gefastet hatte. ... Als mir in jenem Leben nur noch drei Tage blieben, wurde ich getötet. In diesem Leben habe ich die drei Tage nachgeholt (indem ich erst am vierten Tage Milch angenommen habe)«. Rajneesh zufolge wurde er nicht aus Feindschaft getötet, eben so wie »Judas lange Zeit versuchte, Jesus zu töten, obwohl er keine Feindschaft für ihn empfand«. »Meine Tötung erwies sich als sehr wertvoll. Nach all meinen hartnäckigen Bemühungen um Erleuchtung in jenem Leben, war ich nun in diesem Leben imstande, nach einem Zeitraum von 21 Jahren, das zu erreichen, was ich während jener drei Tage hätte erreichen können«.

»Wenn ein Mensch wie Buddha geboren wird, wird er mit vollkommen klarem Bewußtsein geboren. Wenn ein Mensch wie Buddha sich im Mutterleib befindet, hat er volle Klarheit. ...Wenn du in diesem Leben in voller Klarheit sterben kannst, und beim Sterben nicht unbewußt wirst, ...dann siehst du plötzlich, daß du nicht im Körper bist und daß das Bewußtsein den Körper verlassen hat. Du kannst den toten Körper daliegen sehen und du schwebst um den Körper herum. Wenn du bewußt bleiben kannst, während du stirbst, ist das zugleich ein Teil, ein Aspekt der Geburt. Wenn du in diesem einen Aspekt bewußt bist, wirst du auch bewußt die eigene Empfängnis erleben. Du wirst um ein Paar herumschweben, das sich gerade liebt, und dir dessen voll bewußt sein. Du wirst bewußt in den Schoß der Mutter eintreten. Das Kind wird gezeugt und weiß, was geschieht«.

»Ich sage euch, daß die Schmerzen der Geburt größer sind als beim Tod... Nach neun Monaten völliger Ruhe, Entspannung, keine Sorgen, ist es ein solch plötzlicher Schock, hinausgeworfen zu werden, daß es niemals wieder einen vergleichbaren Schock für das Nervensystem geben wird, niemals mehr«.

Ich lese nun Rajneeshs Ausführungen zu seiner Geburt von den Erfahrungen der prä- und perinatalen Psychologie her. – Das Kind schrie drei Tage nicht und nahm keine Milch an, weil es zu erschöpft war. Die Geburt war schwer gewesen – wie eine Kreuzigung; er erwähnt sie bei seiner Erleuchtung und dann wieder indirekt mit Judas. Die drei Tage des Fastens, die er in dem früheren Leben versäumt hatte, weil er getötet worden war, werden jetzt nachgeholt. Ich denke, die Tötung war der Tod, die Todeserfahrung bei der Austreibung. Der Feind hatte ihn nicht aus Feindschaft getötet, so wie die Mutter das Kind nicht töten wollte. Die 18 Tage, die er im früheren Leben gefastet hatte, verstehe ich als den Zeitraum vor der Geburt, als die Nahrungsversorgung schon unzureichend war. Das Bewußtsein hatte den Körper verlassen und ging in ein früheres Leben zurück, wo schon einmal das Gleiche passiert war. Rajneesh sieht die Ereignisse in dem früheren Leben als die Ursache der Ereignisse im jetzigen Leben. Man kann es auch umgekehrt sehen: Das gegenwärtige Ich sucht in der Vergangenheit eine Erklärung für die Gegenwart. Ob es diese Vergangenheit gegeben hat, oder ob sie eine Erfindung der Gegenwart ist, – und das heißt der Gegenwart des Erwachsenen, der sich erinnert –, dürfte vom jeweiligen Glaubenssystem abhängen.

Rajneeshs Ausführungen zur Empfängnis lese ich als Darstellung dessen, was das Baby nach der Geburt machte. Ich bin der Ansicht, am vierten Tag kehrte das Bewußtsein des Babys in den Körper zurück – und zwar vom Anfang her, von der Empfängnis. Es erlebte so die Empfängnis wieder, und zwar im Bereich der Selbstbefruchtung, also die jungfräuliche Empfängnis, d. h. das Baby hatte eine Totalregression gemacht, bis vor die Befruchtung, zurück in die Eizelle, an den Ort, an dem Jesus bei der Taufe erwachte und an dem Buddha beim Anruf Brahmas sich findet. Das Baby ist schon geboren; im Körper des Babys findet eine neue Empfängnis statt, eine neue, eine seelische Schwangerschaft beginnt, ein Pflanzenkind, ein Lichtwesen entsteht, das im

217

dritten Monat der Schwangerschaft stehen bleibt, aber sich weiterhin ausdehnt und dann nach 21 Jahren geboren wird. Ein Pflanzenkind, ein Selbstbefruchtungskind, – ein Kind der Eltern der Mutter – ein weibliches Wesen in einem männlichen Körper. – Rajneesh behält die Erfahrung für sich; es ist, als kehre das Kind wieder ins Unbewußte, in den Mutterschoß zurück, um weiter zu wachsen.

Von der Geburt zur Wiedergeburt
Todeserfahrungen in der Kindheit

Der Zufall wollte es, daß die Mutter der Mutter das Kind nach den drei Tagen ins Leben zurückholte, und daß diese Goßmutter und ihr Mann das Kind mitnahmen und aufzogen; sie lebten nicht in derselben Stadt wie die Eltern. Die äußere Realität entsprach der inneren: Die Eltern der Mutter wurden zu den Eltern des Kindes. Im Tochter-Vater-Inzest, der Heiligen Hochzeit, wird die Tochter zu ihrer Mutter und empfängt von ihrem Vater, der jetzt ihr Mann ist, das Kind, das göttliche Kind.

In Rajneeshs Biographie werden eine Reihe von Begegnungen mit dem Tod geschildert, die wie Wiederholungen seiner Geburt und wie eine Vorbereitung für seine Wiedergeburt wirken.

»Das erste Mal traf ihn der Schock des Todes im Alter von fünf, als seine jüngere Schwester Kusum starb. Er verweigerte jede Nahrung und bestand darauf, wie ein traditioneller Dschain-Mönch ein Lendentuch zu tragen und mit einer Bettelschale herumzugehen«.

Ein Astrologe sagte, das Kind werde alle sieben Jahre dem Tod begegnen. »Als ich sieben war, überlebte ich zwar, aber ich hatte eine tiefe Todeserfahrung – nicht meines eigenen Todes, sondern des Todes meines Großvaters mütterlicherseits. Und ich hing so sehr an ihm, daß mir sein Tod wie meine eigener vorkam«. Er wurde im Sterben auf einem Ochsenkarren in die Stadt gebracht. »Auf dem Ochsenkarren beobachtete ich alles sehr genau, und wir hatten annähernd 50 Kilometer zurückzulegen. Der allmähliche Verlust seiner Sinne und sein schließlicher Tod prägten sich meinem Gedächtnis tief ein«. »Als er starb, hatte ich das Gefühl, es wäre Verrat zu essen. Jetzt wollte ich nicht mehr leben. Drei Tage lang blieb ich im Bett liegen. Ich überlebte, aber diese drei Tage wurden für mich zu einer Todeserfahrung. In gewisser Hinsicht starb ich. Der Tod starrte mir ins Gesicht, bevor der wirkliche Lebensimpuls begann«.

»Für mich wurde die Möglichkeit, einen anderen Menschen zu meinem Mittelpunkt zu machen, schon bei den ersten Lebensschritten zerstört. Der erste Mittelpunkt, der sich für mich gebildet hatte, brach zusammen«. – »Die

Zerstörung einer intimen, tief zärtlichen Beziehung brachte die völlige Freiheit mit sich, bei meinem eigenen Selbst zu verweilen – gänzlich allein zu sein«. »Die unwiderrufliche Tatsache des Alleinseins ergriff im Alter von sieben Jahren Besitz von mir. Alleinsein wurde zu meinem Wesen. Sein Tod befreite mich auf immer von allen Beziehungen. Sein Tod bedeutete für mich das Ende aller Bindungen. Wann immer eine Beziehung zu einem anderen Menschen anfing, intim zu werden, starrte mir der Tod ins Gesicht. Seit jenem Tod knüpfte sich an das Bewußtsein des Lebens jeden Tag und jeden Augenblick unverändert das Bewußtsein des Todes. Seither waren Sein oder Nicht-Sein für mich von gleichem Wert«. »Anfangs hatte dieses Alleinsein mich nur unglücklich gemacht, aber allmählich verwandelte es sich in Glück. Danach erlitt ich nie wieder irgendein Unglück«. »Es gab nur den einen Weg, nämlich mich auf mein eigenes Selbst zurückzuwenden«.

Als die Todes-Prophezeiung für das 14. Lebensjahr kam, sagte er: »Ich werde mich für sieben Tage zurückziehen, um den Tod zu erwarten«. Er tat alles, »um tot zu werden«. Er legte sich in eine Tempelruine; eine Schlange kroch über ihn hinweg. »Die Angst war überwunden. Wenn man den Tod akzeptiert, gibt es keine Angst. Wenn man den Tod akzeptiert, entsteht eine Distanz. Das Leben spielt sich weit weg von dir ab«. »In gewisser Hinsicht starb ich, aber ich erfuhr, daß es etwas Todloses gibt«.

Als Schüler balancierte er gern auf Klippen über dem Abgrund, sprang von einer hohen Brücke in den Fluß, ließ sich von Strudeln in die Tiefe ziehen. »Eigenartig, wie der Verstand pötzlich stillsteht«. »Mut ist die wichtigste Eigenschaft im Leben überhaupt, weil es ohne Mut keine Freiheit gibt, und ohne Freiheit keine Wahrheit«.

Das Jahr vor der Wiedergeburt
Sterbeübung, Wiedergeburtsübung

Er war Student und lebte zusammen mit einem Vetter und mit der Kusine Kranti. »Er war von Zweifeln und einem Gefühl schrecklicher Unsicherheit und Leere befallen. Vor allem weigerte er sich, eine Existenz Gottes anzunehmen. Er wurde beinahe wahnsinnig« (Joshi). »Ich war so gut wie verrückt. Ich befand mich in einem Zustand völliger Finsternis. In jenen Tagen hatte ich oft geträumt: ich stürze und stürze immer tiefer in einen bodenlosen Brunnen hinein«. »Mich nur am Leben zu erhalten, war schon schwierig genug, weil jeglicher Appetit verschwunden war. Der Körper war so wenig vorhanden, daß ich mir Schmerzen zufügen mußte, um überhaupt zu spüren, daß ich noch im Körper war. Ich mußte mit dem Kopf gegen die Wand stoßen, um zu spüren, ob mein Kopf noch da war oder nicht. Jeden Morgen und jeden Abend lief ich fünf bis acht Meilen, um mich zu fühlen, um nicht den Kontakt zu mir selbst zu verlieren«. »Ich lag nur einfach auf dem Fußboden und sah die Decke an, zählte von eins bis hundert und dann rückwärts von hundert bis eins«.

Kranti kümmerte sich um ihn »und versorgte ihn voller Liebe und Hingabe«. Er litt an starken Kopfschmerzen; man ging von einem Arzt zum anderen. Ein ayyurvedischer Arzt sagte:»Er ist nicht krank«. Der Arzt fing an, zu weinen und sagte:»Ich habe selbst diesen Zustand zu erreichen versucht. Er ist vom Glück gesegnet«. »Er wurde mein Beschützer«.

»Nachts saß ich gewöhnlich auf einem Baum und meditierte. Eines Nachts verlor ich mich so tief in der Meditation, daß ich nicht bemerkte, wie mein Körper aus dem Baum herunterfiel. Ich traute meinen Augen nicht, als ich meinen Körper da unten liegen sah. Eine leuchtende Linie, eine Silberschnur, verband mich, der ich oben im Baum hockte, mit dem Nabel meines Körpers. An jenem Tag sah ich meinen Körper zum ersten Mal von außerhalb, und seit jenem Tag war die bloße physische Existenz endgültig zu Ende... Als der Morgen graute, kamen zwei Frauen mit Milchkannen vorüber und sahen meinen Körper, wie er dort lag. Ich sah von der Spitze des Baumes aus, wie sie meinen Körper betrachteten. Sie näherten sich dem Körper und setzten sich daneben. Mit ihren Handflächen berührten sie meine Stirn, und augenblicklich kehrte ich, wie von einer reinen Kraft der Anziehung gezogen, in meinen Körper zurück und öffnete die Augen«.

Deutung

Bei der ersten Begegnung mit dem Tod, als er fünf ist und seine kleine Schwester stirbt, hört er auf zu essen, wird ein Dschain-Mönch. Es ist, als erinnere er sich an seine Geburt und die drei Tage danach. War diese Erinnerung durch die Vermittlung der Dschain-Religion in ihm aufgestiegen? Als mit sieben der Großvater stirbt, stirbt er mit (und hört wieder zu essen auf). Er gibt die Beziehung zu den Menschen auf, zieht die Objekt-Besetzungen zurück, narzißtische Introversion. War er mit dem Großvater in sich selbst zurückgekehrt? In den Bereich vor der Geburt, d. h. vor dem Tod, in den Nicht-Tod, ins Todlose. Hier versammelt er alle Energie. Er lernt Sterben, er übt es, mit 14 wieder in der Tempelruine, später bei den Mutproben.

Beim Sturz vom Baum probiert er eine neue Art der Geburt. Er sitzt im Plazenta-Baum und läßt den Körper herunterfallen: Er läßt den Körper sterben; er liegt unten wie tot. So war es bei der Geburt. Jetzt ist sein Geist in der Plazenta geblieben – was damals auch schon der Fall war: Das hat er jetzt wiedergefunden. Und er sieht jetzt eine Nabelschnur, durch die sein Geist mit dem Körper unten, dem geborenen, totgeborenen Körper, verbunden ist.

Dadurch ist der geborene, tote Körper noch mit dem Leben, dem vorgeburtlichen Leben verbunden, und lebt also noch, bzw. kann wiederbelebt werden. So war es bei der Geburt durch die Großmutter geschehen und jetzt schickt der Zufall die zwei Frauen mit den Milchkannen, die sich zu ihm setzen und ihn berühren, wie es einst Großmutter und Mutter taten. Sein Geist, sein vorgeburtlicher Geist, verläßt den Baum und geht in den Körper hinein, macht den nachgeburtlichen, gestorbenen Körper zu einem vorgeburtlichen, nicht gestorbenen, todlosen Körper.

Dann verdichtet sich die Todeserfahrung des Körpers; er spürt ihn nicht mehr, es ist wie Depersonalisation und Hospitalismusverhalten. Er kämpft dagegen an mit den Langläufen. Er hat Glück mit dem Arzt, der erkennt, daß sich eine mystische Erfahrung vorbereitet; er nimmt dem jungen Mann die Angst, er bestätigt ihn, bestärkt ihn, erhebt ihn. Die Kusine kümmert sich liebevoll um ihn. So sind gleichsam zwei helfende Elternfiguren da, und nun kann er durch die Geburt zurückgehen. Er erwacht in seinem vorgeburtlichen Ich, das durch die Zuwendung der Großeltern in den ersten sieben Jahren riesig gewachsen ist, ähnlich wie es bei Jesus und bei Gautama der Fall war.

Zu der Zeit, als er seine Erleuchtung beschrieb, äußerte er Folgendes: »Psychologen sagen, daß die ganze religiöse Suche nur ein Weg ist, um den Mutterschoß wieder zu finden. Sie verstehen das als eine Kritik an der Religion, aber für mich ist das überhaupt keine Kritik. Es ist einfach wahr. Die Suche der Religion zielt darauf, die ganze Existenz zu einem Mutterschoß zu machen«.

Gab es einen äußeren Auslöser für die Erleuchtung, für die Rückkehr in den Mutterschoß? War es eine Reaktion auf die Fürsorge Krantis? – »Während Rajneeshs Collegezeit in Jabalpur war seine Großmutter väterlicherseits eifrig bemüht, ihn zu verheiraten«. Man sagte ihm nichts davon. Erst später sprach die Mutter mit ihm darüber. Er sagte: »Denk darüber nach. Wenn du das Gefühl hast, daß du durch die Ehe etwas Besonderes erreicht hast, dann kannst du es mir befehlen«. Nach zwei Wochen sagte die Mutter: »Ich werde gar nichts sagen, denn wenn ich in meine eigene Erfahrung schaue, dann würde ich nicht wollen, daß du ein solches Leben aufnimmst«.

Die zweite Stufe: Tiergott
Die Feuer-Energie der Zeugung

1968 wird Rajneesh zu einer Vortragsreihe zum Thema »Liebe« eingeladen. Er sagt, alle Religionen reden von der Liebe und verdammen die Lust; Sex sei Sünde. So sei der Mensch seit 10 000 Jahren pervertiert worden. Liebe ist umgewandelte sexuelle Energie; diese ist göttliche Energie. Das Leben selbst ist Gott. Die Natur ist unaufhörliche Schöpfung, Fortpflanzung. Gott offenbart sich im Akt, der Leben erschaffen kann. Im Orgasmus erfährt der Mensch, was Gott ist: Schöpfung, Selbsterschaffung, Zeugungsdrang. Im Orgasmus macht der Mensch die Erfahrung der schöpferischen Leere und diese ist Gott: Gott ist die Gesamtheit der Existenz und mit ihr verschmilzt der Mensch im Orgasmus. Im Orgasmus ist der Mensch Ich-los; diese Freiheit vom Denken, diese Selbstvergessenheit ist die Voraussetzung für das Gefühl der absoluten Seligkeit. Im Menschen gibt es einen Drang nach Ichlosigkeit, Zeitlosigkeit, der im Orgasmus zum Ziel kommt. Der Mensch erlebt darin den Kontakt mit der Quelle aller Energie.

Joga lehre, daß nach einem Orgasmus von einer Minute Dauer das sexuelle Verlangen nach drei Tagen wiederkehrt; nach drei Minuten Dauer nach einer Woche, nach einer Stunde einen Monat, nach drei Stunden ist der Mensch für immer befreit: Der Mensch ist nun auf eine andere Ebene gehoben, zum Samadhi, zur ewigen Verschmelzung, zur ewigen Seligkeit, wie ein Tropfen, der in den Ozean gefallen ist. Sexualität ist zur Meditation transformiert worden. Sexualität hat sich in Liebe verwandelt. Liebe ist nicht eine Beziehung, sondern ein Zustand: Seligkeit in sich selbst, ohne Partner.

Liebe ist die Sehnsucht nach der verlorenen Einheit; ihr Ursprung ist die Existenz im Mutterleib. In der Schwangerschaft erlebt die Mutter Sexualität auf einer spirituellen Ebene. Später wird der Ehemann der Sohn seiner Frau und erlebt so die spirituelle Liebe. Kinder, die von Menschen gezeugt werden, die Samadhi erreicht haben, werden fleischgewordene Götter. –

Als eine Zuhörerin meint, Rajneesh könne Samadhi nicht erreicht haben, da er unverheiratet sei, antwortet er, er habe diese Erfahrung im vorherigen Leben gemacht; ein solcher Mensch werde auf einer anderen Bewußtseinsebene geboren. (»Vom Sex zum kosmischen Bewußtsein«)

Ich sehe in diesen Vorträgen eine Selbstdarstellung seines damaligen inneren Zustandes. Er hebt die Sexualität auf die Ebene des Samadhi, also zurück in den Mutterschoß, in das Wiedergeburts-Ich der Erleuchtung, das vorgeburtliche Ich, oder Selbst, das eine Beziehung zwischen Mutter und Kind ist. Sie wird mit sexueller Energie aufgeladen. Dabei nimmt er jetzt die aktive Rolle ein: Ein vorgeburtlicher Inzest, in dem er sich selbst neu zeugt, bzw. zeugen wird. Er nimmt die Stelle des eigenen Vaters ein, wie der tantrische Buddha.

Er erwähnt den »unbeteiligten Beobachter«, der unsterblich ist und aus Seligkeit besteht (der Sakschi der Jogis). Ich bin der Ansicht, dieser Beobachter ist ein vorgeburtliches Bewußtsein; es wird jetzt aktiviert, übernimmt die männliche Rolle. Ich nehme an, daß Rajneesh diese Vorgänge in der Meditation auslöste und steuerte.

1969 lehrt er im Meditationskurs: »Keine größere Lüge als der Tod«. »Es gibt keinen Tod«. Man kann durch den Tod hindurchgehen und kommt ins Todlose. Der Tod ist das Tor, um das Leben kennenzulernen. »Ich lehre euch den Tod«. – Er lehrt den Gang der Erinnerung, zurück bis zum 5. Jahr, dann weiter zur Geburt, durch sie hindurch zur Empfängnis; danach gelange man in die früheren Leben. Er leitet die Meditation: Rückzug der Energie vom Körper, bzw. sie nach innen ziehen und zwar durch Entspannen des Atems und des Denkens. Wenn der Atem zur Ruhe kommt und einen Moment aufhört, wird klar, daß der Körper etwas Separates ist, d. h. »der Tod ist geschehen«. (»And Now – And Here«) – Es ist Buddhas Methode, die von Patandschali übernommen wurde.

1970 hält er Vorträge über Krischna. Das 1. Kapitel heißt: »Die Zukunft gehört Krischna«. Er ist der einzige große Mann Indiens, der die Höhen und Tiefen der Religion erreichte. Er ist nicht ernst und traurig, er ist der einzige, der lacht, tanzt, singt. Jesus lachte nicht; er wie auch Mahavira und Buddha waren gegen das Leben; sie suchten Befreiung vom Leben. Nur Krischna akzeptierte den Körper in seiner Totalität. Freud brachte den großen Durchbruch des menschlichen Bewußtseins und eine Zäsur in Bezug auf die Religion, indem er sagte, Verdrängung ist falsch. In der Vergangeneitt war nur Krischna gegen Verdrängung, daher gehört ihm die Zukunft.

»Krischna ist gewaltlos, und doch stürzt er sich in die Gewalt, wenn es unvermeidlich ist«. Er drängt Ardschuna zum Kampf, indem er ihm sagt, für den wahrhaft Wissenden gibt es keinen Tod. – Auf Einwände hin sagt Rajneesh, Krieg ist nicht nur zerstörerisch, sondern provoziert unsere Dynamik. Die ganzen modernen Errungenschaften entsprangen dem Krieg. Deutschland wurde im 1. Weltkrieg besiegt und konnte nach 20 Jahren den 2. Weltkrieg beginnen. Es wurde wieder besiegt und heute zählt es zu den reichsten Ländern. Hätte Indien nur mehr Kriege gehabt, wie sie im Mahabharata geschildert werden. Eine Gesellschaft, die Angst vor Tod und Krieg hat, wird schließlich auch vor dem Leben selbst Angst haben. Indien weigerte sich zu kämpfen, wurde versklavt und mußte dann für die Türken, Moguls und Briten kämpfen.

Im Mahabharata gibt es zwei Parteien: die Kräfte des Materialismus, die für das Kollektiv sind und die Kräfte, die für Gerechtigkeit und Freiheit, für das Individuum kämpfen. Heute ist es wieder so: Krischna ist das Symbol des Kampfes »für Freiheit und Demokratie«. (»Krishna. The Man and his Philosophy«)

Man kann den ganzen inneren Vorgang sehen: Rajneesh ging durch den Tod, zurück durch die Geburt, und dort bis zum Ort der Zeugung. Was er 1968 beschrieb, war ein Modell gewesen, das jetzt mit Energie aufgefüllt wird, sodaß der Prozeß abläuft. Der seelische Hintergrund der Reden über Krischna ist das Zentralbild der Gita: Die Energieexplosion »hell wie 1ooo Sonnen«: Die Feuerenergie der Zeugung geht in Ardschuna ein; hier mann-männlich, wie bei der Verklärung von Jesus, als Sohn-Vater-Beziehung. Bei Rajneesh ist es anders: Er war seit der Erleuchtung wie Buddha gewesen: Kleinod im Lotos, der Pflanzenvater in der Mutter, als der Vater der Mutter. Jetzt wird er zum Tiervater, zum Feuervater: Er wird zum eigenen Vater wie im Tantra; von Buddha aus gesehen, wird er zu Mara, doch hat er diesen zurückverwandelt in Krischna (bzw. Indra), aus dem Mara ja einst entstanden war. Rajneesh geht durch die indische Religionsgeschichte zurück und holt sich dabei die positiven Energien. Dann vollzieht Rajneesh die Geburt: Er tritt hervor als Bhagwan; er offenbart sich als Gott. –

In den weiteren Vorträgen wird Krischna dann vor allem als Tänzer und Liebhaber geschildert.

Dabei führt Rajneesh die Dynamische Meditation ein. Paradox: Statt Ruhe gerade die stärkste Bewegung; der Atem wird nicht verringert, sondern intensiviert. Der Prozeß wird durch Musik gesteuert. In der 1. Phase wird heftig geatmet, vor allem ausgeatmet. Der Körper füllt sich mit Energie. Die 2. Phase bringt die Explosion: Alle Gefühle – Wut und Haß, oder Freude, Begeisterung, usw. – werden abreagiert. Katharsis. 3. Phase: Hüpfen, dazu das Mantra Hu, mit dem die Energie vom Sexzentrum bis zur Schädeldecke hochsteigt. (Das läßt an die erlösten Seelen der Dschains denken; umgekehrte Bedeutung.) Die 4. Phase beginnt mit einem »Stop!« Man bleibt stehen, ohne Bewegung, und beobachtet, was im Körper, im Geist, vor sich geht. 5. Phase: Tanzen, feiern. – Es geht um eine Neubelebung des Organismus, nicht als Gymnastik, sondern als Meditation – Selbstbeobachtung, Selbstwahrnehmung, Innewerdung seiner selbst, und zwar als kosmischer Energie. Als Wurzel des Vorgangs kann man die Neuzeugung sehen, eine Neubelebung der eigenen Entstehung, also der Erfahrung, die Rajneesh von 1968 bis 1971 selbst gemacht hatte.

Als er sich 1971 Bhagwan nennt, fragt man ihn: »Warum nennst du dich Gott?« Er anwortet: »Weil ich es bin – und weil ihr es seid, weil es nichts gibt als Gott. Wenn man dieses Leben Gott nennt, erfüllt man es mit Poesie. Man schenkt ihm eine Vision, man öffnet Türen. Man sagt: Es gibt noch mehr. Das Träumen wird wieder möglich, das Leben als Abenteuer; Gott ist das größte Abenteuer. Ich bin ein Dichter und ich schäme mich dessen nicht. Ich bin kein Realist. Ich nenne mich Gott. Ich nenne euch Gott. Mit Gott kann man wachsen. Gott ist nur ein Aufleuchten deiner Bestimmung. Du verleihst der Existenz Lebendigkeit. Wenn ihr erst einmal eure eigene Göttlichkeit erkennt, fällt die Last von euren Schultern, dann gibt es vielleicht noch Irrtum, aber keine Sünde mehr. Bhagwan heißt ›der Gesegnete‹ – jemand, der das Glück hat, sein eigenes Sein zu erkennen«.

Spätphase 1981– 1990
Todesnähe, Auskörperung. – Die Aggression.

In den folgenden 10 Jahren, ab 1974 in seinem Aschram in Poona, hält er fast täglich zwei Vorträge über Religionsstifter und Mystiker. Er spricht oft über Jesus, Buddha, Mahavira und zeigt sie in einem völlig positiven Licht, als erleuchtete Meister, die von Gott erfüllt sind, d. h. die Kritik, Distanzierung, ja Verwerfung, die er 1970 äußerte, sind verschwunden.

1981 verschlechtert sich sein Gesundheitszustand, Allergien, Asthma, Diabetes, Rückgratprobleme. Im Mai 1981 fliegt er in die USA zu ärztlicher Behandlung und schweigt drei Jahre.

Vor der Abreise in die USA sprach er noch vor einem kleinen Kreis von Vertrauten: »Notes of a Madman«, »Books I have Loved«, »Glimpses of a Golden Childhood«.

In »Notes of a Madman« nennt er sich einen Verrückten und betont er, daß er kaum noch im Körper sei. Auch sei er wieder ein unerleuchteter Mensch geworden. Er empfinde die Schönheit so stark, wie es nur eine Frau kann; Mystiker seien seelisch Frauen. Er sei in großen Höhen, jenseits der Sterne. Er spricht immer wieder über das Mantra »Om mani padme hum«: Der Lotos sei das Weibliche, das Kleinod, der Diamant das Männliche.

In dem Band »Bücher, die ich liebte« spricht er über seine Lieblingsbücher; es wirkt wie ein Resumé und wie ein Abschied.

»Blicke auf eine goldene Kindheit« beginnt mit der Erinnerung an einen Sonnenaufgang im Himalaya und mit dem »Staunen über das Wunder des Daseins«. Er schildert dann den Tod seines Großvaters, des Nana, bei dem er aufgewachsen war; dieser Tod habe sein ganzes Leben bestimmt. Die Großmutter, Nani, brachte den Sterbenden auf einem Ochsenwagen in die Stadt, 24 Stunden Fahrt. Der Junge hielt den Kopf Nanas. Als Nana sagte »Halte das Rad an!«, lachte Nani. Nana meinte nicht den Ochsenwagen, sondern das Rad der Wiedergeburt. Nana gab dem Jungen einen Ring mit dem Bild Mahaviras, rezitierte dessen Verse und sagte: »Ich sterbe nicht«. Als Nana tot war, sang Nani. Der Junge erinnerte sich nun an seinen eigenen Tod in einem früheren Leben in Tibet und sagte tibetische Verse aus dem Bardo Thödol, von dem er in diesem Leben noch nie gehört hatte.

Als er 5 war, sah er den Guru des Großvaters, einen nackten Dschain-Mönch. Diese Religion und ihre Riten schienen dem Jungen absurd. Er sagte dem Mönch, da er doch das Leben ablehne, solle er sofort Selbstmord begehen. Der Mönch konnte seinen Ärger kaum unterdrücken; dem Großvater war alles sehr peinlich. Der Junge belehrte ihn. Die Großmutter war auf Seiten des Jungen; sie lachten zusammen.

Der Großvater gab dem Jungen völlige Freiheit und freute sich, wie der Junge sie genoß. Der Junge trieb nur ›mischief‹, war ein ›nuisance‹, ein ›troublemaker‹. Die Großmutter liebte alles, was er tat, nannte ihn Rajah, König. Sie stammte aus Khajuraho, war groß, stark, schön, mutig. Sie liebte es, dem Jungen zuzuhören. Ihre Aufmerksamkeit war »eine seelische Nahrung«. »Alles Schöne in meiner Vision kommt von Nani«. Sie wurde seine erste und erleuchtete Jüngerin.

Als er 9 war, lebte er beim Vater und dieser zwang ihn, in die Schule zu gehen; der Vater entschuldigte sich dafür später, als er der Jünger seines Sohnes wurde. In der ersten Schulstunde gab es Streit mit einem berüchtigten Lehrer, der gerne prügelte. Der Junge ging zum Direktor, dann zum Polizeichef und schließlich zum Bürgermeister und setzte die Entlassung des Lehrers durch. Später jagte er einem Privatlehrer nachts Angst ein, sodaß dieser die Hosen verlor und nie wieder gesehen wurde.

Nach dem Tod Nanas ging er zu Magga Baba, einem Verrückten, der nur wirre Laute von sich gab und der öfters von Leuten aus anderen Dörfern »gestohlen« wurde. Magga Baba sprach mit dem Jungen. Der Mann war ein Erleuchteter, »so bedeutend wie Jesus, Buddha, Laotse«. Als der Junge 12 war, verschwand Magga Baba. Nun kam der 90 Jahre alte Pagal Baba, auch ein Erleuchteter. Als er seinen Tod nahen fühlte, übergab er den Jungen einem anderen Erleuchteten, Masta Baba. Alle drei Erleuchteten erkannten, daß der Junge selbst erleuchtet werden würde, was eine »große Hilfe« war. Masta Baba kniete vor dem Jungen nieder und berührte seine Füße; er führte ihn zu Heiligen und Musikern und hielt sie an, das gleiche zu tun. Masta verehrte Rajneesh wie einen Gott. Am Tag vor der Erleuchtung nannte er ihn »Bhagwan«.

Als Rajneesh 20 war, machte ihn Masta Baba mit Nehru bekannt, der seine Minister warten ließ, um mit dem jungen Mann zu sprechen; es sei »die beste Begegnung« in seinem Leben gewesen, sagte Nehru. Am Ende des Buches erzählt Rajneesh, wie er mit 6 Gandhi auf der Durchreise traf. Gandhi wollte eine Spende für die Armen; der Junge gab ihm eine Rupee und wollte dann die Sammelbüchse nehmen, um sie den Armen zu geben. Gandhi gab sie nicht her. Der Junge nannte Gandhi einen Heuchler; Gandhis Frau gab dem Jungen recht.

Eine Serie von Bestätigungen, Anerkennungen, Siegen, Triumphen: Er ist der Größte. Von der Situation des Erzählenden her gesehen, dem Ausbruch der Krankheit, wirkt das Buch wie Gespräche auf der Couch: Alle Stärke wird versammelt, alle positiven Erfahrungen werden aufgebaut, alle narzißtischen Fütterungen. – Dieses Leben war ein einzigartiger Glücksfall: Keine Verbote in der Kindheit, später keine Niederlagen; optimale Entfaltung aller Kräfte. Diese Kindheit erinnert an die Kindheit von Jesus, die dann aber mit der Katastrophe des Zwölfjährigen endete.

Als er im Oktober 1984 wieder zu reden beginnt, wirkt er sehr gealtert. Der vorher wie schwerelos schwingende junge Mann ist ein steifer alter Herr geworden. Er sagt nun, die Hauptursache der Zerstörung seiner Gesundheit sei die Tatsache, daß er zehn Jahre über Leute gesprochen habe, mit denen er nicht übereinstimme: Jesus, Mahavira, Buddha. Sie seien im Grunde »psychotisch, neurotisch, schizophren, lebensverneinend«, doch habe er das nicht gesagt, um Christen, Dschains und Buddhisten nicht abzuschrecken. – Man könnte sagen, Rajneesh übt Selbstkritik – höchst ungewöhnlich bei einem Guru, einem Gott.

»Alle alten Religionen beruhen auf Angst: Leute, die an Gott glauben, haben kein Vertrauen in sich selbst. Sie brauchen eine Vaterfigur, einen großen Pappi. Sie sind noch kindisch. Jesus betet zu Gott ... als ob Gott da oben im Himmel sei. Er betet nicht nur, sondern bekommt auch Antworten – er hört Stimmen! Das sind neurotische Symptome: Um die Wahrheit zu sagen, Jesus ist ein Fall von Geistesgestörtheit. Er ist ein Fanatiker. Er hat die gleiche Geistesart wie Hitler. Er glaubt, daß nur diejenigen, die ihm folgen, gerettet werden. Wer ihm nicht folgt, wird für ewig zur Hölle fahren. Er sagt, er ist der einzige eingeborene Sohn Gottes. Und er glaubt wirklich daran. Er ist etwas schizophren. Er sagt ›Selig sind die Sanftmütigen, denn ihrer ist das Himmelreich.‹ Aber er ist kein sanftmütiger Mensch. Er ist sehr arrogant. Die Idee, etwas Besonderes, Außergewöhnliches, Höheres zu sein, ist nur ein Spiel des Egos, das alle Arten von Arroganz erzeugt. Oder Mahavira: Er sagt, sei nicht gierig; aber er lehrt nur Gier, Jenseitsgier. Auch Buddha ist gegen das Leben: ›Dieses Leben muß nur dazu benutzt werden, das wirkliche Leben zu erlangen, das nach dem Tode ist.‹ Kein einziger Beweis existiert, daß irgendjemand vom Tode zurückgekehrt sei und erzählt habe, daß dort Leben ist. Alle diese Religionen basieren auf der Annahme, daß es ein Leben nach dem Tode gibt; opfere also dieses Leben für jenes. Und ich sage: ›Opfere jenes für dieses!‹ weil dieses Leben alles ist, was du hast: Hier und Jetzt. Und falls es irgend ein Leben nach dem Tode gibt, dann wirst du dort sein und es wird ›Hier und Jetzt‹ sein. Und wenn du einmal fähig bist, hier und jetzt zu leben, dann wirst du auch dort leben können. Daher lehre ich, wie man hier und jetzt lebt. – Jeder, der irgend eine Art von Überlegenheit beansprucht und dem man folgen muß, hat eine faschistische Haltung. Meine Sannyasins sind nicht meine Gefolgsleute, sondern meine Mitreisenden, meine Freunde, die mich lieben. Der Meister ist ein Spiegel. Du folgst ihm nicht, sondern siehst dein Gesicht in seinem Spiegel – das ist alles. Meine Religion ist absolut wissenschaftlich. So wie die Wissenschaft die objektive Realität beobachtet, so beobachtet die Religion die subjektive. Ich habe euch keinen Glauben gegeben, sondern nur Methoden«. Er selbst sei »ein gewöhnlicher Mensch« (»The Rajneesh Bible«).

In seiner Ablehnung von Jesus, Mahavira und Buddha nimmt er die Position wieder auf, die er 1970 mit Krischna vertrat, und die ihm dann entschwand. Die Kreuzigung nahm er nicht mehr wahr, bzw. verharmloste sie, manchmal auf originelle Weise: Jesus sei auch bei der Kreuzigung noch im Mutterschoß gewesen (was zur »Rede über die Endzeit« paßt). Buddhas Selbstfolter, Fäkalienverzehr, wie auch Mahaviras Selbstmord durch Verhungern werden nicht erwähnt. Rajneesh, mit seiner Religion der Freude, der Lebensbejahung, der Konzentration auf das Positive, hat die Tendenz, das Negative, das Zerstörerische zu übersehen. Er liebt die Idealisierung; sie ist ein Abwehrmechanismus, der vor allem der Verdrängung von Aggression dient. Auch Einfühlung ins Leiden ist Rajneesh ziemlich fremd, in Bezug auf andere und auch auf sich selbst: Als er über seine Geburt und seine Tötung im vorigen Leben sprach, sagte er, Judas sei nicht der Feind von Jesus gewesen, ebenso wie er, Rajneesh, im früheren Leben nicht aus Feindschaft getötet worden sei. – Ich denke, es geht um die Geburt, das Trauma der Geburt, um die darin gestaute Aggression – mit Krischna kam sie heraus, dann wandte sie sich wieder nach innen und zerstörte die Gesundheit. Jetzt tritt sie wieder hervor. Er sei »auf dem Kriegspfad«. Nun aber geht es um den Kampf für den Frieden. Er greift Präsident Reagan und dessen Rüstungspolitik an, spricht auch über die ökologischen Probleme. »Dieser Planet ist der einzige, auf dem sich Bewußtsein entwickelt hat; wir wollen das Leben auf ihm erhalten«.

1986 wird er verhaftet und dann abgeschoben. Ab 1987 ist er wieder in Poona. Deutlich ist nun die Abwendung von indischer Mystik. Die Witze, die er immer schon liebte, werden drastischer, obszöner. Ein surrealistischer Buddha.

Ende 1988 legt er den Namen Bhagwan ab; er sei häßlich und obszön, er habe damit die indischen Priester provozieren wollen. In diesen Tagen geht die Seele Gautama Buddhas in ihn ein, er sei ihr Gastgeber. Er verabschiedet sie aber nach einigen Tagen: Er sei nicht wie Buddha, sondern wie Zorba der Buddha: Sowohl für die Freude wie für die Meditation.

Er spricht über Nietzsches Zarathustra: »Der lachende Prophet«, »Der Gott, der tanzen kann«. Von Zarathustra aus geht er zum Zen-Buddhismus: »Gott ist tot, Zen ist die einzige lebendige Wahrheit«. 1988/89 spricht er fast nur noch über Zen-Meister und ihre paradoxe Poesie (»The Sound of Silence«, »Der Klang der Stille«). Sein vorletztes Buch heißt »I Celebrate Myself. God is Nowhere, Life is Nowhere«. »Ich feiere mich. Gott ist nirgendwo, das Leben ist jetzt und hier«.

»Alles feiern, das Leben feiern, den Tod feiern«. »Der Tod ist der größte Orgasmus«. »Wenn ich den Körper verlassen habe, wird mein Bewußtsein im ganzen Universum sein«. Die Verbrennung seines Leichnams war eine große Feier; die Sannyasins tanzten, weinten und lachten.

Erwachen als Lachen

Rajneeshs wichtigster Beitrag– der religionspsychologisch kreativste, therapeutisch produktivste – scheint mir die Einführung des Lachens in die Religion zu sein. (Nur bei Zeus gab es das Lachen schon.) Er sagte, ein Mensch ist nur wirklich erleuchtet, wenn er lachen kann. »Ich führe eine neue Art von Religiosität in die Welt ein, eine Religiosität, die nicht gegen das Leben ist. Zu ihr gehört das Lachen. Lachen ist Leben. – Wenn man wirklich lacht, ist man in einem meditativen Zustand: Es ist unmöglich, zugleich zu lachen und zu denken. – Nur der Mensch kann lachen. Durch Lachen gelangt man zu Gott«. Rajneesh weist öfters auf Zen-Meister hin, die bei ihrer Erleuchtung, ihrem Erwachen, von Gelächter geschüttelt wurden. – Das berühmteste Beispiel ist Hakuin.

Freud deutete das Lachen als Entspannung: Hemmungen werden abgebaut; Gegenbesetzungen, d. h. Verdrängungsenergien, die nicht mehr nötig sind, lösen sich auf: Der »ersparte Aufwand« wird »abgelacht«, wie es beim Witz geschieht.

Ich schlage vor, dieses Lachen von der Geburt her zu verstehen, vom Geburtstrauma. Der Mönch hielt sich für schlecht geboren, noch gefangen im Geburtskanal, wie noch nicht zu Ende geboren. Man kann diese Vorstellung als Illusion betrachten – die sich nun auflöst und abgelacht wird. Ein Teil war ja immer schon geboren, und gut geboren, und dieser Teil wird sich nun ganz bewußt und tritt ans Licht.

Direkt nach dem Austritt des Kindes aus der Mutter ist die Nabelschnur noch intakt, oder sie ist es wieder; der vorgeburtliche Atem ist noch da: Zugleich beginnt der nachgeburtliche Atem. Beide Welten werden erlebt: Die große Befreiung. Die angstmachende Mutter der Austreibung löst sich auf. Im guten vorgeburtlichen Körpergefühl begegnet das Kind der nachgeburtlichen Mutter. Das Zwerchfell des Kindes, das zusammengedrückt war, schwingt frei. Die Mutter selbst erwacht aus der Geburt; die Anspannung löst sich auf, auch ihr Zwerchfell schwingt frei. Vielleicht hat sie den Gedanken, daß die Geburt nicht so schlimm gewesen ist, wie man es ihr wohl gesagt hatte. Und so kann sie selbst lachen, sie lacht mit ihrem Kind zusammen, sie freuen sich gemeinsam, daß sie die Geburt gut geschafft haben. In ihrem Lachen loben sie Gott und feiern ihn in seiner Schöpfung.

Dieses Geburtslachen, diese Geburtsfreude, ist als phylogenetisches Erbe im Organismus angelegt und kann gefunden bzw. wiedergefunden werden. Der erwachsene Mensch kann auf diese Weise eine in seinem Gedächtnis gespeicherte traumatische Geburt durch eine gute Geburt ersetzen.

8. Kapitel

Christus zeugt sich neu in der Retorte
Entheogene Therapie des Alchemisten
als Wiederholung der embryonalen Periode
»Der Rosengarten der Weisen«
(»Rosarium philosophorum«)

Christus hatte versprochen, nach dem bevorstehenden Weltuntergang das Weltgericht zu halten. Er hielt sein Versprechen nicht; er blieb am Kreuz hängen. Es enstand die Religion des Gekreuzigten. »Ich glaube, weil es absurd ist«, sagte ein Kirchenvater.

Die Renaissance, die Wiedergeburt, als Wiedergeburt der Antike, der vorchristlichen Kultur, brachte das Ende des finsteren Mittelalters, der »Dark Ages«. Es wurde wieder Licht; Klarheit entstand, Aufklärung; der Mensch begann, ›aus der selbst verschuldeten Unmündigkeit herauszutreten‹, wie Kant die Aufklärung definierte.

Diese Unmündigkeit, das Kindsein, das Nichterwachsensein, war der Kern des Christentums. Der Mensch war sündig; seit dem Sündenfall war er mit der Erbsünde gestraft. Gott hatte seinen Sohn auf die Erde geschickt, um ihn kreuzigen zu lassen, damit er dann zum Himmel fährt; seine Seele war im Himmel. Die Menschen strebten dorthin, dort wo es die Seele gab. Die Erde war das Jammertal.

Mit der Renaissance fand der Mensch das alte Wissen wieder, die alten Religionen, in denen es die Seele im Diesseits gegeben hatte. Auch in ihnen war die Seele verloren worden, doch kannte man Wege, um sie wiederzufinden: Die Wiedergeburtsriten, die Einweihungen. Religion nicht als Glauben, sondern als Erfahrung – mit Hilfe des Sakraments. Das Sakrament war im Christentum Fleisch und Blut Gottes, aber nur symbolisch, als Placebo, ohne konkrete Wirkung, nicht die Seele tatsächlich belebend, nicht psychoaktiv, nicht entheogen, nicht den inneren Gott erschaffend als gefühlte, erlebte Wirklichkeit.

Im Christentum war ja die Welt eigentlich untergegangen, und auch Gott war untergegangen, er war am Kreuz gestorben, Gott war tot. In der Renaissance wurde die Welt wiedergeboren und auch die Seele und auch Gott. Besser gesagt: Die Welt wurde neu erschaffen und auch die Seele und auch Gott.

Man dachte sich die Seele als Lebewesen, als einen kleinen Menschen im Innern des Menschen. Diesen kleinen Menschen im Innern des Menschen galt es neu zu erschaffen. Man mußte also die Erschaffung des Menschen im Innern eines Menschen wiederholen. Das taten die Alchemisten mit Hilfe ihrer Medizin, des Pharmacotheon, der Medizin für Gott. Gott war krank geworden, er war gestorben. Man mußte Gott heilen, d. h. ihn im Innern des Menschen heilen. Man mußte ihn im Innern des Menschen neu erschaffen und damit die Erschaffung der Welt wiederholen, und zwar als Wiederholung der einstigen Erschaffung der Welt durch Gott, dessen Stelle jetzt der Arzt einnahm, als Seelenarzt, als Gottesarzt.

Das bekannteste alchemistische Buch ist das »Rosarium philosophorum«, »Der Rosengarten der Weisen«. Es wurde 1550 in Frankfurt gedruckt. Es enthält einen lateinischen Text und dazu 20 Bilder, die z. T. von Gedichten in deutscher Sprache erläutert werden. – Die ersten 10 Bilder finden sich in Jungs Buch »Die Psychologie der Übertragung«. Alle 20 Bilder sind in dem Buch »Alchemie« von Johannes Fabricius enthalten, das zuerst 1976 auf Englisch (erweitert 1989) und 2003 auf Deutsch erschien.

Jung sah die Bilder 1 – 10 als abgeschlossene Serie an, er illustriert damit die »Psychologie der Übertragung« und das heißt, den psychotherapeutischen Prozeß, den Ablauf einer Therapie, und zwar als einer Therapie des Mannes. Es gehe dabei um die Integration der Anima, des weiblichen Teils im Mann, der Gefühlsseite, die durch die »Kaiserin« von Bild 10 dargestellt sei. Jung erwähnt, daß es eine zweite Serie gäbe, die mit dem »Kaiser« ende, und die die Therapie der Frau darstelle, die Integration des Animus, des männlichen Teils der Frau. Er meint damit offenbar die Bilder 11 – 17. Die Bilder 18 – 20 hat er anscheinend nicht wahrgenommen; sie fehlen in manchen Drucken und sind tatsächlich später entstanden.

Fabricius betrachtet die 20 Bilder als einheitliche Serie, die den Individuationsprozeß darstelle. Jung meinte mit diesem Begriff die Entwicklung, die in der zweiten Lebenshälfte im Unbewußten ablaufe, ihr Ziel sei das »Selbst«, und die auch in einer Therapie geschehen könne. Fabricius versteht unter Individuationsprozeß die unbewußte Entwicklung, die mit der Geschlechtsreife einsetzt: Eine »Tiefenregression« führe in vier Schritten im Laufe des Lebens zurück durch Geburt, Einnistung, Empfängnis, Keimzellenreifung; der letzte Schritt sei die Ablösung des Bewußtseins vom Körper und damit die Gewinnung der Unsterblichkeit, wobei »das Ich im Körper des Lichtes inkarniert wird«.

Ich lese die 20 Bilder als einheitliche Serie, wie Fabricius, doch in Vorwärtsrichtung, mit Jung, als Anleitung für eine Psychotherapie. Ich denke, daß die Serie mehrere Bedeutungen hat, gemäß dem Prinzip der Anamorphose, des Vexierbilds, ähnlich wie ein Hologramm. Diese Prinzipien liebte der Manierismus, in dessen Zeit die Serie entstand. Das Lebendige ist so gebaut. Es verwendet Wiederholungen, wobei aber Verwandlungen geschehen, Metamorphosen.

Das 1. Bild zeigt einen Brunnen mit einem Wasserspeier, darüber Sonne und Mond. Auf Inschriften steht »mineralis, vegetabilis, animalis«. Auf Bild 2 stehen König und Königin auf Sonne und Mond, eine Taube kommt vom Himmel herab und verbindet die beiden Gestalten mit Blumenstengeln. König und Königin haben dann ihre Kleider abgelegt und steigen in den Brunnen, wo sie Geschlechtsverkehr haben; sie verschmelzen zu einem einzigen Körper. Sie trennen sich dann wieder, lieben sich erneut, verschmelzen wieder. Auf Bild 19 krönen Vater und Sohn mit dem Geist als einer Taube die Jungfrau Maria im Himmel. Auf Bild 20 steigt Christus aus dem Brunnen, der auch ein Sarg ist, heraus.

Eine Tradition sagte, man lege Sperma und Ovum in eine Retorte und erhitze sie 40 Wochen; dann wird daraus ein Homunculus entstehen, ein kleiner Mensch (oder kleiner Mann). Im »Rosarium« ist dieser kleine Mann Jesus Christus. Der Alchemist hat Christus neu erschaffen, er hat ihn neu gezeugt und neu geboren werden lassen.

Im Brunnen, der die Retorte des Alchemisten ist, die oft auch Uterus genannt wird, sind mineralische, pflanzliche, tierische Elemente enthalten; dann kommt der Geist, das spirituelle Element hinzu. Die Alchemisten waren der Ansicht, daß die Schöpfung aus diesen vier Elementen besteht, die vier Stufen einer Entwicklung sind, die der Mensch bei seiner Entstehung durchläuft. Die Alchemisten hatten also eine Evolutionstheorie, die den Grundzügen der modernen naturwissenschaftlichen Theorie der Evolution entspricht. Sie ließen den Menschen bei seiner Entstehung die Evolution durchlaufen, d. h. sie kannten, bzw. ahnten das biogenetische Grundgesetz: Die Entwicklung des Einzelwesens wiederholt die Entwicklung der Gattung (die Ontogenese wiederholt die Phylogenese). Woher kannten die Alchemisten diese Gesetze der Natur? Ihre Theorie könnte aus der Schöpfungsgeschichte der Juden stammen: Gott schuf zuerst Himmel und Erde, also das Mineralische; dann schuf er die Pflanzen, die Tiere und den Menschen. Woher hatten die Juden diese Kenntnisse, die sich in ähnlicher Weise auch in anderen Schöpfungsmythen finden? Aus dem Inneren ihres Gehirns; dort ist die Evolution gespeichert und kann mit Hilfe von psychoaktiven Substanzen erforscht werden. Alle unsere Ahnen taten das. Franz Alexander beschrieb die phylogenetische Regression bei Buddha; Timothey Leary machte sie mit Pilzen.

Der Brunnen des Alchemisten, der Uterus, ist der Schoß von Mutter Natur; er ist Gottes Schoß, als Gott noch weiblich bzw. zweigeschlechtlich war und Elohim hieß und daher tatsächlich der Schöpfungsschoß sein konnte. – Der Brunnen ist auch der Brunnen der Erinnerung, der Urerinnerung, er enthält das Gedächtnis Gottes, der Schöpfung. (Die Germanen hatten Mimirs Brunnen, der der Brunnen der Erinnerung war; nach Ralph Metzners Ansicht enthielt er psychoaktive Substanzen.)

Die Bilderserie zeigt Empfängnis, Schwangerschaft und Geburt von Jesus Christus. Die Vorlage war also Lukas. Die Serie läßt aber auch die Struktur des Markus-Evangeliums erkennen: Die beiden Zeugungsakte entsprechen Taufe und Verklärung: Der Alchemist hat die Worte Gottes gleichsam in ihre Quelle zurückübersetzt: »Du bist mein Sohn, heute habe ich dich gezeugt«. (2. Psalm) – Die Kreuzigung wurde durch die Krönung der Maria im Himmel durch Vater, Sohn und heiligen Geist ersetzt, die Auferstehung durch die Geburt.

Indem der Alchemist die Vorgeburtsgeschichte von Lukas zur Geschichte des Erwachsenen von Markus machte, zeigt sich, daß der Alchemist in den Visionen, die Jesus als Erwachsener hatte, deren vorgeburtliche Inhalte erkannte: Der Geist, der in Bild 2 als Taube herabkommt, ist der Geist Gottes, den Gabriel der Maria ankündigte. Die Bilder zeigen Marias Schwangerschaft bis zur Geburt von Jesus.

Dazu kommt m. E. eine dritte Schicht, und sie ist die Eigentliche: Der heilige Geist, der herabkommt, ist die Ausgießung des heiligen Geistes an Pfingsten. Aber es ist ein neues Pfingsten: Die Feuerzungen wurden in eine Taube verwandelt. In den Feuerzungen an Pfingsten vollzog Christus die Taufe durch Feuer, die Johannes der Täufer im Johannes-Evangelium angekündigt hatte. Diese Feuertaufe war eine Salbung der Jünger, eine Neuzeugung, um sie fähig zu machen, zu Gott aufzusteigen, was viele durch den Märtyrertod auch taten. Es war eine Todestaufe, um ins ewige Leben im Jenseits einzugehen; es ging um die Erlösung der Seele vom Körper. Sie wurden »neu geboren«, nicht aus Wasser und Geist, wie Jesus bei der Taufe, sondern aus dem Geist des Feuers. Christus als der himmlische Messias war zum Vatergott geworden, der seine Schöpfung beenden will.

Beim Alchemisten ist dieser Geist wieder zur Taube geworden; es ist wie in der Genesis, als der Geist Gottes über den Wassern schwebte: Es geht um eine Wiederholung der Schöpfung, als es nach jedem Schöpfungstag von Gott hieß: »Und er sah, daß es gut war«. Gott war hier noch Elohim, er war noch die zweigeschlechtliche Göttin. An diese knüpft die Alchemie von ihren ägyptischen Ursprüngen her an (und über diese gelangte sie dann auch wohl ins Christentum).

Vielleicht hatte der Alchemist auch die Offenbarung des Johannes im Sinn, in der es nach dem Weltuntergang einen neuen Himmel und eine neue Erde gibt.

Eine Wurzel des Wunsches nach der Einswerdung mit dem Vater im Himmel war es, dessen Zeugungskraft zu gewinnen, durch eine Neuzeugung wieder zeugungsfähig zu werden, d. h. die Kastration rückgängig zu machen. Ähnlich war es beim tantrischen Buddha, der zum großen Jogi, zu Schiwa, geworden war; so wurde das Nirwana, die Vernichtung der Triebe, aufgehoben. Im Zeugungswunsch ist der Wunsch, Gott zu sein, Schöpfer zu sein, Schöpfer seiner selbst.

Die Gotteslust ist die Lust des Schaffenden; von ihr spricht auch Nietzsches Zarathustra. In Zarathustras »Nachtwandler-Lied« heißt es:

Weh spricht: Vergeh!
Doch alle Lust will Ewigkeit -,
- will tiefe, tiefe Ewigkeit!

Der Antrieb, der Christus durch Geburt und Empfängnis zurückgehen ließ, war der Wunsch, die Traumata, die Beschädigungen, ungeschehen zu machen; ihre Ursache war das Nein der Mutter aus ihrer Angst vor der Steinigung. Der Schmerz, den dieses Nein erzeugte, war der Urschmerz, der Schmerz, ungewollt zu sein. Aber darunter gab es die Empfängnislust. So war da auch der Wunsch, diese Lust zu gewinnen, indem man den Vorgang wiederholt, und zwar jetzt in der aktiven Rolle, selbstbestimmt. Das Ziel ist das Gefühl, »daß es gut war«, d. h. daß sich die Schöpfung vollkommen bejaht. Es ist Christus als Gott, der sich den König und die Königin als neue Eltern aussucht: Diese Eltern haben keine Angst. (Es ist wie in Freuds »Familienroman«.)

Christus ist ein guter Gott geworden, der seine Geschöpfe nicht aus dem Paradies vertreibt, weil sie die Frucht vom Baum der Erkenntnis gegessen haben; er selbst hat sie ihnen gegeben. Christus ist zu dem guten Vater geworden, den er sich einst erträumte. Er selbst leitet seine Kinder zur Liebe an, läßt sie sich nackt ausziehen und das Liebesspiel beginnen, damit er sich in ihnen neu zeugen und empfangen kann, und er so in ihnen seine Schöpfungslust fühlt. Jetzt hat er tatsächlich die Menschen von der Erbsünde erlöst: Er hat sie von dem Bösen erlöst, nämlich von dem bösen Gott, der das Böse, diese Ursünde und Urschuld, geschaffen hat.

Es ist der Alchemist, der sich das alles ausgedacht hat. Er kennt das alles, er kennt die Natur, aus der Tradition und aus eigener Erfahrung mit entheogenen Substanzen. Er ist mit der äußeren und mit der inneren Embryologie vertraut. Er las die Geschichte von Jesus so, wie man sie heute lesen kann, und er war Arzt, Heiler; er wollte den Jesus heilen, er sah dessen Heilungswunsch. Es ging darum, den Geist wieder mit dem Körper zu verbinden, die Spaltung aufzuheben, die Schizophrenie als die Spaltung von Seele und Körper. Es ging darum, sich wieder einzukörpern, sich zu inkarnieren, zu reinkarnieren, wieder ins Fleisch hineinzugehen, dort wo es noch heil ist: In den Keimzellen, von deren Ursprung her, von Sonne und Mond; aus ihrer Energie entstand das Leben.

Ich denke, der Alchemist wollte auch einen lebendigen Gott erschaffen, statt des toten am Kreuz. Er wollte den Gekreuzigten neu beleben, ihn neu erschaffen, ihn heilen. Es ging darum, die einstige Geschichte ohne die einstigen Traumata zu wiederholen.

Ich stelle mir den Alchemisten ganz real als einen Therapeuten vor. Als er die Geschichte von Jesus las, entstand in seiner Phantasie eine Alternative. Er versetzte sich in Johannes den Täufer. Er sah, wie Jesus nach dem Tod Josephs vom Verfolgungswahn, von Todesangst ergriffen wurde, und er sah auch die Ursache: Es war die Angst vor der Steinigung, die seiner Mutter und ihm selbst in ihrem Schoß gedroht hatte. Er sah auch die Quelle der Angst, den jüdischen Vatergott, der die Steinigung befohlen hatte. Der Alchemist konnte mit Jesus mitfühlen, da er selbst von Verfolgung bedroht war: Als Verehrer der Natur war er ein Heide, ein Ketzer. Würde man die Wahrheit über ihn entdecken, so würden ihn die Anhänger dieses Gottes, der zum Gott der Christen geworden war, foltern und dann bei lebendigem Leibe verbrennen.

Der Alchemist hatte Mitgefühl, er war barmherzig: Er sah den jungen Mann in den Fängen des Vatergottes, der seinen Sohn zu Tode foltern lassen will. Dieser Vatergott hatte die Muttergöttin beseitigt. Der Alchemist würde den Sohn von seinem bösen Vatergott erlösen, indem er ihn zur Muttergöttin zurückführte, von der dieser Sohn noch nie etwas gehört hatte. Der Alchemist wußte, daß diese Muttergöttin im Unbewußten des Menschen vorhanden ist und dort gefunden werden kann. Sie ist in jener Tiefe, in die die Gebote und Verbote der Priester, und die Angst, die sie erzeugen, nicht hinabreichen. Johannes der Täufer hatte eine harte Methode des Abstiegs ins Unbewußte benutzt, das Ersticken unter Wasser. Der Alchemist hatte ein Sakrament, eine alchemistische Medzin, etwas wie Meskalin und MDMA.

Der Alchemist gibt Jesus das Sakrament, den heiligen Trank, der ihn bis zu seinen Anfängen zurückführen und diese dann erneuern wird. Die Reise beginnt.

Die Stationen der Reise. Die Abfolge der 20 Bilder

Bild 1: Oben sind Sonne und Mond, dazu eine zweiköpfige Schlange mit den Worten »mineralis, vegetabilis, animalis«. Unten ist ein Brunnen mit drei Wasserspeiern; auf ihnen steht auf lateinisch, das ich übersetze: »Jungfrauenmilch, scharfer Essig, Wasser des Lebens«. Auf dem Rand des Brunnens steht: »Der mineralische, der pflanzliche, der tierische Merkur (d.h. Quecksilber) sind eins«.

Bild 2: König und Königin, auf Sonne und Mond stehend. Darüber eine Taube, das Symbol des Heiligen Geistes. Sie stellt eine Verbindung zwischen König und Königin in Form von Blumenstengeln her.

Bild 3: König und Königin nackt. Über dem König steht auf deutsch (das ich etwas modernisiere): »O Luna (Mond) erlaub' mir, dein Gemahl zu werden«. Über der Königin: »O Sol (Sonne), ich soll dir billig (recht) zu Gehorsam sein«. Über den beiden die Taube mit der Inschrift: »Der Geist ist es, der lebendig macht«.

  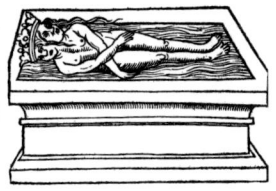

Bild 4: König und Königin steigen in den Brunnen. Über ihnen die Taube.

Bild 5: König und Königin beim Geschlechtsverkehr. Darüber steht: Coninunctio sive coitus - Vereinigung oder Geschlechtsverkehr.

Bild 6: Sie sind zu einem Körper mit zwei Köpfen verschmolzen. Darüber steht: Conceptio sive putrefactio - Empfängnis oder Faulung. Darunter zwei Verszeilen: »Hier liegen König und Königin tot. Die Seele scheidet sich mit großer Not«.

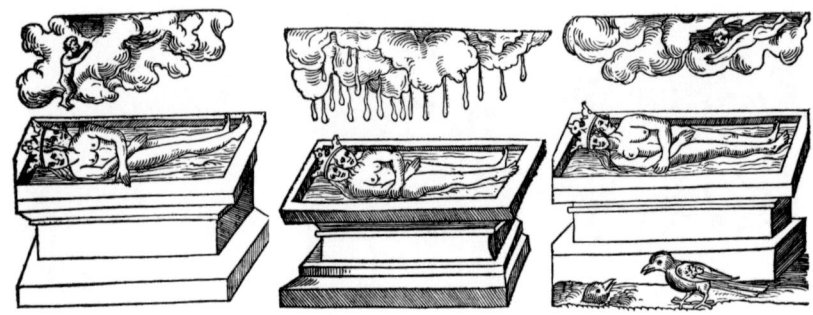

Bild 7: Ein kleiner Junge schwebt von der Leiche aus in die Höhe. Darüber steht: Extractio animae sive impregnatio - Ausziehen der Seele oder Schwängerung.

Bild 8: Regen fällt. Darüber steht: Ablutio sive mundificatio - Abwaschung oder Reinigung.

Bild 9: Der kleine Junge kehrt vom Himmel zurück. Darüber steht: Animae iubilatio sive Ortus sive Sublimatio - Jubel der Seele oder Geburt oder Verdampfung. Darunter zwei Zeilen: »Hier schwingt sich die Seele hernieder/Und erquickt den gereinigten Leichnam wieder«.

Bild 1o: Die Leiche lebt wieder, auf dem Mond stehend. Es ist ein weiblicher Körper mit zwei Köpfen und Flügeln. Daneben eine Pflanze mit sieben Zweigen (nach beiden Seiten hin) und Blüten daran, die den Mond darstellen. Darunter ein langes Gedicht; es beginnt: »Hier ist geboren die edle Kaiserin reich/Die Meister nennen sie ihrer Tochter gleich«.

Bild 11: Ein geflügeltes Paar beim Geschlechtsverkehr. Darüber steht: Fermentatio - Gärung.

Bild 12: Eine geflügelte Sonne taucht in den Brunnen.

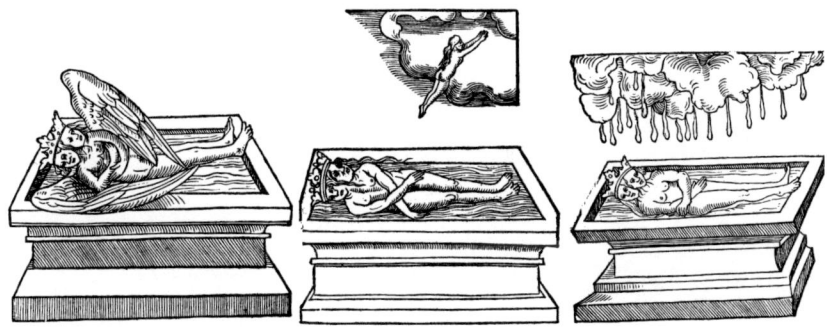

Bild 13: Das Paar ist wieder zu einem Körper mit zwei Köpfen verschmolzen. Darüber steht: Nutrimentum - Ernährung.

Bild 14: Ein Mädchen schwebt vom Körper in die Höhe. Darüber steht: Fixatio - Befestigung. Darunter die Verse: »Hier hat der Luna Leben gar ein End./Der Geist steigt in die Höhe behend«.

Bild 15: Regen fällt. Darüber steht: Multiplicatio - Vermehrung.

Bild 16: Das Mädchen kehrt zurück. Darunter steht: Revivificatio - Wiederbelebung. Darunter zwei Zeilen: »Hier kommt die Seele vom Himmel schön und klar./Und macht auferstehen der Philosophen Tochter fürwahr«.

Bild 17: Die Leiche ist wiederbelebt und steht auf der Sonne. Es ist ein männlicher Körper mit zwei Köpfen und Fledermausflügeln. Ein Löwe sieht hinter der Gestalt hervor. Rechts ein Pelikan, der seine Jungen mit seinem Blut nährt. Links eine Pflanze mit sieben Zweigen, jetzt mit Sonnenblüten. Darüber steht: Perfectionis ostensio - Darstellung der Vollkommenheit. Das Gedicht darunter beginnt: »Hier ist geboren der Kaiser aller Ehren«.

Bild 18: Ein Löwe, der eine Sonne verschlingt.

Bild 19: Sohn und Vater krönen die Jungfrau Maria; darüber der Heilige Geist. Auf Spruch-
bändern steht: »Sein Vater ist Sol, seine Mutter aber Luna, und aus dem Vater wird der Sohn,
und der Sohn ist die Mutter. Der Drache stirbt nicht. Die Drei sind eins«.

Bild 2o: Christus steigt aus dem Brunnen (oder Sarg). Er hält eine Art Standarte, die man als
Zeichen des Kreuzes sehen kann. Darunter steht: »Nach meinen vielen und mancherlei
Leiden und großer Marter/bin ich erstanden, clarifiziert, und aller Makel bloß«.

Sieht man die Serie als Embryologe, so zeigt sich, daß nicht die ganze Schwangerschaft, sondern nur deren erstes Drittel, die embryonale Periode, durchlaufen
wurde. An deren Ende geschieht das Erwachen des menschlichen Bewußtseins,
eine Innewerdung seiner selbst. Es ist die erste Geburt des Menschen, die Geburt
im guten Schoß, die Geburt als göttlicher Mensch. Der Mensch erwacht hier als
Seele: Das Wort kommt von See; die Seele ist das Bewußtsein im See, im Fruchtwasser; Janus nennt die Seele »das fötale Bewußtsein«.

Die Alchemie stammt aus Ägypten und Griechenland und war mit den
Mysterienkulten verbunden, die auch psychoaktive Substanzen benutzten. Die
Alchemie wurzelt in den alten Wiedergeburtsritualen, in denen mit Hilfe solcher
Substanzen das erste Drittel der Schwangerschaft wieder erlebt wurde; das
vorgeburtliche Selbst stieg ins Bewußtsein. Dadurch wurde das Geburtstrauma
geheilt, indem die Trennung vom vorgeburtlichen Selbst aufgehoben wurde.

Die Wachstumsprozesse der embryonalen Periode

Ich gehe jetzt zuerst noch einmal auf die Bilder ein, da sie die Metamorphosen, die der Embryo durchmacht, sehr genau darstellen.

Die Bilder 5 – 10 und 11 – 17 sind parallel (nur 12 hat keine Entsprechung).
So hat die Serie vier Teile: 1 – 4. 5 – 10. 11 – 17. 18 – 20. Ich wiederhole die
Entsprechungen der parallelen Teile:

5 + 11: Geschlechtsakt.

6 + 13: Ein Körper mit zwei Köpfen.

7 + 14: Die Seele verläßt den Körper (als Junge, als Mädchen).

8 + 15: Regen fällt.

9 + 16: Die Seele kehrt zurück (als Junge, als Mädchen).

10 + 17: Eine Gestalt mit zwei Köpfen. In 10 ein weiblicher Körper, dazu die Mondpflanze, oder der Mondbaum. In 17 ein männlicher Körper, dazu die Sonnenpflanze, oder der Sonnenbaum.

Ich sehe Bild 10 als die Vollendung der Implantation, der ›pflanzlichen Phase‹ mit der Selbstbefruchtung (am Ende der 2. Woche) und Bild 17 als Vollendung der Cerebralisation (etwa: Hirnbildung, Verhirnung) mit der Fremdbefruchtung, womit die ›tierische Phase‹ beginnt (am Ende der 3. Woche). Der Embryologe Erich Blechschmidt versteht unter Cerebralisation »eine frühe Gestaltungsfunktion des menschlichen Gehirns«, also ein abstraktes Prinzip. Ich hingegen meine mit diesem Wort einen konkreten, inhaltlichen Vorgang, ähnlich wie die Alchemisten: Es entfaltet sich die männliche Sonnenenergie und überlagert dann die weibliche Mondenergie. – Die von mir verwendete Joga-Psychologie wird in den Bildern der Alchemie deutlich. Im Kundalini-Joga werden dieselben Prozesse beschrieben.

In den Bildern 10 – 17 wird etwas sichtbar, was man selten dargestellt findet: das Wachsen der männlichen Aggression. Ich brauchte lange, bis ich diesen Prozeß in Trance-Experimenten entdeckte. Ich werde im Folgenden die Vorgänge einerseits von der Embryologie und der pränatalen Psychologie, andererseits von meinen Selbsterfahrungen her beschreiben.

Bild 1: Sonne und Mond sind die Keimzellen in Hoden und Eierstock. – Die Schlange mit den Worten »mineralis, vegetabilis, animalis« deutet auf die drei Stufen der Schöpfung, wie sie im Alten Testament beschrieben sind. – Auch im Brunnen, der Retorte, dem Uterus, sind diese drei Bereiche, oder drei Elemente, enthalten, wie die Aufschrift besagt, wobei sie zugleich als Quecksilber bezeichnet werden. Hier erscheinen sie als Jungfrauenmilch, scharfer Essig und Lebenswasser (oder sind in diesen enthalten).

Bild 2: König und Königin auf Sonne und Mond. – Samen und Ei haben Hoden und Eierstock verlassen; sie werden vom Heiligen Geist verbunden, vom Creator spiritus. Der Geist der Schöpfung hat sie erfaßt. – »Wie ein Planet im Sonnensystem, umgeben von Corona radiata, dem Strahlenkranz von Nahrungszellen, schwebt die Eizelle in ihrem Weltraum«, schreibt Lennart Nilsson in seinem Buch »Ein Kind entsteht«.

Bild 3: König und Königin sind nackt. – Samen und Ei bereiten sich auf die Vereinigung vor. – »Die Eizelle wird entkleidet«; die Hülle von Nahrungszellen löst sich auf. »Die Mütze der Spermien, das Akrosom, verschwindet«, schreibt Nilson.

Bild 4: König und Königin steigen in den Brunnen. – Samen und Ei nähern sich dem Ort der Befruchtung im Eileiter. Zugleich sind es die Zellkerne im Innern der Eizelle.

Bild 5: Coitus. Die Zellkerne verschmelzen.

Bild 6: Der Körper mit zwei Köpfen. – Es ist »die Urzelle mit ihrem hermaphroditischen Kern, einer Doppelseele«, wie H.G. Graber schreibt.

Bild 7: Der kleine Junge verläßt den Körper, der zu einer Leiche geworden ist. - Die Urzelle hat inzwischen ihre Zellteilungen begonnen, wandert dabei durch den Eileiter, wird zu einem Zellhaufen, der Morula (Maulbeere), dann zur Keimblase, und will sich nun in der Gebärmutter einnisten, einpflanzen. Aufgrund der Besamung wird die Keimblase vom Immunsystem der Mutter als Fremdkörper empfunden und abgelehnt. Erlebt man diese Phase wieder, so ist es, als ob die Keimblase ihre Reserven verzehrt, dann beginnt sie zu hungern, zu frieren und abzusterben. Der Samenteil ist zuerst noch sehr aktiv, versucht Hitze zu erzeugen, bis er sich erschöpft hat und einschläft; es ist als sei er verschwunden, man könnte sagen, er hat seinen Geist aufgegeben.

Bild 8: Regen fällt. – Nun empfindet die Gebärmutter die Keimblase nicht mehr als einen Fremdkörper, sondern wie eine verlorene und leidende Tochter, die zur Mutter heimkehren will. Die Mutter fühlt nun das Leiden mit, sie hat Mitleid. Sie öffnet sich, läßt das arme Wesen ein, wärmt es, nährt es. Sie ist barmherzig, d. h. sie hat ein Herz für die Arme. (Das Wort Barmherzigkeit ist eine Übersetzung von misericordia.)

Bild 9: Der kleine Junge kommt zurück. – Er ist der Samengeist, der aktive Teil. Er geht in die Tochter ein, in die Keimblase. Zusammen werden sie nun tätig, strecken Fühler aus, wurzeln sich ein, keimen, sprossen, wachsen als Pflanze in sieben Segmenten nach oben, dabei spiralig sich drehend, die Gebärmutterschleimhaut berührend. Das oberste Segment ist wie eine Blüte, die sich öffnet, die Blütenblätter berühren ein Gewebe, reizen es, was das Gewebe als Lust empfindet. Diese Lust fließt herab, als himmlischer Tau, als Nektar und Ambrosia, als Trank der Glückseligkeit und Unsterblichkeit. Vor der Einnistung war die Keimblase einen qualvollen Tod gestorben und hatte einen Höllensturz erlebt; jetzt ist sie auferstanden im Paradies, im ewigen Leben: Freude, Dankbarkeit. Die Mutter fühlt mit, verschmilzt mit dem Kind in der Lust einer Heiligen Hochzeit.

Bild 10: Der auferstandene weibliche Körper mit zwei Köpfen und der Mondbaum daneben. – Die Einpflanzung ist beendet. Das Gedicht erklärt den Vorgang. Einige Zeilen daraus:

Hier ist geboren die edele Kaiserin reich.
Die Meister nennen sie ihrer Tochter gleich.
Die vermehrt sich, gebiert Kinder ohne Zahl...
O Gewalt zwingt mich nackendes Weib,
Denn unselig war mein erster Leib...
Und noch nie Mutter war ich geworden,
Bis ich zum anderen Mal wurde geboren...
Ich wurde Mutter und bleib doch Magd.
Und es war in meinem Wesen angelegt,
Daß mein Sohn mein Vater war...
Die Mutter, die mich hat geboren,
Durch mich wurde sie auf der Erde geboren.

Ihr erster Leib war unselig. Gewalt zwingt sie. Sie wird Mutter. Sie wird neu geboren. Sie hat die Mutter geboren, von der sie geboren wurde. Sie ist ihrer Tochter gleich. Ihr Vater ist ihr Sohn. – Sie ist Großmutter, Mutter, Tochter. Sie gebiert einen Sohn – der ihr Mann ist (was ich ergänze) – und ihr Vater. Sie ist die Urmutter der matriarchalen Mythen. Sie ist die Mondgöttin, die ihren Mondgott erzeugt und gebiert. Sie ist die jungfräuliche, zweigeschlechtliche, sich selbstbefruchtende Mutter der Pflanzenschicht; in ihr erfolgt die Fortpflanzung. Da diese Selbstbefruchtungsenergie jetzt von neuem wirkt, wird auch ihre Quelle, die Oogenese, erneut aktiviert.

Diese pflanzliche Urmutter ist zum Menschen geworden; dadurch wurde ihr erster Leib unselig – unfruchtbar: Er muß Gewalt erleiden, d. h. von einem Mann befruchtet werden, damit er selig wird, die Seligkeit erlebt.

Diese Schöpfungsmutter liebt sich selbst in ihrer Schöpfung, ihrem Kind. Aus der Selbstliebe der Schöpferin entsteht die Selbstliebe des Geschöpfes, dessen primärer Narzißmus – er ist die Selbstliebe der Göttin, die sich durch ihr Geschöpf verdoppelt hat. Ihr Geschöpf ist hier eine Tochter mit männlichen Zügen. Diese Liebe von Mutter und Kind ist eigentlich eine lesbische Liebe.

Die Gefühle beider, das Wohlgefallen, das sie aneinander haben, wird ein Gebilde: Die Plazenta - was Wohlgefallen heißt, oder eine wohlgefällige Speise, ein Kuchen: Der Mutterkuchen entsteht. Jetzt hat die Schwangerschaft begonnen. Die Befruchtung ist nur ein Probelauf; 65 % der Keimblasen schaffen die Einnistung, die Einpflanzung nicht.

Es ist die zweite Woche. Es wächst die zweiblättrige Keimscheibe (Entoderm, Ektoderm). Mit der Plazentabildung erfolgt auch die Verbindung mit dem Kreislauf der Mutter.

Bild 11: Ein Paar mit Flügeln im Geschlechtsakt. – Die Urmutter mit der männlichen Tochter in ihr hat sich zerlegt. Die männliche Tochter ist ein

Mann geworden, ein Sohn – der der Vater der Mutter ist (wie das Gedicht sagt). Es ist ein Vater mit Flügeln, ein himmlischer Vater. Es ist der Samengeist, der die Flügel vom Himmel brachte. Er war beim Vater der Mutter gewesen und hat sich in ihren Vater verwandelt. Die Frau liebt ihren Vater in der Gestalt ihres Sohnes. Da sie auch Flügel hat, ist sie zu ihrer Mutter geworden. Sie wiederholt die Empfängnis, aus der sie selbst entstanden ist.

Bild 12: Die Sonne mit Flügeln taucht ein. – Der Samen des Ehemanns erscheint hier von neuem. Er war hinausgeworfen worden in Bild 7 und nur in seiner Verwandlung in den Vater der Mutter wieder eingelassen worden. Ich denke, der Vater der Mutter läßt jetzt den Vater des Kindes ein. Der Mondvater läßt den Sonnenvater ein; die Männer verbünden sich.

Bild 13: Die zweite Befruchtung führt wieder zu einer Verschmelzung der Kerne.

Bild 14: Das Mädchen fliegt in die Höhe. – Ich meine, die beiden Männer haben den weiblichen Teil hinausgeworfen.

Bild 15: Regen fällt.

Bild 16: Das Mädchen kommt wieder.

Bild 17: Der männliche Körper mit den zwei Köpfen ist auferstanden. Daneben steht der Sonnenbaum.

Es ist die dritte Woche. In ihr entsteht die dreiblättrige Keimscheibe (mit dem Mesoderm). Es bildet sich der Primitivstreifen (mit dem Neuralrohr), die Urform des Rückgrats, sowie der Primitivknoten, die Urform des Gehirns. Das Herz des Embryos beginnt zu schlagen. – Es ist die männliche Phase. Sonnenenergie wirkt jetzt; sie kommt vom Hoden her, von der Spermatogenese, die wieder aktiviert wird, damit sie Samenenergie erzeugt, die jetzt gebraucht wird. Die mann-männliche Liebe, der himmlische Liebesakt zwischen Christus und seinem Gottvater, ist hier zu ahnen.

Der Kaiser liebt seinen Sohn, in dem ein weiblicher Geist ist. Wo war das Mädchen gewesen? Der Junge vorher war beim Vater der Mutter gewesen und hatte sich in ihn verwandelt. Das Mädchen nun war bei der Mutter des Ehemanns gewesen und hatte sich in sie verwandelt, war so wieder eingelassen worden. In Bild 10 liebt die Mutter ihre männliche Tochter, in der zugleich ihr Vater enthalten ist. In Bild 17 liebt der Vater des Kindes, der Ehemann der Frau, seinen Sohn, in dem ein weiblicher Geist, der Geist seiner Mutter, der Mutter des Ehemannes, ist. Beide Großelternpaare sind anwesend. (Man wird an die systemische Familientherapie oder an Bert Hellingers Familienaufstellung erinnert.) Alle möglichen Inzestverbindungen sind da; mit Jung zu sprechen, der komplette Inzest-Archetyp wird verwirklicht, mit allen gegengeschlechtlichen und gleichgeschlechtlichen Beziehungen. Vollkommene Befriedigung wird erreicht.

Es sind zwei Stufen: Vom Weiblichen zum Männlichen (und damit vom Lesbischen zum Schwulen), vom Passiven zum Aktiven, vom Pflanzlichen zum Tierischen. Bis Bild 10 wurde die Gebärmutter durch Hingabe, Unterwerfung, Verführung in Besitz genommen; ab Bild 11, bzw. ab 12 durch Kampf, Gewalt, Eroberung. Die Pflanze wird feurig, brennend, stechend, bohrend, beißend: Es kommt Blut, Blut wird getrunken, und damit entsteht ein Blutrausch, ein Rausch der Kraft, des Sieges, des Triumphes, mit Gefühlen des Hasses, der Rache für die früher erlittenen Qualen bei der Ablehnung am Anfang, vor der Einnistung. Die Qualen werden abreagiert, lösen sich auf, werden vergessen. Ruhe kommt, Entspannung im Gefühl der Sicherheit des Starken, des Siegers. Die Mutter nährt ihn mit ihrem Blut, wie es der Pelikan rechts zeigt.

Ein Symbol des Prozesses von Bild 10 – 17 ist der Kampf um Troja. Die patriarchalen Griechen (die meisten etwas schwul) konnten zuerst Troja, die vom Mutterrecht bestimmte Stadt, nicht erobern. Dann griffen sie zu einer List: Sie stellten das trojanische Pferd vor das Tor der Stadt. Die Trojaner öffneten das Tor, zogen das Pferd herein; nachts kletterten die Krieger aus dem Bauch des Pferdes und eroberten die Stadt. – Die gleiche Bedeutung haben patriarchale Schöpfungsmythen wie z.B. Marduk, der Sonnengott, der Tiamat, die Göttin der Erde, zerstückelt und aus den Stücken die Geschöpfe erschafft.

Unter dem Kaiser sind Schlangen, die sterben. Hinter ihm schaut ein Löwe hervor. Die Reptilienphase der Evolution, in der sich die unterste Hirnschicht, das Reptilienhirn, bildet, ist schon am Ende. Der Löwe kündigt die Säugetierphase an, die Bildung des älteren Säugetierhirns.

Geburt oder Erwachen

Bild 18 zeigt den Löwen, der die Sonne verschlingt; Bild 19 die Krönung der Maria durch Sohn, Vater und Heiligen Geist; Bild 2o die Auferstehung.

Ich mache jetzt eine Abschweifung. Würde die Bilderserie die gesamte Schwangerschaft darstellen, so wäre Bild 18 der Geburtskampf, Bild 19 die Austreibung mit außerkörperlicher Erfahrung, Bild 2o der Austritt aus der Mutter. Von der Jesus-Geschichte her wäre Bild 18 der Einzug in Jerusalem, Bild 19 die Kreuzigung, Bild 20 die Auferstehung. Der Alchemist hat die Kreuzigung durch die Krönung der Maria ersetzt, d. h. durch die Himmelfahrt der Maria. Das Thema gibt es nicht in den Evangelien, es ist erst später entstanden.

»Die Rede über die Endzeit« mit dem »Anfang der Wehen«, der »großen Bedrängnis« und dem »Kommen des Menschensohnes« stellt die Kreuzigung als die Wiederholung der Geburt dar. So könnte sie auch der Alchemist aufgefaßt haben, und zwar zeigt er, wie bisher, alles von innen. Während des Geburtstodes des Kindes bei der Austreibung reizt das Kind die Geschlechtsorgane der Mutter und bereitet ihr den Geburtsorgasmus. Er pflegt unter den Schmerzen verborgen zu sein und nicht bewußt zu werden. Manche Frauen sind fähig, ihn zu erleben; es ist ein kosmischer Orgasmus, eine göttliche Ekstase. Chris Chriscom hat sie bei der Geburt ihres sechsten Kindes erlebt und in einem Buch beschrieben. Auch das Kind erlebt ihn mit, tief im Unbewußten. In der therapeutischen Wiederholung der Geburt kann er ins Bewußtsein steigen, wie Grof schreibt. Die Mutter erfährt den Orgasmus durch ihr Kind, das die Stelle des Penis einnimmt. Die Mutter erinnert sich an die Empfängnis, an den Vater des Kindes; im Unbewußten wird die Liebe zu ihrem eigenen Vater belebt. Die Mutter fühlt sich dreifach geliebt, ihre Liebesgefühle richten sich auf den gegenwärtigen Liebhaber, auf ihr Kind. Das Kind fühlt sich als der Vater der Mutter, und als sein Vater: Das Kind wiederholt mit der Mutter den Orgasmus, aus dem es entstanden ist. Es nimmt die Rolle seines Vaters ein, es ist sein eigener Vater geworden. »Ich und der Vater sind eins«. (Joh. 10,30)

Bild 19 zeigt diesen Geburtsorgasmus: Sohn und Vater krönen die Mutter, und dazu ist noch der Heilige Geist da. Der Vater ist der Vater der Mutter; der Heilige Geist ist der Vater des Kindes. Sie krönen die Mutter, sie salben sie, sie zeugen in ihr, entsprechend der jüdischen Königsweihe – die Mutter wird zur Königin gemacht, zur Himmelskönigin. Die Kreuzigung von Jesus war die Heilige Hochzeit von Sohn und Vater, der Vollzug der Männerliebe. Der Alchemist ist von der Homosexualität zur Heterosexualität übergegangen. Er hat den Körper von Jesus wiedergefunden, er hat Jesus mit seinem Körper wiederverbunden. Er läßt ihn mit einem nichtkastrierten Körper geboren werden. Er hat Jesus von seiner Verschneidung geheilt. Sie war der »Makel«, von dem er jetzt frei ist, wie die Verse zu Bild 20 sagen. Der alchemistische Jesus ist der Homunculus, der kleine Mann – ein Penis-Symbol? Ist der alchemistische Jesus nicht nur der kleine Mann, sondern hat auch einen kleinen Mann? Ranke-Heinemann meint, »wir sollten Jesus vom Kreuz herabsteigen und weiterleben lassen«. Das war auch die Idee des Alchemisten, der vielleicht außerdem daran dachte, daß Jesus das neue Leben genießen möge.

Ich habe jetzt gerade (als Abschweifung) die Bilder 18 – 20 vom LSD her gelesen, mit Grof. Vielleicht hatte der Alchemist diese Möglichkeiten auch im Sinn. Die Bilder dürften aber besser von weichen Substanzen her zu verstehen sein, vom Typ MDMA, Ayahuasca usw. Diese wirken eher auf die rechte Hirnhälfte, auch auf den Parasympathikus; sie entspannen, sie lassen vor allem die weibliche Seite aufsteigen, die Empfänglichkeit, die Rezeptivität, und damit die frühe Phase der Schwangerschaft, die embryonale Periode, weniger die fötale, die dann zur Geburt führt, zum Geburtskampf usw., wie es bei LSD der Fall ist, das vor allem die linke Hirnhälfte aktiviert.

So gesehen, stellt Bild 20 nicht die Geburt dar, und damit Bild 18 nicht den Geburtskampf und Bild 19 nicht die Austreibung. Die gleiche Abfolge ereignet sich schon am Ende der embryonalen Periode, die zum Erwachen des Bewußtseins führt und zur Ankunft im guten Schoß. Es ist eine erste Geburtserfahrung.

Der Löwe von Bild 18 ist nun die Fortführung der Säugetierphase, die sich mit dem Löwen in Bild 17 ankündigte. Bild 19 ist das Erlebnis des Erwachens im guten Schoß. Das Kind nimmt Energieströme wahr, die mit Phantasien der Mutter verbunden sind, mit dem Bild des Vaters der Mutter und mit dem Bild des eigenen Vaters. Mit diesen Energien, die in das Kind eingehen, antwortet es dem Mutterschoß, der es mit Liebe umgibt. Das ist die Heilige Hochzeit von Bild 19. Etwas später beginnt das Kind ein eigenes Bewußtsein zu bekommen, es faßt seine inneren Bilder zusammen, die zur Struktur seiner Psyche werden; es grenzt sich ab, es wird zu sich selbst: Das ist die Bedeutung von Bild 20. Das Kind steigt aus der Traumwelt der embryonalen Periode heraus ins fötale Bewußtsein, in die Seele. Diese Erfahrung ist in den Worten von Jesus enthalten, wenn er sagt, er sei neu geboren aus Wasser und Geist, im Reich Gottes. Neu geboren als Ungeborener, wie Buddha, wie Rajneesh bei seiner Erleuchtung. Erwachen statt Geburt.

Die ägyptischen Ursprünge der Alchemie schimmern hier durch. Nach seinem Tod wurde der Pharao zur Sonne als seinem Vater und zeugte sich dann neu in seiner Mutter, für das Leben im Jenseits.

In einer Variante des »Rosarium« von 1622 wird der Homunculus in Bild 19 von seinen königlichen Eltern gekrönt und in Bild 20 ist er ein Androgyn, ein göttliches, zweigeschlechtlich-geschlechtsloses Wesen, im Reich Gottes, wie im Thomas-Evangelium: Ein Fötus, noch ohne Triebe.

Der geheilte Jesus - ein alchemistischer Buddha oder tantrischer Christus

Die Reise ist zu Ende. Jesus kommt wieder zu sich. Er verkündet die frohe Botschaft: »Das Reich der Göttin ist herbeigekommen«. »Die Göttin ist barmherzig, sie ist ein guter Schoß«. »Ich sah, wie ihr Geist auf mich herabkam«. Er würde nicht mehr vom »Herrn« sprechen, von Adonai, sondern von Elohim, ein weibliches Wort; auch Ruah, Geist, ist weiblich; und der Uterus, Rechem, davon Rahamim, müßte nicht mehr dem Vater beigelegt werden.

Das Bild auf dem Umschlag des Buches, das Sie gerade lesen, läßt den geheilten Jesus anschaulich werden. Es ist das Titelbild des Buches »Mille Hypotheses Chymicae de Subterraneis«, »Tausend chemische Hypothesen über die unterirdischen Bereiche«, von Johann Joachim Becher, einem Arzt und Alchemisten, das 1668 in Frankfurt erschien. (Becher schrieb auch ein Buch »Der chymische Ödipus«.)

Das Bild zeigt einen Menschen, der auf dem Boden sitzt. Der Bauch ist eine Kugel, die Erde. Sie enthält drei Kreise mit den Bezeichnungen mineralis, vegetabilis, animalis. In der Mitte zwischen den Kreisen steht »Fiat«, für Fiat Lux: Es werde Licht. Hier ist es das Licht, das bei der ersten Berührung von Samen und Ei entsteht. Im mineralischen Kreis unten ist ein Berg mit dem Mond und den Zeichen der Planeten, Mars, Venus usw. Es ist die Empfängnis, die Befruchtung, die Zellkernverschmelzung, bei der sich die Einflüsse der Planeten auswirken (die meiner Erfahrung nach aber schon bei der Entstehung des Lebens überhaupt herabkamen, was wohl der Alchemist genauso meint). Der vegetabile Kreis, links, enthält eine Pflanze: Die Einpflanzung. Der animalische Kreis enthält einen Embryo an der Nabelschnur; er hat die tierische Phase durchlaufen und erwacht nun im guten Schoß. Der Kopf des Menschen ist die Sonne, der Geist, der heilige Geist, der göttliche Atem, Pneuma hagion, Spiritus sanctus, Ruah Elohim. Der Mensch beatmet als heiliger Geist seinen heiligen Leib und das heilige Kind darin. Der Mensch ist ein Bhagavant, ein Schoßatmer. Er erinnert sich an seine Entstehung und belebt selbst die ganze Entwicklung. Er lächelt, er freut sich über die Schöpfung, die er selbst ist. In ihm lebt Gott, er selbst ist Gott, »der zwiegeschlechtliche göttliche Urmensch«, wie Jung den Archetypus des Selbst nennt. Er hat den Ungeborenen in sich erweckt, hat ihn aktiviert, aktualisiert, und er ist zu ihm geworden, und zwar mit dessen Umwelt um sich, dem Mutterschoß, der Mutter. Er hat die vorgeburtliche Liebesbeziehung von Kind und Mutter erweckt, die Graber das Selbst nennt. Er hat seine Androgynität belebt, würde Ammon sagen. Er ist in der Seele, die Janus als das »fötale Bewußtsein« bezeichnet. Er ist nicht getrennt von seiner Seele, nicht getrennt von Gott: Er hat keine Erbsünde, kein Geburtstrauma. Er hat das Lust-Ich wiedergefunden, oder den Körper der Liebe, »Love's Body«, wie N. O. Brown sagte. Mit Jung zu sprechen: er hat die Anima integriert – er hat die Muttergöttin in sich wachsen lassen, und nun wächst er in ihr.

Er ist in der Meditation: Er erschafft sich selbst das Gefühl der ewigen Glückseligkeit, hier auf der Erde. »Das Reich der Göttin ist inwendig« sagt der neue, der tantrische Jesus. Dann zeigt er seinen Jüngern und Jüngerinnen das irdische Paradies und sagt wie Rajneesh: »Let's be blissful!«, »Seien wir selig!« Sie machen ihn nach, sie meditieren zusammen und sagen: »Das Reich der Göttin ist mitten unter uns«.

Der neue Jesus bleibt in der ersten Geburt (im 3. Monat), als Heiliger, als Jogi. Er ist ein Weibmann geworden wie manche Schamanen. Er ist zu Maria geworden, die Jesus in ihrem Schoß trägt; zugleich ist er der Vater von Jesus, der heilige Geist, der Geist Gottes, bzw. dessen Überbringer, der Engel Gabriel. Jesus, »der Eingeborene, der in des Vaters Schoß ist« (Joh. 1,18), ist jetzt in der Mutter Schoß und kann neben dem Satz »Ich und der Vater sind eins« (Joh. 10,30) den zweiten Satz sagen: »Ich und die Mutter sind eins«. Die Jesus-Geschichte ist gleichsam in die Buddha-Geschichte übersetzt worden, wobei der Buddha ein tantrischer Buddha ist. Er hat die vollkommene Selbsterkenntnis gewonnen, er ist der Weltgeist: Seine Entstehung, seine Entwicklung ist ihm bewußt geworden, und er lebt sie: Er lebt seine Vergangenheit, die Geschichte der Schöpfung, die ihm zur Gegenwart geworden ist. Es gibt nur noch die Gegenwart: »Die Zeit ist erfüllt« (Mk. 1.15). Er ist zur Schöpfung geworden, zur Fortpflanzung, aber pflanzt sich selbst nicht mehr fort. Er ist ein Androgyn.

Er ist ein Jogi, er praktiziert die vorgeburtliche, die embryonale Atmung. Er lebt von Almosen, wie Buddha, nimmt am Morgen etwa Reis und Wasser zu sich und verbringt den Tag in der Meditation. Er bewegt sich nicht und macht keinen Lärm: Er lebt als Pflanze. Er blüht, er leuchtet. Er wird als Erscheinung oder als Verkörperung Gottes verehrt. In Indien wäre er wohl ein Heiliger Schiwas, der die Heilige Hochzeit von Schiwa und Schakti verkörpert und das Kind der beiden in sich trägt, Ganescha, den elefantenköpfigen Gott des Reichtums und des Glücks.

9. Kapitel

Goethe. Alchemie und Therapie
Verwandlung des Gekreuzigten. Befreiung
vom Gekreuzigten
»Faust«. »Das Tagebuch«

Die Wiederbelebung des Gekreuzigten und seine Verwandlung in einen alchemistischen Christus ist auch das Thema von Goethes »Faust«. Hier tritt der Alchemist, der im »Rosarium« nicht sichtbar war, selbst auf und erlebt in sich, in Form von Halluzinationen, den alchemistischen Prozeß. Der erste Teil des Dramas beginnt an Karsamstag: Faust ist wie der tote – der scheintote – Christus im Grab und wartet auf die Himmelfahrt: Beispiel einer – unbewußten – Nachfolge Jesu Christi, einer Imitatio Christi, gemäß Mk. 8,34, wo Jesus »das Volk« und seine Jünger aufforderte, sich ebenfalls kreuzigen zu lassen. An Ostern kommt dann aber Mephisto, der Teufel, – wie Satan nach der Taufe zu Jesus kam – und verführt Faust ins Leben zurück, indem er ihm eine Medizin gibt, die seine Impotenz behebt: So ist der Teufel ein Sexualtherapeut. Es folgt die Liebesgeschichte mit Gretchen und danach die Walpurgisnacht, die ursprünglich die Satansmesse enthielt, ein heidnisches Ritual der Neuzeugung und Wiedergeburt, das durch die Inquisition unterbrochen wird. Im zweiten Teil des Dramas leitet Mephisto Faust beim Abstieg ins »Reich der Mütter« an, in den vorgeburtlichen Bereich; hier ist Mephisto ein Pränataltherapeut. Mit Hilfe des Homunculus, der ein künstlich erzeugter Samengeist ist, sieht Faust die Zeugung seiner Geliebten, der schönen Helena, durch Zeus, den griechischen Gottvater, in Gestalt eines Schwans. Faust zeugt dann mit Helena ein Kind, ein Traumkind. Am Ende steigt die Seele Fausts zur »Jungfrau, Mutter, Königin«, der »Göttin« empor; Mephisto bleibt zurück.

Jesus suchte den abgespaltenen männlichen Teil des Körpers bei Gottvater im Himmel; Faust sucht ihn auf der Erde: Er verkörpert sich im Teufel. Er ist der Teil des Samens, der sich aufgrund der Phantasie der jungfräulichen Empfängnis nicht ganz in der Eizelle entladen konnte. Daraus folgte ein Geburtstrauma, ein Geburtstod, und später eine Sexualstörung, Impotenz. Mephisto nennt sich »Ein Teil von jener Kraft, die stets das Böse will und stets das Gute schafft«. Janus schreibt, der »Wille« wurzelt in der »Selbstrealisierung der Geburt und ist dadurch immer auch...erlebnismäßig böse«. Gleiches gilt m. E. für die befruchtende Samenzelle! Mephisto verkörpert noch dazu die

Aggressionen, die beim Geburtstod entstanden, der als eine Ermordung erlebt zu werden pflegt.

Faust blieb ein Sohn, ein Junggeselle, der mit seinem Vater, einem Arzt und Alchemisten, zusammen lebte und arbeitete, wie Jesus und Joseph. Nach Josephs Tod war Jesus »von Sinnen«, er wurde verrückt und lief zu Johannes dem Täufer, um einen neuen Vater zu finden. Der Alchemist des »Rosengarten der Weisen« ersetzte die Taufe durch die alchemistische Medizin; Jesus erlebte eine neue Schwangerschaft und war geheilt. Etwas Ähnliches geschieht in Goethes »Faust«. Nach des Vaters Tod – wie ich annehme –, begann sich das Unbewußte Fausts zu rühren: Faust wünschte sich einen Ersatz für den Vater – der Teufel erschien. Mephisto erfüllt nun die Wünsche des Sohnes, die der Vater offenbar nicht erfüllen konnte.

Jesus kehrte mittels der Kreuzigung zum Vater zurück, Fausts Weg endet in der Mutter. Der Vatergott wird durch die Muttergöttin ersetzt. Goethes Drama spielt im Bereich des Traums, des Unbewußten. »Faust« zeigt den einen Teil von Goethes Unbewußtem, das sich der Dichter auf diese Weise vor Augen stellte. Hier heilt er sein inneres Mutterbild. Im anderen Teil seines Unbewußten ging Goethe nicht rückwärts zur Mutter, sondern vorwärts zum Vater, und befreite sich vom Gekreuzigten.

Erster Teil: Alchemie

Faust, ein alchemistischer Christus
Vom Vatergott zur Muttergöttin

Auf den kreativen Prozeß als einer Aneignung des Unbewußten weisen die beiden letzten Zeilen des Gedichts »Zueignung« am Anfang des »Faust«:

Was ich besitze, seh ich wie im Weiten,
Und was verschwand, wird mir zu Wirklichkeiten.

Es folgt das »Vorspiel auf dem Theater«. »Direktor, Theaterdichter, lustige Person« treten auf. Alles Weitere ist als Produkt dieses Dichters anzusehen. Im »Prolog im Himmel« spricht Gott, der »Herr«, mit Mephisto, dem Teufel, der Faust verführen wird. Gott nennt Faust seinen »Knecht« und den Teufel bezeichnet er als »Schalk«, als Spaßmacher. Das Vorbild für diesen Prolog ist das Buch Hiob: Hier schickte Gott Satan zu Hiob, um dessen Gehorsam zu prüfen. Satan quälte Hiob mit den schrecklichsten Krankheiten, ließ seine Familie sterben. Hiob ertrug alles geduldig und wurde am Ende von Gott belohnt. Das Buch Hiob war das Vorbild für die Versuchung von Jesus durch

Satan nach der Taufe. Goethes Dichter erneuert das Spiel, er gibt Gott eine dritte Chance, vielleicht damit er seine früheren Schandtaten wiedergutmachen kann. Diesmal ist Faust der von Gott Auserwählte.

Am Anfang des ersten Teils ist Faust im Studierzimmer; er hat alle Wissenschaften studiert und klagt, »daß wir nichts wissen können«. Er hat sich der Magie ergeben,

> Daß ich erkenne, was die Welt
> Im Innersten zusammenhält,
> Schau alle Wirkenskraft und Samen,
> Und tu nicht mehr in Worten kramen...
> Und fragst du noch, warum dein Herz
> Sich bang in deinem Busen klemmt?
> Warum ein unerklärter Schmerz
> Dir alle Lebensregung hemmt?

Er betrachtet »das Zeichen des Makrokosmos« und fühlt »Wonne«: »Bin ich ein Gott?« Dann beschwört er den »Erdgeist«; dieser nennt Faust »Übermenschen«. Faust bezeichnet sich als »Ebenbild der Gottheit«; er will das »Götterleben« genießen. Er holt die Phiole, das Glas mit dem Gift:

> Zu neuen Ufern lockt ein neuer Tag...
> Dies hohe Leben, diese Götterwonne!...
> Vermesse dich, die Pforten aufzureißen...
> Nach jenem Durchgang hinzustreben,
> Um dessen Mund die ganze Hölle flammt...

Faust will Christus nachahmen; er hat sich im Unbewußten mit dem Gekreuzigten identifiziert. Es ist Karsamstag, Faust wartet auf Auferstehung und Himmelfahrt; er ist wie ein Scheintoter im Grab und will nun ganz aus seinem Körper heraus. Er ist in der Phase der Totgeburt. Als er die Schale mit dem Gift an den Mund setzt, ertönt »Glockenklang und Chorgesang«: »Christ ist erstanden!«

> Welch tiefes Summen, welch ein heller Ton
> Zieht mit Gewalt das Glas von meinem Munde?...
> Die Botschaft hör ich wohl, allein mir fehlt der Glaube...
> Und doch, an diesen Klang von Jugend auf gewöhnt,
> Ruft er auch jetzt zurück mich in das Leben...
> Dies Lied verkündete der Jugend muntere Spiele,
> Der Frühlingsfeier freies Glück.

Nun ertönt der »Chor der Jünger«:

> Hat der Begrabene
> Schon sich nach oben
> Lebend Erhabene,
> Herrlich erhoben;
> Ist er in Werdelust
> Schaffender Freude nah;

Faust lebt in einer Welt des Traums, des Wahns, der Geister; er halluziniert. Ein Teil in ihm ist wie gestorben, wie gekreuzigt, wie im Grab und möchte ins Jenseits, zu Gott, wie Christus, der, eins geworden mit Gott, nach dem Weltuntergang das Weltgericht halten wollte. Der andere Teil möchte geboren werden, um das Leben zu beginnen. Dieser Teil erscheint nun als ein Auferstandener voll »Werdelust« und »schaffender Freude«: Es ist ein nichtchristlicher, ein antichristlicher Christus, ein heidnischer Frühlingsgott, der das Leben auf der Erde nicht beenden, sondern erneuern will. Dieser Frühlingsgott dürfte aus der Kindheit Fausts stammen. Ostern, die Feier der Auferstehung, war für das Kind die »Frühlingsfeier« mit »der Jugend muntere Spiele«. Für das Kind war Christus der Jesus, der die Kinder zu sich kommen ließ und sie »herzte« (Mk. 9,36); ein Kindergarten-Jesus steigt in Faust auf. Der Auferstandene war für ihn nicht der Gekreuzigte, sondern der Getaufte, »neu geboren«, »aus Wasser und Geist«. Dementsprechend geht es nun weiter, doch mit entgegengesetzten Inhalten: Jesus mußte nach der Taufe in die Wüste, Faust macht den Osterspaziergang.

> Vom Eise befreit sind Strom und Bäche
> Durch des Frühlings holden, belebenden Blick.
> Im Tale grünet Hoffnungsglück.

Mephisto erscheint, so wie Satan nach der Taufe. Jesus lehnte das Angebot Satans, ihn von Hunger und Durst zu erlösen, ab; Faust nimmt Mephistos Angebot, ihm zur Erfüllung seiner Wünsche zu verhelfen, an. Man kann Mephisto als Fausts Doppelgänger sehen; der Teufel verkörpert Fausts Triebe, Sexualität und Aggressivität, ähnlich wie in Stevensons »Dr. Jekill und Mister Hyde«.

Ich nehme an, Faust hatte die Dämpfe des Giftes eingeatmet, eine homöopathische Dosis vom »Auszug aller tödlich feinen Kräfte« (den Jünger in »Annäherungen. Drogen und Rausch« mit LSD gleichsetzt): Seit diesem Moment ist sein Unbewußtes geöffnet; Mephisto ist schon eine Halluzination Fausts.

Er hatte den Auszug selbst hergestellt. Er lebte mit seinem Vater zusammen, so wie Jesus mit Joseph, und war psychosexuell wie Jesus zwölf Jahre alt geblieben. Nun erwacht etwas in Faust, so wie es auch bei Jesus nach dem Tode Josephs geschah.

Mephisto führt Faust zuerst in »Auerbachs Keller«, eine Studentenkneipe. Mephisto zaubert Wein aus der Tischplatte. Dann gehen sie in eine Hexenküche, Faust trinkt den Hexentrank und nun erwachen erotische Phantasien in ihm. Fausts Impotenz war offenbar die Ursache seines Lebensüberdrusses und seiner Identifizierung mit Christus, der auch keine Sexualität hatte. Mephisto steht Faust bei seinem ersten Flirt hilfreich zur Seite. Gretchen verliebt sich in Faust. Für Gretchens Mutter besorgt Mephisto einen Schlaftrunk, der sich als Gift erweist. Faust und Gretchen schlafen zusammen. Vorehelicher Geschlechtsverkehr war damals für eine Bürgerliche eine Schande (es sei denn der Mann war ein hoher Adliger). Der Bruder Gretchens nennt seine Schwester eine »Hur«, greift Faust mit dem Degen an, wird von Faust und Mephisto getötet. Die beiden fliehen.

Mephisto führt Faust zur Walpurgisnacht, in der die Satansmesse gefeiert wird. Sie ist eine Umbildung des Weltgerichts aus dem Matthäus-Evangelium; zugleich ist die Begegnung von Moses und Jehovahhh auf dem Sinai miteingebaut. (Ich bringe Ausschnitte der Rekonstruktion von Albrecht Schöne.)

»Trompetenstöße, Blitze, Donner von oben. Feuersäulen, Rauch, Qualm, Fels, der daraus hervorragt. Ist der Satan. Großes Volk umher«. Mephisto als »Zeremonienmeister« sagt zu einem Mann, der vor Satan kniet:

Beliebt dem Herrn, den hintern Teil zu küssen!

(Der Knieende sagt)

Darüber bin ich unverworrn,

Ich küsse hinten oder vorn...

So seh ich unten hier ein Loch,

Das Universum zu verschlingen.

Was duftets aus dem kolossalen Mund!

So wohl kann's nicht im Paradiese riechen,

Und dieser wohlgebaute Schlund

Erregt den Wunsch, hineinzukriechen...

Der Satan auf dem Thron:

Die Böcke zur Rechten,

Die Ziegen zur Linken!...

Chor Vernehmet die Worte:

Er zeigt euch die Spur

Des ewigen Lebens

Der tiefsten Natur.

Satan rechts gewendet:

    Euch gibt es zwei Dinge

    So herrlich und groß:

    Das glänzende Gold

    Und der weibliche Schoß...

Satan links gewendet

    Für euch sind zwei Dinge

    Von köstlichem Glanz:

    Das leuchtende Gold

    Und ein glänzender Schwanz...

Mephisto (zu einem Mädchen)

    Denn willst du wissen, was der Teufel meint,

    So greife nur dem Nachbarn in die Hosen!...

Faust (mit einer jungen Hexe tanzend)

    Einst hatt' ich einen schönen Traum:

    Da sah ich einen Apfelbaum,

    Zwei schöne Äpfel glänzten dran,

    Sie reizten mich, ich stieg hinan.

Die Schöne

    Der Äpfelchen begehrt ihr sehr,

    Und schon vom Paradiese her.

    Von Freuden fühl' ich mich bewegt,

    Daß auch mein Garten solche trägt...

(Faust tritt aus dem Tanz heraus; Mephisto fragt ihn nach dem Grund.)

Faust

    Ach! mitten im Gesange sprang

    Ein rotes Mäuschen ihr aus dem Munde.

(Nun sieht Faust eine Erscheinung: Gretchen, gefesselt. Er sagt es Mephisto.)

Mephisto

    Es ist ein Zauberbild, ist leblos, ein Idol.

    Ihm zu begegnen, ist nicht gut;

    Vom starren Blick erstarrt des Menschen Blut,

    Und er wird fast zu Stein verkehrt,

    Von der Meduse hast du ja gehört...

Faust

    Wie sonderbar muß diesen schönen Hals

    Ein einzig rotes Schnürchen schmücken,

    Nicht breiter als ein Messerrücken!

Mephisto

    Ganz recht! ich seh' es ebenfalls.

Sie kann das Haupt auch unterm Arme tragen;
Denn Perseus hat's ihr abgeschlagen.
Hochgerichtserscheinung (Richter, Henker, Franziskaner und Dominikaner)
Sprechchor der Franziskaner- und Dominikaner-Inquisitoren
Wo fließet heißes Menschenblut
Der Dunst ist allem Zauber gut.
Die grau und schwarze Brüderschaft
Sie schöpft zu neuen Werken Kraft.
Was deutet auf Blut, ist uns genehm,
Was Blut vergießt, ist uns bequem.
Um Glut und Blut umkreist den Reihn
In Glut soll Blut vergossen sein!
Der Kopf fällt ab. Das Blut springt und löscht das Feuer.
Ein Blutquell rieselt nie allein
Es laufen andre Bächlein drein
Sie wälzen sich von Ort zu Ort
Es reißt der Strom die Ströme fort!

Es geht weiter mit der bekannten Fassung: »Trüber Tag«, »Nacht«, »Kerker«. Faust beschimpft Mephisto, er habe ihm verheimlicht, daß Gretchen eingesperrt wurde. Er verlangt von Mephisto, sie zu retten. Sie dringen in den Kerker ein: Sie erfahren, daß Gretchen ein Kind geboren und getötet hat. Gretchen ist wahnsinnig. Sie läßt sich nicht retten, sondern will ihren Mord mit dem Tode sühnen.

Selbstmord und Mord. Der Geburtskampf

Die »Hochgerichtserscheinung« mit der Köpfung Gretchens ist eine Halluzination Fausts, die aus seinem Unbewußten aufsteigt: Es ist seine eigene Phantasie, d. h. er selbst ist es, der Gretchen köpft. Er weiß hier noch gar nicht, daß sie sein Kind geboren und getötet hat. Am Anfang des Dramas stand der Selbstmordwunsch Fausts. In einem Selbstmordwunsch pflegt sich ein Mordwunsch zu verbergen, der sich nicht nach außen richten konnte. Der Selbstmörder wurde von einem Mörder bedroht, der übermächtig war. Gretchen muß in Faust eine Erinnerung an Selbstmord und an Mord belebt haben. Ich nehme an, sie rührte an seine Identifizierung mit Christus, aus der ihn Mephisto herausführen wollte. Sie fragte ihn: »Wie hast du's mit der Religion?« Sie erwähnt auch den Pfarrer. Faust antwortet mit enthusiastischem Pantheismus, doch weicht er auch aus, ich vermute, er ist peinlich berührt: Sein Kastrationskomplex und dahinter sein Geburtstrauma stiegen wieder auf. Er dürfte den Beischlaf mit wenig Lust vollzogen haben, genau wie Gretchen; ihr schlechtes Gewissen steckte Faust an: Über beiden schwebte der Gekreuzigte und drohte ihnen mit der ewigen Verdammnis. So ließ Faust sich gerne zur Walpurgisnacht führen. Aber bei der Hexe bekam er wieder Angst; sie erinnerte ihn an Gretchen und auf sie richten sich nun seine Aggressionen, seine Tötungswünsche. Gretchen war für ihn anscheinend zu einer Hexe geworden, denn in seiner Phantasie wird sie nun von der Inquisition getötet.

Die Meduse. Kastration und Geburtstrauma

Freud war der Ansicht, das Medusenhaupt sei das Symbol des weiblichen Genitales, das der Junge als kastriert wahrnehme; er verleugne die Kastration, indem er in seiner Phantasie der Frau einen Penis gebe, einen Fetisch. Dieser Phantasiepenis ist die rote Maus, die aus dem Mund der Hexe springt, d. h. der Fetisch geht ab, und der Kastrationsschreck ist wieder da. Nun bringt Mephisto das Bild der Meduse und zugleich erwähnt er Perseus, der die Meduse tötete. Die tiefere Bedeutung der Meduse ist die furchtbare Mutter der Geburt. Perseus ist der Held, der das Geburtstrauma überwindet, indem er die furchtbare Mutter tötet; er kämpft sich siegreich durch die Geburt hindurch. Im Mythos werden aus dem Blut der Meduse die Zwillinge Pegasus und Chrysaor geboren, d. h. hier ist Perseus ein Geburtshelfer, der gleichsam einen Kaiserschnitt macht.

Man könnte sagen, Mephisto gibt Faust Energie; Faust nimmt sie an, aber er wird nicht zu Perseus, sondern läßt die Inquisition die Tötung vollziehen. Insgeheim wird Faust zum Inquisitor, zum Herren des Hochgerichts. Im Hochgericht erscheint das Weltgericht wieder: Satan muß wieder Christus Platz machen. Der verborgene Hintergrund des Anfangs, das Ziel des Selbstmordwunsches, die Nachahmung von Christus, der durch die Kreuzigung zum Weltenrichter wurde, hat sich nun aus dem Unbewußten Fausts erhoben. In Faust gibt es den heidnischen Christus der »Werdelust«, der aus der Kindheit stammt, und zugleich den Christus der Evangelien als den Richter und Rächer, der wohl später in ihn eingedrungen war. Er wurde das Symbol der Allmacht, mit der die Ohnmacht der Totgeburt überwunden werden sollte.

Diesem Ziel diente auch die Satansmesse; sie ist ein altes Wiedergeburtsritual, eine symbolische Wiederholung der Geburt: Der Mensch kehrt in den Mutterschoß zurück und wird dann neu geboren. In vielen Kulten wird dabei der Mutterschoß durch den Vaterschoß ersetzt, den ein Priester symbolisch darstellt. Rank zitiert die Avartha-Veda, die diesen Vorgang beschreibt, doch vollzieht sich hier alles ganz geistig. Die Satansmesse mit dem Kuß auf den Arsch Satans dagegen deutet auf die reale Geburt mit »Urin und Stuhlgang«

(Benn; vgl. die »skatologischen Aspekte« Grofs, Gautamas usw.). Die sexuelle Orgie, die sich anschließt, bringt dann den verdrängten Geburtsorgasmus ins Bewußtsein.

Die analen Aspekte der Geburt waren in der Phantasiewelt des Mittelalters vorhanden. Dante steigt mit Vergil durch die Kreise der Hölle hinab; sie verlassen dann die Hölle durch den Arsch Satans hindurch. Hieronymus Bosch malte den Satan sitzend auf einer Kloschüssel, in die die Seelen hinabfallen. Der Teufel erschien Luther, als er auf dem Abort der Wartburg saß. Der Teufel zeigte Luther den Hintern und ließ einen »Furz« heraus. Wenn der Teufel später Luther angriff, verjagte er ihn »mit einem Furz«. Hatte Luther beim erstenmal eine Geburtsphantasie? Luther verließ die katholische Kirche und eignete sich die Sexualität an. Zugleich hatte er gewaltige Schuldgefühle. Er schrieb: »Der Teufel ist der Herr der Welt«. »Wir leben im Madensack des Teufels«. »Die Welt ist ein offener Arsch«. »Die Vernunft ist die Braut und die Hure des Teufels«.

Der Versuch, die Kastration von Jesus zu heilen

Ich greife noch einmal zurück. Die Satansmesse als Umkehrung des Weltgerichts ist eine Art psychoanalytischer Umbau von Kreuzigung und Himmelfahrt mit der Liebesvereinigung von Gottsohn und Gottvater als der Heiligen Hochzeit. Die Satansmesse ist ein Wiedergeburtsritual mit einer Neuzeugung. Schreber und der Wolfsmann, die sich mit Christus identifiziert hatten, waren in den Mutterschoß zurückgekehrt, um vom Vater neu gezeugt zu werden und so ihre Impotenz zu heilen. Bei Goethe ist der Mutterschoß durch den Vaterschoß ersetzt, den Schoß Satans, in den man durch seinen Arsch hineingelangt, dann wird man, auf neue Weise, »der eingeborene Sohn in des Vaters Schoß«, wie es von Christus im Johannes-Evangelium heißt. Satan als irdischer Gottvater zeugt aber nicht geistig neu, sondern körperlich; es ist wie ein »sakraler Analkoitus« der Spartaner, übersetzt ins Vorgeburtliche. Theweleit nannte den Analkoitus einen »Erhaltungsakt«; bei Goethe handelt es sich um einen Erschaffungsakt. In Faust ist Christus enthalten, es geht um die Heilung von dessen Kastration durch eine neue Salbung. Der neue Gottvater würde zu seinem Sohn sagen: »Du bist mein Sohn, heute habe ich dich gezeugt« (Psalm 2,7).

Aber der Vorgang wird nicht durchgeführt. Es ist nicht Faust selbst, der vor dem Arsch Satans kniet, sondern ein nicht weiter bekannter Mann, und er kriecht dann auch nicht in den Arsch, sondern schaut nur hinein und riecht. So verwandelt sich die Satansmesse zurück ins Weltgericht, das jetzt als Hochgericht erscheint. Faust ist unfähig zur Hingabe.

Der Hexenhammer

Goethes Satansmesse mit dem Hochgericht ist wie ein Fenster auf die geschichtliche Wirklichkeit des 16. und 17. Jahrhunderts. Gerade in Fausts Halluzination vom Hochgericht erscheint Realität, freilich in abgemilderter Form: Gretchen wird nicht gefoltert und verbrannt, sondern geköpft. Die Aufgabe der Inquisition war ursprünglich die Ausrottung der Ketzer. Sie begann mit dem ersten Kreuzzug, durch den die Ketzer in Südfrankreich vernichtet wurden; der Papst hatte ihn veranlaßt. Beim zweiten Kreuzzug, dessen Inspirator der heilige Bernhard von Clairvaux war, wurden vor allem die Juden in Frankreich, Deutschland usw. abgeschlachtet. Dann konzentrierte man sich auf die Hexen und Hexer. Es waren Menschen, die mit dem Satan, dem Bösen, d. h. mit der Natur im Bunde waren. Sie hatten eine »alternative Weltanschauung«, die »magische Volkskultur«, »deren Wurzeln bis in sehr alte Schichten des eurasischen Schamanismus zurückreichen«. Die beiden deutschen Priester Jakob Sprenger und Heinrich Institoris veröffentlichten 1486 den »Hexenhammer«. Der Papst gab seinen Segen und beauftragte die Justizbehörden, die Hexenverfolgungen durchzuführen.

Hexen und Hexer wurden zuerst gefoltert und dann bei lebendigem Leibe verbrannt. Im Namen von Jesus Christus ahmten die Mönche für ihre Opfer das Weltgericht nach. Die Fassaden der Kathedralen bildeten die Kulisse für die Scheiterhaufen, auf denen das Auto da Fè, der Akt des Glaubens, an den Opfern vollzogen wurde.

»Ich spreche von jener Religion, in deren ersten Dogmen eine Verdammnis allen Fleisches enthalten ist, und die dem Geiste nicht nur eine Obermacht über das Fleisch zugesteht, sondern auch dieses abtöten will, um den Geist zu verherrlichen; ich spreche von jener Religion, durch deren unnatürliche Aufgabe ganz eigentlich die Sünde und die Hypokrisie in die Welt gekommen ist, indem eben durch die Verdammnis des Fleisches die unschuldigsten Sinnenfreuden eine Sünde geworden... ich spreche von jener Religion, die ebenfalls durch die Lehre von der Verwerflichkeit aller irdischen Güter, von der auferlegten Hundedemut und Engelsgeduld, die erprobteste Stütze des Despotismus geworden«. Heinrich Heine.

Massenmorde hat es immer gegeben, doch hier ging es nicht um Tötung an sich, sondern darum, den Opfern die größtmöglichen Schmerzen zuzufügen. Die christliche »Henkertheologie« mit ihrer »Sohnesschlachtung« (Ranke-Heinemann) erzeugte einen in der Weltgeschichte, in Bezug auf die geschundenen Frauen, einzigartigen Sadismus. »Hexenverfolgungen waren populär. Bei den großen Verfolgungen war die Bevölkerung die treibende Kraft«, schreibt Wolfgang Behringer, der Herausgeber des Bandes »Hexen und Hexenprozesse«.

Ich zitiere aus Albrechts Schönes Aufsatz, der die Zusammenhänge darstellt, einen lutherischen Theologen, Meyfarth, der gegen die Hexenverfolgung kämpfte, und den Goethe gelesen hatte: »Ich habe gesehen, welcher Maßen sie den festen Leib des Menschen zertrümmern, die Glieder voneinander treiben, die Augen aus dem Haupte zwingen, die Füße von den Schienbeinen reißen, die Gelenke aus den Spannadern bewegen, die Schulterscheiben aus den Schaufeln heben, die tiefen Adern aufblähen, die hohen Adern an etlichen Orten einsenken, bald in die Höhe zerren, bald in die Tiefe stürzen, bald im Zirkel wälzen, bald das Obere in das Untere, bald das Untere in das Obere wenden. Ich habe gesehen, wie der Henker mit Peitschen geschlagen, mit Ruten gestrichen, mit Schrauben gequetscht, mit Gewichten beschwert, mit Nägeln gestochen, mit Stricken umzogen, mit Schwefel gebrannt, mit Öl begossen, mit Fackeln versengt!« Die Gefolterten wurden dazu gebracht, andere Menschen anzuzeigen. »Wenn der Gerichtslauf oder Prozeß in Hexereisachen einmal angefangen, pflegt er niemals stillzustehen, sondern eilt geschwinde von Personen zu Personen, von Geschlechtern zu Geschlechtern, von Dörfern zu Dörfern, von Städten zu Städten. Monatlich, wöchentlich, täglich wird die Zahl der angegebenen Truten (Hexen) vermehrt«.

Bis zur französischen Revolution genügten in Frankreich zwei Denunzianten, um einen Menschen zum Opfer der Inquisition zu machen. »Ecrasez l'infâme!«, sagte Voltaire, der, von der Schweiz aus, sich für solche Opfer einsetzte.

»Faust«. Zweiter Teil

»Faust« ist ein alchemistisches Theatrum Psychedelicum, eine Art großer LSD-Sitzung. Im ersten Teil geht es durch die Kindheit zurück zur Geburt. Am Ende dieses Teils scheint Faust dem Wahnsinn nahe; er sagt: »O wär ich nie geboren!« Ich meine, daß er sich diesen Wunsch erfüllte und durch die Geburt zurückfloh.

Faust will aus der christlichen Welt heraus, er will in die vorchristliche Welt, die die christliche Sünde noch nicht kannte. Die germanische Welt, wie sie in der Walpurgisnacht erscheint, war vom Gift des Christentums zerfressen (von der christlichen »Gottesvergiftung«, mit Tilmann Moser zu sprechen); ihr Protest blieb ohnmächtig. Faust will in der griechischen Antike wiedergeboren werden; sie war schon beim Hexentrank aufgetaucht, als Faust an Helena dachte.

Am Anfang des zweiten Teils sagt Ariel zu den Geistern, die den schlafenden Faust umschweben:

> Erst senkt sein Haupt aufs kühle Polster nieder,
> Dann badet ihn im Tau aus Lethes Flut;
> Gelenk sind bald die krampferstarrten Glieder...
> Gebt ihn zurück dem heiligen Licht.

Die Geister singen:
> Fühl es vor! Du wirst gesunden;
> Traue neuem Tagesblick.

Faust erwacht und sagt:
> Des Lebens Pulse schlagen frisch lebendig...

Ein neuer Anfang, ein neuer Frühling. Das christliche Mittelalter ist zu Ende. Faust holt für den Kaiser Paris und Helena aus dem »Reich der Mütter« in die Gegenwart: Die Renaissance beginnt, die Wiedergeburt der Antike. Zugleich holt er so das vorgeburtliche Lebensgefühl und auch die vorgeburtliche Phantasiewelt ins Bewußtsein: Er halluziniert weiter. Für den Abstieg zu den »Müttern« gibt ihm Mephisto einen magischen Schlüssel, der in seiner Hand wächst: Ein phantastischer Penis, mit dem er in den Mutterschoß steigt. Als er Paris und Helena zum Kaiser gebracht hat, umarmt er Helena, sie löst sich auf, Faust verliert das Bewußtsein. Nun tritt Wagner, Fausts Gehilfe, auf; er hat aus einer Samenzelle den Homunculus erschaffen, ein »Männlein« in einer Phiole, einem Glasgefäß. Homunculus schwebt über Faust und erzählt dessen Traum: Frauen baden nackt, ein Flügelrauschen:

> Die Königin, sie blickt gelassen drein
> Und sieht mit stolzem weiblichem Vergnügen
> Der Schwäne Fürsten ihrem Knie sich schmiegen.
> Zudringlich-zahm. Er scheint sich zu gewöhnen.
> Auf einmal aber steigt ein Dunst empor
> Und deckt mit dichtgewebtem Flor
> Die lieblichste von allen Szenen.

Bei Goethe ist der Homunculus nicht der Christus, der aus einer neuen Vereinigung von Ei und Samen entstanden war, sondern nur der Samen, ein Samengeist, ein Stück Pneuma, das die Befruchtung bewirken kann. Homunculus erzählt den Traum Fausts – der Samengeist läßt Faust den Traum träumen. Inhalt des Traums ist der Geschlechtsverkehr als »die lieblichste von allen Szenen«. Es ist die Urszene, aber nicht als Vergewaltigung, wie sie Freud beschrieb. Es ist nicht die Empfängnis, sondern die jungfräuliche Empfängnis, die Befruchtung durch einen Vogelgeist, wie die Taube der Taufe und Brahma als Wildgans; es ist die Selbstbefruchtung, die Parthenogenese, die

Wiederholung der eigenen Entstehung der Mutter. Nur Mädchen entstehen auf diese Weise, und so ist es ja hier: Helena wird gezeugt, die Schönste aller Frauen, eine Kopie der Mutter; d. h. Faust träumt den Traum seiner Mutter. Da es seine Mutter ist, ist Helena seine Schwester.

Zeus als Schwan zeugt mit Leda die Helena neu. Der jüdische Vatergott, der seinen Sohn liebte, ist ersetzt worden durch den griechischen Vatergott, der Frauen liebt.

Faust träumt von der Urszene, doch wird sie am Ende verdeckt. Er wollte wissen, »was die Welt im Innersten zusammenhält« und ihre »Wirkungskraft und Samen« schauen. Der Kern seines Wissensdrangs ist »die infantile Sexualforschung«, wie Freud sagte, die Frage: Woher kommen die Kinder? Der Samengeist gibt ihm die Antwort: Gott macht sie, mit der Königin. Gottvater zeigt Faust, wie man den Geschlechtsverkehr vollzieht, und nun macht Faust ihn nach: Imitatio Dei.

In der »Klassischen Walpurgisnacht« wandert Faust mit Mephisto durch die Welt der antiken Mythengestalten. Auch Homunculus ist dabei, der gern »verkörperlicht« wäre; er gelangt zum Thron der schönen Galatee:

> Jetzt flammt es, nun blitzt es, ergießet sich schon...
> So herrsche denn Eros, der alles begonnen!

Nun kommt Helena vom »Strande«, als sei sie aus dem Meere geboren – von Homunculus gezeugt, oder nachgezeugt – und es beginnt Fausts neue Liebesgeschichte. Es ist eine Geschwisterliebe. Faust hat Geschlechtsverkehr mit der Königin Helena und Helenas Hofdamen singen dazu:

> Nicht versagt sich die Majestät
> Heimlicher Freuden
> Vor den Augen des Volkes
> Übermütiges Offenbarsein.

Es ist ein öffentlicher Geschlechtsverkehr, eine Offenbarung des Geheimen, des Göttlichen, der Liebe. Will Faust den Menschen zeigen, »was die Welt im Innersten zusammenhält«?

Er zeugt mit Helena den Euphorion – mit der Traumfrau ein Traumkind, und so lösen sich beide wieder auf.

Im ersten Teil des Dramas gab es die Sexualität zwei Mal, mit Gretchen und mit den Hexen; im zweiten Teil gibt es sie mit Leda und mit Helena. Es deutet sich wieder das Schema der zwei Zeugungen an, als Abfolge von tierischer und pflanzlicher Phase, von Fremdbefruchtung und Selbstbefruchtung, wie es bei Buddha der Fall war, von Mara zu Brahma, d. h. es geht rückwärts, und das Ziel ist ja die jungfräuliche Mutter am Ende des Dramas. Goethe variiert das Schema, indem er jeweils den Vorgang verdoppelt; auch setzt er eine Mädchenfigur dazu, die in Teil II im selben Mutterschoß gezeugt wird, in dem sich auch Faust befindet, also eine Schwesterfigur ist. Sie ist das Ziel von Fausts Wünschen. »Der Inzest ist das Vorrecht der Götter«. Wollte Faust daher das »Götterleben«?

Am Anfang des 4. Akts findet sich Faust im »Hochgebirg«. Mephisto kommt mit »Siebenmeilenstiefeln« an. »Die drei Gewaltigen« treten auf, aus »Samuel II, 23, 8«, Kriegsgenossen von König David, dem Messias: Der Ur-Christus taucht in Faust auf. Als großer Krieger rettet er zusammen mit seinen Helfern den Kaiser vor dem Gegen-Kaiser. Die »drei Gewaltigen« heißen »Raufebold, Habebald, Haltefest«, später kommt noch »Eilebeute« hinzu. Lustige Größenphantasien eines Jungen, sagen wir eines Zwölfjährigen, der nun von der Sexualität befreit ist. Faust wird zum Lohn mit Land belehnt. Als er hundertjährig stirbt und das Grab schon geschaufelt wird, phantasiert er, daß er »vielen Millionen« Grund und Boden geben wird. Nach der Grablegung erscheinen himmlische Chöre, Engel tragen »Fausts Unsterbliches« in die Höhe zur »Himmelskönigin«, wo auch Gretchens Seele ist:

> Der früh Geliebte,
> Nicht mehr Getrübte,
> Er kommt zurück.

Der Schluß wirkt christlich, doch ist er unchristlich, antichristlich – die Muttergöttin hat den Vatergott ersetzt. Der ägyptische Ursprung der Alchemie deutet sich hier an, die Himmelsgöttin Neith. Faust und Gretchen wirken wie Osiris und Isis, »die sich schon im Mutterleib begatteten«, wie Plutarch schrieb. Faust und Gretchen sind in den Schoß der gemeinsamen Mutter zurückgekehrt; die Geschwisterliebe, die sich schon bei Faust und Helena andeutete, ist jetzt offenbar geworden. Diese Liebe ist als körperliche verboten, so kann sie sich nur nach dem Tode erfüllen, wenn die Seelen den Körper verlassen haben.

Die gleiche Phantasie findet sich in »Morgue« (»Leichenhalle«), Benns erstem Gedichtband. Der Gedichtzyklus »Morgue«, der den Band eröffnet, endet mit »Requiem«: Ein Arzt seziert Leichen und phantasiert dabei:

> Der Rest in Särge. Lauter Neugeburten:
> Mannsbeine, Kinderbrust und Haar vom Weib.
> Von zweien, die dereinst sich hurten,
> Lag es da, wie aus einem Mutterleib.

Die Schlußszene des »Faust« läßt sich als eine zweite Umwandlung des Weltgerichts verstehen. Michelangelo setzte neben Christus die Jungfrau Maria, die im Weltgericht des Matthäus-Evangeliums nicht vorkommt. Der Dichter nun setzt

Maria an die Stelle von Christus; den Christus macht er zum Embryo, den er in den Leib der Maria legt. Dazu gibt er ihm eine Geliebte, als Ersatz für den einstigen vorgeburtlichen Seelenzwilling Johannes. Der Dichter ist ein neuer Joseph, der die Gottesmutter und den Gottessohn für immer von der Angst vor der Steinigung erlöst hat. Zugleich hat der Dichter auch Jehovahh, den alten Gottvater, von seinem Hang zum Bösen, zum Fluchen und damit von sich selbst erlöst.

Mephisto, der Geburtszwilling

Mephisto bleibt zurück. Er sieht die Engel.
> Ich mag sie gerne sehen, die allerliebsten Jungen...
> Dich, langer Bursche, dich mag ich am liebsten leiden...
> So sieh mich doch ein wenig lüstern an!...
> Sie wenden sich - von hinten anzusehen!
> Die Racker sind doch gar zu appetitlich!

Mephistos Homosexualität tritt jetzt klar hervor. Mephisto ist der männliche Teil Fausts, der abgespalten wurde bei der Empfängnis, d. h. bei der jungfräulichen Empfängnis, der Selbstbefruchtungsphase und -phantasie der Mutter. Mephisto ist der Samen des Vaters, der Feuergeist, der die eigentliche Befruchtung bewirkt, und dessen Energie sich nicht voll in der Eizelle entfalten konnte; er ist der Mara Gautamas und der Feuergeist der Verklärung von Jesus. Mephisto ist ein Wunsch-Ich Fausts, das immer bei ihm ist; er ist Fausts Doppelgänger, sein Helfer und Heiler, sein Seelenzwilling.

Mephisto »hinkt«, er ist der »Ritter mit dem Pferdefuß«. – Er ist der »Hinkende«, der »Narr« aus dem Tarot. In Aleyster Crowleys Tarotkarten ist er von einer Nabelschnur umgeben: Der Krüppel an der Nabelschnur. Er erlitt bei der Geburt einen Schaden, kam nicht ganz raus, blieb aber mit der Nabelschnur verbunden. Der Fuß war kaputt, doch der übrige Körper war noch an die vorgeburtliche Atmung angeschlossen und blieb es im innern Körpergefühl später auch. Dieser Krüppel lebt in beiden Welten, der vorgeburtlichen und der nachgeburtlichen; er ist erleuchtet.

Mephisto entstand bei der Geburt Fausts. Er ist ein Stück Energie, das bei der Totgeburt den Körper verließ, aber nicht zum Licht aufstieg, sondern mit dem Körper noch verbunden blieb und versuchte, ihm herauszuhelfen. Mephisto ist der Wunsch Fausts nach einem Helfer, einem Zwilling beim Geburtskampf gegen die übermächtige, tötende Mutter, die Meduse. Es ist ein Wunsch, der sich mit dem Vater verband, mit dem vorgeburtlichen Bild des Vaters. Solche Zwillingsphantasien finden sich oft (und haben eine biologische Basis in den Anfängen der Schwangerschaft), sie bilden die Grundlage für die

Phantasie des Doppelgängers.

Dieser Narr als Krüppel taugt nicht zur Arbeit, zum Krieg, zur Fortpflanzung. Er wurde immer ausgelacht, auf seinen Schaden zurückgeworfen. So wurde ihm bewußt, wer er war, wie er entstanden war. Er wurde ein Kenner der Geburt, des Geburtstraumas und konnte Leidensgenossen den Weg durch die Geburt bei der Wiedergeburt zeigen.

Mephisto, der »Schalk«, stammt aus der Altsteinzeit. »Diese zwiesch-lächtige, seltsam faszinierende Gestalt des Tricksters oder Schelmen scheint die mythische Hauptfigur der paläolithischen Sagenwelt gewesen zu sein. Narr, der er ist, und grausamer, geiler Betrüger, die Unordnung in Person, ist er dennoch auch der Kulturbringer«. Er war »der Archetypus des Helden, der Spender aller guten Gaben – der Feuerbringer und der Lehrer der Menschen«. Er kehrte wieder in Prometheus oder in Loki, auch als Narr beim Karneval. Er ist der Schamane aus der Zeit, als die Männer noch »an die Freiheit und Wechselfälle der Jagd gewöhnt waren«, bevor der Ackerbau, der Besitz, die Herrschaft der Götter und Könige begann. Noch immer ist er »unbekümmert um Gottes Zorn«, denn »er weiß, daß er älter, stärker und größer ist als die Götter«. Joseph Campbell.

Mephisto ist ein freier Geist und ein treuer Freund. Er ist ein seelischer Geburtshelfer, ein Maieutiker, wie Sokrates, der Sohn der Hebamme. Er verkörpert Triebenergie und zugleich Weisheit, Ironie; er kann sich von außen sehen, er ist erwacht: Er kann über sich selbst lachen und über die anderen. Jesus lachte nicht, so wenig wie sein Gottvater, was Mephisto zur Sprache bringt, wenn er zu ihm im »Prolog im Himmel« sagt:

> Verzeih, ich kann nicht hohe Worte machen,
> Und wenn mich auch der ganze Kreis verhöhnt;
> Mein Pathos brächte dich gewiß zum Lachen,
> Hätt'st du dir nicht das Lachen abgewöhnt.

»Der Teufel ist ein Logiker. Er ist nicht bloß der Repräsentant der weltlichen Herrlichkeit, der Sinnenfreude, des Fleisches, er ist auch Repräsentant der menschlichen Vernunft, eben weil diese alle Rechte der Materie vindiziert; und er bildet somit den Gegensatz zu Christus, der nicht bloß den Geist, die asketische Entsinnlichung, das himmlische Heil, sondern auch den Glauben repräsentiert. Der Teufel glaubt nicht, er stützt sich nicht blindlings auf fremde Autoritäten, er will vielmehr dem eigenen Denken vertrauen, er macht Gebrauch von der eigenen Vernunft! Dieses ist nun freilich etwas Entsetzliches, und mit Recht hat die römisch-katholisch-apostolische Kirche das Selbstdenken als Teufelei verdammt und den Teufel, den Repräsentanten der Vernunft, für den Vater der Lüge erklärt«. Heinrich Heine.

Zweiter Teil: Therapie

Vom »blutrünstigen Christe« zum »Meister Iste«

Kreuzigung und Weltgericht, Zentrum und Ziel von Christus, erfuhren im »Faust« eine Umwandlung: Faust stieg an Ostern nicht zum Himmel auf, sondern kehrte in seinen Körper zurück. Er ging durch Impotenz, Geburtstrauma und jungfräuliche Empfängnis hindurch und verließ hier seinen Körper; es ist als habe er den Weg von Christus durch den Weg Buddhas ersetzt. Im »Faust« stellte sich Goethe einen Teil seines Unbewußten vor Augen und gestaltete es. Er erschuf sich das Bild einer guten Mutter, er heilte damit die furchtbare Mutter der Geburt, der Totgeburt.

»...durch Ungeschicklichkeit der Hebamme kam ich für tot auf die Welt, und nur durch vielfache Bemühungen brachte man es dahin, daß ich das Licht erblickte«. (»Dichtung und Wahrheit«). In einer Skizze zu diesem Buch sowie in einer Mitteilung der Mutter an Bettina von Arnim ist auch das Thema der jungfräulichen Empfängnis zu erkennen: Die einzige »leidenschaftliche Liebe« seiner Mutter, schreibt Eissler, galt dem Kaiser Karl VII, den sie nur einmal mit 14 aus der Entfernung gesehen hatte. Ich nehme an, daß er der seelische Vater Goethes bei der Empfängnis war. Dahinter steht die Liebe der Tochter zum Vater, die heilige Hochzeit, der Inzest, das Vorrecht der Götter.

Die dritte Schicht in Faust, nach jungfräulicher Empfängnis und Totgeburt, die Impotenz, entdeckte K.R. Eissler in Goethes Leben. In seinem Buch »Goethe, eine psychoanalytische Studie, 1775–1786« zeigte er, daß Goethe an einer sexuellen Störung litt, an »Ejaculatio praecox«; schon Küssen löste einen Orgasmus aus. Goethe war lange Zeit unfähig zum Geschlechtsverkehr; Eissler spricht von einer »psychosexuellen Impotenz«. Sie wurde im Verlaufe der Beziehung zu Charlotte von Stein behoben; Eissler nennt sie eine »Proto-Psychoanalyse«, eine Vorform der Psychoanalyse oder ein Analogon zu ihr.

Die unbewußte Identifizierung mit Jesus Christus, die den Kern Fausts bildet, findet sich genau so bei Goethe. Im »Faust« verwandelte er den Jesus der Evangelien in einen alchemistischen Christus, der zur Mutter zurückkehrt. In seinem Leben dagegen machte Goethe eine Vorwärtsbewegung zum Vater hin, zu einem seelischen Vater, der nicht im Jenseits ist wie bei Christus, sondern im Diesseits. Er ersetzte die Impotenz durch Potenz, die Totgeburt durch eine Wiedergeburt und die jungfräuliche Empfängnis durch eine seelische Neuzeugung, bei der er die Rolle seines Vaters einnahm – wie im Tantra und bei Rajneesh – und wurde dann ein Mann und ein Vater. Damit war die Identifizierung mit Christus überwunden.

Eissler betont Goethes Beziehung zu seiner nur 15 Monate jüngeren Schwester Cornelia und arbeitet diese unbewußte Inzestbindung heraus. Ich meine, daß daneben die Identifizierung mit Christus steht; Eissler geht eher beiläufig auf sie ein. Er macht aber eine wichtige Bemerkung: »Die unübertroffen größte historische Figur als Identifikationsobjekt ist in der westlichen Gesellschaft Christus, und jeder wird in seiner Entwicklung einmal dem Interesse einer Identifizierung mit Christus ausgesetzt...Die Christusidentifizierung ist ... gefährlich für das Individuum, weil die damit verbundenen persönlichen Opfer groß sind und die gegen das eigene Selbst gerichtete, zur Verwirklichung der Identifizierung notwendige destruktive Energie äußerst beträchtlich sein muß«.

Für entscheidend halte ich sodann Goethes Krankheit mit 19, die Eissler nur am Rande erwähnt. Diese Krankheit war mit einer religiösen Krise verbunden, einer Begegnung mit dem »Heiland«. Hier, im Jahre 1768, brach, meiner Ansicht nach, die Krankheit aus, von der er dann von 1775 – 1786 genas. 1788 hatte Goethe in Rom zum ersten Mal Geschlechtsverkehr. Dauerhaft wurde seine Heilung durch die Beziehung zu Christiane Vulpius, die Ende 1788 begann. Was diese Beziehung bedeutete, läßt der Gedicht-Zyklus »Das Tagebuch« von 1810 erkennen. Er erzählt, wie ein Mann von seiner Impotenz durch seine Geliebte geheilt wird; sie gibt ihm die Kraft, dem Gekreuzigten zu widerstehen:

> Vor deinem Jammerkreuz, blutrünstiger Christe,
> Verzeih mir`s Gott, da regte sich der Iste.

»Iste«, lateinisch Jener, auch »Meister Iste« genannt, ist der Penis.

Ich stelle nun Goethes Beziehung zu Christus und zu Gott bis zur Krise mit 19 dar, sodann diese Krise und ihre Verarbeitung bis 41 und schließlich die weitere Entwicklung, die daraus folgte. Es sind Phasen des Wachsens, des Nachwachsens. Die Wendepunkte sind zwei Erlebnisse, mit 19 und mit 41, die man als »Erweckung« bezeichnet hat; das Wort Erleuchtung scheint mir passender.

Die erste Phase: Krankheit und Krise im Alter von 19
Rückblick auf Goethes Kindheit und Jugend
»Poetische Gedanken über die Höllenfahrt Jesu Christi«

Die Bekanntschaft mit Jesus Christus begann schon in der Kindergartenzeit, in der »Spielschule«, die Goethe im Alter von 3 - 5 besuchte. Sie wurde von der »Hoffin« geleitet, die zu den Reformierten gehörte, die an ihre Erwähltheit durch Gott glaubten, was dazu führte, daß sie mit den herrschenden Lutheranern mehrmals in schwere Konflikte geriet und eingesperrt wurde. Der Junge lernte hier Lesen und Schreiben anhand von Bibeltexten.

Als Goethe 6 war, wurde Lissabon durch ein Erdbeben zerstört. »Gott, der Schöpfer und Erhalter Himmels und der Erden, den ihm die Erklärung des ersten Glaubensartikels so weise und gnädig vorstellte, hatte sich keineswegs väterlich bewiesen«. Der Junge vergaß seine Zweifel bald. »Der Gott, der mit der Natur in unmittelbarer Verbindung stehe, sie als sein Werk anerkenne und liebe, dieser schien ihm der eigentliche Gott, der ja wohl auch mit dem Menschen wie mit allem übrigen in ein genaueres Verhältnis treten könne« und so errichtete ihm Goethe »auf gut alttestamentarische Weise einen Altar«, auf dem er eine Pyramide aus »Naturprodukten« errichtete. Dann vollzog »der junge Priester« beim »frühen Sonnenaufgang die erste Gottesverehrung«, indem er die Sonnenstrahlen mittels eines Brennglases Räucherkerzen anzünden ließ. (»Dichtung und Wahrheit«)

Als Wolfgang und seine Schwester Cornelia noch klein waren, erzählte die Mutter am Abend Geschichten. Wolfgang sagte am nächsten Tag der Großmutter, wie er sich die Fortsetzung wünschte. Die Großmutter sagte es heimlich der Mutter, die sich nun nach den Wünschen des Jungen richtete. Eissler meint, es war »die geistige Besitznahme seiner Mutter«. »Hier wurden alle Wünsche Realität – durch Magie. Was für ein Gefühl unglaublicher Macht muß in ihm gewachsen sein…welche Illusion von Gewalt über seine Mutter, die jeden Abend das Instrument der Launen seiner Einbildungskraft wurde«. (Es erinnert an die Beziehung des kleinen Jesus zu Joseph; ähnlich dürfte es bei Rajneesh und seinem Großvater gewesen sein.)

In der Schule wurde der verträumte und wohlerzogene Sohn reicher Eltern das Opfer von Aggressionen. Einmal begannen drei Mitschüler »mir die Beine und Waden auf das grausamste zu peitschen«. Schließlich packte ihn die Wut; es gelang ihm, alle drei zu Boden zu reißen, dort festzuhalten und mit den Köpfen aneinanderzustoßen. (Er verkörperte gleichsam alle »drei Gewaltigen« aus dem »Faust«: »Raufebold, Habebald, Haltefest«.)

Eine frühe literarische Arbeit war ein Roman über den Joseph des Alten Testaments. Mit 15 oder 16 schrieb Goethe ein kurzes Gedicht an seine Mutter, in dem er die Worte des Abendmahls zitiert. Eissler sieht darin eine »starke und fast offen masochistische Bindung« ausgedrückt. »Hier werden die Identifikation mit Christus… die Sühne durch die Opferung des Lebens und die Buße durch Selbstvernichtung unmißverständlich als die Grundlagen der Mutterbeziehung dargestellt«.

Etwa zur selben Zeit verfaßte er »geistliche Oden«: »Eine zur Feier der Höllenfahrt Christi geschriebene erhielt von meinen Eltern und Freunden viel Beifall, und sie hatte das Glück, mir selbst noch einige Jahre zu gefallen«. (»Dichtung und Wahrheit«)

Welch ungewöhnliches Getümmel!
Ein Jauchzen tönet durch den Himmel.
Ein großes Heer zieht herrlich fort.
Gefolgt von tausend Millionen,
Steigt Gottes Sohn von seinen Thronen
Und eilt an jenen finstern Ort...
Ich seh Ihn auf dem Siegeswagen,
Auf Feuerrädern fortgetragen,
Den, der für uns am Kreuze starb...
Die Hölle sieht den Sieger kommen...
Hier lieget der zertretene Drache,
Er liegt und fühlt des Höchsten Rache...
Er fühlt der ganzen Hölle Qualen...
Da liegt er in dem Flammenmeere...
Er flucht, daß ihn die Qual verzehre,
Und hört, die Qual soll ewig sein...
Selbst Engel zittern vor dem Grimme,
Wann Christus zum Gerichte geht...
Sein Atem ist dem Feuer gleich...
Da liegt, krümmt euch in Schwefel-Flammen!...
Der Gott-Mensch schließt der Höllen Pforten,
Er schwingt Sich aus den dunklen Orten
In seine Herrlichkeit zurück...
Der Engel feierliche Chöre,
Die jauchzen vor dem großen Gott,
Daß es die ganze Schöpfung höre:
Groß ist der Herr Gott Zebaoth!

Das Gedicht über das Abendmahl – zum Thema Masochismus und Selbst-vernichtung – war kurz und bestand fast nur aus Zitaten. »Die Höllenfahrt« macht aus wenigen Worten – »ihr Verfluchten, ins ewige Feuer« – ein gewaltiges Spektakel, bei dem sich der Dichter mit Christus identifiziert und eine sadistische Allmachtsphantasie entfaltet.

Mit 16 geht Goethe, im Sommer 1765, nach Leipzig zum Studium. Er verliebt sich in die Tochter eines Gastwirts. Die Gedichte und Briefe jener Jahre lassen eine Besessenheit durch sexuelle Phantasien erkennen; zugleich hat Goethe Angst vor Geschlechtskrankheiten und auch vor einer festen Bindung. – Die Briefe an seine Schwester Cornelia zeigen eine »unerträgliche Arroganz« und »Anmaßung« ihr gegenüber, schreibt Eissler.

Die Krankheit mit 19
»Calcination«; »der Heiland«

Im Sommer 1768 hatte Goethe einen Blutsturz und kehrte im August nach Frankfurt zurück. In einem Brief schildert er ein Gespräch auf der Fahrt: »Ich habe Blut gespien...die Furcht vor dem Verlust des Lebens hat allen anderen Schmerz erstickt«. Die Krankheit verschlimmerte sich, eine »für gewisse Momente vernichtete Verdauung brachte solche Symptome hervor, daß ich unter großen Beängstigungen das Leben zu verlieren glaubte«, heißt es in »Dichtung und Wahrheit«. »In diesen letzten Nöten zwang meine bedrängte Mutter mit dem größten Ungestüm den verlegenen Arzt, mit seiner Universalmedizin hervorzurücken, nach langem Widerstand eilte er tief in der Nacht nach hause und kam mit einem Gläschen kristallisierten trockenen Salzes zurück«, das einen »alkalischen Geschmack« hatte«. »Das Salz war kaum genommen, so zeigte sich Erleichterung des Zustandes, und von dem Augenblick an nahm die Krankheit eine Wendung, die stufenweise zur Besserung führte«. Diese Wendung dürfte in der Nacht vom 8./9. Dezember stattgefunden haben.

Was Goethe bei diesen »großen Beängstigungen« und »letzten Nöten« erlebte, zeigt sich in Briefen, die erst im 20. Jahrhundert gefunden wurden. In einem Brief von Ende Dezember schreibt er: »Diesmal war's arg und sah noch ärger aus, als es war, und war mit schrecklichen Schmerzen verbunden. Unglück ist auch gut. Ich habe viel in der Krankheit gelernt, das ich nirgends in meinem Leben hätte lernen können«. Mitte Januar: »Ich habe gelitten und bin wieder frei, meiner Seele war diese Calcination sehr nütze, meine relativen Umstände haben sich auch dadurch gebessert, und wenn mein Körper, wie sie behaupten, auch jetzt eine wahre Hoffnung zur Besserung haben kann, weil sich die nächste Ursache meiner Krankheit entdeckt hat, so weiß ich keinen glücklichern Vorfall in meinem Leben als diesen schrecklichen... Ich bin jung und auf einem Wege, der gewiß hinaus aus dem Labyrinth führt, wer ist's der mir versprechen könnte, das Licht wird dir immer leuchten wie jetzt, und du wirst dich nicht wieder verirren. Doch Sorgen! Sorgen! Immer Schwäche im Glauben. Petrus war in unserem Gusto, ein rechtschaffener Mann, bis auf die Furchtsamkeit. Hätte er fest geglaubt, der Jesus habe Macht über Himmel, Erde und Meer, er wäre übers Meer trockenen Fußes gewandelt, sein Zweifel machte ihn sinken. Sehen Sie, lieber Langer, es steht kurios um uns; mich hat der Heiland endlich erhascht, ich lief ihm zu lang und zu geschwind, da kriegt er mich bei den Haaren«. Im Februar schreibt er über sich in der dritten Person: »Seit dem August in seiner Stube, bei welcher Gelegenheit er bis an die große Meerenge, wo alles durch muß, eine schöne Reise gemacht hat. Er wird uns Wunderdinge davon erzählen«.

Calcination ist ein Begriff der Alchemie; er ist von Kalkbrennen abgeleitet und bedeutet die Behandlung von Erzen mit Feuer, um die unedlen Teile herauszuschmelzen. Er wird oft gleichbedeutend mit Ignitio, Brennen, verwendet. Der behandelnde Arzt, Dr. Metz, gehörte zu den »Frommen«, einem Kreis von Pietisten der Herrnhuter Brüdergemeine, die sich zugleich mit Alchemie beschäftigten. Auch Goethes Mutter verkehrte mit diesen Frommen. Es war eine Erweckungsbewegung, beeinflußt vom Grafen Zinzendorf. In Nachahmung des Kreuzestodes suchte man die Befreiung von Selbstsucht und irdischen Begierden, ein Absterben fleischlicher Gelüste, um so die Öffnung der Seele zu Christus und zu Gott zu erreichen. Dieser Prozeß der Läuterung wurde mit Calcination bezeichnet. Dr. Metz führte Goethe ab August 1768 in die Alchemie ein.

Nach der Calcination wird Goethe vom Heiland an den Haaren gepackt. Dies Bild hat man von Hesekiel abgeleitet. Der Prophet saß in seinem Haus, »daselbst fiel die Hand des Herrn Herrn auf mich. Und siehe, ich sah, daß es von seinen Lenden herunterwärts war gleichwie Feuer; aber oben über seinen Lenden war es lichthell; und reckte aus gleichwie eine Hand und ergriff mich bei dem Haar meines Hauptes«. Der Prophet wird durch die Luft nach Jerusalem getragen, wo er Götzenbilder sieht, »große Greuel«; deren Höhepunkt sind Männer, die »ihr Angesicht gegen Morgen gekehrt hatten und beteten zu der Sonne Aufgang«. (Hesekiel 8)

Goethe glaubte zu sterben: Die Bilder des Feuers hatte ihm Dr. Metz vermittelt; ich nehme an, sie verbanden sich mit dem »Flammenmeer« und dem Christus aus dem Gedicht »Höllenfahrt«. Dieses selbstgeschaffene Monstrum fiel jetzt auf ihn herab: In seiner Ohnmacht löste sich Goethes Identifizierung mit dem allmächtigen Christus auf, und er wurde dessen Opfer. Er wird erhascht, wie ein böser Bube, der davonläuft und eine Strafe erwartet. Aber als er den Brief schreibt, hat er schon wieder »Schwäche im Glauben«. Er hatte sich nicht demütig hingegeben und um Gnade gefleht. Der Heiland führte ihn zu den Männern, die die größten Greuel begehen: Sie beten die Sonne an, so wie er selbst es als Junge getan hatte und später wieder tun wird. Hat er den Heiland insgeheim umgedreht? Jedenfalls entstand aus dieser religiösen Krise Goethes »eigene Religion«, seine »Privatreligion«, wie er sagte, eine Naturreligion als Verehrung der Natur; er wird sie sein Leben lang behalten.

Was war die »schöne Reise« bis »an die große Meerenge, wo alles durch muß«? Ich nehme an, es war die Reise bis an den Rand des Todes, und da war sein Geburtstod in ihm aufgestiegen. Es war jener »Durchgang«, von dem Faust spricht, als er das Gift trinken will,

Um dessen engen Mund die ganze Hölle flammt...
Hier ist ein Saft, der eilig trunken macht...
Der letzte Trunk sei nun, mit ganzer Seele,
Als festlich hoher Gruß, dem Morgen zugebracht!

Wieder deutet sich das Bild des Sonnenaufgangs und seiner Verehrung an. Faust steigt dann nicht mit Christus, zu Christus, in den Himmel, sondern kehrt auf die Erde zurück. Auf dem Osterspaziergang begrüßen ihn Bauern:

Gar mancher steht lebendig hier,
Den euer Vater noch zuletzt
Der heißen Fieberwut entriß,
Als er der Seuche Ziel gesetzt.

Faust sagt dann zu Wagner:
Mein Vater war ein dunkler Ehrenmann,
Der über die Natur und ihre heiligen Kreise,
In Redlichkeit, jedoch auf seine Weise,
Mit grillenhafter Mühe sann:
Der, in Gesellschaft von Adepten,
Sich in die schwarze Küche schloß,
Und nach unendlichen Rezepten,
Das Widrige zusammengoß.
Da ward ein roter Leu, ein kühner Freier,
Im lauen Bad der Lilie vermählt,
Und beide dann mit offenem Flammenfeuer
Aus einem Brautgemach ins andere gequält.
Erschien darauf mit bunten Farben
Die junge Königin im Glas,
Hier war die Arzenei, die Patienten starben,
Und niemand fragte: Wer genas?

Offenbar genasen doch einige, so wie Goethe genas. Der »grillenhafte« Vater Fausts erinnert an Dr. Metz, den Goethe »abstrus« nennt. Dr. Metz beeinflußte seinen Patienten, der zu sterben glaubte, massiv: Er bot Goethe die alchemistische Calcination mit dem Heiland an, aber anscheinend entdeckte Goethe in den alchemistischen Bildern auch den Vorgang, den Faust beschreibt. Auch hier geschieht eine Calcination: Der rote Löwe ist nach dem Flammenfeuer nicht mehr da; er scheint nach dem Gang durch die Brautgemächer sich in der jungen Königin aufgelöst zu haben. Ich denke, das war die Erfahrung, die Goethe machte, nachdem ihn der Heiland gepackt hatte: Er

273

ersetzte das eine Feuer durch ein anderes; statt sich von Christus in die Höhe
ziehen zu lassen, ließ er sich in die Tiefe fallen, in die Mutter hinein, bis zurück
in den Mutterschoß – in die »junge Königin«, die am Ende des »Faust« als
»Himmelskönigin« wieder erscheinen wird. Der ganze Weg Fausts entstand
in diesem Moment; doch ist Faust nur ein Teil von Goethes Seele.

Ich meine, daß der Blutsturz eine Reaktion auf innere Verkrampfungen war,
eine Entladung von Spannungen. Die »vernichtete Verdauung« dürfte auf einer
weiteren Verkrampfung beruht haben, einem Schließmuskelkrampf: Es ging um
die Abwehr sexueller Impulse. (Bei Freuds Wolfsmann und dessen Kastrationskomplex verbindet sich die Darmspülung mit der Phantasie der Wiedergeburt,
und diese ist mit »Darmentleerung« und »Kotkind« verknüpft. Bei Benn taucht
eine Todeserfahrung im Zusammenhang mit einer »Kotfistel« auf.)

Eissler ist der Ansicht, am Ende des Leipziger Aufenthalts bestand die Gefahr
einer Psychose. Wenn »die Psychose die Eisesstarre des Ichs wegschmilzt, welche
den kreativen Prozeß blockiert, und das Ich fähig ist, die so freigesetzte Energie
auf den Weg der Kreativität zu lenken, dann kann die Psychose eine wahrhaft
konstruktive, unerwartete Wirkung haben«. Meiner Ansicht nach brach diese
Psychose mit der Krankheit aus; auf ihrem Höhepunkt lösten sich Goethes
Ichgrenzen auf: Regression in die Symbiose. Die zu dünn gewordenen Ichgrenzen konnten dann sexuelle Erregungen nicht mehr halten: Vorzeitiger Samener-
guß. Goethe muß sich wie kastriert vorgekommen sein – wie gekreuzigt.

Ich nehme an, daß die eigentliche Ursache der Krankheit Cornelia war. Im
Unbewußten waren seine sexuellen Wünsche auf die Schwester gerichtet; die
»unerträgliche Arroganz« ihr gegenüber, die Eissler erwähnt, war ein Versuch
der Distanzierung, eine große Anstrengung und Anspannung, die dann mit
dem Blutsturz zusammenbrach. Goethe löste sich damit von seinem sexuellen
Ich, trennte es von sich ab: Er machte sich impotent, um vor der Schwester
geschützt zu sein. Zugleich vollzog er eine Regression, vor die Geburt; damit
war er von der Schwester und von der Sexualität befreit.

Zweite Phase. Gesundung. Selbstzeugung
Goethes »Proto-Psychoanalyse«

Dies Problem war aber tief im Innern. Goethe wird gesund. Im Herbst 1769
nimmt er noch an einer Synode der Herrnhuter Brüdergemeine teil, dann löst
er sich von ihnen. Er studiert in Straßburg, begegnet Herder. Es folgt die
Periode des Enthusiasmus – das Wort heißt In-Gott-Sein; begeistert sein – als
reiner Geist, ohne tierische Triebe. Goethe schreibt die Gedichte »Prometheus«, »Ganymed«, »Mahomets Gesang«, und auch den »Werther«, gleichsam die Kehrseite: Der Selbstmord wegen einer Frau.

1775 geht er nach Weimar. Es beginnt die Liebe zu Charlotte von Stein. 1780 erwähnt Goethe in einem Brief an sie die letzten Worte von Christus am Kreuz. Eissler bemerkt dazu, hier »offenbart Goethe seine Identifikation mit Christus, der am Kreuze stirbt«. In der Beziehung zu Charlotte von Stein baute Goethe neue Ichgrenzen auf. Eissler veranschaulicht den Vorgang an einem Brief Goethes von 1782: »Sonst war meine Seele wie ein Stadt mit geringen Mauern, die hinter sich eine Citadelle auf dem Berge hat. Das Schloß bewacht ich, und die Stadt ließ ich in Frieden und Krieg wehrlos, nun fang ich auch an die zu befestigen«. Eissler sieht in der »Stadt« das »Ich und noch ausdrücklicher dessen Peripherie«. Goethe »bildete Charlotte von Stein zu einer Gestalt, die der von ihm gewünschten antizipierten Ichstruktur recht nahe kam«. Charlotte von Stein hatte »gewisse Züge«, die es Goethe »möglich machten, um sie herum die Form zu bauen, die er brauchte«. Ihr Bild blieb draußen, als »eine Objektrepräsentanz in der psychoanalytischen Terminologie«. Er konnte sich »eine neue Ichstruktur« verschaffen, »indem er am Objekt entlang zu einer höheren Ebene der Ichstruktur kletterte, so wie eine Kletterpflanze an einem Baum hochkriecht«. »Ich denke, daß das wiederholte Hervorrufen sexueller Erregung ohne Abfuhr das Ich die Fähigkeit erwerben ließ, Spannung auszuhalten«.

Ich verbinde Eisslers Beobachtungen mit der »jungen Königin« aus dem »Faust«. Mit 19 war Goethe in sie hineingefallen: Er war wie ungeboren und damit wie kastriert. Er war im Bereich des primären Narzißmus, der nach Freuds Ansicht dem »intrauterinen Leben« entspricht. Für Graber ist es der Bereich der ursprünglichen Selbstliebe, die aus der vorgeburtlichen Ich-Du-Beziehung zwischen Kind und Mutter entsteht. Im Verlaufe der »Proto-Psychoanalyse« hatte Goethe das Bild der »jungen Königin« in sich aufgebaut, als eine neue Ichstruktur nach dem Vorbild einer Frau. Dabei befand er sich in einer, nachgeburtlichen, Übertragungsbeziehung zu Charlotte von Stein. Schließlich war er fähig, aus dieser Beziehung herauszutreten und mit seiner neuen Ichstruktur auf eine erotische Partnerin zuzugehen.

Es war wie eine Psychotherapie im Sinne Jungs: Ihr Ziel ist das 10. Bild des Rosariums, das den weiblichen Androgyn zeigt. Jung nennt es »Die neue Geburt«. Er spricht von der »Integration der Anima«, der Aneignung des inneren Frauenbildes im Mann, wodurch der Mann beziehungsfähig werde. Vorher, in den Bildern 6 – 9, erfolgte die Ausscheidung und dann die Wiederkehr des männlichen Teils; der Vorgang hat in diesem Zusammenhang die Bedeutung der Rückkehr in den Mutterleib, was einer Auflösung des Ichs und damit einer Kastration entspricht. Goethe erschuf sich nun in seiner Seelenwelt ein äußeres Bild der Frau, gewann so eine neue Ichstruktur und konnte damit aus dem Mutterleib wieder heraustreten, war wie neu geboren und fand damit seine männliche Körperidentität wieder. Es ist als trete aus der »jungen Königin«

wieder der »rote Leu, der kühne Freier« hervor, mit der Fähigkeit, in der Außenwelt eine »Lilie« für die Vermählung zu finden. (Dabei bleibt im postnatalen Ich
die pränatale Wunschkraft erhalten. Rank sah diesen Sachverhalt und bewerte-
te ihn positiv, wohingegen Freud zur Pathologisierung neigte.)

In Rom. »Wiedergeburt«. -
Eissler: »Phantasie der Selbstzeugung«

1786 reiste Goethe nach Rom. Kurz nach seiner Ankunft schreibt er in
einem Brief: »Das Gesetz und die Propheten sind nun erfüllt und ich habe
Ruhe vor den Römischen Gespenstern auf Zeitlebens«. Eissler bemerkt
dazu: »Die Erfüllung des Gesetzes und der Propheten – das muß sich auf
Geburt und Kreuzigung Jesu Christi beziehen, und es drückt den unerbitt-
lichen Antrieb aus, der Goethe zwang, Rom zu erreichen«. Goethes Satz ist
paradox: In Rom findet er Ruhe vor den »Römischen Gespenstern«. Vom
»Faust« her gesehen, gab es nur ein einziges »Römisches Gespenst«, den
Gekreuzigten, der nach der Auferstehung das Weltgericht hält – er war für
Goethe das Symbol seines Geburtstraumas und seiner Impotenz geworden.
Goethe ging gleichsam in die Höhle des Löwen, vielleicht wie Daniel in der
Löwengrube bzw. im Feuerofen. Ich nehme an, Goethe wollte im Zentrum
der christlichen Religion, in der Stadt, die das »Jüngste Gericht« enthält, sich
von der Macht, die dieses Symbol 20 Jahre zuvor über ihn gewonnen hatte,
befreien.

Es gelang ihm. Schon einen Monat nach der Ankunft in Rom schreibt er:
»Ich zähle einen zweiten Geburtstag, eine wahre Wiedergeburt, von dem
Tage, da ich Rom betrat«. Drei Wochen später: »Die Wiedergeburt, die mich
von innen heraus umarbeitet, wirkt immer fort«. Das Ziel dieses Wirkens
deutet sich meiner Ansicht nach in den »Römischen Elegien« an. Goethe hatte
zum erstenmal Geschlechtsverkehr gehabt, mit Faustina, einer jungen Witwe.
(Das fand man erst viel später heraus.)

Eissler schreibt, Goethe hatte dabei genau das Alter, in dem sein Vater
geheiratet hatte, und Eissler fragt sich, ob es »ein Wiederholen seiner eigenen
Empfängnis war«. »So gewann Goethe möglicherweise unbewußt durch
kluges Agieren die grandioseste narzißtische Wunscherfüllung, die ein Mann
erlangen kann, nämlich sein eigener Erzeuger zu werden. Wenn man diese
Vorstellung beweisen könnte, würde sie darauf hindeuten, daß Goethe im
Grunde nicht eine Vateridentifizierung agierte, sondern sich eher in diesem
Augenblick weit über seinen Erzeuger erhob und ihn sogar symbolisch
beseitigte, indem er eine Phantasie der Selbstzeugung agierte«. (Ich ersetze
»Selbstempfängnis« für »self-conception« durch »Selbstzeugung«.)

Eine methodische Reflexion: Eissler gelangt hier mit der Sichtweise der orthodoxen Psychoanalyse (und einer ebenso genialen wie präzisen Intuition) zu den Prozessen, die ich mit der pränatalen Psychologie darstelle. Was Eissler beschreibt, ist die Selbstzeugung, wie sie der tantrische Buddha vornimmt, auch der Alchemist, und die ebenfalls Rajneesh vollzog. Goethe war damit aus seinem Christus-Komplex ausgestiegen: Er war nicht mehr der Sohn, der die Liebe des Vaters suchte, sondern hatte den Vater in sich gefunden und war von ihm aus sein eigener Vater geworden.

»Das Tagebuch«. Von der Impotenz zur Potenz
Die Beziehung zu Christiane Vulpius

Der ganze Prozeß von Krankheit und Heilung ist in dem Gedicht-Zyklus »Das Tagebuch« von 1810 zu finden. Ein Mann schildert, wie er auf der Heimreise zu seiner Frau durch einen Radbruch aufgehalten wird und im Gasthof eine junge Kellnerin sieht, in die er sich sofort stürmisch verliebt.

> Genug, ich bin verworrener, bin verrückter,
> Den Stuhl umwerfend, spring' ich auf und fasse
> Das schöne Kind; sie lispelt: »Lasse, lasse!
> Die Muhme drunten lauscht, ein alter Drache«.

Doch werde sie um Mitternacht zu ihm aufs Zimmer kommen.

> Mit gierigem Blick die Hochgestalt umschweif' ich,
> Sie senkt sich her, die Wohlgestalt ergreif' ich.

Sie sagt, sie habe noch nie etwas mit einem Mann gehabt.

> Du bist mein Sieger, laß dich's nicht verdrießen,
> Ich sah, ich liebte, schwur, dich zu genießen...
> So schließt sie mich an ihre süßen Brüste,
> Als ob ihr nur an meiner Brust behage...
> So war ich doch in wunderbarer Lage:
> Denn der so hitzig sonst den Meister spielet,
> Weicht schülerhaft zurück und abgekühlet...
> Von tausend Flüchen mir die Seele kochte.

Das Mädchen schläft ein. Der Mann fühlt sich »gequetscht zur Hölle«. Seine Gedanken wandern zurück, er erinnert sich, wie er seine Frau kennenlernte.

> Da quoll dein Herz, da quollen deine Sinnen...
> Vervielfacht war, was sich für sie bewegte:

Verstand und Witz und alle Lebensgeister
Und rascher als die andern jener Meister...
Wie wuchs die Kraft zur Lust im jungen Paare!
Und als ich endlich sie zur Kirche führte,
Gesteh ich's nur, vor Priester und Altare,
Vor deinem Jammerkreuz, blutrünstiger Christe,
Verzeih mir's Gott, es regte sich der Iste...
Und wie wir oft sodann im Raub genossen
Nach Buhlenart des Ehstands heilige Rechte,
Von reifer Saat umwogt, vom Rohr umschlossen,
An manchem Unort, wo ich mich's erfrechte...
Auf einmal ist er da, und ganz im Stillen
Erhebt er sich zu allen seinen Prachten...
Wer hat zur Kraft ihn wieder aufgestählet
Als jenes Bild, das ihm auf ewig teuer,
Mit dem er sich in Jugendlust vermählet?

Der Mann läßt das Mädchen schlafen und schreibt einen Brief an seine Frau; darin steht die Zeile:
DIE KRANKHEIT ERST BEWÄHRET DEN GESUNDEN

»Das Tagebuch« enthält eine Umwandlung des Faust-Themas. Die Probleme werden hier offen benannt: Impotenz und ihre Verbindung mit Christus, dazu die Behebung der Impotenz durch die Geliebte, da sie die Überwindung von Christus ermöglichte. Es geht um eine nicht vom Christentum beeinflußte, d. h. nicht gestörte Sexualität. Gretchen fragte Faust nach der Religion. Die Hexen der Satansmesse in ihrem antichristlichen Protest ließen die christlichen Verbote in Faust wieder aufsteigen. Die Geliebte aus dem »Tagebuch« ist weder christlich noch antichristlich; sie scheint ein vorchristliches Naturwesen zu sein. Sie raubten »des Ehstands heilige Rechte«, also die Rechte der christlichen Kirche, »nach Buhlenart«. Hexen und Hexer galten als Buhlen des Teufels, die sich an einem »Unort« wie dem Blocksberg trafen. Im »Tagebuch« geschehen diese Dinge auf eine unschuldig angstfreie Weise, ohne christliches Sündenbewußtsein. So hat dann der »blutrünstige Christe« bei der Trauung seine Macht verloren. Der Mann fühlt seine Geliebte neben sich. Beide sind wohl vergnügt und amüsieren sich insgeheim über das Schreckgespenst auf dem Altar – das »Römische Gespenst« ist erkannt und gebannt.

Faust war beziehungslos, beziehungsunfähig. In dem Mann aus dem »Tagebuch« ist die Sexualität mit Beziehung verbunden. Faust ging den Weg zum Ursprung über Impotenz, Geburtstrauma, jungfräuliche Empfängnis: Ein »Gang zu den Müttern«, eine Regression. Der Dichter, der sie gestaltete, stellte sich so sein Unbewußtes vor Augen; parallel zu diesem inneren Prozeß lief ein anderer ab, der in die gegenteilige Richtung führte, eine Progression, ein Gang zum Vater, und hierbei ersetzte der Dichter die Impotenz durch Potenz, das Geburtstrauma durch eine Wiedergeburt und die jungfräuliche Empfängnis durch eine Neuzeugung als Selbstzeugung. Von der Christus-Geschichte aus gesehen, die den Hintergrund bildet, ging Goethe von der Rolle des Sohnes in die Rolle des Vaters hinüber, was in diesem Zusammenahng heißt, in die Rolle Gottvaters. Oder, mit Freud zu sprechen, er nahm im Bild der Urszene, das im Gehirn als Engramm existiert, die Stellung des Vaters, des Zeugers, ein.

»Des Gottes eigene Kraft«. Goethes Erleuchtung.
Vom Mann zum Vater

Im »Prolog im Himmel« des »Faust« erschuf der Dichter einen neuen Gottvater, der seinen Sohn nicht mehr zu Tode quälen will; er schickt ihm den »Schalk«, damit der Scheintote wiederbelebt wird und das Leben beginnen kann. Diese Rolle des neuen Gottvaters spielte Goethe dann in der Wirklichkeit selbst. Faust zeugte ein uneheliches Kind; er kümmerte sich nicht, die unverheiratete Mutter tötete das Kind und wurde dann selbst getötet. Es ist, als werde der Hintergrund der Christus-Geschichte, die Gefahr der Steinigung, hervorgehoben und durchgespielt. Ich habe den Eindruck, daß Goethe, vom Unbewußten her, diese Geschichte in der Realität ins Positive wenden wollte und es auch getan hat. Er zeugte ein uneheliches Kind und übernahm die Verantwortung für die Mutter und das Kind; er spielte die Rolle Gottvaters und Josephs zugleich. Die Phantasie der »Selbstzeugung«, die Eissler vermutete, die »grandioseste narzißtische Wunscherfüllung« eines Mannes, bedeutet, im Innern Gottvater zu sein, oder, mit Christus zu sprechen, die »Kraft des Vaters« in sich zu haben.

> Wär' nicht das Auge sonnenhaft,
> Wie könnten wir das Licht erblicken?
> Lebt' nicht in uns des Gottes eigne Kraft,
> Wie könnt' uns Göttliches entzücken?

In Goethe lebte des Gottes eigene Kraft, die Kraft des Vaters. Er schrieb dieses Gedicht 1805; es geht auf ein Erlebnis von Anfang 1790 zurück. Er sah damals durch ein Prisma und erwartete, entsprechend der Theorie Newtons, die Spektralfarben zu sehen. Er sah weißes Licht und kam zur Überzeugung, daß das Licht im Ursprung einheitlich weiß sei, ungeteilt, ungespalten, und sich erst beim Auftreffen auf einen Gegenstand in Farben zerlege. Hinter diesem naturwissenschaftlichen Gedankengang verbarg sich eine mystische Erfahrung, eine Erleuchtung. Sie ist der Ursprung von Goethes »Farbenlehre«, die Albrecht Schöne eine »Farbentheologie« nannte. (Ich benutze im folgenden Schönes Forschungen.) Goethe fand in seiner Erleuchtung die Bestätigung der »Gottähnlichkeit« des Menschen. Wieder bildete die Jesus-Geschichte den Hintergrund. Er schrieb 1790 die Verse:

> »Alles erklärt sich wohl«, so sagt mir ein Schüler, »aus jenen
> Theorien, die uns weislich der Meister gelehrt«.
> Habt ihr einmal das Kreuz von Holze tüchtig gezimmert,
> Paßt ein lebendiger Leib freilich zur Strafe daran.

Der »Meister« ist hier Newton; Goethe vergleicht seine Theorie über das Licht mit der Kreuzigung. Die Natur werde hier »wahrhaft ans Kreuz geschlagen«. Goethe spricht von »Kreuzigern« und meint damit die Anhänger Newtons. Goethe setzt das Licht bzw. die Natur mit Jesus gleich – er soll nicht gekreuzigt werden! Goethe will ihn vor der Kreuzigung bewahren. Der heidnische Christus der »Werdelust« aus der Kindheit ist hier zu ahnen. Um Jesus vor der Kreuzigung zu bewahren, bedarf es eines neuen Gottvaters. Goethe wird seine Rolle spielen. (Man könnte auch sagen, er spielt die Rolle des Alchemisten aus dem »Rosarium« und rettet Jesus vor der Kreuzigung.)

1792 schrieb Goethe in einem Brief: »Ich bin wieder einmal, gleich jenem Propheten mit dem Mustopfe, dahin vom Genius geführt worden wo ich nicht hinwollte, die Optik und besonders der Teil von den Farben beschäftigt mich mehr als billig ist, daß ich alles andre darüber liegen lasse und fast vergesse«. Es handelt sich um den Propheten Habakuk; er hatte »einen Brei gekocht und Brot eingebrockt«, um es den Arbeitern aufs Feld zu bringen. Da kam der Engel des Herrn, faßte Habakuk »oben beim Schopf« und trug ihn wie ein starker Wind nach Babel zu Daniel in den Löwengraben. Habakuk rief aus: »Daniel, Daniel, nimm hin das Essen, das dir Gott gesandt hat«. (Apokryphe »Der Drache zu Babel«)

Als Goethe 19 war, hatte ihn der Heiland bei den »Haaren gekriegt«, doch war er ihm dann, wie ich meine, zur »jungen Königin« entkommen. Nun wird Goethe vom Engel Gottes erfaßt, um Daniel Essen zu bringen. Daniel in der Löwengrube und im Feuerofen, Daniel, der die Vision vom »Menschensohn«, vom himmlischen Messias, hat, ist eine Vorform von Jesus Christus. Daniel wurde von Gott gerettet. Jetzt rettet Goethe ihn vor dem Hungertod, so wie er Jesus vor der Kreuzigung retten will. Goethe will gar nicht zu Daniel, aber der »Genius« führt ihn dahin. Mit 19 hatte Goethe »Schwäche im Glauben«, gleich nachdem ihn der Heiland gekriegt hatte; jetzt, mit 41, beginnt er, einen immer stärker werdenden Glauben zu entwickeln. Mit 19 schien es, als würde er sich zu den Herrnhuter Pietisten bekehren. Diesmal spricht Goethe von seiner

»chromatischen Bekehrung«, d. h. der Bekehrung zum Glauben an das ungeteilte weiße Licht, in dem er Gott erblickt und so »des Gottes eigene Kraft« in sich leben fühlt. Die Alchemie, in die ihn Dr. Metz eingeführt hatte, nannte er eine »Krankheit«, die ihm »inokuliert« worden sei. Von der Beschäftigung mit dem Licht und den Farben sagte er, sie sei ihm 1790 als »eine Entwicklungskrankheit eingeimpft worden, die auf Leben und Tätigkeit den größten Einfluß haben sollte«. Er vergleicht sein Erleuchtungserlebnis von Anfang 1790 mit den Erweckungserlebnissen der Herrnhuter, unter denen er 1768/69 verkehrte. Er selbst hatte nun eine zweite Erweckung erfahren.

Eissler betrachtet die Geburt von Goethes Sohn im Dezember 1789 als die Ursache des Erleuchtungserlebnisses. Goethe habe Schuldgefühle bekommen, da er die unverheiratete Mutter der öffentlichen Schande ausgesetzt habe; die Theorie vom reinen weißen Licht sei eine Verteidigung, eine Verleugnung, eine Abwehr: Nicht er, Goethe, habe die jungfräuliche Mutter befleckt, sondern der böse Vater, Newton, habe es getan. Eissler nennt Goethes Erleuchtung »das primäre Wahnerlebnis«, das zu einer »paranoiden Psychose« geführt habe, die aber »partiell« geblieben sei, da sie sich nur in einem abgegrenzten Bereich ausgewirkt habe. Ich meine, daß Eissler die Ursache sah, doch daß der Inhalt des Vorgangs ein anderer war, nämlich gerade die Aneignung und Verarbeitung der Vaterwerdung. Goethes Identifizierung mit dem Vater in einer »Selbstzeugung«, wie Eissler schreibt, gelangte auf eine weitere Stufe der inneren Entwicklung, als Goethe in der Realität Vater geworden war.

Im Juli 1789 begann die französiche Revolution mit der Erstürmung der Bastille. Im Vorwort zur »Farbenlehre« vergleicht Goethe die Lehre Newtons mit »einer alten Burg«, »einer Festung«; es sei seine Absicht, »jene Bastille zu schleifen und einen freien Raum zu gewinnen«. Ich nehme an, daß Goethe, im Gegensatz zu seiner politischen Überzeugung, im ersten Moment die französische Revolution als positiv empfand. Die welthistorische Umwälzung beförderte die Umwälzung, die sich in seinem Inneren anbahnte.

»Damit das innere Licht dem äußeren entgegentrete« Die Geburt Goethes und die Geburt seines Sohnes

Goethes Erleuchtung war die Reise zu Gott durch Geburt und Empfängnis als eine Heimkehr ins Leben. Die Geburt seines Sohnes ließ die eigene Geburt in ihm aufsteigen und zwar das Erwachen nach der Totgeburt.

Bettina von Arnim berichtete, was Goethes Mutter sagte: »Drei Tage bedachtest Du Dich, eh Du ans Weltlicht kamst, und machtest der Mutter schwere Stunden. Aus Zorn, daß Dich die Not aus dem eingeborenen Wohnort trieb... kamst du ganz schwarz und ohne Lebenszeichen«. Eissler schreibt, die Großmutter, die Mutter der Mutter, stand hinter dem Bett und rief als erste aus: »›Rätin, er lebt‹, bevor Elisabeth selbst den ersten Schrei des Kindes hörte«. Ich nehme an, daß die Großmutter das Kind hielt, es ansah, und daß das Kind in diesem Moment »das Licht der Welt erblickte«, wie Goethe in »Dichtung und Wahrheit« schrieb. Ich glaube, daß dieser Moment 1790 in Goethe aufstieg, als er durch das Prisma blickte. Seine »Gottesverehrung« als »junger Priester« mit dem Brennglas dürfte mitgewirkt haben.

Zu den Versen über »des Gottes eigene Kraft« gab Goethe eine Erläuterung: »Das Auge hat sein Dasein dem Licht zu danken. Aus gleichgültigen tierischen Hilfsorganen ruft sich das Licht ein Organ hervor, das seines Gleichen werde; und so bildet sich das Auge am Lichte fürs Licht, damit das innere Licht dem äußeren Licht entgegentrete«. Bei seiner Geburt trat das innere Licht im Auge des Kindes dem äußeren Licht im Auge der Großmutter entgegen. In Goethes Erläuterung deutet sich die ganze Evolution des Auges an. Ich denke, er kam tatsächlich aus der Tiefe seiner Entstehung hervor. In den drei Tagen des Geburtskampfes, des Geburtstodes, war er in die vorgeburtliche Zuflucht zurückgekehrt, an den Ort der stärksten Lebenskraft und Geborgenheit, zum »fötalen Selbst« (Fabricius), d. h. zum dritten Monat der Schwangerschaft, in dem das Erwachen des Bewußtseins, die Lichtwahrnehmung geschieht. Dieses Licht ist weiß. Die Energieleitung, die darin wirkt, geht von den Keimzellen über die Empfängnis und die Einnistung und füllt das innere Auge, wie bei den Lichtvisionen der Taufe und der Verklärung, wie bei Buddhas Schau und Erwachen, wie bei Rajneeshs Erleuchtung. Das innere Auge ist wie eine Blüte, die selbst leuchtet; ihr Leuchten geht von dem Griffel in dem Blütenkelch aus. Es ist wie eine Selbstbefruchtung.

In diesem Zustand wurde Goethe geboren: Sein inneres Licht trat dem äußeren Licht entgegen. In ihm war »des Gottes eigene Kraft«, er sah Göttliches und war entzückt. Er sah die Großmutter, sie freute sich, war entzückt und entzückte das Kind. Entzücken, Zucken – ein Krampf löste sich, die Todesstarre des Totgeborenen, wie »die krampferstarrten Glieder« am Anfang des zweiten Teils von »Faust«. Faust wurde von Ariel und den Geistern belebt, »die vielfachen Bemühungen« um das Kind, die Goethe erwähnt, lassen sich hier ahnen. Hinzu kommt die Heilung mit 19 durch den Arzt, als es sich, meiner Ansicht nach, wieder um einen Krampf handelte, dessen Wurzel wahrscheinlich der Todeskrampf bei der Geburt war. Das Entscheidende bei der Geburt aber war, daß das Kind aus eigener Kraft zu sehen begann, d. h. daß es aus eigener Kraft sich ins Leben, ins Licht gebracht hatte. Selbstgeborener oder Selbsterschaffener (Swayambhu) sind Bezeichnungen für den indischen Gott Schiwa und für den tantrischen Buddha – die Sieger im Geburtskampf, die es aus eigener Kraft geschafft haben und aus dieser

Kraft heraus leben; sie sind Götter der Zeugung, der Fortpflanzung. In der Tiefe des Unbewußten erlebte Goethe die Geburt des Sohnes als Bestätigung, daß er selbst mit der Kraft des göttlichen Lichts, das für ihn die Kraft der Zeugung und der Fortpflanzung darstellte, geboren worden war.

Er beschreibt die Lichterfahrung als eine »geistige Form«, die »in der Erscheinung hervortritt«; »ihr Hervortreten« sei »eine wahre Zeugung, eine wahre Fortpflanzung«. Kurz vor seinem Tode nannte er die Sonne »eine Offenbarung des Höchsten«. »Ich anbete in ihr das Licht und die zeugende Kraft Gottes, wodurch allein wir leben, weben und sind«. Er bezeichnete seine Entdeckung der wahren Natur des Lichts als »Betätigung eines originalen Wahrheitsgefühles, das im stillen längst ausgebildet, unversehens mit Blitzesschnelle zu einer fruchtbaren Erkenntnis führt. Es ist eine aus dem Innern am Äußern sich entwickelnde Offenbarung, die den Menschen seine Gottähnlichkeit vorausahnen läßt. Es ist eine Synthese von Welt und Geist, welche von der ewigen Harmonie des Daseins die seligste Versicherung gibt«. Es war der Durchbruch »einer moralischen Kraft, die im Glauben ankert und so in stolzer Sicherheit mitten auf den Wogen sich empfinden wird«. (Das Bild der »Meerenge, durch die jeder durch muß«, aus der Krankheit mit 19, dürfte hier zu ahnen sein.) Er schreibt, »mir war es vollkommen vergönnt, das geheimnisvoll klare Licht, als die höchste Energie, ewig einzig, unteilbar zu betrachten«. Er sagt immer wieder, »das reine weiße Licht«, »das klare, reine, ewig ungetrübte Licht«. Im »Prolog im Himmel« sagt Gott über Faust:

> Wenn er mir jetzt auch nur verworren dient,
> So werd' ich ihn bald in die Klarheit führen.

Das Leuchten auf dem Gesicht von Moses auf dem Sinai nannte Luther »Klarheit« und leitete davon das Wort »Verklärung« für Jesus ab, d. h. für die zweite Zeugung.

Erlebt man im Trance-Zustand wieder, wie man direkt nach der Geburt ins Auge der Mutter oder der Hebamme sah, so kann man mit dem eigenen inneren Auge in deren inneres Auge hineinblicken und sieht dort die Befruchtungsmatrix, die Blüte mit dem Griffel, den Kelch mit dem Stab darin. Dies Gebilde erzeigt sich als vielfach geschichtet, es enthält eine Kette von Fortpflanzungen, die von der Alchemie als »die goldene Kette des Seins«, der Schöpfung, bezeichnet wird. Sie ist in dem Buch »Aurea Catena Homeri« dargestellt, das Goethe mit 19 fasziniert las.

Wenn Goethe bei der Geburt ins Auge der Großmutter gesehen hatte, wie ich es vermute, so sah er darin auch das Bild seiner Mutter, als Tochter deren Mutter, d. h. er sah seine Mutter nicht als die Mutter der Geburt, die zur furchtbaren Mutter der Totgeburt geworden war, sondern als gute Tochter einer guten Mutter, als eine Frau, die ein lebendiges Kind zur Welt bringen wird. Grof schreibt vom »geheimnisvollen Band, das Tochter, Mutter und Großmutter verbindet«. Goethe war als göttliches Kind zweier Mütter auf die Welt gekommen, so wie es Leonardo bei Jesus in dem Bild »AnnaSelbdritt« phantasiert hatte. Auch bei Rajneeshs Geburt bzw. bei seiner Wiederbelebung nach drei Tagen war es die Mutter der Mutter, die vom Kind wohl zuerst erblickt wurde; sie zog das Kind dann auf.

Kampf gegen die »Kreuziger« der Natur

Als Goethe 80 war, sagte er: »Auf alles, was ich als Poet geleistet habe, bilde ich mir gar nichts ein«. Als die wichtigste Leistung seines Lebens sah er die »Farbenlehre« an. »Es gereut mich auch keineswegs, obgleich ich die Mühe eines halben Lebens hineingesteckt habe. Ich hätte vielleicht ein halbes Dutzend Trauerspiele mehr geschrieben, das ist alles, und dazu werden sich noch Leute genug nach mir finden«.

Newtons Theorie ist die richtige; Goethe hatte unrecht. War Goethes Erleuchtung nur ein »Wahnerlebnis«, eine »paranoide Psychose«, wie Eissler meint? Paranoia ist ein Verfolgungswahn, bei dem ein innerer Verfolger auf eine äußere Person projiziert wird. Newton repräsentierte für Goethe das Prinzip der modernen experimentellen Naturwissenschaft, die die Natur zerteilt, zerspaltet, analysiert, seziert. Für Goethe war die Physik die »empirisch-mechanisch-dogmatische Marterkammer«, in der die Natur gefoltert wird. In seinem Alterswerk »Wilhelm Meisters Wanderjahre« sagt die Leiterin eines Baumwoll-Industriebetriebs: »Was mich aber drückt, ist doch eine Handelssorge, leider nicht für den Augenblick, nein! für alle Zukunft. Das überhandnehmende Maschinenwesen quält und ängstigt mich, es wälzt sich heran wie ein Gewitter, langsam, langsam; aber es hat eine Richtung genommen, es wird kommen und treffen«. Vier Jahre vor seinem Tode sagte Goethe: »Denkt man sich bei deprimierter Stimmung recht tief in das Elend unserer Zeit hinein, so kommt es einem oft vor, als wäre die Welt nach und nach zum Jüngsten Tage reif. – Und das Übel häuft sich von Generation zu Generation! – Denn nicht genug, daß wir an den Sünden unserer Väter zu leiden haben, sondern wir überliefern auch diese geerbten Gebrechen, mit unseren eigenen vermehrt, unsern Nachkommen«. Über den Sonnenkult der Parsen bemerkt er: »Diese edle Naturreligion ist auf die Würde der sämtlichen Elemente gegründet, insofern sie das Dasein und die Macht Gottes verkündigen. Daher die heilige Scheu das Wasser, die Luft, die Erde zu besudeln« und die »Ehrfurcht vor allem was den Menschen Natürliches umgibt«, und der

»Vorsatz, die reinen Elemente nicht zu verunreinigen«. Die Naturzerstörer sind für Goethe die Kreuziger. Sie machen die Kreuzigung nach.

Es war Jesus Christus selbst, der gekreuzigt werden wollte, da er glaubte, er gehorche damit dem Willen Gottes, der den Weltuntergang wollte. Er machte den Willen Gottes zu seinem eigenen Willen. »Ich bin gekommen, ein Feuer anzuzünden auf Erden; was wollte ich lieber, als daß es schon brennte!« (Lk.12,49). Brennt es in den Verbrennungsmotoren und Atommeilern? Christus wollte den Weltuntergang, damit er das Weltgericht halten kann. »Darum: an ihren Früchten sollt ihr sie erkennen« (Mt. 7,20). Die Frucht des christlichen Abendlandes ist die Technik, die die ganze Erde erobert hat. Goethe ahnte es voraus und sah den Jüngsten Tag, das Weltgericht nahen (vergleichbar mit Fausts Vision vom Hochgericht der Inquisition).

Im »Faust« ist der Homunculus ein künstlich hergestellter kleiner Mann, ein Samengeist, der Faust von der Urszene und der Neuzeugung seiner Traumgeliebten träumen läßt. Im »Rosarium« ist der Homunculus der neue Christus. In beiden Fällen ist es ein künstlich hergestellter Mensch. Ist der neue Christus der Roboter? Die Naturwissenschaften verdrängten das Christentum, die Herrschaft Gottes, die Folter, die Scheiterhaufen, aber aus dem Verdrängenden scheint das Verdrängte wiederzukehren. (Dialektik der Aufklärung. Leider gingen Adorno und Horkheimer bei ihren Überlegungen nicht vom Christentum aus, sondern von den Griechen, wie ja auch Freud.)

Ein wenig paranoid und psychotisch an Goethes Erleuchtung war wohl die Überzeugung, daß die Außenwelt seiner Innenwelt entsprach. Eisslers Buch wurde 1962 veröffentlicht; es waren noch unschuldige Zeiten. Heute dagegen erscheint das Gefühl der Verfolgung, das Goethe überkam, durchaus realistisch. Wird die Außenwelt zerstört, dann gibt es auch keine Innenwelt mehr, und Gott, der anscheinend nur innen lebt und erlebt werden kann, ist tot, weil es keine Menschen mehr gibt, die ihn erleben können.

Christiane und »Herr Schönfuß«

»Das Christentum gab dem Eros Gift zu trinken – er starb zwar nicht daran, aber entartete zum Laster«, schrieb Nietzsche. Der »Hexenhammer« war ein Bestseller, er wurde als Pornographie gelesen. Der Körper war das Unreine, Sündige, Schmutzige; eine Analisierung des Sexuellen fand statt. In Goethes »Venezianischen Epigrammen«, die er 1790 schrieb, erscheint das Thema:

Gib mir statt »Der Sch...« ein anderes Wort o Priapus
Denn ich Deutscher ich bin übel als Dichter geplagt.

Griechisch nennt ich dich Phallos, das klänge doch prächtig den Ohren,
Und lateinisch ist auch Mentula leidlich ein Wort.
Mentula käme von Mens; der Sch... ist etwas von hinten,
Und nach hinten war mir niemals ein froher Genuß.

Von Christiane ist der Ausdruck »Herr Schönfuß« überliefert; als graziöse Muse half sie dem geplagten Dichter. Eissler schreibt von ihr: »Offensichtlich zeigte das Mädchen so viele Qualitäten und durchtränkte die Atmosphäre um sich herum mit einem so herzlichen Klima, daß das, was als vorübergehendes Vergnügen gedacht war, ein ernsthafter und notwendiger Teil seiner Existenz wurde«. »Ich vermute, daß er sich Christiane als einen Menschen vorstellen wollte, der unberührt und unverdorben von der Kultur ist, ein Wesen, das der Natur näher ist, ein ›Naturwesen‹, wie er sie nannte«. »Sexuelles Begehren wird nicht länger als abgespalten oder fremd angesehen, sondern als Teil der Natur«. »Daher folgere ich, daß Christiane die ideale Gefährtin für Goethe war«.

Christiane verhalf der Natur in Goethe zum Durchbruch: Sie machte ihn zum Mann und zum Vater. Ich denke, daß in ihr »die junge Königin« neu erschien, mit der Goethe nun als »kühner Freier« ein Kind zeugte. Damit wurde er durch Christiane selbst ein Glied in der Goldenen Kette der Schöpfung.

Von diesen Zusammenhängen her kann man Christiane als Muse am Anfang des zweiten Teils des »Faust« ahnen. Im »Tagebuch« heißt es:

Wie wuchs die Kraft zur Lust im jungen Paare...
Ihr Käfigvögel, deren Zwitschersänge
Zu neuer Lust und nie zu früh uns wecktet...

Faust wird von den Geistern und Ariel ins Leben zurückgerufen.

Wunsch um Wünsche zu erlangen,
Schaue nach dem Glanze dort...
Tönend wird für Geistesohren
Schon der neue Tag geboren.

Als Faust dann erwacht, heißt es:

Des Lebens Pulse schlagen frisch lebendig...
Du, Erde, warst auch diese Nacht beständig,
Und atmest neu erquickt zu meinen Füßen,
Beginnest schon mit Lust mich zu umgeben,
Du regst und rührst ein kräftiges Beschließen...
Der Wald ertönt von tausendstimmigem Leben...

Goethe. Alchemie und Therapie

»Selige Sehnsucht«. »Stirb und Werde«

Das »Flammenfeuer« des alchemistischen »Brautgemachs« scheint 1814 in
dem Gedicht »Selige Sehnsucht« wieder sichtbar zu werden:

Das Lebendge will ich preisen,
Das nach Flammentod sich sehnet.

In der Liebesnächte Kühlung
Die dich zeugte, wo du zeugtest...

Der letzte Halbsatz war nur mit Christiane Wirklichkeit geworden. Mit ihr
und durch sie erlebte Goethe auch die Schicht des »Die dich zeugte« wieder,
die Zeugung durch Feuer, die Fremdbefruchtung, die auf die Selbstbefruchtung folgen muß, d. h. die Überwindung des Empfängnistraumas, der jungfräulichen Empfängnis, der Entstehung aus der Heiligen Hochzeit des Inzests.
Christiane war in die Tiefe von Goethes Seele eingegangen und hatte sie
verwandelt, neu belebt, sodaß die tiefsten Schichten seiner Erfahrung der
Geburt, als Tod und Wiedergeburt, in vergeistigter Form von ihm erlebt und
dargestellt werden konnten, wie es in »Selige Sehnsucht« geschieht:

Nicht mehr bleibest du umfangen
In der Finsternis Beschattung,
Und dich reißet neu Verlangen
Auf zu höherer Begattung...

Und solang du das nicht hast,
Dieses: Stirb und Werde!
Bist du nur ein trüber Gast
Auf der dunklen Erde.

Goethes Geburt, die Totgeburt, war ein Stirb und Werde; das innere Licht trat
dem äußeren Licht entgegen, die innere Sonne erblickte die äußere Sonne; des
Gottes eigene Kraft in ihm wurde durch das Göttliche außer ihm entzückt.

Die entheogene Muttergöttin

Die alchemistische Medizin, die nach Goethes Ansicht ihm mit 19 das Leben
rettete, ließ ihn zurück in die Mutter fallen, durch die Geburt hindurch, d. h.
durch die Totgeburt. Ursache der Verkrampfung, die ihm beinahe das Leben
gekostet hätte, war die Abwehr der sexuellen Wünsche, die im Unbewußten
auf die Schwester gerichtet waren. Die Medizin erlaubte ihm die Rückkehr vor

die Geburt, vor die Sexualität, und das Bild der Schwester nahm er dabei mit. Nun war er mit der Schwester zusammen im Mutterleib, und zwar dort, wo sein eigener erster Anfang gewesen war, in der Eizelle. Eine Zwillingsphantasie enstand, ein Liebestraum im Schoß der Großen Mutter.

Diese Medizin war ein Sakrament, sie war psychoaktiv, entheogen (wie der Lotostrank, den Maya vor der Empfängnis Buddhas genommen hatte): Sie ließ im Unbewußten des jungen Goethe die Muttergöttin erwachen, und sein Genie ließ sie wachsen, bis sie schließlich als Vision in sein Bewußtsein trat, und er »in ekstatischer Weise – unübertroffen von allen jemals geschriebenen Versen – der Mutter Gottes huldigt«, wie Eissler schreibt; er sieht in diesen Versen »Goethes letzte Botschaft an die Welt«.

Alles Vergängliche
Ist nur ein Gleichnis;
Das Unzulängliche,
Hier wird's Ereignis;
Das Unbeschreibliche,
Hier ist's getan;
Das Ewig-Weibliche
Zieht uns hinan.

Die neue Alchemie. Trauma und Therapie
»Der Reichtum der Großen Mutter«

Jesus kehrte über die Geburt, das Geburtstrauma, den Geburtstod, mit dem Samen in den Hoden des Vaters zurück, um die Kraft der Keimzellenreifung wieder zu gewinnen und sich neu zu zeugen. Die Sprengkraft des Samens hatte sich 30 Jahre lang mit Aggression, Haß, Zerstörungswillen aufgeladen, und so wollte Jesus die Zerstörung der Welt. Der gleiche Prozeß kann durch ein Trauma, eine fast tödliche Gewalteinwirkung, die ein Erwachsener erleidet, in Gang gesetzt werden. Bleibt die destruktive Neuzeugungsphantasie (in der linken Hirnhälfte) jahrzehntelang im Unbewußten, so ist es auch möglich, daß (in der rechten Hirnhälfte) das Gegenstück wächst, die Kraft der Eizelle in ihrer Reifung im Eierstock. Es kann daraus eine Heilungsphantasie werden, die schließlich, im Gesamtsystem, die Oberhand über den zerstörerischen Teil gewinnt.

Der ganze Vorgang mit seinen zwei Phasen kann in einer Therapie mit Hilfe von psychoaktiven Substanzen ins Bewußtsein steigen. Der Therapeut ist ein Hilfs-Ich; er macht es möglich, die Zerstörungsphantasien zu ertragen, und leitet dann zu den Heilungsenergien hinüber.

Dieser Prozeß bildet die Struktur von Ernst Jüngers Erzählung »Besuch auf Godenholm« von 1952, wie auch von »Shivitti. Eine Vision« von Ka-Tzetnik 135 633; das Buch erschien 1989, auf deutsch 1991. Die unveränderte Taschenbuchausgabe von 1994 hat einen neuen Titel: »Ich bin der SS-Mann«.

»Shivitti« ist der Bericht über die LSD-Therapie, die der Autor 1976 bei dem holländischen Psychiater Jan Bastiaans machte, einem Spezialisten für die Behandlung von KZ-Opfern. Ka-Tzetnik hatte in Auschwitz eine Nahtoderfahrung gehabt, als ihn ein SS-Mann fast erwürgte. »Besuch auf Godenholm« ist eine Dichtung; sie schildert zwei Männer, die im Krieg in eine »Katastrophe« gerieten und Jahre später bei »Herrn von Schwarzenberg« seelische Heilung suchen. Sie scheinen an einem Kriegstrauma zu leiden.

Beide Bücher zeigen das Geburtsmuster Grofs: Zuerst die Zerstörung, verbunden mit einem Todesgott und dem Thema des Weltuntergangs; dann die Rettung durch eine Muttergöttin.

Bei Ka-Tzetnik wird die Vision durch LSD ausgelöst; bei Jünger durch eine Meditation. In dem Buch »Annäherungen – Drogen und Rausch« von 1970 schreibt Jünger, daß in »Godenholm« Erlebnisse aus LSD-Experimenten hineinspielen, die er 1951 zusammen mit Albert Hofmann machte. Er erwähnt auch Walter Frederking, »unseren begabtesten Psychotherapeuten«, der ihn 1950 bei Meskalinerfahrungen begleitete; sie tauchen ebenfalls in »Godenholm« auf, d. h. der Kern der Erzählung ist eine durch Substanzen bewirkte Halluzination, genau wie »Shivitti«. Das besagt auch, daß sie Jüngers eigene Psyche, in einer Maskierung, zeigt. Elemente aus früheren Büchern sind zu finden: Schwarzenberg ist »Nigromontanus«, der »zu früh vergessene Lehrer«, wie Jünger 1929 schrieb. Vor allem bin ich der Ansicht, daß das Trauma, das Jünger 1952 beschreibt, auf seine fast tödliche Verwundung am Ende des 1. Weltkriegs zurückgeht. Bei Ka-Tzetnik stieg das Trauma über 30 Jahre später auf, bei Jünger war es ebenso.

Die beiden Bücher zeigen zuerst einen Kriegsgott, einen destruktiven tödlichen Hodengott, und dann eine Rettung durch eine Muttergöttin. Jünger verwendet für seine Visionen die germanische Religion, die es vor dem Christentum gab; sie hatte eine Muttergöttin. In Ka-Tzetniks Religion gibt es nur den Kriegsgott Jehovahh; seine rettende Muttergöttin, die maskiert und rätselhaft ist, scheint nicht-jüdischen, heidnischen Ursprungs zu sein.

Picassos GUERNICA-Serie wurde durch die Zerstörung der spanischen Stadt durch deutsche Bomber ausgelöst. Dies traumatische Ereignis, das Picasso nur durch Zeitungen kannte, ließ in ihm Erinnerungen an seine Totgeburt aufsteigen wie auch an die dann folgende Reanimierung. Es erscheint das Muster von Empfängnistrauma, Geburtstrauma und der Neuzeugung, mit Hilfe einer Muttergöttin, die hier eine Verkörperung von Aufklärung und Revolution ist.

»Psychedelische Psychologie: die ›Neue Alchemie‹« heißt das Schlußkapitel des Buches von Fabricius. Diese Bezeichnung trifft nicht nur auf Jünger und Ka-Tzetnik zu, sondern, indirekt, auch auf Picasso, da am Anfang der psychologischen Entwicklung, die zu GUERNICA führte, intensive Erfahrungen mit Opium und Haschisch in den Jahren 1905 und 1906 standen; sie lösten einen Prozeß aus, der, ähnlich wie bei Goethe, erst Jahrzehnte später zum Höhepunkt gelangte. Im »Faust« wird Christus alchemistisch verwandelt: Er steigt nicht als Geist zum Vatergott auf, sondern findet seinen Körper wieder; am Ende kehrt er zur Muttergöttin zurück. GUERNICA zeigt eine neue Art von Alchemie: Der Gekreuzigte wird zu einem Energietransformator umgebaut, zu einem Zeugungshelfer für die Überwindung des Geburtstraumas. Picasso vollzieht eine dialektische, transformative Aneignung und kreativierende Nutzbarmachung des christlichen Erbes, im Sinne von Marx und Engels oder auch von Ernst Bloch.

In »Annäherungen« schrieb Jünger, im Rausch werde »der Reichtum der Großen Mutter angezapft«. Ein Kapitel des Buches heißt »Psychonauten«.

In allen drei Fällen findet sich, offen oder verborgen, die Gestalt eines Therapeuten.

Gemeinsam haben die drei Beispiele auch, daß Hitler der Anlaß der Phantasieprozesse war.

Die drei Kapitel illustrieren die beiden Teile meines Buchtitels »Reisen zu Gott und Rückkehr ins Leben«, wie er in der Abfolge von historischem Jesus und alchemistischem Christus gegeben ist, d. h. zuerst der Tod durch den destruktiven Vatergott als Kriegsgott, dann die Wiederbelebung durch die Muttergöttin.

Diese Figur hat eine historische Dimension: die Herrschaft des Vatergottes seit über 3000 Jahren und die Wiederkehr der von ihm liquidierten Muttergöttin, die es vorher gegeben hatte.

Psychohistorisch gesehen: Das Geburtsdrama wird durch die Muttergöttin beendet und geheilt. Dieses Thema gibt es bei deMause nicht. Janus schreibt:»Gerade der Aspekt der Erneuerung fehlt in der Darstellung von deMause, weshalb bei ihm die negativen Aspekte im Vordergrund stehen... Es fehlt die Möglichkeit der konstruktiven Integration«. Janus spricht von der »aggressiven Verzerrung der Darstellung« von deMause, von dessen »Einseitigkeit und Pathologisierung in der geschichtlichen Betrachtung«. Er fährt fort: »Entscheidend ist für mich der Gesichtspunkt, daß die Kulturentwicklung in dem Sinne konstruktiv ist, daß sie die pränatalen und frühen postnatalen Erfahrungen als gemeinsame Urerfahrung zur Bildung schützender Sphären im Sinne Sloterdijks (1999) benutzt, um die durch die technischen und zivilisatorischen Erfindungen möglichen Großgruppen auch psychologisch zu realisieren«.

Janus schreibt weiterhin: »Vieles spricht dafür, daß die ursprünglichen Erfindungen des Menschen ganz aus dem Raum des religiösen und ursprünglicher aus dem schamanischen Erleben erwuchsen. ...Erst im Nachhinein gewann dies technisch-praktische Bedeutung. Darum haben technische ›Lösungen‹ den Nimbus der Ursprünglichkeit aus der Kraft des schamanischen Erlebens und beziehen hieraus ihre Energie und Faszination. Dabei kann sich die Ursprungsidee des Schamanismus, der heilsamen Repräsentation des Jenseitigen im Diesseitigen im Bereich der Technik, in einer Art Veräußerlichung zur Hoffnung auf ein irdisches Utopia umformen und kann das Gleichgewicht der menschlichen Lebenssituation durch eine Verwechslung von innen und außen aus dem Lot bringen«.

Das zeigen die drei nun folgenden Kapitel, deren Folie die moderne Technik ist.

Es geht in ihnen um Aggression. Janus schreibt: »Aus der Berücksichtigung der perinatalen Dimension ergibt sich für die Aggressions-Theorie ein erweiterter Ansatz. Das Geborenwerden, bzw. das Sich-zur-Welt-Bringen, ist ein kreatives Paradigma der Aggression...Insofern wurzelt der Wille in der

Selbstrealisierung der Geburt und ist dadurch immer auch, wie vor allem Rank (1929) hervorhob, erlebnismäßig böse. Er setzt dem vorgeburtlichen Geborgensein und der vorgeburtlichen Lebensgemeinschaft ein Ende«.

»Die Grundfigur der Schamanenreise, Heldenfahrt oder Hadesfahrt als Motivationsstruktur für eine neue Integration kann in verschiedener Weise entgleisen oder sich konkretistisch verzerren. Typische Entgleisungen sind die übermäßige Selbstaufgabe und Selbstauslöschung, das Selbstopfer oder das auf den anderen verschobene, am anderen exekutierte Opfer, an dem die Angst vor der wandelnden Initiation abgeleitet wird«.

Ich erwähne noch einmal den Anfang eines Menschen. Der Körper entsteht aus der Eizelle. Bei ihrer Reifung im Eierstock bildet sich das erste Ich. Dieser erste Anfang kann durch Selbsterfahrungstechniken bewußt gemacht und wieder erlebt werden. Symbol des Eierstocks, der Eierstocksmutter, ist die Muttergöttin, die Große Mutter, Verkörperung der weiblichen Ahnenreihe, die das Leben weitergibt. Die Große Mutter kann bei einer Nahtoderfahrung erscheinen, um vom ersten Anfang aus einen Neubeginn zu ermöglichen. Die Große Mutter erschien bei Grof, im Tantra, in der Alchemie, bei Goethe. In den Beispielen der neuen Alchemie rettet sie aus dem Krieg, aus der Massenschlachtung durch die moderne Technik.

Diese Große Mutter scheint Hölderlins Vers zu illustrieren: »Wo aber Gefahr ist, wächst das Rettende auch«. Es ist das Leben selbst, das sich nun aus seinem Ursprung erhebt, als wolle es vor der allgemeinen Vernichtung warnen. Es dürfte auch aus dem Schlußkapitel, »Sophia«, von Erich Neumanns zweitem Buch »Die Große Mutter« sprechen, und aus Matriarchatsforscherinnen wie z. B. Heide Göttner-Abendroth.

Todestrieb und Neuempfängnis
Ernst Jünger: »Besuch auf Godenholm« (1952)

1. »Besuch auf Godenholm«

Godenholm ist eine imaginäre Insel, wohl in der Nordsee; hier lebt auf seinem Gut Herr von Schwarzenberg, ein baltischer Adliger, einst zaristischer Offizier, der nach dem 1. Weltkrieg lange Reisen in Asien machte, später in Berlin wohnte: Ein Universalgelehrter. Er war »der Meinung, daß die Religionen der Erde von einem frühen Licht- und Sonnendienste abstammen«. Er sah »in der Wissenschaft nichts Spätes, und Worte wie Aufklärung hatten für ihn einen positiven Sinn. Sie sollte, dann freilich höheren Stoff ergreifend, gewaltige Erhellungen einleiten. Zeiten des Brandes gingen dem voraus. Er wollte dort Aufgang sehen, wo fast alle scharfen Köpfe den Untergang verkündeten«. Man konnte ihn »einen Optimisten nennen, obwohl der Fortschritt ihm nichts bedeutete«. »Er gab sich kein Ansehen; das Esoterische sah er als Schwäche an«. Er meint, in der Welt wirken »Schöpfungsakte, die sich folgen wie eine Kette von Entladungen«. »Jede Zeugung war ein Symbol des Vorganges. Zusammen in ein Schöpfungsverhältnis zu gelangen, das war nicht nur das Ziel der Liebe, sondern der höheren Gemeinschaft überhaupt«. Er wird als »Meister« bezeichnet, auch als »Häuptling«, »Vorzeitkönig«, und hat »alte Befehlsgewalt«. Er könne »die Unruhe bannen, die unsere Welt beschleunigt«.

Der Nervenarzt Moltner, ein Südtiroler, und der Urgeschichtsforscher Einar logieren seit einem halben Jahr auf einem Bauernhof auf dem Festland, wo auch Ulma, die Tochter des Besitzers, lebt. Sie besuchen Schwarzenberg zu Gesprächen, um die Lage zu erkunden, zu geistigen »Einstiegen«. Einar, der Schwarzenberg in Berlin, »vor der Zerstörung der Hauptstadt«, kennenlernte, traf Moltner im »zweiten großen Krieg«; sie waren zusammen »in die Katastrophe geraten«. Einar »litt an der Niederlage«; »das Schicksal des Reiches hatte ihn in der Tiefe mitgetroffen«. »Die Niederlage empfand er als eine Wunde, die sich nicht schließen will«. Moltner hat »ein Gefühl des Verlustes«, des »Mangels«; er empfindet sich als gescheitert.

Am Abend vor ihrer Abreise, es ist Jahresende, treffen sie, zusammen mit Ulma, Schwarzenberg in einem Turmzimmer zu einer Meditation. In ihrem Verlauf wird er dreimal sagen: »Sie wissen doch mehr?«

Von Moltner heißt es schon vorher: »Es schien sich ein Geburtsakt in ihm anzukündigen«; es war »wie Wehen, gegen welche Moltner sich sträubte«. Mit dem Anfang der Meditation zieht ein Sturm auf, es wird unheimlich. Moltner fühlte sich »wie bei beginnender Seekrankheit«. »Wirbel« zogen ihn in die Tiefe. Er »bot ein Bild der Zerstörung«, »die Muskeln arbeiteten unter Preß-wehen«; »Brutalität« zeigte sich auf seinem Gesicht. Schwarzenbergs Frage »traf ihn wie ein Stoß mit einer Waffe«; es war wie »ein Schock, der einem zugleich gewalttätigen und obszönen Angriff folgt«; ihm war, als ob »Stücke der Haut heruntergerissen würden«. »Die Kälte im Raum nahm zu, und mit ihr die Wahrnehmung der leeren Entfernung, der Ausgestorbenheit des Weltalls, in die der eigene Tod, das eigene Gestorbensein mit einbegriffen war«. »Verwesungszeichen« sind nun auf den Gesichtern. Es nahte das »schmähliche Geheimnis dieser Erde, das furchtbar Anrüchige«.

Nun entzündet Schwarzenberg ein Räucherstäbchen, dessen Rauch zu einer »Tänzerin« wird, zu einer »Wunderblume«, zu rhythmisch bewegten Figuren: ein »Zauberbann«. Von Moltner heißt es: »Es war, als ob ein Reif in seiner Brust zerspränge, daß sich etwas in ihm befreite, ihn aus der Persön-lichkeit entließ«. Nun sieht er Wasser hereinbrechen und hat Visionen von Fischen, zuerst scheußlichen, dann prachtvollen, gipfelnd im »Gotteslachs«. »Wechsel der Bewegung in reine Lust – elektrisches Liebesspiel«. Takte »des Lebensliedes, das den Äther durchflutete«. Das »Unzerstörbare«, der »Funke, der durch die Kette der Geschlechter sprühte vom Vater auf den Sohn«. Im »Schöpfungsglanze« hob sich die Woge. »Hier war die Quelle nahe«, »ein Tropfen« würde »ewige Jugend« bedeuten. »Sie waren nicht mehr in der zerstückten Zeit«. Wieder eine Woge, jetzt aus Licht, sie trägt ihn empor, in eine »Hochburg«, auf der der »pure Goldglanz lag«. »Hier herrschte kosmi-scher Überfluß, der die Welt in Gold verwandelte. Er strahlte so still, so lautlos ab«; »wunderbar war die Beherrschung, mit der er befruchtete«. »Hier herrschte die unbewegte Macht und alle Kraft war sinnvoll nur als Lehensträ-ger dieser Herrlichkeit«. »Heimdall war auf der Wacht«. »Es herrschte die goldene Stille, der Große Mittag, die unbewegte Macht«. Moltners »Züge hatten sich verklärt«. »Ein Reif war gesprungen; er ahnte, was Atmung, was Herzschlag bedeuteten«.

Dann wird Einars Erleben, seine »Entselbstung«, geschildert. »Einar ergriff es unheilvoll«. Ein »Heulen«: »In ihm klang deutlich der Hunger, das Drohende, die Ausgestorbenheit der Welt«, »der Anflug aus dem Nichts«. Der »Fenriswolf«. »Die Erde kehrte ihre Eingeweide um«. Einar geht mit Ulma zu Hünengräbern, findet das Schlafzimmer der Eltern, weckt sie, frühstückt mit ihnen, redet mit dem Vater »über die alten Dinge«. Dann sagt ihm die Mutter, daß der Vater schon lange tot sei; anschließend fällt ihm ein, daß auch die Mutter vor einem Jahre starb. Nicht nur »die Eltern, auch die Ahnen waren nahe«, es war »ein Totenfest«. »Es herrschte die große Verzweiflung«. Flammen; Städte verbrennen. »Die Flammen erreichten jetzt das Firmament« und »offenbarten das Ausweglose des menschlichen Schicksals, den Untergang.

Doch seltsam – das Schauspiel schien sich zu verändern, indem der Geist es annahm, und indem er auf Entrinnen, auf Flucht verzichtete«. Es war »ein Knistern um ihn,... das ihn fühllos aus seinem Leib erhob«. »Es lebte eine Ahnung in ihm auf, als könnten ihm die Flammen nichts anhaben«. »Er lauschte in den Tumult hinein. Gewiß, dort klangen nun andere, vertraute Motive an. Es war das alte, das Schicksalslied. Ja, das war Macht, was da heraufklang, als öffneten sich langsam die dunklen Flügel eines Tores, hinter dem herrlicher Glanz verborgen war«. »Am Abend, wenn die Niederlage besiegelt ist, breiten sich auf der Walstatt die letzten Schrecken aus. Dann kann das Schicksal nur ein Wunder wenden«. »Wie aber, wenn von den Höhen ein Leuchten und Klingen kündet, daß Hilfe ganz nahe ist? Dann zieht selbst in jene, die sich bereits zum Sterben niederlegten, ein neues Leben ein«. Es gab »weckende Rufe von den Höhen«. Nun war es, »als ob sich Erde in Metallglut und diese zu reinem Glanze sich verwandelte«. »Auf allen Bergen flammten jetzt die goldenen Schilde«. »Ja, er begriff, was hier gelehrt wurde. Es würde stets wiederkehren, daß das EINE aus dem Getrennten aufstieg und sich sichtbar mit Glanz bekleidete«. »Hier war der Sieg, der alle krönte und jeder Niederlage den Stachel nahm«. »Es war so still geworden, so friedlich im Palast. Das uralte Mütterchen war eingetreten, Frigga war anwesend. Aber wie war sie jung geworden. Das konnte nicht Jugend, die dahinwelkt – es mußte ewige Jugend sein. Urahne und Enkelin zugleich; die Erde war sonnenhaft. Ja, eine große Verwandlung war geglückt. Sie waren nun am unbewegten Ort des Rades«. »Speicher des Lichts«, »Überfluß wie auf Gebirgen aus purem Gold«. Frigga brachte »die Kinderzeit, die Märchenzeit« zurück. »Es war ruhende, im ewigen Augenblick sich wiegende Zeit«.

Das »Leidende« auf Schwarzenbergs Gesicht wirkte, als sei er in »Wehen«. Nach der dritten Frage ließ er es genügen. Später sagte er: »Die meisten ahnen freilich nicht, was sie an Eigentum mitführen. Sie dringen kaum bis zum Geheimnis ihrer Glieder, geschweige denn bis zu den Atomen vor. Der Mensch wird nie auf seinen Grund hinabloten. Hier liegt die Tiefe des Universums, die ihn erschrecken läßt. Hier ist der Schatzgrund, von dem die Bilder zeugen, und selbst die höchsten nur gleichnishaft. Die Harmonien, die kosmischen Systeme, die Götterhimmel steigen aus ihm empor und sinken auf ihn herab«. Einar vermutete, daß die dritte Stufe der Vision, die sie nicht erreicht hatten, die Einsicht geben sollte, »daß die Welt in den Atomen völlig aus Liebeskraft gebildet ist«.

Schwarzenberg »hatte die Kraft des Geistes, die Heimat spenden kann«. »Sie waren nun im Innern ihres Selbst und nicht mehr außerhalb – nicht mehr die klugen, überwachen Geister, die qualvoll das fugenlose Ich umkreisten wie den verlorenen Garten und denen das alte ›Das bist du‹ so fremd geworden war«.

Das Muster von Grofs 4. Matrix ist erkennbar: Zuerst die Niederlage, der Ich-Tod, die Vernichtung, als kosmischer Tod, symbolisiert durch denFenriswolf, der die Welt verschlingt (Entsprechung zu Grofs Kali und Schiwa); dann die Neubelebung, mit Heimdall und Frigga (Entsprechungen zu Grofs Brahma und Padma). Es ist auch das Muster von Goethes »Selige Sehnsucht«: mit dem »Flammentod« und der Erinnerung »die dich zeugte, wo du zeugtest«, endend mit dem »Stirb und Werde«.

Der Geburtsvorgang wird angedeutet; dazu die Zeugung (mit »befruchten«). Eine Verbindung mit der Ahnenreihe wird erlebt. Schwarzenberg wirkt wie ein Schamane als Weibmann, d. h. als Vaterschoß für Neuzeugung und Neugeburt; dieselbe Rolle spielen Brahmanen, die Rank erwähnt.

Von Leere zu Fülle, von Niederlage zu Sieg, von Ohnmacht zu Macht; eine Mystik der Macht, des Sieges, des Goldes. Man denkt an Nietzsches »Willen zur Macht«, auch »der Große Mittag« weist auf ihn. Kosmische Dimensionen wie bei Grof. Das »EINE«, das »aus dem Getrennten aufstieg«, dürfte von Goethe (bzw. Plotin) übernommen sein. Die getrennten Kerne verbinden sich zum Embryo.

Moltner wirkt wie der Repräsentant der linken Hirnhälfte, der nun die Gegenseite mit dem Einbruch des Wassers erlebt. Einar, als die rechte, macht dagegen eine außerkörperliche Erfahrung.

Am Ende ist Einar wieder bereit, »dem Vaterlande zu dienen«. Von Moltner heißt es: »Er fühlte Kraft in sich und mit ihr die Lust zu dem Beruf, den er gewählt hatte. Die Heilung war eine große Aufgabe«. »Der Mensch trägt alles Nötige in sich«.

2. Der Weg nach Godenholm

Jüngers Erzählung gewinnt ihre volle und auch ihre konkrete Bedeutung, wenn man sie in den Rahmen seiner früheren Werke stellt. Von ihnen aus wirkt »Besuch auf Godenholm« als Höhe- und Wendepunkt seiner Entwicklung.

»Der übermächtige Wunsch zu töten«.
»Sich mit Lust in die Luft zu sprengen«

Jüngers erstes Buch »In Stahlgewittern« (1920) hat den Untertitel »Aus dem Tagebuch eines Stoßtruppführers«; es beschreibt die vier Jahre des 1. Weltkriegs.

Der Titel weist auf die zentrale Situation: Trommelfeuer, die »Feuerwand«, und dann der Angriff der Infanterie, der Kampf Mann gegen Mann. Verwundete, herausquellende Eingeweide, Sterbende, Tote, Leichenhaufen, Verwesende voller Würmer. – Drei weitere Kriegsbücher: »Der Kampf als inneres Erlebnis« (1922), »Wäldchen 125« (1925), »Feuer und Blut« (1925).

Einige Zitate: »Der übermächtige Wunsch zu töten, beflügelte meine Schritte«. (FB) »Jetzt muß getötet werden. Jetzt gibt es nur eine Erlösung, eine Erfüllung und ein Glück: Das fließende Blut«. »...in dieser rasenden Hochflut des Lebens. Bis dahin spricht der Wille durch Feuer, dann spricht er durch Blut«. »Blutdurst. Das ist neben dem Grauen das zweite, was den Kämpfer mit einer Sturzflut roter Wellen überbrandet: Der Rausch, der Durst nach Blut...die Wollust des Blutes...an grenzenlosem Schwunge nur der Liebe verwandt«. »Hat er...die bis zum Platzen gestaute Wildheit in jäher Explosion entladen, ist Blut geflossen, sei es eigener Wunde entströmend oder das des anderen«. »Da wurden seine Triebe ... wieder das Einzige und Heilige und die letzte Vernunft«. Den Menschen »treibt der Wille zu töten«. »Leben heißt töten«. »Ekstase, dieser Zustand des Heiligen... ist auch dem großen Mute vergönnt... Dann ist er verschmolzen ins All, er rast den dunklen Toren des Todes zu wie ein Geschoß dem Ziel« (KE).

Aus einem Aufsatz von 1927: Ein Schlachtschiff, »die Verkörperung eines eisigen Willens«, wird »in Sekunden geopfert... eingehend in den ewigen Sinn in Augenblicken, in denen das Schicksal selbst das Blut zu berauschen scheint, unter dem Hurra von Sterbenden«. – Aus dem Aufsatz »Die totale Mobilmachung« (1930): Es gibt »Arten des Zwangs, die stärker als die Folter sind«, und die »der Mensch mit Jubel begrüßt«. – »Über den Schmerz« (1932): »...die hohe Leistung, daß das Leben sich zu opfern vermag«. In bemannten Torpedos »ein Menschenschlag... den man wie aus Kanonenmündungen abfeuert«.

Aus dem Buch »Der Arbeiter« (1932): Es ist »ein Irrtum, daß der sterbende Mensch seinen Körper verläßt – seine Gestalt tritt vielmehr in eine neue Ordnung ein«. Diese Gestalt nennt Jünger »Arbeiter«; er ist »die absolute Person«: Er gehört der »Ewigkeit« an, und zwar so wie »der Krieger im Augenblick des Todes nach Walhalla geleitet wurde... nicht als Seele...sondern in strahlender Leibhaftigkeit«. Er steht an »jener Stelle, von der die Summe der Zerstörung ausgeht, die aber selbst der Zerstörung nicht unterworfen ist«. Er ist »des Opfers fähig, das im Blutopfer seinen bedeutendsten Ausdruck gewinnt«. »Die Götter lieben es, sich in den Elementen zu offenbaren, in glühenden Gestirnen, in Donner und Blitz, im brennenden Busch, den die Flamme nicht verzehrt. Zeus bebt auf dem höchsten Throne vor Lust, während der Erdkreis unter der Schlacht der Götter und Menschen erdröhnt, weil er hier den ganzen Umfang seiner Macht gewaltig bestätigt sieht«. Der »Motor« wird bezeichnet als »das Spielzeug eines Menschenschlags, der sich mit Lust in die Luft zu sprengen vermag«. Der

»Arbeiter« wächst »langsam und unter Druck gegen die bürgerliche Decke an, um sie endlich zu sprengen«. Die Zeit ist nahe, wenn der alte Menschenschlag »ausgestorben oder zum Aussterben gezwungen worden ist«. Dazu verhilft auch »die Wiederentdeckung der sehr alten Wissenschaft der Entvölkerungspolitik«.

Die Schlußsätze des Buches: »Nicht anders als mit Ergriffenheit kann man den Menschen betrachten, wie er inmitten chaotischer Zonen an der Stählung der Waffen und Herzen beschäftigt ist, und wie er auf den Ausweg des Glückes zu verzichten weiß. Hier Anteil und Dienst zu nehmen: das ist die Aufgabe, die von uns erwartet wird«.

Grof schreibt, daß im Kampf Mann gegen Mann der Geburtskampf wiederholt wird, für deMause ist Krieg überhaupt eine Inszenierung des »fötalen Dramas« mit der Geburt. Ich meine, daß bei Jünger die tiefere Schicht sichtbar wird: Der zweifache Wunsch, zu töten und getötet zu werden, ist m. E. eine Samenphantasie: Der Samen muß sich zersprengen, um zu befruchten und damit die Erfahrung der Unsterblichkeit zu machen. Man könnte sie als Kern des männlichen Narzißmus ansehen.

Freud schrieb 1915 unter dem Eindruck des 1. Weltkriegs, »daß wir von einer unendlich langen Generationsreihe von Mördern abstammen, denen die Mordlust, wie vielleicht noch uns selbst, im Blute lag«. Und 1930: »Noch in der blindesten Zerstörungswut läßt sich nicht verkennen, daß ihre Befriedigung mit einem außerordentlich hohen narzißtischen Genuß verknüpft ist«. Diesen Aspekt führt Eissler aus: Die Tatsache, daß die menschliche Geschichte »den Eindruck erweckt, als sei die Aggression des Menschen unersättlich, ist das Ergebnis des Narzißmus, der in der Tat unersättlich ist«. Die »bedeutsamste Erfahrung« der antiken Könige »war die Zerstörung eines mächtigen rivalisierenden Königs«. »Dies Erlebnis ist an Intensität wahrscheinlich durch keine andere Erfahrung zu übertreffen. Das Selbst verspürt in diesem Augenblick ein grenzenloses Gefühl der Allmacht; für eine beträchtliche Weile ist es sogar in der Lage, die zermürbende Erfahrung der verrinnenden Zeit, die stets an den Tod erinnert, zu ignorieren...Im Orgasmus muß das Ich zurücktreten; im aggressiv-narzißtischen Triumph jedoch erreicht das Selbst einen höheren Grad eigener Bewußtheit, und seine Grenzen dehnen sich weit bis an den Horizont von Raum und Zeit. Dann steht die Zeit auch still – und länger als während des Orgasmus – und keine Bewegung wird in einer Welt erlebt oder wahrgenommen, die völlig vom triumphierenden Selbst verschlungen worden ist«.

Träume: Menschenschlachtung

Mit dem Buch »Das abenteuerliche Herz« von 1929, umgearbeitet 1938 (AH1 und AH 2), beginnt Jünger, sein Unbewußtes durch Träume zu zeigen. Das

Bild der »Schlachtbank« aus einem der Kriegsbücher erscheint nun in verwandelter Form. In einem Traum wird der Anführer einer Mönchsgruppe, die insgeheim einem neuen Glauben anhängt, auf dem Altar geschlachtet; man trinkt sein Blut. Er scheint nicht zu merken, daß er getötet worden ist, erhebt sich, fällt dann in sich zusammen. (AH1) – Im Körper eines ungeheuren Fisches wird ein Toter entdeckt, den man »wie einen Neugeborenen« herauszieht; dann wird in einem Gehöft, in dem »die Alte« wohnt, ein Mann geschlachtet und gekocht. (AH1) – Ein Schlemmergeschäft mit Menschenfleisch, nicht gezüchteten, sondern auf der Jagd erlegten Menschen. (AH2: »Violette Endivien«). –

Im Geburtskampf kommt es auch zu kannibalistischen Regungen.

»Das Geschoß ins Leben schnitt«. –
Nahtod: Erleuchtung, Neuzeugung

Von seiner Verwundung am Ende des 1. Weltkriegs schreibt Jünger, »gleichzeitig mit der Wahrnehmung des Treffers fühlte ich, daß das Geschoß scharf ins Leben schnitt. ... Als ich schwer auf die Sohle des Grabens schlug, hatte ich das sichere Bewußtsein, daß es unwiderruflich zu Ende ist. Und seltsamerweise gehört dieser Augenblick zu den ganz wenigen, von denen ich sagen kann, daß er wirklich glücklich gewesen ist. In ihm begriff ich, wie durch einen Blitz erleuchtet, mein Leben in seiner innersten Gestalt. Ich spürte ein ungläubiges Erstaunen darüber, daß es gerade hier zu Ende sein sollte, aber dieses Erstaunen war von einer sehr heiteren Art«. – Er kommt dann wieder zu sich, kämpft weiter, erschießt einen Gegner, bricht zusammen; Kameraden retten ihn, zwei verlieren dabei ihr Leben. Im Lazarett bekommt er eine Morphiumspritze. Später wird ihm der Orden Pour le mérite vom Kaiser verliehen.

Das Spermaprogramm als Wunsch nach dem »Flammentod« mit »Stirb und Werde«, nun als Nahtod und Neuzeugung, entfaltet sich. Es »muß fortwährend einsam gestorben werden«; »das Herz, das sich für eine letzte Läuterung durch die Flamme bedürftig fühlt«. (AH 1) – Einen »magischen Nullpunkt... passieren, heißt der Flamme eines neues Lebens ausgesetzt zu sein«. »Der Tod ist unsere stärkste Erinnerung«. Im »Opfertod« erscheint »die zeugende Kraft«. Es geht hin zu einer »höheren und wesentlicheren Existenz, die sich im Augenblicke der größten Dunkelheit gebiert«. (AH 1) – Menschen, die »nur dort fruchtbar sind, wo im Blitzstrahl empfangen wird«. »...als Stocken des Atems und des Herzschlages, als blitzartiges Erlöschen der Wahrnehmung und als ihr Wiedererwachen«. (AH1) Wenn »der Geist den flammenden Vorhang des Schmerzes durchschritten hat...entscheidet sich die Frage der Unsterblichkeit«, da der Sterbende »die Landschaft des Lebens und des Todes überblickt – und er gewinnt vollkommene Sicherheit, indem er sich sowohl in der einen wie in der anderen gewahrt«. (AH 2) – Aus dem Schmerz des Todes entsteht »ein zweites Bewußtsein«, und »so berührte mich von Stund an der theologische Sinn«. (AH2)

Der Psychiater Wolfgang Treher sammelte derartige Passagen Jüngers und nannte dessen zentrale Erfahrung »Katastrophe und Transzendenz«; es sei »das ›Phönix-Phänomen‹«. Treher sieht darin »ein intrapsychisches Tötungsereignis«. Ich bin der Ansicht, daß es sich um einen Heilungsmechanismus handelt: Im Nahtod erfolgt die Regression bis in den Hoden, um von der Keimzellenreifung aus eine Neuzeugung vornehmen zu können und so zu überleben. Es wurde ein Wiederholungszwang daraus: Spermaspastik, Zerebralorgastik.

Die Große Mutter taucht auf

Als Hitler 1933 an die Macht kam – und sich an die Vorbereitung für die »Entvölkerungspolitik« machte –, bot man Jünger die Mitarbeit an. Er lehnte ab. Es scheint, als habe er mit dem »Arbeiter« eine psychische Abreaktion vollzogen, worauf nun eine gewisse innere Entspannung eintrat. Er geht auf Reisen.

Im Roman »Auf den Marmorklippen« von 1939 gibt es einen Krieg zwischen dem »Oberförster« und dem »Fürsten«, auf dessen Seite der Erzähler, ein Botaniker, kämpft. In der »Schinderhütte« des Oberförsters werden Menschen geschlachtet. Der Oberförster gewinnt den Krieg. Ein Mitkämpfer des Fürsten ist »der alte Belovar«: »Der Alte hatte gut gefochten, denn um ihn lag ein Kranz von Männern und Hunden hingemäht. So hatte er den angemessenen Tod gefunden, im vollen Trubel der Lebensjagd, wo rote Jäger rotes Wildbret durch Wälder hetzen, in denen Tod und Wollust tief verflochten sind. ... Die große Mutter, deren wilde, blutfrohe Feste er gefeiert hatte, ist solcher Söhne stolz«. Der Erzähler entkommt durch ein Flammenmeer, tritt dabei »ein wenig aus dem Körper heraus«. Er zündet mit der Lampe Nigromontans sein Haus an und übergibt seine wissenschaftlichen Arbeiten »der Ewigkeit«.

Im Mai 1944 beobachtet Jünger in Paris vom Dach eines Hotels aus wie bei einem Bombenangriff »gewaltige Sprengwolken aufsteigen«. »Beim zweiten Male, bei Sonnenuntergang, hielt ich ein Glas Burgunder, in dem Erdbeeren schwammen, in der Hand. Die Stadt mit ihren roten Türmen und Kuppeln lag in gewaltiger Schönheit, gleich einem Blütenkelche, der zu tödlicher Befruchtung überflogen wird. Alles war Schauspiel, war reine, von Schmerz bejahte und erhöhte Macht«.

»Liebe wie ein Geschoß«
Die Geburtserfahrung im ›Lorbeerrausch‹ von »Heliopolis«

Im Roman »Heliopolis« von 1949 heißt es in einem Gespräch: »Mörder und Opfer sind aufeinander angelegt wie Mann und Frau. Auch ist es möglich, daß sich im Mörder mehr Substanz verbirgt als im Ermordeten«. Über die Versenkung von Kriegsschiffen: »Was war der Tod, das Leiden der Kämpfer in solchem Augenblick? Sie brannten wie eine Flamme, wie ein Fanal, das weithin den Bau der Welt erleuchtet und sichtbar macht«. »Die Liebe zum Tode blieb ja der einzige Schmuck des Edlen in dieser Welt«. – Es ist ein symbolischer Roman. Es herrscht latenter Bürgerkrieg zwischen dem »Landvogt« und dem »Proconsul«. Eine Minderheit, die Parsen, wird immer wieder Opfer von Progromen. Lucius de Ger, ein Offizier des Proconsul, rettet Budur, eine junge Parsin. Bei einer Geheimaktion gegen ein Institut des Landvogts findet Lucius dort den eingesperrten Vater Budurs, Antonio, der ihm eine Droge gibt, den Lorbeertrank. Lucius nimmt sie zusammen mit Budur:

»Der Atem verändert sich. Das ist beängstigend«, sagt Lucius. Sie treten durch ein Tor: »Verwesungsdunst« wie in einer »Abdeckerei«, »Triumph von dunklen Fürsten der Verwesung, die das Opfer mit Lust genossen und betrachteten... Lucius fühlte, daß ihn die Verzweiflung überwältigte... Das Nichts zog in ihn ein mit seiner fürchterlichen Macht und großer Freude wie in eine Festung, die es lange belagerte«. Eine unterirdische Stadt, »ein unheilvolles, pressendes Treiben erfüllte diese Gänge«. »Es herrschte der Druck der großen Tiefen«, das »Kreisende und Ausweglose«. »Der Zwang war pressend und schloß den Willen aus...Er blickte in eine Kammer, in der ein Mann und eine Frau sich mit dem Ausdruck ungeheuren Hasses betrachteten«. »Man hörte ein tiefes Stöhnen, als ob der Lebensatem wiche«. »Tribunale«, »jeder Bürger war bald Richter, bald Angeklagter, bald Henker«. »Der Boden begann zu wanken und sich aufzulösen... Der Nullpunkt war erreicht. Er stürzte; die Erde war steinern und der Himmel stand eisern still. Budur warf sich wie eine Mutter über ihn. Sie strich ihm die Schläfen und Wangen wie einer Puppe, die in der Erstarrung liegt. Er fühlte auf seiner Stirn die Tränen wie Regen, die der Tauwind bringt, und Küsse schmolzen ihm die Augen auf. Da brach auch er in Tränen aus. Er sah ein Licht von weitem, zunächst als Schimmer, der sich herrlich verbreitete... Er sah, daß er in einem wunderbaren und längst vertrauten Garten war. Und neues Leben zog in ihn ein«.

Später heißt es von Lucius: »Der Panzer war gebrochen und damit der dunkle Stolz... Der letzte und stärkste Gegner, den man zu erlegen hat, blieb das eigene Ich«. – Lucius wird entlassen, da die Rettung Antonios, die in seinem Auftrag nicht vorgesehen war, bekannt geworden ist. »Die Niederlage war unbestreitbar; das kühne Gewölbe war eingestürzt«. »Die Liebe traf ihn ...wie ein Geschoß. Zum ersten Mal begriff er, daß er eines Menschen, und zwar eines bestimmten Menschen bedürftig war«. Am Ende wird Lucius in »die Hausmacht« des Fürsten aufgenommen, dessen »Macht ins Unvorstellbare gewachsen« ist. Ein Raumschiff holt ihn und Budur ab. –

Jünger schildert eine Geburtserfahrung, wie sie von Grof bekannt ist. Der Geburtstod als seelische Vernichtung; dabei taucht die Empfängnis auf, als haßerfüllte: Freuds Urszene – das Empfängnistrauma. Dann erwacht das Kind in den Armen der Mutter.

Der sadistische Koitus als Zeugung. Wiederholungslust

Die Urszene ist der Kern von Jüngers Phantasiewelt: Der »sadistische Koitus«, mit seinen zwei Schichten: außen der Geschlechtsverkehr, innen die Befruchtung. Graber beschrieb, wie der Samen nach seiner Reifung sich in den Tod stürzt, um sich zu zersprengen, das Ei zu befruchten, womit er den Tod überwunden hat.

Ich nehme an, bei Jüngers Zeugung begegnete der Samen einem Widerstand, den er überwand: Eine Erfahrung des Sieges, der Macht, des rauschhaften Triumphes: Eine spezielle Art des Empfängnistraumas. So entstand ein Wiederholungszwang als Wiederholungslust: Töten, um zu sterben und so unsterblich zu werden. Jüngers Geburt dürfte nach demselben Muster verlaufen sein: Geburtskampf, Geburtstod, dann das Erwachen, der Sieg.

Diese Wiederholungslust, nun in Form des Krieges, war schon vor dem 1. Weltkrieg in Jünger; er verließ die Schule und ging zur Fremdenlegion. Dann steigerte sich diese Lust in den vier Jahren des Weltkriegs (im Trommelfeuer und im siegreichen Kampf Mann gegen Mann) und kam am Ende mit der fast tödlichen Verwundung an ihr Ziel und an ihren Ursprung. Nach dem Krieg baute Jünger am Schreibtisch seine ekstatische Erfahrung aus; im »Arbeiter« gelangte sie zum Höhepunkt, als eine Entladung mit kathartischer Wirkung. (Zugleich erscheinen in »Das abenteuerliche Herz« Geburtsphantasien: als Menschenopfer.)

Danach beruhigt er sich, und nun beginnt das wahre Ziel aufzusteigen, das Ei bzw. die Mutter, womit der andere Wunsch erscheint: Angenommen zu werden. Das zeigt schon die Stelle mit Belovar aus den »Marmorklippen«, deutlich dann die Passage aus den »Strahlungen«: Die Frau, die Mutter, soll die Vergewaltigung, den Schmerz, als Lust empfinden, d. h. einst so empfunden haben.

Damit der Samen, der Mann, auch diese Lust empfinden kann, muß er sein Ich, das aus Aggression besteht, den Charakterpanzer, ablegen. Das zeigt die

»Lorbeernacht« aus »Heliopolis«. Die Szene wurzelt in der Verwundung des 1. Weltkiegs. Das »Geschoß«, das »ins Leben schnitt«, hat sich verwandelt in »die Liebe... wie ein Geschoß«. Vorher erscheint die Urszene: Mörder und Opfer wie Mann und Frau; mit Haß sehen sie sich an.

Lucius wird durch Budur wiederbelebt, wohl wie einst das neugeborene Kind durch die Mutter, wie dann in »Godenholm« Einar durch Frigga. Daß diese Erinnerung schon bei der Verwundung belebt worden war, beschreibt Jünger erst 1970 in »Annäherungen«: Er erwähnt seinen Opiumgebrauch kurz nach dem Krieg und fügt hinzu: »Nicht gänzlich trennen wir uns von den Müttern, auch wenn die Nabelschnur durchschnitten ist. Manchmal, wenn ich fern von ihr weilte, sah sie mich eintreten; es wurde ihr dann, wie sie sagte, warm zumute. Auch ich hatte gefühlt, wie es ganz warm und heiter wurde, als sie sich näherte, während ich sterbend auf der Grabensohle lag und die Kämpfer sich über mir töteten. Das war erst Monate her«. Jetzt wird verständlich, wieso er damals »glücklich« war.

Etwas später, wohl 1923, nimmt er, auf einer Reise mit der Mutter, eine Überdosis Haschisch, bekommt einen gewaltigen Rausch, verliert völlig die Kontrolle, ist nicht mehr bei sich; die Mutter muß sich um den hilflosen Sohn kümmern. Ich denke, er war in die Geburt zurückgefallen, was dann in »Heliopolis« wieder auftauchte.

»Wunderbar wie er mit Beherrschung befruchtete«. Der nervöse Spermatiker, der permanente Zwangszeuger, der Spermaspastiker, hat seine innere Urszene entspannt. Die Niederlage des 1. Weltkriegs konnte er nicht annehmen; die Niederlage im 2. Weltkrieg, die er wieder als seine eigene Niederlage empfand, scheint er aber doch angenommen zu haben, und das wirkte dann auf die des 1. Weltkriegs mit ein. Die zweite Niederlage heilte die erste.

Im 1. Weltkrieg war der Kaiser der Vertreter des Über-Ichs, das im »Arbeiter« als Zeus erscheint. Im 2. Weltkrieg hatte Hitler diese Rolle, der im Fenriswolf zu ahnen ist. (Fenris ist ein Sohn von Loki und einer Riesin. Loki ist ein Ase wie Odin; er entspricht Satan, der bösen, der verdrängten Seite Jehovahhs.) Jünger zog für Hitler in den Krieg, war bereit zu sterben, doch distanzierte er sich innerlich von Hitler. So wurde es ihm möglich, das alte Über-Ich, den inneren Vater als Fenriswolf, zu ersetzen durch die Vaterfigur Heimdall, den Gott des Festes, des Rausches; nun kann Frigga sichtbar werden. Jünger hat durch den Rausch den »Reichtum der großen Mutter angezapft«. Damit erfüllt er sich seinen größten Wunsch: Er hat beide Krieg gewonnen. Er läßt sich von der Großen Mutter Macht und Sieg schenken. Kann man von einer genialen Selbstheilung sprechen?

3. Nach Godenholm

Diese Wunscherfüllung bewirkte offenbar eine Entspannung, die es ermöglichte, aus der Phantasiewelt herauszutreten und Elemente der Wirklichkeit wahrzunehmen: In der nächsten Erzählung, »Gläserne Bienen« (1957), erscheint ein nach einem verlorenen Kriege entlassener Offizier: Jüngers reale Lage nach dem 1. Weltkrieg. Bei den Hauptfiguren von »Eumesvil« (1977) und »Aladins Problem« (1985) deutet sich eine ähnliche Situation an. Zugleich tauchen zwei bisher ausgesparte Themen auf.

Sexualität. Eine Schamschranke

1952 besuchte Jünger Gottfried Benn, der gerade »Besuch auf Godenholm« gelesen hatte. »Wissen Sie, das ist das Raffinierteste, was Sie gemacht haben«. Benn las die Passage über »das EINE« vor und sagte: »Was ist das? Was ist das – das ist der Penis! Das kann nur der Penis sein!« Jünger gibt keinen Kommentar.

1962 machte Jünger mit Albert Hofmann, Rudoph Gelbke und seiner zweiten Frau, die er vor kurzem geheiratet hatte, ein »Pilz-Symposion«. Im Rausch erscheinen ihm Tänzerinnen, er nimmt Gerüche wahr. »Wer weiß, was in den Ställen getrieben wird«. Er sieht die »Hure von Santa Lucia«; »Salome tanzte, die Bernsteinkette sprühte Funken und steilte die Schwingen der Brustwarzen auf. Was tut man nicht für seinen Johannes? – verdammt, das war eine üble Zote, das kam nicht von mir, war durch den Vorhang geraunt«. »Das Mütterchen hatte ich schon anders gesehen«.

Sexualität bleibt in Jüngers Phantasiewelt weitgehend in der Verdrängung; sie ist wohl »das schmähliche Geheimnis der Welt, das furchtbar Anrüchige«, wie es in »Godenholm« heißt. Schwarzenbergs Satz »Sie wissen doch mehr?« war für Moltner wie ein »obszöner Angriff«, der ihm die Haut in Fetzen herunterriß. Danach hat er sehr lustvolle Phantasien mit deutlicher Sexualsymbolik, doch bleibt alles sublimiert, ins Prägenitale, Pränatale übersetzt.

Ursachen deuten sich in dem Roman »Die Zwille« von 1973 an. Ein Junge, ein Waise, mit einem Pfarrer als Ziehvater, lebt in der preußischen Provinz: Seelisches Elend, ein zäher Mief. »Onanie« wird erwähnt, dazu die Verbote, auch »Päderastie«, doch alles ganz beiläufig.

In »Jahre der Okkupation« schreibt Jünger am 2. 11. 1947: »›Ein feste Burg ist unser Gott‹. Wenn die Völker Heersäulen auf dem Marsch ins Unbekannte gleichen, steigt dieses Lied aus der germanischen Zunge auf. Es ist die genaue Fortsetzung des Heliand. Gott ist der Schirmherr im Kampf und Waffenspender, sein Sohn, ›der rechte Mann‹, der Vorkämpfer. Die Spuren

Luthers bleiben in unserem Schicksal unauslöschlich; er tritt in jede unserer großen Entscheidungen ein«.

Jesus als der Mann mit dem Schwert, als der Messias – durch die Identifizierung mit ihm dürfte der Junge seine Depression in Aggression verwandelt haben, anders als es Schreber und der Wolfsmann machten. Auch die sexuellen Impulse fanden so Formen der Sublimierung. Als Erwachsener führte Jünger ein normales Eheleben, zeugte Kinder.

Es war wohl der Weltenrichter, der Jünger einst fasziniert hatte: Durch den Opfertod zur Allmacht. Hier dürfte die, ganz verborgene, ideologische Wurzel von Jüngers kriegerischer Opfermystik liegen, der Kern des Stoßtruppführers: Durch den Tod zur »Kraft und Herrlichkeit« Gottes.

»Muselmann«. Die andere Schamschranke

Das »schmähliche Geheimnis unserer Erde, das furchtbar Anrüchige« war, objektiv, im Jahre 1952 für einen Offizier aus Hitlers Wehrmacht, die Ermordung der Juden. Am 12. Mai 1945 hört Jünger von Konzentrationslagern in der Nähe von Weimar. Am 15. Mai erwähnt er, daß Russen ein Dorf plünderten. »So kommt es zu Schauspielen, wie sie in diesem Landstrich seit über dreihundert Jahren unbekannt geworden sind«. Dann aber kann er der Wahrheit nicht länger ausweichen. Jetzt wird er esoterisch: Am 23. Mai schreibt er: »Der Gedanke, daß deshalb Millionen die Welt verlassen, weil ein Herr Himmler am Hebel der Vernichtungsmaschine zieht, gehört zu den optischen Täuschungen«. »Im Augenblick, in dem das Opfer das Tor der Herrlichkeit durchschreitet, vergißt es seinen Henker«. Das ist logisch, aber wer hier vergessen möchte, ist Jünger.

Er verteidigt seine andere Schamschranke, die narzißtische, und zeigt auch, wie er es macht. – Vor 1933 hatte er die Nazis an Zerstörungswillen weit übertroffen, doch dann war er zu ihnen auf Distanz gegangen. Benn und Heidegger gerieten 1933, eher unerwartet, in gewaltige Führerräusche; sie müssen sich später furchtbar geschämt haben und deckten alles mit Schweigen zu.

Jung war ehrlicher. 1933 hatte er gewisse Sympathien für die Nazis, doch schon 1936 sah er im Aufsatz »Wotan« die kollektive deutsche Psychose. Im Juli 1945 war er entsetzt, schrieb von der »Menschenschlachtanstalt Maidanek«; alle mit der deutschen Kultur verbundenen Menschen seien mitbetroffen. Am Ende meint er dann, man solle für die Seelen der Verbrecher beten.

Jünger fand einen anderen Weg; der Dichter in ihm kommt ihm zu Hilfe. Die Parsen in »Heliopolis« sind Opfer von Progromen; sie dürften symbolische Juden sein. Lucius rettet einen Parsen und dessen Tochter, in die er sich verliebt. Wiedergutmachungsphantasie eines deutschen Offiziers?

In der Erzählung »Aladins Problem« von 1983 geht ein schlesischer Adliger Offizier der polnischen Volksarmee in den Westen. Er leitet zusammen mit einem Juden ein Bestattungsinstitut, sie bauen dann eine gewaltige Totenstadt namens »Terrestra«, die allen Religionen zugänglich ist. Ist das Jüngers privates Holocaust-Denkmal?

Am 4. Juli 1995 bekommt er den spanischen Ehrendoktor im Escorial. »Warum erschien mir am Morgen Werner Scholem – seine Präsenz ging über das Traumhafte hinaus«. Jünger teilt mit, daß der Bruder Gershom Scholems sein Klassenkamerad gewesen war, im 1. Weltkrieg ein Bein verlor und 1940 in Buchenwald ermordet wurde.

Die »Lobeernacht« in »Heliopolis«, »Besuch auf Godenholm« und »Annäherungen, Drogen und Rausch« sind die Texte Jüngers, die auch in der Zukunft interessant sein werden; seine früheren Bücher sind vor allem Dokumente der deutschen Katastrophe, Illustrationen eines Themas, das Nicolaus Sombart in seinem Buch »Die deutschen Männer und ihre Feinde« behandelt.

In »Annäherungen« spricht Jünger von seiner »Sorge«, daß sich »nicht wieder Götter einschleichen«; auch sagt er, daß er »das theologische Mobiliar« forträume. In Jonathan Otts Buch »The Age of the Entheogens and Angel's Dictionary« steht: »Dedicated to the great German writer and pioneering psychonaut ERNST JÜNGER«. In »Pharmacotheon« schreibt Ott, daß er den Begriff »Psychonaut« aus »Annäherungen« übernommen und ins Englische eingeführt habe.

Aufschlußreich sind die genannten Texte aber auch, indem sie zeigen, wie psychoaktive Substanzen, ohne die Mitarbeit eines Therapeuten, sehr viel Unbewußtes aufsteigen lassen, doch keineswegs alle Verdrängungen aufheben, ja sogar die zentralen verstärken können: Sie deuten sie nur in symbolischen Verkleidungen an und umgehen sie dann, führen ins geburtliche und vorgeburtliche Unbewußte, wo es die realen Probleme noch nicht gab. So wird die narzißtische Schicht geschützt und gestärkt.

Jünger ist lehrreich, weil er die Verdrängungsmechanismen geschickt benutzt, gewisse Schamschranken in sich nicht überschreitet, Unausweichliches elegant sublimiert – auf diese Weise ungebrochen bleibt, in Eintracht mit seiner Vergangenheit. Am 2. Februar 1991 erhält er einen Brief aus Granada: Der Schreiber, ein zum Islam bekehrter Baske, war »überwältigt« durch die Lektüre des ins Spanische übersetzten Buches »Der Arbeiter«. »Alles was ich im Islam gelernt habe, bestätigt den Geist und den Inhalt Ihrer Ansichten«. »Ich möchte Ihnen sagen, daß der Geist, den Sie uns überbracht haben, fortgetragen wird«. »Das Wiedererscheinen der Botschaft des Propheten unter Europäern ist dazu ausersehen, die führende Kraft für alle Muslime der Welt zu sein, die im Jihad sich erheben. Und dies ist, weil wir den technologischen Trick aufschließen können«. –

Heiteren Gemüts und bei guter Gesundheit wird Jünger 102 Jahre alt. Kurz vor seinem Tod trat er in die katholische Kirche ein, in die Kirche seiner Mutter. So kehrte er am Ende in den alleinseligmachenden Schoß zurück, wohl in den Schoß der jungfräulichen Mutter.

In »Heliopolis« war der gefangene Antonio, dessen Rettung Lucius die irdische Karriere kostet, bis zum Skelett abgemagert; er wird als »Muselmann« bezeichnet. Dies Wort war seit Kriegsende in Deutschland allgemein bekannt geworden (z. B. durch Eugen Kogons Buch »Der SS-Staat«). In den KZs nannte man so Menschen, deren Lebenswillen erloschen war. In »Heliopolis« wirkt dies Wort wie ein Fremdkörper, ein Findling von einem anderen Planeten, oder wie ein Prisma, das eine andere Wirklichkeit ahnen läßt: die Welt, die in »Heliopolis« und »Godenholm« verdrängt bleibt; vielleicht verbarg sie sich im »Das bist du«. Es ist die Welt, die Ka-Tzetnik beschreibt.

11. Kapitel

Gott und Göttin in Auschwitz
Eine LSD-Therapie
Ka-Tzetnik 135 633: »Shivitti. Eine Vision«. (1991)
Neuauflage: »Ich bin der SS-Mann.
Eine Vision« (1994)

Der Autor litt seit der Befreiung aus dem KZ an Albträumen und Schlafstörungen. Nike, seine Frau, hörte 1974 in Esalen von dem holländischen Psychiater Professor Jan Bastiaans; für die Arbeit mit Extemtraumatisierten hatte er von der Regierung die Erlaubnis, LSD zu verwenden. Ka-Tzetnik war zuerst skeptisch und ablehnend; erst als er 1976 LSD als »Sakrament« anzusehen begann, war er bereit. In dem Buch, das er zehn Jahre später schrieb, schildert er seine Therapie mit fünf LSD-Sitzungen.

Sein bürgerlicher Name ist Yehiel De-Nur; er wurde 1916 in Lublin geboren. Das Pseudonym, unter dem er in Israel allgemein bekannt ist, da er viele Bücher schrieb (sie werden in der Schule behandelt), entstand, als er direkt nach der Befreiung seine KZ-Erfahrungen einem Soldaten diktiert hatte und nach seinem Namen gefragt wurde: Er sagte »Ka-Tzetnik«, mit seiner KZ-Nummer: Er sei nur die Stimme von Millionen ermordeter Juden; nur um von ihnen Zeugnis zu geben, lebe er noch. (Er hatte zwei Jahre lang die Leichen aus der Gaskammer geholt.) Seine Hand schrieb dann wie von selbst vier hebräische Buchstaben, EDMA, über den Autornamen. Die Bedeutung der vier Buchstaben, die über allen seinen Büchern stehen, ist ihm nicht bekannt. – Es scheint, als sei EDMA der eigentliche Autor der Bücher, die Muse, die ihn inspiriert, wie es in der Antike der Fall war.

Nachdem er 1947 seinen ersten Erfahrungsbericht, »Salamandra«, veröffentlicht hatte, gelang es einer jungen Israelin, ihn ausfindig zu machen; sie heiratete ihn.

»Shivitti« wird erklärt als »Gebetsformel« aus dem 16. Psalm, Vers 8: »Ich nehme den Ewigen mir stets vor Augen«.

Das Buch enthält nach einem Vorwort, das die erwähnten Informationen bringt, die Darstellung der fünf LSD-Sitzungen – genannt »TORE« –, sowie Gespräche zwischen den Sitzungen. Am Ende gibt es ein »Vorwort und Nachwort« und »Das Wort des Arztes«.

Im »Vorwort« schreibt der Autor, seine Abneigung gegen die Therapie sei, unter anderem, durch ein Foto überwunden worden: Ein Jude im Gebetsmantel, hinter ihm lachende deutsche Soldaten, neben ihm eine Reihe von

Toten, zu denen er auch gleich gehören würde; sein Gesicht zeigt den Moment vor dem Tod: Es ist von einem Licht erfüllt, das den Autor an das Licht erinnerte, das er in den Krematorien gesehen, an die »Transzendenz«, die er selbst nicht erfahren hatte, da ihn immer Panik ergriff. – LSD könnte der Schlüssel sein, der ihn in jene Dimension führte, wenn er es wie ein Sakrament nahm, und er wie ein Priester im Tempel wäre.

Tor Eins

Am Beginn der ersten Sitzung, vor der Injektion des LSD, wird der Autor von Grauen erfaßt, das stärker war als im KZ; die Buchstaben EDMA steigen in ihm auf, »mit unhörbarem Schrei«; »dies war das Geheimnis seiner Macht: seine Kraft wurde nie verausgabt, gelangte nie ins Freie. Es war eine unverlöschliche Flamme, in mir selbst eingeschlossen«. Im »Schutze seines Schweigens« hatte er überlebt, der Schrei stieg immer in Todesgefahr auf und brachte die Rettung. So war es beim Eintritt ins KZ, bei der Selektion durch Dr. Mengele: Dieser wies ihn zu den Juden, die nicht sofort in die Gaskammer kamen.

Die Wirkung des LSD beginnt: »PLÖTZLICH ... gehen alle Lichter an«. Der Autor sieht sich im Alter von vier Jahren in der Toraschule. Der Rabbi, von Licht umgeben, singt Verse der Schöpfungsgeschichte: »Also ward vollendet Himmel und Erde mit ihrem ganzen Heer.« Er erinnert sich an das Kindermädchen Marisha, das dem Jungen den Jahrmarkt mit einem Zauberer zeigte. Dann wird es dunkel; der Junge fragt, warum? Der Rabbi: »Es ist Krieg.« »Warum?« »Weil es so bestimmt ist«. »Wer hat es so bestimmt?« Der Rabbi: »Gott«.

Er wird auf den Wagen zur Gaskammer verladen. Am Himmel sieht er das Shivitti, darin die Buchstaben YHWH. Er ruft: »Wer hat es bestimmt? Gott! Gott! Auschwitz – wessen Werk ist es?« – »Ich sehe Gottes Anlitz«, es ist von einem »skrufulösen Ausschlag gefleckt«. – Der SS-Mann an der Laderampe gähnt fröstelnd, als würde er lieber noch im Bett liegen. »Haßt er mich? Er kennt mich gar nicht«. Die Rollen könnten vertauscht sein. Grauen: »O Gott, gnädiger und barmherziger Gott, bin ich es, der Auschwitz geschaffen hat?« »Du weißt, daß wir beide, der Mörder wie der Gemordete, in diesem Moment gleichermaßen Söhne des Menschen sind, beide von dir geschaffen, Dir zum Bilde«. Er entdeckt auf dem Lastwagen einen Kohlenkasten. »EDMA, EDMA!!! schreie ich zu dem Shivitti hinauf«. Er versteckt sich in dem Kohlenkasten. Als er am nächsten Morgen vom Kommandanten gefunden wird, schreit er: »Ich bin ein Mensch!..Ein Mensch...Ein Mensch, der leben will. Ein Mensch. Ein Mensch. Ich bin ein Mensch!!!« Der Kommandant sagt:

»Wenn dieser da es geschafft hat, den Kopf aus der Schlinge zu ziehen, werde ich ihn kein zweites Mal hängen!«

Wie von einem elektrischen Schlag getroffen, kehrt er in seinen Körper zurück; Bastiaans hatte ihn mit dem Finger berührt.

Tor Zwei

Vor der Sitzung betet er, daß es ihm noch einmal gelingen möge, dem Anblick dessen auszuweichen, was er eigentlich sehen will. –Bastiaans sagt, LSD wirke nicht von selbst; die Kooperation des Patienten ist nötig. »Die Unfähigkeit, Ihre Erfahrung mit Worten zu beschreiben, ist die Ursache Ihres seelischen Leidens«.

Der Abtransport ins Ghetto. Der Schuster Vevke sagt: »Klagt nicht ihr Juden. Gönnt den Henkern nicht die Befriedigung. Ihr Juden, stellt euren Glauben auf Gott«. Er nahm seine Schusterbank mit; sie wird zum Kreuz, an das er genagelt ist. Eine Stimme vom Himmel: »Macht Platz für den Messias, den Sohn Josephs!« »Es kam einer in den Wolken wie eines Menschensohn« (Ich füge hinzu: aus dem Propheten Daniel). Vevke wird auf den Bock gelegt, dieser wird zur Stätte Akeda, wo Isaak auf den Opferaltar gebunden wurde. Der Block-Chef Franzl schlägt Vevke mit einem Stock auf das nackte Hinterteil, bis Vevke tot ist. Er wird verbrannt, Rauch steigt aus dem Schornstein. »Nicht Vevke ist es, der aufsteigt«, sondern »er selbst, kein anderer als Aschmodai (ein Name Satans), König der Unterwelt«. »Schamasch und Asasel (dienstbare Engel Aschmodais) ...salben Aschmodai zum neuen König der Könige«. Sie verkünden mit Posaunen: »Der Name des neuen Herrschers der Welt sei nicht mehr Aschmodai, sondern Nucleus! Die Stätte seiner Geburt: im Feuerofen des Gespensterlaboratoriums Auschwitz«. Nucleus »ist die Essenz der Seelen von anderthalb Millionen Kindern«. Am Himmel das Shivitti mit YHWH, »wie ein Knäuel Nattern, überlagert von meinem Gesicht mit der SS-Mütze auf dem Kopf«.

In den Tagen nach der Sitzung erinnert er sich an einen holländischen Juden, der sich weigerte, Frauen mit ihren Babys lebendig zu verbrennen, da die Gaskammern überfüllt waren. Der Holländer wird selbst bei lebendigem Leibe verbrannt. Ein anderer Holländer wurde Baby genannt. Die SS-Leute übergossen ihn mit Marmelade, ließen die Häftlinge sie ablecken; es blieb nur das Skelett übrig.

Tor Drei

Beim Morgenappell sieht er die Deutschen zum Himmel steigen wie die Engel auf der Jakobsleiter. »Sie werden den Himmel erobern, Rabbi. Warum schweigst du?« Er sieht oben am Himmel sein eigenes Gesicht mit der

SS-Mütze und erschrickt: »– er ist ich –«. »Die Schlacht wird am Himmel von Auschwitz geschlagen, und ich bin unterwegs an die Front! Gott führt Krieg wider Amalek! Und ich bin auf dem Wege hinauf!«

Einige Tage nach der Sitzung fragt ihn Bastiaans, warum er sich nicht überwinden könne, den Autornamen auszusprechen, der ihn so bekannt gemacht habe. – Bastiaans hatte inzwischen das erste Buch von Ka-Tzetnik gelesen. »Ihr Auftauchen aus diesem Kohlenkasten hat Ihnen – jeder Ihrer Zellen – das Bewußtsein eingeprägt, daß Sie dort und damals geboren wurden... In diesem Moment fing Ihre Seele an, sich zu spalten. Ihr unwiderrufliches Gelübde, diesem aus dem Kohlenkasten geborenen Menschen treu zu bleiben, hat sich aus solchem organischen Wissen entwickelt...Schlüpfen Sie noch einmal in diesen Kohlenkasten, in den Schoß Ihrer Wiedergeburt, ... dann werden Sie die bereitliegenden Antworten finden«.

Er erinnert sich an Abrascha, einen Juden, der sich jahrelang in einer Jauchegrube versteckt hatte. Abrascha schrieb seine Erlebnisse auf, fand keinen Verleger; er starb, das Manuskript kam in den Müll.

Tor Vier

Er schaufelt ein Grab für den Juden mit dem Gebetsmantel (des Fotos), denman gleich erschießen wird; die Deutschen setzen ihm vorher noch eine Dornenkrone auf. – Ka-Tzetnik ist wieder in der Schule; der Rabbi rezitiert: Gottes Zorn, die Sintflut. – Pinni, ein Schulfreund, läßt sich statt seines Vaters totprügeln. – Ein Junge, den die Barackenkommandanten als Lustknaben benutzt hatten, wird von einem Kapo, genannt »Heilig-Vater«, geschlachtet, gebraten und aufgegessen. – Ka-Zetnik erlebt, wie er sich in den Juden im Gebetsmantel verwandelt, um statt seiner erschossen zu werden.Friede und Licht fließt aus der Höhe auf ihn herab, ein Licht aus »dem Haus der Seelen, eine Wohnstatt unter dem Thron der Schechina (Gottesherrlichkeit: weiblicher Aspekt Gottes in der Kabbala)«. – Jaga, die Kommandantin des Frauenlagers, küßt den Saum seines Gebetsmantels und sagt: »O mein Heiliger, Du Anlitz des heiligen Christus«. Der Deutsche schießt, die Kugel dringt ihm in den Kopf. »Ich sinke zu Boden, die Erde streckt mir die Arme entgegen, wie eine Mutter drückt sie den heimgekehrten Sohn an die Brust. Ich sehe mich meinen Körper abwerfen, bereit für Neshamas Flug. (Seele, abgeleitet von nesheema: Atem. Vgl. Genesis 2,7)«. Er ruft der Seele nach: »Ich will mich mit dir verloben in Ewigkeit«.

Nach der Sitzung möchte er an der Vision festhalten. »Das Martyrium – der dem Namen Gottes geweihte Tod – hatte immer noch Macht über mich«. – Er erinnert sich, wie er den totgeprügelten Pinni wegtrug; seine Tränen fielen auf das Gesicht des toten Freundes, den nie eine Frau geküßt hatte. Nun war es, als küßte ihndie Schechina.

Tor Fünf

Vor der Sitzung denkt er, daß er mit einigen seiner Gefühle in Kontakt gekommen ist: »Gefühle: alte Insassen jenes Auschwitz, das ich mir selbst geschaffen hatte, um mein Gelübde zu erfüllen«.

Er hatte eine Kartoffel für den Freund seiner Schwester aufheben wollen: Der Hunger übermannte ihn; die Kartoffel wird zur Brustwarze von Lilith, der Gemahlin Aschmodais. – Jaga, halbnackt und betrunken, sieht ihn und sagt: »O Gott, das ist Christus. Das ist das heilige Anlitz«. Sie kniet vor ihm nieder und sagt: »Mein Erlöser«. – Siegfried, der grausamste der SS-Männer, erscheint. Jaga sagt: »Hör auf! Ich brauche meinen Sanitäter!« Nun sieht er seine Schwester, das Wort »Feldhure« auf den Brüsten. »Und in diesem Moment sehe ich mich entzweigespalten. Ich sehe, wie ich meinen Körper verlasse, mich in zwei Ichs aufspalte: Ich stehe da und starre auf meinen Körper, der in tödlicher Ohnmacht am Boden liegt«. »Siegfried, hör auf!« Ich konnte den Befehl des Lagerkommandanten nicht hören, damals. Ich war bewußtlos. Jetzt, da ich meinen Körper verlassen habe, sehe ich auch, wie Siegfried mich an den Füßen zurück zum Block schleift...Ich schreite hinter meinem am Boden aufschlagenden Kopf... Ich sehe den Schlüssel zu meinen Alpträumen. Er liegt hinter dem Brandmal auf der Brust meiner Schwester verborgen. Diesmal falle ich nicht in Ohnmacht, denn ich bin gespalten in zwei... Ich schaue hinunter auf mein unbewußtes Selbst, und ich sehe das Selbst, da mich anstarrt. Ich schaue und sehe den Schlüssel zur Spaltung. Er liegt hinter dem Vorhang der Ohnmacht«. Nun werden drei Vorhänge hochgezogen: Er sieht seine Mutter. »Ich sehe sie nackt in der Reihe marschieren. Mama, Mama, Mama«. Er läuft neben der Mutter her: »Mama! Höre mich! Mama!« »Ich sehe den Schädel meiner Mutter, und in der Schädelhöhle sehe ich mich... Ich ersticke! Ich bin in der Dusche von Auschwitz. Jetzt ist es Gas. Ich würge und würge. Das Gespenst meiner Alpträume ist hier und starrt mir ins Gesicht. Ich ersticke im Schädel meiner Mutter. Meine Mutter, die wunderbarste Mutter der Welt, sie erstickt in meinem Inneren, und ich bin die Gaskammer von Auschwitz. Zusammengerollt im Schädel meiner Mutter werde ich in den Feuerschlund des Krematoriums geworfen. Ich brenne, verbrenne zu Asche... durch den Schornstein steige ich zum Himmel«. »Und auf einmal bin ich es, den ich aus dem Schornstein von Auschwitz aufsteigen sehe, zu meiner Rechten Schamasch, zu meiner Linken Asasel, und sie entfalten einen majestätischen Baldachin über meinem Kopf. ...Mit

Posaunenschall verkünden sie meinen neuen Namen: Nucleus!« »Mama steht vor Gottes Thron. Ihre Schreie zerschneiden die Luft: ›Sieh dir das an, Gott! Sieh sie dir an, deine Feldhure!‹ ›Laufe nicht weg von mir, Gott...Ich bin die Mutter dieser schluchzenden Kinder. Und du Gott, sag mir wer bist du?‹ Und er schaut. Gott sieht – mich. Er sieht mich sitzen unter dem flammenden Pilz, während ich mich neben Block 14 stehen sehe... und weiß, daß ich meine Familie in Rauch aus der Öffnung des Schornsteins aufsteigen sehe, während meine Augen mich beobachten: Nucleus! Ich bin Nucleus! Oh mein Gott!

Oh mein Gott, wer ist dieses Ich, das dort unten neben Block 14 steht und wer ist das Ich hier oben, herrschend in einem feurigen Pilz?... Wann bist du Gott der Schöpfer, und wann bist du Gott der Zerstörer? Ich bin dort unten... Meine Augen blicken herauf zu mir, zwischen Schamasch und Asasel sitzend. Ich recke die Hände nach meinem Selbst dort oben und höre mich bitterlich weinen, einen endlosen Klageschrei: ›Haben diese Hände, meine Hände, dich geschaffen, Nucleus?‹

Durch das Gelübde, ihre Stimme zu sein, habe ich überlebt. Jetzt aber lasse ich los und vereinige mich mit ihrem Leichenberg – ein Mensch, der sterben will. Mit letzter Kraft aber hebe ich den Blick zum Himmel und röchele: ›EDMA‹ EDMA!!!‹ Alle die vom Tode zerfetzten Skelette in diesem Haufen lodern auf – in einer einzigen Flamme, die sich zu einem feurigen Wagen formt. Ich, das Skelett eines Muselmannes, dem Flügel wachsen; ein Feuersalamander, ein Phönix, aufgestiegen aus meiner eigenen Glut. Wie eine Weltraumrakete, unterwegs zu fernen Sphären, hebe ich von der Startrampe aus Skeletten ab, in den Wirbeln meines schreienden Leides – und trete wieder ein in meinen Körper«.

Vorwort und Nachwort

Bastiaans meint, mindestens zwei Sitzungen seien noch nötig. Ka-Tzetnik aber will nicht noch einmal in die Hölle zurück. In Israel kann er wieder schlafen. Er arbeitet in einem Orangenhain und fühlt sich wie »ein Ungeborenes«. Nach zehn Jahren schreibt er das Buch.
Auf das »Wort des Arztes« gehe ich unten ein.

Deutung

Wesentlich scheint mir Folgendes: Die Vision hat zwei Räume. Das Trauma, die Gewalteinwirkung, die die Nahtoderfahrungbrachte, führte ihn in den einen Raum: Hier ist der Gott YHWH, ein Vatergott, dazu die Mutter als Furie, und er selbst als der Messias Nucleus, d. h. Kern, Atomkern, und auch Kern der Samenzelle. Ich nehme an, dieser Kern soll explodieren; er tut es aber nicht. Im anderen Raum der Vision ist EDMA; hier wird er in den Phönix verwandelt, der auch eine Samenzelle ist.

In den ersten Raum gelangte er durch das Trauma, das ihn in den Messias im Unbewußten und in den Märtyrer im Bewußtsein spaltete. Der zweite Raum war schon bei der ersten Todesdrohung erschienen, als EDMA auftauchte.

Sexualität und Trauma (Nahtoderfahrung)

Um in das Trauma hineinzugehen und sich von ihm zu befreien, braucht er Kraft. Sie erhebt sich im Erwachen der Wünsche, der sexuellen und oralen Energien, die ab der 4. Sitzung aufsteigen.

Hier erscheint die Situation, die zum Trauma führte: Er wurde neugierig gemacht durch die orgiastischen Schreie; er sah die halbnackte Jaga, also wohl ihre Brüste. In der 4. Sitzung findet er die Schechina, sie ist wie eine Mutter, die ihn an ihre Brust nimmt, und zwar im Tode; sie ist eine Todesmutter, eine Todesgöttin. Er kommt zu ihr, indem er sich für den Juden des Fotos opfert. Dann erscheint Pinni, der sich für seinen Vater opferte. Ka-Tzetnik hält wie eine Mutter den toten Freund in den Armen, seine Tränen fallen auf dessen Mund, den nie eine Frau geküßt hatte; nun ist es, als küsse ihn die Schechina. (Freud meinte, Homosexuelle lieben junge Männer so, wie sie selbst von ihrer Mutter geliebt wurden.) Diese Phantasie geht weiter und ändert sich dann: Am Anfang der 5. Sitzung erinnert er sich an die Kartoffel für den Freund der Schwester; die Kartoffel wird zur Brust von Lilith, der Gemahlin Satans (der er dann sein wird). Dann erscheint die Schwester selbst, ihre Brüste: hinter ihnen ist das Geheimnis der Spaltung. Dann geht er zur nackten Mutter und in sie hinein, in ihren Schädel, und erstickt in ihr in der Gaskammer.

Der ganze Weg: Sexuelle Wünsche, durch die Brust ausgelöst, werden zu Mitgefühl, zu altruistischen Regungen, die zu homoerotischen Wünschen werden, die sich in Inzestwünsche verwandeln, die sich zuerst auf die Schwester und dann auf die Mutter richten: Vom Sexuellen zum Oralen und dann zum Uterinen und weiter bis zur Befruchtung. Eine Totalregression, durch die Geburt zurück; von dieser kommt vermutlich das Ersticken. (Grof erwähnt die sexuellen Erregungen bei der Geburt. – Siegfried und Jaga könnten aus einer Satansmesse stammen. Eine Orgie steht bevor. Bei Goethe ist die Satansmesse zugleich ein Wiedergeburtsritual.)

Oben bei Gott ist er Nucleus, Kern – Atomkern, Samenkern. Gott als Vater, die Mutter als Mutter, er der Sohn: Urszene als Befruchtungsszene, für die Neuzeugung. Und zwar er als Bombe – als Messias sprengt er die Welt in die Luft und so sich selbst. Es ist eine Wiederholung – meiner Ansicht nach wurde er als Gotteskrieger vom Vater gezeugt, von der Mutter empfangen. Die

Mutter als Furie will Rache: Gott soll den Sohn anzünden, um ihn explodieren zu lassen. Der Sohn aber weigert sich. Wie kann er das? Was rettet ihn? Das was ihn damals rettete: Jaga? Weil sie ihren Sanitäter behalten wollte? Oder weil sie Christus in ihm sah?

Zwei Schichten: die sexuellen Wünsche, die Jaga erregte, was ihn neugierig machte; dadurch wurde er entdeckt und fast tot geprügelt, von Siegfried »in geiler Jagd auf Jaga«. – Will er, will sein Lust-Ich, die Stelle Siegfrieds einnehmen? Ist das das Thema »Ich bin der SS-Mann« vom Titel der Neuauflage? Er dürfte auf die Identifizierung mit dem Aggressor verweisen. – Der Rivale rächt sich, doch Jaga, das Objekt der Begierde, rettet ihn. In der Therapie geht er mit diesen Wünschen nun in das Trauma hinein.

Dazu der Christus, den Jaga in ihm sieht. Auch der Nucleus, der Messias, ist ein Christus, der Christus als Weltenrichter. Ist Ka-Tzetnik wie Christus im Himmel bei Gottvater, »zur Rechten der Kraft«? Es scheint so. Doch ist hier auch die Mutter da; gleichsam wie bei der himmlischen Hochzeit des »Rosarium« (Bild 19), aber die Mutter klagt Gott an; er soll ansehen, was er, der ja allmächtig ist, getan hat. Gott scheint weglaufen zu wollen; ist er feige? Drückt er sich vor seiner Verantwortung? Die Mutter versetzt ihn in den Anklagestand und zwingt ihn, zu sehen: Sie ist stark, stärker als Gott.

Gott gehorcht ihr, er sieht – er sieht Ka-Tzetnik als den Nucleus an. Entscheidende Szene; man muß wissen, was das Sehen Gottes bei den Juden bedeutet. Auf dem Sinai sagt Gott zu Moses: »Mein Angesicht kannst du nicht sehen; denn kein Mensch wird leben, der mich sieht« (2 Moses 33, 20). – Das Angesicht Gottes ist seine »Herrlichkeit«, wie Luther übersetzt; das Wort bedeutet Licht, unerträgliches, tödliches Licht. – Zurück zu der Szene: Nucleus hat den Pilz über sich: eine Atombombenexplosion, aber im Anfang nur, dann ist sie wie gestoppt, denn Nucleus sitzt ja da, er explodiert nicht, er wartet gleichsam auf die Zündung, durch Gottes Auge. Dann käme die Explosion, »hell wie 1000 Sonnen«, in der Parallele der Bhagavat Gita: Die Energie des Vaters geht in den Sohn, um ihn für für die Neuzeugung, die Kernverschmelzung vorzubereiten.

Die Mutter zwingt Gott zu sehen – sie ist es, die die Neuzeugung will, die Explosion. Warum? Damit der Sohn die Aufgabe des Messias durchführt: Weltuntergang (und Gericht?), die Bestrafung der Bösen, die Vernichtung der Welt, die böse geworden ist. Dieser Vorgang wurde vorher angedeutet, vorbereitet, mit dem Zitat des »Menschensohn« aus Daniel, sowie mit dem Sohn Josephs als Messias. Die Apokalypse soll geschehen, so wie sie Christus in der »Rede über die Endzeit« vor Augen hatte und verwirklichen wollte. Alex Grey malte den Gekreuzigten als kosmische Atombombe.

Psychologisch gesehen: Der Haß Siegfrieds, sein Mordimpuls, ging in Ka-Tzetnik ein, als Schmerz. Aus dem Schmerz wurde Haß, ein Wunsch nach

Rache; der Tötungsimpuls Siegfrieds wurde zu dem noch stärkeren Tötungsimpuls Ka-Tzetniks. Aus der Ohnmacht wurde Allmacht, das Opfer wurde
zum Täter: Identifizierung mit dem Aggressor, als Überbietung. Also
Rückkehr in den Vater, in seine Zeugungskraft, um mit seiner Kraft, neu
gezeugt, die Explosion zu bewirken. Sie wäre Selbstzerstörung, um so den
Feind zu zerstören, seine ganze Welt, die Welt überhaupt. Das wollte Christus
in der »Rede über die Endzeit«. Christus gehorchte dem Vatergott.

Was macht Ka-Tzetnik? Er gehorcht nicht, er explodiert nicht; er schreit
zu Gott:»Wann bist du Gott der Schöpfer und wann bist du Gott der Zerstörer?« Er hatte Gott »gnädig und barmherzig« genannt; nun kann er die
Wahrheit zulassen: Dieser Gott ist gnadenlos und unbarmherzig. Moment der
Erkenntnis: Der Widersinn, das Absurde; Moment der Verzweiflung: Ich-
Tod, Zerfall der Identität. – Er sieht weg von Gott, er sieht hinab auf die Erde
zu seinem anderen Selbst, das beim Körper geblieben war. Dies andere Selbst,
das wieder in den Körper eingegangen war, war zum Märtyrer geworden, zum
Zeugen für Gottes Namen, zum Zeugen für die Millionen Toten, die in ihm
lebten, er war ein lebendes Massengrab geworden. Jetzt will dieser andere Teil,
dieses zweite Selbst, sterben, verbrennen – will es zum ersten Selbst, um sich
mit ihm zu vereinen, so die Spaltung aufzuheben? Aber er will nicht zu Gott,
zu YHWH, sondern schreit EDMA, d. h. der »nie verausgabte Schrei« in ihm
kommt jetzt heraus.

Und nun: »Ich lasse los«. Es ist der entscheidende Satz: Er läßt den Märtyrer los, den Zeugen für die Toten, den Zeugen für Gott. Nur als Zeuge lebte
er, überlebte er 30 Jahre lang. Er bricht sein Gelübde. Er läßt Gott los. Er stirbt
im Feuer. Und nun die Verwandlung, nicht in den Nucleus, sondern in einen
Feuersalamander, in einen Phönix. Dann kommt er zurück in den Körper.

Wie konnte er Gott widerstehen? Hatte er etwas von der Kraft der gewaltigen Mutter in sich aufgenommen und wandte sie nun zur Rettung an? Diese
Mutter ist aufsässig, klagt Gott an, ein weiblicher Hiob, doch viel mutiger als
dieser war. Oder weil das andere Selbst noch beim Körper geblieben war, noch
leben wollte? Oder weil Jaga ihn beschützte, gerettet hatte? Wollte er sie
retten? War sie die eine Gerechte, die das Strafgericht Gottes über Sodom und
Gomorrha hätte verhindern können? Und dazu der Kommandant, der ihn
nach dem Kohlenkasten nicht erschoß, und der jetzt wieder auftaucht und
eingreift, als ein zweiter Gerechter?

YHWH. Der Gott der Zerstörung. Ein Todesgott

Der Junge hatte YHWH im Religionsunterricht kennengelernt: »Also ward vollendet Himmel und Erde mit ihrem ganzen Heer« – ein Kriegsgott mit seinen Soldaten. »Licht und Freude« gehen von ihm aus. Dann erscheint die andere Seite Gottes: Es »reute ihn«, die Menschen erschaffen zu haben, die »Riesen« erzürnen ihn (aus 1 Moses 6, die »Engelsehe«), er rottet die Menschheit durch die Sintflut aus. Der Befehl zur Opferung Isaaks, der aber widerrufen wurde. »Gott führt Krieg wider Amalek«. Ka-Tzetnik macht eine Anmerkung: »daß der Herr streiten wird wider Amalek von Kind zu Kindeskind. 2 Moses 17,16«. (Ich ergänze: In 1 Samuel 14 sagt Gott über die Amalekiter: »tötet Mann und Weib, Kinder und Säuglinge«. Ähnlich 2 Moses 14. Ihre endgültige Ausrottung erfolgte erst durch David; er »ließ weder Mann noch Weib leben«. 1 Sam 27. Ebenso erging es den Ammonitern: David »legte sie unter eiserne Sägen und Zacken und eiserne Keile, und verbrannte sie in Ziegelöfen. So tat er mit allen Städten der Kinder Ammon« (2 Sam 12,31).

Der Junge wollte ein Soldat dieses herrlichen, siegreichen Kriegsgottes sein, ein Gotteskrieger. So entstand seine Identität, seine Kraft als Erwachsener: Er will einen Aufstand im Getto machen, noch auf dem Lastwagen in die Gaskammer will er den Rabbi zum Kampf überreden. In Auschwitz hat dann Gott die SS-Zeichen, trägt die SS-Mütze.

Dieser Gott ist der Gott der Sieger, jetzt eben der Gott der Deutschen, ein Gott der SS, ihr wahrer Oberbefehlshaber. Man könnte sagen, er ist ›Unser Herr von Auschwitz‹. Dieser Gott war immer schon ein Zerstörer, so bei der Sintflut, damals wurde Noah gerettet. Später wollte er Isaak von dessen eigenem Vater abschlachten lassen, ließ ihn aber doch noch retten. Jetzt wird der neue Isaak totgeschlagen. Gott scheint sein auserwähltes Volk vernichten zu wollen. Vevke wird im Himmel zu Satan, zum Kämpfer gegen Israel. Ka-Tzetnik versteht nicht. Immer wieder die Frage »Warum? Warum Auschwitz?«

Ka-Tzetnik ist kein gelehrter Theologe, sonst hätte er die Antwort gewußt: Gott nahm Hitler als »Zuchtrute«, um sein Volk für dessen Sünden zu strafen; Gott war gnädig, ließ Gnade vor Recht ergehen und einen Teil der Juden überleben. »Wir müssen bekennen, daß es der Gerechtigkeit entsprochen hätte, hätte Gott sein Volk gänzlich vernichtet, weil es die Worte seiner Thora geleugnet hat«. So der Rabbiner M. I. Hartom in dem Aufsatz »Unserer Sünden wegen« in dem Buch »Wolkensäule und Feuerschein – Jüdische Theologie des Holocaust«. Ähnlich der Rabbiner L. Maybaum; er läßt Gott sagen: »Hitler, mein Knecht«.

Schechina. Die weibliche Seite Gottes. Eine Todesgöttin

Die Schechina, der weibliche Aspekt Gottes, gibt es nicht in der Tora, aber in der Kabbala. Die Neshama, die Seele, stammt von der Schechina. Die Schechina ist eine gütige Mutter, als Todesmutter, eine Todesgöttin, Teil des Todesgottes YHWH. Kämpfernaturen wie Vevke und Ka-Tzetnik werden zu Nucleus; Menschen, die passiv den Tod erwarten, gelangen zur Schechina. Sie gibt einen guten Tod. Er ist mit dem Foto-Juden verbunden: ein schneller, schmerzloser Tod durch Erschießen: ein Wunsch Ka-Tzetniks?

EDMA. Gott der Rettung. Ein Lebensgott

Die Rettung erfolgt durch EDMA. EDMA wirkt wie ein Schutzgeist, ein Schutzengel. »Vier hebräische Buchstaben« – diese Wendung bedeutet sonst YHWH, den Namen Gottes, den man nicht aussprechen darf, was hier ähnlich ist als »nie verausgabter Schrei«. Ich denke EDMA ist auch ein Name Gottes, eines anderen Gottes, eines unbekannten Gottes. Todesgott YHWH, Lebensgott EDMA. YHWH außen, oben am Himmel; EDMA innen in Ka-Tzetnik, auf der Erde. EDMA war in ihm wohl schon immer da, er wußte es nur nicht, und tauchte dann bei der ersten Todesgefahr auf und auch bei allen folgenden. Am Ende geschieht die Heilung Ka-Tzetniks durch EDMA, indem er in den Feuersalamander und den Phönix verwandelt wird. Hier steht eine Anmerkung: »Der Salamander war in der griechischen Mythologie ein Geist, der sieben Jahre im Feuer lebt und dann aufersteht. Der Phoenix war in ägypt. Mythologie ein einsamer Vogel, der jahrhundertelang im Feuer lebt und sich dann verbrennt, nur um aufzuerstehen und erneut einen solchen Lebenskreis zu beginnen«.

Ich folgere, Ka-Tzetnik wird hier von EDMA in einen Nicht-Juden verwandelt. Wird er hellenisiert wie es mit vielen Juden nach Alexander dem Großen geschah? Oder wird er ein Ägypter, kehrt zurück in die Zeit vor Moses und tritt aus dem Judentum aus, wird zum Anhänger eines ägyptischen Gottes?

Salamander und Phönix könnten aus der Alchemie stammen, deren Symbole sich auch in der Kabbala finden. Fabricius schreibt, der Salamander im Feuer sei ein Symbol »der sexuellen Lustgefühle der menschlichen Erfahrung der Wiedergeburt«. Dafür »gibt es eine Erklärung: In der späten Phase der Schwangerschaft beschleunigt sich die hormonelle Produktion der Mutter«, was auf den Fötus einwirkt. Bei der Geburt gleitet er mit »geschwollenen Sexualorganen durch den Scheidenkanal, wo er sexuelle Lustgefühle verspüren mag«. – Wenn der Phönix seinen Tod nahen fühlt, baut er ein Nest,

das er durch die Sonne sich entzünden läßt; er verbrennt und ersteht neu, als
»unsterblicher Doppelgänger«. »Aus dieser Gestalt entstand auch die unendlich sich vermehrende Nachkommenschaft«. – Neue Zeugung, neue Geburt,
mit Geburtslust.

Christus. Symbol der Vernichtung und der Rettung

EDMA ist ein Fremdkörper in der jüdischen Religion. Ein anderer Fremd-
körper ist Christus, der mehrfach erscheint (erstaunlicherweise beim Juden
Ka-Tzetnik), und zwar in entscheidender Funktion. Der Jude des Fotos, das
für den Entschluß zur Therapie wichtig war, erscheint später in der Sitzung.
Diesem Juden wird vor dem Erschießen durch die fröhliche Landserhorde die
Dornenkrone aufgesetzt; beim Erschießen wird Ka-Tzetnik zu diesem Juden.
Vevke wird zuerst als Messias wahrgenommen, und zwar als Sohn Josephs,
danach ans Kreuz genagelt, dann totgeprügelt. Im Himmel wird er zum Messi-
as als Nucleus, er ist der Vorläufer von Ka-Tzetnik.

Jaga sieht zweimal Christus in ihm; sie rettet ihm das Leben. Sie küßt den
Saum seines Gebetsmantels (vgl. Mt. 14,36). Hier ist er nicht Christus als der
Gekreuzigte, auch nicht als der Verklärte, sondern als der Getaufte, im 1. Akt des
Dramas, der Ungekreuzigte. – Siegfried will ihn töten, gleichsam in den Himmel
schicken, tut es halb auch; Jaga holt ihn auf die Erde zurück. Sie sieht Christus,
also Jesus, den Heiler wohl, in Ka-Tzetnik, nicht den Gekreuzigten, bzw. den zur
Kreuzigung bestimmten (wie es die deutschen Männer tun). Die Männer reagieren mit Mordimpulsen auf Christus, als auf den Mann des Leidens, des Kreuzes,
das Opfer. Die Frau sieht den Getauften, den Ungekreuzigten, Kreuzlosen, den
Heiler, reagiert mit Bewunderung, Anbetung. Betete sie als Kind zu Jesus Christus? Hatte das Mädchen Mitleid mit dem Gekreuzigten gehabt und hatte ihn
retten wollen, zurückverwandeln in den Heiler? Dieser Impuls findet sich öfters
bei Frauen; Uta Ranke-Heinemann schreibt: »Was an uns liegt, sollten wir Jesus
vom Kreuz herabsteigen und weiterleben lassen«. (Sie wendet sich gegen die
deutschen Bischöfe, die beim Anblick des Gekreuzigten »kreuzfidel« werden,
was an die lachende deutsche Landserhorde gemahnt.) – Jedenfalls rettete Christus hier einem Juden in Auschwitz das Leben.

Deutet sich in diesem Christus im Ka-Tzetnik eine Entwicklung an vom
Gekreuzigten, bzw. Verklärten, zurück zum Getauften? So könnte man ja die
Gesamtentwicklung sehen, die Ka-Tzetnik durchläuft: Von YHWH zu
EDMA, vom Nucleus zum Phönix, also wie vom Feuergott des Moses und
Elias bei der Verklärung zurück zum Vogelgott der Taufe? Von Buddha aus:
Von Mara, dem Kriegsgott, der abgelehnt wurde, zu Brahma, dem Friedens-
gott, der angenommen wurde?

Der Phönix als Symbol der Neuzeugung als Selbstzeugung: Ka-Tzetnik wird sein eigener Vater. – Der Vater wird nur einmal erwähnt, als vergast. Die Stelle des Vaters scheint in Ka-Tzetnik in anderer Weise aufgefüllt worden zu sein.

Marisha, das Kindermädchen. Eine Nicht-Jüdin?

Warum sahen die Deutschen Christus in Ka-Tzetnik? War in ihm, in seinem Unbewußten, ein Bild von Jesus Christus, auf das sie, vom Unbewußten her, reagierten? Eissler erwähnt einen Fall, »wo eine infantile Regression merkwürdigerweise zur Lebensrettung führte. Ein alter Mann ging mit seinem Bündel im Zuge der für die Deportation Bestimmten zum Bahnhof, als er plötzlich sich an einen der begleitenden Polizisten wandte und sagte: ›Ich will nach Hause zu Mami‹. Der Beamte beschimpfte ihn, schlug ihn ins Gesicht und schrie ihn an, er solle sich fortscheren. Indem er so tat, als ob er den Gefangenen bestrafte, machte er die Flucht möglich, und der Alte war gerettet. Der infantile Ausspruch war nicht überlegt oder geplant gewesen, sondern erfolgte spontan. Es war eine Koinzidenz günstiger Faktoren. Ein plötzlicher Durchbruch einer aufrichtigen infantilen Regung, die mit einer Mitleidsreaktion im Gegner zusammenfiel. Wie weit solche ›Zufälle‹ schicksalhaft in der Gesamtexistenz verankert sind, wie weit hier gegenseitige Beeinflussungen im Unbewußten beider Partner vorliegen, ist unbekannt. Irgendwelche Schlüsse hiervon auf das Massenschicksal zu ziehen, wäre jedenfalls verfehlt«.

(Eissler ist kein Esoteriker, sondern ein Freudianer.)

YHWH kam ab vier in den Jungen hinein. Die einzige Erinnerung, die früher sein dürfte, ist das Kindermädchen Marisha mit dem Jahrmarkt und dem Zauberer, gleich am Anfang; sie mischt sich ein in die Bilder vom Rabbi der Schule, in das Licht und die Freude, bevor es dunkel wird. Marisha dürfte eine Koseform von Maria sein: War sie eine Christin, eine Polin, eine Deutsche, jedenfalls keine Jüdin? Der Junge dürfte zwei oder drei gewesen sein; sie hieß Maria – liebte sie das Kind? Sah sie ein Jesuskind – das noch nicht mit der Kreuzigung assoziiert war – in den Jungen hinein? Erhielt er eine zweite Identität, eine christliche, nicht-jüdische, somit nicht dem auserwählten Volk angehörige, sondern eine allgemein menschliche Identität? Er fragt sich, »was dies zu bedeuten hatte: ›Ich bin ein Mensch‹«. Ich meine: Ich bin kein Jude. Und so reagierte der Kommandant dann auf ihn: der Impuls, den Juden zu töten, ist nicht da. – EDMA erscheint auch, als er den SS-Mann an der Laderampe sieht, müde, fröstelnd, er möchte wohl noch lieber im Bett liegen, er wirkt menschlich, kreatürlich, er ist nicht in der Rolle des arischen Herrenmenschen, des Mörders. Ich denke, das EDMA-Ich, oder -Selbst, der

»Mensch« in ihm, war fähig, in dem SS-Mann den Menschen wahrzunehmen, beide sind »Söhne des Menschen«, also nicht des jeweiligen Gottes. Ich nehme an, daß in diesem Moment Hoffnung in Ka-Tzetnik aufkam, und damit die Suche nach Rettung und so die Entdeckung des Kohlenkastens. Der Schutzgeist war in ihm tätig.

Er hatte später zwei Selbste, zwei Beziehungsstrukturen, Ich und Du, in sich: Ich und YHWH, mit Auserwähltheit und Krieg; Ich und EDMA, mit Zauberer und Jahrmarkt (und, wie ich meine, der Phantasie der Neubelebung); dies zweite Ich ging m. E. auf Marisha zurück. Als Phoenix ist er das Kind von EDMA, sodaß EDMA ein Vogelgeist oder Vogelgott zu sein scheint; das erinnert an den Gott bzw. Geist als Taube bei der Taufe, an Buddhas Brahma als Wildgans, an Zeus als Schwan im »Faust«, doch nehme ich an, daß es sich um eine Göttin handelt, eben um eine ägyptische, die Himmelsgöttin Neith oder Nuth, die geflügelt ist, bzw. um Isis, die auch oft Flügel hat; ihr Sohn ist Horus, der Falkengott, der seinen toten Vater Osiris ersetzt. Vielleicht hat EDMA auch etwas zu tun mit der »oberen Schechina«, die Gershom Scholem in eins setzt mit Goethes »Ewig-Weiblichem«. EDMA wäre das Lichtwesen der Nahtoderfahrungen, bzw. die Muttergöttin Grofs.

Und diese zwei Selbste traten dann beim Nahtod aus seinem Körper heraus.

Der Zauberer. Ein Verwandler: Vom Juden zum Menschen Heimkehr nach Ägypten

Marisha hob ihn hoch, damit er den Zauberer sehen konnte. »Eine große Menschenmenge beobachtet den Zauberer, der sein Kunststück beginnt, indem er sich gewaltige Mengen Wasser in die Kehle gießt. Dann verschluckt er einen Haufen Frösche, und indem er einen Frosch nach dem anderen aus dem Mund zieht, kommt er zum großen Finale«. – Die Frösche verschwinden – sind sie tot, und werden dann lebendig wieder herausgeholt? Wie Jonas, der vom Walfisch verschlungen und dann wieder ausgespien wurde? Tod und Wiedergeburt? Der Tod ist kein Tod, sondern ein Durchgang zu einer neuen Geburt? Was empfand das Kind? Ich nehme an: Zuerst Angst, Erschrecken, dann Befreiung, Entzücken, Jubel, als »großes Finale«; Beifall der Menge, als Lachen, wie beim Witz: »Ersparter Aufwand wird abgelacht«. Wie bei der Erleuchtung im Zen. Ein Jester, ein Trickster, ein göttlicher Schelm, mit magischen Kräften, ein Todüberwinder. (Freuds Enkel mit seiner Garnrolle und dem Fort-Da-Spiel: Verlust und Wiedergewinnung – Todlosigkeit, Urvertrauen.) Stieg in dem Kind die eigene Geburt auf? Ich meine, die Jahrmarktsszene war eine Einweihung.

Später wurde der Junge mit der Bibel bekannt gemacht. Hier waren die Zauberer in Ägypten die Feinde des Moses, die er und Aaron als stärkere Zauberer mit Gottes Wundergabe besiegten. Aaron ließ Frösche als Plage aus dem Wasser kommen, die ganz Ägypten bedeckten. – Das Positive war negativ geworden, doch dafür gab es nun den gewaltigen Kriegsgott und sein Heer, das immer siegte. Aber dann schlug es um. Ka-Tzetnik erwähnt den Foltertod von Rabbi Akiba, die spanische Inquisition. Akiba rief Bar-Kochba 131 zum Messias aus, nachdem Hadrian die Beschneidung, das Zeichen der Auserwähltheit durch Gott, verboten hatte. Für die Beschneidung starben die Juden den Heldentod.

»In stolzer Trauer« gaben die deutschen Mütter den Heldentod ihrer Söhne für Hitler bekannt: »Adolf Hitler, unser geliebter Führer«. Was wollte der Führer? Die Vernichtung der Juden. Von heute aus gesehen: Die deutschen Soldaten starben den Heldentod für Auschwitz. –

Auschwitz – »unserer Sünden wegen«, schrieb der Rabbiner Hartom.

30 Jahre suchte Ka-Tzetnik im Unbewußten nach dem Ausweg: Die uralten Bilder luden sich auf, auch weiterhin mit der Bibel: Die Fleischtöpfe Ägyptens, zu denen das murrende Volk zurück wollte; das Goldene Kalb: Weg von dem Kriegsgott! Raus aus dem auserwählten Volk! Zurück nach Ägypten, in die Zeit vor Moses. Biographisch und historisch: Wie ein Phönix dort wiedergeboren werden, um sich mit dem Zauberer zu freuen, wie einst als Kind: »Wenn ihr nicht werdet wie die Kinder, könnt ihr nicht ins Reich Gottes kommen«.

Das Kind war zwei bis drei Jahre alt gewesen, Zeit des Erwachens der Intelligenz, der Neugier: Infantile Sexualforschung; sie pflegt ausgelöst zu werden durch die Geburt eines Geschwisters. War die Schwester Daniella geboren worden? Hatte man daher ein Kindermädchen eingestellt, das für den Jungen zu einer neuen Mutter wurde? –

Die Schwester Daniella hatte im KZ einen Fluchtversuch vorgetäuscht, um erschossen zu werden; sie hatte Gottes Verbot des Selbstmords übertreten. Am Ende tut Ka-Tzetnik das Gleiche, als er sich, d. h. den Märtyrer, sterben läßt. War die Schwester zu einer Ariadne geworden, die dem Bruder Minotaurus den Ausweg aus dem Labyrinth zeigte? –

»Ich lasse los« – den Menschen, der 30 Jahre im »selbstgeschaffenen Auschwitz« in seinem Innern gelebt hatte, mit seiner zweifachen Bindung an den Gott Jehovahh, im Unbewußten als Messias und im Bewußtsein als Märtyrer. Ich lasse meine Auserwähltheit durch Gott los. Ich trete aus dem auserwählten Volk aus. Ich gehe vom Gott der Toten zum Gott der Lebenden.

In Kafkas Erzählung »In der Strafkolonie« ist das Gesetz eine Maschine; wer gegen das Gesetz verstößt, der wird in die Maschine gelegt, die ihm das

Gesetz in die Haut einstanzt und ihn in einen blutigen Klumpen Fleisch verwandelt. Am Ende legt der Offizier sich selbst hinein, wird zerfleischt, und dann löst sich die Maschine auf. Der Offizier wollte die Ekstase spüren – die Todeserfahrung als Lust, als Transzendenz – als Vereinigung mit Gott? Das alles sieht ein Reisender. Ist er der Autor, der sich diese Phantasie erlaubt? Die Maschine – die das Gesetz verkörpert – wurde erfunden vom alten Kommandanten, der schon tot ist; das Reich des Gesetzes ist eine Strafkolonie. Ahnte Kafka, was kommen wird? Das Reich Gottes als Auschwitz? Wollte Kafka daraus entkommen? Seine Schwestern kamen darin um.

Im Aufsatz »Zur Judenfrage« schrieb der junge Marx, selbst ein Jude von der »Emanzipation des Juden zum Menschen«.

Vor seinem Tod stieß Moses die berühmten Flüche gegen sein Volk am Berg Ebal aus: Wer abtrünnig wird, wer aus dem Volk Gottes austritt, wird zum Kannibalen werden, der seine eigenen Kinder fressen muß (5 Moses 21, 15ff.). Eissler schrieb darüber im Zusammenhang mit dem Atomkrieg.

Otto Rank, der mit 20 nach Depressionen und Selbstmordplänen aus dem Judentum ausgetreten war, schrieb 1939 in seinem letzten Buch: »Alle Kämpfe gehen nicht um das biologische Überleben, sondern um ein ewiges Überleben, um die Unsterblichkeit. Letztlich geht es darum: Wer ist das auserwählte Volk, das alle anderen überleben wird«. »Der jüdische Gott ist ein Gott der Strafe und der Rache«. Die jüdische Religion ist »die Religion des Hasses«. »Der Jude lebte von seiner Ideologie des Unterschieds und des Hasses, die gegenwärtig im Stammesfanatismus der Nazis wiederbelebt worden ist«. »Sieger pflegen die Zivilisation ihrer Opfer zu übernehmen, so wie heute die Deutschen die jüdische Ideologie des auserwählten Volkes vorführen«. Das ist freilich nur halb richtig. Die Nazis hatten ihre eigene Tradition der Auserwähltheit, die arische, die auf die Bhagavat Gita zurückgeht. Dazu paßt Freuds Ansicht über den Antisemitismus: Er finde sich vor allem bei Völkern, die »durch blutigen Zwang« zu Christen wurden; im Kern seien »sie geblieben, was ihre Ahnen waren, die einem barbarischen Polytheismus huldigten. Sie haben den Groll gegen die neue, ihnen aufgedrängte Religion nicht überwunden, aber sie haben ihn auf die Quelle verschoben, von der das Christentum zu ihnen kam«. »Ihr Judenhaß ist im Grunde Christenhaß«. Eine Parallele ist Jungs Ansicht, der 1936 schrieb, in den Deutschen sei Wotan erwacht.

In dem schon erwähnten Buch »Wolkensäule und Feuerschein – Jüdische Theologie des Holocaust« schreibt der Rabbiner R. L. Rubinstein: »Die deutsche Katastrophe war meiner Ansicht nach weitgehend dem Umstand zuzuschreiben, daß der Nazismus nie ein echtes Heidentum, sondern eine Art von jüdisch-christlicher Häresie war. Sartre behauptet, daß der Priester, der eine schwarze Messe feiert und dadurch christlichen Glauben und Ritus in ihr

Gegenteil verkehrt, dem Christentum keineswegs gleichgültig gegenübersteht, wie das bei einem echten Heiden der Fall sein kann. – Ich bin Heide. Heide zu sein, bedeutet, noch einmal zu seinem Ursprung als Kind der Erde zurückzukehren und seine Existenz als eine ganz und gar irdische zu verstehen. Es bedeutet, wieder zu erkennen, daß die wahren Gottheiten des Menschen die Götter der Erde sind, nicht die Hochgötter des Himmels...Man muß leider zur Kenntnis nehmen, daß die rührenden Versuche der Judengemeinde, die sechs Millionen als Märtyrer zu betrachten, eine tragische, wenn auch verständliche Fehlauffassung ist«.

»Die Geburtswehen meiner Verwandlung«

»Vorwort und Nachwort« beginnt: »Ich war wie ein vom Blitz getroffener Baum, ich stand in Flammen und brannte«. Er hatte nun »die Pflicht zu überleben als Zeuge in dem Prozeß Gott contra Satan – dieser Prozeß, der im Herzen des Menschen verhandelt wird«. »Wo immer Menschen sind, da ist Auschwitz. Nicht Satan hat den Nucleus geschaffen, sondern du und ich«. Dieser Satz eines Juden in Israel – dieser Satz am Ende des Buches – ist reich an Bedeutung. Gott als der Schöpfer, Gott als der Zerstörer – Satan ist ein Teil von Gott; bei Hiob ist er Gottes Werkzeug. (Jung schrieb darüber in seinem Buch »Antwort auf Hiob«. Die »Ideen Jungs« werden von Ka-Tzetnik erwähnt.).

»Ich stehe auf der anderen Seite der Pforte der Wahrnehmung, und ich bin mir der Umwälzung in meinem Inneren bewußt«. »Alles Innere, jetzt außen. Ich kann die Geburtswehen meiner Verwandlung dankbarer akzeptieren«. Er ist unfähig zu schreiben, arbeitet in einem Orangenhain und findet Trost, »wenn meine Propfreiser sich mit dem Baum verbinden – wie befruchtender Samen mit einem Schoß«. Er gleicht »der stumpfen Kreatur in ihrer Höhle, ihr Ungeborenes regt sich in ihrem Leib – ein Geschöpf, das aus dem Gefängnis ausbrechen will, aber den Durchgang versperrt findet«.

»Immer wieder überlege ich: vielleicht hätte ich nicht das Schicksal herausfordern sollen, indem ich versuchte, das Drehbuch meines Lebens umzuschreiben. Vielleicht hätte ich niemals den Weg nach En-Dor antreten sollen, hätte nie LSD nehmen sollen, um das Geheimnis zu beschwören, das eine Hand, nach eigenem Ratschluß, fürsorglich vor mir verbergen wollte«.

Verwandlung der Identität. Saul, der erste Messias, war nicht hart genug, er tötete nicht den gefangenen König der Amalekiter, wie es Gott befohlen hatte. Samuel schlug ihm dann den Kopf ab. Gott verstieß Saul. Dieser suchte Rat bei einer heidnischen Wahrsagerin in En-Dor, er blieb depressiv und beging schließlich Selbstmord. Hatte Ka-Tzetnik eine bessere Wahrsagerin gehabt? War es Marisha gewesen?

Nach 10 Jahren entsteht das Buch. Er ruft Nike an: »Nike, es ist passiert«. Was ist passiert? Am Ende der 5. Sitzung schreit er zu EDMA, verbrennt und wird zum Phönix. Es ist der »Flammentod« Goethes, die »höhere Begattung«, die Neuzeugung. Danach ist er wie ein Baum, der in Flammen steht. Wie bei Jünger ist es das Feuer der Befruchtung; bei Jünger erscheint dann Frigga, die Große Mutter. Die folgenden 10 Jahre sind eine Schwangerschaft. Was am Ende »passiert«, ist die Geburt. Als es »passiert« ist, denkt er an Nike, sie taucht vor seinem geistigen Auge auf. Sie ersetzt die Mutter der Geburt, so wie es in »Heliopolis« Budur für Lucius tat.

Im kreativen Akt, in der Entstehung des Buches »Shivitti«, hat der Autor die Rolle der Mutter, die das Kind gebiert. Zugleich gebiert er das Kind auch für die eigentliche Mutter, er macht es ihr zum Geschenk. Aber es geht um eine Wiedergeburt und damit ist eine neue Mutter gegeben.

Als Ka-Tzetnik Vevke sieht, der zum Messias Nucleusgeworden ist, hört er eine Stimme: »Du Menschenkind, iß diesen Brief!« Der Satz ist, erweitert, das Motto zu TOR FÜNF: »Du Menschenkind, iß diesen Brief. Da tat ich meinen Mund auf und er gab mir den Brief zu essen«. (Hesekiel 3, 1–2) Gott gab dem Propheten Hesekiel einen Brief zu essen; er solle dem Hause Israel predigen. »Da aß ich ihn, und er war in meinem Mund so süß wie Honig«. Der Wind hob Hesekiel auf, »und des Herrn Hand hielt mich fest«. – Orale Symbolik. Gab Marisha Worte, süß wie Honig? Das Kind lernte sprechen. Nun erscheinen diese Worte wieder, als das Buch »Shivitti«; es ist ein Liebesbrief, urspünglich an Marisha, jetzt an Nike. Über dem Autornamen steht EDMA – es ist, als habe er das YHWH aus dem Shivitti entfernt und eben durch EDMA ersetzt. Soll Ka-Tzetnik dem Hause Israel den neuen Gott EDMA predigen?

Wäre das in den beiden Sitzungen herausgekommen, die Bastiaans noch für nötig hielt? Hätte er dann auch sein Pseudonym Ka-Tzetnik abgelegt, das ihn immer noch mit der Vergangenheit verband? Er hätte den heilenden Satz »Ich lasse los« vollständig verwirklicht.

Die letzte Frage: Was heilt?
»Lassen Sie mich ein, Herr De-Nur!«

Im abschließenden Teil, »Das Wort des Arztes«, schreibt Bastiaans: »Ich pflege meinen Patienten zu erklären, daß die Behandlung, die ich biete, eine Wiederbelebung der Hölle ihres Jahrzehnte alten Traumas bedeutet – mit einem Unterschied: Diesmal gehen sie nicht allein in das Inferno«. – Bei der ersten Besprechung mit Bastiaans hatte Ka-Tzetnik gesagt, »daß ich nicht als Patient gekommen bin, sondern weil ich erfuhr, daß Sie den Schlüssel zu diesem Tor besitzen, durch das ich einzutreten versuche. Also, bitte, schließen Sie mir das Tor auf, doch sobald ich drinnen bin, hoffe ich, daß Sie mich allein lassen werden, mit mir selbst«. – Ein Unerreichter, Unberührter (mit Ammon zu sprechen), der zusammen mit seinem Todesgott und der toten Mutter im Himmel thront, in einer toten Symbiose, in der Festung des Autismus, die aus dem Schmerzkrampf entstand? Autistisch – mit Gott? Der Märtyrer als Messias: Größen-Selbst, Größenwahn, kompensatorischer Narzißmus ?

In der 1. Sitzung hat Ka-Tzetnik das Gefühl zu ersticken. Jetzt sagt Bastiaans: »Was fühlen Sie? Lassen Sie mich ein«. Am Ende berührt er ihn, holt ihn zurück, erklärt dann: »Hätte ich Sie vorhin nicht berührt, hätte ich Sie vielleicht nie mehr zurückbringen können. Ich muß Sie begleiten, mit ihnen durch einen dünnen Faden Verbindung halten«. Immer wieder sagt Bastiaans: »Was sehen Sie?« Auch: »Was macht Ihnen Angst?« – Bastiaans hat eine hellsichtige Wahrnehmung. Hinzu kommt sein Engagement: Er las die Bücher Ka-Tzetniks, um ihn besser verstehen zu können, fand so die Wichtigkeit des Kohlenkastens; diese Deutung war wichtig bis zuletzt, als Symbol der Wiedergeburt. Bastiaans holte auch einen Orientalisten hinzu, wegen der Sprache.

Bastiaans schreibt noch: »Nachdem Herrn De-Nurs Behandlung abgeschlossen war, hatten wir jahrelang keinen Kontakt, aber in dieser Zeit sammelten sich erneut seine schöpferischen Kräfte«. »Wie ergreifend jener Moment, als er, zehn Jahre später, seine Selbstbehandlung mit der Aufzeichnung dieses Buches beschließend, seine Frau über zwei Meere hinweg anruft und weinend verkündet: ›Nike, es ist passiert‹«. »Mit großer Bewunderung für die De-Nurs beglückwünsche ich sie zu dem Erfolg, das Wesen dieses therapeutischen Weges genau herausgearbeitet zu haben. Damit ermöglichen sie allen Lesern – denn wir alle sind Opfer des Krieges – sich die Dimensionen und auch den Kern unseres menschlichen Lebens bewußt zu machen«.

»Dein Leiden ist vorbei, Lieber!«

Was Bastiaans hier andeutet, ist die wesentliche Rolle, die Nike spielte. Sie hatte Ka-Tzetniks erstes Buch gelesen und ihn ein Jahr gesucht. »Sie sah es als ihre Aufgabe, ihm etwas Lebensfreude einzuflößen«. »Nie werde ich vergessen...wie sie meine Alpträume still ertrug«, »ihre Augen flossen über vor unausgesprochener Angst und vor Mitleid«. Als Nike (wohl durch Grof, der in Esalen war; er erwähnt Bastiaans und auch Ka-Tzetnik) von Bastiaans erfahren hatte, sagte sie: »Dein Leiden ist vorbei, Lieber!« »Wie gut verstand ich ihre Begeisterung! Aller Schmerz ihres Mitgefühls, die unterdrückte Qual, die sie so viele Jahre in ihrem Innern erstickt hatte, verwandelte sich jetzt, bei der Aussicht auf meine Erlösung, in übersprudelnde Freude«. Sie schickte ihm

Bücher über LSD, die für ihn nur die eine Botschaft enthielten: »Nikes Schmerz. Den Schmerz eines geliebten Menschen, manchmal schwerer zu ertragen als der eigene«.

Es war ihre Liebe, die ihn im Leben hielt.

12. Kapitel

Pablo Picasso: Totgeburt und Selbstzeugung. Neugeburt. – Große Mutter, Göttin der Aufklärung

Die GUERNICA-Serie (1937) KRIEG UND FRIEDEN (1952)

»Wir werden nicht geboren, wir erschaffen uns«.
Picasso in Gottfried Benns Drama
»Der Vermessungsdirigent« (1916)

Einleitung
GUERNICA. Verfremdung des Stierkampfs. Katastrophe als Rettung. Zerstörung und Neuaufbau

GUERNICA weist auf die Zerstörung der spanischen Stadt durch Hitlers Bomber. Das Bild, acht Meter breit, fast vier Meter hoch, scheint die Wirkung der Bomben zu zeigen: ein Chaos deformierter Figuren – Picassos Stil.

Das Bild ist von rechts nach links zu lesen. Rechts oben Flammen eines brennenden Hauses, aus dessen Fenster eine schreiende Frau fällt. Unter ihr läuft aus dem Haus eine Frau, über der eine Frau mit einem Hut aus einem Fenster sieht und eine Lampe zum Hals eines schreienden Pferdes hinhält; um den Arm der Frau eine zackige Lichtfläche. Im Pferd steckt oben eine Lanze, deren Spitze an seinem Bauch herauskommt; am Rücken hat es eine große Wunde. Über dem Kopf des Pferdes eine Deckenlampe mit einer Glühbirne. Unter den Hufen des Pferdes liegt ein toter Mann mit einem abgebrochenen Schwert. Links steht ein Stier, neben ihm ein Vogel auf einem Tisch. Unter dem Stier sitzt eine schreiende Frau, die ein totes Kind hält.

So geht die Bewegung, Dynamik, Dramatik des Bildes von den Flammen aus, von der Wirkung der Bombe, setzt sich mit der Lichtfrau und der mit ihr verbundenen Lichtfläche fort, hin zum sterbenden Pferd und dem toten Mann und weiter bis zur Frau mit dem toten Kind und schließlich zum Stier. Er ist gerade hereingekommen, steht noch auf der Schwelle, ist von dem Geschehen nicht betroffen.

Picasso hat das Szenarium des Stierkampfes umgebaut: Nicht der Stier wurde vom Mann – hier sowohl Torero wie Picador – getötet, und auch der Stier tötete nicht den Mann und verletzte nicht das Pferd, sondern der Mann bohrte die Lanze ins Pferd und hieb es mit dem Schwert, und dann zertrampelte das Pferd den Mann. Die Explosion der Bombe, deren Wirkung sich in der Lichtfrau fortzusetzen scheint, wurde zur Katastrophe für Mann und Pferd, auch für die drei unteren Frauen, und diese Katastrophe rettete den Stier.

Picasso zerlegte den Stierkampf in seine Elemente und setzte diese auf neue Weise zusammen. Es ist das Prinzip des Kubismus, hier auf ein Thema, ein Sujet, einen Inhalt angewendet. Man könnte sagen, Picasso verfremdete den Stierkampf: Das Bekannte, Überkommene, Selbstverständliche, also die Tötung des Stiers, die Verletzung des Pferds, manchmal auch die Tötung des Stierkämpfers, wurde verkehrt, verfremdet, zu einer Weise, die nicht vorkommt. Ein Paradox, das Gegenteil des Üblichen, es bewirkt einen Schock, erzeugt Staunen.

Der Stierkampf geht zurück auf ein Opferritual: Der christliche Lichtheld opferte den Stier, Symbol der Natur, des Bösen. In GUERNICA ist es umgekehrt. Der Opferer, der Schlächter, ist tot, das Opfer lebt.

Das Opfer hängt zusammen mit der Geburt, es ist ihre Rückgängigmachung.

War die Verfremdung, die Picasso vornahm, eine bewußt geplante Konstruktion? Ihr Ursprung wird ein Einfall gewesen sein, eine Phantasie, ein Tagtraum; er entstammt wie der Traum dem Unbewußten. Um Picassos Phantasie zu verstehen, bräuchten wir seine Assoziationen. Assoziationen führen zum Ursprung des Traums, zu seiner Entstehung, zum Wunsch, der sich in der Traumerzählung erfüllt.

Wir können Picasso nicht assoziieren lassen, doch hat er die Entstehung des Bildes dokumentiert. Er numerierte und datierte die Skizzen; nachdem er das Sujet auf die große Leinwand übertragen hatte, ließ er von sieben Zuständen der Arbeit an ihr Fotos machen. Die Skizzen und die Fotos wurden zusammen mit der Endfassung ausgestellt. Ich nehme an, Picasso wollte, daß der Betrachter das Bild mit Hilfe der Skizzen und Fotos versteht. Aus Äußerungen Picassos ergibt sich, daß sie als einheitliche Serie zu lesen sind, als Bildererzählung in der Art eines Comicstrips.

Ich werde diese Serie interpretieren, um so zum Verständnis des Bildes zu gelangen. Vorher werde ich Picassos Leben, die Entwicklung bis zu GUERNICA vorführen.

Es geht um Zerstörung und Neuaufbau, die Grundfigur der Zeugung, der Geburt und auch des kreativen Aktes.

1. Totgeburt und Selbstzeugung. Die GUERNICA-Serie

Der Weg zu GUERNICA

Picasso schien totgeboren, die Hebamme gab ihn auf und legte ihn weg. Da besah der Bruder des Vaters das leblose Kind und blies ihm den Rauch seiner Zigarre ins Gesicht. Nun erwachte das Kind »›mit wutverzerrtem Gesicht und Gebrüll‹«. Als Picasso drei Jahre alt war, wurde während eines Erdbebens seine Schwester Lola geboren, was, nach Ansicht von Mary M. Gedo, Kunsthistorikerin und Psychotherapeutin, der Junge mit ansah. Ich denke, daß dabei eine Erinnerung an die eigene Geburt in Picasso aufstieg. Bald nach der Geburt der Schwester begann der Vater den Jungen zu den Stierkämpfen mitzunehmen. Gedo meint, die aufgeschlitzten Pferdebäuche hätten sich mit der Geburt Lolas verknüpft. Der Junge habe sich mit dem Stier identifiziert, auch schließlich geglaubt, er selbst hätte das Erdbeben verursacht, als »eine Art Schiwa, der Gott des Zerstörens und des Erschaffens«. Ich nehme an, daß in jener Zeit die fromme Mutter ihn mit dem Gekreuzigten bekannt machte. Die Geburt der Schwester und die eigene Geburt verknüpften sich m. E. also sowohl mit dem Stierkampf wie mit der Kreuzigung.

Mit 19 ging Picasso nach Paris, malte dann die Bilder seiner Blauen und Rosa Periode. 1905 lernte er Fernande Olivier und Guillaume Apollinaire kennen, einen Dichter in der Tradition von Baudelaire und Rimbaud. Durch Opium und Haschisch erlebten sie zusammen ekstatische Zustände; die Bedeutung dieser Erfahrungen für Picasso hat man erst kürzlich wahrgenommen. Es war eine entheogene Initiation, aus der ein psychoaktiver Stil entstehen wird. In dieser Zeit begann Picasso die Revolution der modernen Kunst. (Die gescheiterte russische Revolution von 1905 wirkte ein.) Er entwickelt zuerst kantige Formen, dann regen ihn Negermasken an: 1907 »LES DEMOISELLES D'AVIGNON«, fünf Huren in einem Bordell – Initiationsmasken: Wiedergeburtsmütter. Dann entsteht der Kubismus: Picasso zerlegt die Oberfläche der Erscheinungen in Elemente und setzt diese neu zusammen. Nun ist es, als werde im Äußeren das Innere sichtbar. Es waren rein formale Experimente, ohne neuen Inhalt. Ab 1915 malte er wieder klassizistisch. Apollinaire war im Krieg; er starb 1918 an den Folgen einer Verwundung. 1917 heiratete Picasso die Ballettänzerin Olga, eine russische Aristokratin. Anfang der 20er Jahre traf Picasso den Surrealisten André Breton, der Picassos Kubismus bewunderte und dessen Wesen verstand. Nun entwickelte Picasso einen neuen, einen surrealistischen Kubismus, der Inhalte hat. Ein Selbstporträt zeigt im Innern des Schädels eine Vagina dentata: Die Scheide der Totgeburt. Das Motiv erscheint auch als Gottesanbeterin, das

Insekt, das bei der Paarung das Männchen auffrißt, beginnend mit dem Kopf.

Jung schrieb 1932 über Picasso, seine Malerei sei »symbolisch«, ihre »Inhalte« kämen von »Innen«, aus der »unbewußten Psyche«, und zwar gehörten sie nicht zur »neurotischen«, sondern zur »schizophrenen Gruppe«. Später hätte Jung gesagt, sie entstammten nicht dem individuellen, sondern dem kollektiven Unbewußten mit den Archetypen; in meinen Begriffen: nicht dem nachgeburtlichen, sondern dem geburtlichen und vorgeburtlichen Unbewußten. Jung schrieb auch, Picasso befinde sich auf dem »Abstieg ins Unbewußte«, wie Odysseus auf der »Hadesfahrt« (im 11. Gesang, wo er dann dem Geist seiner toten Mutter begegnet) oder wie Faust auf dem Gang ins »Reich der Mütter«. Picassos inneres Drama nähere sich dem Höhepunkt, der Vereinigung der Gegensätze.

1927 beginnt die Liebesgeschichte mit Marie-Thérèse. 1929 macht Picasso Skizzen der Kreuzigung: Der Hauptmann Longinus sticht den Gekreuzigten Christus in die Brust; die Wunde sieht wie eine Vagina aus: Ein homosexueller Koitus. Die nackte Magdalena umarmt den Unterleib von Christus: Auf die homosexuelle Neuzeugung folgt eine heterosexuelle Erfahrung.

In der KREUZIGUNG von 1930 ist der Hauptmann winzig geworden, nun ist Maria da, als riesiges Maul der Gottesanbeterin, und beißt Jesus in die Brust. Rechts Magdalena, in sexueller Ekstase tanzend, will Jesus erregen, um ihn auferstehen zu lassen. Durch Breton und Eluard kannte Picasso »Das Trauma der Geburt« Otto Ranks, der die Kreuzigung als Wiederholung der Geburt verstand. Picasso macht daraus die Abfolge von Geburtstod und Wiederbelebung durch den Geburtsorgasmus. (Wieder eine Verfremdung.)

Im April 1935 entsteht die MINOTAUROMACHIE. Der Minotaurus kommt aus dem Meer, vor sich ein Pferd mit aufgeschlitztem Bauch, darauf eine wie schlafende Torera mit nackten Brüsten, die dem Minotaurus ihren Degen hinreicht. Vor dem Pferd ein Mädchen mit einer Kerze. Links ein Mann mit Lendentuch, der eine Leiter hochsteigt. – Das Mädchen ist Ariadne, sie hat ihren Halbbruder, den Minotaurus, aus dem Labyrinth gerettet. (Auch eine Verfremdung, eine Umkehrung.) Er sieht nun die Geburt, die der Schwester: Sie zeigt ihm ihre eigene Geburt: er soll es nachmachen. Aber er hat Angst, will es nicht sehen; er ist schwach. Der Mann mit dem Lendentuch ist Christus, der zur Kreuzigung steigt, um sich vom Vater neu zeugen zu lassen, um dann selbst zeugen zu können und dem Minotaurus die Zeugungskraft zu geben. (In der KREUZIGUNG von 1930 stieg ein Mann eine Leiter zum Kreuz hinauf, um die Nägel einzuschlagen.)

Nach der MINOTAUROMACHIE geriet Picassos in eine große Krise, er konnte nicht mehr malen, eine Lähmung seiner Kreativität. Im Januar 1936 beginnt die Freundschaft mit dem Dichter Paul Eluard, ein Surrealist und Kommunist, der Picasso verehrt, vergöttert. Eluard schreibt Gedichte an

Picasso, die dieser illustriert. »Picasso umgab ein Gedicht voller lyrischem Optimismus mit einer Atmosphäre feuriger, verliebter Freude«, schrieb Roland Penrose. Durch Eluard lernt Picasso auch seine neue Geliebte kennen, Dora Maar, Malerin, Photographin, Surrealistin und engagierte Linke. Im Juni 1936 macht Picasso einen Entwurf für den Bühnenvorhang zum Stück »Der 14. Juli« von Romain Rolland: Die sich verbrüdernde Menge feiert den Sieg, mehrere Gestalten recken Hammer und Sichel, z. T. an den Griffen verbunden, eine Erfindung Picassos. Unten ist eine große Frau, sie feuert an: Eine allegorische Figur, Symbol der Revolution.

Im Juli beginnt der Militärputsch Francos gegen die gewählte Regierung; er vertritt die Interessen von Militär, Kirche und Großgrundbesitz und will eine faschistische Diktatur errichten. Picasso, bis dahin unpolitisch, nimmt öffentlich gegen Franco Stellung. Im Januar 1937 erhält er von der Regierung den Auftrag, für die Weltausstellung im Sommer ein großes Wandbild zu malen. Nun entsteht die Grafikserie TRAUM UND LÜGE FRANCOS: Franco als christlicher Ritter, der seinem Pferd den Bauch aufgeschlitzt hat; als Bischof, der das Geld anbetet usw. Am Ende ist er mit dem Pferd zu einem Zentauren verwachsen. Ein Stier stößt ihn nieder und schlitzt ihm den Bauch auf.

Am 18. April macht Picasso einen Entwurf für das Wandbild: Eine Frau malt eine liegende Frau. Am nächsten Tag malt sie einen Redner mit erhobener Faust, die Hammer und Sichel hält: ein kommunistischer Agitator. Dessen Archetyp war Lenin, der nun aber Symbole der Arbeit, des Friedens trägt. Im Atelier ist noch ein Arm mit der Faust mit Hammer und Sichel. Die Malerin ist eine Allegorie, »die Verkörperung der Malerei«, schreibt Ludwig Ullmann. Ich denke, sie ist Picassos Muse, die Große Mutter, die in Picassos Unbewußtem ein Kind erschafft, einen Revolutionär.

Am 26. April wird Guernica bombardiert. Ab dem 28. 4. bringen die Zeitungen die Nachrichten, dazu Fotos der Zerstörung und der Leichen, vor allem Frauen und Kinder.

Am 1. Mai beginnt Picasso mit der Arbeit an dem Bild, das die Regierung bestellt hatte. Vom 1. – 10. Mai macht er Skizzen, dann überträgt er das Sujet auf eine Leinwand, 8 m breit, 3,7 m hoch. Anfang Juni ist das Bild fertig.

Gemälde sind »Forschung« für »eine Wissenschaft vom Menschen«

Picasso sagte einige Jahre nach GUERNICA: »Gemälde sind nur Forschung und Experiment. Niemals male ich ein Bild als ein Kunstwerk. Es sind alles Forschungsarbeiten. Ich forsche ständig und in all diesen Forschungen ist eine logische Reihenfolge. Daher numeriere ich sie. Es ist ein Experiment in der Zeit. Ich numeriere und datiere sie. Vielleicht ist mir eines Tages jemand dankbar dafür«.

»Warum, glauben Sie, datiere ich alles, was ich mache? Weil es nicht genügt, die Arbeiten eines Künstlers zu kennen, man muß auch wissen, wann, warum, wie und unter welchen Bedingungen er sie schuf. Es wird sicher eines Tages eine Wissenschaft geben, vielleicht wird man sie die Wissenschaft vom Menschen nennen, die sich mit dem schöpferischen Menschen befaßt, um neue Erkenntnisse über den Menschen im allgemeinen zu gewinnen... Ich denke oft an diese Wissenschaft, und es ist mir wichtig, der Nachwelt eine möglichst vollständige Dokumentation zu hinterlassen... Nun wissen Sie, warum ich alles, was ich mache, datiere«.

Die Serie als »Traum«

In einem Interview von 1935 sagte Picasso: »Es wäre sehr interessant, in Photographien nicht die Stadien, sondern die Metamorphosen eines Bildes festzuhalten. Möglicherweise könnte man dann den Weg ausfindig machen, dem das Gehirn folgt, wenn es einem Traum greifbare Gestalt verleiht. Eines allerdings ist sehr sonderbar – festzustellen, daß sich das Bild im Grunde gar nicht verändert, daß die erste Vision dem äußeren Anschein zum Trotz fast intakt bleibt«.

Ich nehme an, daß Picasso diese Idee bei der Entstehung von GUERNICA verwirklichte.

Picasso hatte 1932 Ovids »Metamorphosen« illustriert. In der Biologie bedeutet das Wort den Wandel der Gestalt im Prozeß des Wachstums. Goethe schrieb »Die Metamorphose der Pflanzen«. In der Alchemie sind es die Wandlungen, die der Homunculus, der Embryo, bei seiner Entstehung durchläuft; sie wird in Bilderserien dargestellt. Picassos Serie ist ähnlich.

Der Inhalt des Traums: »Geburt, Schwangerschaft, Mord...«

André Malraux berichtet: »Bevor GUERNICA 1937 in den Pavillon der Spanischen Republik der Weltausstellung gebracht wurde, hatte ich zu Picasso gesagt, »Wir halten nicht sehr viel von gegenständlichen Bildinhalten, aber

Sie müssen zugeben, daß diesmal der Bildinhalt Ihnen sehr dienlich war«. Er erwiderte, er halte in der Tat nicht viel von gegenständlichen Bildinhalten, aber von Themen – solange sie symbolisch ausgedrückt werden. Als Themen nannte er (ich zitiere) Geburt, Schwangerschaft, Mord, das Paar, Tod, Rebellion, und, vielleicht, den Kuß«.

Ich beziehe diese Äußerung Picassos auf GUERNICA. Die Figuren sind Symbole, die Geburt, Schwangerschaft usw. ausdrücken.

Ein Traum entstammt dem Unbewußten des Träumers.

Die GUERNICA-Serie zeigt vom 1. – 8. Mai die Totgeburt, dann beginnt die Neubelebung, die zur Selbstzeugung führt. Die Serie zeigt die einstigen Vorgänge auf kubistische Weise, von außen und von innen – doch umgebaut, erfüllt mit der Energie, die der erwachsene Picasso in sie einleiten konnte.

Die GUERNICA-Serie

Totgeburt. Empfängnistrauma, Inzestliebe

1. Mai. Sechs Skizzen, mit römischen Zahlen numeriert.

1. Mai I

I. Eine Frau mit einer Lampe sieht aus einem Haus an einer Stierkampfarena. Das Haus brennt innen (was erst in VI deutlich wird). Ein auf dem Rücken liegendes Pferd, das ein Bein in die Höhe streckt. Ein Mann liegt auf dem Boden. Ein nach links weggehender Stier, auf dessen Rücken gerade ein Vogel herabkommt.

335

1. Mai II

II. Dies Blatt enthält zwei Skizzen. Oben deutet sich das Gleiche wie in I an. Unten der Stier, auf dessen Rücken nun ein kleines geflügeltes Pferd mit Zaum und Sattel sitzt. Das Pferd ist jetzt links vom Stier, nicht mehr auf dem Rücken, sondern aufrecht, Vorderbeine eingeknickt, Hinterbeine langgestreckt, Hals und Kopf nach oben gereckt.

1. Mai III

III. Kein Stier. Oben rechts die Frau mit der Lampe, jetzt deutlich erkennbar, stark bewegt, heraussehend, den mächtigen Arm vorstreckend. Die Lampe weist auf das Pferd links, es ist zusammengeknickt (wie in II), jetzt hinten mit einer eckigen Öffnung, aus der etwas herauszufallen scheint. Unten links ein Pferd, wie in Krämpfen. In der Mitte ein pferdeartiges Wesen, aus dessen Bauch etwas Quirliges herauskommt. Rechts noch ein pferdeartiges Wesen. - Die drei unteren Pferdewesen wirken wie Kindergekritzel.

1. Mai IV

IV. Ein Pferd mit dickem Bauch. - Kindlich gezeichnet.

1. Mai V

V. Ein niederbrechendes Pferd. - Realistische Zeichnung

1. Mai VI

VI. Das Haus hat mehrere Fenster, aus dem mittleren Fenster die Lichtfrau, mit Brüsten jetzt; über ihr kommen Flammen aus dem Haus. Ihr Kopf wirkt wie eine Maske. Der Stier, nach links sehend, mit Blumen um den Hörnern. Vor dem Stier das Pferd, die Hinterbeine am Boden, die Vorderbeine aufgestützt, mit hochgerecktem Hals und Kopf; es hat eine Wunde am Bauch, aus der ein geflügeltes Pferdchen herauskommt. Das Pferd sieht die Lichtträgerin an, die das Pferd ansieht. Unter dem Pferd liegt ein Mann, wohl tot, mit einem antiken Helm und einer Lanze. Der Stier steigt mit den Hinterbeinen über den Mann hinweg. Die Vorderhufe des Pferdes sind auch über dem Mann. – Klare Zeichnung, ziemlich realistisch, nur das Pferdemaul übertrieben, die Augen versetzt, kubistisch.

Die allererste Skizze zeigt das Ergebnis einer gerade geschehenen Geschichte: Stieß der Stier das Pferd nieder und tötete den Reiter, den Picador? Aber die Figuren sind Symbole, wie Traumsymbole, auch geht es ja um eine Geburt. Das umgefallene Pferd ist die Mutter, sie wurde vor Schmerzen ohnmächtig und hatte den Wunsch, das Kind nicht empfangen zu haben: Das Pferd warf den Mann mit der Lanze ab. Er ist der Vater, der das Kind gezeugt hatte; die Lanze ist der Penis und auch der Samen. Jetzt ist die Empfängnis rückgängig gemacht.

Das Kind wurde auch ohnmächtig, machte eine Nahtoderfahrung, die Seele verließ den Körper, flog zum Lichtwesen, wie es beim Nahtod zu erscheinen pflegt, und brachte es her. Es ist die Frau mit der Lampe, sie sieht aus dem brennenden Haus, Symbol eines Uterus voller Schmerzen. Die Lichtfrau ist die Mutter der Mutter; die Mutter hatte in ihren Schmerzen nach ihrer Mutter um Hilfe geschrien.

Die Lichtfrau brachte den Stier. Er ist der Vater der Mutter, den sie mehr als ihren Ehemann liebt. Von ihrem Vater wollte sie ein Kind, nicht vom Ehemann. Der Stier erfüllte den Wunsch der Tochter, bohrte sein Horn in ihren Bauch, zeugte ein Kind: Die Inzestphantasie. Nun kommt die Seele des Kindes, der Vogel, zurück und wird sich auf den Stier setzen.

Die Lichtfrau ist die Mutter der Mutter auf einer frühen Stufe; sie ist die Mutter des dritten Monats, die Große Mutter, die stammesgeschichtliche Gebärmutter, oder Eierstockmutter, die seit Millionen von Jahren das Leben fortpflanzt; sie besteht aus Lichtenergie, aus Schöpfungskraft. (Die ›obere Mutter‹ oder ›Geistmutter‹ ist die Parallele zum ›oberen Vater‹ oder ›Geistvater‹ von Erich Neumann.)

Picasso entdeckte sie in der Göttin der Aufklärung und der Revolution: Der Arm mit der Faust, die die Lampe hält, ist der Arm der Göttin der Revolution aus dem Bastillebild, wie auch Arm und Hand der Malerin vom 18. und 19. April. Diese mächtige Urmutter ist aus der Magdalena von 1929/30 und aus der Ariadne von 1935 hervorgewachsen, genährt durch Dora Maar und Paul Eluard.

Die Energie der Lichtfrau ist Ursache des weiteren Geschehens.

Skizze II: Die Lichtfrau hat das Pferd neu belebt. Sie hat auch den Vogel in ein geflügelten Pferdchen verwandelt und auf den Rücken des Stiers gesetzt. III: Die Lichtfrau zeigt den Geburtsprozeß. IV: Sie hat das Pferdchen zurück in den Bauch des Pferdes getan. V: Sie läßt das Pferd niederkommen. VI: Sie bewirkt die Geburt des Pferdchens. (Dabei hat das Pferd nur das Vorderteil aufgerichtet. Ein Pferd gebiert im Stehen.)

Die Seele des Kindes hatte den Körper verlassen, sich dann aus einem Vogel in ein geflügeltes Pferdchen verwandelt, und war wieder in den Bauch des Pferdes zurückgekehrt und wurde als geflügeltes Pferdchen geboren. Es ist das Inzestkind: ein Phantasiekind. Das heißt: das reale Kind ist tot, oder scheintot im Bauch des Pferdes.

Ein geflügeltes Pferd ist der Pegasus; die Meduse gebar ihn und den Zwilling Chrysaor (»der mit Gold bewaffnete«), einen Krieger, nachdem Perseus ihr den Kopf abgeschlagen hatte. Der Vater der Kinder war der Gott Poseidon, der oft Stiergestalt hat. Die Meduse ist die tödliche Geburtsmutter. So ist das Pferd auch die Meduse, der Stier ist auch Poseidon, der tote Mann ist Perseus, der hier aber schwach war; die Meduse hat ihn getötet und selbst das Phantasiekind zur Welt gebracht. Der Zwilling Chrysaor ist das reale Kind, das noch ungeboren ist.

Ein zweiter Poseidon-Mythos spielt hinein, Picassos Lieblingsmythos: Pasiphae war in einen sehr schönen Stier des Poseidon verliebt, der Stier verbarg Poseidon selbst. Pasiphae empfing vom Stier ein Kind, den Stiermenschen Minotaurus. Minos, der Gatte der Pasiphae, ließ den Minotaurus zusammen mit seiner

Mutter ins Labyrinth einsperren, wo er dann von Theseus getötet wurde. – Pasiphae war die Tochter der Sonne. In Kreta verkörperte Poseidon als Stier die Sonne; er war der Sonnenstier. So empfing Pasiphae von ihrem Vater ein Kind. Pasiphae heißt »die All-Erleuchtende«, ein passender Name für die Lichtfrau.

Die Meduse und Poseidon als Stier; Pasiphae und der Stier des Poseidon; dazu Europa auf Zeus als Stier: von ihr stammen die Blumen um dessen Hörnern, Europa wand sie darum. Picasso sah sich als Minotaurus, als Sohn des göttlichen Stiers. Es war die Phantasie seiner Mutter, analog zu Mayas Traum vom göttlichen Elefanten.

neben: 2. Mai

unten: 8. Mai

In den Skizzen vom 2. und 8. Mai liegt das Pferd wie tot am Boden. Eine Frau ist aus dem Pferd herausgetreten und gebiert ein totes Kind.

9. Mai I

Die Totgeburt auch hier. Das ist eine Erinnerung an die Geburt der Schwester, der Junge dachte wohl, sie sei tot (wie Gedo meint). Damals stieg in ihm die Erinnerung an die eigene Geburt auf, er kam ja wie tot heraus. Er sah gleichsam seine eigene Geburt nun von außen. Dabei wird eine frühere Erinnerung in ihm aufgestiegen sein, nämlich wie er als ausgekörperter Geist seine eigene Totgeburt gesehen hatte (eine in solchen Fällen übliche Erfahrung, die aber meistens völlig vergessen wird).

Anfang der Neubelebung

9. Mai II

Die Szene spielt jetzt in einer stark zerstörten Stadt. Über dem toten Mann ist nun, vor einem Fenster, eine Frau in Wehen, die Beine hochgereckt, es könnten auch Arme sein, der eine Fuß sieht wie eine Faust aus. Solche Beinarme strecken sich noch zwei Mal aus Fenstern, d. h. der Arm mit der Faust, den die Lichtfrau aus dem Fenster streckt, hat sich vervielfältigt: sie hat ihre Energie vermehrt, gesteigert.

Die Frau in Wehen über dem toten Mann ist seine Mutter; sie wurde von der Lichtfrau geholt, damit sie ihren Sohn wiederbelebt, neu gebiert. Ihre Wehenenergie ist Sexenergie, ihre Gebärbeinarme werden zu den Armen mit den Fäusten: phallische Symbole.

Die Quelle der ganzen neuen Energie ist die Lichtfrau, Symbol von Aufklärung und Revolution. Der erhobene Arm mit der geballten Faust war der Gruß der Kommunisten, den die Volksfront übernommen hatte. Auch der Arm mit der Faust der Lichtfrau kam ja daher.

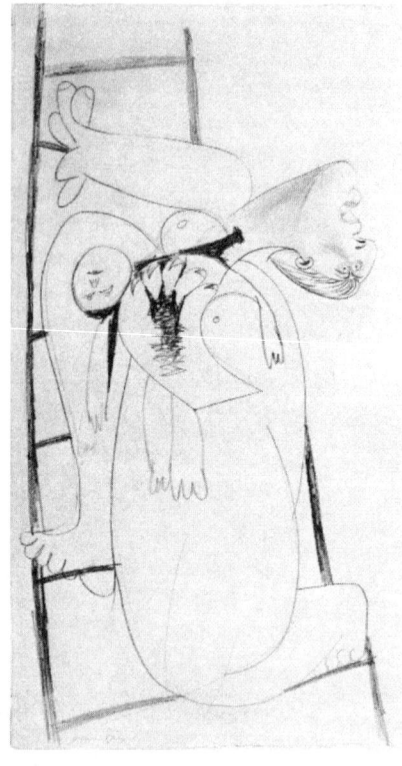

9. Mai Skizze III

Die Skizze III zeigt eine Frau mit dem toten Kind, die eine Leiter hochsteigt. Es ist die Leiter zum Kreuz hinauf aus der KREUZIGUNG von 1930 und aus der MINOTAUROMACHIE. Leitersteigen ist wie Treppensteigen ein Symbol für den Geschlechtsverkehr; die Lichtfrau bereitet etwas vor.

Neuzeugung des Vaters, Selbstzeugung des Sohnes

Die Zustände der Leinwand

Zustand I

Zustand I. Im Zentrum ist jetzt der hochgereckte Arm des Mannes mit einer geballten Faust; in der anderen Faust hält er ein Schwert, dessen Vorderteil abgebrochen ist. Die Lichtfrau streckt die Faust mit der Lampe zur Faust des Mannes. Der Stier sieht jetzt nach links hinaus. Das Pferd auf dem Boden, aus dem Rücken ein kleiner Auswuchs. Die Mutter ist jetzt links, unter dem Stier; das Kind scheint ein Röckchen zu tragen. Rechts ist nun eine zweite Frau, in den Armen hält sie eine tote Frau (mit einer Blume am Kopf), aus deren Rücken ein flatternder Vogel herauskommt. Ganz rechts, vor dem Haus, ist eine weitere neue Frau, stehend oder springend; aus ihrem Rücken kommt ein Vogel heraus. –

Die Beinarme mit den Fäusten vom 9. Mai II sind zum Arm mit der Faust des Mannes geworden, der nun, neu belebt, den Gruß der Kommunisten zeigt. Zugleich hat er die Haltung von Christus bei der Abnahme vom Kreuz, d. h. in der Lücke zwischen der letzten Skizze und dem ersten Leinwandzustand hat die Lichtfrau die Kreuzigung stattfinden lassen, was sie ja in der Skizze III vom 9. Mai vorbereitet hatte. (Das Schwert dieses Christus könnte von Mt. 10,34 stammen.)

War die unsichtbare Kreuzigung wie der Biß der Gottesanbetcrin Maria von 1930? Aber in III vom 9. Mai brachte die Frau - sie ist die totgebärende Maria - das tote Kind hoch zum Kreuz, also zur Neuzeugung durch den Vater, wie sie in den Skizzen von 1929 durch den Hauptmann vorgenommen wurde. In Zustand I ist der Mann neu belebt, erektil, er ist vor dem Orgasmus. Die Lichtfrau hat die Rolle der Magdalena übernommen. Das Gesicht der Lichtfrau war schon im Gesicht der Magdalena von 1930 enthalten. Diese Magdalena hatte bereits die Gebärbeinarme der Mutter des Vaters vom 9. Mai II, die zum kommunistischen Gruß wurden.

343

Zustand II

Zustand II. Der hochgereckte Arm des Mannes ist größer, die Faust hält jetzt Ähren, dahinter ist eine Sonne mit Strahlen. Im Pferd ist statt des Auswuchses am Rücken der Schaft einer Lanze; dazu hat es eine Wunde am Rücken. (Die Frau in den Armen der Frau rechts ist undeutlich, der Vogel ist weg. Auch bei der Frau ganz rechts ist der Vogel weg.) –

Die Lichtfrau hat dem Mann einen Orgasmus, als geistigen, verschafft. Die Ähren enthalten Samen, symbolische, geistige Spermien, den heiligen Geist als Samengeist, als Logos spermatikos der christlichen Mystik; es geschieht eine Ausgießung des heiligen Geistes wie an Pfingsten.

Der heilige Geist hat sich in der Lanze materialisiert: Die Lichtfrau hat die Lanze des toten Mannes vom 1. Mai wiedergebracht und läßt den Penis, bzw. den Samen des neubelebten Vaters die Zeugung erneuern, die vor der Skizze I vom 1. Mai rückgängig gemacht wurde. Damit wird das tote bzw. scheintote Kind neu belebt. Auch das Pferd wird neu belebt, es hebt das Hinterteil etwas.

In den beiden Frauen, denen Vögel aus dem Rücken flogen, hat sich die totgebärende Mutter vervielfacht. Sie sind am Sterben. Sie waren aus dem totgebärenden Pferd herausgetreten. Das Pferd wird jetzt neu belebt.

Zustand III

Zustand III. Der Arm des Mannes liegt am Boden, sein Gesicht zur Erde. Die Sonne ist ein Oval mit spitzen Enden geworden und sieht wie ein Auge mit Strahlen aus. Das Pferd hat sich etwas gereckt und das Gesicht nach oben gedreht; Lanze und Wunde sind größer; ein abgebrochener Lanzenschaft liegt da. Die Wand des Hauses ist jetzt eine zackige Fläche aus Licht, das vom Arm der Lichtfrau ausgeht. (Die Frau halbrechts hat nichts mehr in den Armen, sie läuft jetzt.)

Der Mann hatte einen Orgasmus im Moment des Todes, wie es bei Gehenkten geschieht. Die Orgasmusenergie ging in die Lanze, die ein Penis ist und zugleich ein Samen, der ins Ei dringt. Der abgebrochene Schaft liegt jetzt da, wie der abgefallene Schwanz des Spermiums. Das Pferd ist noch stärker belebt. Die Lichtenergie, die nun explosionsartig vom Arm der Lichtfrau ausgeht, deutet an, daß der Höhepunkt bevorsteht.

Zustand IV

Zustand IV. Das Pferd hat sich auf die vier Beine erhoben, den Kopf nach oben gereckt, das Maul schreiend, die Zunge ist wie eine Granate. Am Bauch kommt unten die Spitze der Lanze heraus. Die Hufe haben den Mann zertreten, er ist zerfallen, zerstückelt, ohne Unterleib.

Der Körper des Stiers wurde nach links geklappt, der Kopf ist stark verändert; das linke Ohr steht aufrecht, das rechte Auge ist in der Mitte der Stirn, das linke unter dem Ohr. Der Stier sieht nicht mehr nach links, sondern nach vorn aus dem Bild hinaus, er sieht den Betrachter des Bildes an.

Ganz rechts die Frau fällt jetzt herab und steht in Flammen; ihr Gesicht ist eine Fratze mit einem großen Maul. Ihr rechter Arm weist nach unten, der Unterkörper scheint zu fehlen. –

Die Lanzenspitze ist der Samen, er hat das Ei befruchtet. Zugleich ist sie das Kind, sein Kopf sieht aus der Mutter heraus. Das Kind hat einen Orgasmus und zeugt sich selbst neu. Das stehende Pferd hat nun die Gebärhaltung eines Pferdes. Es reckt den Kopf hoch, schreit: Das ist der Orgasmusreflex, den Wilhelm Reich beschrieb. Schmerz und Lust wurden zur Ekstase. Das Kind hat die Mutter zum Orgasmus gebracht.

Die Lichtfrau wendet den Kopf des Pferdes zum Stier hin, d. h. die Mutter soll zu ihrem Vater hinsehen, damit sie glaubt, vom ihm komme die Lust, von ihm das Kind – so liebt sie das Kind, als Kind ihres Vaters. Damit wird das Kind, selbst im Orgasmus, nun im Orgasmus der Mutter geboren und von ihr geliebt.

Aber es ist nicht das Kind des Vaters der Mutter, sondern das Kind seines eigenen Vaters. Die Mutter der Mutter hat ihre Tochter überlistet, das Kind ist wie ein trojanisches Pferd, als Bruder des Pegasus. Die Lichtfrau, die Große Mutter, verhält sich wie »der listenreiche Odysseus«.

Der Stier sieht nicht das Pferd an, sondern den Betrachter des Bildes. Der erste Betrachter war der Maler, der Träumer des Traums, den ihn die Lichtfrau träumen ließ (ähnlich wie Homunculus Faust von der Zeugung träumen ließ). Sie läßt den Träumer von seinem seelischen Vater angesehen werden. Was läßt sie dessen Auge sagen? Ich vermute: »Du bist mein lieber Sohn, an dem ich Wohlgefallen habe« (Mk. 1,11).

Zustand V. Die herabfallende Frau ganz rechts hat beide Arme nach oben gestreckt; der Unterleib ist brettartig, mit Flammen darauf, wie ein Drachenleib mit Schuppen. Sie wirkt wie die Sphinx. –

Sie ist die böse Geburtsmutter, die nun stirbt. Nach Freuds Ansicht hieß das Rätsel der Sphinx: »Woher kommen die Kinder?« Ödipus löste das Rätsel, und die Sphinx stürzte in den Abgrund. Picasso löst es praktisch, experimentell: Er zeugt sich selbst neu in der Mutter, findet die gute Mutter wieder und läßt die Totgeburtsmutter sterben. Deren Ursprung war die Maria von 1930: Als jungfräuliche Mutter hatte sie ohne Orgasmus empfangen, daher auch ohne Lust geboren und so das Kind sterben lassen. Jetzt hat die Große Mutter aus der unbefleckten Empfängnis eine befleckte gemacht und bringt das Kind lebendig zur Welt. (Vgl. Schreber, in der Einleitung.)

Zustand VI zeigt kaum Neues.

Zustand VII

Zustand VII. Links ist jetzt eine Tür, sodaß der Stier gerade von draußen hereingekommen ist, sein Hinterteil ist noch auf der Schwelle. Rechts vom Stier ist ein

Tisch mit einem Vogel darauf; die weiße Linie des Vogelkörpers war in III ein Teil vom Rücken des Stiers. Der Kopf des Mannes ist nach oben gedreht und zu einem Statuenkopf geworden; er hat große versetzte Augen erhalten. Das Trampeln der Pferdehufe hat sich verstärkt. Das Oval, das aus der Sonne entstanden war und von III bis VI wie ein Auge wirkte, ist zu einer Lampe mit einer Glühbirne und zackigem Schein geworden. Der Raum, in dem die Szene spielt, ist nun ein Innenraum. Die Szene ist eine Bühne, das Haus ist eine Theaterkulisse. Die Lichtfrau sieht nun von einem Innenraum wieder in einen anderen Innenraum; parallel die Laufende. Die Lichtfrau ist vom Feuer im Haus nicht berührt. Sie ist eine Maske. Die Figuren sind Marionetten. – Ein Traumspiel wird aufgeführt. (Könnte es heißen: »Die Tragödie der Geburt«?) –

Der Vogel war die Seele, die vor der allerersten Skizze den Körper des Kindes verlassen hatte; nun ist sie zurückgekehrt, um in den Körper des Kindes wieder einzutreten. Der Vogel kann eine Taube sein, die Taube des heiligen Geistes bei der Taufe, oder die Taube, die Noah nach der Sintflut den Ölzweig brachte; dieser könnte die Pflanze sein, die neben der Faust mit dem Schwert des Mannes wächst. (Die Kopfform des toten Mannes der Endfassung übernahm Picasso aus einer mittelalterlichen Apokalypse, die auch eine Taube mit dem Ölzweig enthält.) Der Weltuntergang ist vorüber, eine neue Erde kann entstehen.

Das Kind hat sich neu gezeugt, doch ist es noch in der Mutter, nur der Kopf sieht heraus. Das Licht der Orgasmusenergie des Vaters aus Zustand II, das zum himmlischen Auge wurde, hat sich nun in die Glühbirne der Deckenlampe verwandelt: Der Traum ist zu Ende, das Erwachen kündigt sich an.

Zusammenfassung

Das Empfängnistrauma aus der Liebe der Mutter zu ihrem Vater statt zum Ehemann führte zur Totgeburt. Nun erscheint die Mutter der Mutter, als die Große Mutter, und erfüllt den Liebeswunsch der Mutter zu ihrem Vater. Dieser Wunsch hat seine Wurzel in der Reifung der Eizelle, in der jungfräulichen Empfängnis, der Parthenogenese, die eine Wiederholung der Entstehung der Mutter ist. Dann läßt die Große Mutter die Reifung der Samenzelle sich erneuern, die Entstehung des Vaters aus der Liebe zwischen Vater und Sohn, der nun, gekräftigt, als Vater sein Kind neu zeugt. Das Kind wird neu belebt, setzt den Geburtskampf fort, zeugt sich selbst neu; sein Orgasmus bringt die Mutter zum Orgasmus, in dem sie in Liebe mit ihrem Vater verschmilzt, eigentlich sich an ihre eigene Entstehung erinnert. Aus dieser Liebe heraus gebiert sie das Kind.

Die Große Mutter sieht aus dem Fenster des brennenden Hauses. In der ersten Skizze kamen die Flammen aus dem Fenster, in der Endfassung sind sie oben auf dem Dach des Hauses. Sie stammen von den Bomben der Flugzeuge, die Hitler zur Unterstützung Francos geschickt hatte. Die Nachrichten und die Fotos in den Zeitungen ließen in Picasso Bilder der Apokalypse, des Weltuntergangs aufsteigen. In seinem Gedächtnis belebten sich die Erinnerungen an das Erdbeben in Malaga mit der Geburt der Schwester, wodurch er an seine eigene Geburt mit Nahtod und Neubelebung erinnert wurde. Durch ihre Geburt machte ihm die Schwester bewußt, daß er die Totgeburt überlebt hatte. Sie hatte ihn durch den Tod ins Leben geführt, zum Gefühl des ewigen Lebens, der Unsterblichkeit. Sie wurde zu seiner Seelenführerin, zur Muse, die dem Künstler Unsterblichkeit schenkt, indem sie ihn sich an seine Unsterblichkeit erinnern läßt. Die Musen stammen von Mnemosyne, der Erinnerung. Die Schwester tauchte als Magdalena und als Ariadne auf, die die Inzestkinder, die Göttersöhne, aus der Totgeburt retten wollen.

Nach der großen Krise verwandelte sich das Bild der Schwester: durch die Liebe von Paul Eluard und Dora Maar und durch ihre optimistische Weltanschauung, deren Grundlage Solidarität und gemeinsamer Kampf für die Utopie war. So ging ins Bild der Schwester ein Symbol der fortschrittlichen Tradition ein: die Göttin der Vernunft, der Aufklärung, der Revolution, und belebte das Bild der Großen Mutter. Es ist ein Symbol als Energietransformator, wie Jung sagt. In GUERNICA verwandelt die Große Mutter das vernichtende Feuer der Bomben ins Licht der Erkenntnis, ins Licht aus Wissen und Liebe, das die Neubelebung bringt. Aus der Apokalypse der christlichen Faschisten, aus dem Weltuntergang, wird eine kommunistische Genesis, eine neue Schöpfung. Die Große Mutter verkörpert die Kraft der Revolution, der Umwälzung vom Tod zum Leben.

Als Picasso die Fotos in den Zeitungen sah, wurde Franco zum Christus der Apokalypse, der das Feuer auf die Erde schickt. In diesem Moment muß Lenin in ihm aufgestiegen sein, die Verkörperung der Weltrevolution, die aus dem Ende einen Neuanfang macht. Vielleicht spielte ein Gedicht Johannes R. Bechers auf den Tod Lenins hinein; es wurde zum Lied, das die Internationalen Brigaden sangen: »Er rührte an den Schlaf der Welt«. »Seine Worte wie Blitze waren«. »Seine Worte wurden zu Brot«, »wurden zu Elektrizität«. Es ist die Abfolge von Sonne, Ähren, bis zur Glühbirne der Deckenlampe. Lenin erweckte Picasso aus dem Schlaf seiner Totgeburt.

Die ganze Serie ist stilistisch »ein Abstieg ins Unbewußte«, mit Jung zu sprechen, oder besser: ein Aufsteigen des Unbewußten: Von den ziemlich realistischen, natürlichen Formen des ersten Geburtsvorgangs am 1. Mai VI, zu den surrealistischen, übernatürlichen der Endfassung. Aus Menschen und Tieren werden Symbole: Götter und Göttinnen.

Picasso sagte 1935, bei den alten Malern sei ein Bild »eine Summe von Hinzufügungen. Bei mir ist ein Bild eine Summe von Zerstörungen. Ich mache ein Bild – dann zerstöre ich es. Aber am Ende ist nichts verloren gegangen: das Rot, das ich an einer Stelle weggenommen habe, taucht anderswo wieder auf«. Die Zerstörung ist die Zerlegung, die Analyse der äußeren Erscheinungen, womit das Innere sichtbar wird: Das Unbewußte tritt ein, und so steht am Ende eine neue Synthese.

2. Neugeburt. KRIEG UND FRIEDEN (1952)

Bald nachdem Franco den Bürgerkrieg gewonnen hatte, begann Hitler den 2. Weltkrieg. Picasso blieb im besetzten Paris. Nach der Befreiung im August 1944 trat er in die Kommunistische Partei Frankreichs ein. Im Oktober sagte er:

»Mein Eintritt in die Kommunistische Partei ist das logische Ergebnis meines ganzen Lebens, meiner ganzen Arbeit. Denn ich sage mit Stolz, daß ich die Malerei nie als eine Kunst des Vergnügens, der Unterhaltung angesehen habe. Mit Zeichnung und Farbe, – da sie meine Waffen waren – wollte ich ein immer tieferes Wissen von der Welt und der Menschheit gewinnen, damit dieses Wissen uns alle jeden Tag mehr und mehr befreie...

Ja, ich fühle in der Tat, daß ich mit meiner Malerei immer gekämpft habe, als echter Revolutionär. Aber jetzt bin ich zu der Einsicht gekommen, daß sogar das nicht genug ist: Diese schrecklichen Jahre der Unterdrückung haben mir gezeigt, daß ich nicht nur mit meiner Kunst kämpfen muß, sondern mit meiner ganzen Existenz. So kam ich zur Kommunistischen Partei ohne das geringste Zögern, da ich eigentlich immer schon dort gewesen war ... es war eine Art von Unschuld, die mich davon abhielt, tatsächlich einzutreten, ich glaubte, daß meine Arbeit genügte, die Tatsache, daß mein Herz ihr gehörte; sie war immer schon meine Partei. Ist es nicht die Kommunistische Partei, die am härtesten arbeitet, um die Welt zu verstehen und aufzubauen, um den Menschen heute und morgen zu helfen, vernünftiger, freier, glücklicher zu werden? Waren es nicht die Kommunisten, die am tapfersten waren, in Frankreich, wie auch in der Sowjetunion, oder in Spanien, meinem eigenen Land? Wie hätte ich zögern können? Aus Angst, eine Verpflichtung einzugehen? Aber ich habe mich nie freier, vollständiger bei mir selbst gefühlt. Und ich war auch so begierig, wieder ein eigenes Land zu finden. Ich bin immer ein Verbannter gewesen, und jetzt bin ich es nicht mehr. Während ich auf die Zeit warte, daß Spanien mich schließlich wieder willkommen heißen kann, hat mir die Französische Kommunistische Partei ihre Arme geöffnet. Dort fand ich all jene, die ich am meisten respektiere, die größten Wissenschaftler, die größten Dichter, und all jene schönen Gesichter der Pariser Aufständischen, die ich in jenen Augusttagen sah. Ich bin wieder unter meinen Brüdern«.

Ich denke, das war die seelische Neugeburt. Das in GUERNICA selbstgezeugte Kind brachte sich zur Welt: Das Kind der Malerin vom 19.4.1937, der Redner mit Hammer und Sichel, der kommunistische Agitator, der neue Lenin als Friedensapostel und Bergprediger, das Kind der Göttin der Aufklärung und Revolution vom Juni 1936.

Picasso setzt die Endfassung von GUERNICA in die Tat um. »Pratiquer la poésie!« hieß eine Losung der Surrealisten: die Poesie, die Kunst, verwirklichen, die Theorie in die Praxis überführen.

Picassos Stier ist ein Symbol des Friedens, der Fruchtbarkeit, wie die alten Stiergötter. Picasso wurde sein Botschafter, als sei er der Minotaurus der Skizze vom 10. Mai 1937, ein verwandelter, neugeborener Sohn des Stiergotts, wie Dionysos, der Sohn des Zeus und der Semele. Seine Mutter verbrannte, als das Kind im sechsten Monat war. Hermes tat es in den Schenkel seines Vaters, aus dem es dann geboren wurde, wieder geboren. Dionysos bedeutet »der zweimal Geborene«. Später wurde er Ariadnes Geliebter!

1945 malte Picasso DAS LEICHENHAUS: Eine Frau, ein Baby, ein gefesselter Mann, Opfer eines Massakers.

1947 beginnt der kalte Krieg. Nur die USA haben die Atombombe. Die Kommunisten gründen die Friedensbewegung; eine Taube Picassos wird zu ihrem Symbol.

1950 macht er zu Eluards Gedichten DAS ANLITZ DES FRIEDENS eine Serie von Zeichnungen: Ein Frauenkopf und eine Taube, die allmählich mit dem Kopf eins wird.

1951 MASSAKER IN KOREA: Maschinenhafte Männer erschießen nackte Frauen und Kinder; eine Frau ist schwanger.

1952 entsteht KRIEG UND FRIEDEN, im Friedenstempel von Vallauris, einer ehemaligen Kirche. Der »Krieg« kommt mit einem von Pferden

Krieg

gezogenen Wagen (in den Skizzen ein Leichenwagen), auf dem der Tod steht, ein gehörnter Dämon mit blutigem Schwert, auf dem Rücken einen Sack mit Totenköpfen. Ein Pferd setzt den Huf auf ein brennendes Buch. Dem Tod tritt ein junger Mann mit einer Lanze entgegen; er hält ein Schild mit dem Bild einer Taube vor einem Frauengesicht. Er ist der Friedenskämpfer.

Frieden

Auf der anderen Wand der »Frieden«: Frauen, zwei tanzen, spielende Kinder; ein Pegasus an einem Pflug, den ein Junge führt; ein Flötenspieler.

Ich sehe die genannten Bilder als Serie von Phantasien, die aber nicht linear verläuft. DAS LEICHENHAUS und MASSAKER IN KOREA gehören zusammen. Das zweite Bild hat man aus dem Bethlehemitischen Kindermord abgeleitet; er könnte auch im ersten Bild enthalten sein: Joseph, Maria, Jesus, die tote heilige Familie, als sei das jüdische Gesetz an der Ehebrecherin, ihrem Kind und dem Mann, der sie retten wollte, vollstreckt worden.

Als Phantasien verstanden: Die Geburt mit dem Geburtstrauma, die Totgeburt, wird rückgängig gemacht. Und nun erscheint mit ANLITZ DES FRIEDENS das vorgeburtliche Ich: Es sieht die Mutter des guten Schoßes und spürt ihren Atem, die Taube des heiligen Geistes.

Dann folgt mit KRIEG UND FRIEDEN das Erwachen – als Geburt des vorgeburtlichen Ichs, eine Geburt ohne Geburtstrauma, wie bei Jesus nach der Taufe: Er nannte sich »neu geboren«, »aus Wasser und Geist«. Oder wie Buddhas Erwachen als »Kleinod im Lotos«. Doch trägt Picasso als Neugeborener die Lanze, mit der er sich in der Mutter neu zeugte. Sie war das Symbol des Vaters, nun ist er sein eigener Vater geworden. Auf seinem Schild das Gesicht einer Frau, der Großen Mutter, der Lichtfrau aus GUERNICA, darüber die Friedenstaube, der Vogel der ersten Skizze und der Endfassung.

An der Lanze ist eine Waage, Symbol der Gerechtigkeit, der römischen Justitia, vielleicht der ägyptischen Maat. Nicht ein allmächtiger Weltenrichter wie Christus, sondern ein Kämpfer für die Gerechtigkeit. Das Böse naht. Das brennende Buch weist auf die Bücher der Ketzer, die von der heiligen Inquisition verbrannt wurden, und auf die Bücherverbrennungen der SA in Berlin 1933. (Picasso hatte 1949 Auschwitz besucht.)

Die anderen Frauen von GUERNICA, die Mutter mit dem toten Kind, die Stürzende, die Laufende, haben sich in die Frauen des »Friedens« verwandelt, in gute nachgeburtliche Mütter: Eine Mutter stillt ein Kind, eine Frau bereitet das Essen, zwei Frauen tanzen, Kinder spielen. Auch der tote Vater ist auferstanden: Ein Mann spielt Flöte, einer schreibt. Das geflügelte Pferd (mit Penis) am Pflug, den ein Junge führt, in der Mitte, wie das Pferd in GUERNICA. Am Himmel eine Sonne mit Ähren, wie in Zustand II von GUERNICA, rechts ein Baum mit Früchten, als sei die Pflanze von GUERNICA emporgewachsen.

Ich denke, es ist der dreijährige Picasso, der das alles malte, der Junge vor und nach dem Erdbeben, der Junge ohne das Erdbeben, der hier das irdische Paradies, die Phantasiewelt eines Kindes darstellt, so wie er damals malte, oder malen wollte, der Junge, der in Skizze III und IV vom 1. Mai 1937 aufgetaucht war. Kubistisch verspielt: Ein Aquarium mit Vögeln, ein Vogelkäfig mit Fischen, ein geflügeltes Pferd mit Pflug.

Er malt wie ein Kind, das die Welt entdeckt, voller Staunen; ein Kind, das sich die Welt aneignet, auf seine Weise, für den Erwachsenen mag sie ungeschickt wirken. Auch glaube ich, das Bild enthält ein Gefühl der Dankbarkeit des Kindes für das, was es von den Eltern bekommen hat.

Vor allem ist es der Junge vor der Bekanntschaft mit den Stierkämpfen und der Kreuzigung, der hier malt, vor der Identifizierung mit Christus und deren »destruktiver Energie«, wie Eissler schrieb. Man könnte sagen, er ist geheilt von der christlichen »Gottesvergiftung«, wie es Tilmann Moser nannte; »die ekklesiogene Neurose« hat sich aufgelöst.

Picassos Friedenskämpfer ist der Botschafter der Aufklärung, der Freiheit und Frieden verkörpert, und der durch die Macht des Geistes dem Bösen standhält. Durch die Waage weist er auf die menschliche Gerechtigkeit, nicht mehr auf die göttliche von Christus, dem Weltenrichter nach dem Weltuntergang. Vielleicht ist Athene in ihm. Sie wird oft mit einer Lanze dargestellt und einem Schild, auf dem der Kopf der Meduse war. Sie rettete den Muttermörder Orest vor den Rachegeistern (die Ödipus in den Wahnsinn trieben), indem sie ihr Schwert in die Waagschale des Gerichts warf. Geboren wurde sie aus dem Kopfe des Zeus durch die Hilfe ihres Bruders, der den Schädel des Vatergottes mit einer Axt spaltete (eine Art Kaiserschnitt).

Picasso verwandelte die Geschichte von Christus in den Wiedergeburtsprozeß zurück, in den »Monomythos«, wie Campbell mit einem Wort von James Joyce sagt. Picasso ist der Held als Künstler: Der schöpferische Mensch, mit der Kraft des erneuerten Vaters, vermittelt durch die Liebe des Freundes, belebt die innere Mutter wieder. Es ging in GUERNICA nicht um die Tötung der Mutter, sondern um deren Wiederbelebung, damit das Kind, nach der Krise, dem Wehenstillstand, zur Welt kommen kann.

Picasso ersetzte in der ehemaligen Kirche das Kreuz, den Gekreuzigten, durch den Friedenskämpfer, der das irdische Paradies gegen die Mächte des Bösen, die christlichen Faschisten, verteidigt. Deren Gruß hieß »Es lebe der Tod!« 1950 sagte Picasso auf der Friedenskonferenz: »Ich bin für das Leben, ich bin gegen den Tod. Ich bin für den Frieden, gegen den Krieg«. Das war seine Religion. Mit Ernst Bloch gesagt: Für Picasso verkörperte der Kommunismus »das Prinzip Hoffnung«.

Picasso hat sich den guten Schoß angeeignet, das Selbst. Freud sagt dafür primärer Narzißmus. Ich zitierte schon die Passage von 1930: »Unser heutiges Ichgefühl ist...nur ein eingeschrumpfter Rest eines weit umfassenderen, ja – eines allumfassenden Gefühls, welches einer innigeren Verbundenheit des Ichs mit der Umwelt entsprach«. Freud erwähnt hier auch einen »außergewöhnlichen« Zustand, »den man aber nicht als krankhaft verurteilen kann. ...Auf der Höhe der Verliebtheit droht die Grenze zwischen Ich und Objekt zu verschwimmen«. Es gibt »die Tendenz«, »ein reines Lust-Ich zu bilden, dem ein fremdes drohendes Draußen gegenübersteht«.

Der Anlaß zu Freuds Überlegungen war ein Brief von Romain Rolland. Sechs Jahre später machte Picasso für Romain Rollands Drama »Der 14. Juli« den Entwurf für den Bühnenvorhang, in dem die Verkörperung von Aufklärung und Revolution, die dann zur Lichtfrau von GUERNICA wird, zum ersten Mal auftaucht.

Vermittler der »innigeren Verbundenheit des Ichs mit der Umwelt« wurde für Picasso der Kommunismus, die kommunistische Partei, die ihm »ihre Arme geöffnet« hatte. Ihr gehörte schon immer sein »Herz«. Er erfüllte sich seinen Wunsch, »wieder ein eigenes Land zu finden«. »Ich bin wieder unter meinen Brüdern«.

Es war Eluard, der Picassos Herz berührt und der ihn in eine neue Welt eingeführt hatte. Das vorgeburtliche Selbst, die Beziehung von Ich und Du im Herzschlag der Mutter, abgelöst durch die Beziehung zum Vater, jetzt erneuert in der Beziehung zu dem Freund. – Picasso nannte die Partei seine »Familie«. Für Jesus waren seine Anhänger seine neue Familie (Mk. 3,35). Psychoanalytisch gesagt: Restitution des primären Narzißmus, in einer Gemeinschaft, die ein symbolischer Uterus ist.

Das vorgeburtliche Selbst, das aus dem gegenseitigen Mitfühlen besteht, wird zum Ich-Ideal, zum Träger der Moral, der moralischen Substanz eines Menschen. Die Arbeiterbewegung nannte diese Moral Solidarität.

Die Sowjetunion war das einzige Land, das die Republik unterstützt hatte. Die demokratisch-kapitalistischen Länder sahen zu, wie Franco mit der Hilfe Hitlers und Mussolinis die demokratisch gewählte Regierung beseitigte; später wurden sie Francos Freunde. Picasso blieb Kommunist bis an sein Lebensende, Zeichen des Protests gegen Franco und dessen Freunde.

Kommunismus bedeutete für Picasso Pazifismus. Er protestierte 1956 (eher leise) gegen den Einmarsch der Sowjetunion in Ungarn, 1968 gegen den Krieg der USA in Vietnam.

Anders als Jünger und Ka-Tzetnik griff Picasso nicht nur auf eine vorchristliche Muttergöttin zurück, sondern integrierte sie in die Tradition der Aufklärung, der Revolution, der bürgerlichen und der kommunistischen, deren Ziel es war, die Klassengesellschaft, die es 5000 Jahre gegeben hatte, abzuschaffen und Gleichheit und Freiheit der Urgesellschaft wiederherzustellen; der junge Marx ließ sich zu diesen Ideen durch den utopischen Frühsozialisten Fourier anregen. Fouriers letztes Buch hieß »Die neue Liebeswelt«. (Breton schrieb eine »Ode an Charles Fourier«.)

In Picassos Friedenskämpfer ist auch Jesus enthalten, der die Gleichheit der Menschen lehrte, eine Idee, die sich dann allmählich in der antiken Sklavenhaltergesellschaft durchsetzte, und die eine der Wurzeln der modernen Demokratie ist. Sie führte zu einer »Internalisierung Gottes«.

✳ ✳ ✳

Picasso ist noch in einer anderen Perspektive zu sehen, wie sie sich bei Adorno andeutet: »Geschichtlich antizipierte der Kubismus ein Reales, Flugzeugaufnahmen zerbombter Städte aus dem zweiten Krieg. Durch ihn gab Kunst erstmals Rechenschaft davon, daß das Leben nicht lebt«. Adorno scheint an den Kubismus in seiner Entstehungszeit zu denken, die Jahre von etwa 1908 bis 1914. Direkter passen seine Sätze zu GUERNICA.

Der Kubismus war eine Mimesis, eine Spiegelung, eine Aneignung der modernen Technik (was sich bei Cézanne, der als der Anreger des Kubismus gilt, andeutet). Die Technik entstand aus den Naturwissenschaften, und diese haben ihre Wurzeln im Mittelalter: Sie waren eine Reaktion auf die Angst vor der Apokalypse, vor der Wiederkehr des Gekreuzigten – und damit der Versuch, das Geburtstrauma zu überwinden: Gewalt mit Gegengewalt zu beantworten, Zerstörung durch Zerstörung zu besiegen. – Es waren die Bomben, die in Picasso die Totgeburt aufsteigen ließen und zugleich seine Kraft, diese zu überwinden.

»...daß das Leben nicht lebt« – am Anfang steht die Geburt, das Geburtstrauma, der Tod. So trägt der Geborene den Tod in sich; historisch gesprochen, für das christliche Abendland: den Gekreuzigten, und mit ihm seinen Vatergott, den Kreuziger. Picasso verwandelte sie, mit Hilfe der Muttergöttin aus der vorchristlichen Religion.

Das Instrument der Verwandlung war Picassos Stil, der Kubismus, der Stil der Zerstörung, wie er sagte: Gewalt zu Stil geworden, ein von Männern geschaffener Männerstil, eine Spiegelung der von Männern geschaffenen Technik, die Gewalt ist – ein Stil, mit dem sich Picasso gegen diese Gewalt behauptet.

Die Technik ist Naturbeherrschung, sie ist eine Gegengewalt gegen die Gewalt der Natur – gegen die Gewalt der Geburt. Diese Gewalt wird ebenfalls von Picassos Lichtfrau verkörpert: Sie ist Symbol des Zwangs der Natur, die neue Geburten will; die »Evolutionspathologie« soll sich fortsetzen. Der ganze Komplex von Geburt und Tod, von Geburt und Krieg, Krieg und Geburt, wie ihn deMause beschreibt, ist in GUERNICA zu sehen. Doch zugleich ist darin der zweite Schritt, den Janus hervorhebt, gegeben: Picassos Lichtfrau ist eben auch das Symbol der Aufklärung, der Erkenntnis, der Befreiung. Kubismus ist der Stil der Erkenntnis, der »Wissenschaft vom Menschen«, die die Religion des Kreuzes ersetzt und den Geburtstod überwindet. Es ist ein Stil der Analyse, Werner Spies spricht von Picassos »sezierendem Sehen«. Picasso ging in den ersten Skizzen bis zum Kind und seinem Gekritzel zurück, bis zur Geburt und bis zur Zeugung, die dahinter steht. Auf die Analyse folgt eine neue Synthese. Picassos Kunst ist psychoanalytisch und psychoaktiv. Zerstörung und Neuaufbau – das Gesetz der Geburt und der Kunst.

Picasso verglich KRIEG UND FRIEDEN mit den Malereien in den Höhlen von Lascaux. Sie waren Orte der Einweihung, der Neuzeugung als Selbstzeugung, auf die die Neugeburt folgte. Carlo Ginzburg schrieb: »Das Unbewußte öffentlich zu machen und auf der Ebene des Unbewußten zu kommunizieren: das war natürlich der Traum der Surrealisten«. Ich denke, das war der Traum und der Anspruch Picassos, den er mit seiner Malerei, die er als »Wissenschaft vom Menschen« verstand, verwirklichen wollte, als einer praktischen Wissenschaft, die darauf abzielt, die Energien, die Schöpfungskräfte des Unbewußten zu erkennen, um sie sich anzueignen, sodaß der Mensch über sich selbst bestimmen kann. Seine Bilder sind Topographien des Unbewußten, Landkarten für die Reisen zum Ursprung, zu den zwei Ursprüngen, und für die Wiederkehr. Der Sinn seiner künstlerischen Revolution war die seelische, die entheogene Revolution, die sich mit der sozialen Revolution verbindet.

Ist es denkbar, daß es nach der Revolution, nach der Kunst der Gewalt, auf der Grundlage der »Wissenschaft vom Menschen« eine Geburt ohne Gewalt geben wird, und dann auch eine Kunst ohne Gewalt?

* * *

Eine der letzten Arbeiten Picassos ist vom 3. 7. 72: Eine Frau mit fünf Armen. Bei dieser »rätselhaften Zeichnung«denkt Ullmann an indische »Gottheiten«. Zwei Hände präsentieren die Vagina und eine hält eine Art Schaft – einen Penis? Der frech vergnügte, lächelnde, selbstzufriedene Kopf ähnelt dem »Selbstportrait mit vier Augen« vom 5. 7. 72; sehen hier zwei Augen nach außen und zwei nach innen, als zwei innere Augen (s. oben S. 131)?

Die Zeichnung vom 3. 7. 72 ist monströs-mysteriös, ein kubistisch-surrealistischer Scherz: Aneignung des vorgeburtlichenLustkörpers der Mutter, in dem sie und ihr Kind sich lieben? Ein Androgyn wie der Alchemist auf dem Umschlag dieses Buches (vgl. oben S. 245)?

Schlußbetrachtung
Trimurti. Die Schöpfung in uns.
Gott nach Auschwitz

Der dreiköpfige Gott im Höhlentempel bei Bombay
Der Mensch, der sich in seiner Entstehung liebt

Gott ist eine Bezeichnung für die Energien der Schöpfung, aus denen wir entstanden sind und aus denen wir bestehen. Diese Energien entfalten sich bei der Keimzellenreifung und dann bei der Empfängnis, weiterhin bei der Einnistung und beim Erwachen im guten Schoß. Durch die Geburt kann eine scheinbare Trennung von Gott erlebt werden, wie es Grof bei der 4. Matrix beschreibt, doch steigt dann, im günstigen Falle, an deren Ende der gute Schoß der 1. Matrix wieder auf. Andernfalls ist ein Akt oder Prozeß der Wiederverbindung nötig. Auf diese Weise wird die vorgeburtliche Energie ins nachgeburtliche Bewußtsein und Lebensgefühl integriert. Hilfsmittel für diesen Vorgang sind Rituale, sie pflegen Symbole zu verwenden, die die Schöpfung darstellen. Ein solches Symbol ist Trimurti.

Auf der Elephanta-Insel bei Bombay steht am Ende eines langen Ganges, der in den Berg gehauen wurde, eine Statue mit drei Köpfen: Der mittlere ist der eigentliche Kopf, etwas höher als die beiden anderen. Über der rechten Schulter kommt aus dem Hals ein Männerkopf heraus, über der linken ein Frauenkopf. Heinrich Zimmer schreibt, die Statue stelle »das Mysterium der Entfaltung des Absoluten in die Dualitäten der Erscheinungswelt« dar, die »für die menschliche Erfahrung sich in der Polarität des Männlichen und Weiblichen personifizieren«. Der mittlere Kopf ist »die göttliche Wesenheit, aus der die beiden anderen hervorgehen«. Er »soll die Wahrheit des Ewigen ausdrücken, in dem nichts geschieht, nichts entsteht, nichts sich verwandelt und nichts sich wieder auflöst«. Er ist »unser eigenes innerstes Höheres Selbst«. Der Kopf über der rechten Schulter zeigt »das Profil Schiwas, des ›Großen Gottes‹ (mahadeva)«; der andere Kopf zeigt »das Profil des weiblichen Prinzips«, »das Ewig-Weibliche«.

Stella Kramrisch meint, der mittlere Kopf sei Mahadeva, Schiwa; dieser Kopf erinnere an den Lingam. Der Kopf auf der rechten Schulter sei Bhairava, ein Gott der Zerstörung und der Erschaffung; der andere Kopf sei Uma, eine Muttergöttin.

Ich sehe in Trimurti den Menschen, der sich sein Unbewußtes bewußt gemacht hat, seinen Anfang, die Urszene, den Geschlechtsakt der Eltern. Er sieht sie von innen, als göttliche Eltern, und damit auch als den Samen und als das Ei, aus denen er entstanden ist. Der Samen besteht aus der Kraft der Zerstörung und der Erschaffung: Er will sich selbst und das Ei zerstören, womit er das Ei befruchtet. Der sich einbohrende Samen verursacht Schmerz, der sich sogleich in Lust verwandelt, in Gier; das Ei frißt den Samen, befruchtet sich und erschafft ein neues Leben.

Der Mensch, sein Bewußtsein, betrachtet hier die beiden im Moment vor ihrer Vereinigung. Jetzt wird die Schöpfung geschehen, die Schöpfungslust, die Gotteslust, die Selbstliebe Gottes: Einst der Urknall, die erste Kernexplosion, der Ur-Orgasmus Gottes, jetzt wiederholt in der Verschmelzung der Zellkerne. Alles ist im Gedächtnis gespeichert; der Betrachter erinnert sich. Er vollzieht anamnesis, Aufhebung des Vergessens, oder religio, Wiederverbindung mit der Schöpfung in sich, ihre Wiederholung.

Genauer bedacht, sind es die Kerne von Ei und Samen, die im Innern des Eis verschmelzen. So gesehen, wäre der mittlere Kopf die Eizelle, die diese Verschmelzung in ihrem Innern betrachtet; er wäre gerade nicht Schiva (wie Kramrisch meint), sondern die Große Schakti, die ja zweigeschlechtlich ist, oder die Himmelsgöttin Neith mit ihren Kindern Isis und Osiris im Schoß, die sich hier lieben.

Das Bewußtsein der Großen Göttin, ihr Geist, ist aus Euglena, der Geistpflanze entstanden, der Geist ist die Blüte. Der Geist, als Höheres Selbst, betrachtet, was im Innern der Blüte geschieht und freut sich daran.

Die beiden seitlichen Köpfe sehen von einander weg, als wollten sie die Vereinigung nicht, doch ist der Betrachter, der Jogi, aus ihnen entstanden, er bringt sie zusammen und lächelt dabei. Er wird in sich, in seiner Liebe, seine Eltern sich lieben lassen, und so seine Selbstliebe feiern, etwa wie der lachende Gott Bhagwan Shree Rajneesh: »Ich feiere mich selbst«. (Vielleicht heilt der Betrachter damit auch ein Empfängnistrauma.) Eine Selbstbetrachtung, eine Kontemplation – als einer Vereinigung der Gegensätze, coniunctio oppositorum.

Bhairava und Uma, Vatergott und Muttergöttin, wie Schiwa und Schakti, Yang und Yin; mit Jung kann man in Trimurti den »zwiegeschlechtlichen göttlichen Urmenschen« sehen, das Symbol des Selbst, Ziel des psychotherapeutischen Prozesses, bzw. des Individuationsprozesses, der auch bei Fabricius zum göttlichen Androgyn führt. Ähnlich ist für Ammon die Androgynität der Wesenskern des Menschen. Doch hat Trimurti drei Köpfe, der dritte repräsentiert das Bewußtsein, das Höhere Selbst. Die Erkenntnis, daß dieser dritte Teil im Menschen existiert, dürfte der spezielle Beitrag Indiens zur Kultur der Menschheit sein. Dieser Teil erscheint auch bei Buddha, als er sagt: »Ich bin der höchste Meister, kein Gott kommt mir gleich. Ich bin der Herr der Welt«. Doch hat Buddha eben die wahren Gegensätze, Samen und Ei, nicht vereinigt, sondern getrennt.

Buddha war ein später Jogi, der die Fortpflanzung verneinte, in der Tradition des Dschainismus, der Reaktion auf die Arier, die die vorarische Kultur mit Schiwa und Schakti vertrieben, doch kehrte sie später wieder, wie der Trimurti-Tempel aus dem 8. Jahrhundert n. Chr. zeigt. Schiwa, der Urjogi, bejahte das Leben. Er stammt aus der Induskultur um 2500 v. Chr.; sie war eine Parallele zu den Kulturen am Nil und an Euphrat und Tigris, doch scheint sie weniger kriegerisch, weniger patriarchalisch gewesen zu sein. Der Ur-Schiwa, als Herr der Tiere (aus einer Stierreligion, ähnlich der kretischen, die Picasso beeinflußte), saß mit aufgerichtetem Glied in der Meditation. Zu Schiwa gehörte Schakti. Damals entstand Tantra, ein Kult mit Sakramenten aus entheogenen Pflanzen (wie sie noch heute verwendet werden). Dann muß sich die Bewußtwerdung entwickelt haben, der Geist wurde seiner selbst inne, als Weltgeist, der die Schöpfung in sich trägt, oder aus sich hervorbringt.

Hegel schrieb, daß der Geist sich im Dreischritt der Dialektik bewegt: These, Antithese, Synthese. Die Antithese ist das Negative dabei. Er nennt die Dialektik »die eigene Seele des Inhalts, die organisch ihre Zweige und Früchte hervortreibt«. Entzweites, Getrenntes vereinigt sich wieder. »Denn was sich vereinigen soll, muß ein vorher Getrenntes sein; die Kraft der Zeugung wie des Geistes ist desto größer, je größer auch die Gegensätze sind, aus denen sie sich wiederherstellt«. Von der Vereinigung der Geschlechter schreibt er: »Die Vernichtung der eigenen Form ist gegenseitig, aber nicht absolut gleich; es schaut sich jedes in dem anderen an, als zugleich ein Fremdes, und dieses ist die Liebe«. Das Weibliche schaut dem Männlichen zu, »wie dieses sich seinen Untergang durch sich selbst gibt«. Die befriedigte Liebe ist »das Dritte, das Erzeugte«. Im Kind »schauen die Eltern ihre Realität an, sie sind es selbst, und es ist ihre herausgeborene sichtbare Identität und Mitte«. – Marielouise Janssen-Jurreit schreibt, Hegels Denksystem »ist die Wiederholung des Schöpfungsaktes«, »ein gigantischer Fruchtbarkeitskult«. Doch eben vom Geist, vom Bewußtsein aufgeführt, bewußt geworden.

Bewußtwerdung ist Aufklärung, Lichtwerdung, enlightenment. Trimurti ist die Verkörperung der radikalen Aufklärung. Vielleicht könnte man in Trimurti den späten Freud ahnen, der Thanatos und Eros als die beiden Urkräfte des Lebens ansah. Oder Jung, der das Selbst als die Instanz bezeichnete, die die Gegensätze vereinigt.

Zur Funktion der Trimurti-Statue heißt es bei Stella Kramrisch: »Der Anbetende kann sich in seinem Gott erkennen und sich mit ihm identifizieren«. Genauer gesagt: Es geschah in Gruppenritualen mit dem Verzehr von Sakramenten, um gemeinsam die Vergöttlichung, die Gottwerdung zu erleben. »Die Idee von der Göttlichkeit des Individuums ist also im Tantra demokratisiert, weil sie psychologisch und nicht sozialpolitisch verstanden wird«, schreibt Zimmer.

Trimurti in Paris
Psyche und Revolution: Balzac, Chenavard, Gautier

Beinahe wäre Trimurti schon vor 150 Jahren in Europa allgemein bekannt geworden und hätte vielleicht zu einem neuen Verständnis des Menschen geführt.

Vor seinen realistischen Romanen schrieb Honoré de Balzac »Philosophische Erzählungen«; zu ihnen gehört »Das Buch der Mystik«. Es erschien 1834 und enthält drei Erzählungen. In der ersten, »Die Verbannten«, glaubt der junge Godefroy, der zusammen mit Dante als Verbannter in Paris lebt, er sei ein vom Himmel gefallener Engel, der in seine Heimat zurückkehren möchte. Um den Wunsch des Engels zu erfüllen, hängt sich Godefroy auf, doch der Strick reißt. In der zweiten Erzählung, »Louis Lambert«, verliebt sich die Titelfigur und will nun ein Engel werden. Louis macht sich daran, sich zu kastrieren (Imitatio Christi, Mt. 19,12?), was gerade noch verhindert wird. Man bringt ihn in die Salpêtrière, die Pariser Nervenklinik; ihr damaliger Leiter, der berühmte Esquirol, wird erwähnt. Louis hat sich das Fleisch von den Knochen gerieben.

In der dritten Erzählung, »Séraphîta«, verlieben sich ein Mann und eine Frau leidenschaftlich in dieselbe Person, ein Wesen von höchster Schönheit, das sie als

Frau, als Séraphîta, bzw. als Mann, als Séraphîtus, wahrnehmen. Dieses Wesen aber liebt nur sich selbst und Gott; es will zu Gott gelangen. Die beiden Verliebten, Wilfrid und Minna, scheinen ihre symbiotischen Liebesideale auf das geschlechtslose Wesen zu projizieren. Das Wesen läßt sich verhungern – wie ein Dschain-Heiliger –, seine Seele steigt auf zu Gott und feiert mit ihm die himmlische Hochzeit. Der erste Frühling des neuen Jahrhunderts bricht an, Wilfrid und Minna werden ein Paar: Nachdem sie in ihrer gemeinsamen Vision die Reise zu Gott miterlebten, kehren sie ins Leben zurück.

Ich nehme an, es handelt sich in allen drei Erzählungen um Balzacs unbewußte Identifizierung mit Christus (wie bei Goethe mit dem Anfang des »Faust«, wie bei Hölderlin und Nietzsche, bei Schreber und dem Wolfsmann), in Form des Themas »Jesus – der Selbstmord des Gottessohnes«. In »Séraphîta« trennt sich Balzac von diesem autistischen Anteil und erfüllt dem inneren Christus den Wunsch nach der himmlischen Hochzeit. »Séraphîta« entstand, nachdem Balzac seiner großen Liebe begegnet war, Evelyne Hanska; sie befreite ihn vom inneren Christus; ähnlich war es bei Goethe gewesen.

1835 fügte Balzac einen Nachtrag zu »Louis Lambert« hinzu: Louis hat eine Phase der Besserung und schreibt einen Brief über die Geschichte der Religion; eine Synthese habe in Indien mit der Idee der Trimurti stattgefunden und diese sei von Swedenborg, »dem Buddha des Nordens«, erneuert worden. Balzac selbst war ein Anhänger Swedenborgs, der eine mystische Religion gegründet hatte. Ich meine, Trimurti war ein heilendes Symbol, das Louis Lambert bzw. dessen Erfinder von seiner Christus-Identifizierung befreite. Der christliche Gott mit seiner Sohn-Vater-Beziehung, deren Höhepunkt die Kreuzigung ist, wird durch die Liebe der göttlichen Ureltern und ihre Verschmelzung ersetzt.

Ernst Robert Curtius zählt »die Zeit vor und nach der Juli-Revolution« von 1830 in Frankreich zu den »messianisch und apokalyptisch erregten Epochen«, in denen »archaische Urbilder des kollektiven Unbewußten« sich beleben. In vielen Texten jener Jahre gibt es das »ständig wiederkehrende Phänomen der Verjüngung«, als »Symbol des Regenerationswunsches der Persönlichkeit«. Balzac erlebte »einen Zustand der Erleuchtung, der mit hochgradiger Exaltation verbunden ist«.

Nach der Februar-Revolution von 1848 gab die republikanische Regierung dem Maler Paul Chenavard den Auftrag, »den Weg der Menschheit« im Panthéon darzustellen. Chenavard, ein Anhänger der religiösen Utopisten und Frühsozialisten, hatte schon lange diese Aufgabe vorbereitet. Seine Entwürfe wurden im Panthéon ausgestellt. Théophile Gautier beschrieb sie im Sommer 1848 in einer Reihe von Zeitungsartikeln. Chenavard läßt die Schöpfung mit dem »Ur-Androgyn« Trimurti beginnen. – Nach dem Staatsstreich von Louis Bonaparte im Dezember 1851 wurde der Auftrag zurückgezogen.

Von Ende 1848 bis Anfang 1852 veröffentlichte Gautier eine Reihe von Gedichten, die anscheinend durch Trimurti angeregt wurden. Die Motive kamen schon früher bei Gautier vor, z. B. in seinen Haschischvisionen von 1844, doch sind sie jetzt in Bewegung geraten, in eine Entwicklung. Die Gedichte bilden eine Art alchemistischer Serie; an ihrem Anfang stehen Erinnerungen an eine verlorene Liebe und Bilder einer nur sich selbst liebenden Frau (die mit Séraphîta verglichen wird). Der Wendepunkt der Serie ist das Gedicht »Contralto«: Im Museum betrachtet der Dichter 'eine auf einem Bett liegende rätselhafte Marmorskulptur von beunruhigender Schönheit. Ist es ein Mann oder eine Frau, eine Göttin oder ein Gott? Es ist die Schönheit des Bösen: Jeder Mann sieht darin Aphrodite, jede Frau Cupido. Es könnte Salmacis sein, die in der Quelle mit Hermaphroditus verschmolz: Gipfel der Kunst und der Lust, entzückendes Ungeheuer, ich liebe dich! Traum des Dichters und Künstlers, ich lasse nicht ab von dir, doch verwandele ich dich aus dem Stein in Klang und finde in dieser Metamorphose das Mädchen und den jungen Mann: Den Konteralt, den Hermaphroditen der Stimme, den doppelten Ton, Mann und Frau zugleich<. Nun erinnert sich der Dichter an Liebesduette aus Opern und sagt am Schluß, >die Natur, der Gott einen zweifachen Reiz gab, erweckt mein Herz aus dem Schlaf.< »Réveillant le coeur endormi«.

Eine Symbiosephantasie: Eine Liebesverschmelzung, die vorgeburtliche Liebesbeziehung, erstarrt, zu Stein geworden, wird im Klang wieder lebendig. Mit Graber gesagt: Im Herzen erwacht die hermaphroditische Doppelseele aus der Vereinigung der Seelen von Samen und Ei. Der Dichter hat die Seele, das Selbst, die Selbstliebe wiedergefunden, und damit die Liebe als Beziehung.

Die Gedichtserie entstand von Ende 1848 bis Ende 1851. Ausgelöst wurde sie m. E. durch die Februar-Revolution, die in den romantischen Dichtern und Künstlern alle utopischen Hoffnungen aufsteigen ließ. »Der 24. Februar ist der größte Tag der Menschheit«, schrieb Baudelaire damals.

Trimurti wirkte noch weiter in Gautier. 1862 erschien die Erzählung »Avatar«: »Dr. Cherbonneau«, ein »Seelenarzt«, Schüler von Mesmer und Puységur (die die erste Tiefenpsychologie erschufen), war lange in Indien gewesen und hatte dort im Trimurti-Tempel von dem »Sannyasi Brahma-Logum« ein Mantra erhalten. Als er es bei der Behandlung eines liebeskranken, lebensmüde gewordenen jungen Mannes verwendet, scheitert er zwar, doch gelingt ihm, dem Siebzigjährigen, damit dann eine Verjüngung seiner selbst, eine Wiedergeburt, er wird zum Avatar, damit er weiter »arbeiten und forschen und in dem großen Buche der Natur lesen« kann.

1866 schrieb Gautier die Erzählung »Spirite«. Ein junger Mann wird in Swedenborgs Lehre eingeweiht, dann wird ihm aus dem Jenseits ein

Liebesbrief diktiert – automatisches Schreiben, das später auch die Surrealisten praktizierten, um so mit dem Unbewußten Kontakt aufzunehmen.

Trimurti in Berlin
Das Holocaust-Mahnmal. Hitlers Christus-Identifizierung.
Der Tempel des Lebens

Von meinem Schreibtisch in Charlottenburg aus sehe ich bis zum Brandenburger Tor und werfe nun einen Blick in die Zukunft: Neben dem Tor ist das Holocaust-Mahnmal, das Stelenfeld, ein symbolischer Friedhof für die von den Deutschen ermordeten Juden.

In der Vision Ka-Tzetniks war die Ermordung der Juden ein religiöses Geschehen; die Rabbiner Hartom und Maybaum sahen in ihrem Gott dessen Urheber. Ich möchte nun versuchen, die religiöse Dimension von der Seite der Täter aus zu beschreiben.

Im Kapitel über Ka-Tzetnik erwähnte ich Freuds Ansicht, »Judenhaß ist im Grunde Christenhaß«, »auf die Quelle verschoben«. War es Haß auf Christus, der den Heiden ihre eigene Religion genommen hatte? Stieg aus dem Unbewußten der Deutschen ihr einstiger »barbarischer Polytheismus« wieder auf? Schon Richard Wagner, ein Antisemit, hatte ihn auf die Bühne gebracht. Jung sah in Hitlers Deutschen die Rückkehr Wotans, was sich bereits in Nietzsches Zarathustra angekündigt habe.

Aufstand des Heidentums, Versuche, sich vom fremden Gott, vom Gekreuzigten, der ihnen »durch blutigen Zwang« aufgenötigt wurde, durch eine Vergewaltigung, zu befreien? Der Rabbiner Rubinstein meinte freilich, »daß der Nazismus nie ein echtes Heidentum, sondern eine Art von jüdisch-christlicher Häresie war«. Er wies auf »die schwarze Messe« hin. Das zeigte ja auch Goethes Satansmesse, die ein Umbau des Weltgerichts ist, wobei dann dieser Satan, den Goethe mit Symbolen Wotans versah, von der heiligen Inquisition wieder vertrieben wurde. Goethe fand aber auch das echte Heidentum wieder (ebenso Jünger in »Besuch auf Godenholm«).

Was Hitlers Judenhaß betrifft, so scheint aber in ihm nicht der germanische Gott Wotan gewirkt zu haben, noch der arische Kriegsgott Krischna der Bhagavat Gita, sondern Christus. In dem Buch »Apokalypse und Moderne« von Michael Ley wird Hitler zitiert: »Christus war der größte Pionier im Kampf gegen den jüdischen Weltfeind. Christus war die größte Kämpfernatur, die es je auf Erden gegeben hat...Die Aufgabe, mit der Christus begann, die er aber nicht zu Ende führte, werde ich vollenden«. (Rede im Jahr 1926). Ley zitiert aus »Mein Kampf« (Ende des 2. Kapitels): »So glaube ich heute im Sinne des allmächtigen Schöpfers zu handeln: Indem ich mich des Juden erwehre, kämpfe ich für das Werk des Herrn«. »Wie die Juden erst aus der Zerstreuung werden konnten, was sie heute sind, so werden wir heute als das wahre Volk Gottes aus der Zerstreuung in alle Welt zu der allgegenwärtigen Macht werden, zum Herrenvolk der Erde«. In dem Buch »Der Glaube des Adolf Hitler« des katholischen Historikers Friedrich Heer wird Hitler zitiert: »Es kann nicht zwei auserwählte Völker geben«. Heer weist darauf hin, daß Hitler sich als Werkzeug der »Vorsehung« und des »Allmächtigen« fühlte, Begriffe, die aus seiner katholischen Erziehung stammen. – Hitler bewegt sich hier im Rahmen der jüdischen Weltanschauung, wie es auch Otto Rank tat, als er schrieb, alle Kriege gehen um die Frage: »Wer ist das auserwählte Volk, das alle anderen überleben wird?« Ich verdeutliche: Von Gott auserwählt zur Weltherrschaft.

Haß entsteht aus Demütigung, aus erlittener Aggression, aus qualvoller Ohnmacht, die zum Wunsch nach Allmacht wird, um sich zu rächen. Der Weg dahin pflegt die Identifizierung mit dem Gehaßten zu sein, mit dem Aggressor, in diesem Falle mit Christus. Ich bringe noch einmal Eissler: »Die unübertroffen größte historische Figur als Identifikationsobjekt ist in der westlichen Gesellschaft Christus, und jeder wird in seiner Entwicklung einmal dem Interesse einer Identifizierung mit Christus ausgesetzt...Die Christusidentifizierung ...ist gefährlich für das Individuum, weil die damit verbundenen persönlichen Opfer groß sind und die gegen das eigene Selbst gerichtete, zur Verwirklichung der Identifizierung notwendige destruktive Energie äußerst beträchtlich sein muß«. Konkret hieße das: Sich dem Aggressor zu unterwerfen, um dann zu ihm zu werden, also sich kreuzigen zu lassen, um das Weltgericht zu halten: Durch die Selbstzerstörung die Kraft zur Weltzerstörung zu gewinnen, zur Befriedigung des Sadismus, wie sie der junge Goethe im Gedicht »Höllenfahrt Jesu Christi« vorgeführt hatte.

Der Christus, mit dem sich Hitler identifizierte, war der Apokalyptiker, der Christus der »Rede über die Endzeit», der Herr des Jüngsten Gerichts, der in Mk. 8 und Mt. 16 zum ersten Mal auftaucht und dann zu den Unbarmherzigen sagt: »ihr Verfluchten, ins ewige Feuer!« Später sah man die Unbarmherzigen im »Volk», das geschrieen hatte: »Kreuzige ihn!« (Mk. 15, 11 und 13) und noch später in den Juden allgemein (was sich in Johannes 18 schon andeutet). Daraus entwickelte sich der Antisemitismus des christlichen Abendlandes (und auch Hitlers Idee von Christus als dem größten Kämpfer gegen die Juden). Die Juden galten als »Gottesmörder«, als schuld an der Kreuzigung. In Wahrheit war Gott der Schuldige: Er wollte, daß sein Sohn gekreuzigt wird – damit er das Weltgericht halte, wie Jesus glaubte, bzw. die Sünden der Menschen abbüßt, wie es Paulus sich dachte. Die Kirche brachte es fertig, sowohl die beiden theologischen Standpunkte zu vertreten wie auch die simple Meinung des Volkes.

Ich erwähne noch Gottfried Benn, der 1933 in Hitler den neuen Moses sah, der von Gott berufen wird (s. oben 2. Kapitel). Das paßt zum apokalyptischen Christus, da dieser bei seiner zweiten Berufung, der Verklärung, Moses auf dem Sinai imitierte. Der Moses der 10 Gebote war auch der Ausrotter und Vertilger.

Saul Friedländer, der auch die zitierten Passagen Hitlers aus der Rede von 1926 und aus »Mein Kampf« bringt, schreibt von »Hitlers Weltanschauung«, ihre »antijüdischen Themen hatten die Konsequenz von Obsessionen und zwar der paranoiden Art«. Sie waren »Ausdruck eines fanatischen Glaubens«. »Das Ergebnis ließ sich nur in religiösen Begriffen vorstellen: Verdammnis oder Erlösung«.

Hitler hatte sein Berufungserlebnis am Ende des 1. Weltkriegs. Er erblindete eine Zeit lang durch einen Gasangriff, kam in ein Krankenhaus in Pasewalk, wo er dann bei der Nachricht, daß Deutschland den Krieg verloren habe, den Entschluß faßte, Politiker zu werden: »Und als ich dort lag, überkam es mich, daß ich das deutsche Volk befreien und Deutschland groß machen würde«. Hitlers »überpersönlicher Behauptungswille« zeigte sich darin, schreibt Joachim C. Fest.

Es scheint »eine regelrechte Halluzination« gewesen zu sein, eine »Vision«, und er assoziierte sie mit seiner Erblindung. »So können wir festhalten, daß Hitlers Erblindung mit einem psychotischen Schub einherging, in dem sich Elemente von Verfolgungs- und Größenwahn verbanden«, heißt es bei Matussek/Matussek/Marbach.

Ein psychotischer Schub: Ich denke, die Erblindung durch das Gas, das sicher auch Erstickungsgefühle bewirkte, ließ die Geburt aufsteigen, die Todesphase, und dann provozierte der verlorene Krieg die Überlebensreaktion mit der außerkörperlichen Erfahrung und dem Aufstieg zu Gott, was sich mit dem apokalyptischen Christus verband.

In den Gesprächen mit Hermann Rauschning sagte Hitler, daß sein Ziel die Ankunft des »Gottmenschen« sei. Psychose und Mystik sind zwei Spielarten desselben Phänomens. Man muß die mystischen Ideen, in denen sich Hitler und Himmler bewegten, in Betracht ziehen, dann wird klar, daß es auch hier, wie immer, um eine Erneuerung ging – gemäß dem Gesetz der Geburt.

»Die Rede über die Endzeit« von Jesus ist eine Geburtsphantasie und wurde m. E. das Muster, mit dem Hitler seine eigene Geburt bzw. Wiedergeburt gestaltete. Für deMause sind Kriege unbewußte Versuche, das »fötale Drama«, das in der Geburt kulminiert, auf der historischen Bühne zu wiederholen und zu überwinden. Den Verlust des ersten Weltkriegs kompensierte Hitler mit seiner Erlöser-Vision, die auf einen zweiten Weltkrieg zielte. Mit ihm als Anführer würde die Wiedergeburt nun gelingen.

Hitlers Christus-Identifizierung dürfte mit der Empfängnis begonnen haben; sie geschah ein dreiviertel Jahr, nachdem innerhalb eines Monats alle drei Kinder der Mutter gestorben waren. Ich nehme an, sie wollte nun von Gott ein Christus-Kind empfangen, das den Tod der Gestorbenen wieder gut macht – sie von deren Tod erlöst. Sie wollte einen Erlöser empfangen – womit der Opfertod vorprogrammiert war. Man kann ein Empfängnistrauma erschließen, es dürfte die Wurzel von Hitlers »bösartiger Mutterbindung« gewesen sein, von seinem »Haß gegen das Leben« und von seiner »Nekrophilie«, die Erich Fromm beschrieb. Liebe zum Tod und Haß gegen das Leben richten sich letztlich gegen dessen Ursprung, gegen die Mutter. Ihr Symbol war Deutschland, dessen vollständige Zerstörung Hitler in seinem Dekret »Verbrannte Erde« im Herbst 1944 befahl, entsprechend der Zerstörung der Erde in der »Rede über die Endzeit«.

Ein Empfängnistrauma pflegt eine schwere Geburt nach sich zu ziehen. Auch wird die Mutter bei der Geburt Angst gehabt haben, daß dieses Kind bald sterben wird wie die anderen. In dieses Geburtstrauma, mit der Erfahrung von Tod und Himmelfahrt, konnte sich später der apokalyptische Christus einlagern, der als allmächtiger Richter und Rächer wiederkommen will.

Hitlers Vision füllte sich mit der deutschen Geschichte auf. Charismatische Anführer, Messiasse, bezeichnet deMause als seelische »Lumpensammler«, die die Aggressionen der Gruppe, der Gesellschaft, in sich aufnehmen; diese können uralte Wurzeln haben. Der »Groll« der Deutschen gegen die neue Religion, den Freud erwähnt, begann mit Karl dem Großen, dem »Sachsenschlächter«. Der reale historische Hintergrund der Faustfigur Goethes ist die Zeit der Bauernkriege, der eigentlichen deutschen Revolution (einer der Anführer war Thomas Münzer); sie war gegen Rom gerichtet, aber stand selbst noch im Zeichen des Kreuzes, und wurde völlig niedergeschlagen. Im Dreißigjährigen Krieg bekämpften sich Europas Katholiken und Protestanten auf deutschem Boden und rotteten, im Zeichen des Kreuzes, die Hälfte der Bevölkerung aus. Das erlebte Grimmelshausens Simplicius Simplicissimus, der tumbe Tor, der deutsche Michel. Marx sprach von der »deutschen Misere«. Dann kam der Kaiser mit »dem Griff zur Weltmacht«, was in der Demütigung durch Versailles endete, auf die der Führer mit dem Willen zur Weltherrschaft reagierte. (»Summarisches Überblicken« nannte Benn die Methode seiner »Geschichtsrevuen« im »Roman des Phänotyp«, 1944 in der »Stunde der erdteilzerstörenden Schlachten«, die er, »im Ganzen euphorisch«, durchschritt.)

Historische, soziale, ökonomische Prozesse, von denen Hitler getragen wurde. Die Ausrottung der Juden aber war seine eigene fixe Idee, seine Obsession, sein Auftrag, seine Mission als Erlöser: Dazu fühlte er sich von Gott berufen. (Goebbels teilte diese Überzeugung: »Wir gehen in diesen Kampf wie in einen Gottesdienst«.) Den religiösen Kern von Hitlers Antrieb benennt Friedländer mit dem treffenden Begriff »Erlösungsantisemitismus«. Dazu paßt, in paradoxer Weise, die Ansicht der Rabbiner Maybaum und Hartom: Hitler als »Knecht« Jehovahhs, als seine »Zuchtrute«. Auch hier dürfte die Idee des Messias, des Christus, des Erlösers die Wurzel sein.

Auschwitz wurde auch durch die moderne Technik ermöglicht. Dieser Aspekt erscheint in der Vision Ka-Tzetniks: Er sieht sich als Messias in Form einer kosmischen Atombombe, deren Explosion freilich durch EDMA verhindert wird. Im Bild »Nukleare Kreuzigung« von Alex Grey explodiert Christus, was ja seiner Absicht entspricht. War Auschwitz nur eine Episode in der Geschichte des Christentums als der Geschichte der Technik? »An ihren Früchten sollt ihr sie erkennen«, sagte Jesus (Mt. 7,16). Die Frucht des christlichen Abendlandes ist die Technik. »Ich bin gekommen, ein Feuer auf der Erde anzuzünden. Was wollte ich lieber, als daß es schon brennte?« (Lk. 12,49) Brennt es in den Verbrennungsmotoren (Jüngers »Totaler Mobilmachung«), in den Atomkraftwerken? Wird der Wunsch von Jesus nach dem Weltuntergang sich doch noch erfüllen? Dann hätte er es schließlich doch noch geschafft, die Menschheit vom Leiden zu erlösen. Die Menschenschlächterei, die seit 5ooo Jahren vor sich geht, meistens auf Befehl irgendeines Gottes, wäre zu Ende. (Freilich wurden schon vorher die Männer den Göttinnen geopfert, doch scheint es damals noch nicht den Wunsch nach dem Weltuntergang gegeben zu haben.)

Sind diese Götter imaginäre Alpha-Männchen, die ihre Gene maximal verbreiten wollen, unter Ausschließung aller Rivalen? Sind sie Symbole des »egoistischen Gens«? Doch hat es jetzt den Anschein, daß es sich zu Tode siegen wird, indem es die Große Mutter mitumbringt. Die Zerstörung der Natur schreitet fort. Wird Sterben bald zum Aussterben werden? Sollte die Menschheit die Ars moriendi, die Kunst des Sterbens der Antike, wieder lernen, um sich auf ihr gemeinsames Sterben, ihr Aussterben vorzubereiten, brüderlich-schwesterlich vereint, versöhnt? »Alles Vergängliche ist nur ein Gleichnis«.

Der Wunsch von Jesus, das Weltgericht zu halten, wird meiner Meinung nach nicht in Erfüllung gehen. Das war, zur Hälfte, eine Haß- und Rachephantasie. Sokrates würde sagen, eine allgemeine »Umsiedlung der Seelen« ins Jenseits werde stattfinden. In seinem eigenen Falle sah er dem Vorgang mit Gelassenheit entgegen, wohl aufgrund seiner Einweihung in Eleusis.

Sagen Nahtoderfahrungen etwas über den wirklichen Tod aus? Das Bewußtsein kommt zu einem Lichtwesen, zum »universellen Selbst«, zum Großen Geist, und vereinigt sich mit ihm. Dabei kann es eine paradoxe Erfahrung geben: »Ich bin nicht mehr, aber ich weiß es. Ich bin ein Nichts, das sich wahrnimmt«. Ein angenehmer Zustand. Irgendwann, nach einer zeitlosen Zeit, kehrt das Bewußtsein zurück in den Körper, der offenbar noch weiterleben will.

Kann man das mögliche Ende des Lebens auf der Erde in die weitere Perspektive der kosmischen Kreisläufe der indischen Kosmologie stellen (worauf Grofs »Cosmic Game« deutet), in die ewige Abfolge des Entstehens und Vergehens der Welten, wie sie im Bilde Schiwas als Nataraja erscheint, dessen Tanz im Feuerkreis dies Entstehen und Vergehen symbolisiert?

Nochmal zur Sicht von Janus. Im Abschnitt »Zum Krieg« zitiert er Ken Wilber: »Mord zum Bewahren des Ich: Die Opferung des Lebens eines anderen Menschen, um das eigene zu erhalten«. Janus stellt den Satz in den Zusammenhang des Geburtsprozesses. Ich meine, nur in dieser Perspektive läßt sich von Auschwitz und vom Holocaust-Mahnmal etwas lernen. Man sollte die moralischen Reden durch Einsicht in die Ursachen ergänzen. Dann könnte begriffen werden, daß das unbewußte Ziel des Massenmords die Erneuerung des Lebens war.

Es ist gut, der Ermordeten zu gedenken. Das Gedenken läßt sich mit Erkenntnis verbinden, mit Aufklärung über das religiöse Unbewußte und seiner kollektiven Phantasien. Das Holocaust-Mahnmal weist auf die Geschichte und auf die Stammesgeschichte der Menschheit. Der Betrachter steht hier nicht vor etwas Fremdem – er kann die Wurzeln seiner eigenen Geschichte, seines eigenen Schicksals hier finden.

»Ich lasse los«, sagte Ka-Tzetnik im Moment der größten Verzweiflung. Dann ließ er sich sterben und fand sich als Phönix wieder.

Als Gegenstück zum Tempel des Todes am Brandenburger Tor wurde inzwischen ein Tempel des Lebens erbaut, im Humboldt-Hain, einem Park bei der S-Bahnstation Gesundbrunnen. Der Tempel steht auf dem Hügel des Parks, über einem Bunker aus Hitlers Krieg. Besonders gern gehe ich im Frühling bei Sonnenaufgang dorthin. Der Bau ist aus Glas und erinnert mit seinen runden Formen etwas an das Goetheanum Rudolf Steiners. Vielleicht wurde er durch ein Gedicht Goethes über Schiwa angeregt, der hier »Mahadö, der Herr der Erde« genannt wird. Im Innern des Tempels steht eine Nachbildung der Trimurti aus Glas. Sie sieht nach Osten. Bei Frühlingsanfang, an Ostern, dringen die Strahlen der Sonne ins Innere der Statue und lassen sie aufleuchten; so geschah es in Tempeln der Naturreligionen, etwa in Abu Simbel, wenn die Ureltern die heilige Hochzeit feiern. Man kann Trimurti auch als zweigeschlechtliche Muttergöttin ansehen, in der jetzt ein neues Leben wächst. So war es bei der ägyptischen Himmelsgöttin Neith, in deren Schoß das göttliche Paar Isis und Osiris sich liebte. Die gleiche Phantasie dürfte mit Goethes Muttergöttin am Ende des »Faust« verbunden sein. Unterhalb der

Statue ist Goethes Gedicht zu lesen, das ich als Motto für dieses Buch verwendet habe.

Auf der Rückseite des Tempels, nach Westen hin, ist das Yin-Yang-Symbol aus bunten Mosaiksteinen, die in der Abendsonne glänzen. Dort steht ein Gedicht, das zur Landschaft Berlins paßt: »Vom Schwimmen in Seen und Flüssen« von Bertold Brecht, der auf seinen Grabstein schreiben ließ: »Ich habe Vorschläge gemacht. Ihr habt sie angenommen«. Der Schluß des Gedichtes heißt:

> Man soll den Himmel anschaun und so tun,
> Als ob einen ein Weib trägt, und es stimmt.
> Ganz ohne großen Umtrieb, wie der liebe Gott tut,
> Wenn er am Abend noch in seinen Flüssen schwimmt.

Nachwort
Rückblick und Ausblick
Neuzeugungstherapie

Dies Buch entstand in der Schlußphase meiner eigenen Psychotherapie. Ich entdeckte dabei Gestalten, die Teil meines Lebens gewesen waren und große Wirkung ausgeübt hatten – manche zerstörerisch, manche heilend. Indem ich diese inneren Begleiter untersuchte, mir ihre Schicksale klar machte, begann ich mich selbst zu verstehen. Ich fand das grundlegende Muster von Trauma und Heilungsversuch; es hat eine zweifache Schichtung: Den Ursprung im Kind und die Wiederholung im Erwachsenen. Als ich diese Zusammenhänge anhand der Gestalten erfaßt hatte, wurde es mir möglich, mein Wissen auf mich selbst anzuwenden und mich zu heilen.

Ich skizziere zuerst meine Anfänge mit Kindheit und Jugend, dann den Weg zur Therapie, die zur Entstehung des Buches führte, und schließlich meine Heilung.

1. Kindheit zwischen Kreuz und KZ

Vater hatte die vier Jahre des 1. Weltkriegs im Gemetzel vor Verdun verbracht und sich danach dem revolutionären Soldatenrat in München angeschlossen. Als 1931 die NSDAP erstarkte, bekam Angst vor Hitler und dem nächsten Krieg und plante, zu emigrieren. Mutter war weniger ängstlich und wollte in Deutschland bleiben. Sie beschloß, von sich aus ihre Abneigung gegen die Sexualität, die auf ihrer katholischen Erziehung und auf Versuchen des Mißbrauchs durch den Pfarrer und ihren Vater beruhte, zu überwinden. Sie machte Vater betrunken und empfing ein Kind. Der Samen kam wie ein Eisklumpen herab, das Ei schmolz ihn auf.

Als die Wehen einsetzten, ging Mutter ins Krankenhaus; der Arzt meinte, das Kind käme am nächsten Tag. Nachts dachte Mutter an ihren Mann, er war ohne ersichtlichen Grund weggefahren. Mutter fühlte sich allein, wurde depressiv, dann wütend, war voller Haß auf ihren Ehemann und ihren Vater. Das Kind strampelte, kam mit den Füßen voran heraus, die Mutter zog an den Beinen, der Kopf blieb stecken, das Kind erstickte. Mutter gab auf, das Kind kam wieder zu sich, drehte den Kopf hin und her und rutschte heraus. Ich hatte mich selbst zur Welt gebracht.

Als Hitler 1934 die SA-Führer ermorden ließ, wollte Vater doch emigrieren. Mutter empfing wieder ein Kind. Ich schien überflüssig geworden, wurde depressiv, sprach nicht mehr, wollte nicht mehr leben. Ein Arzt, der im Sinne der neuen Regierung sich um die Volksgesundheit kümmerte – hieß er Dr. Morgenthaler? –, kam zufällig vorbei, nahm mich in die Arme, sprach mir Lebensmut zu und veranlaßte die Eltern, mich in den Kindergarten des Ortes zu schicken. Dieser Kindergarten gehörte der Herrnhuter Brüdergemeine in Niesky/Oberlausitz. Die Kindergärtnerin sagte zu mir: »Du brauchst nicht traurig sein. Unser Herr Jesus Christus und sein Vater im Himmel haben dich lieb«. Ich wollte der Mutter von Jesus erzählen, doch sie schrie mich an: »Hör auf mit dem Unsinn!« Aber ich lebte nun mit Jesus und freute mich auf jeden neuen Tag. Im Sommer saß ich im Garten, lauschte den Vögeln und roch die Büsche und Bäume.

Als der kleine Mystiker fünf war, erwachten in ihm neue Impulse, die seine Traumwelt stören wollten; er versuchte, sie zu unterdrücken. Am Schließmuskel bildete sich ein Furunkel, das operiert wurde. Die Nachbehandlungen waren mit entsetzlichen Schmerzen verbunden. Einmal rannte ich weg, zwei Wärter holten mich ein, brachten mich im Polizeigriff zur Behandlung. Dabei schrie ich, bis ich ohnmächtig wurde. »Aus dir machen wir einen Soldaten des Führers«, hatten die Wärter gesagt. Als ich entlassen wurde, war ich völlig apathisch, wollte nicht mehr leben. Mutter erkundigte sich schon nach dem Begräbnis, doch wieder kam der Arzt vorbei und erweckte den Lebenswillen des Jungen. In den folgenden Wochen erschien ihm Jesus im Traum und beatmete ihn.

Als ich acht war, fand ich endlich einen Freund. Mit ihm zusammen begann ein neues, ein gutes Leben. Er war katholisch; es stellte sich heraus, daß ich ebenfalls katholisch war. Er nahm mich zum Pfarrer mit, der mir den Gekreuzigten zeigte, den ich bei der Brüdergemeine nicht kennengelernt hatte, und sagte: »Jesus leidet wegen unserer Sünden. Auch du bist schuld, du hast das Schmutzige, das Unkeusche an dir«. Ein Schock! Der ans Kreuz genagelte, blutende, zu Tode gefolterte Mann erfüllte mich mit Schrecken, abgründigem Grauen und Schuldgefühlen. Ich verstand das Wort unkeusch nicht und fragte den Pfarrer. Er antwortete, darüber zu reden, sei eine schwere Sünde. Dann fiel mir der Jesus von früher ein, der Freund, der mich gerettet hatte. Ich fühlte Mitleid mit ihm und wollte ihm helfen. So kam mir der Gedanke, ich werde wieder ein Furunkel bekommen und bei der Operation werden sie das Schmutzige wegschneiden; dann muß Jesus nicht mehr leiden. Es bildete sich ein neues Furunkel, das operiert werden mußte. In der Narkose sah ich, wie Jesus vom Kreuz herabstieg, ein Messer in der Hand, und mir alles zwischen den Beinen abschnitt.

Beinahe wäre mir diese Operation erspart worden, da mich die Begeisterung der Deutschen ansteckte, sie sagten: »Unser geliebter Führer!« Ich hatte eine kurze Zeit den glühenden Wunsch, ein Hitlerjunge zu werden, doch wollte ich meinen frommen katholischen Freund nicht verlieren und auch die Sympathie meines Vaters gewinnen; deshalb blieb ich Jesus treu, anders als die Brüdergemeine, die inzwischen die Liebe zum Führer entdeckt hatte. Der katholische Pfarrer dagegen predigte jeden Sonntag für den Frieden und riskierte sein Leben!

In der Fabrik, bei der Vater angestellt war, mußten KZ-Häftlinge arbeiten, Russen und Polen (eine Außenstelle des Lagers Groß-Rosen): »Vernichtung durch Arbeit«. Man ließ sie langsam verhungern. Mit zwei Kollegen brachte Vater Rüben und Kartoffeln. Er hatte Mitleid, er litt mit. Im Aufsatz »Grundlage der Moral« schreibt Schopenhauer: »Wie ist es nun aber möglich, daß ein Leiden, welches nicht meines ist, nicht mich trifft, doch eben so unmittelbar, wie sonst nur mein eigenes, Motiv für mich werden, mich zum Handeln bewegen soll? Wie gesagt, nur dadurch, daß ich es, obgleich mir nur als ein Äußeres, bloß vermittelst der äußeren Anschauung oder Kunde gegeben, dennoch mitempfinde, es als meines fühle, und doch nicht in mir, sondern in einem Anderen...Dies aber setzt voraus, daß ich mich mit dem Anderen gewissermaßen identifiziert habe, und folglich die Schranke zwischen Ich und Nicht-Ich, für den Augenblick aufgehoben sei«. Im »Anderen ... leide ich mit«. »Dieser Vorgang ist mysteriös«. »Für das Mitleid« sind »die Weiber entschieden leichter empfänglich«.

Mutter hatte Todesangst und schrie Vater an: »Hör auf mit dem Wahnsinn! Die Russen sind dir wichtiger als die Familie. Du bringst uns alle ins KZ!« Vater: »Die Russen sind auch Menschen, man darf sie nicht abschlachten wie Tiere. Ich kann es nicht mitansehen. Man muß etwas tun!« Mutter wollte, daß ich Vater in ihrem Sinne beeinflusse. Ich fragte Jesus, was ich tun solle. Er sagte mir, Vater hat recht. So half ich etwas mit. Ich hoffte wohl, endlich von ihm wahrgenommen zu werden; er hatte das nie getan, weil er seit meiner Geburt dachte: ›Der Junge verhindert, daß ich emigriere. Er ist mein Tod.‹

Anfang Dezember 1944 sah ich mit Vater zusammen die Häftlinge in die Fabrik kommen; einer fiel zu Boden, ein SS-Mann lief herbei, brüllte, trat dem Mann in die Seite, schlug ihm mit dem Gewehrkolben auf den Kopf, trampelte auf Brust und Gesicht. Ein blutiger Brei. Darüber war ein Licht, mit dem gekreuzigten Jesus, er schien zu sagen: »Ich kann nichts tun«.

Als ich zwei Tage später von der Schule heimkam, war Vater tot. Mutter sagte, er habe einen Herzschlag gehabt. Jahrzehnte später erfuhr ich, daß er sich erhängt hatte. Bald darauf die Flucht. Vaters Verwandte in Bayern nahmen uns auf; sie waren unter Hitler reich geworden. Nach Kriegsende sagte Mutter zu ihnen: »Ihr wart für Hitler, ihr habt alles behalten. Wir waren gegen Hitler, wir haben alles verloren«. Die Verwandten deuteten an, Mutter hätte sich mehr um ihren Mann kümmern sollen. Mutter lief hinaus, stürzte zu Boden, schrie: »Ich bring mich um«. Die Verwandten wiesen mich an, auf sie aufzupassen. Ein Jahr später überwältigte mich das Elend, ich wollte sterben. Ich legte mich in den Wald, hielt die Luft an, bis mir schwarz vor Augen wurde, und ich das Bewußtsein verlor. Als ich wieder zu mir kam, strahlten die Bäume im Licht, oben flogen Engel und sangen: »Wir sind die Boten der Freiheit aus Niesky. Lebe weiter!«

Die Verwandten hatten wohl meine Verstörung bemerkt; sie meinten es gut und schickten mich in ein teures Internat. Am ersten Morgen wurden vier Schüler der Abiturklasse getadelt: Sie hatten einen Mitschüler an ein Bettgestell gebunden und über Nacht ins Schilf am See gestellt; es war noch Winter. Die Täter sahen wie Hitlerjugend-Führer aus, das Opfer wie ein Jude. (40 Jahre später fand ich heraus, daß ich mich nicht getäuscht hatte.) Nach dem Unterricht erfaßte mich Panik. Ich wollte zur Eisenbahn laufen, um mich vor einen Zug zu werfen. Im Laufen brach ich zusammen: eine schwere Knieverletzung. Als ich aus dem Krankenhaus entlassen wurde, hatte ich die Ereignisse aus dem KZ und auch meinen Vater völlig vergessen. Mit achtzehn begann ich Stimmen im Kopf zu hören: »Du bist minderwertig. Du bist der letzte Dreck. Bring dich um!« Ich erzählte niemandem davon. War ich geisteskrank? Ich begann Freud und Jung zu lesen. Ich schaffte es, die Schule zu beenden, ich wollte Medizin studieren und Psychiater werden. Im ersten Semester hatte ich nach einem Sektionskurs einen Anfall: Gespenster drohten, mich aus dem vierten Stock auf die Straße zu werfen. Ich klammerte mich an einem Möbelstück fest. Ich gab das Medizinstudium auf, schrieb mich für Sprachen ein. Ich lebte isoliert, las den ganzen Tag konzentriert, um die Stimmen im Innern nicht zu hören.

2. Trimurti, Marx, Freud und Jung, Bhagwan, Grof

Einige Jahre darauf gelang es einem Freund, der sein Studium als Reiseleiter finanzierte, mich nach Paris mitzunehmen. Dort war es besser. Ich wurde Reiseleiter. Als ich nach Ägypten kam, erlebte ich eine rätselhafte Verwandlung: Die Depressionen waren weg, die Stimmen hörten auf, ich erwachte wie aus einem Albtraum: Anscheinend hatte ich geglaubt, in der Hölle zu sein. Wie ich viele Jahre später herausfand, hatten günstige Umstände den Neuanfang mit drei Jahren in mir aufsteigen lassen und das vorgeburtliche Selbst wiederbelebt. Später arbeitete ich zwei Winter in Indien, ich war glücklich; oft saß ich vor Trimurti. Als ich Anfang dreißig war, kehrte ich nach Deutschland zurück, studierte, machte Staatsexamen und schrieb eine Dissertation über Théophile Gautiers Gedichtserie mit »Contralto«.

Die Fotos der in Vietnam von Napalm verbrannten Kinder brachten mich 1964 zu den Demonstrationen gegen den Krieg der USA. Ich lernte Kommunisten kennen, erinnerte mich an meine Marxlektüre zehn Jahre zuvor. Eine innere Umwälzung: Revolution, Optimismus, Zukunft. Euphorische Monate. Die Verdammung Wolf Biermanns durch die Regierung der DDR ernüchterte mich. Wieder schlichen sich Depressionen ein.

Der Impuls des Marxismus wirkte weiter: Ich begann eine Psychotherapie. Die völlig vergessene Kindheit stieg allmählich auf: Eine harte Mutter, ein mich nicht wahrnehmender Vater. Nach vier Jahren brach ich die Therapie ab, begann eine andere. Das Elend im Innern schien unerschöpflich.

Ich arbeitete als Studienrat in Regensburg. Die meisten Kollegen waren einst Offiziere der Wehrmacht, auch der SS, Funktionäre der SA, der Partei. Als ich eines Tages etwas gegen die Neonazis sagte, schrie man mich an: »Sie sind ein Kommunist. Sie gehören vergast!« Ich hatte einen Kreislaufkollaps, dann fuhr ich in Panik nach Paris zu einem Freund. Ich kündigte. Einige Jahre später ging ich nach Berlin, arbeitete einige Semester an der Uni, bekam dann an einer neu eröffneten Schule eine Halbzeitstelle; hier ging es gut. Das Grundgesetz war bekannt.

In der Therapie tauchten vage Bilder eines KZs in Niesky auf. Als ich Mutter danach fragte, erwiderte sie: »Das bildest du dir nur ein!« Ich traf einen ehemaligen KZ-Häftling, einen Kommunisten, interviewte ihn und schrieb seine Geschichte auf.

Wirkliche Besserung erfuhr ich ab 1982 durch Rebirthing und Bioenergetik bei den Sannyasins Dwari und Devapath. In den Büchern Bhagwans entdeckte ich eine neue Sicht auf das Leben, frei von westlichem Pessimismus und Nihilismus.

Im Frühjahr 1986 lernte ich Günter Ammon auf dem Kongreß über Androgynität seiner »Gesellschaft für Dynamische Psychiatrie« kennen. Ausgehend von seinem Buch »Der mehrdimensionale Mensch« führte ich lange Interviews mit ihm, über seine Theorie, über sein Leben; er war als Student im Widerstand gegen Hitler aktiv gewesen. In den folgenden Jahren nahm ich an seinen Seminaren, Tagungen und Balintwochenenden teil. Er wurde mir zum Lehrer.

Der Tod meiner Mutter im Sommer 1986 löste eine neue Krise aus. Ich zerfiel: ich war der Behälter ihrer Gefühle, ihrer Trauer, ihres Hasses gewesen. Bhagwans Wille zur Wahrheit, zur Selbsterkenntnis brachten mich zum Entschluß, dem Übel auf den Grund zu gehen. Den Weg dahin schien Grof zu zeigen, dessen »Topographie des Unbewußten« ich damals las. Ich begann holotrope Therapie bei Bernard Surville, lernte 1988 Grof selbst kennen und machte Seminare bei ihm. Jetzt tauchte auch Jesus auf, zuerst der freundliche aus dem Kindergarten, dann der gekreuzigte.

Nach der Wende wurde es unruhig in der Schule. Blutige Schlägereien, Messerstechereien. Ich sprach mit den Schülern über gewaltfreie Lösungen von Konflikten. Ein arabischer Schüler sagte: »Aber Gewalt ist auch gut. Den Salman Rushdie muß man umbringen!« Ich begann Angstträume zu haben, schließlich sah ich KZler auf der Straße marschieren. In der Therapie grub ich nun Geburt und Empfängnis aus, und jetzt fand ich auch die Szene von der Ermordung des KZ-Häftlings im Dezember 1944.

Seit Mitte der 70er Jahre war ich mehrmals nach Niesky gefahren, hatte alte Leute auf der Straße gefragt, ob sie meinen Vater gekannt hätten. 1993 bekam ich einen Hinweis. Ich traf einen alten Mann, stellte mich vor. »Lange haben Sie gebraucht«, sagte er. Herr Herbst war einer der beiden Kollegen Vaters. Am Tag vor seinem Tod waren sie von einem befreundeten Polizisten informiert worden, daß die Gestapo sie am folgenden Tag verhaften werde. Vater nahm sich das Leben, aus Angst, wie die Verschwörer des 20. Juli am Fleischerhaken aufgehängt zu werden. Dr. John, den anderen Kollegen, schlugen sie sofort mit dem Gewehrkolben tot; ihn wollten sie noch verhören, er konnte fliehen und sich bis Kriegsende versteckt halten.

3. Die Entstehung des Buches

Da Vater öfters von Buddha gesprochen hatte und sich an ihm zu orientieren schien, begann ich, Buddhas Reden zu lesen, dann auch die Evangelien, um die Wirkung, die Buddha und Jesus auf mein Leben ausgeübt hatten, besser zu verstehen. 1993 lernte ich bei Harald Eggebrechts »Warberger Tagen« Eberhard Sens, Redakteur beim SENDER FREIES BERLIN, kennen. Ein Jahr später erzählte ich ihm während eines Grof-Seminars von meinen Untersuchungen. Er schlug mir vor, zwei Hörfunksendungen zu machen. Im Gespräch mit Eberhard Sens entstanden »Buddha. Nirwana – Karuna: Die zwei Stufen der Erleuchtung« und »Jesus. Der eingeborene Sohn, der in des Vaters Schoß ist«. Ich stellte die mystischen Erfahrungen der beiden Männer vor und zwar im Sinne von Heilungsphantasien. Die Hauptrollen sprach Walter Gontermann, der meine Ideen zutiefst erfaßte und mich bei meiner weiteren Arbeit begleitete: Ich beschloß, die beiden Figuren zu vergleichen und sie von ihren Müttern aus zu erklären.

Dabei geriet ich 1996 in eine Krise. Eine Grippe führte zu Schlaflosigkeit, zu Depressionen, Halluzinationen, wie ich sie seit 1950 nicht mehr gekannt hatte. Im Buch »Seelenfinsternis« des Psychiaters Piet Kuiper fand ich einen ähnlichen Verlauf, im gleichen Alter und mit schließlicher Heilung. Psychopharmaka, Psychotherapie. Ich merkte, daß ich die beiden Selbstmordversuche nach dem Krieg nicht gut verarbeitet hatte. Ich hatte meinem

Vater nachsterben wollen. Ich fand mich in seinem Grab; da war auch noch sein Buddha und mein gekreuzigter Jesus mit dem Messer, inzwischen zu dem SS-Mann geworden, der den KZ-Häftling zertrampelt hatte, und der KZler lag auch da. »Aber Ihre Mutter hat überlebt«, sagte die Therapeutin.

Anscheinend hatte sich beim Versuch, die beiden malignen Introjekte, zu denen Buddha und Jesus mit ihrem Empfängnistrauma in mir geworden waren, aus mir herauszuoperieren, deren Todesenergie noch einmal ausgebreitet. Die wahre Ursache der Krise lag jedoch tiefer: Heilungsenergie hatte das alte Ich zerbrochen, das Buch wollte um den zweiten Teil erweitert werden; auf die Krankheit sollte die Heilung folgen, die Neuzeugung. Buddhas Verwandlung im Mahayana und Tantra war mir bekannt. Rajneesh war ein gutes modernes Beispiel. Auf der Suche nach einer Parallele im Christentum kam ich schließlich auf die Alchemie; es lag nahe, Goethe hinzuzufügen. Danach noch »die Neue Alchemie«: Radikale Tiefenpsychologie mit der heutigen, experimentellen Wissenschaft, übersetzt ins Medium der Kunst, und inszeniert auf der historischen Bühne – die Figur von Zerstörung und Neuaufbau. Als Abschluß Trimurti, das zeitlose Urbild in uns; mit ihm zur Gegenwart hier in Berlin, um Ursprung und Zukunft zu verbinden. Eine gute Dramaturgie hatte sich von selbst ergeben; die Gottes-Verse Goethes und Brechts an Anfang und Schluß versetzten das Ganze in eine poetische Schwingung.

Im Sommer 1997 entstand das Manuskript; ich nannte es: »Jesus, Buddha: Reisen zu Gott durch Geburt und Empfängnis – Rückkehr ins Leben in Tantra und Alchemie«. Das Wort Gott machte Mühe bei liberalen Intellektuellen, so nahm ich einen anderen Titel: »Empfängnistrauma und Neuzeugung«. Erst nach dem 11. September 2001, der das Wort Gott allgemein verbreitete, kehrte ich zum alten Titel, leicht abgewandelt, zurück.

Der zweite Teil des Buches stammt ebenfalls aus meiner Vergangenheit. Ostern las uns Vater aus dem »Faust«. »Fühl es vor. Du wirst gesunden. Traue neuem Tagesblick«. Vater hatte in den 20er Jahren eine Psychotherapie begonnen, oft Freud und Jung erwähnt. Als ich achtzehn war, entdeckte ich Jungs »Die Psychologie der Übertragung« mit dem »Rosarium«. In dem Internat, auf dem ich Abitur machte, schrieben die Schüler eine sog. Jahresarbeit. Man schlug mir Jünger vor. Seine Kriegsbücher stießen mich ab, doch das Werk als ganzes faszinierte mich. Insgeheim dachte ich wohl: »Woher hat dieser Mann seine Energie? Er hat alle Tode überlebt – anders als mein Vater«. Ähnlich war es mit Ka-Tzetnik, der Auschwitz überlebte. Bei Picasso ging ich der Energie nach, die ich durch die Kommunisten erhalten hatte.

4. Neuzeugungstherapie

Als das Manuskript beendet war, hatte ich einen kleinen Schlaganfall, der die frühesten Schwachstellen traf: das bei der Geburt und dann nach dem Krieg beschädigte Bein und die Sprechfähigkeit. Die körperlichen Störungen hatte ich bald behoben, doch versank ich nun über Wochen in eine Hölle aus Eis. Schließlich fiel mir ein, wie ich in holotropen Zuständen den vorgeburtlichen Herzschlag meiner Mutter hörte; ich lauschte lange ins Dunkel, bis ich ihn wiederfand. Nun erschienen mir meine beiden Freundinnen, mit ihrer Sympathie war ich verbunden geblieben, sie zog mich ins Leben zurück. Ich danke Erika Runge und Daniela Elbracht; ohne sie wäre auch das Buch nicht beendet worden. Manchmal fällt mir »Contralto« ein, mein Mandala, mein Mantra – Zauberbild, Zauberspruch: »Réveillant le coeur endormi«.

Auch der Schlaganfall war eine kreative Krise gewesen. Die Verbundenheit mit der Mutter in ihrem guten Schoß wollte aufsteigen, und jetzt kam der Wunsch, auch den Vater auf neue Weise zu beleben, dort, wo es ihn gegeben hatte: bei der Zeugung, als er die Kraft seines eigenen Vaters weitergab. Picasso hatte seinen schwachen Vater in der Zeugung durch dessen Vater gestärkt. Ich dachte auch an Jünger: Der »Funke, der durch die Kette der Geschlechter sprühte vom Vater auf den Sohn«. Ich traf einen Therapeuten, der kognitive Verhaltenstherapie praktiziert: Umbau der negativen Erlebnisse zu positiven; der Patient geht von der Rolle des Opfers in die des Täters. Ich schlug ein Experiment vor: die Methode auf Geburt, Schwangerschaft und Empfängnis anzuwenden (was nicht üblich ist).

Als ich zur Empfängnis komme, sehe ich Vater mit seiner Frau im Arm. Ich schwebe als Geist über ihm, lege die Hände auf seinen Kopf. Nun fühlt er Kraft in der Brust und den Wunsch, das Leben fortzusetzen: Er liebt diese Frau. Seine Kraft und Wärme gehen in sie ein, sie verliert ihre Angst und liebt ihn ebenfalls. Jetzt will sie ein Kind. Er spürt Lust auf sie. Sie öffnet sich: ›Wir setzen die Schöpfung fort, wir leben in unseren Kindern weiter.‹ Licht geht von mir aus, fließt durch Vaters Kopf in seinen Samen und mit ihm in die Mutter. Ich sage unhörbar: »Vater, du machst es gut«. Das neue Wesen entsteht, es fühlt sich gut, umgeben von Mutter und Vater; sie wollen für das Kind sorgen. Zufrieden schlafen sie ein. Ich merke mit Staunen, daß alle Angst aus mir verschwunden ist. Mit mächtigem Flügelschlag fliege ich zum Himmel empor, löse mich auf im Großen Geist: Er hatte mich erfüllt.

In der folgenden Sitzung sehe ich die Eltern nebeneinander liegen, Statuen, ein Götterpaar, im Schlaf der Ewigkeit. Ich berühre Vater, wecke ihn. »Wer wagt, meinen Schlaf zu stören?« »Ich bin es, dein Sohn. Ich muß mit dir reden. Vater, du hast einen Sohn. Erinnere dich!« »Ja, vielleicht erinnere ich mich«.

»Bei meiner Entstehung warst du nicht ganz bei dir; ein Teil blieb in der Angst: sie ist dein Vater in dir«. Er erhebt sich langsam, steht vor mir. Ich sage: »Ich brauche deine Kraft und deinen Geist«. Ich umarme ihn; er legt seine Arme um mich. Ich fühle mein Herz und meinen Atem, sie beleben meinen Vater, er wird warm und sagt: »Ich hatte den Wunsch, berührt zu werden, in der Tiefe, unter den Prügeln, die ich von meinem Vater bekam«.Ich ersetze seinen Vater und erkläre: »Ich bin stark, gesund, ich kann dich beleben«. Ich sehe ihn an, er sieht mich an und sagt: »Ganz früh hob mich mein Vater hoch, freute sich, sah mich an«. Ich: »Das tue ich jetzt mit dir. Ich freue mich«. Er lächelt, er freut sich. In meiner Brust ist ein Licht: ›Ich bin. Es gibt mich.‹ Das Licht ist in seinen Augen, es verbindet uns, als gemeinsame Freude. Nun teilt sich Vater in zwei, in einen Lichtkörper und einen Körper aus Materie, dieser sinkt wieder hinab, wird zur Statue. Der Lichtkörper aber geht in mich ein. In meinem Kopf bin ich jetzt gleichermaßen ich selbst und mein Vater. Und da ist obendrein noch sein Vater, d. h. ich bin auch der Vater meines Vaters. Staunen und das Gefühl von Ewigkeit und Unsterblichkeit, das von Symbolen des Selbst ausgeht, wie Jung in »Psychologie der Übertragung« schreibt, erfassen mich.

»Der Wiedergeborene ist Sohn des göttlichen Vaters, Vater seiner selbst und, als Zeuger der Wiedergeburt des Vaters in sich, Vater seines Vaters«, schreibt Erich Neumann. Es war eine »Wiedergeburt aus dem Herzen«, wie ich vor zehn Jahren einen Erfahrungsbericht nannte; er hat den Untertitel: »Heilung durch Neugestaltung von Empfängnis, Einnistung, Geburt«. Doch hatte ich damals den kastrierenden Jesus und auch die Selbstmordversuche nach dem Krieg noch nicht gefunden, erst durch die späteren Krisen kamen sie in mein Bewußtsein.

Durch sein Mitleid mit den KZ-Häftlingen zerstörte Vater unsere Familie. Ich hatte für ihn Partei ergriffen und büßte es mit der Entfremdung von der Mutter. Der Konflikt hat sich gelöst. Ich stehe zu dem, was Vater tat und zu dem, was ich tat. Es scheint eine moralische Substanz im Menschen angelegt zu sein, die nachwächst und auch fast tödliche seelische Verletzungen heilt.

Der Neuaufbau des Vaters war vor fünf Jahren. Manchmal sage ich »Vater, du bist da« – ich sehe Vater und Großvater in mir und habe das Gefühl des Selbst.

Erstaunlich wie einfach es war: Auf der Couch, wie bei Freud. Was wirkte, war die Energie der Übertragung, die ich von dem Therapeuten erhielt, er war konzentriert, bestärkend und humorvoll. Die Heilung erfolgte wie in der traditionellen Therapie, nur eben im Bereich der Empfängnis. Die späteren Traumata, die Todeserfahrungen, sind ebenfalls hier eingelagert, um von hier aus geheilt zu werden. Erst nachdem ich das Empfängnistrauma gefunden

hatte, tauchte die Szene der Ermordung des KZ-Häftlings auf: Ich hatte vor
Schreck den Atem angehalten, war durch die Geburt bis zurück zur Empfängnis gefallen. Im nächsten Augenblick war ich wieder bei mir, hatte jedoch die
Szene davor schon vergessen; ich holte ein Glas Wasser für meinen Vater, der
zu Boden gesunken war.

* * *

Bald nach der Neuerschaffung der Eltern begann ich mit einem Therapeuten,
der gern experimentiert und sich für meine Ideen interessiert, zusammen zu
arbeiten. Im Austausch ist mir die Neuzeugungstherapie klar geworden. Sie
folgt dem Schema der Wiedergeburtsriten, wie sie Mircea Eliade in seinem
Buch »Mysterien der Wiedergeburt« beschreibt. Am Anfang steht eine Todeserfahrung, die Rückkehr vor die Geburt, »regressus ad uterum«; dann kommt
es zur Neuzeugung durch den Großen Geist, durch Vater Himmel; er geht in
den tatsächlichen Vater ein und stärkt ihn. Es folgt die Einnistung, dann das
Erwachen im guten Schoß, die Gewinnung des Selbst als der Beziehung von
Ich und Du; sie steigt ins Bewußtsein, den Beobachter, der zum ›Höheren
Selbst‹ Trimurtis geworden ist: Geburt des vorgeburtlichen Menschen, der mit
seinem Ursprung verbunden ist – der sich selbst damit verbunden hat. Der
Therapeut ist der Überträger des Großen Geistes.

»Zusammen in ein Schöpfungsverhältnis zu gelangen, das war nicht nur
das Ziel der Liebe, sondern der höheren Gemeinschaft überhaupt«, sagt
Jüngers Herr von Schwarzenberg. Die Grundfigur ist in dem Motto meines
Buches enthalten und in Goethes Theorie, daß »sich das Auge am Licht fürs
Licht« bildet, »damit das innere Licht dem äußeren entgegentrete«.

Die Schöpfung wiederholen, um die Seele zu heilen, um sich so mit der
Energie des Ursprungs wieder zu verbinden, um Vater Himmel und Mutter
Erde im eigenen Selbst zu finden. Das Schöpfungsbewußtsein gewinnen, das
Gefühl des ersten Anfangs: ein Wunder und eine vollkommene Bejahung – das
große Geheimnis fühlen und das Staunen vor der Unendlichkeit.

Heilung des Selbst und Selbsterkenntnis fallen hier zusammen. Sie scheinen das Ziel des tiefsten Strebens zu sein. Wird es erreicht, so sind Patient und
Therapeut, Schüler und Lehrer, von gemeinsamer Freude erfüllt.

5. Die Internationale Gesellschaft für pränatale und perinatale Psychologie und Medizin

Schreiben ist äußerlich eine einsame Tätigkeit, doch im Innern ein Gespräch
mit einem Menschen, der am Thema interessiert ist. Blicke ich zurück, so sehe

ich zuerst Stan Grof, er machte mich neugierig. Der Mensch aber, mit dem ich die ganzen Jahre einen inneren Dialog führte, ist Ludwig Janus, der mich 1990 zu einem Vortrag nach Heidelberg auf die Tagung der »Internationalen Gesellschaft für pränatale und perinatale Psychologie und Medizin« einlud. Ich sprach über das Thema »Sich neu gebären. Erfahrungen mit der holotropen Therapie«.

Janus ist der Vorsitzende der von Gustav Hans Graber 1971 gegründeten Gesellschaft und Mitherausgeber ihrer Zeitschrift, auch Vorsitzender der »Deutschen Gesellschaft für psychohistorische Forschung«, die ein Jahrbuch veröffentlicht. Ich sprach seither fast jedes Jahr vor den Gesellschaften und präsentierte die meisten Themen des Buches. Ich möchte Ludwig Janus für sein Interesse, für seine Anregungen und Ermutigungen danken.

Janus hat das Forum geschaffen, auf dem das neue Menschenbild diskutiert wird, das die geburtliche und vorgeburtliche, die religiöse Dimension umfaßt, sie als Teil des menschlichen Inneren begreift und Wege zeigt, damit auf nicht-zerstörerische Weise umzugehen. Die Wichtigkeit dieser Aufgabe machte der 11. September 2001 klar, als Religion in der alten Art praktiziert wurde: Der Mensch opfert sich für Gott, für ein altes Gottesbild, wie es 10 000 Jahre lang üblich war, als man glaubte, die im Innern vorhandenen Bilder der Eltern seien Wesenheiten im äußeren Raum. Nötig ist Aufklärung durch die Wissenschaft der Entheogenetik und ihre allgemeine Verbreitung, ähnlich wie die ptolemäische Sicht auf die Welt durch die des Kopernikus ersetzt wurde.

Die Erkenntnis der inneren Welt muß freilich jeder einzelne, mit Hilfe anderer, selbst vollziehen; er muß sich Selbstbestimmung und Freiheit erkämpfen; die neue Wissenschaft vom Menschen zeigt ihm den Weg. Meine Lebensgeschichte ist ein Beispiel, daß es möglich ist, aus dem Schatten des Todes herauszutreten, das eigene Schicksal anzunehmen, als Aufgabe zu sehen, auf diese Weise das Leben wieder zu bejahen, als lebenswert zu empfinden, und schließlich diese Erfahrungen weiter zu geben. Was mir das Gefühl des Sinns gibt, nenne ich Solidarität mit den Lebenden.

Exkurs
Jesus in Emmaus. Jesus bei Damaskus
Zwei psychiatrische Spekulationen

1.

Die Kreuzigung war eine Folter, die erst nach zwei bis drei Tagen zum Tode führte. Da Jesus wohl schon nach sechs Stunden vom Kreuz genommen wurde, wird es für möglich gehalten, daß er die Kreuzigung überlebte. Einzelheiten dazu finden sich z. B. im Buch »Das Jesus Komplott« von H. Kersten und E. R. Gruber, auch im Buch »Der wirkliche Jesus« des katholischen Pfarrers Karl Herbst.

Die Begegnung zwischen Jesus und den zwei Jüngern bei Emmaus (Lk. 24) paßt dazu. Die beiden Jünger sprechen miteinander, ein Fremder erscheint, geht mit ihnen und fragt sie dann, worüber sie sprechen und warum sie traurig sind. Sie erzählen ihm von Jesus, dem Propheten, der verurteilt und gekreuzigt wurde; jetzt aber sei das Grab leer. Der Fremde sagt: »Mußte nicht Christus solches leiden und zu seiner Herrlichkeit eingehen?« Als sie dann zusammen essen, erkennen sie Jesus an der Art, wie er das Brot bricht.

Es ist denkbar, daß Jesus noch halb im Koma war; er konnte wieder gehen, war aber noch nicht wieder bei sich. Da erzählen ihm die zwei Männer seine Geschichte. Nun erinnert er sich allmählich, kommt zu sich, und nun fällt ihm die Reise zu Gott ein, die er im Nahtod machte. Aus dieser Erfahrung heraus spricht er dann zu den Jüngern. (Man könnte an Upaka denken, der Buddha wieder zu sich brachte.) Warum erkannten sie Jesus zuerst nicht? Vielleicht war er durch die Tortur weißhaarig geworden und auch gealtert.

2.

Herbst stellt auch die weiteren Begegnungen von Jesus mit den Jüngern als reale Ereignisse dar. Pfingsten erwähnt er nicht. Gerd Lüdemann/Alf Ösen sind der Ansicht, es gab keine Auferstehung, sie nennen Pfingsten eine »Massenpsychose« und »Massenekstase«. Mit Herbst gesehen, hätte sie Jesus selbst ausgelöst (wie es charismatische Führer im 20. Jahrhundert auch vermochten).

Auch die Begegnung von Paulus und Jesus bei Damaskus wäre real geschehen. So stellt es Siegfried Obermeier dar. In der Apostelgeschichte sieht Saulus ein Licht, fällt zu Boden und hört eine Stimme: »Saul, Saul, was verfolgst du mich? Er aber sprach: Herr, wer bist du? Der Herr sprach: Ich bin Jesus, den du verfolgst«. (Ap.gesch. 9. In Kap. 22 und 26 wird derselbe Vorgang etwas anders dargestellt.)

Paulus hatte öfters Visionen. »Ich kenne einen Menschen in Christus, vor vierzehn Jahren – ist er im Leib gewesen? Ich weiß es auch nicht, oder ist er außer dem Leib gewesen? Ich weiß es auch nicht, Gott weiß es –, da wurde derselbe entrückt bis in den dritten Himmel...der wurde entrückt bis in das Paradies und hörte unaussprechliche Worte«. (2. Kor. 12). Das dürfte das Wiedererleben einer Nahtoderfahrung, vermutlich bei der Geburt, sein.

»Als es aber Gott wohlgefiel, der mich von meiner Mutter Leib an ausgesondert und durch seine Gnade berufen hat, daß er seinen Sohn offenbarte in mir, damit ich ihn durchs Evangelium verkünden sollte unter den Heiden«. (Gal. 1,15 f.) Paulus sagt auch, Christus sei »von mir als einer unzeitigen Geburt gesehen worden« (1. Kor. 15,8).

Die erste Stelle kann auf eine vorgeburtliche Krise deuten: Absonderung, Trennung von der Mutter; eine solche kann eine Regression bis zur Zeugung – bis zu Gott – auslösen, um sich so mit der Energie wieder zu verbinden. (Bei Mohammed dürfte es so gewesen sein.) Dieser Mechanismus kann bei der Geburt – »unzeitig« deutet auf eine Frühgeburt, also wohl auf eine schwierige Geburt – erneut angeschaltet werden. Paulus scheint hier die Damaskusvision mit der Geburt zu verknüpfen. Das vorgeburtliche und geburtliche Reaktionsmuster kann so stark sein, daß es im Organismus erhalten bleibt und im Erwachsenen wieder abläuft. Die Geburt wird wiederholt.

Das Geburtstrauma dürfte eine der wichtigsten Ursachen der Epilepsie sein. (Ferenczi, Rank; vgl. Janus) Saulus wird als Epileptiker bezeichnet. Nach seiner Bekehrung scheint er von seinem Leiden weitgehend geheilt.

Die Wirkung, die Jesus auf Saulus hatte, ist vergleichbar mit der eines Elektroschocks, er wird als »künstliche Herbeiführung eines epileptischen Anfalls« bezeichnet. Von der Geburt her gesehen: Das Steckenbleiben und der Kampf dagegen mittels einer krampfartigen Aufladung von Energie und deren folgender Entladung (was zu einem Muster geworden war) wird künstlich wiederholt und damit (jedenfalls momentan) beseitigt: Die spastischen Energien werden abreagiert. Die Geburt wird wiederholt, der Patient ist wie neu geboren. Das war die Wirkung, die Jesus auf Paulus hatte. Auch war Jesus nun in ihm: »Ich lebe aber; doch nicht ich, sondern Christus lebt in mir« (Gal. 3,20). Er hat ein neues Selbst, mit einem neuen Du; Christus statt der Mutter bzw. statt Gott.

Jesus war durch seine Nahtoderfahrung mit der Hodenenergie des Vaters aufgeladen, mit Feuerenergie, mit der er an Pfingsten die Jünger erfaßte, und die ihm erlaubte, Saulus einen künstlichen Elektroschock zu geben.

Der Vorgang hat einen zweiten Aspekt. Bis zum Treffen mit Saulus war Jesus von der Feuerenergie erfüllt, die auf Dauer zerstörend ist. Diese Energie reagierte er ab mit Saulus. Saulus war ebenfalls ein seelischer Riese, d. h. fähig, diese Energie aufzunehmen. So war Jesus geheilt.

Und damit konnte er weiterleben, z. B. nach Indien gehen, wie es Fida Hasnain darstellt. Hasnain ist Professor für Geschichte in Kaschmir, Leiter der historischen Archive, Sufi-Meister, Mitglied von Günter Ammons »Weltgesellschaft für Dynamische Psychiatrie«. Er schrieb in den 60er Jahren, er habe das Christusgrab in Kaschmir gefunden. (Obermeier erwähnt, wie Erich Däniken sich von Hasnain das Grab zeigen ließ.) In dem Buch »A Search for the Historical Jesus« von 1994 erzählt Hasnain das Leben von Jesus und bringt zahlreiche in Klöstern Persiens und Indiens erhaltene Dokumente über die Wanderungen von Jesus. –

Vor 15 Jahren begann Hasnain in Berlin einen Vortrag: »Today is my birthday. Every day is my birthday. Every day I am reborn by the grace of God«.

Bibliographische Notiz zur Tiefenpsychologie

Unter Tiefenpsychologie verstehe ich die Psychologie des geburtlichen und vorgeburtlichen Unbewußten. Das vorgeburtliche Unbewußte erscheint bei Freud als primärer Narzißmus und bei Jung als kollektives Unbewußtes.

Die systematische Erforschung und begrifflich klare Benennung dieses Bereichs begann Otto Rank 1924 mit seinem Buch »Das Trauma der Geburt und seine Bedeutung für die Psychoanalyse«. Das Buch ist mit einem Vorwort von Ludwig Janus und einer Einführung von E. James Lieberman 1998 vom Psychosozial-Verlag in Gießen neu aufgelegt worden. (Vgl. dazu Lieberman: Otto Rank. Leben und Werk. Gießen 1997.) Otto Ranks »Kunst und Künstler. Studien zur Genese und Entwicklung des Schaffensdrangs« erschien 2000 in deutscher Übersetzung nach dem Urmanuskript von 1932.

1924 veröffentlichte auch Gustav Hans Graber das Buch »Die Ambivalenz des Kindes«, dessen zentrales Thema die Geburt ist. Die zweite, überarbeitete Auflage hat den Titel »Einheit und Zwiespalt der Seele«; die dritte, wieder erweiterte Auflage »Ursprung, Zwiespalt und Einheit der Seele. Vor- und nachgeburtliche Entwicklung des Seelenlebens« kam 1970 heraus. 1975 erschienen bei Wilhelm Goldmann Grabers »Gesammelte Schriften« in vier Bänden. Die Ausgabe wurde 1978 vom Pinel Verlag, München übernommen. (Sie ist jetzt auch zu beziehen über das Sekretariat der ISPPPM in Heidelberg.)

Sandor Ferenczi schrieb bereits 1913 in dem Aufsatz »Entwicklungsstufen des Wirklichkeitssinns« über das intrauterine Erleben, das auch Thema seines Buches »Versuch einer Genitaltheorie« von 1924 ist. Eine Ausgabe von Schriften Ferenczis wird 2005 im Psychosozial-Verlag erscheinen.

Ludwig Janus veröffentlichte 1991 »Wie die Seele entsteht. Unser psychisches Leben vor und nach der Geburt« (1994 bei dtv), dann 2000 »Der Seelenraum des Ungeborenen. Pränatale Psychologie und Therapie.« Die Entwicklung der perinatalen und pränatalen Psychologie seit den Anfängen zeigte Janus in »Die Pychoanalyse der vorgeburtlichen Lebenszeit und der Geburt«, 1989, erweitert 2000. Zu den bedeutenden Forschern, die Janus vorstellt, zählen Francis Mott, Nandor Fodor, Frank Lake, auch Athanassios Kafkalides und vor allem Stanislav Grof. (Auskünfte zu Büchern von Francis Mott und Nandor Fodor, auch zu den späteren Büchern von Otto Rank, über Ludwig Janus, Heidelberg oder Oskar N. Sahlberg, Berlin.)

Grofs erstes Buch »Topographie des Unbewußten« erschien 1978 (englisch 1975 »Realms of the Human Unconscious«). Die philosophischen, metaphysischen Folgerungen seiner Forschung finden sich in »Kosmos und Psyche« von 1997 (englisch »The Cosmic Game«). 2000 erschien »Psychology of the Future«.

Das Zentrum von Grofs Perspektive ist die Geburt, während Johannes Fabricius in »Alchemie. Ursprung der Tiefenpsychologie« die Tiefenregression durch die Bereiche von Geburt, Einnistung, Empfängnis, Keimzellenreifung beschreibt. Das Buch erschien, auf englisch, zuerst 1976, erweitert 1989, deutsch 2003. Fabricius wandte seine Sicht auch auf Künstler an, z. B. in »The Unconscious and Mr. Eliot. A Study in Expressionism«. Kopenhagen 1967. »Shakespeare's Hidden World: A Study of his Unconscious«. Kopenhagen 1989.

Zu den großen Forschern zählt David Wasdell. Auf deutsch gab es von ihm das Buch »Die perinatalen und pränatalen Wurzeln von Religion und Krieg«, 1990, Centaurus, Pfaffenweiler. Eine erweiterte englische Fassung steht jetzt im Internet. Über Wasdells zahlreiche Veröffentlichungen auf englisch s. www.meridian.org.uk sowie URCHIN, Meridian House, 115 Poplar High Street, London E14 0AE.

Ab 1989 erschien »*The International Journal of Prenatal and Perinatal Studies – Internationale Zeitschrift für pränatale und perinatale Studien*«, ab 1992 als »*International Journal of Prenatal and Perinatal Psychology and Medicine - Internationale Zeitschrift für pränatale und perinatale Psychologie und Medizin* (IJPPPM)«, herausgegeben von Peter G. Fedor-Freybergh und Ludwig Janus, im Mattes Verlag Heidelberg, bis 2002 mit deutschen und englischen Beiträgen. (Inhaltsverzeichnis und Autorenregister bis 2002 können beim Verlag bestellt werden.) Ab 2003 erscheint die Zeitschrift nur auf englisch; themenzentrierte Jahrbücher auf deutsch sind geplant.

Ich erwähne das Buch »Pränatale und perinatale Psychologie und Medizin«, 1987 von Peter G. Fedor-Freibergh herausgegeben, beziehbar über das Sekretariat der ISPPPM in Heidelberg, sowie die zwei Bände über die Heidelberger Arbeitstagungen der »Internationalen Studiengemeinschaft für pränatale und perinatale Psychologie und Medizin« von 1990 und 1991, herausgegeben von Ludwig Janus, da sie Beiträge der wichtigsten Forscher enthalten: »Erscheinungsweisen pränatalen und perinatalen Erlebens in den psychotherapeutischen Settings«. – »Die kulturelle Verarbeitung pränatalen und perinatalen Erlebens«; beide im Textstudio Gross, Heidelberg 1991.

Spezialisiert auf Schwangerschaftsbegleitung und Geburtsvorbereitung sind Jenö Raffai, Budapest und Terence Dowling, Heidelberg/Mannheim (letzterer im Internet adelphos.de).

Die Psychohistorie basiert teilweise auf der pränatalen und perinatalen Psychologie. Lloyd deMause: Was ist Psychohistorie? Gießen 2000. Die Deutsche Gesellschaft für psychohistorische Forschung veröffentlicht seit 2000 im Mattes Verlag »Das Jahrbuch für psychohistorische Forschung«.

Von meinen Aufsätzen, die nicht in der Zeitschrift noch im Jahrbuch erschienen sind, erwähne ich »Haben Sie Gott getroffen?« In: Wahn und Sinn, herausgegeben von Eva-Maria Knapp. Frankfurt 1991. »Alchemie als Psychotherapie«. In: Homöopathie zwischen Heilkunde und Heilkunst, herausgegeben von Rainer G. Appell. Heidelberg 1997.

Anmerkungen

Die Anmerkungen sind nicht nötig zum Verständnis des Textes, der als Abfolge von Erzählungen gedacht ist. Ich habe daher im Text nicht mit Zahlen auf sie hingewiesen. Hier steht links die Seite des Textes und dazu ein Stichwort. – Bei der ersten Erwähnung eines Autors steht der vollständige Titel des Buches oder Aufsatzes mit Ort und Jahr des Erscheinens, bei weiteren Erwähnungen ein abgekürzter Titel.

Einleitung

17 »Entzücken«. Vgl. Deutsches Wörterbuch von Jakob und Wilhelm Grimm. Bd. 3. München 1984. – »Lichtwesen«. Dazu vor allem Kenneth Ring: Den Tod erfahren - das Leben gewinnen. Bergisch Gladbach 1988. Auch Evelyn Elsaesser Valarino: Erfahrungen an der Schwelle des Todes. Kreuzlingen 1995. Der großartigste mir bekannte Fall: Mellen-Thomas Benedict. In: Lee Worth Bailiy/Jenny Yates: The Near-Death-Experience. New York 1996. (Deutsch im Internet).

18 »Überlebensmechanismus«. Vgl. Georg Fischer/Peter Riedesser: Lehrbuch der Psychotraumatologie. München/Basel 1998. S. 81: »Selbstverdopplung...im Sinne eines Selbstrettungsversuches«. (Geburts- und Empfängnistrauma fehlen hier; desgleichen Bessel van der Kolk et al. (Hg.): Traumatic Stress. Paborn 2000. Ranks Tabuisierung durch Freud wirkt weiter.)

19 »Heide«. Wie negativ besetzt das Wort bei Theologen auch heute noch sein kann, zeigt z. B. der Israeli Pinchas Lapide: Ist die Bibel richtig übersetzt? Gütersloh 2004. S. 95 f.: »Am Rande sei hier an die deutschen Namen der Wochentage erinnert, die auffallend unbiblisch sind. So ist der Sonntag eine Erinnerung an den römischen Feiertag der unbesiegten Sonne...Montag dient in gleicher Weis der Mond-Göttin; Dienstag ist ein verballhornter Zeus-Tag...Donnerstag ist noch immer dem germanischen Donnergott geweiht; Freitag ist der heilige Tag der Freya, die Herrin des germanischen Walhalla, und Samstag...ist dem vergotteten Saturngestirn geweiht. Nur der Mittwoch ist ›Koscher‹ – als wertneutraler Tag, dessen Name im Deutschen vom Heidentum unbesudelt geblieben ist«.

22 »historischen Bühne«. Vgl. Lloyd deMause. Was ist Psychohistorie? Gießen 2000. S. 322 ff.: Die fötalen Ursprünge der Geschichte.

23 »Mohammed«. Vgl. Sahlberg: Bewußte und unbewußtes Faszination des Märtyrertodes. In: Jahrbuch für psychohistorische Forschung Bd. 3 (Hg.) U.

Ottmüller/W. Kurth. Heidelberg 2003. Sahlberg: Die Gotteserfahrung in der Psychohistorie und in den drei semitischen Religionen. In: Jahrbuch für psychohistorische Forschung Bd. 4. (Hg. L. Janus/W. Kurth. Heidelberg 2004.

26 »Ungewollte Kinder«. Helga Häsing und Ludwig Janus (Hg.): Ungewollte Kinder. Reinbek 1994. S. 235. – Robert Ranke-Graves: Griechische Mythologie. Reinbek 196o. Bd.1, S. 260. – "Schreber". Freud: Psychoanalytische Bemerkungen über einen autobiographisch beschriebenen Fall von Paranoia (Dementia paranoides).

27 »verwirrt«. Zvi Lothane: In Defense of Schreber. Hilsdale N.Y. 1992. – «Wolfsmann«. Freud: Aus der Geschichte einer infantilen Neurose. – »hohen Alter«. Karin Obholzer: Gespräche mit dem Wolfsmann. Reinbek 1980.

28 »Gefühl von Ewigkeit«. C. G. Jung: Die Psychologie der Übertragung. Zürich 1946. S. 240. - Otto Rank: Das Trauma der Geburt. Frankfurt 1988. S. 146 und 98. – »unsterbliches Selbst«. Rank: Beyond Psychology. New York 1958. S. 62 ff. (S. 164: christliche Liebesmystik.) Vgl. Sahlberg: Ranks Begriff »Unsterbliches Selbst«. Vortrag Heidelberg 1999. -– Gustav Hans Graber: Gesammelte Schriften. München 1975. Bd. I, S. 9. Vgl. Sahlberg: Buddhas Glückseligkeit im Mutterleib und Grabers Tiefenpsychologie. In: Symposium zur Wiederentdeckung von G. H. Graber. Salzburg 2004. (Hg.) Alfons Reiter. – Graber, Bd. II, S. 292 f. und 285. – M. L. Peerbolte: Psychic Energy. Wassemar 1975. Graber, Bd. III, S. 191.

29 »begegnet sich selbst«. Vgl. Francis J. Mott: The Nature of the Self. 1959. Mott: Mythology of Prenatal Life. 1960. Mott: The Universal Design of Creation. 1964. Bei Ludwig Janus: Die Psychoanalyse der vorgeburtlichen Lebenszeit und der Geburt. Gießen 2000. S. 87. – »entheogene Revolution«. Zu deren ökologischem Aspekt vgl. Jochen Kirchhoff: Was die Erde will. Bergisch Gladbach 1998. Kap. 8. S. 279 ff. – Grof s. u. »Grundlagen«. – Johannes Fabricius: Alchemie. Ursprung der Tiefenpsychologie. Gießen 2003. (Zuerst 1976)

30 »Geburtsvergessenheit«. Janus, Psychoanalyse. S. 211. – »Augustinus«. In: Günter Lanczkowski: Einführung in die Religionswissenschaft. Darmstadt 1991. S. 21.(religare von religere) – »unseres Gedächtnisses«. Vom »organismischen Gedächtnis« spricht Nandor Fodor: The Search for the Beloved. 1949. Vgl. Janus, Psychoanalyse, S. 84. – »Heilung Gottes«. Vgl. den katholischen Theologen Lorenz Zellner: Gottestherapie. München 1995. – »versöhnen«. Vgl. Edeltrud Meistermann-Seeger: Kurztherapie Fokaltraining. München 1986. S. 46: »Unvermögen des Zueinander-Passens«.

31 »Goethe gelang«. Vgl. Gottfried Benn: Provoziertes Leben, Kap. II.: »die Trennung von Ich und Welt, die schizoide Katastrophe, die abendländische Schicksalsneurose...Eine Überwindung...gab es allein bei Goethe, hier lag eine Dauerheilung vor«. (Ich verstehe das vom Christentum her.)

Grundlagen

21 »Bolk«. Bei Ludwig Janus: Wie die Seele entsteht. Hamburg 1991. S. 25 ff.

22 »Mediziners«: Dagobert Müller: Die Zwangsläufigkeit des Geburtstraumas als Folge der Evolutionspathologie des Menschen. In: Die kulturelle Verarbeitung pränatalen und perinatalen Erlebens. (Hg.) Ludwig Janus. Heidelberg 1991. Vgl. auch Janus, Seele, S. 62. – (Jungen scheinen bei der Geburt im Durchschnitt 7 % schwerer zu sein.) – Lloyd deMause: Was ist Psychohistorie? Gießen 2000. S. 380. DeMause erklärt den tötenden Mann. Dazu Walter Burkert: Homo Necans. Berlin/New York 1997 (zuerst 1974). Auch Georg Baudler: Erlösung vom Stiergott. München/Stuttgart 1989. (Scharfe Sicht, doch dann christliche Deutung.) – »mit der Jagd«. Janus, Psychoanalyse, S. 253. Er verweist hier auf Hans Peter Duerr: Sedna oder die Liebe zum Leben. Frankfurt 1984. Auch F. Horstmann: Geburt, Jagd und Krieg in steinzeitlichen Felsritzungen. In: L. Janus/W. Kurth (Hg.): Psychohistorie, Gruppenphantasien und Krieg. Heidelberg 2000. (Auch Baudler, Stiergott, S. 107.) – »Mutterleibssymbolik«. Janus, Psychoanalyse, S. 253. – Max Raphael: Wiedergeburtsmagie in der Altsteinzeit. Reinbek 1974. S. 23. – deMause, Psychohistorie, S. 377.

23 »Trancezustand«. Dazu J. Clottes/D. Lewis Williams: Schamanen. Sigmaringen 1997. – Heide Göttner-Abendroth: Die Göttin und ihr Heros. München 1980. S. 22. In der Neuauflage von 1997 hat sie »den Begriff ›Herosopfer‹ fallengelassen« und spricht »nur vom ›Herostod‹ oder seiner ›Jenseitsreise‹«, basierend auf einem Reinkarnationsglauben. (S. 17). – »sichere Wiedergeburt«. Ebd. S. 16. Kritisch dazu Georg Baudler: Ursünde Gewalt. Düsseldorf 2001. S. 167. Vgl. auch Göttner-Abendroth: Matriarchat I, Geschichte seiner Erforschung. Stuttgart 1995 (zuerst 1988). (S. 123 ff. über Jung und Erich Neumann. Das Unbewußte scheint für Göttner-Abendroth, die ich für die bedeutendste Matriarchatsforscherin halte, nicht zu existieren.) In manchen matriarchal bestimmten Kulturen gab es das Selbstopfer des Königs bis in die Neuzeit. Vgl. Joseph Campbell: Mythologie der Urvölker. Basel 1991. S. 190: Er »begann Teile seines Körpers abzuschneiden – Nase, Ohren, Lippen und alle Glieder und so viel Fleisch, wie er konnte...bis er so viel Blut verloren hatte, daß er ohnmächtig wurde und sich daraufhin die Kehle durchschnitt«. Vgl. James Frazer: Der goldene Zweig. Kap 24. (Ich frage mich, ob mit der Seßhaftigkeit eine Versteifung des weiblichen Beckens eintrat und damit eine Erschwerung der Geburt?) – Gisela Bleibtreu–Ehrenberg: Mannbarkeitsriten. Reinbek 1980. S. 77. – »erotische Mystik«. Die »Vereinigung mit Gott« im homosexuellen Koitus in der Antike erwähnt 1912 auch C. G. Jung: Wandlungen und Symbole der Libido. Leipzig/Wien. S. 65.

24 »patriarchale Revolution«. Vgl. James DeMeo: Saharasia. The 4000 BCE Origins of Child Abuse, Sex-Repression, Warfare and Social Violence in the Deserts of the Old World. Oregon 1988. Auch Carola Meier-Seethaler: Ursprünge und Befreiungen. Eine dissidente Kulturtheorie. Zürich 1988. – Erich Neumann. Ursprungsgeschichte des Bewußseins. Zürich 1949. S. 434 f. und 270. – »Sakralformel«. Ebd. S. 163, 265, 452. »Selbstzeugung und Wiedergeburt« durch die Himmelskönigin erfolgte auch im Begräbnisritual der frühen Pharaonen. Peter H. Schulze: Auf den Schwingen des Horusfalken. Hersching 1986. S. 8. – Stanislav Grof: Geburt, Tod und Transzendenz. München 1985. S. 20 und 207. – Julian Jaynes: Der Ursprung des Bewußtseins. Reinbek 1993. S. 262 und 277. –

24 »indische Arier«. Über deren Kontakt zu den Juden vgl. Joseph Campbell: Mythologie des Westens. Basel 1992. S. 143.

25 Jan Langman: Medizinische Embryologie. Stuttgart/N.Y. 1989. S. 3. G.-H. Schumacher: Embryonale Entwicklung des Menschen. Berlin 1988. S. 16. Auch Schumacher/Christ: Embryonale Entwicklung und Fehlbildungen des Menschen. Berlin 1993. S. 22. – Graber, Schriften, I, S. 33. f. - Fabricius, Alchemie, S. 181 und 212 und 181. Vgl. auch Rudolf Pannwitz: Der Ursprung und das Wesen der Geschlechter und der geschlechtlichen Fortpflanzung. München-Feldafing 1936. Dazu Pannwitz: Psyche. Nürnberg 191. S. 1: Das chaos dunkelte im grauen grund Als einsam eie sich entzweiete.

27 Graber, Schriften, II, S. 37. – Joanna Wilheim: Unterwegs zur Geburt. Heidelberg 1993. S. 32.

28 »Lotosgöttin«. Heinrich Zimmer: Mythen und Symbole in indischer Kunst und Kultur. Zürich 1951. S. 61. – Jung: Symbole der Wandlung. Zürich 1952. S. 556 f. – Grof: Die stürmische Suche nach dem Selbst. München 1991. S. 39 f. Ich sehe Grof als genialen Forscher und Visionär, daher zeige ich an ihm die biologischen Dimensionen. Grof: Das Abenteuer der Selbstentdeckung. München1987. S. 56 ff. – Wiederholt man die Erfahrung von Geburt und Empfängnis, 10, 20, 30 Mal, so wird der Vorgang weniger dramatisch, er entleert sich von Energie. Der Beobachter, der Sakschi der Jogis, wird stärker. Es bleibt das Staunen.

31 Ronald Laing: Die Tatsachen des Lebens. Reinbek 1981(Zuerst 1976). S. 48: »die Geburt ist eine Umkehrung der Nidation«. – William R. Emerson: Behandlung – von Geburtstraumata bei Säuglingen und Kindern. Heidelberg 2000. – Benn: »Saal der kreißenden Frauen« (1912). – Graber, Schriften, III, S. 191. – »Urszene«. Siehe J. Laplanche/J.-B. Pontalis: Das Vokabular der Psychoanalyse. Frankfurt 1973.

32 David Wasdell: Die pränatalen und perinatalen Wurzeln von Religion und Krieg. Pfaffenweiler 1987. S. 8o.

33 Graber, Schriften, I, S. 36. – »Befruchtung«. Vgl. Bernard Grom: Religionspsychologie. München/Göttingen 1992, S. 347: Daß nach »A. Maven (1972) die mystische Vereinigung die Erinnerung an die Verschmelzung von Samen- und Eizelle wiederbelebt«. (Maven: The mystic union. A suggested biological interpretation. In: J. White (Hg.): The Highest State of Consciousness. New York 1972.) – Grof, Topographie, S. 214. Auch in The Holotropic Mind. San Francisco 1990. S. 115.

35 »Maskierung«. Diese Metapher zur Erklärung, wie die Einnistung möglich wird, bei Katharina Zimmer: Der Kampf des Fötus mit der Mutter. In: DIE ZEIT, 13. 3. 1987. Vgl. auch Zimmer: Das Leben vor dem Leben. München 1992. Von einem »Nichtangriffspakt« spricht Lennart Nisson: Ein Kind entsteht. München 1990. S. 66. – Heinrich Albert Schütze: Die pränatalen und frühkindlichen Erinnerungen und die Urverdrängung. In: Die Kulturelle Verarbeitung pränatalen und perinatalen Erlebens. (Hg.) Ludwig Janus. Heidelberg 1990. Auch Schütze: Somato-psychische Steuerung. Frankfurt 1980.

36 Fabricius, Alchemie, S. 92. – Graber, Schriften, III, S. 565.

37 »wird sich im Menschen ganz bewußt«. Diese Sicht Hegels findet sich auch bei Ken Wilber, der Hegel aufs höchste schätzt. Halbzeit der Evolution. Bern/München/Wien 1987. S. 357 f. – »mathematische Gesetze«. Vgl. Ian Stewart/Martin Golubitsky: Denkt Gott symmetrisch? Basel 1993. Vgl. Fabricius, Alchemie, S. 214: Die außerkörperliche Erfahrung »bezeichnet die Einbeziehung des Bewußtseins in die Ur-Energien des Universums«. – Hegel: Phänomenologie des Geistes. Leipzig 1949. S. 29. -

38 »Nahtod bei der Geburt«. Ich vermute, Hegel machte eine Totalregression. Die Rückkehr ins Leben vom allerersten Anfang an beschrieb er dann in der »Wissenschaft der Logik«, in der »Phänomenologie des Geistes«, in der »Enzyklopädie der Wissenschaften« und entwickelte dabei seine Evolutionstheorie. Eine pathologisierende Beschreibung bei Wolfgang Treher: Hegels Geisteskrankheit. Emmendingen 1969. Kurzfassung in Treher: Zellularpathologie der Seele. Die psychischen Strukturen der Genomkrankheit Schizophrenie und ihre zellbiologisch interpretierten sozialen Extrojektionen. Emmendingen-Maleck 1987. S. 75. (Hier auch über Ludwig Klages, Hitler, Steiner u.a.) – Eine philosophische Sicht der Evolution gibt Friedrich S. Rothschild: Die Evolution als innere Anpassung an Gott. Bonn 1986. Vgl. Gabriele von Bülow/Irma Schindler: Schöpfung durch Kommunikation. Die Biosemiotik Fr. S. Rothschilds. Freiburg/Basel/Wien 1993. Vgl. auch Kaspar Appenzeller: Die Genesis im Lichte der menschlichen Embryonalentwicklung. Basel 1989. – Ramana Maharshi, seine Lehren. München 1983. S. 8. vgl. Heinrich Zimmer: Der Weg zum Selbst. Zürich 1944. - Kenneth Ring: Den

Tod erfahren – das Leben gewinnen. Bergisch Gladbach 1988. S. 51 ff. Gallup jr/ Proctor: Begegnungen mit der Unsterblichkeit. München 1990. – Es scheint nicht nur den erfreulichen Nahtod zu geben. Vgl. Rolf Degen: Lexikon der Psycho- Irrtümer. München 2002. S. 326 ff.

40   R.M. Bucke: Kosmisches Bewußtsein. Frankfurt 1993. – Abraham Maslow: Psychologie des Seins. München1978.Vgl. Juraj Styk: Peak Experience und psychotherapeutischer Prozeß. In: Welten des Bewußtseins. (Hg.) Michael Schlichtung. Bd. 10. Berlin 2000. – Fabricius, Alchemie, S. 210. – Zu Brecht vgl. Carl Pietzcker: »Ich kommandiere mein Herz«. Brechts Herzneurose – ein Schlüssel zu seinem Leben und Schreiben. Würzburg 1988. S. 174: »Wie der Herzneurotiker im Anfall nicht stirbt, sondern im Umkippen der Herzstillstandsangst aufatmend erfährt ›Ich lebe noch!‹«

41   »Pflanzen nähren sich«. Michael Balint: Die Urformen der Liebe und die Technik der Pychoanalyse. Frankfurt/Hamburg 1969. S. 13 ff. – Ernst Fuhr-mann: Spiegel des Mahatama. Hagen 1921. Fuhrmann: Was die Erde will. Eine Biosophie. Nachwort Gert Mattenklott. München 1986. (Fuhrmann ver-öffentlichte zwischen den Kriegen Bücher über alte Kulturen, den Ursprung der Sprachen, Pflanzenformen, auch Dramen und Erzählungen. Eine Ausgabe in 10 Bänden ab 1955 in Hamburg. Fuhrmann ist abstrus und genial.) – Hoimar von Ditfurth: Der Geist fiel nicht vom Himmel. München 1993. S. 110.

52   Ernst Jünger: Annäherungen – Drogen und Rausch. Stuttgart 1970. S. 49. – Mircea Eliade: Techniques du yoga. Paris 1963. S. 48. - Grof, Abenteuer, S. 85 f.

53   Aldous Huxley: Die Pforten der Wahrnehmung. München 1954.– »Sakramente. Eingesetzt zur untypischen Erfahrung im christlichen Rahmen: Walter Pahnke: Drogen und Mystik. In George G. Wasson: Soma. Divine Mushroom of Immortality. N.Y.1971. – Terence McKenna: Speisen der Götter. Löhrbach 1992. – Wasson/Ruck/Hofmann: Der Weg nach Eleusis. Frankfurt 1990. – Jünger, Annäherungen, S. 51.

54   Jonathan Ott: Pharmacotheon. Kennewick 1996. Ott: Pharmacophilia or the Natural Paradise. Kennewick 1997. Vgl. auch Robert Forte (Hg.): Entheogens and the Future of Religion. San Francisco 1997. Peter T. Furst (Hg.): Flesh of the Gods. Prospect Heights 1990. Hanscarl Leuner: Die exp. Psychose. Berlin/Göttingen/Heidelberg 1962. Auch Leuner: Halluzinogene. Bern/Stuttgart/Wien 1981. Leuners Vorwort zu Torsten Passie: Psycholytic and Psychedelic Therapy Research 1931 – 1995. Hannover 1997. – »Regierung der USA«. Vgl. Sahlberg: Huxleys psychedelische Erfahrungen aus der Sicht der heutigen Halluzinogenforschung. Nachwort zu Aldous Huxley: Moksha. München 1983. –

55 »sicherer Ort«. Grof, Abenteuer, S. 55. – »Rebirthing». Leonard Orr/Sondra
    Ray: Rebirthing in the New Age. Berkeley 1983 (zuerst 1977). G. Schusser/W.
    Hatzmann: Das Leben vor und während der Geburt. Osnabrück 1988. G.
    Schusser/B. Görner: Rebirthing. Osnabrück 1990. Eine andere Methode ent-
    wickelte Wolfgang H. Hollweg: Von der Wahrheit, die frei macht.
    Erfahrungen mit der Tiefenpsychologischen Basis-Therapie. Heidelberg 1995.
    Auch Jon Turners »Whole Self«. J. Turner/S. Westermann: Prebirth Memory
    Discovery in Psychotraumatology. In: Int. J of Prenatal and Perinatal
    Psychology and Medicine 1/1999. Sigrid Westermann: Die Antwort bist du
    selbst. Seeshaupt-München 1996. (S. 10 f.: Ein leichtes Aufsteigen der Geburt.
    S. 205: Lichtmeditation.)

46 »Tod nennt Erlösung«. Vgl. Renate Hochauf: Imaginative Psychotherapie bei
    frühtraumatisierten Patienten. In: IJPPPM Vol 11/4 1999.

47 »von See«. Janus, Seele, S. 230.

1. Kapitel

50 »sog. Bibelkritik«. Erzählte ich jemandem, daß ich über Jesus schreibe, so war
    die Reaktion entweder Befremden, auch Ekel, oder die Mitteilung, daß die
    Evangelien gefälscht seien (und darauf pflegte sich ihre Kenntnis zu be-
    schränken). Seit dem 19. Jahrhundert versuchten rationalistisch eingestellte
    protestantische Theologen Jesus nur als Menschen und nicht als Gottessohn
    bzw. als Gott zu sehen. Höhepunkt war die »Entmythologisierung« von Ru-
    dolf Bultmann; er »hat, wie Ernst Bloch sagt, alles empirisch Wunderliche,
    Wunderhafte, doch auch Wundersame `über die Klinge springen lassen`«.
    Rudolf Augstein: Jesus Menschensohn. Gütersloh 1972. S. 63. Was damit
    zusammen hängt, ist der nur liebe Jesus und sein nur lieber Gott, d. h. das
    »ewige Feuer«, in das Gott bzw. Jesus beim Weltgericht die Unbarmherzigen
    wirft, soll es nicht geben. (Man nennt diese Haltung auch »Universalismus«.
    Schon Origenes dachte ähnlich, er wurde dafür in die Hölle geworfen.) Hans
    Conzelmann/Andreas Lindemann: Arbeitsbuch zum Neuen Testament.
    Tübingen 1995. S. 332: »Das Weltgericht wird also in der Sache reduziert auf
    die Mahnung zum Vollzug christlichen Existierens in der Welt«. – Gerd
    Theissen/Annette Merz: Der historische Jesus. Göttingen 1996. S. 249: Die
    »tötende Energie Gottes wird letztlich von Gott distanziert«. Dieser Stand-
    punkt breitete sich auch bei katholischen Theologen aus, z. B. Karl Herbst:
    Der wirkliche Jesus. Olten 1988. S. 125. (Er läßt bei Matthäus das ewige Feuer
    weg.) – Uta Ranke-Heinemann: Nein und Amen. Hamburg 1992. S. 332:
    »Gott ist kein Henker«. Eugen Drewermann: Das Matthäus-Evangelium.
    Solothurn 1995. S. 222 ff. (Hölle ist die schlechte Welt.) – Gotthold

Hasenhüttl: Glaube ohne Mythos. Bd. 2. Mainz 2001. S. 712: »im ursprünglichen Sinn aber ist die Hölle mit ihrem Feuer reiner Mythos«. – Klaus Berger: Wer war Jesus wirklich? Stuttgart 1995. S. 2o4: »Von einem grausamen Gott kann keine Rede sein«. – So wird Jesus verniedlicht, ein Softie und Sozialarbeiter; er wird langweilig. – Der protestantische Pfarrer und Psychoanalytiker Oskar Pfister: Das Christentum und die Angst. Frankfurt/Berlin/Wien 1985 (zuerst 1944). S. 179: »Wieviel Angst entfachte allein Jesus, der Weltenrichter«, der die Unbarmherzigen »als Verfluchte ins ewige Feuer verweist«. Im Katholizismus hält man am ganzen Jesus und am ganzen Gott des Jesus fest, also auch an der ewigen Verdammnis. Katechismus der Katholischen Kirche. München 1993. S. 295. Joachim Gnilka: Jesus von Nazaret. Freiburg 1990. S. 163. Rudolf Schnackenburg: Die Person Jesu Christi. Freiburg 1993. S. 147. (Der Neutestamentler Carsten Peter Thiede: Die Messias-Sucher. Stuttgart 2002. S. 187: »die sich ändernden Moden der Bibelkritik«.)Ich gehe vom ganzen, d. h. vom apokalyptischen Jesus aus. Vgl. Norman Cohn: Die Erwartung der Endzeit – Vom Ursprung der Apokalypse. Frankfurt 1997. S. 3o6 und 316. Auch Sahlberg: Die jüdisch-christlichen Wurzeln des europäischen Über-Ichs. Weltgericht (Matthäus 25): Der Vater der jungfräulichen Mutter. Von Jesus Christus zur pränatalen Psychologie. In: Jahrbuch für psychohistorische Forschung Bd. 2 (Hg.) W. Kurth/L. Janus Heidelberg 2000. – (John D. Crossans Buch »Der historische Jesus« ist eine Sozialgeschichte.) Ich suche in den Evangelien die tiefenpsychologische Struktur; ich lese etwa im Sinne von Kenneth Burke: The Philosophy of Literary Form. New York 1957. (Ein Auszug: Dichtung als symbolische Handlung. Frankfurt 1966.) Burke: Attitudes toward History. Boston 1959. Auch Burke: The Rhetoric of Religion. Studies in Logology. Boston 1961. Über Burke der katholische Theologe David Tracy: Plurality and Ambignity. Chicago 1994.

54 »Buddha-Legende«. In Lalitavistara. (Deutsche Auswahl Berlin 1874.)

66 Hans Wolfgang Schumann: Der historische Buddha. Köln 1982. – Hermann Beckh: Buddha und seine Lehre. Stuttgart 1980. (Zuerst 1958. Ursprünglich 1916 als »Buddhismus«, Sammlung Goeschen). – Zu Neumanns Übersetzung vgl. Rudolf Pannwitz: Die Krisis der europäischen Kultur. Nürnberg 1917, S. 190 ff. Neumann wurde geschätzt von Schriftstellern wie Hesse, Th. Mann, Hofmannsthal, kritisiert von vielen Indologen, wie z. B. Kurt Schmidt: Buddhistisches Wörterbuch. Konstanz 1948: Neumann übersetze manas mit Herz statt mit Geist. Doch es geht an den von Schmidt angeführten Stellen um Gefühle; im Deutschen ist ihr Ort das Herz. – »Kurt Schmidt«. Buddhas Reden. In kritischer, kommentierter Neuübersetzung von Kurt Schmidt. Leimen 1989. – Vgl. auch Volker Zotz: Buddha. Reinbek 1991. – Helmut

Glasenapp: Die Weisheit des Buddha. Baden-Baden 1946. (Ich erwähne noch Georg Grimm und Leopold Ziegler.)

58 Heinz Kohut: Narzißmus. Frankfurt 1971. Benn: Der neue Staat und die Intellektuellen.

72 Mircea Eliade: Yoga. Frankfurt 1985. S. 65 f. »brih«. Heinrich Zimmer: Philosophie und Religion Indiens. Zürich 1961. S. 8o. »Hamsa«. Heinrich Zimmer: Mythen und Symbole in indischer Kunst und Kultur. Zürich 1951, S. 58.

64 »rahamim«. Zu rechem: Gebärmutter. Vgl. Bela Grunberger: Narziß und Anubis. München/Wien 1988. Bd 2. S. 2o4. Feministische Exegese (Hg.) Luise Schrotthoff et al. Darmstadt 1995. S. 169 f. (Verschluckte der Vatergott die Muttergöttin?)

74 »Pali«. Schmidt, Wörterbuch. Nyanatiloka: Buddhistisches Wörterbuch. Konstanz 1989. – »karuna«. Barbara G. Walker: The Woman's Encyclopedia of Myths and Secrets. New York 1963. S. 495: »Karuna. Tantric term for the basic quality of mother-love«. – »bhaga«. Manfred Mayrhofer: Kurzgefaßtes etymologisches Wörterbuch des Altindischen. Band II. Heidelberg 1983. – »Vaterschoß«. Vgl. Peter Sloterdijk: Sphären I. Frankfurt 1998, S. 282. – »Muttergöttin«. Vgl. Ewald Roellenbleck: Magna Mater im Alten Testament. Darmstadt 1974 (zuerst 1949). Auch Gerda Weiler: Das Matriarchat im Alten Israel. Stuttgart 1989. Rank, Trauma, S. 131.

75 »Brahma«. Zimmer, Mythen, S. 61.

70 »Geburtstod«. Das klingt an, wenn die Himmelfahrt als »Wiedergeburt» bezeichnet wird. Mt 19,28. »Anfang der Wehen«. Nur symbolisch aufgefaßt von Eugen Drewermann: Das Markus-Evangelium. 2. Teil. Olten/Freiburg 1991. S. 367. Aber vom »primär biologischen, nicht kulturellen Ursprung archetypischer Symbole» schreibt Eugen Drewermann: Tiefenpsychologie und Exegese. Band 1. Olten/Freiburg 1992. S. 262.

80 Jung, Symbole, S. 464 und 750.

73 Zimmer, Philosophie, S. 225 und 228.

75 Freud, Totem und Tabu, Kap. IV,6. Ähnlich Theodor Reik: Der eigene und der fremde Gott. Frankfurt 1975. S. 31. (zuerst 1923) – »Psychiater«. Bei Wilhelm Lange-Eichbaum/Wolfram Kurth: Genie, Irrsinn und Ruhm. München 1967. (Diese Auflage ist noch brauchbar. Die von 1989 ist bei Jesus theologisch bearbeitet.) – »Selbstkastration«. S. 423 (L. Noack. 1859) und 430. Das Buch referiert eine große Menge älterer psychiatrischer Arbeiten zu Jesus! – Jung: Heros und Mutterarchetyp. Grundwerk, Band 8. Olten/Freiburg 1985. Zit. nach Janus, Psychoanalyse, S. 53. Vgl. die Jungianerin Hanna Wolff: Der Mann Jesus. Die Gestalt Jesu in tiefenpsychologischer Sicht. Stuttgart 1990. S. 22: Die Matthäus-Stelle sei »unecht«. Martin Forward:

Jesus. Eine Biographie. Freiburg/Basel/Wien. S. 120: Die Matthäus-Stelle zeige eine »recht seltsame Auffassung«. Dieter Dunkel: Christus. Hamburg 1994. S.126: Er zitiert die Stelle aus Matthäus, ohne Folgerungen zu ziehen. – Christus hatte »alle Merkmale eines genitalen Charakters« und »kannte die körperliche Liebe«. Wilhelm Reich: Christusmord. Frankfurt 1997. S. 66f. (Spätwerk!).

76 »Mondgott«. Wollte Jesus den Vater kastrieren, wie es Kronos mit Uranos machte?

77 »Seelenwanderung«. Vgl. Ernst Windisch: Buddhas Geburt und die Lehre von der Seelenwanderung. Leipzig 1908. S. 12 ff.

82 »Halluzinationen«. So der protestantische Theologe Gerd Lüdemann: Die Auferstehung Jesu. Stuttgart 1994. S. 116. (zu Pfingsten) – »die Kreuzigung überlebte». Z. B. Herbst, Jesus.

83 »Taufe«. Rudolf Steiner schreibt zur »Johannes-Taufe«: Ein »Schock«, eine »plötzliche Todesdrohung«, z. B. wenn jemand »dem Ertrinken nahe ist«, dann geht »der Ätherleib teilweise aus dem physischen Leib heraus«. Das Markus-Evangelium. Dornach 1988. S. 52. Vgl. Sahlberg: The Prenatal Self Becoming Conscious. Baptism of Christ, Lotus-Vision of Buddha. In: IJPPPM 1999, Vol. 11/1. Auch Sahlberg: Vom Trauma zur Keimzellenreifung. Neuanfang und Übertragung. In: IJPPPM Vol 14/1 u.2, 2002.

2. Kapitel

89 »vertilge«. Zum Folgenden Franz Buggle: Denn sie wissen nicht, was sie glauben. Reinbek 1992. Buggle beklagt das Fehlen einer Religionspsychologie sowie die »weitgehende Tabuisierung religiöser Themen in Forschung und Theoriebildung« (S. 370). Ich erwähne Heinz Henseler: Religion – Illusion? Göttingen 1995. Er gibt eine freudsche Deutung, beschränkt sich auf die jüdisch-christliche Religion. Letzteres gilt auch für Eckart Nase/ Joachim Scharfenberg: Psychoanalyse und Religion. Darmstadt 1977.

97 »Josua«. Dazu Joseph Campbell: Myths to Live By. Arkana 1993. S. 177.

91 »zensiert«. Karlheinz Deschner: Kriminalgeschichte des Christentums. Reinbek 1996, Erster Band. S. 85: »Die Greuel Davids und der modernen Bibelübersetzer«.

93 »Benn«. Vgl. Sahlberg: Gottfried Benns Psychotherapie bei Hitler. In: Literaturpsychologische Studien und Analysen (Hg.) Walter Schönau. Amsterdam 1983.

100 »Selbstausrottung«. Ab hier nach Georg Fohrer: Geschichte Israels. Heidelberg/Wiesbaden 1990, und Joseph Campbell: Mythologie des Westens. Die Masken Gottes. Band 2. Basel 1990.

95 John Dominic Crossan: Der historische Jesus. München 1994. S. 289 ff.

104 Schweitzer, Geschichte, S. 404 und 439. »Lieblingsjünger«. Stauffer, Jesus, S. 56.

105 »als Heiler«. Zu einigen Heilungen der Jungianer Helmut Hark: Jesus der Heiler. Olten/Freiburg 1991. Nur jungianisch allgemein Hanna Wolff: Jesus als Psychotherapeut. Stuttgart 1990.

105 »Der 2. Akt«. Die gegensätzliche Haltung von Jesus, (in dem, was ich die beiden Akte des Dramas nenne, betont G. B. Shaw: Aussichten des Christentums. Frankfurt 1974. S. 39 ff.: »Die große Wendung«. Die Aggression in Jesus sah Karl Jaspers: Die maßgebenden Menschen. München 1964, S. 177 und 179 f. T. S. Eliot schrieb »Christ the Tiger«. Ash-Wednesday. Vgl auch Schweitzer, Geschichte, Kapitel 17. – »Caesarea Philippi«. Dazu Peter Sloterdijk: Weltfremdheit. Frankfurt 1993, S. 36 ff. Auch S. 183: »dem freiwilligen, manche sagen auch mutwilligen Tod des jungen Mannes«. – Jack Miles: Jesus – der Selbstmord des Gottessohnes. München/Wien 2001. Das Thema des deutschen Buchtitels kommt im Buch nicht vor. Originaltitel: Jesus, a Crisis in the Life of God. Wie in Miles früherem Buch »Gott, eine Biographie« geht es um den jüdischen Gott; sein Alleinvertretungsanspruch scheint im Westen ungebrochen.

1o7 »inszeniert«. Vgl. Schweitzer, Geschichte, S. 439.

112 »ärgert«. Einheitsübersetzung: »zum Bösen verführen«.

112 »ohne politische Machtausübung»«. Anders Hyam Maccoby: König Jesus. Tübingen 1982. Er sieht Jesus als rein politischen Revolutionär in der jüdischen Tradition. (esonders Kap. 7 bis 9).

113 Hildegunde Wöller: Ein Traum von Christus. Stuttgart 1987. S. 62 ff.. – Peter Schwarzenau: Das Kreuz. Stuttgart 1990. S. 154. Vgl. Clark Heinrich: Die Magie der Pilze. München 1998. Er leitet die Feuervisionen von Moses und Elias vom Fliegenpilz ab. Vgl. auch John Allegro: The Sacred Mushroom and the Cross. London 1970. Wirkten bei der Verklärung Pilze mit?

3. Kapitel

115 »Karma-Kasten-System«. Vor allem nach Zimmer, Philosophie, dazu der Marxist Walter Ruben: Einführung in die Indienkunde. Berlin 1954. Ruben: Geschichte der indischen Philosophie. Berlin 1954.

117 Bhagavat Gita, Übersetzung Reclam.

118 Das Wort »Großmensch« übernahm Zimmer von Swedenborg. Zimmer, Philosophie, S. 224 ff.. Zum Dschainismus auch Walter Schubring: Die Jainas. Tübingen 1927.

121 Schweitzer, zit. nach Crossan, Jesus, S. 310.

122 Benn: »Pessimismus«. (1943). Essays und Reden. Frankfurt 1989.

126 »Abgänger». Auch von Abgang als Ejakulation. – »Mittleren Weg«. Er bedeutet, freiwillig für immer im äußersten Elend zu leben – doch die Seele fühlt
»selige Heiterkeit«.

125 »Fruchtbarkeitsritual«. Vgl. Helmut Hecker, Kommentar in Reden Gotama
Buddhas. München 1987. S. 495.

127 Franz Alexander: Der biologische Sinn psychischer Vorgänge (Über Buddhas
Versenkungslehre). In: Imago XIII. 1923. Alexander nennt den Nirwana-
Zustand »eine künstliche Schizophrenie«. »Katatonie« sagt Eliade (Joga, S. 65)
Das wird vom Joga aus einsichtig, wo die Atemverringerung genauer beschrie-
ben und praktiziert wird. Vgl. Arthur Koestler: Von Heiligen und Automaten.
Bern/Stuttgart/Wien 1961. S. 152: »eine Art von Winterschlaf des
Organismus«. Alexander übersah die zweite Stufe von Buddhas Erfahrung
(insofern ist Grofs Kritik an Alexander zutreffend. Grof: Geburt, Tod und
Transzendenz. München 1985. S. 319.) Vgl. Sahlberg: Buddhas vorgeburtli-
ches Selbst. Kleinod im Lotos. In: IJPPM 10, 1998.

130 »leere Anschauung«. Hegel: Wissenschaft der Logik. Erster Abschnitt, Erstes
Kapitel.

134 Fabricius, Alchmie, S. 92. – Günter Ammon: Die Unerreichten – zur
Behandlungsproblematik des Urnarzißmus. In: Dynamische Psychiatrie, Nr.
85, 2. Heft 1984.

136 Zum »achtfachen Pfad« und einem Vergleich mit Patandschalis Joga-Sutra vgl.
Ulrich Schneider: Einführung in den Buddhismus. Darmstadt1987. S. 75 ff.

139 Die »vier Unermeßlichen« sind Grundlage der buddhistischen Ethik. Vgl.
Detlef Kantowsky: Von Südasien lernen. Frankfurt/New York 1985. S. 97.

143 »Urin des Gottes Indra«. Mit Pilzen auf Kuhmist und dem eigenen Urin hätte
Buddha schließlich die entheogene Quintessenz selbst erschaffen. (Rauschmittel, Kot und Urin werden später im Tantra sakrale Speise.) – Timothey
Leary: Denn sie wußten, was sie tun. Basel 1986. S. 34. - »Honig«. Rigveda,
bei Sloterdijk, Weltfremdheit, S. 130 (Mit Hinweis auf Eliade: Geschichte der
religiösen Ideen).

144 Huxley, Moksha, S. 276: »O Edelgeborener« von Laura Huxley.

4. Kapitel

149 Apokryphen zum Alten und Neuen Testament (Hg.) Alfred Schindler. Zürich
1988.

150 Eugen Drewermann: Strukturen des Bösen. Teil 2. Paderborn 1988. S. 332 ff.

152 Das Protevangelium des Jakobus wird verwendet von Robert Graves: King
Jesus. A Novel. New York 1946: Maria wird im Rausch gezeugt; Vater von
Jesus ist Antipater, Sohn von Herodes. – Zu den vielen mehr oder weniger

phantastischen neuen Jesusdarstellungen vgl. den Theologen Roman Heiligenthal: Der verfälschte Jesus. Darmstadt 1999.

158 »Eiferopfer«. Johann Heinrich Zeller: Grosses vollständiges Universal-Lexikon. Halle und Leipzig 1733, Reprint Graz 1961. Stichwort »Bitter-Wasser«.

160 Die Steinigung aus Freidoune Sahebjam: Die gesteinigte Frau. Reinbek 1994. S. 125 f. Ich veränderte die Namen und machte das Gebet allgemein-semitisch. – Vor diesem Hintergrund bekommen manche schöne Marienverehrungen etwas Zynisches, z. B. Eugen Drewermann: Dein Name ist wie der Geschmack des Lebens. Freiburg 1986. Christa Mulack: Maria. Die geheime Göttin im Christentum. Stuttgart 1991. (Erfrischend ihr Hinweis auf Mary Daly: Jenseits von Gottvater, Sohn & Co. München 1980. S. 189.)

163 »in Ägypten«. In Alexandria gab es eine große buddhistische Kolonie. Aus der Bezeichnung Theravades leitet sich Therapeut ab. So Elmar R. Gruber/Holger Kersten: Der Ur-Jesus. München 1994. S. 248 ff. – Zum »Kindheitsevangelium des Thomas« schreibt der Herausgeber: Die Geschichten bis zum 7. Kapitel »hinterlassen zwiespältige Gefühle. Jesus erscheint hier als ein widerwärtiges kleines Ungeheuer, das seine Umwelt terrorisiert und sich auf eine jenseitige Vollmacht beruft«. (S. 439) Das wird dann der erwachsene Jesus tun!

169 David Wasdell: Individual Psychology and the Behaviour of Social Systems. Oxford 1990. S. 15 ff.

168 »Lesbischer Komplex«. Stumme Liebe. Der lesbische Komplex in der Psychoanalyse. (Hg.) E. M. Alves. Freiburg 1993. – Charlotte Wolff: Psychologie der lesbischen Liebe. Reinbek 1973. – Freud: Eine Kindheitserinnerung des Leonardo da Vinci. Kurt R. Eissler: Leonardo da Vinci. München 1994.

170 »Kontakt«. Wie ungeschlüpfte Küken. Graber, Schriften I.40.

176 Stauffer, Jesus, S. 23. (Dies Buch eines protestantischen Theologen ist eine gewisse Parallele zu Schumanns Buddha.) – Panthera ist die einzige existierende Hypothese zum Vater von Jesus. »für unehelich hielten«. Der Israeli Schalom Ben-Chorin: Bruder Jesus. München 1977. S. 28: »In dem zumindest distanzierten Verhältnis Jesu zu seiner Mutter, die er nie anders als ›Weib‹ anredet...mag sich etwas von dem peinlichen Bewußtsein einer illegitimen Abkunft spiegeln. Jesus ehrt seine Mutter nicht und negiert seinen leiblichen Vater, da er offenbar um seine uneheliche und fremde (nichtjüdische) Herkunft wußte«. Panthera? – Zu Panthera im Talmud vgl. Schweitzer, Geschichte, S. 332 f. Er erwähnt Panthera bei Voltaire, auch in Haeckels »Welträtsel«. In einer Fußnote bei Eugen Drewermann: Das Matthäus-Evangelium. Erster Teil. Olten/Freiburg 1992, S. 689: »›Panthera‹-Geschichte«. Wohl aus einer Vergewaltigung entstanden meint Gerd Lüdemann: Jungfrauengeburt? Die wirkliche Geschichte von Maria und ihrem Sohn Jesus. Stuttgart 1997. S. 80. – »Wer war der Vater?« Diese Frage stellt z.B. Ezzelino von Wendel: Als Jesus

sich Gott ausdachte. Stuttgart 1990. S. 51. »Er adoptierte Gott selbst zu seinem Vater«. (Umschlag)

178 »Augustus«. Ethelbert Stauffer: Jesus war ganz anders. Hamburg 1967. S. 35.
– »Gesandter«. Im Roman »Ein Mensch namens Jesus« (München 1991) von
Gerald Messsadié kommt ein »kaiserlicher Legat« aus Rom (S. 13) (der freilich
wenig anziehend ist); »meine Erfindung« (Nachwort S. 721).

179 »Heidnisches Ritual«. Wöller deutet die Taufe matriarchal, doch geht sie nicht
auf deren Herkunft ein. Vgl. Hartmut Stegemann: Die Essener, Qumran,
Johannes der Täufer und Jesus. Freiburg/Basel/Wien 1994. (Jesus hätte kein
Berufungserlebnis gehabt. S. 320. Protestantischer Rationalismus!) Anders
Rudolf Pannwitz: Der Gott der Lebenden. Das Christusbuch. Nürnberg 1973.
S. 81 ff. (Alterswerk. Zu seinen Hauptwerken zählen »Kosmos Atheos«
(Musiktheorie und Philosophie), »Das neue Leben« (ein utopischer Roman).
München-Feldafing 1926 und 1927.

171 »Kreuzigung als Liebesakt«. Die Kreuzigung als Urszene bei Gerhard Vinnai:
Jesus und Ödipus. Reinbek 1999. S. 119 ff. Prügel als Analverkehr gibt es auch
bei Karl May. Sahlberg: Die Zeugungs- und Geburtsträume des Sohnes und
des Vaters. ›Im Reiche des silbernen Löwen‹, ›Ardistan und Dschinnistan‹. In:
Karl May im Llano estacado, (Hg.) M. McClaine/R. Wolff. Husum 2004.

183 Klaus Theweleit: Männerphantasien. Frankfurt 1978 Bd. 2, S. 342 ff.

188 Ranke-Heinemann, Nein, S. 336 ff. – »der Befehlshaber«. Ihn muß man in Mel
Gibsons »Passion Christi« mitsehen. Vgl. Arno Schmidts Wundertüte. Frankfurt
2004. Brief an Dante, »Berlin, Reichsicherheitshauptamt.« Das »Inferno,
Handbuch für KZ-Gestaltung«. Dante läßt das Lager »ewig« sein und betont, es
wurde von der höchsten Weisheit, Gerechtigkeit und Liebe eingerichtet«. (S.8)

190 Ranke-Heinemann, Nein, S. 250 ff.

5. Kapitel

193 »Airavata». Zimmer, Mythen, S. 117.

196 »Totstellreflex«. Vgl. Rudolf Bilz: Die unbewältigte Vergangenheit des
Menschengeschlechts. Frankfurt 1967. S. 246.

197 »Urschrei«. Er kommt wieder im »Löwengebrüll des Erwachten».

199 Jaspers, Menschen, S. 114.

6. Kapitel

205 »Durch dich« bis »abgeschossen hat« aus Bhagwan Shree Rajneesh: Die tantrische Vision. Zehn Diskurse über das Königslied Sarahas. München 1985. S.

26. Er nennt Saraha den »Gründer des Tantra«. »Die Zukunft gehört Tantra«. (S. 14 f.) Zum hinduistischen Tantra vgl. Zimmer, Philosophie, S. 498 ff. Auch Rajneesh: Das Buch der Geheimnisse. München 1983. (Über das Vigyana Bhairava Tantra). – »Königslied«. The Royal Song of Saraha. Ed. Herbert V. Guenther. Seattle/London 1967. Zu Tantra vgl. auch Heinz Reinwald: Mythos und Methode. München 1991. S. 97 ff.

199 Das Tantra der verborgenen Vereinigung. Aus dem Sanskrit übersetzt und herausgeben von Peter Gäng. München 1988. Gäng beschreibt in der Einleitung, wie der Tantriker »das unzerstörbare, unbegrenzte Glück« erlangt, »das Glücksgefühl, das jeder Mensch im Augenblick seiner Zeugung schon einmal erlebt hat«. (S. 72 und 84). Ziel der Anleitungen ist es, »die eigene Transformation zum Buddha, zum Gott oder zur Göttin sichtbar zu machen, indem der Prozeß der eigenen Zeugung und Geburt neu erlebt und interpretiert wird«. In den Meditationsübungen wird »die eigene Geschichte, beginnend mit Zeugung und Geburt, neu interpretiert als die Geschichte der eigenen Buddhanatur«. (S.138 und 165) Als gewisse Parallele zur Situation von Guru und Schüler bzw. Schülerin erwähnt Gäng die westliche Hypnose (S. 78). – Das Tantra des Grausig-Groß-Schrecklichen. Übersetzt von Peter Gäng. Berlin 1981. In der Einleitung spricht Gäng den Leser direkt an und erläutert den Text zum Nachvollzug, dem Wiedererleben der eigenen Existenz im Mutterleib und bei der Geburt. (S. 6 ff.) – (Gäng wurde bekannt durch J. Horlemann/P. Gäng: Vietnam. Genesis eines Konflikts. Frankfurt 1966.) In der Ausgabe von 1981 steht »Androgyn«. Peter Gäng meinte jetzt, er würde das Wort durch »keins von beiden« ersetzen. – Vgl. Gäng: Tantrischer Buddhismus. Experimentelle Mystik – Radikale Sinnlichkeit. Berlin 2001. Das Buch zeigt die große Bedeutung dieser Richtung und enthält eine Tiefenpsychologie der religiösen Erfahrung! »Ein für mich zentraler Unterschied zwischen dem tantrischen und dem nichttantrischen Buddhismus ist die Einbeziehung der Sexualiät und im Weiteren auch der anderen ›Wurzeln des Unheilsamen‹ (Haß und Verblendung) in die spirituelle Praxis«. (S. 87) »Ähnlich wie die abendländische Tiefenpsychologie haben die Anhänger des tantrischen Buddhismus auch das Unbewußte mit seinen anarchischen Strukturen erforscht und dabei naturgemäß vergleichbare Entdeckungen gemacht«. (S. 9) Die »Unterdrückung der Sexualität« im frühen Buddhismus führte zu einer »Tendenz, die man allgemein als menschenfeindlich und besonders als frauenfeindlich ansehen muß« und die mit »Selbsthaß« verbunden war. (S. 19 ff.) »Besonders fruchtbar scheint mir, die tantrischen Lehren unter psychologischen Gesichtspunkten zu betrachten. Vor dem Hintergrund der abendländischen tiefenpsychologischen und psychotherapeutischen Kenntnisse und Hypothesen eröffnet sich geradezu ein Universum von

Methoden, Bildern und Sichtweisen, die uns unsere eigenen Erfahrungen in einem ganz neuen Licht betrachten lassen«. (S. 28) »Lustverlangen, Haß und Verblendung spielen in der buddhistischen Psychologie eine ähnlich zentrale Rolle wie der Sexualtrieb (und zuweilen die Aggression) in der psychoanalytischen Theorie«. (S. 49) Zu Abschnitt 16 des Textes (»Bedingte Entstehung«) schreibt Gäng, daß er »die aus der psychoanalytischen Theorie bekannten Kernkomplexe – die sexuelle Attraktion gegenüber dem gegengeschlechtlichen und den Haß gegenüber dem gleichgeschlechtlichen Elternteil – mit einbezieht«. (S. 192) Mit Mandalas wird die »Urszene« visualisiert. (S. 176) Gäng beschreibt den Prozeß der biologischen Befruchtung und deren psychische Aspekte. »Es sei hier angemerkt, daß auch einige psychoanalytische Theorien davon ausgehen, daß die Muster der Empfängnis im psychischen Erleben gegenwärtig sind. Auf die Parallelen mit mystischen Prozessen hat schon Arthur Deikmann hingewiesen; die Psychoanalytikerin Joanna Wilheim hat die teilweise dramatischen Folgen der Empfängnissituation untersucht«. (Das dürfte sich auf Wilheims »Unterwegs zur Geburt« beziehen.) Gäng beschreibt anschaulich, wie bei der Entstehung eines männlichen Embryos statt der Ganzheit eines »androgynen Organismus« sich ein männlicher Organismus entwickelt: Es bleibt »die weibliche Möglichkeit abgetötet zurück«. Im sexuellen Ritual integriert der Mann »die konkrete körperlich unterdrückte Weiblichkeit«. (S. 260 ff.) »In der Vereinigung mit der eigenen Weiblichkeit vollzieht sich die innere und äußere Ganzwerdung zugleich«. (S. 270) »Der entscheidende Ansatzpunkt des tantrischen Buddhismus ist, das Lustverlangen als denjenigen Impuls zu erkennen, der eine Brücke zwischen dem sich abtrennenden Individuum und der umgebenden menschlichen Welt bildet, und die insofern geradezu die Basis für die buddhistischen ›Tugenden‹ Freundlichkeit, Mitgefühl, Mitfreude und gleichmütiges Akzeptieren ist«. (S. 275) Gäng erwähnt »die starke Präsenz der weiblichen Perspektive« im »Tantra des Grausig-Groß-Schrecklichen«. Am Schluß des Buches heißt es: »Wenn Erkennen und Mitgefühl wirklich eins geworden ist, dann ist das Ziel der Lehren des Diamantfahrzeugs erreicht«. Gäng illustriert dies Ziel mit einem Gedicht der Yogini Sahajacint; die Buddhanatur trägt alle Gegensätze in sich.

215 »Pameelen«. Benn: Der Vermessungsdirigent (1916). – Grof, Abenteuer, S. 52 f.

7. Kapitel

216 Vasant Joshi: Der Erwachte. Essen 1983.

210 »göttliche Urmensch«. Jung: Die Psychologie der Übertragung. Zürich 1946. S. 234. – Gandhi: Wegweiser zur Gesundheit. München 1992. S. 80 f. Vgl. Koestler, Heiligen, S.171: Gandhi war »ein glühender, fast fanatischer

Vorkämpfer von Brahmacharya« (Enthaltsamkeit). Dort auch über die indische Sexualunterdrückung.

220 »Gekürzt«. Nach Joshi S. 67 ff. (Eine Verdichtung für meine kolotropen Seminare.) Die letzten vier Absätzenicht bei Joshi. Aus dem Original übersetzt: The Discipline of Transcendence, Bd. 3. Poona 1978. S. 313.

218 »narzißtische Introversion«. Der marxistische Psychoanalytiker Fritz Eric Hoevels schreibt, ausgehend von Joshis Buch: »Bhagwans Anspielungen auf Ranks Terminologie sind bewußt...In Wirklichkeit ist der Embryonalzustand für Bhagwan ein...Modell der erstrebten narzißtischen Autarkie«. »Es liegt nichts Geringeres vor, als ein exemplarischer psychischer Heilungsprozeß, den Bhagwan ohne jeden anpaßlerischen Kompromiß erzwingen konnte«. Bhagwan oder das Dilemma einer menschenfreundlichen Religion. Freiburg 1987. S. 66. Der »Pferdefuß auch dieser einzigen menschenfreundlichen Religion« besteht darin, daß ihre Anhänger »für die realen Kämpfe, die die Klassengesellschaft ihren Zwangsmitgliedern ... aufnötigt ... denkbar schlecht gerüstet« sind. (S. 91) Hoevels Sicht ist scharf: psychoanalytisch, psychiatrisch. Was seine Begriffe nicht erfassen, ist das Erleben, die kosmische Dimension, die Poesie. »Poetry is my message«, sagte Rajneesh, vgl. dazu eines seiner schönsten Bücher: Mein Weg – der Weg der weißen Wolke.

223 »Psychologen sagen«. Discipline of Transcendence Bd. 4. S. 70.

224 Rajneesh: Vom Sex zum kosmischen Bewußtsein.

228 »wieder ein unerleucheter Mensch«. Die verwendeten Symbole wirken wie eine Rückgängigmachung seiner Erleuchtung. Dazu paßt die spätere unersättliche Gier nach zahllosen Rolls Royce, teuersten Uhren etc. sowie der von Sheela erwähnte enorme Verbrauch von Valium, auch Lachgas. Vgl. Sheela: Tötet ihn nicht! München 1996. S.14 und 20 ff. (Das Buch ist eine Mischung aus kindlicher Anbetung und realistischer Analyse.) Bei seiner Erleuchtung mit 21 sah Rajneesh wie ein abgezehrter Jogi aus. Mit etwa 30 scheint er die Konstitution eines Boxmeisters zu haben, wohl Ergebnis des Sports. (Fotos in Ma Yoga Laxmi: The Sound of Running Water. Poona 1980. S. 27 und 38.) In Poona bewegt er sich so gut wie nicht mehr.

230 »Zerstörung seiner Gesundheit«. Er sagte, alle erleuchteten Meister seien an Krebs gestorben, da sie nicht mehr ganz im Körper gewesen seien (so wie er es ja von sich selbst gesagt hatte). Das war m. E. eine Selbstdiagnose. Seine Symptome bis zum Schluß könnten auf eine Art von Leukämie deuten. Diese könnte mit dem Geburtstrauma zusammenhängen; dazu passen sein Asthma, auch die Rückgratprobleme. (Die These der Vergiftung durch die Regierung während das Gefängnisaufenthaltes halte ich jedenfalls nicht für zentral.)

231 »verhaftet«. Sheela, die Rajneeshpuram aufgebaut hatte, verließ es im September 1985, da sie die Geldforderungen von Rajneesh absurd fand. Es

gab einen Skandal, ein Medienspektakel. Rajneesh sagte jetzt, Sheela habe aus Rajneeshpuram ein faschistisches Zwangsarbeitslager gemacht. Das war absurd. Ich hatte 1981 für den NDR über das große Sannyas-Treffen in Berlin, »Orange-Connection«, berichtet; ein Verlag bat mich um einen größeren Report. Dazu fuhr ich im August 1985 nach Rajneeshpuram. Kurz danach der Skandal, mein Buch wurde abgesagt. Jahre später faßte ich meine Beobachtungen zusammen; gegen die allgemeine Abwertung gewendet, nahm ich den provokanten Titel »Ein Tag im Paradies«. (In: EinsSein und Innewerden (Hg.) Eva-Maria Knapp. Frankfurt 1988.) Ich dachte auch an Proust: »Les paradis sont toujours des paradis perdus«. Indem Rajneesh seine Stadt verließ und sich verhaften ließ, besiegelte er ihr Ende. Er hatte wohl die Lust verloren. War er enttäuscht von den schwierigen Frauen? Laxmi hatte schizophrene Züge, Vivek nahm sich später das Leben, Sheela verließ ihn. – Rajneeshpuram war eine Verwirklichung der Utopie: Das neue Jerusalem, eine Himmelsstadt in der Wüste (nach modernen ökologischen Prinzipien gebaut). Vgl. den großen Bildband von Bodhisattva Ma Anand Sheela: This Very Place, the Lotus Paradise. Rajneeshpuram 1984. Sheela gab auch die drei Bände The Book (Rajneeshpuram 1984) heraus, die Rajneeshs Lehre nach Stichworten enthält. (Eine Textzusammenstellung ist Osho. Autobiographie eines spirituellen Provokateurs. München 2002) In den 90er Jahren erschien Osho: A Must for Morning Contemplation. »I don't teach you any dogma, any belief system, any philosophy. I simply give you the science of going in, of waking up your soul«. Köln o. J. Für jeden Tag des Jahres eine Anleitung. – Zum Sterben von Rajneesh das »Samadhi«-Video. Es ist anrührend; man kann es mit dem Sterben von Buddha und Sokrates vergleichen. Ars moriendi! Er dankt dem Sannyasins für ihre Liebe. Vgl. No-Mind. The Flowers of Eternity: Er habe die erste »demokratische Religion« gegründet. – »das Leben feiern«. Vgl. Peter Sloterdijk/Hans-Jürgen Heinrichs: Die Sonne und der Tod. Frankfurt 2oo1. S. 17: Für Sloterdijk brachte die Zeit in Poona ein »Herausspringen aus der alt-europäischen Melancholie und aus dem deutschen Masotheorie-Kartell«. Sloterdijk: Selbstversuch. München 2000. S. 105: »Ich halte Rajneesh immer noch für eine der größten Figuren des Jahrhunderts... wir werden nie wieder seinesgleichen sehen«. Auch Magazine littéraire, 2/2001. Zur umwälzenden Wirkung von Rajneesh: Swami Satyananda (Jörg Andrees Elten): Ganz entspannt im Hier und Jetzt. Reinbek 1982. Elten: Alles ganz easy in Santa Barbara. Hamburg 1990. Elten: Karma und Karriere. Hamburg 1992. Vgl. die Untersuchung des Psychiaters Gunther Kosinsky: Warum Bhagwan? München 1985. Joachim Süss: Bhagwans Erbe: die Osho-Bewegung heute. München 1996. – »bei Zeus«. Karl Kerenyi: Antike Religion. Wiesbaden 1978. S. 137 ff.: Vom Lachen der Götter. – »Hakuin«. H. Dumoulin: Zen.

Bern 1959. S. 250. – Freud: Der Witz und seine Beziehung zum Unbewußten. Kap. V.

8. Kapitel

240 »zweite Serie«. Jung, Übertragung, S. 226. – »Bilder 18 – 20». Dazu Joachim Telle: Literatur- und alchemiegeschichtliche Studien zu einem altdeutschen Bildgedicht. Hürtgenwald 1980. – »im Körper des Lichts«. Fabricius, Alchemie, S. 214. – »Vorwärtsrichtung«. Das entspricht der Absicht der Alchemisten, sie wollten ja in dem symbolischen Uterus einen kleinen Menschen wachsen lassen. Vgl. Sahlberg: Alchemie als Psychotherapie. Die Erschaffung des Homunculus als Wiederholung des ersten Drittels der Schwangerschaft. In: Homöopathie zwischen Heilkunde und Heilkunst, (Hg.) Rainer G. Appell. Heidelberg 1997. – »Manierismus«. Dazu Gustav René Hocke: Der Manierismus. Hamburg 1957. S. 124 ff.. Vgl. auch Helmut Gebelein: Alchemie. Kreuzlingen/München 2000. Françoise Bonardel: Philosophie de l`Alchimie. Paris 1993. Hans-Werner Schütt: Auf der Suche nach dem Stein der Weisen. Die Geschichte der Alchemie. München 2000. (In den drei Büchern kommen das Rosarium und Fabricius nicht vor.) –

231 »Sperma und Ovum«. Tabula smaragdina, zit. bei Gottlieb Laatz: Die Alchemie. 1869 (Nachdruck Wiesbaden o. J.) S. 996. Vgl. auch Goethe: Geschichte der Farbenlehre. Dritte Abteilung. Alchymisten: »Hier ist ein Ei, ein Sperma, Mann und Weib, vierzig Wochen« – »psychoaktive Substanzen«. Fabricius, Alchemie, S. 11: »Halluzinogene Drogen im Mittelalter«. Vgl. David L. Spess: Soma. The Divine Hallucinogen. Rochester 2000. S.117: »Soma and European Alchemy«. – »zweigeschlechtlich». Campbell, Mythologie des Westens, S. 132: »Elohim...muß androgyn gewesen sein«.

232 Ralph Metzner: Der Brunnen der Erinnerung. Braunschweig 1994.

245 »foltern». Latz, Alchemie, S. 999 f.

247 Janus, Seele, S. 230.

239 Erich Blechschmidt: Humanembryologie – Entwicklung des Nervensystems. Pränatale Gehirnfunktionen. In: Vorgeburtliches Seelenleben (Hg) G. H. Graber/Friedrich Kruse, München 1973. Vgl. auch Erich Blechschmidt: Sein und Werden. Stuttgart 1982. S. 82 und 48. Blechschmidt: Wie beginnt das menschliche Leben. Stein am Rhein 1986. Blechschmidts Polemik gegen Haeckel in den beiden Büchern wirkt theologisch und fundamentalistisch. Blechschmidt veröffentlichte1961 das zweisprachige internationale Standardwerk »Die vorgeburtlichen Entwicklungsstadien des Menschen«. – Sahlberg: Kundalini-Joga. Die 2. und 3. Woche der Schwangerschaft. Vortrag Heidelberg Juni 1996. Lennart Nilsson: Ein Kind entsteht. München 1990. S. 46 ff.

253 »Reptilienhirn«. Paul McLean. Vgl. Johannes Holler: Das neue Gehirn. Südergellersen 1991. S. 48: Das dreigeteilte Gehirn.

244 Chris Chriscom: Meergeboren. München 1989. – »MDMA«. Zu dessen Wirkung vgl. Samuel Widmer: Ins Herz der Dinge lauschen. Vom Erwachen der Liebe. Solothurn 1989. Widmer: Ecstasy. Neu-Allschwil/Basel 1996.

255 »Variante«. Bei Fabricius, Alchemie, S. 219. – Zu Becher vgl. Karl Christoph Schmieder: Geschichte der Alchemie. München-Planegg 1929 (zuerst 1832). S. 416 ff.

256 Norman O. Brown: Love's Body. Frankfurt/Berlin/Wien 1979.

9. Kapitel

258 Goethe nahm die Satansmesse mit der Inquisition aus dem »Faust« heraus (eine »Selbstzensur«, wie Schöne schreibt). Der Text in »Faust«, Deutscher Klassiker Verlag, (Hg.) Albrecht Schöne: Text. Kommentare. Frankfurt 1994. Dazu Albrecht Schöne: Götterzeichen Liebeszauber Satanskult. München 1993 (zuerst 1982). S. 217 ff.: »Vorschlag für eine Bühnenfassung« (mit den zensierten Passagen). Schönes Vorschlag, auf dem Brocken einen Film mit der Bühnenfassung zu drehen, wurde leider bisher abgelehnt (ebd. S. 211). Schönes »Faust«-Ausgabe ist eine großartige Arbeit und verleiht Goethes Werk ganz neue Dimensionen! – Janus, Psychoanalyse, S. 322. Ebd. S. 324: Ein Fallbeispiel, in dem der »Pakt mit dem Teufel« ein »Überlebensversuch« war.

261 »Werdelust«. Schöne, Kommentare, S. 229: »in der christlich-österlichen Auferstehungslehre nicht vorgegeben«. Das ist nicht pointiert.

264 »Perseus«. Diese drei Zeilen füge ich, aus der bekannten Fassung des »Faust«, zu Schönes »Bühnenfassung« hinzu; erst damit erscheint der psychische Prozeß als ganzer.

256 »Medusenhaupt«. Freud: Die infantile Genitalorganisation (1923), angeregt durch Sandor Ferenczi: Zur Symbolik des Medusenhauptes (1923). – Gretchen als »Hexe«. Vgl. Schöne, Götterzeichen, S. 178 ff. – »Vaterschoß«. In ihm geschieht auch die Neuzeugung, Ziel des sakralen Analkoitus (sublimiert als »Salbung«, wie dann auch bei Taufe und Kreuzigung. Vgl. 1., 2., 4. Kapitel). – »Luther«. Die Zitate nach Norman O. Brown: Life against Death. New York 1959. Kapitel »The Protestant Era» und »Studies in Anality«.

258 »Volkskultur«. Wolfgang Beringer: Hexen und Hexenprozesse. München 1988. S. 14. Vgl. Becker, Bovenschen, Brackert u. a.: Aus der Zeit der Verzweiflung. Frankfurt 1977. – Heine: Die romantische Schule. 1. Buch. – »einzigartigen Sadismus«. Vgl. Hans Dollinger: Schwarzbuch der Weltgeschichte. München 1973. S. 275 ff. Vgl. den katholischen Ex-Priester Peter de Rosa: Der Jesus-Mythos. München 1991. S. 382 ff. – Tilmann Moser: Gottesvergiftung.

Frankfurt 1976. Vgl. Mosers späteres Buch: Von der ›Gottesvergiftung‹ zu einem erträglichen Gott. Stuttgart 2003.

259 »schlafenden Faust«. Im dem frühen Stück »Lila« verwandte Goethe einen psychotherapeutischen Heilschlaf. Vgl. Conrady, Goethe, I, S. 395.

260 »Samen«. Daß aus ihr ein Embryo entsteht, meinte z. B. Paracelsus. Bei Schöne, Kommentare, S. 504. Vgl. Sahlberg: Goethes Faust. Homunculus und die Neuzeugung der Schwestergeliebten. In: IJPPM Vol. 13, 1/2. 2001.

271 »öffentlicher Geschlechtsverkehr«. Vgl. Schöne 1994, Kommentare, S. 612. Deutlicher ist Peter von Matt: Die Szene, von der man schweigt.1826. In: Neue Rundschau 1/1999.

272 Plutarch: Über Isis und Osiris. – Der Gedichtzyklus »Morgue«« ist eine Neuzeugungsphantasie. Sahlberg: Gottfried Benns Phantasiewelt – »Wo Lust und Leiche winkt«, 1977. S. 27 ff. Sahlberg: ›Garben verklärter Lust‹. Zur Aktualität von Gottfried Benns Frühwerk. In: die horen, 106/1977.

263 »hinkt«. Der Teufel ist »als geburtstraumatisch Fixierter verunstaltet und aggressiviert«. Janus, Psychoanalyse, S. 324.

275 Campbell: Die Mythologie der Urvölker. Basel 1991. S. 269 f. – Heine: Elementargeister.

265 Kurt R. Eissler: Goethe. Eine psychoanalytische Studie. Basel/Frankfurt 1983. S. 119 und S.1410 ff. Vgl. Oskar Sahlberg/Matthias Greffrath. In: Goethe – ein Denkmal wird lebendig. (Hg.) Harald Eggebrecht. München 1982.

278 »Hoffin«. Karl Otto Conrady: Goethe, Leben und Werk. Frankfurt 1987. S. 31.

279 »Grundlagen der Mutterbeziehung«. Das paßt zur Totgeburt.

281 Dr. Metz wurde ausfindig gemacht von Rolf Christian Zimmermann: Das Weltbild des jungen Goethe. München 1969. (Enorme Forscherleistung!) Hier auch die Briefe. Die Bedeutung von Dr. Metz für Goethe betont Alexander von Bernus: Alchymie und Heilkunst. Nürnberg 1981.

271 »Königin«. Vgl. Ronald D. Gray: Goethe. The Alchemist. Cambridge 1952. S. 31 ff.: »göttlicher Mutterschoß«.

284 »Blutsturz«. Vgl. das Buch des Arztes Wolfgang H. Veil: Goethe als Patient. Stuttgart 1963.

285 »Citadelle«. Bei Eissler, Goethe, S. 349. – Jung, Übertragung, S. 231.

287 Eissler, Goethe, S. 1169. »Selbstempfänfnis«.

284 »Prachten« Vgl. Thomas Mann: Lotte in Weimar. Erste Seite von Kapitel 7: »Wie, in gewaltigem Zustande? In hohen Prächten? Brav, Alter!« Vgl. Hans Rudolf Vaget: Goethe. Der Mann von 60 Jahren. Königstein/Ts. 1982.

277 »mystische Erfahrung«. Man kann sie benennen mit dem Titel des Buches von Ralph Metzner: Opening to Inner Light. Los Angeles 1986.

278 Albrecht Schöne: Goethes Farbentheologie. München 1987.

293 »Wahnerlebnis«. Eissler, Goethe, S.1256.

295 Grof, Abenteuer, S. 52.

296 »schon brennte«. Vgl. Wasdell, Wurzeln; der Umschlag zeigt die »Nukleare Kreuzigung« von Alex Grey. – Nietzsche: Jenseits von Gut und Böse. Zit. nach Sigrun Rosmanith: Wenn Religion krank macht. Die ekklesiogene Neurose, der religiöse Wahn. In: Anton Szanya (Hg.) Religion auf der Couch. Wien 1993. – »Herr Schönfuß«. Eissler, Goethe, S. 1431. Der Anhang Q, S. 1416 ff. über Christiane.

286 Eissler, Goethe, S. 1165. Er fügt hinzu, daß sich in dieser Huldigung der Mutter Gottes »eine vollständige und endgültige Identifizierung mit dem Vater verbirgt«. Ich meine, dieser Vater enthält »des Gottes eigene Kraft«. Dieser Vater ist m. E. auch in dem Gott des Mottos der »Marienbader Elegie« von 1823 verborgen: »Und wenn der Mensch in seiner Qual verstummt, gab mir ein Gott zu sagen, was ich leide«. Vgl. Carl Pietzcker: Trauer und Kreativität in Goethes »Trilogie der Leidenschaften«. In: Trauer. Freiburger literaturpsychologische Gespräche 22 (Hg.) Wolfram Mauser/Joachim Pfeiffer. Würzburg 2003. Pietzcker beschreibt sehr klar die Struktur von Goethes Kreativität, das Muster von Verlust, Trennung, und dann Heilung durch Dichten. »Der welchem ein Gott zu sagen gab, was er leidet, ist, während er aktiv und synthetisierend dieses Selbstobjekt erstellt, dem was er passiv leidet, nicht mehr ausgeliefert...Indem er schreibt, rettet er sich als ›Dichter‹«. (S. 174) Das ist m. E. zugleich die »Grundfigur« von »Zerstörung und Neuaufbau« (Janus, Psychoanalyse, S. 341), die in der Geburt wurzelt, was ja bei Goethe offensichtlich ist. So lassen sich Pietzckers Beobachtungen auch auf Goethes Geburtstrauma beziehen.

Vorbemerkung zum 10.,11. und 12. Kapitel

302 Ernst Jünger: Besuch auf Godenholm. Frankfurt 1952. - Ka-Tzetnik 135 366: Shivitti. Eine Vision. München 1991.

288 »Reichtum«. Jünger, Annäherungen, S. 471.

289 Janus, Psychoanalye, S. 332 f. (Sloterdijk 1999 = Sphären II) – Janus, Psychoanalyse, S. 290 f.

290 Janus, Psychoanalyse, S. 322. – Erich Neumann: Die Große Mutter. Zürich 1956.

10. Kapitel

307 »Daß das schmale Bändchen (»Besuch auf Godenholm«) weder Eindruck machen noch Erfolg haben würde, wußte ich von vornherein«. Doch »es führte mir einige Grenzgänger zu«. Annäherungen, S. 441 und 447. (»Schriften

wie Godenholm und den Brief an den Mann im Mond sollte man unter Ausschluß der Öffentlichkeit drucken lassen«. Jünger in einem Brief an mich vom 22.6.1986.) Vgl. Albert Hofmann: LSD – mein Sorgenkind. Frankfurt/Berlin/Wien 1986. S. 168 ff.. – Eine Inhaltsangabe bei M. Meyer: Ernst Jünger. Stuttgart 1990. S. 518 ff. Eine kurze Erwähnung im Band über Jünger von text + kritik. München 1990. S. 95 f. Nicht besprochen in Magie der Heiterkeit. Ernst Jünger zum Hundertsten. (Hg.) G. Figal/H. Schwilk. Stuttgart 1995. Ebenso in Jung und Jünger (Hg.) Th. Arzt/K. A. Müller/M. Hippius-Gräfin Dürkheim. Würzburg 1999. Ebenso der monumentale Band über Ernst Jünger bei Dossier H. Lausanne 2000.

309 »Frigga«. Zur Poesie der nordischen Welt und der Kultur Islands vgl. Rudolf Pannwitz: Krisis der europäischen Kultur. Nürnberg 1917. S. 71 - 84. Theodor Däubler: Das Nordlicht. 1921. Hans Henny Jahnn: Perudja.1929. – Die vom Christentum vernichteten eigenen Götter: Von den Nazis mißbraucht - von Jünger gerettet?

294 »In Schwarzenberg kann man Walter Frederking sehen, er schrieb - als erster? – über Therapie mit psychoaktiven Substanzen. PSYCHE 12/1953. – »Moltner«. Man könnte an den Psychiater Jan Foudraine denken (Wer ist aus Holz. München 1978), der zum Sannyasin Amrito wurde. Amrito: Bhagwan, Krishnamurti, C. G.Jung und die Psychotherapie. Essen 1983. – »Wunsch zu töten«. Vgl. Sabine Spielrein: Die Destruktion als Ursache des Werdens. In: Spielrein: Ausgewählte Schriften. Berlin 1986. (Todestrieb als Erneuerungswunsch. Dazu Janus, Psychoanalyse, S. 44 ff.)

295 Die Jünger-Zitate (und weitere gleichartige Stellen) auch bei Wolfgang Kaempfer: Ernst Jünger. Stuttgart 1981. S. 26 f., 65 f., 116.

314 Grof, Geburt, S. 389. – Eissler: Todestrieb, Ambivalenz, Narzißmus. München 1980. S. 17. – »Menschenschlachtung«. Vgl. Karlheinz Bohrer: Die Ästhetik des Schreckens. München 1978. S. 246 ff.

298 »zweites Bewußtsein«. Zu Jüngers »stereoskopischem Blick« vgl. Horst Seferens: »Leute von übermorgen und von vorgestern«. Ernst Jüngers Ikonographie der Gegenaufklärung und die deutsche Rechte nach 1945. Bodenheim 1998. S. 154 ff. – Wolfgang Treher: Transzendenz und Katastrophe. Emmendingen-Maleck 1993. (Der Psychiater Treher schrieb Bücher über Hegel, Hitler/Schreber/Steiner, Zellularpathologie der Seele, u. a.) – »Die Mutter...ist solcher Söhne stolz«. Laut gelesen könnte es auch heißen: »Die Mutter,,,, ist solcher Söhne Stolz«. – »Glas Burgunder«. (Der Schlußsatz stand noch nicht in der Erstausgabe: Strahlungen. Tübingen 1949. S. 522.) Vgl. Klaus Theweleit: Helm ab zum Gedicht! Über das Schreiben des Herrenreiters Ernst Jünger und seinen Versuch, nachträglich die Moderne abzutreiben. In: konkret 4/1995. Auch Theweleit: Buch der Könige Band 2x. Basel 1994. S.

810 ff. (Ich empfinde ähnlich wie Theweleit, aber das Interessante an Jünger wird so nicht sichtbar. Immerhin: »erster LSD-Schlucker beim Erfinder Hoffmann war er auch...Darüber hat er ein passables Buch geschrieben«. Ebd. S. 833.) Vgl. Seferens: Manipulationen im Vorfeld des Wunders. Ernst Jüngers protopolitische Resakralisierung und ihre Aktualität im Diskurs der »Neuen Rechten«. In: Kunst und Religion im 20. Jahrhundert. (Hg.) R. Faber u. V. Krech. Würzburg 2001.

320 »Benn«. Jünger, Annäherungen, S. 448.

321 Jung: Nach der Katastrophe. In: Aufsätze zur Zeitgeschichte. Zürich 1946.

322 »4. Juli 1995«. 70 Verweht V. Stuttgart 1997. – Nicolaus Sombart: Die deutschen Männer und ihre Feinde. München 1991. Die Feinde sind – die Frauen, dazu auch die Psychoanalyse. Vgl. auch Sombart: Nachdenken über Deutschland. München 187. (S. 144 über Jünger).

323 »Muselmann«. Jünger: Heliopolis. Tübingen 1949. S. 374.

11. Kapitel

324 Bücher von Ka-Tzetnik 135 366: Das Haus der Puppen. München 1985. Phoenix over the Galilee. New York 1969. Sunrise over Hell. London 1977. House of Love. Vgl. Grof, Geburt, S. 399 f. Auch Tom Segev: Die siebte Million. Reinbek 1995. S. 10 ff. – Ka-Tzetnik starb im Juli 2001. (Neues Deutschland 24.7.01) – Vgl. Sahlberg: Gott in Auschwitz. Eine LSD-Therapie. In: IJPPPM Vol. 11/4, 1999. – Jan Bastiaans: Vom Menschen im KZ und vom KZ im Menschen. In: Essays über Naziverbrechen, Simon Wiesenthal gewidmet. Wiesenthal Fonds, Amsterdam 1973. Bastiaans: The Use of Hallucigenic Drugs in Psychosomatic Therapy. In: Welten des Bewußtseins Bd. 10, (Hg.) M. Schlichting. Berlin 2000. Dort auch: Stephen Snelders: The LSD Therapy Career of Jan Bastiaans, M. D.

336 Wolkensäule und Feuerschein – Jüdische Theologie des Holocaust (Hg.) M. Brocke/H. Jochum. München 1982.

337 Fabricius, Alchemie, S. 77 und 207.

338 Ranke-Heinemann, Nein, S. 332 und 330.

339 Eissler: Weitere Bemerkungen zum Problem der KZ-Psychologie. In: PSYCHE 22, 1963. Vgl. auch Eissler: Die Ermordung von wie vielen seiner Kinder muß ein Mensch symptomfrei ertragen können, um eine normale Konstitution zu haben? In: PSYCHE 22,1963.

340 Gershom Scholem: Von der mystischen Gestalt der Gottheit. Frankfurt 1977. S. 177.

342 Strafkolonie«. Vgl. Peter Fischer: In der Strafkolonie – Kafkas Foltergeschichte als Familien- und Liebesgeschichte. In: PSYCHE 12/2003. S. 1129: »Kafka

scheut sich nicht, den Tod Jesu zu travestieren«. Eine pralle Andeutung. Es ist die Kreuzigung als Geburt; die Maschine ist die Zervix, die den Fötus zerbeißt. Zugleich vollzieht sie die Zeugung, den Liebesakt als sadistischen Koitus. Aber Ka-Tzetnik hat EDMA und wird gerettet. – Otto Rank: Beyond Psychology. New York 1958. S. 40, 176, 281. – »Christenhaß«. Freud, Moses, III, D. Vgl. Giora S. Shoham: Walhalla, Golgotha, Auschwitz. Wien 1995. S. 23: Die »Ablehnung des Christentums durch die Nazis...die es als jüdisches Joch auf der Freiheit des deutschen Geistes ansahen«.

323 »Götter der Erde«. Dazu dürfte EDMA gehören. Man könnte EDMA mit »House of Love« verbinden. Dies Buch »beschäftigt sich mit der Zeit des Autors in Israel. Der Buchtitel bezieht sich darauf, daß Ka-Tzetnik schon bald nach der Gründung des Staates Israel systematisch Araber, die sonst ihre Dörfer generell nicht verlassen durften, zu sich eingeladen hat. Er sagte mir, daß er durch diese Einladungen, die wie Passagierscheine wirkten, letztlich sogar die Aufhebung der generellen Ausgangssperre für Araber erzwungen hat«. »Notiz zu Ka-Tzetnik« des Verlegers Ernst Piper, nach einem Besuch bei Ka-Tzetnik im Jahre 1992.

12. Kapitel

Dieses Kapitel ist eine Zusammenfassung zweier längerer Arbeiten von mir: Picassos GUERNICA-Serie. Von der Totgeburt zur Selbstzeugung. Große Mutter, Göttin der Aufklärung. Ein therapeutisches Modell. In: IJPPM Vol 14/3 und 4, 2002. (Dort auch eine englische Version.) Picasso. Revolution als Geburt. In: Kunst-Analyse, (Hg.) Klaus Evertz/Ludwig Janus. Heidelberg 2002. Meine erste Arbeit über Picasso war eine Rundfunksendung: Picasso. Die Selbsterschaffung des Genies. NDR. Redaktion Harald Eggebrecht. Okt. 1981. Picassos GUERNICA: Dionysos und die Sphinx. In: Carl Pietzcker, u. a. (Hg.): Freiburger literaturpsychologische Gespräche 4. Würzburg 1985. – Zur Kunsttheorie meine Aufsätze: Die Wechselwirkung zwischen Gesellschaft und Psyche als Kern von Freuds Literaturtheorie. In: Lendemains 5/1980. – Die Selbsterschaffung des Genies. Elemente einer Grammatik der künstlerischen Phantasie. In: J. Cremerius u. a. (Hg.): Freiburger literaturpsychologische Gespräche 4. Würzburg 1985. – Der kreative Prozeß und seine prä- und perinatalen Wurzeln. In: Dynamische Psychiatrie 21/1988. – Zur psychoanalytischen Kunsttheorie vgl. Angelika Stein/Herbert Stein: Kreativität. Psychoanalytische und philosophische Aspekte. Fellbach 1987. – Psychoanalyse, Kunst und Kreativität heute. (Hg.) Hartmut Kraft. Köln 1984. – Hartmut Kraft: Über innere Grenzen. Initiation in Schamanismus, Kunst, Religion und Psychoanalyse. München 1995. – Zu den geburtlichen und vorgeburtlichen

Wurzeln der Kunst vgl. Janus, Seele, S. 165 ff. Janus, Psychoanalyse, S. 341 ff. Janus: Grundformen bildnerischen Ausdrucks und kulturelle Variation im Spiegel psychiatrischer Kunst. In: Psyche und Kunst (Hg.) H.-O. Thomashoff/D. Naber. Stuttgart/New York 1999. S. 92: »Die diesseitige Welt hat ihr Vorbild in der jenseitigen vorgeburtlichen Vorwelt...Diese Balance zwischen zwei Welten gehört essentiell zu unserem In-der-Welt-Sein«. Janus: Die Wurzeln künstlerischer Gestaltung in der individuellen und der kollektiven Vorgeschichte. In: Klaus Evertz/Ludwig Janus (Hg.): Kunstanalyse. Heidelberg 2002. (Vor allem über Miró.) Im selben Band grundlegend: Klaus Evertz: Kunstanalyse. Überlegungen zu einer entwicklungspsychologisch begründeten Rezeptionsebene in der Kunstwissenschaft. Evertz in der Einleitung S. 7: »Kunst beginnt demnach (spätestens) mit der Zeugung«.

348 »Hitlers Bomber«. Vielleicht hört man den deutschen Kommandanten in den Worten des »Capitano, der den großen Aufstand in den iberischen Provinzen erledigt hatte«: »Kein Glas war köstlicher als jenes, das man uns an die Maschinen reichte, als wir Sagunt zu Asche brannten«. Ernst Jünger: Auf den Marmorklippen, Kap. 7. Das erinnert an »die fröhliche Landserhorde« bei Ka-Tzetnik. - »bohrte...zertrampelte«. So weit ich sehe, hat nur Max Raphael ebenfalls diese Beobachtung gemacht, doch dann wieder verworfen. In: The Demands of Art. London 1968. S. 153. Die Kunsthistoriker sehen in GUERNICA nur die Darstellung des Leidens und die Anklage gegen den Krieg; sie suchen formale Übernahmen, von Rubens, Raphael usw. usw.

349 »verfremdete«. Zu Brechts Verfremdungstheorie vgl. Joachim Fiebach: Von Craig zu Brecht. Berlin 1975. S. 298 ff. – »Opfer...Geburt«. Janus, Seele, S. 194 ff. – »einheitliche Serie«. Die Idee der Serie deutet sich an bei Peter Weiss: Die Ästhetik des Widerstands. Bd. 1. Frankfurt 1976. S. 335.

350 »Zerstörung und Neuaufbau«. Janus beginnt den Abschnitt »Der schöpferische Prozeß« mit dieser »Grundfigur«. Janus, Psychoanalyse, S. 341. – »und Gebrüll« . Ariane St. Huffington: Picasso. Genie und Gewalt. München 1988. S. 17. – Mary M. Gedo: Art as Autobiography. Picasso's GUERNICA. In: The Art Quarterly 2/1979. – Kommt ein Geschwister, entsteht die infantile Sexualforschung mit der Phantasie der Urszene als »sadistischem Koitus«, mit demWunsch, die Eltern und den Rivalen zu töten. Das ist auch hier gegeben. – »Haschisch«. Josep Palau i Fabre: Picasso: Der Kubismus. Köln 1998. S. 468 bis 477. Vgl. auch John Richardson: Picasso. Leben und Werk 1. München 1991. S. 476. Auch Philippe Sollers: Picasso, le héros. Paris 1996. S. 58. – Jung: Picasso. In: Wirklichkeit der Seele. Zürich 1947.

351 »Kreuzigung«. Ruth Kaufman: Picasso's Crucifixion of 193o. In: Burlington Magazine 1969. Vgl. Gedo: Picasso. Art as Autobiography. Chicago/London 1980. S. 7 und 19 und 47: »Picassos Identifizierung mit Jesus«.

352 Roland Penrose: Pablo Picasso. München 1981. S. 326. – »feiert den Sieg». Ludwig Ullmann: Picasso und der Krieg. Bielefeld 1993. S. 45. – Ullmann, Picasso, S. 46.

353 »dankbar dafür«. Bei Arnheim, S. 18. – »datiere«. Bei Carlo Ginzburg: Das Schwert und die Glühbirne. Frankfurt 1999. S. 9. – »intakt bleibt«. Bei Ginsburg, Schwert, S. 21.

333 »den Kuß«. Bei J. O. Jordan: A Sum of Destructions: Violence, Paternity and Art in Picasso's GUERNICA. In: Studies in Visual Communication 8/3, 1982. S. 6. – »GUERNICA-Serie«. Numerierung der Skizzen und Fotos nach Rudolf Arnheim: GUERNICA. Die Entstehung eines Bildes. München1964.

334 »voller Schmerzen«. Vgl. Janus, Seele, S. 191.

336 »nach ihrer Mutter um Hilfe«. Man könnte an Leonardos AnnaSelbdritt denken. Vgl. Kap. 4.

357 Neumann, Ursprungsgeschichte, S. 270 ff.

359 »Abnahme vom Kreuz«. So Weiss, Ästhetik, S. 333.
Zustand II: Hier enthält die Faust Licht und Geist. Diese sind also latent schon in der kommunistischen Faust von Zustand I enthalten, sie reckt sich gleichsam nach dem Licht, das sie dann ergreift.

364 Lichtfrau als »Kraft der Revolution«. Vgl. Eberhard Fisch: Picasso, GUERNICA. Freiburg 1983. S. 34: Die Lichtfrau sei »Luzifer«, das Böse, die Ursache der Zerstörung. Das ist christlich gedacht bzw. bewertet. Beat Schneider: Penthesilea – Die andere Kultur-und Kunstgeschichte. Bern 1999. S. 345 ff. Schneider ist »patriarchatskritisch«, doch übernimmt er seltsamerweise die Deutung und Wertung von Fisch. – »Schlaf seiner Totgeburt«. Diese war der Kern der Krise, der Lähmung von 1935.

347 »Summe von Zerstörungen«. Bei Jordan. – Picassos Interview in: Picasso's GUERNICA, Ed. E. C. Oppler. New York/London 1988. S. 251.

367 »Bethlehemitischen Kindermord«. Gertje R. Utley: Picasso. The Communist Years. New Haven/London 2000. S. 151.

350 »Maat». Vgl. Ullmann, Krieg, S. 413 ff

368 »ekklesiogene Neurose«. Vgl. Sahlberg: Crucifixion and Psychotherapy. In: IJPPM 3/4, 2001. Alessandra Giraldi, Erika Gsell: Psychic Birth and Rebirth Within Christian Tradition. ebd.

369 Campbell: Der Heros in tausend Gestalten. München 1953. S. 35. – »Held als Künstler«: Vgl. Sollers, Picasso. – »seine Familie«. Pierre Daix: Picasso. London 1994. S. 331.

352 »Gleichheit«. »Internalisierung Gottes«. Larry Siedentop: Demokratie in Europa. Stuttgart 2002. S. 291 und 317. – Theodor W. Adorno: Ästhetische Theorie. Frankfurt 1973. S. 447. – »Angst vor der Apokalypse«. Vgl. Johannes Fried: Aufstieg aus dem Untergang. Apokalyptisches Denken und

die Entstehung der modernen Naturwissenschaften im Mittelalter. München 2001.

353 »Stil der Zerstörung«. Zum Thema Kunst und Destruktivität vgl. Paul Virilio: Die Kunst des Schreckens. Berlin 2001. Bazon Brock: Der Barbar als Kulturheld. Köln 2002. – Werner Spies: Picasso und seine Zeit. In: Pablo Picasso. Werke aus der Sammlung Marina Picasso. München 1980. S. 20. – »Lascaux«. Bei Utley, Picasso, S. 173 und 176. – Ginsburg, Schwert, S. 82.

354 Ullmann, Picasso, S. 470. Dazu Sahlberg, Picasso, Revolution, S. 236. Ullmann deutet die Zeichnung als Angst vor dem Tod; ich meine: es geht um deren Überweisung. Noch eine Bemerkung von Gedo, Picasso, S. 4: »Picassos Kunst wie sein Leben hingen von Partnerschaften ab«. Die »produktivsten« dieser Partnerschaften waren »geniale Männer, die Picasso restlos bewundern konnte«. Das waren Apollinaire, Breton, Eluard. - Was die Frauen betrifft: Olga und Dora wurden schizophren, Marie-Thérèse und Jacqueline nahmen sich das Leben, Fernande und Françoise waren stabiler, konnten sich trennen (und schrieben Bücher über Picasso). Huffington beschrieb Picasso als »sadistischen Manipulanten... der unfähig war zu lieben«. (S. 9) Sollers wies Huffington zurück. Ich denke, was Picasso lebte, war sein Genie in der Symbiose der Geburt.

Schlußbetrachtung. Trimurti

373 Zimmer, Mythen, S. 168. – Stella Kramrisch: The Great Cave Temple of Siva in Elephanta: Levels of Meaning. In: Discourses on Shiva. Ed. Michael M. Meister. Bombay 1984. S. 4 ff.

375 »später wieder«. Erbauer des Tempels waren zum Schiwa-Kult bekehrte einstige Buddhisten. – »noch heute«. Daniel Odier: Tantra. Bergisch Gladbach 2000. - Hegel bei Marie-Louise Janssen-Jurreit: Sexismus. Frankfurt 1979. S. 653 ff..

376 Zimmer, Philosophie, S. 534. – Zu Balzac vgl. Sahlberg: Psychosentherapie in Balzacs ›Buch der Mystik‹. In: Dynamische Psychiatrie 5/6 1991. – »Jesus – der Selbstmord«. So Jack Miles.

378 Ernst Robert Curtius: Europäische Literatur und lateinisches Mittelalter. Bern 1954. S. 114 f.. Curtius: Kritische Essays zur europäischen Literatur. Bern 1954. S. 173. – .Auswahl aus Gautiers Zeitungsartikeln in Théopile Gautier: Auf der Suche nach dem Anderswo, (Hg.) Oskar Sahlberg. Berlin 1983/84. (Dort auch Gedichte Gautiers in der Übersetzung von Wolf-Dieter Bach.) – Zu Gautiers Gedichten vgl. Oskar Sahlberg: Thematik und Symbolik von Théophile Gautiers ›Emaux et Camées‹, München 1968. Sahlberg: Théophile Gautier 1848: Der Hermaphrodit und die Revolution. In: Hennig

Krauß/Reinhold Wolff (Hg.): Psychoanalytische Literaturwissenschaft und Literatursoziologie. Frankfurt 1982.

379 Charles Baudelaire – Gedichte der Revolution, (Hg.) Oskar Sahlberg. Berlin 1977. S. 53. Sahlberg: Baudelaire und seine Muse auf dem Weg zur Revolution. Frankfurt 1980. S. 68 ff.

380 »Friedhof für die von den Deutschen ermordeten Juden«. Wann wird man für die Millionen der von den Deutschen ermordeten Russen und Polen in Berlin einen ähnlichen Friedhof bauen? – Michael Ley: Apokalypse und Moderne. Wien 1997. S. 171 f. Zu Ley vgl. Gunnar Heinsohn: Warum Auschwitz? Reinbek 1995. S. 74: »Die Deutung von Auschwitz als ein ebenso unerkanntes wie zwanghaftes Menschenopfer«. (Jung, Freud, Rank kommen in Heinsohns Buch nicht vor.) Vgl. auch Hyam Maccoby: Der Heilige Henker. Stuttgart 1999. S. 169. Auch Gunnar Heinsohn: Lexikon der Völkermorde. Reinbek 1998. – Friedrich Heer: Der Glaube des Adolf Hitler. München/Esslingen 1968. S. 247 ff. Auch Robert G. L. Waite: The Psychopathic God Adolf Hitler. New York 1978. S. 30 ff. Anschaulich wird der Nationalsozialismus als religiöses Phänomen in Leni Riefenstahls Film »Triumph des Willens«.

382 »Benn, der 1933«. Im Aufsatz »Züchtung« (vgl. oben 2. Kapitel) sah Benn in Hitler die Gottesvision von Moses. Ich meine, Moses und Hitler wurden von Gott ergriffen, vom Gott der Züchtung und der Ausrottung. Ich denke, Benn projizierte nicht einfach, sondern sah im Unbewußten Hitlers die Gestalt des Moses, d. h. Hitler hatte sich mit Moses identifiziert, eine Identifizierung mit dem Aggressor, hinter der Identifizierung mit Christus. Moses und Hitler wurden von Gott erfüllt (vom Gottesarchetyp würde Jung sagen). Mit deMause gesagt: Sie agierten das »fötale Drama« (deMause, Psychohistorie, S. 322 ff.) Und Benn selbst vollzog diese zweifache Identifizierung (die ja auch bei Ka-Tzetnik zu beobachten ist.) Vgl. Klaus Theweleit: Buch der Könige, Band 2x. Basel/Frankfurt 1994. S. 598: »Diese ›Rassenzüchtung‹, die Benn sich nicht schämt, hier als ›jüdische Erfindung‹ zur Begründung der antisemitischen Nazipolitik den Juden öffentlich um die Ohren zu hauen...Das komplette Programm des Weltkriegs und das Programm der Judenvernichtung sind in diesem Benntext vom Juni 1933 voll ›erahnt‹ und positiv entworfen«. Aber eben mit den Programmen und Taten von Moses und David bzw. von Jehovah (und Hitler hatte in »Mein Kampf«, vor allem Kap. 12 und 16, sein Programm schon entworfen). Zu dieser psychologischen Komplexität auch Franz Maciejewski: Psychoanalytisches Archiv und jüdisches Gedächtnis. Freud, Beschneidung und Monotheismus. Wien 2002. Er schreibt vom »ungeheuren Aufwand haßerfüllter Liebe zu Jahwe« (S. 282). »Das beständige Ineinander von trotziger

Unterwerfung und haßerfüllter Ablehnung haben wir als Ausdruck einer besonderen Form von Haßliebe kennengelernt«. (S. 285) – Saul Friedländer: Das Dritte Reich und die Juden. Erster Band München 1998. S. 114 f. – Joachim C. Fest: Hitler. Der Aufstieg. Berlin/Wien 1976. S. 114. – Paul Matussek/Peter Matussek/Jan Marbach: Adolf Hitler. Karriere eines Wahns. München 2000. S. 166 ff. – »Gottmenschen«. Bei Louis Pauwels/Jacques Bergier: Aufbruch ins dritte Jahrtausend. München 1982. S. 384. Hier auch die Mystik der Nazis. Dazu E. R. Carmin: Guru Hitler. Zürich 1985. S. 140. Victor und Victoria Trimondi: Hitler, Buddha, Krischna. Eine unheilige Allianz vom Dritten Reich bis heute. Wien 2002. Vgl. Jung: Hitler »war ein Heros des germanischen Mythos... Er war ein Heiland«. Jung 1961 im Interview mit Evans. Zit. nach Karin N. Dittrich: Der ›Heldenmythos‹ Hitler. Jungs späte Auseinandersetzung mit Freud und der Psychoanalyse. In: Lucifer/Amor. 9/1992. S. 64. Ende der 30er Jahre schrieb Kenneth Burke: The Rhetoric of Hitler's ›Battle‹: »Mein Kampf« enthält »ein religiöses Denken«, eine »Symbolik der Wiedergeburt«. "Hitler vollzieht eine symbolische Wandlung von ›der spirituellen Ahnenschaft‹ der hebräischen Propheten zur ›überlegenen‹ Ahnenschaft der ›arischen Rasse‹«. Burke, Philosophy, S. 171, 174, 184. Waren die beiden Rassen bzw. Kriegsgötter miteinander verwandt? Campbell schreibt über die frühen Wanderungen semitischer und arischer Stämme. Damals wurde »eine neue Kriegsmaschine« erfunden, der Streitwagen. »Der noch zu erforschende Horizont eröffnet somit den Blick auf eine mögliche, ja unvermeidliche gegenseitige Beeinflussung semitischer und arischer Faktoren bei der Herausbildung des biblischen Mythos.« (Campbell, Mythologie des Westens, S. 143) Ist der jüdische Eingott mit dem arischen Eingott verwandt? Sind es Brüder, oder sogar Zwillinge, die um die Herrschaft im Mutterleib als alleinigem Eigentum kämpfen, oder um die Erstgeburt? Der jüdische Eingott erwies sich als der stärkere; der arische verschwand – tauchte er dann in Hitler (durch die Christus-Identifizierung vermittelt) wieder auf, um Rache zu nehmen? Die männliche Eingötterei, der maskuline Monotheismus, war gegen die Muttergöttin gerichtet. Auch erschuf sie die Intoleranz. (Dazu Jan Assmann: Moses der Ägypter. Darmstadt 1998. Auch Sahlberg: Die Gotteserfahrung in der Psychohistorie und in den drei semitischen Religionen. In: Jahrbuch für psychohistorische Forschung 4 (Hg.) W. Kurth/L. Janus. Heidelberg 2003.) »Nach der Weisheit gefragt, meint Konfuzius: ›Seiner Pflicht gegen die Menschen sich weihen, Dämonen und Götter ehren UND IHNEN FERNBLEIBEN, DAS MAG MAN WEISHEIT NENNEN.‹« (Meine Hervorhebung). Zit. nach Karl Jaspers, Menschen, S. 153.

383 deMause, Psychohistorie, S. 322 ff. – »drei Kinder«. Helm Stierlin: Adolf Hitler. Frankfurt 1975. S. 43. Alice Miller: Die Kindheit Adolf Hitlers – vom verborgenen zum manifesten Grauen. In: Am Anfang war Erziehung. Frankfurt 1980. S. 214. – Erich Fromm: Anatomie der menschlichen Destruktivität. Reinbek 1977. S. 424 und 438. »Verbrannte Erde«. Bei Fromm, Anatomie, S. 446.

384 "Geschichte der Technik". Dazu Peter Sloterdijk: Eurotaoismus. Zur Kritik der politischen Kinetik. Frankfurt 1989. S. 93: Technik als "Sein-zur-Selbstvernichtung". Vgl. Sahlberg, Gotteserfahrung. Auch Ulrich Horstmann: Das Untier. Frankfurt 1985. – »Wunsch von Jesus nach dem Weltuntergang«. Heute sind die Kirchen für »die Bewahrung der Schöpfung«. Radikale Konsequenzen angesichts des ökologischen »Selbstmordsyndroms« zieht z. B. Carl Amery: Global Exit. Die Kirchen und der totale Markt. München 2004. – »vom Leiden zu erlösen«. Wollte das sein Gott? Hatte der Gott Mitleid mit seinen leidenden Geschöpfen, so wie es ja offensichtlich Buddhas Brahma hatte? Bei einer Familienaufstellung war eine junge Frau, die an einer qualvollen, unheilbaren Krankheit litt, sich das Leben nehmen wollte, doch glaubte, Gott würde das verbieten und bestrafen. Gott wurde aufgestellt. Gott war eine wie träumende Energiemasse, es tat ihr leid, daß aus der Schöpfung so viel Leiden entstanden war, sie hatte Mitleid und erlaubte der Frau ihren Tod.

385 »egoistischen Gens«. Richard Dawkins: Das egoistische Gen. Berlin/Heidelberg/New York 1978. Die Gene können als »Meme« weiterwirken. (S. 223 ff.) – »gemeinsames Sterben«. Gibt es Pläne für die große Abschiedsfeier von der Erde? Für die Rückkehr zu Gott, zum Großen Geist, zum Urlicht? Weltweit über TV zusammengeschaltet? – »Umsiedlung«. Vgl. Sloterdijk, Weltfremdheit, S. 171: Platon als »Mitwisser, Zeuge und Verkünder des meisterlichen Todes« von Sokrates. – Janus, Psychoanalyse, S. 326. – »etwas zu lernen«. Eine ähnliche (emotionale wie intellektuelle) Abwehrstruktur gab es schon bei der »Unfähigkeit zur Trauer um den erlittenen Verlust des Führers«, des kollektiven Liebesobjekts der Mehrheit der Deutschen. Alexander und Margarethe Mitscherlich: Die Unfähigkeit zu trauern. München1967. S. 34. Dazu Robert J. Lifton: Das Ende der Welt. Über das Selbst, den Tod und die Unsterblichkeit. Stuttgart 1994. S. 121 ff.

387 »der liebe Gott«. Jesus im Mutterschoß? Oder ein Indianergott? »Der Vater der Flüsse, Meschacebé...er stürzte sich in den Fluß und verschwand inmitten schäumender Wellen.« F.-R. de Chateaubriand: Die Natchez. (Rekonstruktion der Urfassung von Oskar Sahlberg). Berlin 1982. S. 349. (Meschacebé = Mississippi)

Nachwort. Rückblick und Ausblick

388 »Entstehung des Buches«. Eine Prise Hermeneutik als »Tiefenhermeneutik«. Jürgen Habermas: Erkenntnis und Interesse. Frankfurt 1968. S. 267 - »Geburt«. Sahlberg: Sich neu gebären. Erfahrungen mit der holotropen Therapie. In: Erscheinungsweisen pränatalen und perinatalen Erlebens in den psychotherapeutischen Settings, (Hg.) Ludwig Janus. Heidelberg 1991.

39o »Hitlerjunge«. Sahlberg: Kleinbürger von innen. In: Kursbuch 45/1976. – »Außenstelle«. Martin Weinmann (Hg.): Das nationalsozialistische Lagersystem. Frankfurt 990. S. 275. – »Dezember 1944«. Sahlberg: Traue neuem Tagesblick! In: Das Morgen entdecken, (Hg.) H.-H. Herchen. Frankfurt1993. »Dissertation« . Ich ließ auf die formale Untersuchung die psychoanalytische folgen; dieser Teil erhielt nicht die Druckgenehmigung. – »an der Uni«. Da mein Baudelairebuch zu viel Psychoanalyse enthielt, wurde es (trotz positiver Gutachten von Alfred Lorenzer und Klaus Holzkamp) nicht zur Habilitation angenommen. Zum Glück, sage ich heute. – »Ich interviewte«. Sahlberg: Ein Nachmittag in Sachsenhausen. In: Kontext 2. München 1978. – Ammon entwickelte die Therapie der Psychosen, was zum Konflikt mit der orthodoxen Psychoanalyse führte und zur Gründung seiner »Deutschen Akademie für Psychoanalyse«. Seine Dynamische Psychiatrie umfaßt alle Dimensionen des Menschen, zentral ist die Androgynität. Er schrieb über Gruppendynamik, Psychosomatik. Er fand neue, anschauliche Begriffe (hilfreich zumal bei Frühstörungen): Sozialenergie, konstruktive Aggression, die Unerreichten, Ichgrenzen, Loch im Ich, Hilfs-Ich. u. a. Er machte bei den Lacandonen Erfahrungen mit Peyote, gab 1971 den Band »›Bewußtseinserweiternde‹ Drogen in psychoanalytischer Sicht« heraus, sprach 1972 auf Grabers 2. Kongreß. Eine geniale Erfindung ist sein »humanstruktureller Tanz«. (Dynamische Psychiatrie 4/5 1986) 1985 wurde seine Klinik von der Polizei überfallen. Ein Sektenbeauftragter verdächtigte ihn als Guru. (Vgl. Sahlberg: Polizeirazzia und androgyne Revolution. In: Dyn. Psych. 2/3 1986.) – »Grof«. Sahlberg: Haben Sie Gott getroffen? In: Wahn und Sinn (Hg.) Eva-Maria Knapp. Frankfurt 1991. – »Geburt und Empfängnis«. Sahlberg: Die Wiedergeburt aus dem Herzen. In: IJPPM 4/1994.

397 Neumann, Ursprungsgeschichte, S. 270. – »moralische Substanz«. Kants kategorischer Imperativ psychologisch zu sehen. »Vater Himmel, Mutter Erde«. Vgl. Vine Deloria: Gott ist rot. Göttingen 1996. – »1990«. Ich traf Janus 1986 in Freiburg auf der jährlichen Tagung »Literatur und Psychoanalyse«, von Johannes Cremerius und Carl Pietzcker; er war eine Ermutigung, über den orthodoxen psychonanalytischen Rahmen hinauszugehen.

399 »11. September«. Sahlberg: Bewußte und unbewußte Faszination des Märtyrertodes. In: Jahrbuch für psychohistorische Forschung Band 3. Hg. U. Ottmüller/W. Kurth. Heidelberg 2002. Luwig Janus: Psychohistorische Überlegungen zum 11. September in New York. In: Thomas Auchter et al. (Hg.): Der 11. September. Gießen 2003. S. 18 ff. Hans-Jürgen Wirth: Narzißmus und Macht. Gießen 2002. S. 362 ff.

Exkurs

397 Holger Kersten/Elmar R. Gruber: Das Jesus-Komplott. München 1992. S. 292 ff. – Herbst, Jesus, S. 223 ff. – Gerd Lüdemann/Alf Ösen: Was mit Jesus wirklich geschah. Stuttgart 1995. S. 94. – Siegfried Obermeier: Starb Jesus in Kaschmir? Düsseldorf/Wien 1985. S. 106 ff.

398 »Epileptiker«. Lüdemann/Ösen, Jesus, S. 112. Sie verweisen auf Carl Holsten. Über Epilepsie und Gotteserlebnis V. S. Ramachandran/S. Blakeslee: Die blinde Frau, die sehen kann. Reinbek 2002. S. 283 ff. Vgl. auch Dorothy Garley: Über den Schock des Geborenwerdens und seine möglichen Nachwirkungen. Z f Psychoan. X. 1924. S. 160 über Paulus. (Zu Garleys bahnbrechenden Erkenntnissen über die Geburt vgl. Janus, Seele, S. 5o ff.) Dazu Paulus 1. Kor. 13: »Preis der Liebe: ....dann aber von Angesicht zu Angesicht«. Vgl. oben Grundlagen: Der gute Schoß. – »Mohammed«. Sahlberg, Gotteserfahrung. – Janus, Psychoanalyse, S. 161 zu Ferenczi, S. 64 zu Rank. Dazu auch Hans Rausch: Die epileptische Reaktion als Extrembeispiel eines psychosomatischen Geschehens, prä-und perinatale Aspekte. In: Schusser, G./Hartmann W. (Hg.): Das Leben vor und während der Geburt. Osnabrück 1988. Ich erwähne noch Arthur Janov: Anatomie der Neurose. Frankfurt 1976. S. 142 ff. Der Psychiater Dieter Janz: Die Epilepsien. Stuttgart 1969. S. 33: Beim Anfall scheint es oft, »als ob der Körper die intrauterine Haltung wieder einzunehmen bestrebt sei«. (Vgl. Benns »epileptoide« Symptomatik. Sahlberg: Gottfried Benn. Der Dichter als Psychologe. In: text + kritik 44. Gottfried Benn. München1985.) – »Elektroschock«. Rudolf Meyendorf: Elektrokrampf-Therapie. In: Kindlers Psychologie des 20. Jahrhunderts, Psychiatrie 2. Weinheim/ Basel 1983. S. 368. – »geheilt«. Man könnte auch sagen, seine aggressive Energie, die vorher gegen die Christen gerichtet war (er ließ Stephanus steinigen und sah dabei zu), hatte nun ein größeres Ziel gefunden: Die Zerstörung der heidnischen Religion. Diese Zerstörung zeigte Goethe in »Die Braut von Korinth«. Dazu Conrady, Goethe, S. 181 f.: »Die mit dem Christentum aufgekommene Diffamierung der Sinnlichkeit wurde angeprangert.« Das Gedicht enthält eine »fundamentale Religionskritik...eine schonungslose Anklage«.

399 Fida Hasnain: A Search for the Historical Jesus. Bath 1994.Der 11. September. Gießen 2003. S. 18 ff. Hans-Jürgen Wirth: Narzißmus und Macht. Gießen 2002. S. 362 ff.

Personenregister

Steiner, Rudolf 368, 400
Stephanus 423
Stevenson, Louis 254
Stewart, Ian 395
Stierlin, Helm 421
Suddhodana 68, 144, 185f.
Süss, Joachim 408
Swedenborg, Emmanuel 83, 361, 362, 401
Szanya, Anton 412

T
Tacitus 103
Tapussa 70, 75, 137, 138f., 146, 192
Telle, Joachim 409
Teilhard de Chardin, Pierre 50
Terry, Karlton 13, 83
Theissen, Gerd 397
Theweleit, Klaus 178f., 257, 404, 413
Thomas 153, 164, 177, 247, 366
Thomashoff, H.-O. 416
Treher, Wolfgang 300, 395, 413
Trimondi, Victor und Victoria 420
Tübke, Werner 104
Turner, Jon 397

U
Udaka 68
Upaka 70, 72, 139, 147, 383
Ullmann, Ludwig 333, 356, 417
Utley, Gertje 417

V
van der Kolk, Bessel A. 391
Veil, Wolfgang H. 411
Vergil 83, 175
Vespasian 103
Vevke 311, 318f., 326
Vinnai, Gerhard 404
Virilio, Paul 418

Vivek 408
Voltaire 261, 403

W
Wagner, Richard 363
Waite, Robert G. L. 419
Wasdell, David 44, 168ff., 403
Wasson, George G. 55, 145, 396
Weinmann, Martin 422
Weiss, Peter 416f.
Wendel, Ezzelino von 403
Westermann, Sigrid 397
Widmer, Samuel 410
Wiesenthal, Simon 414
Wilber, Ken 368, 395
Wilheim, Joanna 39, 394, 406
Windisch, Ernst 400
Wirth, Hans-Jürgen 422
Wöller, Hildegunde 118, 401, 404
Wolff, Charlotte 403
Wolff, Hanna 399
Wolff, Reinhold 404, 419

Y
Yasa 144

Z
Zacharias 153, 156ff.
Zeller, Johann Heinrich 403
Ziegler, Leopold 399
Zimmer, Heinrich 83, 124, 394f., 398
Zimmermann, Rolf Christian 411
Zinzendorf, Nikolaus Ludwig 272
Zotz, Volker 398

Detailliertes Inhaltsverzeichnis ab dem 1. Kapitel

Copyright-Verzeichnis der Picasso-Abbildungen

JOHANNES FABRICIUS
ALCHEMIE
URSPRUNG DER
TIEFENPSYCHOLOGIE

PSYCHOSOZIAL-VERLAG

2002 · 254 Seiten · gebunden
EUR (D) 89,90 · SFr 147,00
ISBN 3-89806-179-5

Zum ersten Male wird hier der versunkene Schatz der spätmittelalterlichen und neuzeitlichen Kultur ans Licht gehoben und durch den Verfasser in einer faszinierenden Bestrebung literarischer Archäologie wieder zum Leben erweckt.

Das alchemistische Werk wird in seiner ganzen ununterbrochenen Entwicklung dargestellt, von seinen chaotischen Anfängen bis hin zu seiner sonnenhaften Vollendung. Besonders wertvoll wird das Buch durch seine zahlreichen alchemistischen Illustrationen, von denen viele hier zum ersten Mal gezeigt werden.

»Dr. Fabricius ist der Entdecker des europäischen Unbewussten.«

Ludwig Janus

P☒V
Psychosozial-Verlag

WOLFGANG M. MERTENS
HERBERT SCHOLPP, WILLY OBRIST
**WAS FREUD UND
JUNG NICHT ZU
HOFFEN WAGTEN ...**
Tiefenpsychologie als Grundlage
der Humanwissenschaften

**BIBLIOTHEK
DER PSYCHOANALYSE**
PSYCHOSOZIAL-
VERLAG

*2004 · 321 Seiten · Broschur
EUR (D) 36,00 · SFr 62,00
ISBN 3-89806-323-2*

In diesem Buch schreiben zwei Jungianer und ein Freudianer über die Notwendigkeit, den tiefenpsychologischen Erkenntnisansatz pfleglich zu behandeln. Angesichts des rasanten Zuwachses an neurowissenschaftlichen und kognitionspsychologischen Befunden und Theorien scheinen die ursprünglichen Entdeckungen Sigmund Freuds und Carl Gustav Jungs hoffnungslos überholt und veraltet. Aber gerade angesichts der derzeitigen Überschätzung des positivistischen Wissens und seiner Einseitigkeiten ist das Querdenken der Tiefenpsychologie unverzichtbar. Trotz der Revision mancher Auffassungen bleiben die grundsätzlichen Erkenntnishaltungen und ihre Anwendungen in der Therapie ebenso wie ihre Anregungen für andere Wissenschaften auch ein Jahrhundert später absolut notwendig. Mehr noch: Die Tiefenpsychologie sollte als Grundlage einer Wissenschaft vom Menschen betrachtet werden.

**P☒V
Psychosozial-Verlag**

2003 · 607 Seiten · gebunden
EUR (D) 39,90 · SFr 69,40
ISBN 3-89806-262-7

Die Denkwürdigkeiten eines Nervenkranken erschienen im Jahre 1903, also vor genau 100 Jahren. Ihr Verfasser Daniel Paul Schreber, ein hoher Richter am damaligen sächsischen Oberlandesgericht, berichtet darin von den höchst merkwürdigen Vorkommnissen, deren Zeuge er in den langen Jahren seines Aufenthaltes in den psychiatrischen Anstalten des Königreichs Sachsen geworden war. Sein Buch sollte der Menschheit die Augen öffnen. Denn das, was seine Ärzte für Paranoia hielten, sei in Wahrheit, so Schreber, Teil einer gegen ihn gerichteten, gigantischen Verschwörung seines Psychiaters Prof. Flechsig und Gott. Ziel der ganzen Operation – von Schreber als »Seelenmord« bezeichnet – war die Erschaffung einer neuen Menschenwelt aus seinem Schoße.

Schreber gilt heute nicht nur als der meistzitierte Patient in der Geschichte der Psychiatrie, sondern sein Buch hat eine Vielzahl weiterer wissenschaftlicher Disziplinen beflügelt: Historiographie, Philosophie, Theologie, Literaturtheorie, Linguistik, Zeitgeistforschung, Pädagogik, Soziologie, um nur die wichtigsten zu nennen.

P🌀V
Psychosozial-Verlag

2002
168 Seiten · Broschur
EUR (D) 19,90 · SFr 33,90
ISBN 3-89806-136-1

Im Märchen gestaltet sich ein Kräftespiel zwischen Lebensanspruch und Glücksverlangen. Das Glücksverlangen siegt. Nicht als Illusion und nicht als moralische Prämie. Das Glücksverlangen siegt, weil die Gefahren, die drohen, und die Aussichten, die winken, einer konsequenten Logik des Gelingens folgen. Diese Logik des Gelingens kennenzulernen, ist nicht nur für Märchenleser und Märchenerzähler aufschlussreich, sondern auch für Eltern, Erzieher, Berater und Psychotherapeuten, für Entwicklungspsychologen, Psychoanalytiker und Literaturwissenschaftler.

P V
Psychosozial-Verlag